清华政治学书系

政策民主

第一部

马克思主义的
理 论 基 础

史卫民 ◎ 编著

中国社会科学出版社

图书在版编目(CIP)数据

政策民主.第一部,马克思主义的理论基础/史卫民编著.—北京:中国社会科学出版社,2017.9
ISBN 978-7-5203-0067-4

Ⅰ.①政… Ⅱ.①史… Ⅲ.①政策—民主—研究②马克思主义—民主—研究 Ⅳ.①D0②A811.64

中国版本图书馆 CIP 数据核字(2017)第 060550 号

出 版 人	赵剑英
责任编辑	安　芳
责任校对	王佳玉
责任印制	李寡寡

出　　版	中国社会科学出版社
社　　址	北京鼓楼西大街甲 158 号
邮　　编	100720
网　　址	http://www.csspw.cn
发 行 部	010-84083685
门 市 部	010-84029450
经　　销	新华书店及其他书店
印刷装订	北京君升印刷有限公司
版　　次	2017 年 9 月第 1 版
印　　次	2017 年 9 月第 1 次印刷
开　　本	710×1000　1/16
印　　张	39
插　　页	2
字　　数	659 千字
定　　价	158.00 元

凡购买中国社会科学出版社图书,如有质量问题请与本社营销中心联系调换
电话:010-84083683
版权所有　侵权必究

"清华政治学书系"导言

由清华大学政治学系和清华大学治理技术研究中心共同推出的"清华政治学书系"丛书，经过几年的努力，终于与读者见面了。

"清华政治学书系"是以清华大学政治学系和清华大学治理技术研究中心为研究平台的国内学者的研究著作、研究报告、论文集等的综合集成，重点涉及四方面的研究成果。一是政治学理论的研究，尤其是当前政治学界重点关注的民主理论、治理理论、法治理论等方面的研究成果。二是治理技术的研究，重点是以治理技术的视角开展的多维度的民主治理、多层治理、有效治理、转型治理、危机治理等方面的研究所产出的成果。三是中国政治发展的研究，从理论和实践层面对中国内地以及港澳台的政治发展进行综合性比较研究的报告、论文或学术专著。四是公共政策研究，既包括宏观政策背景和政策走向的综合性研究成果，也包括具体政策的案例分析和量化研究等系列性的研究成果。出版"清华政治学书系"的目的，是为中国的政治学界提供新的理论视野，以积极姿态促进中国政治学的良性发展。

"清华政治学书系"首批推出的是史卫民教授所著的以"政策民主"为书名的三部著作。第一部重点阐释的是"政策民主"的马克思主义理论基础，不仅系统整理了马克思主义经典作家对政策与民主关系的看法，亦对巴黎公社、苏维埃、计划经济、民主集中制和改革开放五种政策民主的理论范式作了全面的说明。第二部重点阐释的是"政策民主"的西方政治学的理论基础，系统整理了非马克思主义的西方政治学者对政策与民主关系的看法，并对直接民主、意见表达、代议制民主等十四种政策民主的理论范式作了全面的说明。第三部是"政策民主"理论体系的构建，不仅对"政策民主"的概念给出了明确的定义，还就"政策民主"理论所涉及的权力、权利、价值、社会、信息、参与、法治、制度、程序、文化等范畴涉及的问题，作出了具体的解释，并概要性地说明了"政策民主"与其他民主的关联和区别。

"清华政治学书系"的出版，得到了香港新范式基金会的支持和赞助，在此特别表示衷心的感谢。

关注中国问题、发展中国政治学，是"清华政治学书系"的基本宗旨。对于本丛书所推出的各种著述，欢迎学界同仁和广大读者提出批评意见。

张小劲
2017 年 9 月 10 日

清华政治学书系

研究成果之一

《政策民主·第一部·马克思主义的理论基础》

研究成果之二

《政策民主·第二部·西方政治学的理论基础》

研究成果之三

《政策民主·第三部·理论体系的构建》

目　录

前言 …………………………………………………………………（1）

第一章　马克思、恩格斯：夺取政权的政策诉求 ………………（3）
  一　与"权力"有关的政策理念 …………………………………（3）
    （一）国家依靠公共权力的存在 ……………………………（3）
    （二）政治权力是经济权力的产物 …………………………（4）
    （三）集权是国家的本质 ……………………………………（6）
    （四）无产阶级负有夺取国家权力的重大使命 ……………（7）
    （五）无产阶级政党要有自己的政策 ………………………（8）
  二　政策与民主的基本关系 ……………………………………（11）
    （一）民主就是共产主义 ……………………………………（11）
    （二）"民主制"的政策含义 …………………………………（13）
    （三）无产阶级民主制度与民主政策 ………………………（17）
  三　作为斗争武器的政策 ………………………………………（19）
    （一）反对统治阶级政策的无产阶级政治运动 ……………（19）
    （二）正确认识市民社会的政策功能 ………………………（22）
    （三）选举的政策作用 ………………………………………（23）
    （四）无产阶级的选举策略 …………………………………（27）
    （五）在议会政治中坚持无产阶级政党的政策诉求 ………（29）
  四　民众的权利和政策参与 ……………………………………（35）
    （一）无产阶级的权利诉求 …………………………………（35）
    （二）无产阶级不能放弃政治和政策 ………………………（37）
    （三）国家成员整体性的政策参与 …………………………（38）

　　　　（四）谨慎看待全民投票的政策方式 …………………………（39）
　　　　（五）舆论与政策参与的关系 ……………………………………（39）
　　五　政策的价值诉求 ……………………………………………………（42）
　　　　（一）无产阶级政策的基本价值取向 …………………………（42）
　　　　（二）对平等的理解 ……………………………………………（44）
　　　　（三）无产阶级的自由观念 ……………………………………（46）
　　六　政策的法制要求 ……………………………………………………（48）
　　　　（一）法律与法制 ………………………………………………（48）
　　　　（二）无产阶级的宪章运动 ……………………………………（50）
　　　　（三）"人民立法"与"由人民来管理" …………………………（51）
　　七　无产阶级政党的政策规则和政策态度 …………………………（52）
　　　　（一）无产阶级政党的基本政策规则 …………………………（53）
　　　　（二）对一些基本政策问题的态度 ……………………………（55）

第二章　"公社"政策范式 ………………………………………………（58）
　　一　"公社"的政权特征 ………………………………………………（58）
　　　　（一）建立公社是为了夺取权力 ………………………………（58）
　　　　（二）公社是无产阶级的政权形式 ……………………………（59）
　　　　（三）公社是废除国家的过渡形式 ……………………………（60）
　　二　"公社"的组织形式和政策运行方式 ……………………………（61）
　　　　（一）建立在普选基础上的公社组织 …………………………（62）
　　　　（二）公社的政策运行规则 ……………………………………（62）
　　三　"公社"的政策取向和政策作用 …………………………………（64）
　　　　（一）巴黎公社的政策措施 ……………………………………（64）
　　　　（二）公社政策的阶级性质 ……………………………………（66）
　　　　（三）公社的政策作用 …………………………………………（67）
　　四　"公社"的政策失误教训 …………………………………………（68）
　　　　（一）军事策略的失误 …………………………………………（68）
　　　　（二）政务管理策略的失误 ……………………………………（69）
　　　　（三）由巴黎公社引申出的政策话题 …………………………（71）

第三章 列宁：从"公社国家"到苏维埃政权的政策诉求 …………（74）
  一 "巴黎公社"向"公社国家"的演进 ……………………（74）
    （一）对巴黎公社的基本看法 ………………………（74）
    （二）取代旧国家机器的十大取向 …………………（76）
    （三）对"公社"政策范式的发展 ……………………（80）
    （四）"公社国家"要求的政权转换 …………………（83）
  二 资产阶级民主与无产阶级民主 ………………………（84）
    （一）民主的基本含义 ………………………………（84）
    （二）资产阶级民主的基本特征 ……………………（87）
    （三）无产阶级民主与资产阶级民主的重大区别 …（90）
    （四）实现无产阶级民主的基本要求 ………………（95）
  三 围绕选举展开的斗争 …………………………………（98）
    （一）对普选权和选举原则的全面理解 ……………（98）
    （二）对挑战人民代表制选举的积极抵制 …………（99）
    （三）无产阶级政党在杜马选举中的策略 …………（100）
    （四）选举体现的革命和政策目标 …………………（103）
  四 无产阶级议会政治的发展 ……………………………（105）
    （一）对无产阶级议会斗争的正确认识 ……………（105）
    （二）议会党团的重要作用 …………………………（108）
    （三）利用议会的政策宣示 …………………………（110）
    （四）为"立宪会议"创造条件 ………………………（113）
  五 一切权力归苏维埃 ……………………………………（115）
    （一）建立人民代表大会的政治诉求 ………………（115）
    （二）苏维埃的性质界定 ……………………………（116）
    （三）苏维埃的政策取向 ……………………………（118）
    （四）农民委员会和农村苏维埃 ……………………（119）
    （五）夺取政权等同于建立"公社国家"苏维埃 ……（121）
  六 无产阶级政党的政策观念 ……………………………（123）
    （一）对"政策"的基本要求 …………………………（123）
    （二）与政策有关的权力和权利 ……………………（125）
    （三）政策价值取向：平等与自由 …………………（127）
    （四）政治参与和政治教育 …………………………（129）

（五）舆论与政策的关系 …………………………………（131）
　　（六）影响政策的制度和法制因素 ……………………（134）
　　（七）对政府政策的批判立场 …………………………（137）
七　党的策略与民主政策过程 ………………………………（140）
　　（一）无产阶级政党的策略问题 ………………………（140）
　　（二）党内的民主选举与民主决策 ……………………（144）
　　（三）具有双重含义的"民主集中制" …………………（146）

第四章　"苏维埃"政策范式 ……………………………………（149）
一　苏维埃式的国家 …………………………………………（149）
　　（一）公社式国家和苏维埃式国家 ……………………（149）
　　（二）苏维埃国家的基本特征 …………………………（150）
　　（三）苏维埃国家的组织建构 …………………………（152）
　　（四）苏维埃国家的历史任务 …………………………（153）
二　苏维埃的民主 ……………………………………………（156）
　　（一）对资产阶级民主的批判 …………………………（156）
　　（二）无产阶级民主即苏维埃的民主 …………………（158）
　　（三）苏维埃共和国是更高类型和最高类型的
　　　　　民主制 ……………………………………………（159）
　　（四）反对资产阶级民主的实际举动：废除
　　　　　立宪会议 …………………………………………（162）
　　（五）选举与民主的关系 ………………………………（164）
　　（六）民主与专政的关系 ………………………………（168）
　　（七）反对"生产民主" …………………………………（171）
三　"战时共产主义"向"新经济政策"的转化 ……………（173）
　　（一）"战时共产主义"的政策要点 ……………………（173）
　　（二）"新经济政策"的提出 ……………………………（175）
　　（三）"新经济政策"的组织和宣传措施 ………………（180）
　　（四）对"国家资本主义"的理解 ………………………（182）
　　（五）有秩序"退却"和停止"退却" ……………………（184）
　　（六）"新经济政策"的效果评估 ………………………（186）
四　"苏维埃"政策范式的基本要求 …………………………（187）

（一）基本政策理念 …………………………………（187）
　　（二）党的政策核心作用 ……………………………（190）
　　（三）民主集中制：从"集体管理制"到"一长制"
　　　　　的变化 ……………………………………………（194）
　　（四）政策执行的规范性要求 ………………………（198）
　　（五）反对官僚主义 …………………………………（199）
　　（六）法制保障和政策监督 …………………………（203）
　　（七）广泛的政策参与 ………………………………（204）
　　（八）"计划经济"的萌芽 …………………………（210）

第五章　斯大林："计划经济"政策范式 …………………（212）
　一　支持"新经济政策"取向的"苏维埃"政策范式 ……（212）
　　（一）建立苏维埃式国家的基本诉求 ………………（212）
　　（二）为建立苏维埃政权提出的民主要求 …………（216）
　　（三）苏维埃政权的基本制度特征 …………………（219）
　　（四）党的决策与党内民主 …………………………（224）
　　（五）建立有效的政策执行和监督体制 ……………（227）
　　（六）确立与苏维埃制度结合的民主机制 …………（230）
　　（七）对"新经济政策"的理解和支持 ……………（231）
　二　"新经济政策"向"计划经济"政策的转变 …………（233）
　　（一）"计划经济"的早期表述 ……………………（233）
　　（二）"新经济政策"第一时期的"计划性"要求 ……（234）
　　（三）"新经济政策"第二时期的工业发展计划 ……（237）
　　（四）第一个五年计划的政策要求 …………………（239）
　　（五）第二个五年计划和"计划经济"的定型 ………（241）
　三　凸显党的领导的"计划经济"政策范式原则 …………（244）
　　（一）党的政策领导作用原则 ………………………（244）
　　（二）密切联系群众原则 ……………………………（246）
　　（三）自我批评原则 …………………………………（247）
　　（四）党的团结与统一原则 …………………………（249）
　　（五）求实的决策原则 ………………………………（250）
　　（六）掌控"计划经济"原则 ………………………（251）

四 "计划经济"政策范式的决策体制 …………………… (252)
　　（一）避免"个人决定"的集体领导 ………………… (252)
　　（二）反对"党专政"和"领袖专政" ……………… (253)
　　（三）建立"全会"决策机制 ……………………… (253)
　　（四）注重决策的理论与方法 ……………………… (254)
五 "计划经济"政策范式的执行体制 …………………… (256)
　　（一）政策执行的必备条件 ………………………… (256)
　　（二）注重政策执行的"过渡"环节 ……………… (257)
　　（三）注重"说服"而不是"强制" ………………… (257)
　　（四）推行"一长制" ……………………………… (258)
　　（五）与党和国家机关中的官僚主义作斗争 ……… (258)
　　（六）干部决定一切 ………………………………… (260)
六 "计划经济"政策范式的监督体制 …………………… (261)
　　（一）经常性和领导亲自参加的检查 ……………… (261)
　　（二）根据政策效果而不是工作报告进行实地检查 …… (261)
　　（三）自上而下与自下而上的检查（监督）相结合 …… (261)
　　（四）建立中央工作人员到地方工作的检查制度 …… (262)
　　（五）公开承认错误和诚恳纠正错误 ……………… (263)
七 "计划经济"政策范式的民主取向 …………………… (264)
　　（一）民主的基本要求 ……………………………… (264)
　　（二）"计划经济"政策范式的民主制度基础 …… (266)
　　（三）"计划经济"政策范式的选举基础 ………… (271)
　　（四）"计划经济"政策范式的群众参与基础 …… (275)
　　（五）"计划经济"政策范式的价值取向基础 …… (277)
　　（六）"计划经济"政策范式的"党内民主"基础 …… (278)

第六章 毛泽东：民主主义革命的政策诉求 …………… (281)
一 旧民主主义与新民主主义 …………………………… (281)
　　（一）旧民主主义的资产阶级民主革命 …………… (281)
　　（二）新民主主义革命与旧民主主义革命的区别 …… (283)
　　（三）三民主义与新三民主义 ……………………… (287)
二 不同革命时期的政策选择 …………………………… (290)

（一）北伐战争、土地革命时期的政策要求 …………………（290）
　　　（二）抗日战争时期中国共产党的基本政策取向 ………（291）
　　　（三）解放战争时期的政策安排 ……………………………（300）
　三　民主主义革命中的民主问题 …………………………………（302）
　　　（一）北伐战争和土地革命时期：维系工农兵政府的
　　　　　　民主 ……………………………………………………（302）
　　　（二）抗日战争时期：维系统一战线的民主 ………………（306）
　　　（三）解放战争时期：强调人民民主专政的民主 …………（318）
　四　中国共产党的基本政策理念 …………………………………（326）
　　　（一）"群众路线"理念 ……………………………………（326）
　　　（二）"实事求是"理念 ……………………………………（330）
　　　（三）"党内民主"理念 ……………………………………（332）
　　　（四）"学习理论"和"反对党八股"理念 ………………（335）
　　　（五）"吸取巴黎公社经验教训"理念 ……………………（336）
　五　中国共产党的政策机制 ………………………………………（338）
　　　（一）代表群众利益的决策标准 ……………………………（338）
　　　（二）实事求是的决策态度 …………………………………（339）
　　　（三）保证革命方向的决策原则 ……………………………（342）
　　　（四）调查研究的决策方法 …………………………………（344）
　　　（五）民主集中的决策机制 …………………………………（345）
　　　（六）党委制的决策体制 ……………………………………（347）
　　　（七）听取政策意见和政策协商 ……………………………（350）
　　　（八）政策解释和政策宣传 …………………………………（352）
　　　（九）政策执行中的领导方法 ………………………………（354）
　　　（十）建立政策报告制度 ……………………………………（356）
　　　（十一）干部决定一切 ………………………………………（357）
　　　（十二）勇于纠正政策错误 …………………………………（358）

第七章　"民主集中制"政策范式 ……………………………………（361）
　一　民主与民主集中制 ……………………………………………（361）
　　　（一）民主和集中是对立的统一关系 ………………………（361）
　　　（二）坚持"人民民主"取向的民主原则 …………………（362）

- (三) 民主集中制所体现的民主与专政的关系 …………… (363)
- (四) 民主集中制的基本要求 ……………………………… (363)
- (五) 民主集中制是政策制定和执行的重要保障 ………… (366)

二 "民主集中制"政策范式的制度基础 ………………………… (367)
- (一) 人民代表大会制度 …………………………………… (367)
- (二) 政治协商制度 ………………………………………… (368)
- (三) 统一战线的制度功能 ………………………………… (370)
- (四) 行政管理制度 ………………………………………… (371)

三 "民主集中制"政策范式的政策取向 ………………………… (374)
- (一) "党的领导"取向 …………………………………… (374)
- (二) "人民利益"取向 …………………………………… (376)
- (三) "总路线指导政策"取向 …………………………… (377)
- (四) "不照搬外国经验"取向 …………………………… (379)
- (五) "认识世界，改造世界"取向 ……………………… (380)
- (六) "社会主义革命"和"社会主义改造"取向 ……… (384)
- (七) "团结一切可以团结的人"取向 …………………… (385)
- (八) "发展商品生产"取向 ……………………………… (386)
- (九) "计划经济"取向 …………………………………… (387)
- (十) 走中国自己的路的"现代化"取向 ………………… (393)

四 "民主集中制"政策范式的决策机制 ………………………… (394)
- (一) 集体领导机制 ………………………………………… (394)
- (二) 党政分工机制 ………………………………………… (396)
- (三) 会议讨论机制 ………………………………………… (397)
- (四) 调查研究机制 ………………………………………… (398)
- (五) 群众路线机制 ………………………………………… (402)
- (六) 计划决策机制 ………………………………………… (406)
- (七) 政策掌控机制 ………………………………………… (407)

五 "民主集中制"政策范式的执行政策要求 …………………… (412)
- (一) "领导方法"要求 …………………………………… (412)
- (二) "不执行错误政策"要求 …………………………… (414)
- (三) "民主管理"要求 …………………………………… (415)
- (四) 反对不良风气要求 …………………………………… (416)

  六 "民主集中制"政策范式的政策监督机制 …………… (419)
    (一) 政策检查机制 …………………………………… (419)
    (二) 批评和自我批评机制 …………………………… (420)
    (三) 反对官僚主义机制 ……………………………… (422)
    (四) "讲真话"机制 ………………………………… (426)
    (五) 政策纠错机制 …………………………………… (428)

第八章 邓小平:"民主集中制"政策范式的阐释 ………… (432)
  一 新民主主义革命的政策观 ……………………………… (432)
    (一) 新民主主义革命的基本政策理念 ……………… (432)
    (二) 群众运动和民主教育 …………………………… (435)
    (三) 民主政权建设中的政策问题 …………………… (437)
  二 民主与民主集中制 ……………………………………… (443)
    (一) 发展党和国家的民主生活 ……………………… (443)
    (二) 民主集中制的基本要求 ………………………… (443)
  三 "民主集中制"政策范式的决策机制 ………………… (448)
    (一) 集体领导机制 …………………………………… (448)
    (二) 党政分工机制 …………………………………… (451)
    (三) 群众路线机制 …………………………………… (451)
    (四) 调查研究和计划决策机制 ……………………… (456)
    (五) 政策掌控机制 …………………………………… (457)
  四 "民主集中制"政策范式的执行政策要求 …………… (460)
    (一) "政策宣传"要求 ……………………………… (460)
    (二) "坚决执行政策"要求 ………………………… (462)
    (三) "反官僚主义"要求 …………………………… (462)
  五 "民主集中制"政策范式的政策监督机制 …………… (464)
    (一) 对领导人的监督 ………………………………… (464)
    (二) 对干部的监督 …………………………………… (465)
    (三) 对中国共产党的监督 …………………………… (465)
    (四) 来自人大、政协等的政策监督 ………………… (466)
    (五) 中央主动纠正政策错误 ………………………… (468)
  六 党内民主与党的建设 …………………………………… (468)

（一）以党代表大会常任制落实党内民主 …………… (468)
　　　（二）恢复党内民主的优良传统 ………………………… (470)
　　　（三）以整风达到政策统一 ……………………………… (471)
　　　（四）干部能上能下 ……………………………………… (471)
　　　（五）正确认识领袖的作用 ……………………………… (472)

第九章　"改革开放"政策范式 ………………………………… (474)
　一　"改革开放"的政策路线 ……………………………… (474)
　　　（一）"开放政策"的基本诉求 ………………………… (474)
　　　（二）"改革"的基本定位 ……………………………… (477)
　　　（三）对"改革开放"政策路线的全面理解 …………… (479)
　　　（四）"改革开放"政策的稳定性、长期性要求 ……… (485)
　二　"改革开放"政策范式的重要取向 …………………… (488)
　　　（一）"实事求是"取向 ………………………………… (489)
　　　（二）"解放思想"取向 ………………………………… (494)
　　　（三）"现代化"取向 …………………………………… (496)
　　　（四）"社会主义"取向 ………………………………… (499)
　　　（五）"市场经济"取向 ………………………………… (504)
　　　（六）"中国道路"取向 ………………………………… (507)
　　　（七）"社会安定"取向 ………………………………… (508)
　　　（八）"不争论"取向 …………………………………… (510)
　　　（九）"既反右也反左"取向 …………………………… (511)
　　　（十）"大胆试验"取向 ………………………………… (513)
　三　"改革开放"政策范式的民主基础 …………………… (515)
　　　（一）社会主义民主（人民民主）的基本内涵 ………… (515)
　　　（二）注重实现社会主义民主的形式 ………………… (516)
　　　（三）充分保障公民的民主权利 ……………………… (519)
　四　"改革开放"政策范式的法制基础 …………………… (521)
　　　（一）民主与法制的关系 ……………………………… (521)
　　　（二）加强立法工作 …………………………………… (522)
　　　（三）党要有党规党法 ………………………………… (523)
　　　（四）以法制维持安定团结的局面 …………………… (524)

（五）加强纪律教育和法制教育 …………………………（524）
五　"改革开放"政策范式的群众路线基础 ………………………（526）
　　（一）群众路线就是善于从群众议论中发现问题并
　　　　　制定相应政策 …………………………………………（526）
　　（二）群众路线就是要正确对待人民群众提出的
　　　　　意见 ………………………………………………………（527）
　　（三）群众路线就是要认真关心群众生活 …………………（528）
　　（四）群众路线就是同人民一起商量着办事 ………………（528）
　　（五）群众路线就是要向群众耐心地解释政策和面临
　　　　　的困难 …………………………………………………（529）
　　（六）群众路线就是要以民主集中制解决利益问题 ………（530）
　　（七）群众路线要求干部起模范带头作用 …………………（531）
六　"改革开放"政策范式的制度基础 ……………………………（532）
　　（一）发挥社会主义制度的优越性 …………………………（532）
　　（二）坚持实行人民代表大会制度 …………………………（534）
　　（三）注重统一战线的政策功能 ……………………………（535）
　　（四）政治体制改革的基本要求 ……………………………（536）
七　"改革开放"政策范式的决策体制 ……………………………（545）
　　（一）注重研究新问题、新情况 ……………………………（546）
　　（二）坚持中国共产党的领导 ………………………………（547）
　　（三）保证中央的权威 ………………………………………（548）
　　（四）对中央决策层的要求 …………………………………（549）
　　（五）完善"民主集中制"的决策机制 ……………………（554）
八　"改革开放"政策范式的政策执行和监督体制 ………………（560）
　　（一）坚决执行中央政策 ……………………………………（560）
　　（二）克服官僚主义 …………………………………………（562）
　　（三）实践是检验政策的标准 ………………………………（563）
　　（四）政策"有错必纠" ……………………………………（565）
　　（五）实事求是的政策评价 …………………………………（567）

第十章　与"政策与民主"有关的马克思主义理论范式 …………（569）
　一　"公社"政策范式 ………………………………………………（569）

  （一）以无产阶级革命的视角阐释政策与民主的
    关系 …………………………………………………（569）
  （二）"公社"政策范式的基本要求 …………………（570）
二 "苏维埃"政策范式 ……………………………………（572）
  （一）"苏维埃"政策范式是"公社"政策范式的延续
    和发展 ………………………………………………（573）
  （二）政策与民主结合的"苏维埃"政策范式 …………（574）
  （三）"苏维埃"政策范式的十大要素 …………………（577）
三 "计划经济"政策范式 …………………………………（579）
  （一）"计划经济"政策范式的基本原则 ………………（579）
  （二）"计划经济"政策范式的民主要求 ………………（580）
  （三）"计划经济"政策范式的决策要求 ………………（581）
  （四）"计划经济"政策范式的政策执行和监督
    要求 …………………………………………………（582）
四 "民主集中制"政策范式 ………………………………（584）
  （一）发展和完善"民主集中制" ………………………（584）
  （二）"民主集中制"政策范式的制度基础 ……………（585）
  （三）"民主集中制"政策范式的决策机制 ……………（586）
  （四）"民主集中制"政策范式的政策执行机制 ………（589）
  （五）"民主集中制"政策范式的政策监督机制 ………（590）
五 "改革开放"政策范式 …………………………………（591）
  （一）作为基本路线的"改革开放" ……………………（591）
  （二）"改革开放"要求发展民主 ………………………（593）
  （三）为"改革开放"奠定法制基础 ……………………（594）
  （四）群众路线的基础性作用 …………………………（594）
  （五）"改革开放"政策范式的决策要求 ………………（595）
  （六）"改革开放"政策范式的政策执行和监督
    要求 …………………………………………………（597）
  （七）以政治体制改革完善"改革开放"政策范式 ……（598）
六 联系与发展：五种理论范式的共性与特性 ……………（600）

参考书目 ……………………………………………………（602）

前　言

在中国的现代化进程中，政治发展扮演了重要的角色。通过对改革开放以来中国政治发展的全景式研究，尤其是对影响中国政治发展的经济、制度、民主、法治、政治文化、公民社会、社会冲突、国际影响、政策、发展方式十个主要因素的分析，可以看出尽管经济、制度、民主、法治、政治文化、公民社会、社会冲突、国际影响等因素在中国政治发展中都起了重要的作用，但这些因素都不是主导中国政治发展的根本性因素，真正主导或决定中国政治发展的应该是政策因素，政策因素极大地影响、主导甚至制约着其他因素的发展，并形成了"政策主导型的渐进式改革"的政治发展范式。[①] 换言之，在国家的现代化进程中，政治发展范式可以有多种选择，对政治发展范式本身也可以有不同的解释。在多种可能被选择的政治发展范式中，改革开放以来，中国真正选择的应是"政策主导"的政治发展范式。[②]

恰恰是因为"政策"在中国政治发展中扮演着极为重要的角色，作为政治学的学者，就不能不关注一个重大的理论问题：在"政策"与"民主"之间，能否形成紧密的关系？如果"政策"与"民主"能够结合在一起，进而影响国家的政治发展方向，那么中国的"政策主导"政治发展范式（"政策主导型的渐进式改革"的政治发展范式），就可能具有鲜明的民主特征，并最终成为一种被更多人理解和支持的政治发展范式。

为此，我们需要引入一个重要的概念，这个概念就是"政策民主"。

[①] 见史卫民《"政策主导型"的渐进式改革——改革开放以来中国政治发展的因素分析》，中国社会科学出版社2011年版。

[②] 见史卫民、张小兵《中国政治发展范式的选择》，中国社会科学出版社2013年版。

在2011年出版的著作中，已经开始使用这一概念，着重于解释在中国的政治发展状态下，"选举民主"与"政策民主"各有什么样的发展空间，并对"政策民主"给出了一个简单定义，即"政策民主是以政策民主化及公民参与政策过程为代表的民主"。[①] 2013年，我们又对"政策民主"概念作出了新的解释，强调"政策民主"是一种程序性的民主，要求以民主的方式改变封闭的政策过程，使公共政策能够获得更好的民意基础；此外，我们还讨论了"政策民主"与"选举民主""协商民主""人民民主""党内民主""网络民主"的关系问题，并对"政策民主"如何推动中国的政治体制改革作了总体性的说明。[②]

"政策民主"确实是一个新的概念，因为无论是在马克思主义学说还是在西方政治学的发展中，还没有人使用这样的概念，只出现过"决策民主""民主决策""民主政策"等与之相近的概念。"政策民主"要成为一个严谨并且通用的学术概念，并用之于实践，必须回答三个彼此相关的问题。第一个问题是如果将"政策民主"视为一种理论，它是有其自身的理论渊源，还是"无源之水"，直接由作者自己"构想"出来的；换言之，将"政策"与"民主"联系在一起，是否有过先例，甚至出现过一些具有代表性意义的理论解释范式。第二个问题是"政策民主"更准确的定义是什么，它将涉及哪些领域的问题，尤其是在规范性意义上，"政策民主"能否成为民主理论中的一种系统性的理论表述。第三个问题是与民主有关的概念不是太少，而是已经太多，那么为什么还要提出"政策民主"的概念，它的理论意义何在，实践意义何在，它与其他民主概念的区别何在。要回答这些问题，显然既需要进行更深入的理论研究，也需要对实践经验等进行更全面的梳理。

为回答第一个问题，我们首先想到的就是在马克思主义学说中寻找将"政策"与"民主"联系在一起的先例，本书就是该研究工作的成果。通过系统整理马克思、恩格斯、列宁、斯大林、毛泽东、邓小平对政策与民主关系的看法，可以看出马克思主义经典作家不仅认可政策与民主之间有密切的关系，还就这样的关系提出了五种重要的理论解释范式，即巴黎公

[①] 史卫民：《"政策主导型"的渐进式改革——改革开放以来中国政治发展的因素分析》，第644—645页。

[②] 史卫民、张小兵：《中国政治发展范式的选择》，第177—192页。

社范式、苏维埃范式、计划经济范式、民主集中制范式和改革开放范式。也就是说,"政策民主"理论不仅能够在马克思主义学说中找到"源",还应该将马克思主义学说作为极为重要的理论基础。

应该承认,本书对马克思主义经典作家各种论点的梳理和归类,还是"粗线条"的,只是希望为政策与民主关系的理论解读画出一个基本轮廓。由于作者学识有限,无论在理论范式的划分上,还是在论点的梳理上,都可能有重大遗漏,甚至出现一些误读和误解,希望方家给予批评和指正。

另,本书所引文献版本信息详见书后参考书目。

第一部

马克思主义的理论基础

第一章　马克思、恩格斯：夺取政权的政策诉求

马克思、恩格斯在系统性的无产阶级革命理论中，对于无产阶级尤其是无产阶级政党为夺取政权，应该采取什么样的政策，或者说应该坚持什么样的政策路线和民主方法，提出了明确的要求，主要涉及七个方面的内容，可分述如下。

一　与"权力"有关的政策理念

马克思和恩格斯以无产阶级的革命学说看待"政策"问题，突出强调的是"权力"对政策的作用，并将夺取国家权力设定为无产阶级政党的明确政策目标。

（一）国家依靠公共权力的存在

恩格斯指出："国家是以一种与全体经常有关的成员相脱离的、特殊的公共权力为前提的。""国家是社会在一定发展阶段上的产物；国家是表示，这个社会陷入了不可解决的自我矛盾，分裂为不可调和的对立面而又无力摆脱这些对立面。而为了使这些对立面，这些经济利益互相冲突的阶级，不致在无谓的斗争中把自己和社会消灭，就需要有一种表面上驾于社会之上的力量，这种力量应当缓和冲突，把冲突维持在'秩序'的范围之内；这种从社会中产生但又自居于社会之上并且日益同社会脱离的力量，就是国家。""国家与旧的氏族组织不同的地方，第一点就是它按地区来划分它的国民。""第二个不同点，是公共权力的设立。""由于国家是从控制阶级对立的需要中产生的，同时又是在这些阶级的冲突中产生的，所以，它照例是最强大的、在经济上占统治地位的阶级的国家，这个

阶级借助于国家而在政治上也成为占统治地位的阶级,因而获得了镇压和剥削被压迫阶级的新手段。因此,古代的国家首先是奴隶主用来镇压奴隶的国家,封建国家是贵族用来镇压农奴和依附农的机关,现代的代议制的国家是资本剥削雇佣劳动的工具。""所以,国家并不是从来就有的。曾经有过不需要国家,而且根本不知道国家和国家权力为何物的社会。在经济发展到一定阶段而必然使社会分裂为阶级时,国家就由于这种分裂而成为必要了。""随着阶级的消失,国家也不可避免地要消失。"①

公共权力与一定的"政策行为"有密切的关系,如恩格斯所言:"这种公共权力在每一个国家里都存在。构成这种权力的,不仅有武装的人,而且还有物质的附属物,如监狱和各种强制机关。""为了维持这种公共权力,就需要公民缴纳费用——捐税。……随着文明时代的向前进展,甚至捐税也不够了;国家就发行期票、借债,即发行公债。""官吏既然掌握着公共权力和征税权,他们就作为社会机关而驾于社会之上。"②

(二) 政治权力是经济权力的产物

马克思和恩格斯将"政治权力"等同于"国家权力",并就政治权力与经济权力之间的关系,提出了一些明确的看法。

第一,应明确区分经济权力(财产权力)和政治权力(国家权力)。马克思指出:"在我们面前有两种权力:一种是财产权力,也就是所有者的权力,另一种是政治权力,即国家的权力。""权力也统治着财产。""这就是说:财产的手中并没有政治权力,甚至政治权力还通过如任意征税、没收、特权、官僚制度加于工商业的干扰等等办法来捉弄财产"。③

第二,政治权力是经济权力的产物。马克思指出:"只要追溯一下1825年以来的不列颠立法,大家就会发现,只是在财政方面以对资产阶级一贯让步为代价,才在政治方面抵抗住了资产阶级。寡头政治无论如何都不能理解下面这一简单事实:政治权力只是经济权力的产物;使寡头政治让出经济权力的那个阶级必然也会争得政治权力。"④ 恩格斯也认为:

---

① 恩格斯:《家庭、私有制和国家的起源》,《马克思恩格斯全集》,第21卷,第110、194—198页。
② 恩格斯:《家庭、私有制和国家的起源》,《马克思恩格斯全集》,第21卷,第195页。
③ 马克思:《道德化的批评和批评化的道德》,《马克思恩格斯全集》,第4卷,第330页。
④ 马克思:《君士坦丁堡的乱子》,《马克思恩格斯全集》,第9卷,第80页。

"一切政府,甚至最专制的政府,归根到底都只不过是本国状况所产生的经济必然性的执行者。它们可以通过各种方式——好的、坏的或不好不坏的——来执行;它们可以加速或延缓经济发展及其政治和法律的结果,可是最终它们还是要遵循这种发展。"①

第三,政治权力对经济发展既可能起正面作用,也可能起负面作用。恩格斯指出:"一切政治权力起先总是以某种经济的、社会的职能为基础的,随着社会成员由于原始公社的瓦解而变成私人生产者,因而和社会公共职能的执行者更加疏远,这种权力加强了。""在政治权力对社会独立起来并且从公仆变为主人之后,它可以朝两个方向起作用。或者按照合乎规律的经济发展的精神和方向去起作用,在这种情况下,它和经济发展之间就没有任何冲突,经济发展就加速了。或者违反经济发展而起作用,在这种情况下,除去少数例外,它照例总是在经济发展的压力下陷于崩溃。"②"国家权力对于经济发展的反作用可能有三种:它可以沿着同一方向起作用,在这种情况下就会发展得比较快;它可以沿着相反方向起作用,在这种情况下它现在在每个大民族中经过一定的时期就都要遭到崩溃;或者是它可以阻碍经济发展沿着某些方向走,而推动它沿着另一种方向走,这第三种情况归根到底还是归结为前两种情况中的一种。但是很明显,在第二和第三种情况下,政治权力能给经济发展造成巨大的损害,并能引起大量的人力和物力的浪费。"③

第四,"政策"与"行政权"有密切的关系。马克思指出:"在资产阶级共和国里,生活的各个领域都处在自由竞争的无限统治之下,只是在总的方面留下一个为整个资产阶级所必需的最低限度的行政权,以便在对内对外政策上保障资产阶级的共同利益并管理资产阶级的共同事务;而就连这个最低限度的行政权也必须组织得尽可能合理而经济。"④

第五,上层建筑的影响。恩格斯指出:"经济状况是基础,但是对历史斗争的进程发生影响并且在许多情况下主要是决定着这一斗争的形式

---

① 《恩格斯致尼·弗·丹尼尔逊(1892年6月18日)》,《马克思恩格斯全集》,第38卷,第364—365页。
② 恩格斯:《反杜林论》,《马克思恩格斯全集》,第20卷,第198—199页。
③ 《恩格斯致康·施米特(1890年10月27日)》,《马克思恩格斯全集》,第37卷,第487页。
④ 马克思:《宪章派》,《马克思恩格斯全集》,第8卷,第389页。

的，还有上层建筑的各种因素：阶级斗争的各种政治形式和这个斗争的成果——由胜利了的阶级在获胜以后建立的宪法等等，各种法权形式以及所有这些实际斗争在参加者头脑中的反映，政治的、法律的和哲学的理论，宗教的观点以及它们向教义体系的进一步发展。这里表现出这一切因素的交互作用，而在这种交互作用中归根到底是经济运动作为必然的东西通过无穷无尽的偶然事件向前发展。"①

（三）集权是国家的本质

马克思和恩格斯在青年时代就已经注意到中央集权与政策的关系问题。马克思曾指出："国家权力是否应当从一个点出发，也就是说，一个点是否应当成为行政管理的中心，或者说每个省等是否应当自己管理自己的事务，而中央政府只有在对外政策上才应当作为'对外'的整体的权力起作用，——集权的问题决不能这样提出来。"② 恩格斯则认为："集权所具有的矛盾是无可争辩的，但是我们也承认集权有其存在的历史的和合理的权利！集权是国家的本质、国家的生命基础，而集权之不无道理正在于此。每个国家必然要力求实现集权，每个国家，从专制君主政体起到共和政体止，都是集权的。美国是这样，俄国也是这样。没有一个国家可以不要集权，联邦制国家需要集权，丝毫也不亚于已经发达的集权国家。只要存在着国家，每个国家就会有自己的中央，每个公民只是因为有集权才履行自己的公民职责。在这种情况下，即在这种集权的条件下，公共管理完全可以放手不管，一切和单个公民或团体有关的事情也可以放手不管，甚至必须这样做。因为，既然集权是集中在一个中心，既然这里的一切都是汇集在一个点上，那么，集权的活动必然应当是有普遍意义的，它的管辖范围和职权就应当包括一切被认为是有普遍意义的事情，而涉及这个或那个人的事情则不在内。由此就产生了国家的中央政权有权颁布法律，统率管理机关，任命国家官吏，等等；同时也就产生了这样一条原则：司法权决不应当同中央发生关系，而应当属于人民，属于陪审法庭，而且，如上所述，公共事务不能纳入中央政权的管辖范围，等等。此外，国家集权

---

① 《恩格斯致约·布洛赫（1890年9月21日）》，《马克思恩格斯全集》，第37卷，第460—461页。
② 马克思：《集权问题》，《马克思恩格斯全集》，第40卷，第290页。

的实质并不意味着某个孤家寡人就是国家的中心，就象在专制君主政体下那样，而只意味着有一个人位于中心，就象共和国的总统那样。就是说，别忘记这里主要的不是身居中央的个人，而是中央本身。""集权是国家的一条原则，但也正因为集权，才不可避免地使国家超越自己的范围，使国家把自己这个特殊的东西规定为普遍物、至高无上者，并希图取得只有历史才具有的权限和地位。"①

中央集权有利于无产阶级革命，正如恩格斯所言："资产阶级已经有了相当的中央集权。无产阶级根本不认为自己因此而受到了损害；恰恰相反，正是这种中央集权才使无产阶级有可能联合起来，感到自己是一个阶级，发现民主是适当的政治世界观并且最后战胜资产阶级……民主主义的无产阶级不仅需要资产阶级最初实现的那种中央集权，而且还应当使这种中央集权在更大的范围内得到实行。……民主主义的无产阶级如果要重新确立自己的统治，就应当不仅使各个国家也都中央集权化，而且应当尽快地使所有文明国家统一起来。"②

（四）无产阶级负有夺取国家权力的重大使命

马克思和恩格斯将无产阶级掌握政治权力（国家权力）视为重大的使命，并重点强调了与之有关的三种权力。

第一种是"领导权"。恩格斯认为马克思在整个世界史观上实现了变革："历史破天荒第一次被安置在它的真正基础上；一个很明显而以前完全被人忽略的事实，即人们首先必须吃、喝、住、穿，就是说首先必须劳动，然后才能争取统治，从事政治、宗教和哲学等，——这一很明显的事实在历史上应有的权威此时终于被承认了。这种新的历史观，对于社会主义的观点有极其重要的意义。它证明了，过去的全部历史都是在阶级对抗和阶级斗争中发展的。""历史的领导权已经转到无产阶级手中，转到这个由于自己的整个社会地位只有用完全消灭任何阶级统治、任何奴役和任何剥削的方法才能解放自己的阶级手中；社会生产力已经发展到资产阶级不能控制的程度，只等待联合起来的无产阶级去掌握它，以便建立这样一种制度，使社会的每一成员不仅有可能参加生产，而且有可能参加社会财

---

① 恩格斯：《集权与自由》，《马克思恩格斯全集》，第41卷，第396—397页。
② 恩格斯：《瑞士的内战》，《马克思恩格斯全集》，第4卷，第391—392页。

富的分配和管理,并通过有计划地组织全部生产,使社会生产力及其所制成的产品增长到能够保证每个人的一切合理的需要日益得到满足的程度。"①

第二种是"革命的权力"。马克思指出:"现代的资产阶级财产关系靠国家权力来'维持',资产阶级建立国家权力就是为了保卫自己的财产关系。因此,哪里的政权落到资产阶级手里,哪里的无产者就必须将它推翻。无产者本身必须成为权力,而且首先是革命的权力。"②

第三种是"社会权力"。恩格斯指出:"唯物主义历史观从下述原理出发:生产以及随生产而来的产品交换是一切社会制度的基础;在每个历史地出现的社会中,产品分配以及和它相伴随的社会之划分为阶级或等级,是由生产什么、怎样生产以及怎样交换产品来决定的。所以,一切社会变迁和政治变革的终极原因,不应当在人们的头脑中,在人们对永恒的真理和正义的日益增进的认识中去寻找,而应当在生产方式和交换方式的变更中去寻找;不应当在有关的时代的哲学中去寻找,而应该在有关的时代的经济学中去寻找。""无产阶级将取得国家政权,并且首先把生产资料变为国家财产。""国家不是'被废除'的,它是自行消亡的。""无产阶级将取得社会权力,并且利用这个权力把脱离资产阶级掌握的社会化生产资料变为公共财产。""随着社会生产的无政府状态消失,国家的政治权威也将消失。人终于成为自己的社会结合的主人,从而也就成为自然界的主人,成为自己本身的主人——自由的人。"③

(五) 无产阶级政党要有自己的政策

马克思和恩格斯更看重的是在夺取权力的革命斗争中,无产阶级政党必须有自己的政策,并为此提出了四条明确的要求。

第一,无产阶级政党的政策必须具有阶级性的特征。恩格斯指出:"各地的经验都证明,要使工人摆脱旧政党的这种支配,最好的办法就是在每一个国家里建立一个无产阶级的政党,这个政党要有它自己的政策,这种政策将同其他政党的政策显然不同,因为它必须表现出工人阶级解放

---

① 恩格斯:《卡尔·马克思》,《马克思恩格斯全集》,第19卷,第121—124页。
② 马克思:《道德化的批评和批评化的道德》,《马克思恩格斯全集》,第4卷,第331页。
③ 恩格斯:《反杜林论》,《马克思恩格斯全集》,第20卷,第292、305—306页;《社会主义从空想到科学的发展》,《马克思恩格斯全集》,第19卷,第247页。

第一章　马克思、恩格斯：夺取政权的政策诉求　9

的条件。这种政策的细节可以根据每一个国家的特殊情况而有所不同；但是，因为劳动和资本之间的基本关系到处都一样，有产阶级对被剥削阶级的政治统治这一事实到处都存在，所以无产阶级政策的原则和目的就总是一样的，至少在一切西方国家中是这样。"①

第二，无产阶级政党的政策应该具有阶段性的特征。马克思指出："我一向反对无产阶级的反复无常的意见。我们为之献身的党，幸运的恰恰是还不能取得政权。无产阶级即使取得政权，它推行的不会直接是无产阶级的措施，而是小资产阶级的措施。我们的党只有在条件允许实现它的观点的时候，才能取得政权。"②恩格斯也指出："共产主义者从资产阶级的胜利中得到的好处只能是以下这些：（1）得到各种让步，使共产主义者易于捍卫、讨论和传播自己的原则，从而使无产阶级易于联合成一个紧密团结的、准备战斗的和有组织的阶级；（2）使他们确信，从专制政府垮台的那一天起，就轮到资产者和无产者斗争了。从这一天起，共产党在这里所采取的政策，也将和在资产阶级已占统治地位的那些国家里所采取的政策一样。"③

第三，无产阶级政党的政策应避免"机会主义"的错误。恩格斯指出："现在有人因害怕反社会党人法重新恢复，或者回想起在这项法律统治下发表的几篇过早的声明，就忽然想要党承认在德国的现行法律秩序下，可以通过和平方式实现党的一切要求。他们力图使自己和党相信，'现代的社会正在长入社会主义'，而不问一下自己，是否这样一来，这个社会就会不像虾要挣破自己的旧壳那样必然要从它的旧社会制度中长出来，就会无须用暴力来炸毁这个旧壳，是否除此之外，这个社会在德国就会无须再炸毁那还是半专制制度的、而且是混乱得不可言状的政治制度的桎梏。可以设想，在人民代议机关把一切权力集中在自己手里、只要取得大多数人民的支持就能够按照宪法随意办事的国家里，旧社会可能和平地长入新社会，比如在法国和美国那样的民主共和国，在英国那样的君主国，英国报纸上每天都在谈论即将赎买王朝的问题，这个王朝在人民的意志面前是软弱无力的。但是在德国，政府几乎有无上的权力，帝国国会及

---

①《恩格斯致国际工人协会西班牙联合会委员会》，《马克思恩格斯全集》，第 17 卷，第 304 页。
②《1850 年 9 月 15 日中央委员会会议》，《马克思恩格斯全集·附录》，第 8 卷，第 639 页。
③ 恩格斯：《共产主义原理》，《马克思恩格斯全集》，第 4 卷，第 374 页。

其他一切代议机关毫无实权,因此,在德国宣布某种类似的做法,而且在没有任何必要的情况下宣布这种做法,就是揭去专制制度的遮羞布,自己去遮盖那赤裸裸的东西。这样的政策归根到底只能把党引入迷途。人们把一般的抽象的政治问题提到首要地位,从而把那些在重大事件一旦发生,政治危机一旦来临就会自行将提到日程上来的迫切的具体问题掩盖起来。这除了使党突然在决定性的时刻束手无策,使党在具有决定意义的问题上由于从未进行过讨论而认识模糊和意见不一而外,还能有什么结果呢?……为了眼前暂时的利益而忘记根本大计,只图一时的成就而不顾后果,为了运动的现在而牺牲运动的未来,这种做法可能也是出于'真诚的'动机。但这是机会主义,始终是机会主义,而且'真诚的'机会主义也许比其他一切机会主义更危险。"①

第四,实现共产主义是无产阶级政党的长远政策目标。无产阶级革命是为了建立一种新的社会制度,并最终实现共产主义。正如恩格斯所言:"这种新的社会制度应当是怎样的?首先是将根本剥夺相互竞争的个人对工业和一切生产部门的管理权。一切生产部门将由整个社会来管理,也就是说,为了公共的利益按照总的计划和在社会全体成员的参加下来经营。这样,竞争将被这种新的社会制度消灭,而为联合所代替。因为个人管理工业的必然后果就是私有制,因为竞争不过是个别私有者管理工业的一种方式,所以私有制是同工业的个体经营和竞争密切联系着的。因此私有制也必须废除,代替它的是共同使用全部生产工具和按共同协议来分配产品,即所谓财产共有。废除私有制甚至是工业发展所必然引起的改造整个社会制度的最简明扼要的说法。所以共产主义者提出废除私有制为自己的主要要求是完全正确的。"②

新社会制度有一些具体的政策要求。恩格斯先阐述了12项政策要求。③ 在马克思与恩格斯合著的《共产党宣言》中,12项政策要求改成了10项要求:"(1)剥夺地产,把地租供国家支出之用。(2)征收高额累进税。(3)废除继承权。(4)没收一切流亡分子和叛乱分子的财产。(5)通过拥有国家资本和独享垄断权的国家银行,把信贷集中在国家手

---

① 恩格斯:《1891年社会民主党纲领草案批判》,《马克思恩格斯全集》,第22卷,第273—274页。
② 恩格斯:《共产主义原理》,《马克思恩格斯全集》,第4卷,第364—365页。
③ 恩格斯:《共产主义原理》,《马克思恩格斯全集》,第4卷,第367—368页。

里。(6)把全部运输业集中在国家手里。(7)增加国营工厂和生产工具数量,按照总的计划来开垦荒地和改良土壤。(8)实行普遍劳动义务制,成立产业军,特别是在农业方面。(9)把农业同工业结合起来,促使城乡之间的差别逐步消灭。(10)对一切儿童实行公共的和免费的教育。取消现在这种工厂童工劳动。把教育同物质生产结合起来,等等。"①

恩格斯还特别指出:"所有这一切措施不能一下子都实行起来,但是它们将一个跟着一个实行。只要向私有制一发起猛烈的进攻,无产阶级就要被迫继续向前迈进,把全部资本、全部农业、全部工业、全部运输业和整个交换都愈来愈多地集中到国家手里。上述一切措施都是为了这一个目的。无产阶级的劳动将使国内生产力日益增长,随着这种增长,这些措施实现的可能性和由此而来的集中化程度也将相应地增长。最后,当全部资本、全部生产和全部交换都集中在人民手里的时候,私有制将自行灭亡,金钱将变成无用之物,生产增加了,人也改变了,那时,旧社会的各种关系的最后形式才会消失。"②

二 政策与民主的基本关系

在君主专制或资本主义的国家形态下,如何理解民主与政策的关系,以及无产阶级政党能否以民主的政策观反对专制的政策观,马克思和恩格斯给出了明确的答案。

(一) 民主就是共产主义

"民主就是共产主义"是恩格斯明确提出的论点。对于这样的论点,应该注意四个基本的限定性解释。

第一是对时间的限定,这样的论点出自无产阶级向资产阶级夺权的特定时间内。如恩格斯所言:"民主在今天就是共产主义。""民主已经成了无产阶级的原则,群众的原则。即使群众并不总是很清楚地懂得民主的这个唯一正确的意义,但是他们全都认为民主这个概念中包含着社会平等的要求,虽然这种要求还是模糊的。""当各民族的无产阶级政党彼此联合

---

① 马克思、恩格斯:《共产党宣言》,《马克思恩格斯全集》,第4卷,第490页。
② 恩格斯:《共产主义原理》,《马克思恩格斯全集》,第4卷,第367—368页。

起来的时候,他们完全有权把'民主'一词写在自己的旗帜上。""所以我断言,现代的民主主义就是共产主义,这难道不对吗?"①

第二是对斗争方式的限定,即无产阶级还需要在斗争中联合非无产阶级的民主主义者。恩格斯指出:"在各文明国家,民主主义的必然结果就是无产阶级的政治统治,而无产阶级的政治统治是实行一切共产主义措施的首要前提。因此在民主主义还未实现以前,共产主义者和民主主义者就要并肩战斗,民主主义者的利益也就是共产主义者的利益。"②

第三是政治口号的限定,即无产阶级应该强调民主是本阶级的强烈诉求。《共产党宣言》已经明确提出:"工人革命的第一步就是无产阶级变成为统治阶级,争得民主。"③ 恩格斯还特别指出:"一切文明国家中民主运动的最终目的都是取得无产阶级的政治统治。因此,只有存在着无产阶级,存在着占统治地位的资产阶级,存在着产生无产阶级并使资产阶级走上统治地位的工业,才可能有这一运动。"④

第四是对民主功能的限定,即强调民主是手段,而不是目的。恩格斯指出:"无产阶级为了夺取政权也需要民主的形式,然而对于无产阶级来说,这种形式和一切政治形式一样,只是一种手段。但是,如果在今天,有人要把民主看成目的,那他就必然要依靠农民和小资产者,也就是要依靠那些注定要灭亡的阶级,而这些阶级只想人为地保全自己,那他们对无产阶级来说就是反动的。其次,不应该忘记,资产阶级统治的彻底的形式正是民主共和国……民主共和国毕竟是资产阶级统治的最后形式:资产阶级统治将在这种形式下走向灭亡。"⑤

需要注意的是,马克思和恩格斯不仅坚决反对"庸俗的民主",因为"庸俗的民主即给予工人政治权利以保持中等和上等阶级的社会特权";⑥还特别强调了民主应服务于无产阶级专政。正如马克思所言:"'民主的'

---

① 恩格斯:《在伦敦举行的各族人民庆祝大会》,《马克思恩格斯全集》,第2卷,第664、676页。

② 恩格斯:《共产主义者和卡尔·海因岑》,《马克思恩格斯全集》,第4卷,第306页。

③ 马克思、恩格斯:《共产党宣言》,《马克思恩格斯全集》,第4卷,第489页。

④ 恩格斯:《瑞士的内战》,《马克思恩格斯全集》,第4卷,第386页。

⑤ 《恩格斯致爱·伯恩施坦(1884年3月24日)》,《马克思恩格斯全集》,第36卷,第131页。

⑥ 《恩格斯致卡·卡菲埃罗(1871年7月28日)》,《马克思恩格斯全集》,第33卷,第268页。

这个词在德文里意思是'人民当权的'。什么是'劳动人民的人民当权的监督呢'？何况所说的是这样的劳动人民，他们通过向国家提出的这些要求表明他们充分意识到自己既没有当权，也没有成熟到当权的程度。""在资本主义社会和共产主义社会之间，有一个从前者变为后者的革命转变时期。同这个时期相适应的也有一个政治上的过渡时期，这个时期的国家只能是无产阶级的革命专政。但是，这个纲领（哥达纲领——引者）既没谈到无产阶级的革命专政，也没谈到未来共产主义社会的国家制度。纲领的政治要求除了陈旧的、人所共知的民主主义的废话，如普选权、直接立法权、人民权利、人民军队等等之外，没有任何其他内容。……这就是这一切美丽的东西都建立在承认所谓人民主权的基础上，所以它们只有在民主共和国内才是适宜的。""庸俗的民主派把民主共和国看做千年王国，他们完全没有想到，正是在资产阶级社会的这个最后的国家形式里阶级斗争要进行最后的决战。"①马克思还强调："我的新贡献就是证明了下列几点：（1）阶级的存在仅仅同生产发展的一定历史阶段相联系；（2）阶级斗争必然导致无产阶级专政；（3）这个专政不过是达到消灭一切阶级和进入无阶级社会的过渡。"②

（二）"民主制"的政策含义

对于"民主制"或者"民主制度"以及"民主制"对政策的影响，马克思和恩格斯提出了以下看法。

第一，民主制强调的是人民的自我规定。马克思指出："民主制是君主制的真理，君主制却不是民主制的真理……从君主制本身不能了解君主制，但是从民主制本身可以了解民主制。在民主制中任何一个环节都不具有本身意义以外的意义。每一个环节都是全体民众的现实的环节。""在民主制中，国家制度本身就是一个规定，即人民的自我规定。……在民主制中，不是人为法律而存在，而是法律为人而存在；在这里人的存在就是法律，而在国家制度的其他形式中，人却是法律规定的存在。民主制的基本特点就是这样。""在民主制中，国家制度、法律、国家本身只是人民的自我规定和特定内容，因为国家就是一种政治制度。""民主因素应当

---

① 马克思：《哥达纲领批判》，《马克思恩格斯全集》，第19卷，第29—32页。
② 《马克思致约·魏德迈（1852年3月5日）》，《马克思恩格斯全集》，第28卷，第509页。

成为在整个国家机体中创立自己的合理形式的现实因素。"①

第二,民主制下存在着非民主的政策过程。马克思指出:"整个贵族阶级都同意,政府应该使资产阶级得到好处,实行有利于它的政策,但同时他们又决定不让资产阶级直接领导这方面的事务。为了这个目的,旧的寡头政体使尽全力去搜罗它那里有才干、有影响和有威望的人,组成一个政府,这个政府的任务就是尽可能长久地阻止资产阶级直接掌管国家大权。联合起来的英国贵族打算按照拿破仑主张对人民采用的原则来对待资产阶级,这个原则就是:'一切为了人民,但什么也不通过人民。'"②

第三,应该认清资产阶级民主制度的欺骗性和伪善性特征。恩格斯指出:"革命以后,法国在欧洲是一个最讲究政治的国家。在法国,任何一种改良,任何一种学说,如果不具有某种政治形式,就不能在全国发生作用……法国革命为欧洲的民主制奠定了基础。依我看来,民主制和其他任何一种政体一样,归根到底也是自相矛盾的,骗人的,也无非是一种伪善(或者像我们德国人所说的——神学)。政治自由是假自由……政治平等也是这样。""人们发现,民主制度不能实现真正平等,于是就要求共产主义制度对它进行帮助。因此,大部分法国共产主义者还是共和主义者,他们想建立一个共和政体的共产主义社会制度。"③ 马克思也指出:"我和大家一样,也看到了北方佬在运动形式上的一切可厌的方面,但是,我认为对'资产阶级的'民主的本性来说,这是很自然的。然而那里发生的事件毕竟具有世界意义,而在整个事件中再没有比英国人对它的态度更可恶了。"④ 恩格斯还在给倍倍尔的信中特别强调:"至于说到纯粹民主派和它在未来的作用,我不同意你的意见。它在德国所起的作用比起它在工业发达较早的国家中所起的作用要差得多,这是不言而喻的。但是这并不妨碍它在革命关头能够作为极端资产阶级政党(它在法兰克福就曾扮演过这种角色),作为整个资产阶级经济,甚至封建经济的最后一个救生锚,

---

① 马克思:《黑格尔法哲学批判》,《马克思恩格斯全集》,第1卷,第280—282、389—390页。
② 马克思:《衰老的政府——联合内阁的前途及其他》,《马克思恩格斯全集》,第8卷,第555—556页。
③ 恩格斯:《大陆上社会改革运动的进展》,《马克思恩格斯全集》,第1卷,第576、581页。
④ 《马克思致恩格斯(1862年11月4日)》,《马克思恩格斯全集》,第30卷,第292页。

在短时间内暂时起作用。在这样的时刻,全部反动分子都给它撑腰,增强它的力量:一切反动的东西那时都将戴上民主的假面具。"①

第四,资产阶级代议制具有鲜明的阶级属性。恩格斯指出:"资产阶级这样消灭了贵族和银行股东的社会威力以后,也就摧毁了他们的政治权力。资产阶级在社会上成了第一个阶级以后,它就宣布自己在政治上也是第一个阶级。这是通过实行代议制而实现的;代议制是以资产阶级在法律面前平等和法律承认自由竞争为基础的。这种制度在欧洲各国采取君主立宪的形式。在君主立宪的国家里,只有拥有一定资本的人即资产者,才有选举权。这些资产者选民选出议员,而他们的议员可以运用拒绝纳税的权力,选出资产阶级的政府。"②"如果国王和上院是无权的,那么下院就必然把全部权力集中在自己身上,而事实也正是这样。实际上下院在颁布法律,并通过内阁大臣们(他们只不过是下院的执行委员会)来管理国政。只要民主因素本身确实是民主的,那末,在下院这样独掌大权的情况下,英国就应当体现出纯粹的民主政治——尽管立法机关的其他两个部门名义上还会存在。但却完全不是这么一回事。""实质上究竟是谁统治着英国呢?是财产。""英国是个民主国家,但只是俄国那样的民主国家。""下院丝毫无意于把自己从特权的同业公会改变成人民代表大会。"③

第五,资产阶级对官僚政治的"改造"。恩格斯指出:"官僚政治之所以产生就是为了统治小资产者和农民。这两个阶级散居在小城市或乡村里,他们的利益超不出最狭隘的地方范围,因此他们的眼光必然像他们狭隘的生活条件一样短浅狭隘。他们不能治理一个大的国家,就见识而言,他们也不可能使各种互相冲突的利益彼此协调起来……这样,小资产者和农民就不能没有一个强大的和人数众多的官僚机构。他们不得不接受监护,以免陷于极度混乱或让无数次的诉讼弄得倾家荡产。可是,小资产者所必需的官僚政治很快就变成了资产者难以忍受的束缚……因此,资产阶级不得不摧毁这个目空一切、吹毛求疵的官僚机构的势力。只要国政和立法一转到资产阶级的控制之下,官僚就不再是一支独立的力量;也正是从

---

① 《恩格斯致奥·倍倍尔(1884年12月11日—12日)》,《马克思恩格斯全集》,第36卷,第252页。
② 恩格斯:《共产主义原理》,《马克思恩格斯全集》,第4卷,第362页。
③ 恩格斯:《英国状况:英国宪法》,《马克思恩格斯全集》,第1卷,第684、687—688、691页。

这时候起,迫害资产阶级的人变成了它恭顺的仆从。过去那些专门为了便于官吏对付工业资产者的规章和诏令退位了,新制定的规章是便于工业家对付官吏的。""使关税体系和官僚机构服从工业资产阶级的利益——这就是资产阶级所最迫切希望实现的两项措施。可是它的需要远远不止于此。它要从根本上改变差不多德国所有各邦政府的整个立法、行政和司法制度,因为这一整套制度纯粹是用来维护和支持资产阶级一向力图加以摧毁的社会制度的。"①

第六,行政机关面临的政策困境。马克思指出:"所有国家都在行政机关无意地或有意地办事不力这一点上去寻找原因,于是它们就把行政措施看作改正国家缺点的手段。为什么呢?就因为行政是国家的组织活动。要消除在行政机关的任务、它的善良意愿和它所能够采取的手段、办法之间的矛盾,国家就必须消灭自己,因为国家本身就是以这个矛盾为基础的。国家是建筑在社会生活和私人生活之间的矛盾上,建筑在公共利益和私人利益之间的矛盾上的。因此,行政机关不得不限于形式上的和消极的活动;因为哪里有了市民生活和市民活动,行政机关的权力就要在哪里告终……现代国家要消灭自己的行政机关的无能,就必须消灭现在的私人生活。而要消灭私人生活,国家就必须消灭自己,因为国家纯粹是作为私人生活的对立物存在的。"②

第七,穷人反对富人的斗争不能在民主制的基础上完成。恩格斯指出:"英国的最近将来是民主制。然而是哪一种民主制呢?不是过去那种同君主制和封建制度对立的法国大革命的民主制,而是现在这种同资产阶级和财产对立的民主制。以往的全部发展证明着这一点。资产阶级和财产统治着一切;穷人是无权的,他们备受压迫和凌辱,宪法不承认他们,法律压制他们;在英国,民主制反对贵族制的斗争就是穷人反对富人的斗争。英国所趋向的民主制是社会的民主制。单纯的民主制并不能治愈社会的痼疾。民主制的平等是空中楼阁,穷人反对富人的斗争不能在民主制或单是政治的基础上完成。因此这个阶段只是一个过渡,但从中马上就会发展出一种新的因素,一种超出现行政治范围的原则。这个原则就是社会主

---

① 恩格斯:《德国的制宪问题》,《马克思恩格斯全集》,第4卷,第61—63页。
② 马克思:《评"普鲁士人"的"普鲁士国王和社会改革"一文》,《马克思恩格斯全集》,第1卷,第479—480页。

义的原则。"①

第八，共和制为无产阶级的阶级斗争提供了最后的舞台。恩格斯指出："共和制这个名称迄今所具有的魅力消失了。……共和制终于在欧洲也表现为——而在美国事实上就是——它本质的东西，即资产阶级统治的最完善的形式。……在现代共和制下终于不折不扣地实行在一切君主制下仍然受到某种限制的政治平等。这种政治平等除了声明阶级矛盾丝毫不涉及国家，资产者象工人有权成为无产者一样有权成为资产者，又能是什么呢？但是，共和制这种最后的、最完善的资产阶级统治形式是由资产者自己以极其勉强的心情实行的：它把自己强加给了他们。这种奇怪的矛盾是因为什么而造成的呢？是因为实行共和制意味着同全部政治传统决裂，是因为在共和制下每一个政治设施都被要求证明自己存在的合理性，也就是因为在君主制下支持现存政权的一切传统影响的衰落。换言之：如果说现代共和制是资产阶级统治的最完善的形式，那么它同时又是那种使阶级斗争摆脱其最后桎梏并为阶级斗争准备战场的国家形式。现代共和国正是这样一个战场。……一方面，资产阶级感到，只要君主制的基础，连同存在于没有文化的人民大众——特别是在农村——对传统君权迷信般的崇敬中的全部保守力量，一从它的脚下滑掉，它就完了。……另一方面，无产阶级感到，君主制的挽歌同时就是对资产阶级决战的信号。现代共和制不是别的，正是为进行世界历史中最后一场伟大的阶级斗争而打扫干净的舞台，这就是共和制的重大意义之所在。"②

（三）无产阶级民主制度与民主政策

马克思和恩格斯明确要求建立无产阶级的民主制度，并在政策方面提出了一些具体的要求。

第一，民主制意味着工人阶级的统治。恩格斯指出："在英国，从来没有像现在这样普遍地感到，老的政党注定要灭亡，老的套语变得没有意义了，老的口号已被推翻，老的万应灵丹已经失效了。各个阶级的有思想的人，开始看到必须开辟一条新的道路，而这条道路只能是走向民主制的道路。但是在英国，工业和农业的工人阶级占人民的绝大多数，民主制恰恰意

---

① 恩格斯：《英国状况：英国宪法》，《马克思恩格斯全集》，第1卷，第705页。
② 恩格斯：《西班牙的共和制》，《马克思恩格斯全集》，第45卷，第166—168页。

味着工人阶级的统治。那末，就让英国工人阶级自己准备去担负它所面临的任务，去统治这个大帝国吧，让他们了解必然要落到他们肩上的责任吧。""任何民主的政党，无论在英国或在其他任何国家，除非具有明显的工人阶级的性质，就不可能取得真正的成就。抛弃这种性质，就只有宗派和欺骗。"[1]

第二，提倡暴力的民主革命。恩格斯认为应把共产主义者的宗旨规定如下："（1）维护同资产者利益相反的无产者的利益；（2）用消灭私有制而代之以财产公有的手段来实现这一点；（3）除了进行暴力的民主的革命以外，不承认有实现这些目的的其他手段。"[2]

第三，必须坚持无产阶级的"革命政策"。马克思指出："威廉并不了解，现在的各国政府尽管向工人谄媚，但是它们清楚地知道，它们唯一的支柱是资产阶级，因此它们可以利用和工人友好的言词去恐吓资产阶级，但是决不可能真正反对它。这个畜生相信未来的'民主国家'！而且所想到的时而是立宪制的英国，时而是资产阶级的美国，时而又是可怜的瑞士。'它'丝毫没有革命政策的概念。他——跟在士瓦本的迈尔的后面——拿来作为民主制的活动能力的证明的是：通往加利福尼亚的铁路建成了。但是这条铁路之所以能建成，是由于资产者通过国会赠送给自己大量'民地'，也就是说从工人那里剥夺了这些土地，是由于资产者输入了中国苦力来压低工资，最后是由于资产者建立了一个新的支系——'金融贵族。'"[3]

第四，建立人民的代议机关。恩格斯指出："我们的党和工人阶级只有在民主共和国这种政治形式下，才能取得统治。民主共和国甚至是无产阶级专政的特殊形式，法国大革命已经证明了这一点。……的确，从法律观点看来，似乎是不许可把共和国的要求直接写到纲领里去的，……在德国连一个公开要求共和国的党纲都不能提出的事实，证明了，以为在这个国家可以用和平宁静的方法建立共和国，不仅建立共和国，而且还建立共产主义社会，这是多大的幻想。不过，关于共和国的问题在万不得已时可以不提。但是，有一点在我看来应该而且能够写到纲领里去，这就是把一切政治权力集中于人民代议机关之手的要求。如果我们不能再多走一步，

---

[1] 恩格斯：《工人党》，《马克思恩格斯全集》，第19卷，第305—306页。
[2] 《恩格斯致布鲁塞尔共产主义通讯委员会（1846年10月23日）》，《马克思恩格斯全集》，第27卷，第71页。
[3] 《马克思致恩格斯（1869年8月10日）》，《马克思恩格斯全集》，第32卷，第340页。

暂时做到这一点也够了。"①

第五，无产阶级建立的民主制度要求"民主政策"。恩格斯指出："无产阶级革命将建立民主制度，从而直接或间接地建立无产阶级的政治统治。……假如无产阶级不能立即利用民主来实行直接侵犯私有制和保证无产阶级生存的各种措施，那末，这种民主对于无产阶级就会毫无用处。"②"为了使德国人不再违反德国本身的利益，为压迫其他民族而流血牺牲和浪费金钱，我们就应当争取建立真正的人民政府，彻底摧毁旧的建筑。只有到那时，重新恢复起来的旧制度的血腥而又怯懦的政策才会被国际主义的民主政策所代替。当国内民主备受压制的时候，怎么能对外实行民主政策呢？但是，阿尔卑斯山的这面和那面都应当竭尽全力，采取一切措施来准备实现民主制度。"③

三 作为斗争武器的政策

无产阶级为夺取政权展开的各种斗争，都含有鲜明的无产阶级及其政党的政策诉求，由此无产阶级的政策本身，也就成为一种重要的斗争武器。对于这样的斗争武器，马克思和恩格斯从多个角度作出了说明。

（一）反对统治阶级政策的无产阶级政治运动

无产阶级开展的经济运动、政治运动乃至社会运动，在一定的历史阶段，必须坚持反对统治阶级的政策，马克思和恩格斯就此提出了五点看法。

第一，无产阶级的政治运动要求反对并敌视统治阶级的政策。马克思指出："工人阶级的政治运动自然是以夺得政权作为最终目的，为此当然需要一个发展到一定程度的、在经济斗争中成长起来的工人阶级的预先的组织。但是另一方面，任何运动，只要工人阶级在其中作为一个阶级与统治阶级相对抗，并试图从外部用压力对统治阶级实行强制，就是政治运动。例如，在某个工厂中，甚至在某个行业中试图用罢工等等来迫使个别

---

① 恩格斯：《1891年社会民主党纲领草案批判》，《马克思恩格斯全集》，第22卷，第274—275页。
② 恩格斯：《共产主义原理》，《马克思恩格斯全集》，第4卷，第367页。
③ 恩格斯：《德国的对外政策》，《马克思恩格斯全集》，第5卷，第179页。

资本家限制工时,这是纯粹的经济运动;而强迫颁布八小时工作日等法律的运动则是政治运动。这样,到处都从工人的零散的经济运动中产生出政治运动,即目的在于用一种普遍的形式,一种具有普遍的社会强制力量的形式来实现本阶级利益的阶级运动。如果说这种运动以某种预先的组织为前提,那末它们本身也同样是这种组织发展的手段。在工人阶级在组织上还没有发展到足以对统治阶级的集体权力即政治权力进行决定性攻击的地方,工人阶级无论如何必须不断地进行反对统治阶级政策的鼓动(并对这种政策采取敌视态度),从而使自己在这方面受到训练。"[1]

第二,政治运动也是社会运动。马克思指出:"工人阶级在发展进程中将创造一个消除阶级和阶级对立的联合体来代替旧的资产阶级社会,从此再不会有任何原来意义的政权了。因为政权正是资产阶级社会内部阶级对立的正式表现。在这以前,资产阶级和无产阶级间的对抗仍然是一个阶级反对另一个阶级的斗争,这个斗争一旦达到最紧张的地步,就成为全面的革命。……不能说社会运动排斥政治运动。从来没有哪一种政治运动不同时又是社会运动的。只有在没有阶级和阶级对抗的情况下,社会进化将不再是政治革命。"[2]

第三,注重政治运动中的工人阶级"政策"特色。马克思指出:"所谓外界压力,按照英国人的理解,是指巨大的、议会外的人民示威,这种示威没有工人阶级的积极参加自然是无法实现的。……昨天在伦敦居民最多的梅里勒榜区举行的一个盛大的工人大会,用以表明工人阶级的'政策'的特色。……比耳斯先生提出第二项动议:'鉴于《泰晤士报》及其他不正派的报刊欲盖弥彰地企图在美国事件上迷惑英国舆论,以任何事情为借口把我们拖入对千百万同族兄弟的战争中去,并利用共和国的暂时危难来诽谤民主制度,——本大会认为,既然工人在国民的参政院中没有代表,所以他们的最重要的义务就是:表示声援美国维护联邦的伟大斗争;揭露《泰晤士报》及其同类的贵族报刊保护奴隶制的无耻立场;坚决主张实行最严格的不干涉美国事务的政策,主张由双方代表或仲裁法庭来解决可能发生的一切冲突;斥责交易所投机家的报

---

[1] 《马克思致弗·波尔特(1871年11月23日)》,《马克思恩格斯全集》,第33卷,第337页。

[2] 马克思:《哲学的贫困》,《马克思恩格斯全集》,第4卷,第197—198页。

刊的战争政策；并且对废奴主义者力求彻底解决奴隶制问题的努力表示最热烈的同情。'这项动议被一致通过，最后还一致建议'将已通过的决议的副本交亚当斯先生转送美国政府，以表示英国工人阶级的同情与感情。'"①

第四，坚持无产阶级政策的基本原则和利益取向。恩格斯指出："无产阶级不通过暴力革命就不可能夺取自己的政治统治，……这并不是说，这一政党不能暂时利用其他政党来达到自己的目的。同样也不是说，它不能暂时支持其他政党去实现或是直接有利于无产阶级的、或是朝着经济发展或政治自由方向前进一步的措施。……当我们的代表投票赞成（他们不得不经常这样做）由另一方提出的建议时，这也就是一种共同行动。可是，我只是在下列情况下才赞成这样做：直接对我们的好处或对国家朝着经济革命和政治革命的方向进行的历史发展的好处是无可争辩的、值得争取的，而所有这一切又必须以党的无产阶级性质不致因此发生问题为前提。对我来说，这是绝对的界限。……在国际中，到处都遵循了这种政策。……这种政策要求洞察力和坚强意志，但是什么政策不要求这些呢？……和其他一切政党一样，无产阶级将从没有人能使它完全避免的错误中最快地取得教训。……把首先纯属策略的问题提高到原则问题，这是不正确的，……但是策略的错误在一定情况下也能够导致破坏原则。"②

第五，注重政策的阶段性发展。恩格斯指出："自从1848年以来，时常为社会主义者带来极大成就的策略就是《共产党宣言》的策略。'在无产阶级和资产阶级的斗争所经历的各个发展阶段上，社会主义者始终代表整个运动的利益……他们为工人阶级的最近的目的和利益而斗争，但是他们在当前的运动中同时代表运动的未来。'因此他们积极参加这两个阶级的斗争的每个发展阶段，而且，一时一刻也不忘记，这些阶段只不过是导致主要的伟大目标的阶梯。这个目的就是：由无产阶级夺取政权作为改造社会的手段。……因此他们把每一个革命的或者进步的运动看作他们自己道路上前进的一步，他们的特殊任务是推动其他革命政党前进，如果其中的某一个政党获得胜利，他们就要去捍卫无产阶级的利益。这种永远不忽

---

① 马克思：《伦敦的工人大会》，《马克思恩格斯全集》，第15卷，第480—483页。
② 《恩格斯致格尔桑·特利尔（1889年12月18日）》，《马克思恩格斯全集》，第37卷，第321—323页。

视伟大目标的策略,能够防止社会主义者产生失望情绪,而这种情绪却是其他缺少远大目标的政党——无论是纯粹的共和主义者或感伤的社会主义者——无法避免的,因为他们把前进中的一个普通阶段看做是最终目的。……在共同的胜利以后,人家也许在新政府中给我们几个位置——然而总是要我们居于少数,这是最大的危险。"①

(二) 正确认识市民社会的政策功能

如何全面、正确地看待市民社会尤其是市民社会的政策功能,马克思和恩格斯提出了以下看法。

第一,市民社会的政策需求取决于生产力和交换关系的发展。恩格斯指出:"任何政治斗争都是阶级斗争,而任何争取解放的阶级斗争,尽管它必然地具有政治的形式,归根到底都是围绕着经济解放进行的。因此,至少在这里,国家、政治制度是从属的东西,而市民社会,经济关系的领域是决定性的因素。从传统的观点看来(这种观点也是黑格尔所尊崇的),国家是决定性的因素,市民社会是被国家决定的因素。……这是问题的形式方面。……在寻求这个问题的答案时,我们就发现,在现代历史中,国家的愿望总的说来是由市民社会的不断变化的需要,是由某个阶级的优势地位,归根到底,是由生产力和交换关系的发展决定的。"②

第二,政治革命消灭了市民社会的政治性质。马克思指出:"政治革命打倒了这种专制权力,把国家事务提升为人民事务,把政治国家确定为普遍事务,即真实的国家;这种革命必然要摧毁一切等级、公会、行帮和特权,因为这些都是使人民脱离自己政治共同体的各种各样的表现。于是,政治革命也就消灭了市民社会的政治性质。它把市民社会分成两个简单组成部分:一方面是个人,另一方面是构成这些个人生活内容和市民地位的物质要素和精神要素。……特定的生活活动和特定的生活地位只有个人意义。它们已经不再构成个人和国家整体的普遍关系。公共事务本身反而成了每个人的普遍事务,政治职能成了每个人的普遍职能。……任何一

---

① 恩格斯:《未来的意大利革命和社会党》,《马克思恩格斯全集》,第 22 卷,第 515—517 页。
② 恩格斯:《路德维希·费尔巴哈和德国古典哲学的终结》,《马克思恩格斯选全集》,第 21 卷,第 345—346 页。

种解放都是把人的世界和人的关系还给人自己。"①

第三,市民社会的"奴隶制"特征。马克思和恩格斯指出:"民主的代议制国家和市民社会的对立是公法团体和奴隶制的典型对立的完成。……市民社会的奴隶制恰恰在表面上看来是最大的自由,因为它似乎是个人独立的完备形式;这种个人往往把像财产、工业、宗教等这些孤立的生活要素所表现的那种既不再受一般的结合也不再受人所约束的不可遏制的运动,当做自己的自由。但是,这样的运动反而成了个人的完备的奴隶制和人性的直接对立物。"②

(三) 选举的政策作用

马克思和恩格斯在他们的著作、书信中大量地讨论了选举问题,我们重点关注的是他们对选举所具有的政策作用的一些基本论点。

第一,选举的性质取决于经济基础。马克思指出:"选举是一种政治形式,即使在最小的俄国公社和劳动组合中也是这样。选举的性质并不取决于这些名称,而是取决于经济基础,取决于选民之间的经济联系,当这些职能不再是政治职能的时候,(1) 政府职能便不再存在了;(2) 一般职能的分配便具有了事务性质并且不会产生任何统治;(3) 选举将完全丧失它目前的政治性质。"③

第二,普选权体现的是统治阶级意志。马克思指出:"所谓人民的意志,多数人的意志,并不是个别等级和阶级的意志,而是唯一一个阶级和在社会关系及在工业和商业关系方面都从属于这个唯一的统治阶级的其他阶级以及阶级某些部分的意志。……普选权正是一根磁针,它虽然摆动了几次,但最后总是指向这个负有统治使命的阶级。"④

第三,普选制具有发动阶级斗争的功能。马克思指出:"普选制并没有具备旧派共和党人所寄予它的那种魔力。旧派共和党人把法兰西全国人民,或至少是把大多数人民看作具有同一利益和同一观点等等的公民。这是他们的一种人民偶像崇拜主义。但是,选举所表明出来的并不是他们的

---

① 马克思:《论犹太人问题》,《马克思恩格斯全集》,第 1 卷,第 441—443 页。
② 马克思、恩格斯:《神圣家族》,《马克思恩格斯全集》,第 2 卷,第 149 页。
③ 马克思:《巴枯宁国家制度和无政府状态一书摘要》,《马克思恩格斯全集》,第 18 卷,第 699 页。
④ 马克思:《柏林"国民报"致初选人》,《马克思恩格斯全集》,第 6 卷,第 235 页。

想象中的人民,而是真正的人民,即人民所分裂成的各个不同阶级的分子。……普选制虽不如共和党人笨伯所想象的那样具有魔力,但它同时却具有另一种高超无比的长处:它能发动阶级斗争。"① 恩格斯也指出:"随着无产阶级成熟到能够自己解放自己,它就作为独立的党派结合起来,选举自己的代表,而不是选举资产阶级的代表了。因此,普选制是测量工人阶级成熟性的标尺。在现今的国家里,普选制不能而且永远不能提供更多的东西,不过,这也就足够了。在普选制的温度计标示出工人沸点的那一天,他们以及资本家同样都知道该怎么办了。"②

第四,选举带来的制度性矛盾。马克思指出:"宪法就在这方面也是自己否定自己,因为它规定总统由所有的法国人直接投票选举。全法国的选票是分散在七百五十个国民议会议员之间,可是在这里它们就集中在一个人身上。每一单个议员不过是某个政党、某个城市、某个地方的代表,甚至只是表示必须选出一个人来凑足七百五十个议员,并不去特别注意事情本身和被选举者本人,可是总统是由全国人民所选出,选举总统是行使主权的人民每四年运用一次的王牌。民选的国民议会和国民只有形而上学的联系,而民选的总统却是亲自和国民发生联系。国民议会的各个议员的确反映着国民精神多种多样的方面,而总统却是国民精神的化身。和国民议会比较起来,总统是一种神权的体现者:他是人民恩赐的统治者。"③

第五,普选权在不同的国家可以起不同的作用。马克思指出:"1848年法国的实验使人们对普选权失去了信心,从此以后,大陆上的居民就有轻视宪章对英国的重要性和意义的倾向。他们没有看到,在法国社会中农民占人口三分之二而市民占人口三分之一;可是在英国,三分之二以上的人口住在城市而不到三分之一的人口住在农村。普选权在英国所产生的效果同它在法国所产生的效果相反,正像这两个国家的城市和农村的情况相反一样。这也就说明了法国和英国对普选权的要求具有恰好相反的性质。在那里,这是政治思想家的要求,这种要求在某种程度上(以他的信仰为转移)能够得到每一个'受过教育的人'的支持。而在这里,这种要求是贵族和资产阶级为一方和人民群众为另一方之间的分水岭。在那里,

---

① 马克思:《1848年至1850年的法兰西阶级斗争》,《马克思恩格斯全集》,第7卷,第32页。
② 恩格斯:《家庭、私有制和国家的起源》,《马克思恩格斯全集》,第21卷,第197页。
③ 马克思:《路易·波拿巴的雾月十八日》,《马克思恩格斯全集》,第8卷,第137页。

它具有政治问题的性质;而在这里,它具有社会问题的性质。在英国,当普选权成为人民群众的口号以前,争取普选权的鼓动工作就已有了一个很长的历史发展时期。在法国,普选权先实行,然后才开始它的历史道路。在法国,遭到毁灭的是普选权的实践;而在英国,则是普选权的思想。"①在法国,以普选权为基础的共和国制定的宪法,只是把已经存在的事实记录下来。这个宪法的主要矛盾是它通过普选权给予了政治权力的阶级正是它要使它们的社会奴役地位永恒化的阶级——无产阶级、农民阶级和小资产阶级,而被它剥夺了维持旧有社会权力的政治保证的阶级正是它批准具有这种权力的那个阶级——资产阶级。拿破仑的胜利是其余各阶级帮助完成了农民阶级的选举胜利。秩序党面对山岳党在地方选举的胜利,得出了废除普选权的最后结论。山岳党认为它可以用纯粹合法的方式达到自己的目的,而不用掀起一场使无产阶级再度登上前台的新的革命。"普选权在革命时代所能起的作用也不过如此,它必然会被革命或者反动所废除。"②

第六,资产阶级利用选举达到其阶级统治的政策目的。马克思指出:"曼彻斯特派又重复了他们的战斗口号:'工业资产阶级反对贵族阶级。'但是,另一方面,他们也泄露了他们政策的秘密。这秘密就是:他们力图剥夺人民在国家事务中的代表权,并且严格维护他们自己的特殊的阶级利益。所有有关秘密投票、国民教育、知识税等等的议论都不过是修辞性质的点缀。他们认真提出的唯一的目标就是选区的平等,至少这是作为通过决议的基础和加给代表们以相应的义务的唯一一条。为什么?在选区平等的情况下,城市的利益就会压倒农村的利益,资产阶级就能把下院控制在自己手里。如果曼彻斯特派能够获得选区的平等,而又能避免对宪章派作重大的让步,那末后者碰到的就将不再是两个互相竞争的、双方都争先恐后地力图把他们拉到自己方面去的敌人,而是一支紧密团结的大军,他们把自己的力量联合起来以抵制人民的要求。这样,就会在一个时期内不仅在工业方面,而且在政治方面建立起资本的无限统治。"③

---

① 马克思:《行政改革协会——人民宪章》,《马克思恩格斯全集》,第 11 卷,第 300—301 页。

② 参见马克思《1848 年至 1850 年的法兰西阶级斗争》,《马克思恩格斯全集》,第 7 卷,第 46—48、109—117 页。

③ 马克思:《国防。——财政。——贵族的死绝。——政局》,《马克思恩格斯全集》,第 8 卷,第 591 页。

第七，在专制形态下不可能有真正意义的普选权。恩格斯指出："德国的先进工人提出了如下要求：工人从资本家手中获得解放，其途径就是把属于国家的资本转交给联合起来的工人，以便在不要资本家的条件下共同进行生产；而实现这一目的的手段是通过直接的普选权取得政权。……封建官僚的反动派既不会扩大选举权，也不会给予出版、结社和集会的自由，更不会限制官僚制度的权力。……至于说到直接的普选权本身，那么只要到法国去一趟就可以相信，当存在着大量头脑迟钝的农村居民、组织严密的官僚制度、受严格控制的报刊、在很大程度上受警察压制的社团，以及在没有任何政治集会的情况下，靠这种选举权所能进行的只是多么无害的选举。通过直接的普选权进入法国议会的工人代表多吗？要知道，法国无产阶级比德国无产阶级还具有更加优越的条件，它集中得多，而且具有更久的斗争经验和组织经验。……但是甚至在法国——那里几乎只有拥有土地的自由农民，封建贵族早已失去了任何政权——普选权也没有使工人进入议会，而是相反，几乎把他们全部赶出了议会。在封建贵族仍然是实际的社会力量和政治力量以及农业工人两倍于工业工人的德国，普选权究竟能产生什么结果呢？在德国，反对封建的和官僚的反动派的斗争——这二者在我们这里现在是分不开的——就等于争取农村无产阶级的精神解放和政治解放的斗争；在农村无产阶级还没有卷入运动的时候，德国的城市无产阶级就不可能得到而且一定得不到丝毫成功，直接的普选权对无产阶级来说不是武器，而是陷阱。"[1]

第八，工人阶级可以通过选举表达本阶级的政策诉求。恩格斯指出："这种经济变革进行得越迅速、越彻底，一些措施也就越快地成为必不可免，这些措施从表面看来只是为了缓和突然发展到深重的和难以忍受的程度的灾难，但事实上将导致现有生产方式自身基础的破坏；而工人群众将通过普选权迫使人们倾听他们的意见。……真正导致解放的措施，只有在经济变革促使广大工人群众意识到自身的地位，从而为他们取得政治统治开辟了道路的时候，才有可能。其他阶级只能干些修修补补或掩人耳目的事情。"[2] 马克思也指出："英国是唯一一个这样的国家：它的工人阶级的

---

[1] 恩格斯：《普鲁士问题和德国工人政党》，《马克思恩格斯全集》，第16卷，第76—83页。

[2] 《恩格斯致麦克斯·奥本海姆（1891年3月24日）》，《马克思恩格斯全集》，第38卷，第59页。

第一章　马克思、恩格斯：夺取政权的政策诉求　27

发展程度和组织程度，足能使这个阶级利用普选权来真正地为本身谋利益。"①恩格斯还特别强调："德国社会党人在最近的选举中所得到的结果证明，要想封住社会党人的嘴巴来消灭社会主义运动，是不可能的。……德国工人作了极大努力和牺牲，才取得了他们享有的这点起码的出版、结社和集会自由。……每一次国会选举，工人都取得了新的胜利。"②

（四）无产阶级的选举策略

在马克思和恩格斯看来，选举无疑是无产阶级的一种斗争武器（当然不是唯一的斗争武器），要使这种斗争武器发挥应有的功能，需要强调无产阶级的选举策略。这样的选举策略，应包括以下要求。

第一，注重选举的工具或手段意义。马克思指出："鉴于这种集体占有制只有通过组成为独立政党的生产者阶级——无产阶级的革命活动才能实现；要建立上述组织，就必须使用无产阶级所拥有的一切手段，包括借助于由向来是欺骗的工具变为解放工具的普选权，法国工人社会主义者提出其经济方面斗争的最终目的是恢复全部生产资料的集体所有制并决定以下述最低纲领（法国工人党纲领——引者）参加选举作为组织和斗争的手段。"③

第二，以选举聚合工人阶级的力量。恩格斯指出："选举已经表明：采取对敌对者顺从和让步的办法，我们什么也得不到。只有通过顽强的抵抗，我们才能迫使人们尊重我们，才能成为一支力量。只有力量才能赢得尊重，只有当我们有力量时，庸人们才会尊重我们。向庸人让步的人，庸人是瞧不起的，这种人在庸人看来不是一支力量。……德国无产阶级已经成了一个强大的党，让它的代表人物无愧于这个阶级吧！"④

第三，通过选举组织民众并宣扬无产阶级的政策理念。恩格斯指出："当俾斯麦不得不实施普选权作为使人民群众对他的计划发生兴趣的唯一手段时，我们的工人立刻很认真地对待了这件事情，把奥古斯特·倍倍尔

---

① 马克思：《纪念国际成立七周年》，《马克思恩格斯全集》，第17卷，第468页。
② 恩格斯：《德国反社会党人法——俄国的情况》，《马克思恩格斯全集》，第19卷，第170页。
③ 马克思：《法国工人党纲领导言》，《马克思恩格斯全集》，第19卷，第264页。
④ 《恩格斯致奥·倍倍尔（1884年11月18日）》，《马克思恩格斯全集》，第36卷，第241页。

选进了第一届制宪帝国国会。从此以后，他们就一直这样使用选举权，以致使他们自己得到了巨大的利益，并成了世界各国工人效法的模范。如果用法国马克思主义纲领中的话来说，选举权已经被他们由向来是欺骗的工具变为解放工具。并且，即使普选权再没有提供什么别的好处，只是使我们能够每三年计算一次自己的力量；只是通过定期标志出的选票数目的意外迅速的增长，同样地既加强工人的胜利信心，又加强敌人的恐惧，因而成了我们最好的宣传手段；只是给我们提供了关于我们自身力量和各个敌对党派力量的精确情报，从而给予了我们一根能估计我们行动的比例尺，使我们既可避免不合时宜的畏缩，又可避免不合时宜的蛮勇，——即使这是选举权所给予我们的唯一的好处，那也就很够了。但是它给我们的好处还要多得多。当进行竞选鼓动时，它给了我们最好的手段到民众还远离我们的地方去接触人民群众，并迫使一切政党在全体人民面前回答我们的进攻，维护自己的观点和行动；此外，它在帝国国会中给我们的代表提供了讲坛，我们的代表在这讲坛上可以比在报刊上和集会上更有威望和更自由得多地向自己在议会中的敌人和议会外的群众讲话。……资产阶级和政府害怕工人政党的合法活动更甚于害怕它的不合法活动，害怕选举成就更甚于害怕起义成就。"①

第四，全力争取无产阶级的候选人在议会选举中当选。马克思和恩格斯指出，在国民代表会议选举中，无产阶级必须注意如下几点："一、无论如何不要让地方当局或政府委员用某种诡谲借口把一定数量的工人摈除于选举之外；二、到处都要尽可能从同盟成员中提出工人的候选人与资产阶级民主派的候选人相并列，并且要用一切可能的手段使工人候选人当选。甚至在工人候选人毫无当选希望的地方，工人也一定要提出自己的候选人，以保持自己的独立性，估计自己的力量，并向大家表明自己的革命的立场和自己的党的观点。"② 恩格斯还特别指出："在英国，工人的选举权是受到限制的，然而工人阶级却占大城市和工业区人口的多数。因此只要愿意，这个潜在的多数就会变成国家中的现实力量，变成工人人口集中的一切地区中的力量。如果工人能在议会中、在市议会中、在地方济贫委

---

① 恩格斯：《"法兰西阶级斗争"导言》，《马克思恩格斯全集》，第 22 卷，第 602—603 页。

② 马克思、恩格斯：《中央委员会告共产主义者同盟书》，《马克思恩格斯全集》，第 7 卷，第 296 页。

员会中得到应有的席位,那末不久就会有工人出身的国家活动家,他们将给那些经常欺压人民群众的洋洋自得的愚蠢的官吏带来种种障碍。"①

第五,注重劳动妇女的选举权和被选举权。恩格斯指出:"当我们取得政权时,一定要使妇女不仅参加选举,而且被选为代表,发表演说;这里的教育部门已在这样做。去年(1876年——引者)11月,我把自己的七票全都投给一个妇女,这个妇女所得的票数比七个候选人中的任何一个都多。"②

第六,通过选举迫使资产阶级做出政策让步。恩格斯指出:"英国现在是唯一的一个资产阶级还多少有点头脑的国家。在这里,独立工党的成立(尽管它还处于初期阶段)及其在郎卡郡和约克郡的选举中所起的作用,给了政府一鞭子,使它活动起来,做出一些对自由党政府说来是前所未闻的事情。选民登记法(1)使所有的选举——议会选举、市政选举等的选举权划一,(2)使工人的选票数目至少增加百分之二十到三十,(3)免除候选人用在选民名单方面的开支,而由政府负担。发给议员津贴一事,肯定将在下届会议上获得通过;随后还有一系列有利于工人的立法和经济措施。总之,自由党人认识到,虽然工人阶级日后自然会把他们赶出门外,但在目前,他们只有加强工人阶级的政治力量,才能保住自己的政权。另一方面,托利党人此刻显得十分愚蠢。但一旦地方自治法案成为法律,他们就会看到,他们没有别的选择,只有参与赢得政权的斗争,而要达到这个目的,唯一的办法是通过政治上或经济上的让步,把工人的选票争取到自己这方面来;这就是说,自由党人和保守党人都不得不加强工人阶级的力量,使他们自身被消除的时刻加速到来。"③

(五) 在议会政治中坚持无产阶级政党的政策诉求

如何利用资产阶级主导的议会政治,宣扬无产阶级政党的政策诉求,争取工人阶级的利益,马克思和恩格斯提出了以下要求。

第一,坚持人民代表的普遍性和生机性。马克思指出:"在等级国家,政府官员是国家利益本身的代表,因而,是与等级的私人利益的代表

---

① 恩格斯:《两个模范地方议会》,《马克思恩格斯全集》,第19卷,第295页。
② 《恩格斯致伊·鲍利(1877年2月14日)》,《马克思恩格斯全集》,第34卷,第234页。
③ 《恩格斯致保·拉法格(1893年2月25日)》,《马克思恩格斯全集》,第39卷,第42—43页。

敌对的。如果说在人民代表制中有政府官员参加不是一个矛盾,那么在等级代表制中这就是一个矛盾了。""要有代表——一般说来这是受动的东西;只有物质的、无生气的、不独立的、无保护的东西才需要代表权;但是,国家的任何一个成分都不应是物质的、无生气的、不独立的、无保护的。不应当把代表权看作某种并非人民本身的特殊事物的代表权,而只应看作人民自身的代表权,看作这样一种国务活动,即它不是人民唯一的、独特的国务活动,跟人民的国家生活的其他表现不同的只是它的内容的普遍性。不应当把代表权看作对无保护的软弱、无能为力所作的让步,而应当相反,把它看作最高力量的一种自信的生机活动。在真正的国家中是没有任何地产、工业和物质领域作为这一类粗陋的物质成分同国家协议的;在这种国家中只有精神力量;自然力只有在自己的国家复活中,在自己的政治再生中,才能获得在国家的发言权。"[1]

第二,议会制共和国的倾覆是专制权力的胜利。马克思指出:"既然资产阶级认为任何一种社会生活表现都危害'安宁',那末它又怎能希望在社会上层保持不安宁的制度,即保持自己那个——照它的一位发言人的说法——生存在斗争中并且靠斗争生存的议会制度呢?靠辩论生存的议会制度怎能禁止辩论呢?既然这里每种利益、每种社会措施都变成一般的思想,并被当作一种思想来解释,那末在这种条件下怎么能把某种利益、某种措施当作一种高出思维的东西而强使人们把它当作信条来接受呢?发言人在讲坛上的斗争,引起了报界的低级作家的斗争;议会中的辩论会必然要由沙龙和酒馆中的辩论会来补充;议员们经常诉诸民意,就使民意有理由在请愿书中表示自己的真正的意见。既然议会制度将一切事情交给大多数决定,那末议会以外的大多数又怎能不想也作决定呢?既然你们站在国家的顶峰上拉提琴,那末你们又怎能因为站在下面的人们跳舞而惊奇呢?""如果说议会制共和国的倾覆包含有无产阶级革命胜利的萌芽,那末这一事实的直接的具体结果就是波拿巴对议会的胜利,行政权力对立法权力的胜利,不用词句掩饰的力量对词句的力量的胜利。在议会中,国民将自己的普遍意志提升成为法律,即将统治阶级的法律提升成为国民的普遍意志。在行政权力的面前,国民完全放弃了自己的意志,而服从于他人意志的指挥,服从于权威。和立法权力相反,行政权力所表现的是国民受

---

[1] 马克思:《论普鲁士等级委员会》,《马克思恩格斯全集》,第40卷,第340、344页。

人统治而不是国民自治。这样，法国逃脱整个阶级的专制，好像只是为了服从于一个人的专制，并且是服从于一个没有任何权威的个人的权威。斗争的结局，好像是一切阶级都同样软弱无力和同样沉默地跪倒在枪托之前了。"①

第三，无产阶级不应成为"议会迷"。马克思和恩格斯指出："德国社会民主党患了议会症，以为有了人民的选举，当选人就体现了一种神圣的精神，可以把党团会议变成绝对正确的会议、把党团决议变成不容违背的原理的神圣精神。"② 恩格斯还特别指出："我们看到一种奇异的景象：一个议会宣称自己是伟大的主权的民族的唯一合法代表，但它从来没有企图也没有力量使别人承认自己的要求。这个议会中的辩论没有任何实际结果，甚至也没有任何理论价值，只不过是重复一些陈腐不堪的哲学学派和法律学派的最乏味的老生常谈；他们在这个议会中所说的，或者毋宁说是所嘟哝的每一句话，报刊上早已刊登过一千次，而且比他们说得要好一千倍。""议会最初曾对德国的强盛、复兴和统一满怀梦想和幻想，可是现在只剩下一套到处重复的条顿人的动听言词了，此外还剩下的就是每个议员都坚信他个人十分重要而公众则诚实可欺。"③"我们揭露了各种所谓国民议会的议会迷（用马克思的说法）。这些先生们放过了一切权力手段，把它们重新交还给——部分是自愿地交还给——政府。在柏林和法兰克福，在重新巩固起来的反动政府旁边存在着无权的议会，但这种议会却以为自己的无力的决议能扭转乾坤。这种愚不可及的自我欺骗，支配了直到极左派为止的所有的人。我们告诫他们：你们在议会中的胜利，同时也将是你们实际上的失败。在柏林和法兰克福结果也正是这样。当'左派'获得多数时，政府便把议会解散了。政府能够这样做，因为议会已经失去人民的信任。"④

第四，无产阶级应充分揭露资产阶级议会政治的虚伪性。恩格斯指出："议会中的左派（他们自信是革命德国的精华和骄傲），完全陶醉于

---

① 马克思：《路易·波拿巴的雾月十八日》，《马克思恩格斯全集》，第8卷，第166、214—215页。
② 马克思、恩格斯：《给奥·倍倍尔、威·李卜克内西、威·白拉克等人的通告信》，《马克思恩格斯全集》，第19卷，第180页。
③ 恩格斯：《德国的革命与反革命》，《马克思恩格斯全集》，第8卷，第48—49、77页。
④ 恩格斯：《马克思和"新莱茵报"》，《马克思恩格斯全集》，第21卷，第23页。

依靠一些受奥地利专制制度的唆使并为它服务的奥地利政客的好意（更确切些说是恶意）而取得的一些微小的胜利。每当一种稍稍接近于他们自己的那些毫不明确的原则的主张以一种用顺势疗法冲淡了的形式获得法兰克福议会的某种批准时，这些民主派就宣称他们已经挽救了国家和人民。这些可怜的蠢人，在他们十分黯淡的一生中，绝少遇到胜利一类的事情，以致他们真正相信以两三票的多数通过了他们那种琐屑的修正案，就会改变整个欧洲的面貌。自他们从事立法事业之初，他们就比议会中任何其他派别更深地感染了议会迷这样一种不治之症，这种症候使它的不幸的患者充满了一种庄严的信念，似乎整个世界，它的历史和它的未来，都要由这个很荣幸地得到他们作为议员的代议机关的多数票来支配和决定。……于是，议会中的民主派只是因为他们成功地在'帝国宪法'里偷偷夹带了他们的几种方案，便认为自己有义务首先对它加以支持，虽然这个宪法的每一重要条款都和他们自己所常常宣扬的原则正相矛盾。最后，当这个畸形的作品的主要作者们把这个作品抛弃，把它遗赠给民主派的时候，后者就接受了这份遗产，并且坚持这个君主制的宪法，甚至反对那些在当时主张民主派自己的共和主义原则的人。"①

第五，工人的议会代表应积极利用议会讲坛，发表自己的意见。马克思指出："在英国，工人较难进入议会。因为议员不领取任何薪金，而工人所有的只不过是用自己劳动赚来的生活资料，所以议会对工人来说是可望而不可及的，而资产阶级顽固地拒绝付给议员们薪金，他们很懂得，这是防止工人阶级拥有自己的议会代表的一种手段，但是不应当认为，在议会里有工人是一件无足轻重的事。如果他们像德·波特尔和卡斯提奥一样被封住了嘴，如果他们像曼努埃尔一样被赶出议会，那末这种压制和不容异己的做法会对人民起很大的影响；相反地，如果他们像倍倍尔和李卜克内西一样得到在议会讲坛上讲话的机会，那么全世界就会倾听他们的意见；不论在前后哪种情况下，都会为我们的原则建立巨大的威信。……各国政府是敌视我们的；必须用我们所拥有的一切手段给它们以反击。每一个被选进议会的工人，都是对政府的一次胜利。"②

---

① 恩格斯：《德国的革命与反革命》，《马克思恩格斯全集》，第8卷，第93—94页。
② 《卡·马克思关于工人阶级的政治行动的发言记录（1871年9月20日）》，《马克思恩格斯全集》，第17卷，第697页。

第六，工人政党作为真正民主的政党，在议会中应坚持自身的政策要求。恩格斯指出："事先应当知道遵循什么策略，应当使行动同最后的表决一致。社会民主党议员可以超出单纯否定的问题的范围，是很有限的。……社会民主党议员始终必须遵循一个基本原则：不投票赞同加强政府对人民的统治的任何措施。由于党内在这些问题上的意见必将发生分歧，自然而然要求在表决时弃权和否决，这一点就更容易做到。"① "资产阶级的先生们原来打算在无聊的会议——因为阴谋活动是在幕后进行的——中拿这种辩论作为消遣，同时想乘机使我们上当，但是结果这种辩论却变成了我们的一次十分巨大的胜利。……如果议会连续用五天的时间讨论我们所主张的社会改革，而且这个议会是德意志帝国国会，那么这就是标志着工人政党的新胜利的里程碑。后一情况在全世界面前，在朋友和敌人的面前，证实了德国党所赢得的胜利地位。如果照这样下去，我们很快就可以不必辛辛苦苦而单靠我们的对手的愚蠢生活下去。" "主要的是政治上的措施：实现那些现在仍然停留在纸上、能使工人的选票增加百分之五十的东西，从而扩大工人的选举权；缩短议会的任期（现在是七年！），用公款支付选举费用和议员津贴。同时，这种独立政策的新成就，必定会提高工人们的自尊心并告诉他们：他们现在几乎在一切地方都可以掌握选举的命运，从而也就是掌握每届内阁的命运。最重要的是阶级的自觉和自信。这将有助于克服由于群众对自己的力量缺乏信心才产生的一切卑鄙的耍弄手腕的行为。一旦工人们真正大规模地行动起来，领袖们的各种狡猾手段就会终止，因为这些手段对于他们将会弊多利少。"②

第七，可以在议会中开展坚持原则的讨价还价活动。恩格斯指出："无条件地投票赞成把工人的钱送给资产阶级，这样的可能性，我当然从来也没有想过。但是，为了这件事而提出信任的问题，即去分裂党团，那是根本不能设想的。在一切类似的问题上，当不得不考虑到选民的小资产阶级偏见时，我看最好的办法是：声明我们原则上反对，但是既然你们要我们提出积极的提案，并且硬说这也将给工人带来利益（而我们否认这一点，因为这里所谈的不是细微的利益），那末就请把工人和资产者放在

---

① 《恩格斯致奥·倍倍尔（1879年11月24日）》，《马克思恩格斯全集》，第34卷，第401页。
② 《恩格斯致奥·倍倍尔（1893年2月9日）》，《马克思恩格斯全集》，第39卷，第26、31页。

平等的地位上。你们每从工人口袋里直接或间接地送给资产阶级一百万，工人们也就应该得到一百万；国家贷款时也应如此。……你们要求这一点，不过是要求工人的利益受到和资产者的利益同等程度的照顾罢了；如果给资本家的这些赠款似乎是用来振兴工业，那末，给工人的赠款在这方面将产生更大的效果。"①

第八，以暴力对抗暴力。马克思指出："只有当该社会中掌握政权的那些人不用暴力方法来阻碍历史发展的时候，历史发展才可能是'和平的'。例如，如果在英国或美国，工人阶级在议会或国会里取得多数，那么它就可以通过合法途径来消除阻碍其发展道路的法律和设施，而且这也只能在社会发展所要求的范围内进行。但是'和平的'运动一遇到同旧秩序利害相关的人的反抗，仍然会变成'暴力的'，而如果这些人被暴力所镇压（像在美国内战和法国革命中那样），那就因为他们是'合法'暴力的反抗者。"②

第九，工人阶级应明确议会斗争的短期目标和长期目标。恩格斯指出："有组织的工联必须好好地考虑下述两点：（1）英国工人阶级很快就会明确地要求自己在议会中有充分的代表权。（2）工人阶级也很快就会了解，争取工资高、工作时间短的斗争，以及今天的工联所进行的全部活动，并不是目的本身，而只是一种手段，是一种非常必要和有效的手段，但只是达到一个更高目的的许多手段中的一种，这个更高目的就是完全废除雇佣劳动制度。"③

第十，建立"工人议会"。马克思指出："工人阶级征服了自然，而现在它应当去征服人了。工人阶级有足够的力量来胜利地完成这个事务，但是需要把所有这些力量组织起来，在全国范围内把工人阶级组织起来——我认为这就是摆在工人议会面前的伟大而光荣的目标。如果工人议会仍然忠于使它产生的那个思想，未来的历史学家将这样来写：1854年英国有两个议会——伦敦议会和曼彻斯特议会，即富人的议会和穷人的议会，——但是真正的人只出席了工人的议会而没有出席老板

---

① 《恩格斯致奥·倍倍尔（1884年12月30日）》，《马克思恩格斯全集》，第36卷，第260—262页。
② 马克思：《帝国国会关于反社会党人法的辩论》，《马克思恩格斯全集》，第45卷，第194—195页。
③ 恩格斯：《工联》，《马克思恩格斯全集》，第19卷，第286页。

们的议会。"①"工人议会能不能取得成就,主要甚至完全取决于它是不是从这一原则出发:当前问题不在于所谓劳动组织,而在于工人阶级的真正组织。……如果工人议会把自己的时间浪费在纯粹理论性问题的讨论上,而不是为真正组织全国范围的党开辟道路,那末,它就会像卢森堡委员会一样地遭到失败。"②

四 民众的权利和政策参与

普通民众不仅有权利参与政治,还应该有组织地参与政治,而这样的参与可以在一定程度上反映出政策的民意取向,马克思和恩格斯就此提出了一些重要的论点。

(一) 无产阶级的权利诉求

马克思和恩格斯在权利问题上,重点强调的是以下六点看法。

第一,人民享有独立思考和述说真理的权利。马克思指出:"各种最自由的立法在私权方面,只限于把已有的权利固定起来并把它们提升为某种具有普遍意义的东西。而在没有这些权利的地方,它们也不去制定这些权利。"③"如果人民像美好的旧时代的各国人民那样只让宫廷丑角享有思考和述说真理的权利,这样的人民就只能是依赖他人、不能独立的人民。"④

第二,没有绝对平等的权利。马克思指出:"权利,就它的本性来讲,只在于使用同一的尺度;但是不同等的个人(而如果他们不是不同等的,他们就不成其为不同的个人)要用同一的尺度去计量,就只有从同一角度去看待他们,从一个特定的方面去对待他们。""而劳动,为了要使它能够成为一种尺度,就必须按照它的时间或强度来确定,不然它就不成其为尺度。这种平等的权利,对不同等的劳动来说是不平等的权利。

---

① 马克思:《给工人议会的信》,《马克思恩格斯全集》,第10卷,第134页。
② 马克思:《工人议会开幕》,《马克思恩格斯全集》,第10卷,第125—126页。
③ 马克思:《第六届莱茵省议会的辩论(第三篇论文)》,《马克思恩格斯全集》,第1卷,第144页。
④ 马克思:《第六届莱茵省议会的辩论(第一篇论文)》,《马克思恩格斯全集》,第1卷,第41页。

它不承认任何阶级差别,因为每个人都像其他人一样只是劳动者,但是它默认不同等的个人天赋,因而也就默认不同等的工作能力是天然特权。所以就它的内容来讲,它像一切权利一样是一种不平等的权利。""权利永远不能超出社会的经济结构所制约的社会的文化发展。在共产主义社会高级阶段上,……才能完全超出资产阶级法权的狭隘眼界,社会才能在自己的旗帜上写上:各尽所能,按需分配。"①

第三,没有无义务的权利,也没有无权利的义务。马克思指出:"工人阶级的解放斗争不是要争取阶级特权和垄断权,而是要争取平等的权利和义务,并消灭任何阶级统治。……一个人有责任不仅为自己本人,而且为每一个履行自己义务的人要求人权和公民权。没有无义务的权利,也没有无权利的义务。"② 恩格斯也指出:"平等义务,对我们来说,是对资产阶级民主的平等权利的一个特别重要的补充,而且使平等权利失去道地资产阶级的含义。"③

第四,反对按财产划分政治权利。恩格斯指出:"按照财产来规定政治权利的办法,并不是国家不可缺少的设施。虽然这种办法在国家制度的历史上起过很大的作用,但是许多国家,而且是最发达的国家,都是不需要它的。""在历史上的大多数国家中,公民的权利是按照财产状况分级规定的,这直接地宣告国家是有产阶级用来防御无产者阶级的组织。"④

第五,权利行使具有短暂性特征。马克思和恩格斯指出:"革命派和反动派都曾不止一次地说过,在民主制度下,每个个人只是在一瞬之间行使了自己的主权,跟着便退出了统治。"⑤

第六,争取权利只是手段而不是目的。恩格斯指出:"在英国,个人在宪法本身的范围内是没有任何权利的。这些权利之所以存在,或者是由于习惯,或者是由于个别跟宪法没有任何关系的法规。……第一个权利是,每个人都可以不经国家事先许可自由无阻地发表自己的意见,这也就

---

① 马克思:《对德国工人党纲领的几点意见》,《马克思恩格斯全集》,第19卷,第22—23页。
② 马克思:《协会临时章程》,《马克思恩格斯全集》,第16卷,第15—16页。
③ 恩格斯:《1891年社会民主党纲领草案批判》,《马克思恩格斯全集》,第22卷,第271页。
④ 恩格斯:《家庭、私有制和国家的起源》,《马克思恩格斯全集》,第21卷,第132、196页。
⑤ 马克思、恩格斯:《德意志意识形态》,《马克思恩格斯全集》,第3卷,第383页。

是出版自由。……不过，英国的这种自由也还是很有限的。……英国人的第二个'天生的权利'是人民集会的权利。……如果集会的结果不是请愿，那么这个集会即使不算直接违法，但无论如何也是很值得怀疑的。……再其次是结社的权利。……充分的结社权利也仍然是富人的特权。……人身保护的权利也仍然是富人的特权。……这些个人权利中的最后一个，就是每个人都有权由和自己同类的人来审讯，而这一个权利也同样是富人的特权。"[1] "资产者真像是真正的民主主义者，但是资产阶级实行这一切改良，只是为了用金钱的特权代替以往的一切个人特权和世袭特权。这样，他们通过选举权和被选举权的财产资格的限制，使选举原则成为本阶级独有的财产。平等原则又由于被限制为仅仅在'法律上的平等'而一笔勾销了，法律上的平等就是在富人和穷人不平等前提下的平等。……出版自由就仅仅是资产阶级的特权，因为出版需要钱，而购买出版物的人也得要有钱。陪审制也是资产阶级的特权，因为他们采取了适当的措施，只选'有身份的人'做陪审员。""但是德国的资产者，如我们已经说过的，是一些目光短浅的人，他们只是'出版自由'、'陪审制'、'宪法对人民的保障'、'人民的权利'、'人民代议制'等等的热烈崇拜者，而且他们不是把这一切当做手段，而是当做目的"。[2]

(二) 无产阶级不能放弃政治和政策

为了强调无产阶级不能"放弃政治"，恩格斯专门为国际工人协会伦敦代表会议准备了发言提纲，并且在会议的正式发言中强调："向工人鼓吹放弃政治，就等于把他们推入资产阶级政治的怀抱。特别是在巴黎公社已经把无产阶级的政治行动提到日程上来以后，放弃政治是根本不可能的。我们要消灭阶级。用什么手段才能达到这个目的呢？——无产阶级的政治统治。而当这一点已经最明显不过的时候，竟有人要我们不干预政治！所有鼓吹放弃政治的人都自命为革命家，甚至是杰出的革命家。但是，革命是政治的最高行动；谁要想革命，谁就必须也承认准备革命和教育工人进行革命的手段，即承认政治行动。……应当从事的政治是工人的

---

[1] 恩格斯：《英国状况·英国宪法》，《马克思恩格斯全集》，第1卷，第695—697页。
[2] 恩格斯：《德国状况》，《马克思恩格斯全集》，第2卷，第648、651页。

政治；工人的政党不应当成为某一个资产阶级政党的尾巴，而应当成为一个独立的政党，它有自己的目的和自己的政策。"①

恩格斯还指出："工人群众决不会让人叫自己相信：他们国内的公共的事情并不同时是他们自己的事情，他们按本性来说是有政治头脑的；任何要他们放弃政治的人都终究会被他们所唾弃。向工人宣传在任何情况下都应当放弃政治，这就等于把他们推到传教士或资产阶级共和主义者的怀抱里去。"②

（三）国家成员整体性的政策参与

马克思指出："'一切人'都应当'单独''参与一般国家事务的讨论和决定'，这意思就是：'一切人'都应该不作为全体，而作为'单个的'人去参加。这个问题在两方面都带有内部矛盾。一般国家事务就是国家的事务，是作为现实事务的国家。讨论和决定就等于有效地肯定国家是现实事务。因此，国家的全体成员同国家的关系就是他们自己同自己的现实事务的关系，这一点似乎是不言而喻的。国家成员这一概念就已经有了这样的含义，他们是国家的成员，是国家的一部分，国家把他们作为自己的一部分包括在本身中。他们既然是国家的一部分，那末他们的社会存在自然就是他们实际参加了国家。不只是他们参与国家大事，而且国家也参与他们的事情。……因此，参与一般国家事务和参加国家是一回事。……另一方面，如果谈的是一定的事务，是单一的国家活动，那末依然非常明显，不是一切人都单独去进行这种活动。否则每一个单个的人都成了真正的社会，而社会就成为多余的了。……二者必居其一：或者是政治国家脱离市民社会，如果这样，就不是一切人都能单独参加国家生活。""政治国家是一个脱离市民社会的组织。一方面，假如一切人都成了立法者，那么市民社会就自行消灭了。另一方面，和市民社会相对立的政治国家只有在符合自己的尺度的形式之下，才能容忍市民社会的存在。换句话说，市民社会通过议员来参加政治国家，这正是它们互相分离的表现，并且也只是二元论统一的表现。""选举是真正的市民社会对立法权的市民社会、对代表要素的关系。……选举构成了真正市民社会的最重要

---

① 恩格斯：《关于工人阶级的政治行动》，《马克思恩格斯全集》，第 17 卷，第 449—450 页。
② 《恩格斯致泰·库诺（1872 年 1 月 24 日）》，《马克思恩格斯全集》，第 33 卷，第 391 页。

的政治利益。由于有了无限制的选举权和被选举权，市民社会第一次真正上升到脱离自我的抽象，上升到作为自己的真正的、普遍的、本质的存在的政治存在。但是，这种抽象的完成同时也就是它的消灭。"①

（四）谨慎看待全民投票的政策方式

对于以"全民投票"的方式决定重大问题，马克思一方面强调了这样的方式有一定的必要性，如在美国，对南北战争期间脱离运动的历史作进一步研究，就可以看出，"脱离运动、宪法（在蒙哥马利通过的）、国会（同上）等等，所有这一切都是篡夺。他们无论在什么地方都没有举行过全民投票"。② 另一方面，马克思也指出了这种方式所具有的虚伪性："路易·波拿巴利用法国的阶级斗争篡夺了政权，并且以不时进行对外战争来延长了自己的统治，无怪他一开始就把国际看做危险的敌人。在全民投票的前夕，他在巴黎、里昂、卢昂、马赛、布勒斯特以及其他地方，即在法国全境向国际工人协会各领导委员会的委员举行进攻，借口说国际是一个秘密团体，正在阴谋杀害他；这种借口之荒唐无稽，不久就被他自己的法官们揭穿了。国际的法国各个支部的真正罪过究竟何在呢？就在于它们曾经公开而断然地告诉法国人民：参加全民投票，就等于投票赞成对内专制和对外战争。的确，由于它们的努力，在法国所有的大城市，所有的工业中心，工人阶级都一致起来反对了全民投票。不幸的是，农村地区的极端愚昧无知占了上风。欧洲各国的交易所、政府、统治阶级和报刊都欢庆全民投票的成功，认为这是法国皇帝对法国工人阶级的辉煌胜利；实际上，全民投票并不是要杀害某一个人，而是要杀害几国人民的信号。"③ "现在他们就能够通过一次反动恐怖时期的真正波拿巴式的全民投票，使这个政权得到一个伪造的民意批准。"④

（五）舆论与政策参与的关系

对于舆论尤其是报刊与政策、政策参与的关系，马克思和恩格斯提出

---

① 马克思：《黑格尔法哲学批判》，《马克思恩格斯全集》，第1卷，第391—396页。
② 《马克思致恩格斯（1861年7月1日）》，《马克思恩格斯全集》，第30卷，第181页。
③ 马克思：《国际工人协会总委员会关于普法战争的第一篇宣言》，《马克思恩格斯全集》，第17卷，第3—4页。
④ 马克思：《法兰西内战初稿》，《马克思恩格斯全集》，第17卷，第581页。

了以下看法。

第一，报刊可以使物质斗争变成思想斗争。马克思指出："使报刊变成人民的文化和精神教育的强大杠杆的，正是报刊可使物质斗争变成思想斗争，使血肉斗争变成精神斗争，使需求、欲望和经验的斗争变成理论、理性和形式的斗争。"①

第二，报纸为统治者的政策服务。马克思指出，"英国人民靠阅读'泰晤士报'参加对自己国家的管理"。这是一位著名的英国作者就所谓英国的自治制度发表的意见。这一意见只有在涉及王国的对外政策时才是正确的。至于国内改革，就从来没有在"泰晤士报"的支持下实现过；相反，"泰晤士报"在确信自己完全无力阻挠实现这些改革之前，是从不停止反对它们的。天主教徒的解放，议会改革法案，谷物法、印花税和纸张税的废除，都可以作为例子。每当改革的拥护者胜利在望时，"泰晤士报"就来一个急转弯，从反动阵营溜掉，并且能想出办法在紧要关头和胜利者站在一起。在所有这些情况之下，"泰晤士报"就不是指导舆论，而是生硬地、勉强地，在试图挽回人民运动的狂澜久而无功之后，屈服于舆论。因此，这家报纸对舆论的真正影响只限于对外政策的范围。任何一个欧洲国家的广大公众，特别是资产阶级，都不像在英国那样，对本国的对外政策问题表现得那样无知。这种无知主要有两个原因：一方面，从1688年光荣革命时期起，在指导英国对外政策方面总是由贵族一手垄断。另一方面，日益发展的分工，在一定程度上阉割了资产者的一般智力，使他们的全部精力和智力局限在商业利益、工业利益和行业利益的狭小圈子里。结果，在对外或国际政策方面，贵族为资产阶级动手，而报界则为它用脑，并且很快地这两个方面——贵族和报刊——就理解到，为了它们的共同利益应当联合起来。如果说，在执掌国家对外政策方面，垄断权从贵族转给了寡头会议，又从寡头会议转给了一个人即英国外交大臣帕麦斯顿勋爵，那么，在为国家考虑和判断其对外政策并代表舆论方面，垄断权则从整个报界转给了一家报纸即"泰晤士报"。帕麦斯顿勋爵掌管不列颠帝国的对外政策于密室，不仅广大公众或议会，甚至他自己的同僚都不知道他的真正意图，在这种情况下，如果他不设法抓住这家篡夺了以英国人民名义广泛议论他的秘密勾当的权利的唯一报纸，那他就太笨了。帕麦斯顿设法把"泰晤士报"的某些有影响的人物拉到内阁中来担任

---

① 马克思：《论普鲁士等级委员会》，《马克思恩格斯全集》，第40卷，第329页。

次要的职位，并且把另一些人接纳到自己的社交圈子里，予以安慰。从这个时候起，"泰晤士报"在不列颠帝国对外政策方面的活动就完全是为了制造符合于帕麦斯顿勋爵的对外政策的舆论。"泰晤士报"必须为帕麦斯顿勋爵想做的事准备舆论，并且强使舆论赞同他已经做的事。如果说对于在英国下院中前一天刚刚发生的事情，"泰晤士报"还能够用造谣和隐瞒的办法来迷惑舆论，那么，对于远在国外所发生的事件，例如美国的战争事件，它运用造谣和隐瞒的艺术就真正是神通无限了。①

第三，报纸是愚民政策的助推者。恩格斯指出："德国的舆论界显然已经发生了巨大的变化。那些即使是在君主专制制度下也因教育和生活状况而能够得到一些政治知识并形成某种独立政治信念的阶级中的大多数，渐渐地联合成一个反对现存制度的强大集团。在批评德国政治进步迟缓时，任何人都不应该不看到：在德国要得到对任何问题的正确认识都是困难的。在这里，一切知识的来源都在政府控制之下，从贫民学校、主日学以至报纸和大学，没有官方的事先许可，什么也不能说，不能教，不能印刷，不能发表。就以维也纳为例，维也纳居民在从事劳动和经营工业生产的能力方面在全德国可以说是首屈一指，论智慧、勇敢和革命魄力，他们更是远远超过别人，但他们对于自身的真正利益，却比别人更为无知，他们在革命中犯的错误也比别人更多。这在很大程度上是由于他们对于最普通的政治问题也几乎一无所知，而这乃是梅特涅政府愚民政策的成果。"②

第四，报纸的政策导向与人民的政策意愿相左。马克思指出："在过去，公开的讨论没有做到坦率，而坦率的讨论也没有做到公开。这种坦率的讨论没有超出内容贫乏的地方报纸的范围。"③"大陆上的政治家，总以为伦敦的报刊可以作为英国人民情绪的温度计，因而他们目前就不可避免地要做出错误的结论。'特伦特号'事件的消息传来之初，英国的民族自尊心曾勃然兴起，差不多在所有的社会阶层中都响起了对美国作战的呼声。相反的，伦敦的报刊却显得特别审慎，甚至'泰晤士报'也怀疑究竟是否存在宣战的理由。这种现象应当怎样解释呢？是因为帕麦斯顿对于王室法官们是否能找出合法的战争借口没有把握。情况是这样：在'拉

---

① 参见马克思《伦敦〈泰晤士报〉和帕麦斯顿勋爵》，《马克思恩格斯全集》，第15卷，第335—338页。
② 恩格斯：《德国的革命与反革命》，《马克思恩格斯全集》，第8卷，第17页。
③ 马克思：《摩塞尔记者的辩护》，《马克思恩格斯全集》，第1卷，第234页。

普拉塔号'到达南安普顿之前一个半星期,南部同盟的代理人已经从利物浦向英国政府密告美国巡洋舰企图从英国港口驶出在公海上捕捉梅森先生、斯莱德耳先生等人,并且要求英国政府加以干涉。政府根据王室法官的意见拒绝了这个请求。因此,伦敦报界起初的时候才唱着平静温和的调子,与人民不耐烦的主战情绪适成对比。可是,一旦王室法官——首席检察官和副首席检察官,他们两人都是内阁阁员——发掘出一个向美国闹事的技术性的借口的时候,人民和报刊的态度就倒过来了。战争狂热在报刊上不断增强,而在人民中则不断减退。现在,对美战争在英国所有社会阶层的人民中——除了和棉花有利害关系的人以及土贵族以外——是不得人心的,而报刊上的好战叫嚣则震耳欲聋。"①

第五,无产阶级不应被舆论所左右。恩格斯指出:"(报告)有一处认为争取舆论具有这样重大的意义:好像这个力量敌视谁,谁就要失掉活动能力;生命攸关的问题是'把这种仇恨变成同情'等(同情!从那些不久前在发生恐慌时表明自己是恶棍的人们方面来的同情!);根本不需要走得这么远,尤其是因为恐慌早已平息了。"②

五　政策的价值诉求

马克思和恩格斯倡导的无产阶级政策,有明确的价值取向。这样的价值取向,既与马克思主义的唯物史观和辩证法有密切的关系,也与无产阶级革命的实践导向有密切的关系。

(一) 无产阶级政策的基本价值取向

从马克思和恩格斯的论著中,可以归纳出无产阶级政策基本价值取向的四个重要论点。

第一,强调在资本和劳动的关系上构建价值体系。恩格斯指出:"马克思的第二个重要发现,就是彻底弄清了资本和劳动的关系。……这样一来,有产阶级的所谓现代社会制度中占支配地位的公道、正义、权利平

---

① 马克思:《报刊的意见和人民的意见》,《马克思恩格斯全集》,第15卷,第454页。
② 《恩格斯致奥·倍倍尔(1879年11月24日)》,《马克思恩格斯全集》,第34卷,第402页。

等、义务平等和利益普遍协调这一类虚伪的空话,就失去了最后的根据。"①

第二,应缩小公共利益与私人利益的差别。恩格斯指出:"管理共产主义社会,就不知要比管理笼罩着竞争的社会容易多少倍。如果说,文明甚至在现在就已经教人们懂得,只有维护公共秩序、公共安全、公共利益,才能有自己的利益,从而尽可能地使警察机构、行政机关和司法机关变成多余的东西,那末,在利益的共同已经成为基本原则、公共利益和私人利益已经没有什么差别的社会里,情况还不知要好多少倍呵。"②

第三,资产阶级不可能带来"理性的王国"。马克思和恩格斯指出:"统治阶级的思想在每一时代都是占统治地位的思想。这就是说,一个阶级是社会上占统治地位的物质力量,同时也是社会上占统治地位的精神力量。"③ 恩格斯还特别指出:"这个理性的王国不过是资产阶级理想化的王国;永恒的正义在资产阶级的司法中得到实现;平等归结为法律面前的资产阶级的平等;被宣布为最主要人权之一的是资产阶级的所有权;而理性的国家、卢梭的社会契约在实践中表现为而且也只能表现为资产阶级的民主共和国。""当法国革命把这个理性的社会和理性的国家实现了的时候,新制度就表明,不论它较之旧制度如何合理,却决不是绝对合乎理性的。理性的国家完全破产了。"④

第四,每个阶级都有自己的道德观念。恩格斯指出:"如果我们看到,现代社会的三个阶级即封建阶级、资产阶级和无产阶级都各有自己特殊的道德,那末我们由此只能得出这样的结论:人们自觉地或不自觉地,归根到底总是从他们阶级地位所依据的实际关系中——从他们进行生产和交换的经济关系中,吸取自己的道德观念。……因此,我们驳斥一切想把任何道德教条当作永恒的、终极的、从此不变的道德规律强加给我们的企图。……相反地,我们断定,一切以往的道德论归根到底都是当时的社会经济状况的产物。而社会直到现在还是在阶级对立中运动的,所以道德始终是阶级的道德;它或者为统治阶级的统治和利益辩护,或者当被压迫阶

---

① 恩格斯:《卡尔·马克思》,《马克思恩格斯全集》,第19卷,第124—125页。
② 恩格斯:《在爱北斐特的演说》,《马克思恩格斯全集》,第2卷,第609页。
③ 马克思、恩格斯:《德意志意识形态》,《马克思恩格斯全集》,第3卷,第52页。
④ 恩格斯:《反杜林论》,《马克思恩格斯全集》,第20卷,第20、281页。

级变得足够强大时,代表被压迫者对这个统治的反抗和他们的未来利益。"①

(二) 对平等的理解

在政策领域中,"平等"是一种重要的价值取向,恩格斯对"平等"问题有较全面的论述,我们需要注意的是其以下论点。

第一,平等是历史的产物。"平等的观念,无论以资产阶级的形式出现,还是以无产阶级的形式出现,本身都是一种历史的产物,这一观念的形成,需要一定的历史关系,而这种历史关系本身又以长期的已往的历史为前提。所以这样的平等观念什么都是,就不是永恒的真理"。②

第二,平等不仅是表面的,还应当是实际的。"一切人,作为人来说,都有某些共同点,在这些共同点所及的范围内,他们是平等的,这样的观念自然是非常古老的。但是现代的平等要求是与此完全不同的;这种平等要求更应当是,从人就他们是人而言的这种共同特性中,从人的这种平等中,引申出这样的要求:一切人,或至少是一个国家的一切公民,或一个社会的一切成员,都应当有平等的政治地位和社会地位。要从这种相对平等的原始观念中得出国家和社会中的平等权利的结论,要使这个结论甚至能够成为某种自然而然的、不言而喻的东西,那就必然要经过且确实已经经过了几千年"。"当经济关系要求自由和平等权利时,政治制度却每一步都以行会的束缚和特殊的特权同它相对立"。"平等应当不仅是表面的,不仅在国家的领域中实行,它还应当是实际的,还应当在社会的、经济的领域中实行"。③

第三,平等要求消灭阶级差别。"平等的要求已经不再限于政治权利方面,它也扩大到个人的社会地位方面了;必须加以消灭的不仅是阶级特权,而且是阶级差别本身"。④ "尤其是从法国资产阶级自大革命开始把公民的平等提到首位以来,法国无产阶级就针锋相对地提出社会的、经济的平等的要求,这种平等成了法国无产阶级所特有的战斗口号。……无产阶级平等要求的实际内容就是消灭阶级的要求。任何超出这个范围的平等要

---

① 恩格斯:《反杜林论》,《马克思恩格斯全集》,第 20 卷,第 102—103 页。
② 恩格斯:《反杜林论》,《马克思恩格斯全集》,第 20 卷,第 117 页。
③ 恩格斯:《反杜林论》,《马克思恩格斯全集》,第 20 卷,第 113—116 页。
④ 恩格斯:《社会主义从空想到科学的发展》,《马克思恩格斯全集》,第 19 卷,第 207 页。

求，都必然要流于荒谬"。① 用"消除一切社会的和政治的不平等"来代替"消灭一切阶级差别"，这也是很成问题的。在国和国、省和省，甚至地方和地方之间总会有生活条件方面的某种不平等存在，这种不平等可以减少到最低限度，但是永远不可能完全消除。阿尔卑斯山的居民和平原上的居民的生活条件总是不同的。把社会主义社会看作平等的王国，这是以"自由、平等、博爱"这一旧口号为根据的片面的法国看法，这种看法作为一定的发展阶段在当时当地曾经是正确的，但是，像以前的各个社会主义学派的片面性一样，它现在也应当被克服，因为它只能引起思想混乱，而且因为已经有了阐述这一问题的更精确的方法。②

第四，追求幸福生活的平等权利要靠物质手段来实现。"关于他人追求幸福的平等权利，情况是否好一些呢？……在古代的奴隶和奴隶主之间，在中世纪的农奴和领主之间，难道谈得上追求幸福的平等权利吗？……自从资产阶级在反对封建制度的斗争中并在发展资本主义生产的过程中不得不废除一切等级的即个人的特权，而且起初在私法方面，后来逐渐在公法方面实施了个人在法律上的平等权利以来，平等权利在口头上是被承认了。但是，追求幸福的欲望只有极微小的一部分可以靠理想的权利来满足，绝大部分却要靠物质的手段来实现，而由于资本主义生产所关心的，是使绝大多数权利平等的人仅有最必需的东西来勉强维持生活，所以资本主义对多数人追求幸福的平等权利给予的尊重，即使一般说来多些，也未必比奴隶制或农奴制所给予的多"。③

第五，"平等=正义"不是最高的原则和最终的真理。"平等是正义的表现，是完善的政治制度或社会制度的原则，这一观念完全是历史地产生的。……为了得出'平等=正义'这个命题，几乎用了以往的全部历史，而这只有在有了资产阶级和无产阶级的时候才能做到。但是，平等的命题是说不应该存在任何特权，因而它在本质上是消极的，它宣布以往的全部历史都是糟糕的。由于它缺少积极的内容，也由于它一概否定过去的一切，所以它既适合于由1789—1796年的大革命来提倡，也适合于以后

---

① 恩格斯：《反杜林论》，《马克思恩格斯全集》，第20卷，第117页。
② 参见《恩格斯致奥·倍倍尔（1875年3月18日—28日）》，《马克思恩格斯全集》，第34卷，第124页。
③ 恩格斯：《路德维希·费尔巴哈和德国古典哲学的终结》，《马克思恩格斯全集》，第21卷，第332页。

的那些制造体系的凡夫俗子。但是，如果想把平等＝正义当成是最高的原则和最终的真理，那是荒唐的。平等仅仅存在于同不平等的对立中，正义仅仅存在于同非正义的对立中，因此，它们还摆脱不了同以往旧历史的对立，就是说摆脱不了旧社会本身。这就已经使得它们不能成为永恒的正义和真理。在共产主义制度下和资源日益增多的情况下，经过不多几代的社会发展，人们就一定会认识到：侈谈平等和权利，如同今天侈谈贵族等等的世袭特权一样，是可笑的；对旧的不平等和旧的实在法的对立，甚至对新的暂行法的对立，都要从现实生活中消失；谁如果坚持要人丝毫不差地给他平等的、公正的一份产品，别人就会给他两份以资嘲笑"。"资产者的平等（消灭阶级特权）完全不同于无产者的平等（消灭阶级本身）。如果超出后者的范围，即抽象地理解平等，那么平等就会变成荒谬"。①

第六，男女平等需要一定的条件。"只有在废除了资本对男女双方的剥削并把私人的家务劳动变成一种公共的行业以后，男女的真正平等才能实现"。②

（三）无产阶级的自由观念

"自由"是政策领域中的另一种重要价值取向，马克思和恩格斯倡导的无产阶级的自由观念，强调的是五个重要的论点。

第一，自由的一种形式制约着另一种形式。马克思指出："自由确实是人所固有的东西，连自由的反对者在反对实现自由的同时也实现着自由；……没有一个人反对自由，如果有的话，最多也是反对别人的自由。可见各种自由向来就是存在的，不过有时表现为特权，有时表现为普遍权利而已。……问题不在于出版自由是否应当存在，因为出版自由向来是存在的。问题在于出版自由是个别人物的特权呢，还是人类精神的特权。问题在于一面的有权是否应当成为另一面的无权。'精神的自由'不比'反对精神的自由'有更多的权利吗？""在国家的权利没有得到承认的时候，个别公民的权利是毫无意义的。如果总的说来自由是合法的，不言而喻，每一特定形式的自由表现得越鲜明、越充分，自由的这一特定形式也就越

---

① 恩格斯：《反杜林论的准备材料》，《马克思恩格斯全集》，第20卷，第668—671页。
② 恩格斯：《致盖·吉约姆—沙克（1885年7月5日）》，《马克思恩格斯全集》，第36卷，第340页。

第一章　马克思、恩格斯：夺取政权的政策诉求　47

合法。……行业自由、财产自由、信仰自由、出版自由、审判自由，这一切都是同一类别。""没有出版自由，其他一切自由都是泡影。自由的一种形式制约着另一种形式，正像身体的这一部分制约着另一部分一样。只要某一种自由成问题，那末，整个自由都成问题。只要自由的某一种形式受到排斥，也就是整个自由受到排斥——自由的存在注定要成为泡影。"①

第二，客观自由与主观自由有不同的实现方式。恩格斯指出："国家并不象人们所认为的那样，是什么绝对自由的实现，而仅仅是客观自由的实现。要实现与绝对自由相等的真正的主观自由，需要的是其他的实现形式，而不是国家。"②马克思也指出："公众的普遍自由似乎是由国家的其他制度来保障的，各等级则似乎是这种自由的自我保障。人民对等级会议比对其他机构更为重视，他们认为等级会议能保障他们的利益，而其他机构虽然没有他们参加，也应该保护他们的自由，但这些机构并不能真正代表这种自由。"③

第三，"辩论自由"是人民的权利。恩格斯指出：民主的人民群众的这种权利——出席制宪议会，从而在精神上影响制宪议会的立场——是人民旧时的革命权利，这种权利自从英法革命以来，就被运用于一切暴风雨的时代。历史几乎把这些议会的所有坚决的措施都归功于这个权利。如果死抓住"法律根据"的人们，如果怯懦的、具有庸俗情绪的"辩论自由"的朋友们发出号叫来反对这个权利，那只是因为他们本来就不想要任何坚决的决议"辩论自由"！没有比这更空洞的口号了。从一方面说，"辩论自由"不过是出版自由、集会自由和言论自由，是人民武装的权利。从另一方面说，它不过是掌握在国王及其大臣们手中的现存的国家权力：军队、警察和所谓独立的，但是事实上要依职务的升降和政治的变革为转移的法官。辩论自由这句话向来只有一个意思：不依法律所不承认的一切影响为转移，而公认的影响——贿赂，职务的升降，私人的利益，解散议会的恐惧等——却使讨论成为真正"自由的"讨论。④"政治自由——特别是结社、集会和出版的自由——是我们进行宣传鼓动工作的手段；我们的

---

① 马克思：《第六届莱茵省议会的辩论（第一篇论文）》，《马克思恩格斯全集》，第1卷，第63、85、94—95页。
② 恩格斯：《集权与自由》，《马克思恩格斯全集》，第41卷，第397页。
③ 马克思：《黑格尔法哲学批判》，《马克思恩格斯全集》，第1卷，第326—327页。
④ 参见恩格斯《柏林的辩论自由》，《马克思恩格斯全集》，第5卷，第480—481页。

这些手段是否会被夺走，难道是无所谓的吗？如果有人侵犯这些手段，难道我们不应当起而反抗吗？"①

第四，工人集体占有劳动资料才能获得自由。恩格斯指出："盖得的确到这里来过，当时是为了起草法国工人党的纲领草案。导言就是在这里，在我的房间里，我和拉法格都在场，由马克思向盖得口授的：工人只是在成了他的劳动资料的占有者时才能自由；这可以采取个体占有方式或集体占有方式；个体占有方式正在被经济的发展所战胜，而且将日益被战胜；所以，剩下的只是共同占有，等等。这真是具有充分说服力的杰作，寥寥数语就对群众说得一清二楚，这是我少见的，说得这样简明扼要，真使我自己也感到惊奇。"②

第五，社会主义制度将保障充分的自由。恩格斯指出："我们的目的是要建立社会主义制度，这种制度将给所有的人提供健康而有益的工作，给所有的人提供充裕的物质生活和闲暇时间，给所有的人提供真正的充分的自由。"③

六　政策的法制要求

马克思和恩格斯已经注意到了政策与法律尤其是宪法的关系问题，并提出了一些基本的看法。

（一）法律与法制

对于法律和法制，马克思和恩格斯主要讨论的是五个方面的问题。

第一，法律不依个人意志为转移。马克思和恩格斯指出："如果像霍布斯等人那样，承认权力是法的基础，那么法、法律等只不过是其他关系（它们是国家权力的基础）的一种征兆，一种表现。那些决不依个人'意志'为转移的个人的物质生活，即他们相互制约的生产方式和交往形式，是国家的现实基础，而且在一切还必需有分工和私有制的阶段上，都是完

---

① 恩格斯：《关于工人阶级的政治行动》，《马克思恩格斯全集》，第17卷，第445页。
② 《恩格斯致爱·伯恩施坦（1881年10月25日）》，《马克思恩格斯全集》，第35卷，第223—224页。
③ 恩格斯：《对英国北方社会主义联盟纲领的修正》，《马克思恩格斯全集》，第21卷，第570页。

全不依个人意志为转移的。这些现实的关系决不是国家政权创造出来的,相反地,它们本身就是创造国家政权的力量。在这种关系中占统治地位的个人除了必须以国家的形式组织自己的力量外,他们还必须给予他们自己的由这些特定关系所决定的意志以国家意志即法律的一般表现形式。这种表现形式的内容总是决定于这个阶级的关系,这是由例如私法和刑法非常清楚地证明了的。这些个人通过法律形式来实现自己的意志,同时使其不受他们之中任何一个单个人的任性所左右,这一点之不取决于他们的意志,如同他们的体重不取决于他们的唯心主义的意志或任性一样。他们的个人统治必须同时是一个一般的统治。他们个人的权力的基础就是他们的生活条件,这些条件是作为对许多个人共同的条件而发展起来的,为了维护这些条件,他们作为统治者,与其他的个人相对立,而同时却主张这些条件对所有人都有效。由他们的共同利益所决定的这种意志的表现,就是法律。……对被统治的阶级来说也是如此,法律和国家是否存在,这也不是他们的意志所能决定的。"①

第二,法律与经济的辩证关系。恩格斯指出:"法也是如此,产生了职业法律家的新分工一旦成为必要,立刻就开辟一个新的独立部门,这个部门虽然是完全依赖于生产和贸易的,但是它仍然具有反过来影响这两个部门的特殊能力。在现代国家中,法不仅必须适应于总的经济状况,不仅必须是它的表现,而且还必须是不因内在矛盾而自己推翻自己的内部和谐一致的表现。而为了达到这一点,经济关系的忠实反映便日益受到破坏。……'法发展'的进程大部分只在于首先设法消除那些由于将经济关系直接翻译为法律原则而产生的矛盾,建立和谐的法体系,然后是经济进一步发展的影响和强制力又经常摧毁这个体系,并使它陷入新的矛盾。"②

第三,法律的发展依赖于对法律的批评。马克思指出:"因为合法的发展不可能没有法律的发展,因为法律的发展不可能没有对法律的批评,因为对法律的任何批评都会在公民的脑子里,因而也在他的内心,引起与现存法律的不协调,又因为这种不协调给人的感觉是不满,所以,如果报

---

① 马克思、恩格斯:《德意志意识形态》,《马克思恩格斯全集》,第3卷,第377—378页。
② 《恩格斯致康·施米特(1890年10月27日)》,《马克思恩格斯全集》,第37卷,第488页。

刊无权唤起人们对现存法定秩序的不满,它就不可能忠诚地参与国家的发展。"①

第四,惩罚思想方式的法律是反动的法律。马克思指出:"我的行为就是我同法律打交道的唯一领域,因为行为就是我为之要求生存权利、要求现实权利的唯一东西,而且因此我才受到现行法的支配。可是追究倾向的法律不仅要惩罚我所做的,而且要惩罚我所想的,不管我的行为如何。……惩罚思想方式的法律不是国家为它的公民颁布的法律,而是一个党派用来对付另一个党派的法律。追究倾向的法律取消了公民在法律面前的平等。这不是团结的法律,而是一种破坏团结的法律,一切破坏团结的法律都是反动;这不是法律,而是特权。"②

第五,法制是革命的产物。恩格斯指出:"欧洲各国现有的政治制度,都是革命的产物。法制基础、历史性的法、法制到处被千百次地破坏着或者是整个被抛弃。但是所有通过革命取得政权的政党或阶级,就其本性说,都要求由革命创造的新的法制基础得到绝对承认,并被奉为神圣的东西。革命的权利原先是存在的,否则执政者就得不到法律的批准,但是后来它被取消了。"③

(二) 无产阶级的宪章运动

恩格斯指出:"对资产者说来,法律当然是神圣的,因为法律本来就是资产者创造的,是经过他的同意并且是为了他和他的利益而颁布的。……工人有足够的体验知道得十分清楚,法律对他来说是资产阶级给他准备的鞭子。……因为工人并不尊重法律,而只是在无力改变它的时候才屈服于它,所以,他们至少也要提出修改法律的建议,他们力求以无产阶级的法律来代替资产阶级的法律,这是再自然不过的事情。无产阶级所提出的这种法律就是人民宪章,这一文件在形式上纯粹是政治性的,它要求按照民主的原则改组下院。……1835年以威廉·洛维特为首的伦敦工人协会委员会,草拟了人民宪章,里面包括下列'六条':(1)精神正常并且没有犯过罪的一切成年男子都有普选权;(2)议会每年改选一次;

---

① 马克思:《评内阁训令的指控》,《马克思恩格斯全集》,第40卷,第352页。
② 马克思:《评普鲁士最近的书报检查令》,《马克思恩格斯全集》,第1卷,第17—18页。
③ 《恩格斯致奥·倍倍尔(1884年11月18日)》,《马克思恩格斯全集》,第36卷,第238页。

(3)议会议员支薪,使没有财产的人也能够当代表;(4)为了消除资产阶级方面的贿买和恐吓,选举采用秘密投票的方式;(5)设立平等的选区以保证平等的代表权;(6)取消纯属形式的300英镑地产的代表资格限制,使每个选民都同样有被选举权。""宪章主义的民主和过去一切资产阶级政治上的民主的区别也就在这里。宪章主义本质上是一种社会性的现象,最多只能促使宪法做某些修改的'六条',在激进资产者看来已经是万事俱备,但它对无产阶级来说只不过是一种手段而已。'政治权力是我们的手段,社会幸福是我们的目的',这就是宪章主义者现在明确地喊出来的口号。"①

马克思也指出:"他们(宪章派——引者)为之而斗争的宪章里的六条,所包括的内容不外是对普选权的要求,以及使普选权不致成为工人阶级的空想的那些条件,这就是:实行秘密投票、规定议员支薪、每年举行大选。但是普选权就等于英国工人阶级的政治统治,因为在英国,无产阶级占人口的绝大多数,在长期的、虽然是隐蔽的内战过程中,无产阶级已经清楚地意识到自己的阶级地位,而且甚至在农业地区也不再有农民,而只有地主、资本主义企业主(农场主)和雇佣工人。因此,在英国,普选权的实行,和大陆上任何标有社会主义这一光荣称号的其他措施相比,都将在更大的程度上是社会主义的措施。在这里,实行普选权的必然结果就是工人阶级的政治统治。"②"协会想通过向议会而不向内阁呼吁的方式推翻寡头政体。但内阁是什么呢?是议会多数人的亲信。或者它想通过向选民呼吁的方式来推翻议会吗?然而议会是什么呢?是自由选举出来的选民代表机关。可见,出路只有一条——扩大选民范围。那些拒绝接受宪章因而拒绝把这个范围扩大到包括全体人民的人,自己就供认了他们想用新的贵族制来代替旧的贵族制的意图。他们想以人民的名义同现在的寡头政体打交道,同时在向人民发出号召时又想避免使人民自己登上舞台。"③

(三)"人民立法"与"由人民来管理"

"人民立法"的做法来自瑞士,如恩格斯所言:"总的来说瑞士的情

---

① 恩格斯:《英国工人阶级状况》,《马克思恩格斯全集》,第2卷,第515—517、523—524页。
② 马克思:《宪章派》,《马克思恩格斯全集》,第8卷,第390—391页。
③ 马克思:《伦敦饭店中的群众大会》,《马克思恩格斯全集》,第11卷,第157页。

况很好。的确,这话的意思仅仅是说,在那里可以公开进行一切在大陆其他地方或多或少要隐蔽进行的活动。但这已经很不错了。人民直接立法在那里具有这样的意义,即有可能反抗资产阶级在各种立法委员会中的直接或间接的统治。因为瑞士工人在日内瓦罢工以前几乎没有作为独立政党而存在,只是充当激进资产阶级的尾巴,所以他们选进委员会的仅仅是激进资产者,另一方面,当选的农民也容易受到有教养的资产者的影响。这种状况对于各个小州来说也许是十分好的,但是,只要无产阶级群众一参加运动,并且开始在其中居统治地位,这一切自然会立即成为一种累赘和束缚。"①

恩格斯对于无产阶级政党是否应提出"人民立法"的要求,给出的是否定性的答案:除了人民直接参与立法和免费司法(这两项我们归根到底不是非要不可的)之外,还有另外一些重大的政治问题。在普遍不安定的情况下,这些问题一夜之间就可能变成燃眉之急的问题,如果我们不事先进行讨论,没有取得一致的意见,到那时该怎么办呢?但是下面这个要求是可以写进纲领中去,并且至少间接地可以作为对不能正面说出的事情的暗示的:"省、专区和市镇通过由普选权选出的官吏实行完全的自治。取消由国家任命的一切地方的和省的政权机关。""人民提出法案和否决法案的权利",这是针对什么而言呢?是针对所有的法律还是针对人民代议机关的决议呢?这是应当加以补充的。② "在纲领中列入一堆相当混乱的纯民主主义的要求,其中有一些是纯粹的时髦货,例如'人民立法',这种制度存在于瑞士,如果它还能带来点什么东西的话,那么带来的害处要比好处更多。要是改成'由人民来管理',这还有点意义。同样没有提出一切自由的首要条件:一切公务人员在自己的一切职务活动方面都应当在普通法庭上按照一般法律向每一个公民负责。"③

七 无产阶级政党的政策规则和政策态度

致力于夺取政权的无产阶级政党,尤其是国际性的无产阶级政党机

---

① 《恩格斯致马克思(1869年1月29日)》,《马克思恩格斯全集》,第32卷,第235页。
② 参见恩格斯《1891年社会民主党纲领草案批判》,《马克思恩格斯全集》,第22卷,第276—277页。
③ 《恩格斯给奥·倍倍尔的信》,《马克思恩格斯全集》,第19卷,第7页。

构，不仅需要建立决策核心，还要确定必要的决策规则和决策原则，并就重大政策问题形成明确的政策态度，马克思和恩格斯就此提出了一些明确的要求。

（一）无产阶级政党的基本政策规则

马克思和恩格斯基于多年的无产阶级革命斗争经验，为无产阶级政党提出了以下基本的政策规则。

第一，做坚持原则的少数派。恩格斯指出："暂时处于少数——在组织上——而有正确的纲领，总比没有纲领而只是表面上拥有一大批虚假的拥护者要强得多。我们一辈子都处于少数，我们觉得这样也非常好。"[①]

第二，坚持无产阶级政策的阶级性。恩格斯在致格·特利尔的信中指出："您反对中央理事会的策略是正确的。丹麦左派党早就在表演反对派的卑鄙喜剧。……我觉得，一个真正的无产阶级政党不能同这种党共同行动，否则就要长期丧失其工人政党的阶级性。所以，您反对这一政策，强调运动的阶级性，我只能表示同意。"[②] 在致李卜克内西的信中，恩格斯也指出："他们要求党批准他们投票赞同预算和同意他们的甚至比小资产者的政策还右的农民政策。党代表大会不是象以前那样坚决地制止这种行为，而是听之任之，不敢通过任何决议。如果说倍倍尔在这种情况下谈党内小资产阶级分子的积极活动不是时候，那末我真不知道究竟什么时候才算是时候。……那末现在应该感谢倍倍尔，他正是为了使我们能够很好地溶化这些非无产阶级分子而加了盐酸。恢复党内真正和谐的途径就在这里，而不在于否认和隐瞒党内一切真正有争论的问题。"[③]

第三，不能墨守成规，应随时调整策略。恩格斯指出："代表大会的决议不是辩护的理由。党如果现在还让自己受以前在安逸的和平时期作出的种种代表大会决议的约束，那么它就是给自己带上枷锁。一个有生命力的党所借以进行活动的法权基础，不仅必须由它自己建立，而且还必须可

---

① 《恩格斯致爱·伯恩施坦（1882年11月28日）》，《马克思恩格斯全集》，第35卷，第402页。

② 《恩格斯致格·特利尔（1889年12月18日）》，《马克思恩格斯全集》，第37卷，第323页。

③ 《恩格斯致威·李卜克内西（1894年11月24日）》，《马克思恩格斯全集》，第39卷，第314—315页。

以随时改变。反社会党人法使代表大会不能召开，从而对旧的决议不能做出任何修改，这也就废除了这些决议的约束力。一个党丧失了作出有约束力的决议的可能性，它就只能在自己的活的、经常变化的需要中去寻找自己的法规。如果党甘愿使这种需要服从于那些已经僵化和死去的旧决议，那它就是自掘坟墓。"① "许多人为了图省事，为了不费脑筋，想永久地采用一种只适宜于某一个时期的策略。其实，我们的策略不是凭空臆造的，而是根据经常变化的条件制定的；在目前我们所处的环境下，我们往往不得不采用敌人强加于我们的策略。"②

第四，建立党内协商机制。马克思指出："形势可能不久又要临近危机。在这种情况下，我们党内应当在两者之中择其一：要么任何人不同别人商量，均不得代表党讲话；要么每个人都有权发表自己的意见，而不管其他人。然而，最好是不采取后一种方法，因为在人数这样少的党内进行公开辩论（而应当希望党通过它的努力来弥补其数量上的不足）在任何情况下都是不利的。"③

第五，积极开展党内批评。恩格斯指出："还要使人们不要再总是过分客气地对待党内的官吏——自己的仆人，不要再总是把他们当做完美无缺的官僚，百依百顺地服从他们，而不进行批评。"④

第六，建立党内民主制度。马克思指出："共产主义者同盟是1836年在巴黎成立的，起初用的是另一个名称。它逐渐形成了这样一种机构：一定数目的成员组成一个'支部'，同一城市的各支部组成一个'区部'，数目或多或少的区部组成一个'总区部'；整个组织由中央委员会领导，中央委员会由所有区部的代表大会选出，但它有权自行补充其委员，也有权在紧急情况下任命自己的暂时继任者。中央委员会起初设在巴黎，从1840年到1848年初改设在伦敦。支部、区部的领导人和中央委员会的委员全是选举出来的。这种民主制度，固然完全不适用于

---

① 《恩格斯致奥·倍倍尔（1879年11月14日）》，《马克思恩格斯全集》，第34卷，第394—395页。
② 《恩格斯致维克多·阿德勒（1892年8月30日）》，《马克思恩格斯全集》，第38卷，第439页。
③ 《马克思致斐·拉萨尔（1859年11月22日）》，《马克思恩格斯全集》，第29卷，第616页。
④ 《恩格斯致卡·考茨基（1891年2月11日）》，《马克思恩格斯全集》，第38卷，第33页。

一个策划阴谋的秘密团体，但至少同一个宣传团体的任务是不矛盾的。"① 需要注意的是，马克思明确反对将资产阶级的民主方式用于无产阶级政党的党内民主制度，并特别指出，在"联合会"中有三个来源不同的独立的权力机构：（1）由工会选出来的委员会，（2）由普选产生的主席团，（3）由地方选出来的代表大会。这样一来，就到处都是冲突；而竟说这样有利于"迅速行动"。当然，在这种情况下，作为普遍信任者而由普选产生的人处境最好。拉萨尔从法国宪法中搬用了所有这些荒谬的东西，而施韦泽把它们看作永恒的普遍适用的公式，这实在愚蠢。②

第七，着重于无产阶级政党的国际性特征。恩格斯指出："我们（马克思和恩格斯——引者）属于德国党的程度，未必大于属于法国、美国或俄国党的程度，我们很少受德国的纲领的约束，正象我们很少受最低纲领的约束一样。我们认为我们作为国际社会主义的代表的这种特殊地位是有一定的意义的。但是这种地位不容许我们属于某一个国家的党，至少是在我们回到德国并直接参加那里的斗争以前。"③

（二）对一些基本政策问题的态度

马克思和恩格斯对一些基本的政策问题，提出了明确的看法，我们只选择其中的三个问题。

一是征税问题。恩格斯指出："纳税原则本质上是纯共产主义的原则，因为一切国家的征税的权利都是从所谓国家所有制来的。的确，或者是私有制神圣不可侵犯，这样就没有什么国家所有制，而国家也就无权征税；或者是国家有这种权利，这样私有制就不是神圣不可侵犯的，国家所有制就高于私有制，而国家也就成了真正的主人。……我们要求国家实行一种只考虑每一个人的纳税能力和全社会的真正福利的征税办法。"④ 马克思也指出："直接税，作为一种最简单的征税形式，同时也是一种最原

---

① 马克思：《福格特先生》，《马克思恩格斯全集》，第14卷，第463—464页。
② 参见《马克思致恩格斯（1868年10月4日）》，《马克思恩格斯全集》，第32卷，第162—163页。
③ 《恩格斯致爱·伯恩施坦（1883年2月27日—3月1日）》，《马克思恩格斯全集》，第35卷，第443页。
④ 恩格斯：《在爱北斐特的演说》，《马克思恩格斯全集》，第2卷，第615页。

始最古老的形式,是以土地私有制为基础的那个社会制度的时代产物。后来,城市实行了间接税制度;可是,久而久之,由于现代分工,由于大工业生产,由于国内贸易直接依赖于对外贸易和世界市场,间接税制度就同社会消费发生了双重的冲突。在国境上,这种制度体现为保护关税政策,它破坏或阻碍同其他国家进行自由交换。在国内,这种制度就像国库干涉生产一样,破坏各种商品价值的对比关系,损害自由竞争和交换。鉴于上述两种原因,消灭间接税制度就越来越有必要了。直接税制度应当恢复。可是,直接税不容许进行任何欺骗,每个阶级都精确地知道它负担着多大一份国家开支。因此,在英国,再没有什么比所得税、财产税和房屋税等直接税更不受人欢迎的了。"①

二是农民问题。恩格斯指出:作为政治力量的因素,农民至今在多数场合下只是表现出他们那种根源于农村生活隔绝状态的冷漠态度。""小农在不可挽回地走向灭亡,他是未来的无产者。""我坚决否认任何国家的社会主义工人政党有任务除了吸收农民无产者和小农以外,还将中农、大农,或者甚至将大地产租佃者、资产阶级畜牧主以及其他按资本主义方式经营国内土地的人,也都吸收到自己的队伍中来。""在我们夺得国家权力的那一天,我们应该怎样对待他们(小农——引者)呢?第一,法国纲领的原理是绝对正确的:我们预见到小农必然灭亡,但我们无论如何不要以自己的干预去加速其灭亡。第二,同样明显的,当我们掌握了国家权力的时候,我们根本不能设想用强制的办法去剥夺小农(不论有无报偿,都是一样),像我们不得不如此对待大土地占有者那样。我们对于小农的任务,首先是把他们的私人生产和私人占有变为合作社的生产和占有,但不是用强制的办法,而是通过示范和为此提供社会帮助,当然,到那时候,我们将有够多的办法,使小农懂得他们本来现在就该明了的好处。"②

三是社会主义社会的改革和进步问题。恩格斯认为:"所谓'社会主义社会'不是一种一成不变的东西,而应当和任何其他社会制度一样,把它看成是经常变化和改革的社会。它同现存制度的具有决定意义的差别

---

① 马克思:《议会——11月26日的表决》,《马克思恩格斯全集》,第8卷,第543页。
② 恩格斯:《法德农民问题》,《马克思恩格斯全集》,第22卷,第565、569、575、580—581页。

当然在于，在实行全部生产资料公有制（先是单个国家实行）的基础上组织生产。即便明天就实行这种变革（指逐步地实行），我根本不认为有任何困难。我国工人能够做到这一点，这已经由他们的许多个生产和消费协作社所证明，在那些没有遭到警察的蓄意破坏的地方，这种协作社同资产阶级的股份公司相比，管理得一样好，而且廉洁得多。……总之，一旦我们掌握了政权，只要在群众中有足够的拥护者，大工业以及大庄园这种形式的大农业是可以很快地实现公有化的。其余的也将或快或慢地随之实现。而有了大生产，我们就能左右一切。"[①]

马克思和恩格斯对政策与民主关系的系统解释，为无产阶级政党的政策理念和政策行为奠定了重要的理论基础。理论与实践的结合，营造出了马克思主义的一种重要政策范式，本书第二章将就此作出具体说明。

[①]《恩格斯致奥·伯尼克（1890年8月21日）》，《马克思恩格斯全集》，第37卷，第443—444页。

第二章 "公社"政策范式

1871年在法国建立的"巴黎公社",尽管时间短暂,但毕竟是无产阶级掌握政权的一次重要实践。从政策与民主的关系看,这样的实践为掌权的无产阶级提供了一个重要的政策范式,可以命名为"公社"政策范式。马克思和恩格斯对"公社"政策范式作了全面的理论解释。

一 "公社"的政权特征

巴黎公社是无产阶级夺取权力后建立的政权,马克思和恩格斯从三个方面对这样的政权作了说明。

(一) 建立公社是为了夺取权力

马克思指出,中央委员会在1871年3月18日宣言中写道:"巴黎的无产者,目睹统治阶级的失职和叛变行为,已经了解到:由他们自己亲手掌握公共事务的领导以挽救时局的时刻已经到来……他们已经了解到,夺取政府权力以掌握自己的命运,是他们必须立刻履行的职责和绝对的权利。"[①]"公社——这是社会把国家政权重新收回,把它从统治社会、压制社会的力量变成社会本身的生命力;这是人民群众把国家政权重新收回,他们组成自己的力量去代替压迫他们的有组织的力量;这是人民群众获得社会解放的政治形式,这种政治形式代替了被人民群众的敌人用来压迫他们的社会人为力量(即被人民群众的压迫者所篡夺的力量)。"[②]

---

① 马克思:《法兰西内战》,《马克思恩格斯全集》,第17卷,第355页。
② 马克思:《法兰西内战初稿》,《马克思恩格斯全集》,第17卷,第588页。

(二) 公社是无产阶级的政权形式

在马克思和恩格斯看来，巴黎公社是无产阶级的政权形式，这样的政权具有四个重要特征。

第一，公社是共和国。马克思指出："公社就是帝国的直接对立物。巴黎无产阶级用以欢迎二月革命的'社会共和国'口号，不过是表示了希望建立一种不仅应该消灭阶级统治的君主制形式，而且应该消灭阶级统治本身的共和国的模糊意向。公社正是这种共和国的一定的形式。""公社存在本身就是对那至少在欧洲是阶级统治的通常累赘和必要伪装的君主制度的否定。公社给共和国奠定了真正民主制度的基础。"①

第二，公社是"廉价政府"。马克思指出："公社的第一个法令就是废除常备军而用武装的人民来代替它。""公社实现了所有资产阶级革命都提出的廉价政府的口号，因为它取消了两项最大的开支，即常备军和官吏。但是，无论廉价政府或'真正共和国'，都不是它的终极目的，而只是伴随它出现的一些现象。"②

第三，公社是生产者的自治机关。马克思指出："巴黎公社自然应当作为法国一切大工业中心的榜样。只要公社制度在巴黎和各个次要的中心确立起来，旧的中央集权政府就得也在外省让位给生产者的自治机关。在公社没有来得及进一步加以实施的全国组织纲要上说得十分清楚，公社应该成为最小村落的政治形式。"③

第四，公社是工人阶级的政府。马克思指出："人们对公社有不同的解释以及公社代表不同的利益，证明公社是一种高度灵活的政治形式，而一切旧有的政治形式在本质上都是压迫性的。公社的真正秘密在于：它实质上是工人阶级的政府，是生产者阶级同占有者阶级斗争的结果，是终于发现的，可以使劳动在经济上获得解放的政治形式。如果没有最后这个条件，公社制度就没有实现的可能，而是一个骗局。生产者的政治统治不能与他们的社会奴隶地位的永久不变状态同时并存。因此，公社应该成为根除阶级的存在所赖以维持、从而阶级统治的存在所赖以维持的那些经济基

---

① 马克思：《法兰西内战》，《马克思恩格斯全集》，第17卷，第358、361页。
② 马克思：《法兰西内战》，《马克思恩格斯全集》，第17卷，第358、361页。
③ 马克思：《法兰西内战》，《马克思恩格斯全集》，第17卷，第359页。

础的工具。劳动一被解放，大家都会变成工人，于是生产劳动就不再是某一阶级的属性了。""既然公社是法国社会的一切健全成分的真正代表，也就是真正的国民政府，那末，由于它同时又是工人的政府，是争取劳动解放的勇敢战士，它就是十足国际性的。当着把法国两省归并给德国的普鲁士军队的面，公社把全世界的工人都归并到了法国方面。"①

（三）公社是废除国家的过渡形式

马克思和恩格斯对于巴黎公社与国家机器的关系，特别作出了以下几点说明。

第一，无产阶级不能利用现成的国家机器。马克思强调："工人阶级不能简单地掌握现成的国家机器，并运用它来达到自己的目的。"② 恩格斯也指出："公社一开始就得承认，工人阶级在获得统治时，不能继续运用旧的国家机器来进行管理；工人阶级为了不致失去刚刚争得的统治，一方面应当铲除全部旧的、一直被利用来反对它的压迫机器，另一方面应当以宣布它自己所有的代表和官吏毫无例外地可以随时撤换，来保证自己有可能防范他们。"③ "胜利了的无产阶级在能够利用旧的官僚的、行政集中的国家机构来达到自己的目的之前，必须把它加以改造。"④

第二，公社是反对国家的重大尝试。马克思指出："公社才是帝国本身的真正对立物，也就是国家政权、集中化行政权力的对立物。……这次革命不是一次反对哪一种国家政权形式——正统的、立宪的、共和的或帝制的国家政权形式的革命。它是反对国家本身、这个社会的超自然的怪胎的革命，是人民为着自己的利益重新掌握自己的社会生活。……它不是阶级统治的行政权形式和议会形式之间所进行的无聊斗争，而是同时对这两种形式进行的反抗。""公社应该公开宣布'社会解放'为共和国的伟大目标，从而以公社的组织形式来保证这种社会改造。"⑤ 恩格斯也指出："国家无非是一个阶级镇压另一个阶级的机器，这一点即使在民主共和制

---

① 马克思：《法兰西内战》，《马克思恩格斯全集》，第17卷，第361—362、366页。
② 马克思：《法兰西内战》，《马克思恩格斯全集》，第17卷，第355页。
③ 恩格斯：《法兰西内战1891年单行本导言》，《马克思恩格斯全集》，第22卷，第227页。
④ 《恩格斯致爱·伯恩施坦（1884年1月1日）》，《马克思恩格斯全集》，第36卷，第81页。
⑤ 马克思：《法兰西内战初稿》，《马克思恩格斯全集》，第17卷，第586—587、600页。

下也丝毫不比在君主制下差。国家最多也不过是无产阶级在争取阶级统治的斗争胜利以后所继承下来的一个祸害；胜利了的无产阶级也将同公社一样，不得不立即尽量除去这个祸害的最坏方面，直到在新的自由的社会条件下成长起来的一代能够把这全部国家废物完全抛掉为止。"①

第三，公社是镇压敌人的机关。恩格斯指出："自由的人民国家变成了自由国家。从字面上看，自由国家就是可以自由对待本国公民的国家，即具有专制政府的国家。应当抛弃这一切关于国家的废话，特别是在巴黎公社以后，巴黎公社已经不是原来意义上的国家了。无政府主义者用'人民国家'这一个名词把我们挖苦得很够了，虽然马克思驳斥蒲鲁东的著作和后来的《共产党宣言》都已经直接指出，随着社会主义社会制度的建立，国家就会自行解体和消失。既然国家只是在斗争中、在革命中用来对敌人实行暴力镇压的一种暂时的机关，那末，说自由的人民国家，就纯粹是无稽之谈了：当无产阶级还需要国家的时候，它之所以需要国家，并不是为了自由，而是为了镇压自己的敌人，一到有可能谈自由的时候，国家本身就不再存在了。因此，我们建议把'国家'一词全部改成 Gemeinwesen（'公团'），这是一个很好的德文古字，相当于法文中的'公社'。"②

第四，无产阶级还要在一定时期内维持国家的存在。恩格斯指出："无产阶级在取得胜利以后遇到的唯一现成的组织正是国家。这个国家可能需要作很大的改变，才能完成自己的新职能。但是在这种时刻破坏它，就是破坏胜利了的无产阶级能用来行使自己刚刚获得的政权、镇压自己的资本家敌人和实行社会经济革命的唯一机构，而不进行这种革命，整个胜利最后就一定会重归于失败，工人就会大批遭到屠杀，巴黎公社以后的情形就是这样。"③

二 "公社"的组织形式和政策运行方式

作为无产阶级政权的巴黎公社，不仅有自己的组织形式，也形成了初

---

① 恩格斯：《法兰西内战1891年单行本导言》，《马克思恩格斯全集》，第22卷，第228—229页。

② 《恩格斯致奥·倍倍尔（1875年3月18日—28日）》，《马克思恩格斯全集》，第34卷，第123页。

③ 《恩格斯致菲·范-派顿（1883年4月18日）》，《马克思恩格斯全集》，第36卷，第10页。

步的政策运行方式。

(一) 建立在普选基础上的公社组织

马克思指出:"公社是由巴黎各区普选出的城市代表组成的。这些代表对选民负责,随时可以撤换。其中大多数自然都是工人,或者是公认的工人阶级的代表。""普选制不是为了每三年或六年决定一次,究竟由统治阶级中的什么人在议会里代表和压迫人民,而是应当为组织在公社里的人民服务。……另一方面,用等级授职制去代替普选制是根本违背公社的精神的。"①"普选权已被应用于它的真正目的:由各公社选举它们的行政的和创制法律的公职人员。"②

马克思还指出:"设在专区首府里的代表会议,应当主管本专区所有一切农村公社的公共事务,而这些专区的代表会议则应派代表参加巴黎的全国代表会议;代表必须严格遵守选民的确切训令,并且随时可以撤换。……民族的统一不是应该破坏,相反地应该借助于公社制度组织起来。"③

(二) 公社的政策运行规则

巴黎公社尽管存在的时间很短,但是已经显示出建立政策程序和政策规则的必要性。在马克思和恩格斯看来,巴黎公社应遵循以下政策规则。

第一,兼管行政与立法。马克思指出:"公社不应当是议会式的,而应当是同时兼管行政和立法的工作机关。一向作为中央政府工具的警察,立刻失去了一切政治职能,而变成公社随时可以撤换的负责机关,其他各行政部门的官吏也是一样。"④

第二,掌握国家的政策权力(创议权)。马克思指出:"不仅城市的管理,而且连先前属于国家的全部创议权都已转归公社。""公社制度将把靠社会供养而又阻碍社会自由发展的寄生赘瘤——'国家'迄今所吞食的一切力量归还给社会机体。仅仅这一点就会把法国的复兴向前推进

---

① 马克思:《法兰西内战》,《马克思恩格斯全集》,第17卷,第358、360页。
② 马克思:《法兰西内战初稿》,《马克思恩格斯全集》,第17卷,第589页。
③ 马克思:《法兰西内战》,《马克思恩格斯全集》,第17卷,第359页。
④ 马克思:《法兰西内战》,《马克思恩格斯全集》,第17卷,第358页。

了"。①

第三，法官由选举产生。马克思指出："法官已失去其表面的独立性……也如社会其他公务人员一样，他们今后应该由选举产生，对选民负责，并且可以撤换。"②恩格斯也认为巴黎公社应有如此的举动，并指出："要是把选举法官的权利给我们在德国的人，他们在一切大城市里会在选举中获胜并使柏林变成老威廉和俾斯麦坐立不安的地方，除非他们实行政变。"③

第四，低工资制。马克思指出："从公社委员起，自上至下一切公职人员，都只应领取相当于工人工资的薪金。国家高级官吏所享有的一切特权以及支付给他们的办公费，都随着这些官吏的消失而消失了。社会公职已不再是中央政府走卒们的私有物。"④恩格斯也指出："为了防止国家和国家机关由社会公仆变为社会主宰——这种现象在至今所有的国家都是不可避免的——公社采取了两个正确的方法。（1）它把行政、司法和国民教育方面的一切职位交给由普选出的人担任，而且规定选举者可以随时撤换被选举者。（2）它对所有公职人员，不论职位高低，都只付给跟其他工人同样的工资。公社所曾付过的最高薪金是 6000 法郎。这样，即使公社没有另外给各代议机构的代表规定限权委托书，也能可靠地防止人们去追求升官发财了。"⑤

第五，协调中央与地方关系。为有效协调中央与地方的关系，马克思提出了两点要求。（1）公社官吏负责处理中央事务。"那时还会留给中央政府的为数不多然而非常重要的职能，则不应该像有人故意捏造的那样予以废除，而应该交给公社的官吏，即交给那些严格负责的官吏。……旧政府权力的纯粹压迫机关应该铲除，而旧政府权力的合理职能应该从妄图驾于社会之上的权力那里夺取回来，交给社会的负责的公仆。"⑥（2）城市领导农村和地方自治。"公社制度会使农村生产者在精神上受各省主要城

---

① 马克思：《法兰西内战》，《马克思恩格斯全集》，第 17 卷，第 358、360 页。
② 马克思：《法兰西内战》，《马克思恩格斯全集》，第 17 卷，第 359 页。
③ 《恩格斯致保·拉法格（1883 年 2 月 16 日—17 日）》，《马克思恩格斯全集》，第 35 卷，第 436—437 页。
④ 马克思：《法兰西内战》，《马克思恩格斯全集》，第 17 卷，第 358 页。
⑤ 恩格斯：《法兰西内战 1891 年单行本导言》，《马克思恩格斯全集》，第 22 卷，第 228 页。
⑥ 马克思：《法兰西内战》，《马克思恩格斯全集》，第 17 卷，第 359—360 页。

市的领导，保证他们能够得到城市工人做他们利益的天然代表者。公社的存在自然而然会带来地方自治，但这种地方自治已经不是用来对抗现在已经被废弃的国家政权的东西了。""公社对农民说，'公社的胜利是他们的唯一希望'，这是完全正确的。……公社一定会使农民免除血税，一定会给他们一个廉价政府，一定会用他们自己选举出来并对他们负责的雇佣的公社官吏去代替现今吸吮他们血液的公证人、律师、法警和其他法庭吸血鬼。它一定会使他们免除乡警、宪兵和省长的专横压迫；它一定会用启发他们智慧的学校教师去代替麻痹他们首脑的教士。……这就是公社的统治——也只有这种统治——能够直接带给法国农民的重大益处。"①

第六，保证公开性的措施。马克思指出："公社并不像一切旧政府那样，自以为永远不会犯错误。公社公布了自己的言论和行动，它把自己的一切缺点都告诉民众。"②

第七，对公职人员的有效监督。马克思指出："从前有一种错觉，以为行政和政治管理是神秘的事情，是高不可攀的职务。……现在这种错觉已经消除。彻底清除了国家等级制，以随时可以罢免的勤务员来代替骑在人民头上作威作福的老爷们，以真正的负责制来代替虚伪的负责制，因为这些勤务员经常是在公众监督之下进行工作的。"③

三　"公社"的政策取向和政策作用

巴黎公社推行了一系列的政策措施，马克思和恩格斯对这些政策措施作了全面的分析，既说明了政策的基本取向，也说明了这些政策所发挥的作用。

（一）巴黎公社的政策措施

恩格斯对巴黎公社所采取的重要政策措施，作了全面的梳理，包括以下内容。

第一，废除"风纪警察"。1871年3月26日，巴黎公社被选出，3月

---

① 马克思：《法兰西内战》，《马克思恩格斯全集》，第17卷，第361、364—365页。
② 马克思：《法兰西内战》，《马克思恩格斯全集》，第17卷，第368页。
③ 马克思：《法兰西内战初稿》，《马克思恩格斯全集》，第17卷，第589—590页。

28日正式宣告成立。在此之前执行政府职能的国民自卫军中央委员会，在颁布法令废除了声名狼藉的巴黎"风纪警察"之后，把自己的全权交给了公社。

第二，废除征兵制和常备军。3月30日公社取消了征兵制和常备军，宣布由一切能荷枪作战的公民所组成的国民自卫军为唯一的武装力量。

第三，取消房租和当铺。3月30日公社取消了从1870年10月至1871年4月的一切房租，规定把已经付出的房金转作以后的预付房金，并且制止拍卖城市当铺里所有的典押物品。4月30日，公社下令封闭当铺，因为这些当铺是专供私人用来剥削工人且与工人获取劳动工具和信用借款的权利相抵触的。

第四，外国人可以加入公社。3月30日又批准了选入公社的外国人为公社委员，因为"公社的旗帜是世界共和国的旗帜"。

第五，建立公务人员低工资制。4月1日规定，公社公务人员（因而也包括公社委员本身）的薪金，不得超过6000法郎（4800马克）。

第六，政教分离。4月2日颁布了一项法令，宣布教会与国家分离，取消国家用于宗教事务的一切开支，并把一切教会财产转为国家财产；4月8日又据此命令把一切宗教象征、神像、教义、祷告，总之，把"有关个人良心的一切"从学校中革除出去，这道命令随即逐步实行起来。

第七，拘禁人质。4月5日，鉴于凡尔赛军队每天都枪毙被俘的公社战士，颁布了拘禁人质的法令，可是这项法令始终没有贯彻执行。

第八，拆毁专制的象征性标志。4月6日，国民自卫军第一三七营拖出了断头机，并在全民欢呼下把它当众烧毁了。4月12日，公社决定毁掉旺多姆广场上由拿破仑在1809年战争后用夺获的敌军大炮铸成的凯旋柱，因为它是沙文主义和民族仇恨的象征。5月16日，这项决议执行了。5月5日，公社决定拆毁专为处死路易十六赎罪而建筑的小教堂。

第九，建立生产合作社。4月16日，公社命令登记工厂主停工的工厂，拟定把这些工厂的原有工人联合成一些合作社来开工生产的计划，并拟定把这一切合作社结成一个大联盟的计划。

第十，废除工作介绍所。4月20日，公社废止了面包工人的夜工，取消了工作介绍所，因为这些工作介绍所从第二帝国时起已由警察局指派的头等劳工剥削者们独占了；这些工作介绍所都交由巴黎二十个区的区政府接管。①

（二）公社政策的阶级性质

巴黎公社尽管推行的政策不是很多，但是已经具有了无产阶级政权政策的以下性质。

第一，阶级性质。恩格斯指出："从3月18日起，先前被抵抗外来侵犯的斗争所遮蔽了的巴黎运动的阶级性质，便突出而鲜明地表现出来了。因为参加公社的差不多都是工人或公认的工人代表，所以它所通过的决议也就完全是无产阶级性质的。有些决议把共和派资产阶级只是由于怯懦才不肯实行的、然而是工人阶级自由活动的必要基础的那些改革以法令形式确定下来。"②

第二，管理性质。马克思指出："公社以下述措施来开始解放劳动——它的伟大目标：它一方面取缔国家寄生虫的非生产性活动和为非作歹的活动，杜绝把大宗国民产品浪费在供养国家恶魔上的根源，另一方面，以工人的工资执行地方性和全国性的实际行政职务。由此可见，公社是以大规模的节约，不但以政治改造，而且以经济改革来开始其工作的。""但是他们的共和国的真正'社会'性质仅仅在于工人们管理着巴黎公社这一点！至于他们的各项措施，由于实际情况所决定，不得不主要限于巴黎的军事防卫和粮食供应！"③

第三，社会主义性质。恩格斯指出："只要巴黎爆发革命，社会党人就会上台，因为在巴黎，每一次革命都会像巴黎公社那样，其本身必然是社会主义的。"④

第四，国际性。恩格斯指出："第一个巨大的成就应当破坏各个派别的这种幼稚的合作。这个成就就是巴黎公社，公社无疑是国际的精神产儿，尽管国际没有动一个手指去促使它诞生；要国际在一定程度上对公社负责是完全合理的。"⑤

---

① 参见恩格斯《法兰西内战1891年单行本导言》，《马克思恩格斯全集》，第22卷，第221—222页。
② 恩格斯：《法兰西内战1891年单行本导言》，《马克思恩格斯全集》，第22卷，第223页。
③ 马克思：《法兰西内战初稿》，《马克思恩格斯全集》，第17卷，第593、603页。
④ 《恩格斯致奥·倍倍尔（1892年12月22日）》，《马克思恩格斯全集》，第38卷，第553页。
⑤ 《恩格斯致弗·阿·左尔格（1874年9月12日—17日）》，《马克思恩格斯全集》，第33卷，第644页。

(三) 公社的政策作用

马克思和恩格斯看重的是巴黎公社政策整体性的作用,并指出巴黎公社的政策有当前的和长远的影响。

在政策的当前作用方面,马克思强调的是"公社的伟大社会措施就是它本身的存在,就是它的工作。它所采取的某些措施,只能表明通过人民自己实现的人民管理制的发展方向"。"工人阶级并没有期望公社做出奇迹。他们并没有想靠人民的法令来实现现成的乌托邦。……工人阶级不是要实现什么理想,而只是要解放那些在旧的正在崩溃的资产阶级社会里孕育着的新社会因素。……当巴黎公社亲自领导起革命的时候,当普通工人第一次敢于侵犯自己的'天然尊长'的管理特权,在空前艰难的条件下虚心、诚恳而卓有成效地执行了这个工作……这终究是工人阶级被公认能够发挥社会首创作用的唯一阶级的第一次革命。"①

在政策的长远作用方面,马克思强调:"即使公社被搞垮了,斗争也只是延期而已。公社的原则是永存的,是消灭不了的;在工人阶级得到解放以前,这些原则将一再表现出来。"②"如果斗争只是在有极顺利的成功机会的条件下才着手进行,那么创造世界历史未免就太容易了。……工人阶级反对资本家阶级及其国家的斗争,由于巴黎人的斗争而进入了一个新阶段。不管这件事情的直接结果怎样,具有世界历史意义的新起点毕竟是已经取得了。"③恩格斯也指出:"在法国,我预期我们的党将会因此而有新的发展。那里人们仍然还没有消除公社失败的后果。公社对欧洲的影响非常大,使法国无产阶级也倒退得非常远。掌握政权三个月,而且是在巴黎,并没有使世界翻转过来,却由于自身的无能覆灭了(现在人们这样片面地评论公社)——这难道不是证明党没有生命力吗?这就是人们的通常的说法。他们不了解,公社是旧的、法国特有的社会主义的坟墓,而同时对法国来说又是新的国际共产主义的摇篮。"④

---

① 马克思:《法兰西内战》,《马克思恩格斯全集》,第17卷,第362—363、366页。
② 《卡·马克思关于巴黎公社的发言记录(1871年5月23日)》,《马克思恩格斯全集》,第17卷,第677页。
③ 《马克思致路·库格曼(1871年4月17日)》,《马克思恩格斯全集》,第33卷,第210—211页。
④ 《恩格斯致奥·倍倍尔(1884年10月23日)》,《马克思恩格斯全集》,第36卷,第227—228页。

四 "公社"的政策失误教训

马克思和恩格斯认真分析了巴黎公社政策的不足,并使之成为无产阶级革命的重要教训。

(一) 军事策略的失误

巴黎公社军事策略的失误,既有具体的错失战机的错误,也有整体性的未建立无产阶级军队的错误。

在具体的军事策略方面,巴黎公社错过了重要的战机,如马克思所言:"看来巴黎人是要失败的。这是他们的过错,但这种过错实际上是由于他们过分老实而造成的。中央委员会以及后来公社都给了梯也尔这个邪恶的侏儒以集中敌人兵力的时间:(1)因为它们愚蠢地不愿意开始内战,好象梯也尔力图用暴力解除巴黎武装并不是开始内战似的;好象只是为解决对普鲁士人的和战问题而召集起来的国民议会不曾立即对共和国宣战似的!(2)为了避免篡夺政权的嫌疑,它们失去了宝贵的时机(当反动派在巴黎——旺多姆广场——失败以后,本来是应该立刻向凡尔赛进军的),去进行公社的选举,而组织公社的选举等等又花费了许多时间。"①"如果公社听从我的警告,那该多好呵!我曾建议公社委员们加强蒙马特尔高地的北部,即对着普鲁士人的那一面,而当时他们是还有时间这样做的;我曾事先告诉他们,如果不这样做的话,他们就将陷入罗网;我向他们揭露了皮阿、格鲁赛和韦济尼埃;我曾要求他们立即把那些足以使国防政府成员声名狼藉的全部案卷寄到伦敦来,以便在一定程度上制止公社敌人的疯狂行为。——如果公社听从我的警告,那末凡尔赛分子的计划总会部分地遭到失败。"②"我认为法国革命的下一次尝试再不应该象以前那样把官僚军事机器从一些人的手里转到另一些人的手里,而应该把它打碎,这正是大陆上任何一次真正的人民革命的先决条件。我们英勇的巴黎同志们的尝试正是这样。……历史上还没有过这种英勇奋斗的范例!如果

---

① 《马克思致威廉·李卜克内西(1871年4月6日)》,《马克思恩格斯全集》,第33卷,第202页。

② 《马克思致爱·斯·比斯利(1871年6月12日)》,《马克思恩格斯全集》,第33卷,第229页。

他们将来战败了，那只能归咎于他们的'仁慈'。……本来是应该立刻向凡尔赛进军的。由于讲良心而把时机放过了。"①

在总体的军事策略方面，巴黎公社没有为无产阶级专政建立军队，如马克思所言："在过去发生的一切运动当中，最近的和最伟大的运动是巴黎公社。巴黎公社就是工人阶级夺取政权——关于这一点不可能有任何异议。对巴黎公社有过很多不正确的理解。公社未能建立起阶级统治的新形式。通过把一切劳动资料转交给生产者的办法消灭现存的压迫条件，从而迫使每一个体力适合于工作的人为保证自己的生存而工作，这样，我们就会消灭阶级统治和阶级压迫的唯一的基础。但是，必须先实行无产阶级专政，才可能实现这种变革，而无产阶级专政的首要条件就是无产阶级的军队。工人阶级必须在战场上争得自身解放的权利。国际的任务就是把工人阶级的力量组织起来、团结起来，以迎接即将到来的斗争。"②

（二）政务管理策略的失误

巴黎公社在政务管理方面，由于经验不足和时间太短，也有一些重大的失误，马克思和恩格斯主要指出的是以下失误。

第一，中央委员会过早放弃权力。马克思指出，巴黎公社的"第二个错误是中央委员会过早放弃了自己的权力，而把它交给了公社。这又是出于过分'诚实的'考虑！"③

第二，公社成员的非无产阶级化。马克思指出："这里就国际对公社起义的态度再讲几句也许是适宜的。调查本身已经表明，国际工人协会本身决不是巴黎三月革命的首创者；公社的成员也说明了这一点，其中多半是雅各宾分子和象皮阿一类的人。再说，公社中的社会主义分子几乎全是蒲鲁东分子联邦主义者；因此德国社会主义者的报刊在运动爆发后很快就表示这样的意见，说运动的结局将是不利的。当失败已成事实，失败者遭到各种各样的攻击时，总委员会和国际的报刊一致地仍然认为自己有责任

---

① 《马克思致路·库格曼（1871年4月12日）》，《马克思恩格斯全集》，第33卷，第206—207页。
② 马克思：《纪念国际成立七周年》，《马克思恩格斯全集》，第17卷，第468页。
③ 《马克思致路·库格曼（1871年4月12日）》，《马克思恩格斯全集》，第33卷，第207页。

保护巴黎的工人并为他们的行动辩护。"①

第三，琐碎事务和私人争执的干扰。马克思指出："为了维护你们的事业，我已经写了几百封信，寄给世界各地凡有我们支部的地方。何况工人阶级从公社成立那天起就是拥护公社的。……我觉得，公社浪费在琐碎事务和私人争执上的时间太多了。大家知道，除了工人的影响之外，还有其他各种影响存在。如果你们来得及弥补已失去的时间，那末这一切就不会造成什么损害。你们完全有必要在巴黎以外，在英国和其他地方赶快做你们认为需要做的一切事情。"②

第四，经济政策的重大失误——没有控制法兰西银行。恩格斯指出："公社委员分为多数和少数两派：多数派是布朗基主义者，他们在国民自卫军中央委员会中也占统治地位；少数派是国际工人协会会员，他们多半是蒲鲁东社会主义学派的信徒。那时，绝大多数的布朗基主义者不过凭着革命的无产阶级的本能才是社会主义者；其中只有很少一些人通过熟悉德国科学社会主义的瓦扬，比较清楚地了解基本原理。因此可以理解，为什么公社在经济方面忽略了很多据我们现在看来是当时必须做到的事情。最令人难解的，自然是公社对法兰西银行所表示的那种不敢触犯的敬畏心情。这也是一个严重的政治错误。银行掌握在公社手中，这会比扣留一万个人质还有更大的意义。这会迫使整个法国资产阶级对凡尔赛政府施加压力，要它同公社议和。但是，更令人惊异的是，虽然公社是由布朗基主义者和蒲鲁东主义者组成的，但它的措施却往往是正确的。很明显，对于公社在经济方面的各种法令，无论是这些法令的优点或缺点，首先应当由蒲鲁东主义者负责；而对于公社在政治方面的行动和失策，则应当由布朗基主义者负责。正如政权落到空谈家手中时常有的情形那样，无论是蒲鲁东主义者或布朗基主义者，都按照历史的讽刺，做出了恰恰与他们学派的信条相反的事情。"③"如果在一个国家还没有发展到能让社会主义政府首先采取必要的措施把广大资产者威吓住，从而赢得首要的条件，即持续行动的时间，那末社会主义政府就不能在那个国家取得政权。也许你会向我指

---

① 马克思：《国际代表大会》，《马克思恩格斯全集》，第44卷，第594页。
② 《马克思致列·弗兰克尔和路·欧·瓦尔兰（1871年6月12日）》，《马克思恩格斯全集》，第33卷，第226—227页。
③ 恩格斯：《法兰西内战1891年单行本导言》，《马克思恩格斯全集》，第22卷，第225页。

出巴黎公社，且不说这不过是在特殊条件下一个城市的起义，而且公社中的多数人根本不是社会主义者，也不可能是社会主义者。然而，只要懂得一点常理，公社就可能同凡尔赛达成一种对全体人民群众有利的妥协——这是当时唯一能做到的事情。只要夺取法兰西银行，就能使凡尔赛分子的吹牛马上破产。"①

第五，联邦主义的影响。马克思指出："我决不是谴责巴黎公社的参加者；三月十八日革命是必然要发生的，而且它是被挑动起来的。法国得以保存共和国应当归功于它。但它的主要缺点之一就是它的联邦主义的性质。梯也尔在毁灭公社时可以用维持国家的统一作为借口，就象法国国务活动家在屠杀法国新教徒时所做的那样。"②

（三）由巴黎公社引申出的政策话题

通过巴黎公社革命实践的经验和教训的总结，还引申出了三个重要的政策话题，对于指导无产阶级革命具有重要的意义。

第一个话题是需要防止由社会公仆变成社会的主人。恩格斯指出："从社会的公仆变成了社会的主宰，这种情形不但在世袭的君主国内可以看到，而且在民主的共和国内也可以看到。正是在美国，'政治家'比在任何其他地方都更加厉害地构成国民中一个特殊的和富有权势的部分。那里，两个轮流执政的大政党中的每一个政党，都是由这样一些人操纵的。"③

第二个话题是应重视权威在支持政权和制定政策方面的作用。恩格斯指出："这里所说的权威，是指把别人的意志强加于我们；另一方面，权威又是以服从为前提的。""一方面是一定的权威，不管它是怎样造成的；另一方面是一定的服从，这两者，不管社会组织怎样，在产品生产和流通赖以进行的物质条件下，都是我们所必需的。……把权威原则说成是绝对坏的东西，而把自治原则说成是绝对好的东西，这是荒谬的。权威与自治是相对的东西，它们的应用范围是随着生产发展阶段的不同而改变

---

① 《马克思致斐·多·纽文胡斯（1881年2月22日）》，《马克思恩格斯全集》，第35卷，第154页。
② 马克思：《国际代表大会》，《马克思恩格斯全集》，第44卷，第597页。
③ 恩格斯：《法兰西内战1891年单行本导言》，《马克思恩格斯全集》，第22卷，第227页。

的。……要是巴黎公社不依靠对付资产阶级的武装人民这个权威,它能支持一天以上吗?反过来说,难道我们没有理由责备公社把这个权威用得太少了吗?"①"我认为,'权威'这个词用得太滥了。我不知道什么东西能比革命更具有权威了。""巴黎公社遭到灭亡,就是由于缺乏集中和权威。胜利以后,你们可以随意对待权威等等,但是,为了进行斗争,我们必须把我们的一切力量拧成一股绳,并使这些力量集中在同一个攻击点上。如果有人向我说,权威和集中在任何情况下都是两种应当加以诅咒的东西,那末我就认为,说这种话的人,要么不知道什么叫革命,要么只不过是口头革命派。"②"不强调某些人接受别人的意志,也就是说没有权威,就不可能有任何的一致行动。不论这是多数表决人的意志,还是作为领导机构的委员会的意志,或是一个人的意志,——这总是要强迫有不同意见的人接受的意志;然而没有这种统一的和指导性的意志,要进行任何合作都是不可能的。"③"没有一个做最后决定的意志,没有统一的领导,人们究竟怎样开动工厂,管理铁路,驾驶轮船。……多数对少数的权威也将终止。每一个人,每一个乡镇,都是自治的;但是,一个哪怕只由两个人组成的社会,如果每个人都不放弃一些自治权,又怎么可能存在。"④

  第三个话题是不能滥用"反动的一帮"的概念。恩格斯指出:"对工人阶级说来,其他一切阶级都只是反动的一帮。这句话只有在个别的例外场合才是正确的,例如,在象巴黎公社这样的无产阶级革命时期,或者是在一个不仅资产阶级按照自己的形象建立了国家和社会,而且继它之后民主派小资产阶级也已经彻底完成了这种改造的国家里。"⑤"在发生社会主义变革时,其他一切政党对我们来说,都会表现为反动的一帮。可能它们现在已经是这样的了,已完全无力采取任何进步行动,但也不一定。然而在目前,我们对此还不能象阐述纲领的其他原理那样说得很肯定。甚至在德国,也可能出现这样的情况:那些左翼党,不管它们怎样卑劣,也不得

---

  ① 恩格斯:《论权威》,《马克思恩格斯全集》,第18卷,第341—344页。
  ② 《恩格斯致卡·特尔察吉(1872年1月6日、14日)》,《马克思恩格斯全集》,第33卷,第376、378页。
  ③ 《恩格斯致保·拉法格(1871年12月30日)》,《马克思恩格斯全集》,第33卷,第368页。
  ④ 《恩格斯致泰·库诺(1872年1月24日)》,《马克思恩格斯全集》,第33卷,第391页。
  ⑤ 《恩格斯致奥·倍倍尔(1875年3月18日—28日)》,《马克思恩格斯全集》,第34卷,第120页。

不清除一部分在德国仍然大量存在的反资产阶级的、官僚主义的和封建主义的垃圾。既然如此，它们也就不是反动的一帮了。在我们还没有强大到足以夺取政权并实现我们的原则以前，严格地讲，对我们来说就谈不上什么反动的一帮，不然，整个民族就要分为反动的多数和无力的少数。一些人摧毁了德国的小邦制度，给资产阶级提供了实行工业革命的行动自由，既给物也给人创造了统一的交往条件，从而也不得不给我们提供了较大的活动自由，——难道他们是作为'反动的一帮'做了这些吗？法国的资产阶级共和派在1871—1878年间彻底战胜了君主政体和僧侣统治，给法国带来了过去在非革命时期闻所未闻的出版、结社和集会的自由，实行了初级义务教育，使教育普及化，并使之达到如此高度，值得我们德国人向他们学习，——难道他们是作为反动的一帮这样做的吗？英国两个官方政党的活动家大大地扩大了选举权，使选民人数增加了四倍，使各选区一律平等，实行了初级义务教育，改进了教学制度；就是在目前，这些人仍在议会的历次会议上，不但投票赞成资产阶级改革，而且投票赞成对工人的新的让步，——他们是在缓慢地、萎靡不振地前进，但是任何人也不能随意责骂他们是'反动的一帮'。总之，我们没有权利把逐渐成为现实的倾向说成既成的事实，况且，例如在英国，这种倾向永远不会彻底变成事实。当这里发生变革时，资产阶级仍然愿意实行种种微小的改革。但是，只有到那时，对制度进行某些微小的改革，才失去任何意义，因为制度本身已在彻底消灭。"①

马克思和恩格斯论述的"公社"政策范式，强调的是无产阶级掌握政权之后如何处理政策问题，如何正确把握政策与民主的关系。尽管对于无产阶级革命而言，巴黎公社是不成功的，但是"公社"政策范式成功地影响了未来的无产阶级革命，这是需要特别注意的。

---

① 《恩格斯致卡·考茨基（1891年10月14日）》，《马克思恩格斯全集》，第38卷，第175—176页。

第三章　列宁：从"公社国家"到苏维埃政权的政策诉求

列宁在继承马克思主义学说的基础上，根据俄国革命的实践，在1917年的十月革命之前，明确提出了由"公社国家"向苏维埃政权转换的要求，并对相应的政策问题和民主问题等作了系统性的解释。

一　"巴黎公社"向"公社国家"的演进

列宁在总结巴黎公社经验和教训的基础上，明确提出了"公社国家"的概念，并对相应的政策范式作了说明。

（一）对巴黎公社的基本看法

从1904年的三份讲演提纲中已经可以看出列宁对巴黎公社尤其是"公社"政策范式的基本看法。

在第一份提纲中，就"公社的事业"开列了三部分内容。第一部分是"它的弱点"，强调的是无自觉性（蒲鲁东主义者和布朗基主义者）、无组织性（没有掌握银行，没有向凡尔赛进军），以及醉心于民族主义的和革命的空话。第二部分是"它的长处"，包括"政治改革"和"经济改革"两方面内容。政治改革包括以下措施：（1）教会同国家分离（1871年4月2日）。剥夺教会的财产。取消国家给教会的所有津贴。免费的国民教育。（2）废除常备军（1871年3月30日）。（3）废除官僚制度。工人的政府，有管理能力。一是一切官员由选举产生并可以撤换（1871年4月1日）。二是薪俸不高于6000法郎。只需要以前官吏的就可以了。（4）外国人享有同等权利（1871年3月30日）。一位德国人担任公社的部长。有波兰人（东布罗夫斯基、弗卢勃列夫斯基）参加。公社的旗帜是世界共和国的旗帜。公社自治。经济改革强调的是"把寄生虫和荒淫无耻的富人的巴黎改造成工人的巴黎",包括以下措施:(1)禁止面包工人做夜工(4月20日)。(2)禁止罚款。(3)公社把大批被拿破仑第三弄得破产的巴黎小资产者争取过来(延期偿还债务)。公社对农民呼吁。(4)4月16日把遗弃的工厂交给工人协作社;工厂的统计调查。第三部分是"总结和教训",强调了以下要点:资产阶级的报复;甚至"民族战争"也变成了政治欺骗;出卖了祖国(联合德国);资产阶级民主的不稳定性;无产阶级专政。

第二份提纲开列了四部分内容:(1)弱点:无自觉性(蒲鲁东主义和布朗基主义);无组织性,没有掌握银行,没有向凡尔赛进军;各民族主义成分的纠结。(2)政治自由:教会同国家分离;废除常备军;废除官僚制度;外国人享有同等权利,波兰人的参加;公社自治。(3)经济改革:禁止面包工人做夜工;禁止罚款;延期偿还债务;把遗弃的工厂交给工人;任何形式的与妇女同居都有义务(赡养等);给每个寡妇以津贴(抚恤金)。(4)总结和教训:资产阶级的报复;战斗的号召。

第三份提纲只列出了三个要点。(1)共和国+自治。(2)公社的措施。(3)它的两个错误:没有向凡尔赛进军、没有掌握银行。①

在1905年2—3月的"讲演提纲"中,列宁列举了三部分的内容。第一部分是"公社的政治措施",包括以下要点:(1)废除常备军;(2)废除官僚制度,一是一切官员由选举产生,二是薪俸不得多于6000法郎;(3)教会同国家分离;(4)实行免费教育。第二部分是"公社的经济措施",包括以下要点:(1)禁止面包工人做夜工;(2)禁止罚款;(3)登记遗留下的工厂,将其交给工人协作社,并按照仲裁委员会的裁决给予补偿;(4)制止出卖典押品,延期付款(房租);注意:没有接收银行,没有实行八小时工作制。第三部分是"教训",包括以下要点:(1)资产阶级什么事都干得出来,今天是自由派、激进派、共和派,明天就叛变、杀人。(2)无产阶级的独立组织—阶级斗争—内战。(3)在当前的运动中,我们大家都在沿着公社所开辟的道路前进。②

也就是说,列宁重点关注的,是作为一种国家形态的巴黎公社在政策

---

① 参见列宁《关于巴黎公社的报告的三个提纲》,《列宁全集》,第8卷,第181—192页。
② 参见列宁《关于公社的演讲提纲》,《列宁全集》,第9卷,第310—311页。

方面上表现出来的长处和缺点，以及需要注意的教训。

（二）取代旧国家机器的十大取向

列宁特别注重马克思的"工人阶级不能简单地掌握现成的国家机器，并运用它来达到自己的目的"论点，并在《国家与革命》一书中，就无产阶级革命用什么东西来代替被打碎的国家机器，强调了十种重要的取向。

第一，民主转换取向：由资产阶级民主转化为无产阶级民主。"公社用来代替被打碎的国家机器的，似乎'仅仅'是更完全的民主：废除常备军，一切公职人员完全由选举产生并完全可以撤换。但是这个'仅仅'，事实上意味着两类根本不同的机构的大更替。在这里恰巧看到了一个'量转化为质'的例子：民主实行到一般所能想象的最完全最彻底的程度，就由资产阶级民主转化成无产阶级民主，即由国家（＝对一定阶级实行镇压的特殊力量）转化成一种已经不是原来意义上的国家的东西"。

第二，国家消亡取向：国家开始走向消亡。"镇压资产阶级及其反抗，仍然是必要的。这对公社尤其必要，公社失败的原因之一就是在这方面做得不够坚决。但是实行镇压的机关在这里已经是居民的多数，而不象过去奴隶制、农奴制、雇佣奴隶制时代那样总是居民的少数。既然是人民这个大多数自己镇压他们的压迫者，实行镇压的'特殊力量'也就不需要了！国家就在这个意义上开始消亡。大多数人可以代替享有特权的少数人（享有特权的官吏、常备军长官）的特殊机构，自己来直接行使这些职能，而国家政权职能的行使愈是全民化，这个国家政权就愈不需要了"。

第三，"原始"民主取向：铲除"特权制"和"长官制"。"在这方面特别值得注意的是马克思着重指出的公社所采取的一项措施：取消支付给官吏的一切办公费和一切金钱上的特权，把国家所有公职人员的薪金减到'工人工资'的水平。这里恰巧最明显地表现出一种转变：从资产阶级的民主转变为无产阶级的民主，从压迫者的民主转变为被压迫阶级的民主，从国家这个对一定阶级实行镇压的'特殊力量'转变为由大多数人——工人和农民用共同的力量来镇压压迫者。……资本主义文化创立了大生产——工厂、铁路、邮政、电话等等，在这个基础上，旧的'国家政权'的大多数职能已经变得极其简单,已经可以简化为登记、记录、检查这样一些极其简单的手续,以致每一个识字的人都完全能够胜任这些职能,行使这些职能只须付给普通的'工人工资',并且可以(也应当)把这些职能中任何特权制、'长官制'的痕迹铲除干净"。

第四,利益一致取向:推行改造社会的民主措施。"一切公职人员毫无例外地完全由选举产生并可以随时撤换,把他们的薪金减到普通的'工人工资'的水平,这些简单的和'不言而喻'的民主措施使工人和大多数农民的利益完全一致起来,同时成为从资本主义通向社会主义的桥梁。这些措施关系到对社会进行的国家的即纯政治的改造,但是这些措施自然只有同正在实行或正在准备实行的'剥夺剥夺者'联系起来,也就是同变生产资料资本主义私有制为公有制联系起来,才会显示出全部意义和作用"。

第五,"廉价政府"取向:由无产阶级推动"廉价政府"的实现。"在任何一个有农民的资本主义国家(这样的资本主义国家占大多数),大多数农民是受政府压迫而渴望推翻这个政府、渴望有一个'廉价'政府的。能够实现这一要求的只有无产阶级,而无产阶级实现了这一要求,也就是向国家的社会主义改造迈进了一步"。

第六,人民代表取向:以无产阶级的代表机构取代议会制。"每隔几年决定一次究竟由统治阶级中的什么人在议会里镇压人民、压迫人民,——这就是资产阶级议会制的真正本质,不仅在议会制的立宪君主国内是这样,而且在最民主的共和国内也是这样。但是,如果提出国家问题,如果把议会看作国家的一种机构,从无产阶级在这方面的任务的角度加以考察,那么摆脱议会制的出路何在呢?怎样才可以不要议会制呢?……摆脱议会制的出路,当然不在于取消代表机构和选举制,而在于把代表机构由清谈馆变为'工作'机构。'公社不应当是议会式的,而应当是工作的机构,兼管行政和立法的机构。'……在公社用来代替资产阶级社会贪污腐败的议会的那些机构中,发表意见和讨论的自由不会流为骗局,因为议员必须亲自工作,亲自执行自己通过的法律,亲自检查实际执行的结果,亲自对自己的选民直接负责。代表机构仍然存在,然而议会制这种特殊的制度,这种立法和行政的分工,这种议员们享有的特权地位,在这里是不存在的。没有代表机构,我们不可能想象什么民主,即使是无产阶级民主;而没有议会制,我们却能够想象和应该想象"。"把整个国民经济组织得象邮政一样,做到在武装无产阶级的监督和领导下使技术人员、监工和会计,如同所有公职人员一样,都领取不超过'工人工资'的薪金,这就是最近的目标。这样的国家,在这样的经济基础上的国家,才是我们所需要的。这样才能取消议会制而保留代表机构,这样才能使劳动阶级的这些机构免除资产阶级的糟蹋"。

第七,民主与自治结合取向:实行民主集中制下的自治。"无产阶级和贫苦农民把国家政权掌握在自己手中,十分自由地按公社体制组织起来,把所有公社的行动统一起来去打击资本,粉碎资本家的反抗,把铁路、工厂、土地以及其他私有财产交给整个民族、整个社会,难道这不是集中制吗?难道这不是最彻底的民主集中制,而且是无产阶级的集中制吗?""恩格斯绝对不象资产阶级思想家和包括无政府主义者在内的小资产阶级思想家那样,从官僚制度的意义上去了解民主集中制。在恩格斯看来,集中制丝毫不排斥这样一种广泛的地方自治,这种自治在各个市镇和省自愿坚持国家统一的同时,绝对能够消除任何官僚制度和任何来自上面的'发号施令'。……真正民主的集中制共和国赋予的自由比联邦制共和国要多。换句话说,在历史上,地方、州等能够享有最多自由的是集中制共和国,而不是联邦制共和国"。

第八,人民公仆取向:防止"社会公仆"变成"社会的主人"。"恩格斯一再着重指出,不仅在君主国,而且在民主共和国,国家依然是国家,也就是说仍然保留着它的基本特征:把公职人员,'社会公仆',社会机关,变为社会的主人。……恩格斯在这里接触到了一个有趣的界限,在这个界限上,彻底的民主变成了社会主义,同时也要求实行社会主义。因为,要消灭国家就必须把国家机关的职能变为非常简单的监督和计算的手续,使大多数居民,而后再使全体居民,都能够办理,都能够胜任。而要完全消除升官发财的思想,就必须使国家机关中那些无利可图但是'荣耀的'职位不能成为在银行和股份公司内找到肥缺的桥梁,象在一切最自由的资本主义国家内所经常看到的那样"。

第九,专政取向:无产阶级民主要求无产阶级专政。"人们通常在谈论国家问题的时候,老是犯恩格斯在这里所告诫的而我们在前面也顺便提到的那个错误。这就是:老是忘记国家的消灭也就是民主的消灭,国家的消亡也就是民主的消亡。乍看起来,这样的论断似乎是极端古怪而难于理解的;甚至也许有人会担心,是不是我们在期待一个不遵守少数服从多数的原则的社会制度,因为民主也就是承认这个原则。不是的。民主和少数服从多数的原则不是一个东西。民主就是承认少数服从多数的国家,即一个阶级对另一个阶级、一部分居民对另一部分居民使用有系统的暴力的组织"。"在资本主义社会里,在它最顺利的发展条件下,比较完全的民主制度就是民主共和制。但是这种民主制度始终受到资本主义剥削制度狭窄框子的限制,因此它实质上始终是少数人的即只是有产阶级的、只是富人的民主制度。……极少数人享受民主,富人享受民主,——这就是资本主义社会的民主制度。……向前发展,即向共产主义发展,必须经过无产阶级专政,不可能走别的道路,因为再没有其他人也没有其他道路能够粉碎剥削者资本家的反抗。……只有在共产主义社会中,当资本家的反抗已经彻底粉碎,当资本家已经消失,当阶级已经不存在(即社会各个成员在同社会生产资料的关系上已经没有差别)的时候,——只有在那个时候,'国家才会消失,才有可能谈自由'。只有在那个时候,真正完全的、真正没有任何例外的民主才有可能,才会实现。也只有在那个时候,民主才开始消亡,道理很简单:人们既然摆脱了资本主义奴隶制,摆脱了资本主义剥削制所造成的无数残暴、野蛮、荒谬和丑恶的现象,也就会逐渐习惯于遵守多少世纪以来人们就知道的、千百年来在一切行为守则上反复谈到的、起码的公共生活规则,而不需要暴力,不需要强制,不需要服从,不需要所谓国家这种实行强制的特殊机构。……总之,资本主义社会里的民主是一种残缺不全的、贫乏的和虚伪的民主,是只供富人、只供少数人享受的民主。无产阶级专政,向共产主义过渡的时期,将第一次提供人民享受的、大多数人享受的民主,同时对少数人即剥削者实行必要的镇压。只有共产主义才能提供真正完全的民主,而民主愈完全,它也就愈迅速地成为不需要的东西,愈迅速地自行消亡"。

第十,社会主义民主取向:超越民主的"极限"。"在工人阶级反对资本家以争取自身解放的斗争中,民主具有巨大的意义。但是民主决不是不可逾越的极限,它只是从封建主义到资本主义和从资本主义到共产主义的道路上的阶段之一。民主意味着平等。很明显,如果把平等正确地理解为消灭阶级,那么无产阶级争取平等的斗争以及平等的口号就具有极伟大的意义。但是,民主仅仅意味着形式上的平等。一旦社会全体成员在占有生产资料方面的平等即劳动平等、工资平等实现以后,在人类面前不可避免地立即就会产生一个问题:要更进一步,从形式上的平等进到事实上的平等，即实现'各尽所能，按需分配'的原则。……实际上，只是从社会主义实现时起，社会生活和个人生活的各个领域才会开始出现迅速的、真正的、确实是群众性的即有大多数居民参加然后有全体居民参加的前进运动。民主是国家形式，是国家形态的一种。因此，它同任何国家一样，也是有组织有系统地对人们使用暴力，这是一方面。但另一方面，民主意味着在形式上承认公民一律平等，承认大家都有决定国家制度和管理国家的平等权利。而这一点又会产生如下的结果：民主在其发展的某个阶段首先把对资本主义进行革命的阶级——无产阶级团结起来，使他们有可能去打碎、彻底摧毁、彻底铲除资产阶级的（哪怕是共和派资产阶级的）国家机器即常备军、警察和官吏，代之以武装的工人群众（然后是人民普遍参加民兵）这样一种更民主的机器，但这仍然是国家机器。在这里，'量转化为质'，因为这样高度的民主制度，是同越出资产阶级社会的框子、开始对社会进行社会主义的改造相联系的。如果真是所有的人都参加国家管理，那么资本主义就不能支持下去。而资本主义的发展又为真是'所有的人'能够参加国家管理创造了前提。这种前提就是：在一些最先进的资本主义国家中已经做到的人人都识字，其次是千百万工人已经在邮局、铁路、大工厂、大商业企业、银行业等等巨大的、复杂的、社会化的机构里'受了训练并养成了遵守纪律的习惯'"。①

（三）对"公社"政策范式的发展

结合俄国革命所遇到的实际问题，列宁还就如何发展巴黎公社的政策范式，提出了五点要求。

第一，革命政权应通过政策带来重大的改革。列宁指出："'革命公社'，即革命政权，即使是在一个城市建立的，也不可避免地要执行（哪怕只是临时地、'局部地、暂时地'执行）一切国家事务；把脑袋藏在翅膀底下，闭眼不看这个问题，就是愚蠢到极点。这个政权要用法律规定八小时工作制，建立工人监督工厂的制度，举办免费的普及教育，实行法官选举制，成立农民委员会，等等，——总而言之，它一定要实行许多

---

① 列宁：《国家与革命》，《列宁全集》，第 31 卷，第 40—45、47、50、69—71、74、78、83—86、95—96 页。

改革。"①

第二,避免政策失误。列宁认为:"公社所必须完成的实际任务,首先是实行民主专政而不是社会主义专政,也就是实施我们的'最低纲领'。最后,这段回顾还提醒我们,吸取巴黎公社的教训时,我们不应该重犯它的错误(没有占领法国银行,没有进攻凡尔赛,没有明确的纲领等等),而应该学习它那些指出了正确道路的行之有效的步骤。我们要向1871年的伟大战士学习的不是'公社'这个字眼,不应当盲目重复他们的每一个口号,而应当明确地提出符合俄国情况的纲领性的和实际的口号,那就是:无产阶级和农民的革命民主专政。"②

第三,依靠工人阶级。列宁指出:"只有工人始终是忠于公社的。资产阶级共和派和小资产者很快就离开了公社:一些人被运动的革命社会主义的、无产阶级的性质吓坏了;另一些人看到运动注定要遭到不可避免的失败就离开了公社。只有法国无产者才无所畏惧地、不知疲倦地支持了自己的政府,只有他们才为了这个政府,也就是为了工人阶级的解放事业,为了全体劳动者的美好未来而战斗、而牺牲。……胜利的社会革命至少要具备两个条件:生产力的高度发展和无产阶级的充分准备。但是在1871年,这两个条件都不具备。法国的资本主义还不够发达,法国当时主要是一个小资产阶级(手工业者、农民、小店主等)的国家。另一方面,还没有工人政党,工人阶级还没有准备和长期的训练,大多数工人甚至还不完全清楚自己的任务和实现这些任务的方法。既没有无产阶级的严格的政治组织,也没有广泛的工会和合作社……但是公社最缺少的是观察形势和着手实行自己纲领的时间和自由。……尽管条件这样不利,尽管公社存在的时间短促,但是公社还是采取了一些足以说明公社的真正意义和目的的措施。公社用普遍的人民武装代替了常备军这个统治阶级手中的盲从工具;公社宣布教会同国家分离,取消了宗教预算(即国家给神父的薪俸),使国民教育具有纯粹非宗教的性质,这就给了穿袈裟的宪兵以有力的打击。在纯粹社会方面,公社来得及做的事情不多,但这些不多的事情毕竟足以清楚地揭示公社这样一个人民的、工人的政府的性质:禁止面包坊做

---

① 列宁:《社会民主党在民主革命中的两种策略》,《列宁全集》,第11卷,第64页。
② 列宁:《为阿·瓦·卢那察尔斯基"巴黎公社和民主专政的任务"一文写的结尾》,《列宁全集》,第11卷,第125页。

夜工；废除了罚款这种法律规定的掠夺工人的制度；最后，颁布了一项著名的法令（指令），规定把所有被业主抛弃或停业的工厂和作坊转交给工人协作社以恢复生产。也许公社是为了强调自己真正民主的、无产阶级的政府的性质，决定行政机关和政府全体官员的薪金不得高于正常的工人工资，一年的薪金无论如何不得超过6000法郎（每月不到200卢布）。……公社的事业是社会革命的事业，是劳动者谋求政治上和经济上彻底解放的事业，是全世界无产阶级的事业。正是在这个意义上，公社的事业是永垂不朽的。"①

第四，创造民众参与政策的条件。列宁指出："要使大多数真正能够决定国家大事，必须具备一定的现实条件。这就是：必须巩固地建立一种有可能按照大多数的意志决定问题并保证把这种可能性变成现实的国家制度、国家政权。这是一方面。另一方面，必须使这个大多数在阶级成分上，在其内部（和外部）各阶级的对比关系上，能够协力地有效地驾驭国家这辆马车。任何一个马克思主义者都清楚，在关于人民大多数以及按照这个大多数的意志处理国家事务的问题上，这两个现实条件起着决定性的作用。……如果国家政权掌握在同大多数的利益一致的阶级手中，那么就能够真正按照大多数的意志来管理国家。如果政权掌握在同大多数的利益不一致的阶级手中，那么任何按照大多数的意志进行的管理都不可避免地要变成对这个大多数的欺骗或压制。"②

第五，积极开展武装斗争。列宁认为："举行起义反对旧制度的无产阶级肩负起两项任务：全民族的任务和阶级的任务，即一方面要驱逐德军，解放法国；另一方面要推翻资本主义，使工人获得社会主义的解放。两项任务的这种结合，是公社独具的特征。……把爱国主义和社会主义这两个互相矛盾的任务结合在一起，是法国社会主义者的致命错误。……虽然社会主义无产阶级分成许多派别，公社还是成了无产阶级能够齐心协力地去实现资产阶级只能空喊的各项民主任务的光辉典范。夺得了政权的无产阶级没有经过任何特别复杂的立法手续，就简单而切实地实行了社会制度的民主化，废除了官僚制度，实行了官吏由人民选举的制度。但是两个错误葬送了这一辉煌胜利的成果。无产阶级在中途停了下来：没有去

---

① 列宁：《纪念公社》，《列宁全集》，第20卷，第221—224页。
② 列宁：《论立宪幻想》，《列宁全集》，第32卷，第22页。

'剥夺剥夺者',而一味幻想在一个为完成全民族任务而联合起来的国家里树立一种至高无上的公理;没有接管象银行这样一些机构;蒲鲁东主义者关于'公平交换'等等的理论还在社会主义者中占着统治地位。第二个错误是无产阶级过于宽大;它本来应当消灭自己的敌人,但却力图从精神上感化他们;它忽视纯军事行动在国内战争中的作用,没有向凡尔赛坚决进攻,使巴黎起义取得彻底胜利,而是迟迟不动,使凡尔赛政府有时间纠集黑暗势力,为五月流血周作好准备。……俄国无产阶级记取了巴黎公社的教训,他们懂得无产阶级固然不可轻视和平的斗争手段,因为这些手段是为无产阶级的日常利益服务的,在革命的准备时期也是必要的,但是无产阶级一刻也不应当忘记,阶级斗争在一定的条件下就要采取武装斗争和国内战争的形式。"①

(四)"公社国家"要求的政权转换

在总结和应用巴黎公社经验的基础上,列宁明确提出了"公社国家"(即仿照巴黎公社建立的国家政权)的概念,并指出俄国的无产阶级革命,导致了两个政权并立的局面:"一切革命的根本问题是国家政权问题。不弄清这一点,便谈不上自觉地参加革命,更不用说领导革命。我国革命中的一个非常值得注意的特点,就是革命造成了两个政权并存的局面。……就是除临时政府即资产阶级政府外,还形成了另一个尽管还很软弱、还处于萌芽状态、但毕竟确实存在而且在日益成长的政府,即工兵代表苏维埃。这另一个政府的阶级成分是什么呢?是无产阶级和农民(穿了军装的农民)。这个政府的政治性质怎样呢?它是革命的专政,就是说,是这样的一个政权,它直接依靠用革命的方法夺取,依靠下面人民群众的直接的创举,而不依靠集中的国家政权颁布的法律。这完全不是欧美先进国家中迄今最常见的那种一般类型的资产阶级议会制民主共和国政权。人们总是忘记这一点,不深入思考这一点,而这却是全部实质的所在。这个政权和1871年的巴黎公社是同一类型的政权,其基本标志是:(1)权力的来源不是议会预先讨论和通过的法律,而是来自下面地方上人民群众的直接的创举,用流行的话来说,就是直接的'夺取';(2)用全民的直接武装代替脱离人民的、同人民对立的机构即警察和军队;在这

---

① 列宁:《公社的教训》,《列宁全集》,第16卷,第435—438页。

种政权下，国家的秩序由武装的工农自己，即武装的人民自己来维持；(3) 官吏，官僚，或者也由人民自己的直接政权取代，或者至少要接受特别的监督，变成不仅由人民选举产生，而且一经人民要求即可撤换的官吏，处于普通的受委托者的地位；他们从占有能领取资产阶级高薪的'肥缺'的特权阶层，变为特殊'兵种'的工人，其报酬不超过熟练工人的一般工资。巴黎公社这一特殊的国家类型的实质就在于此，而且仅仅在于此。……既然存在着这种苏维埃，既然它们是政权，那在俄国也就存在着巴黎公社类型的国家。……资产阶级主张资产阶级的单一政权。觉悟的工人主张工人、雇农、农民和士兵代表苏维埃的单一政权，主张用启发无产阶级意识、使它摆脱资产阶级影响的办法而不是用冒险行动来取得单一政权。"①"公社的真实本质并不在资产者通常寻找的那些地方，而在于它创立了一种特殊的国家类型。这样的国家在俄国已经诞生，这就是工兵代表苏维埃！"②

二　资产阶级民主与无产阶级民主

从资产阶级民主转换为无产阶级民主，是无产阶级政党的强烈政治诉求，由此不仅需要对这两种不同的"民主"作出明确的界定，还需要就实践中的"转换"以及与之相关的政策思维提出明确的要求，列宁就这些问题提出了一些明确的看法。

（一）民主的基本含义

对于"民主"的含义，列宁在不同的场合下表述过一些不同的看法，归纳起来，主要是以下七个论点。

第一，民主是专制和政治专横的对立物。列宁强调，马克思和恩格斯都是由民主主义者变成社会主义者的，"所以他们仇恨政治专横的民主情感非常强烈"。③列宁还特别指出："我们将提出和讨论一切关于民主的问题，并不仅仅局限于无产阶级的问题，我们将提出和讨论一切政治压迫事

---

① 列宁：《两个政权》，《列宁全集》，第29卷，第131—134页。
② 列宁：《论策略书》，《列宁全集》，第29卷，第147页。
③ 列宁：《弗里德里希·恩格斯》，《列宁全集》，第2卷，第11页。

件和表现,指出工人运动同各种形式的政治斗争的联系,争取一切反对专制制度的正直的人,不管他们持有什么观点,属于什么阶级,争取他们支持工人阶级这个唯一革命的、与专制制度势不两立的力量。"①

第二,质疑"民主就是人民的统治"。列宁认为应该将俄国的社会民主工党改名为共产党,并指出:"要向前看,不要向后看,不要看通常是资产阶级的那种民主,这种民主通过旧的君主制的管理机关即警察、军队和官吏来巩固资产阶级的统治。要向前看正在诞生的新的民主,这种民主已经不成其为民主,因为民主就是人民的统治,而武装的人民是不能自己统治自己的。……民主这个词用于共产党,不仅仅在科学上不正确。这个词在目前,在1917年3月以后,已成为遮住革命人民眼睛的眼罩,妨碍他们自由、大胆、自动地建设新的东西——工农等等代表苏维埃,即'国家'的唯一政权,一切国家'消亡'的前驱。"②

第三,质疑"民主是多数人的统治"。列宁指出:"民主是多数人的统治。只有普遍、直接、平等的选举才可以说是民主的选举。只有根据普选制,由全体居民选出的委员会才是民主的委员会。"③"民主就是多数人的统治。在多数人的意志还不清楚的时候,在这样说似乎还有点道理的时候,人们奉献给人民的是一个挂着'民主'政府招牌的反革命资产者的政府。不过这种局面是不会拖延很久的。在2月27日以后的几个月里,工农大多数的意志即我国绝大多数居民的意志,不仅仅是大体上清楚了。这种意志已通过工兵农代表苏维埃这些群众组织表达出来了。怎么可以顶着不把全部国家政权交给苏维埃呢?这正是意味着背弃民主!这恰恰是把一个显然不可能通过民主的方法,即不可能通过真正自由、真正全民的选举的方法产生出来和维持下去的政府强加给人民。"④

第四,官员民选是彻底的民主制。列宁指出:"实行官员民选是把革命进行到底的前提,这种提法使普列汉诺夫同志想起了令他本人、当然也令我们大家很不愉快的无政府主义。但是官员民选会使人联想起无政府主义,这是十分奇怪的;在目前这个时期,官员民选问题会引起或者已经引起随便哪一位社会民主党人(恐怕只有伯恩施坦例外)的嘲

---

① 列宁:《"火星报"和"曙光"编辑部声明草案》,《列宁全集》,第4卷,第290页。
② 列宁:《无产阶级在我国革命中的任务》,《列宁全集》,第29卷,第179—180页。
③ 列宁:《立宪民主党的土地问题》,《列宁全集》,第22卷,第53页。
④ 列宁:《全部政权归苏维埃》,《列宁全集》,第30卷,第383页。

笑，也是十分奇怪的。我们现在经历的正是官员民选这个口号具有最直接的、重大的实际意义的时期。我们在农民群众中所进行的一切活动、宣传和鼓动，在很大程度上正在于宣传、传播和阐明这个口号。宣传农民革命，比较认真地谈论土地革命，而不同时说到必须实现真正的民主制度，也就是不附带地说到实行官员民选，那是十分矛盾的。……我们应当直截了当地、明确地告诉农民：如果你们想把土地革命进行到底，你们就必须把政治革命也进行到底；没有彻底的政治革命，就根本不会有土地革命或者不会有比较巩固的土地革命。如果没有彻底的民主革命，如果不实行官员民选，那么我国不是会发生农民骚乱，就是会实行立宪民主党的土地改良。"①

第五，法官民选是彻底民主的条件。列宁指出："人民的代表参加法庭，这无疑是民主的开端。要把这一做法坚持下去，首先就不能对陪审员的选举加以资格限制，就是说，不能用教育程度、财产状况、居住年限等条件来限制选举权。在目前的陪审员中间，由于工人被排斥，往往是特别反动的小市民占多数。医治这种弊病的办法，就是发扬民主，采取彻底的完整的民主形式，而决不是卑鄙地弃绝民主。大家知道，在法庭体制方面，实行彻底民主的第二个条件，就是一切文明国家所公认的法官民选制。"②

第六，民主就是群众平等、普遍地参与一切国家事务。列宁指出："社会主义导致任何国家的消亡，因而也导致任何民主的消亡，但是社会主义不通过无产阶级专政是不能实现的，无产阶级专政把对付资产阶级即少数居民的暴力同充分发扬民主结合起来，而民主就是全体居民群众真正平等地、真正普遍地参与一切国家事务，参与解决有关消灭资本主义的一切复杂问题。"③

第七，民主是自由的保证。列宁强调："需要自下而上的民主，需要没有官吏、没有警察、没有常备军的民主。由全民普遍武装的民兵来担任公务——这就是无论沙皇、威武的将军或资本家都夺不走的那种自由的保证。"④

---

① 列宁：《俄国社会民主工党统一代表大会文献》，《列宁全集》，第12卷，第328—329页。
② 列宁：《国际法官代表大会》，《列宁全集》，第22卷，第76—77页。
③ 列宁：《对彼·基辅斯基（尤·皮达可夫）的回答》，《列宁全集》，第28卷，第111页。
④ 列宁：《农民代表大会》，《列宁全集》，第29卷，第271页。

（二）资产阶级民主的基本特征

列宁对资产阶级民主的批判，着重说明的是资产阶级民主所具有的七个重要特征。

第一，基于资本的民主。列宁在给高尔基的信中指出："说什么'现实主义、民主、积极性'，您以为，这就是些美好的字眼吗？这些字眼很肮脏，世界上所有的资产阶级滑头，从我国的立宪民主党人和社会革命党人到这里的白里安或米勒兰以及英国的劳合——乔治等等，都在玩弄这些字眼。这些字眼是肮脏的，夸张的，内容也就是社会革命党和立宪民主党的。很不干净。……对无产者来说是肮脏的，对资产者来说则倒是美好的。……国际无产阶级正在从两个方面夹攻资本：一是使十月党式的资本变成民主的资本，二是把十月党式的资本从本国排挤出去，使它转向野蛮人。这就会扩大资本的地盘，促进它的死亡。西欧几乎已经没有十月党式的资本了；几乎所有的资本都是民主的。十月党式的资本从英国和法国转移到了俄国和亚洲。俄国革命和亚洲的革命＝为排挤十月党式的资本而代之以民主的资本的斗争。民主的资本＝余孽。再往前它就无路可走了。再往前它就要完蛋了。"[①]

第二，帝国主义战争是对民主的否定。列宁指出："一般资本主义特别是帝国主义把民主变为幻想，同时，资本主义又造成群众中的民主意向，建立民主设施，使得否定民主的帝国主义和渴望民主的群众之间的对抗尖锐化。……帝国主义战争可以说是对民主的三重否定：一、任何战争都是用暴力代替'权利'；二、帝国主义本身就是对民主的否定；三、帝国主义战争使共和国完全等同于君主国。"[②]

第三，作为"欺骗"口号的民主。列宁指出，这个知识界和这个政党所起的特殊作用，就是用各种各样民主的词句、保证、诡辩、遁词来掩盖反动势力和帝国主义。要为普利什凯维奇之流的阶级效劳，就必须在决定性的历史关头（在用战争实现这个阶级的目的的关头）帮助它，或者"不抵制战争"。而同时还必须用正义、和平、民族解放、国际冲突的仲

---

① 列宁：《致阿·马·高尔基（1911年1月3日）》，《列宁全集》，第46卷，第14—17页。

② 列宁：《对彼·基辅斯基（尤·皮达可夫）的回答》，《列宁全集》，第28卷，第111页。

裁、各民族的兄弟友爱、自由、改革、民主、普选权等好听的字眼来安慰"人民""群众""民主派"。而且在这样做的时候还必须捶胸顿足，对天发誓说："根本用不着怀疑我们有民族主义"，"我们的"思想同"宣扬任何民族特殊性毫不相干"，我们只是在防止"国家的瓦解"！①

第四，不能坚持到底的民主。列宁指出："在所有议会制的国家中，各种各样的资产阶级政客，口头上总是大讲特讲民主，而同时却在背叛民主。"②"代表人民说话，就是以民主派的身分说话。任何一个民主派（也包括资产阶级民主派）都有权代表人民说话，但是，他只有一贯地、坚决地和彻底地坚持民主主义，才能享有这种权利。因而任何一个资产阶级民主派都'有某种权利代表人民说话'（因为任何一个资产阶级民主派，只要他是民主派，就都坚持某种民主要求），但同时，任何一个资产阶级民主派都没有权利全面代表人民说话（因为目前没有一个资产阶级民主派能把民主主义坚决贯彻到底）。"③

第五，具有民粹主义特征的民主。列宁指出："不同的国家通过自己的资产阶级革命所实现的政治方面和土地方面的民主主义，在程度上是不同的，而且情况是错综复杂的。""孙中山的纲领的字里行间都充满了战斗的、真诚的民主主义。它充分认识到'种族'革命的不足，丝毫没有忽视政治问题，或者说，丝毫没有轻视政治自由或容许中国专制制度与中国'社会改革'、中国立宪改革等并存的思想。这是带有建立共和制度要求的完整的民主主义。它直接提出群众生活状况及群众斗争问题，热烈地同情被剥削劳动者，相信他们是正义的和有力量的。""这是带有建立共和制度要求的完整的民主主义。中国资产阶级民主派也具有民粹主义色彩，他们在主观上是社会主义者，但其土地改革纲领是纯粹资本主义的纲领。"④

第六，反对真正的"自治"。列宁指出："地方自治机关从建立之初就注定作为俄国国家管理机关这个四轮大车的第五个轮子，官僚政治只有在它的无限权力不受到损害时才容许这个轮子存在，而居民代表的作用只

---

① 参见列宁《为反动派效劳和玩弄民主的把戏是怎样结合起来的》，《列宁全集》，第26卷，第285—287页。
② 列宁：《关于自由派对人民的欺骗》，《列宁全集》，第16卷，第447页。
③ 列宁：《地方自治运动和"火星报"的计划》，《列宁全集》，第9卷，第68页。
④ 列宁：《中国的民主主义和民粹主义》，《列宁全集》，第21卷，第426—432页。

限于纯粹的事务工作,只限于单纯在技术上执行这些官僚所规定的各项任务。地方自治机关没有自己的执行机关,它们必须通过警察进行工作,地方自治机关彼此并无联系,地方自治机关一经成立就被置于行政当局监督之下。而且,政府在作了这种无损于自己的让步之后,在建立地方自治机关的第二天,就开始有步骤地对它们加以约束和限制:大权在握的官僚集团是不能同选举产生的一切等级的代议机关和睦相处的,所以就用种种方法对它进行迫害。""地方自治机关是宪制的一小部分。就算是这样吧。但是这个一小部分,却是用来诱使俄国'社会'放弃真正的宪制的手段。这是一块完全无关紧要的阵地,专制制度把它让给勃兴的民主主义,是为了保存自己的主要阵地,为了分化和瓦解要求政治改革的人。"①

第七,涣散无产阶级斗志的虚假"让步"政策。列宁指出:"在我们这个时代不能没有选举;没有群众是行不通的,而在印刷发达和议会制盛行的时代,要让群众跟自己走,就必须有一套广泛施展、系统推行、周密布置的手法,来阿谀奉承、漫天撒谎、招摇撞骗、玩弄流行的时髦字眼、信口答应工人实行种种改良和办种种好事,——只要他们肯放弃推翻资产阶级的革命斗争。我把这套手法叫作'劳合·乔治主义',因为英国大臣劳合·乔治是在一个拥有'资产阶级工人政党'的典型国家里玩弄这套手法的一位最高超最狡猾的代表。劳合·乔治是一个第一流的资产阶级生意人和滑头政客,是一个颇有声誉的演说家,他善于在工人听众面前乱吹一通,甚至讲一些最最革命的词句,他善于向驯良的工人大施恩惠,如许诺实行社会改良(保险等等),他出色地为资产阶级服务,并且正是在工人中间替资产阶级服务,正是在无产阶级中间传播资产阶级影响,即在一个最有必要而最难于在精神上征服群众的地方传播这种影响。"②"世界各国的资产阶级都必然要规定出两种管理方式,两种保护自己利益和捍卫自己统治的斗争方法,并且这两种方法时而交替使用,时而以不同的方式结合在一起。第一种方法就是暴力的方法,拒绝对工人运动作任何让步的方法,维护一切陈旧腐败制度的方法,毫不妥协地反对改良的方法。这就是保守主义政策的实质,这种政策在西欧各国愈来愈不成其为土地占有者阶

---

① 列宁:《地方自治机关的迫害者和自由主义的汉尼拔》,《列宁全集》,第5卷,第30、58页。

② 列宁:《帝国主义和社会主义运动中的分裂》,《列宁全集》,第28卷,第81—82页。

级的政策,而成为整个资产阶级政策的一个变种了。第二种方法就是'自由主义'方法,即采取扩大政治权利、实行改良、让步等措施的方法。……资产阶级利用'自由主义'政策,往往能在一定时期达到自己的目的,这种政策是一种'更加狡猾的'政策。一部分工人,一部分工人代表,有时被表面上的让步所欺骗。于是修正主义者就宣布阶级斗争学说已经'过时',或者开始实行实际上抛弃阶级斗争的政策。资产阶级策略的曲折变化,使修正主义在工人运动中猖獗起来,往往把工人运动内部的分歧引向公开的分裂。"① "不是用自由主义来反对社会主义,而是用改良主义来反对社会主义革命,——这就是现代'先进的'、有教养的资产阶级的公式。一个国家的资本主义愈发展,资产阶级的统治愈纯粹,政治自由愈多,'最新的'资产阶级口号运用得就愈广,这个口号就是:用改良反对革命,为了分化和削弱工人阶级、保持住资产阶级政权,用对行将灭亡的制度局部修补的办法来反对用革命推翻资产阶级政权。""向工人鼓吹他们需要的'不是领导权,而是阶级的政党',就是把无产阶级事业出卖给自由派,就是鼓吹用自由派的工人政策来代替社会民主党的工人政策。"②

(三) 无产阶级民主与资产阶级民主的重大区别

列宁认为:"应该更确切地指出我们在理解'民主原则'方面的彻底性和坚定性(同资产阶级民主相比较),例如,用某种方法描述'民主宪法'的概念和内容,或者说明要建立民主共和国的'原则性'要求。"③综合列宁的论点,资产阶级民主与无产阶级民主的区别,主要表现在以下八个方面。

第一,无产阶级不需要"一般的民主""纯粹的民主"或"庸俗的民主"。"在最自由的国家里,也就是完全不适合以'民主、人民、舆论和科学'作号召的国家里,——在那些国家(美国、瑞士等)里,人们正是特别热心地用这种纯洁的、精神上的、创造出来的神的观念来麻痹人民和工人。……在民主国家里,一个无产阶级作家以'民主、人民、舆论

---

① 列宁:《欧洲工人运动中的分歧》,《列宁全集》,第20卷,第68—69页。
② 列宁:《俄国社会民主主义运动中的改良主义》,《列宁全集》,第20卷,第307、310页。
③ 列宁:《给"俄国社会民主工党北方协会"的信》,《列宁全集》,第6卷,第352页。

和科学'作号召,是完全不适当的。在我们俄国又怎样呢?这种号召也不完全适当,因为它在某种程度上也迎合了庸人的偏见。……为什么要给读者蒙上一层民主的薄纱,而不去明确地区分小市民和无产者(他们善于做真正的精神奋发的人;善于把资产阶级的'科学和舆论'同自己的'科学和舆论',资产阶级民主同无产阶级民主区分开来)呢?"①

第二,无产阶级不与一般的民主运动"合流"。"至于说保卫祖国只在等于保卫民主(在适当的时代)时才是可以容许的(当可以容许的时候),这也是我的意见。当然,无产者任何时候都不应当跟一般民主运动'合流'。马克思和恩格斯并没有跟1848年的德国资产阶级民主运动'合流'。我们布尔什维克也没有跟1905年的资产阶级民主运动'合流'。我们社会民主党人始终拥护民主,但不是'为了资本主义',而是为了给运动扫清道路;可是,没有资本主义的发展,便不可能扫清道路"。②

第三,无产阶级不盲信民主表决和"人民立法"。"幼稚,也是由于人们对民主这个观念认识不清而造成的。在维伯夫妇论英国工联的书里有一章《原始的民主》是很值得注意的。作者在这里写道,英国工人在他们的工会存在的初期曾认为,民主的必要特征就是要由大家来担负工会管理方面的一切工作:不仅一切问题要由全体会员表决,并且工会的职位也要由全体会员轮流担任。只有通过长期的历史经验,工人才懂得这样一种民主观念是荒唐的,才懂得必须成立代表机关和设置专职人员。只有工会的钱库遭到几次破产,工人才懂得,所交会费和所得津贴之间的比例问题不能单用民主表决来决定,还要征求保险业专家的意见。其次,你们读一读考茨基论议会制度和人民立法的那本书,就可以知道马克思主义理论家的结论同'自发地'联合起来的工人的多年实践的教训是相吻合的。考茨基坚决斥责里廷豪森对于民主的原始见解,嘲笑那些借口实行民主而要求'人民的报纸直接由人民编辑'的人,证明为了实现社会民主党对无产阶级的阶级斗争的领导就必须有专职的新闻工作者和专职的国会议员等等,抨击'无政府主义者和著作家的社会主义',这些人为了'哗众取宠'而鼓吹直接的人民立法制,他们不懂得在现代社会中很少有采用这

---

① 列宁:《致阿·马·高尔基(1913年11月3日)》,《列宁全集》,第46卷,第361—363页。

② 列宁:《致伊·费·阿尔曼德(1916年11月25日)》,《列宁全集》,第47卷,第459—460页。

种制度的可能"。①

第四，无产阶级要求执行真正革命阶级的政策。"俄国资产阶级革命象任何资产阶级革命一样，不可避免地是在'政治自由'、'人民利益'这种笼统的口号下开始的，而只有在斗争过程中，只有在实际上实现这一'自由'并以一定的内容去充实'民主'这一空洞字眼的时候，群众和各个阶级才会明白这些口号的具体含义。在资产阶级革命前夜，在资产阶级革命开始之时，所有人都为民主而斗争：既有无产阶级，也有农民和城市小资产阶级分子，还有自由派资产者和自由派地主。只有在阶级斗争过程中，只有当革命经过了一个相当长的历史发展时期以后，才能看出各个阶级对这个'民主'的不同理解。同时，还能看出，不同的阶级有着截然不同的利益，需要它们为了实现同一个'民主'而采取不同的经济措施和政治措施。只有在斗争过程中，在革命的发展过程中，才可以看清楚：某一个要求'民主'的阶级或阶层不愿意或不能够像另一个阶级走得那么远，因而在实现'共同的'（所谓共同的）任务的时候，为了确定实现这些任务的方式，例如为了确定自由和民权制度实现的深度、广度和彻底程度，为了确定用什么方式把土地转交给农民等等，各个阶级会展开激烈的斗争"。"社会民主主义的无产阶级无论在什么情况下都应当执行真正革命阶级的坚定不移的政策，不能因听到关于全民任务、全民革命的任何反动的或庸俗的胡说而不知所措"。②

第五，无产阶级要求行政机关的完全民主化。"我们就拿官僚这个专干行政事务并在人民面前处于特权地位的一个特殊阶层的机关来说，从专制的、半亚洲式的俄国起，到有文化的、自由的、文明的英国止，我们到处都可以看到这种资产阶级社会不可或缺的官僚机关。与俄国的落后性及其专制制度相适应的，是人民在官吏面前完全无权，特权官僚完全不受监督。在英国，人民对行政机关实行强有力的监督，然而即使在那里，这种监督也远不是完全的。官僚仍然保持着不少特权，他们往往是人民的主人，而不是人民的公仆。即使在英国，我们也看到有势力的社会集团总是支持官僚特权地位，不让这个机关完全民主化。这是由于什么原因呢？由于这个机关的完全民主化仅仅有利于一个无产阶级；于是连资产阶级最先

---

① 列宁：《怎么办》，《列宁全集》，第6卷，第134—135页。
② 列宁：《谈谈全民革命的问题》，《列宁全集》，第15卷，第293、296页。

进的阶层，也拥护官吏的某些特权，反对一切官吏由选举产生，反对完全废除资格限制，反对官吏直接对人民负责等等，因为他们感觉到，这种彻底的民主化将被无产阶级用来反对资产阶级。俄国的情况也是这样。……除了无产阶级以外，没有一个阶层会容许官僚机构完全民主化。……只有无产阶级，才绝对敌视专制制度和俄国官吏；只有无产阶级，才与贵族资产阶级社会中的这些机关没有任何联系；只有无产阶级，才能根本敌视并坚决反对它们"。①

第六，无产阶级要求建立真正的人民代表机关。"立宪民主党杜马在自己短短的存在期间很清楚地向人民表明了没有权力的和有权力的人民代表机关之间的全部差别。我们的口号——召集立宪会议（即建立有充分权力的人民代表机关），是万分正确的，但是，实际生活即革命走向这个口号所经过的路程比我们所能预见的要长一些，曲折一些。……人民根据经验认识到，如果人民代表机关没有充分的权力，如果它是由旧政权召集的，如果同它并存的旧政权还是完整无损的，那么人民代表机关就等于零。事变的客观进程提到日程上来的，已经不是这样或那样地来修订法律或宪法的问题，而是政权问题，实际的权力问题。如果没有政权，无论什么法律，无论什么选出的代表都等于零。这就是立宪民主党杜马教给人民的东西"。"过去，这种直接面临的任务是建立（或召集）一般人民代表机关。现在，这种任务则是保证政权归人民代表机关。而这就是说，要消灭、破坏和推翻旧政权，推翻专制政府。如果这个任务不能全部完成，那么人民代表机关也就不能成为有充分权力的机关，从而也就不能充分保证这个新的人民代表机关不会遭到同立宪民主党杜马一样的命运"。②

第七，无产阶级要求开展争取民主的阶级斗争。"一般说来，俄国共产主义者，马克思主义信徒，比其他任何人都更应该把自己称为社会民主党人，并在自己的活动中始终不应忘记民主主义的巨大重要性"。"同激进民主派一道去反对专制制度，反对反动的等级和机构，乃是工人阶级的直接责任，社会民主党人必须使工人阶级明了这种责任，同时又要时时刻刻使工人阶级记住：反对这一切制度的斗争，只是作为促进反资产阶级斗争的手段才是必要的；工人需要实现一般民主主义要求，只是为了扫清道

---

① 列宁：《俄国社会民主党人的任务》，《列宁全集》，第 2 卷，第 437—438 页。
② 列宁：《杜马的解散和无产阶级的任务》，《列宁全集》，第 13 卷，第 308—309、311 页。

路，以便战胜劳动者的主要敌人即资本，资本按其本性来说是一种纯粹民主主义的制度，但它在我们俄国却特别地倾向于牺牲自己的民主主义，而同反动派勾结起来压迫工人，更加厉害地阻止工人运动的出现"。"俄国工人是俄国全体被剥削劳动群众唯一的和天然的代表者。……社会民主党人把自己的全部注意力和自己的全部活动都集中在工人阶级身上。当工人阶级的先进代表领会了科学社会主义思想，领会了关于俄国工人的历史使命的思想时，当这些思想得到广泛的传播并在工人中间成立坚固的组织，把他们现时分散的经济战变成自觉的阶级斗争时，俄国工人就会起来率领一切民主分子去推翻专制制度，并引导俄国无产阶级（和全世界无产阶级并肩地）循着公开政治斗争的大道走向胜利的共产主义革命"。① "至于特别说到政治斗争，那正是'阶级观点'要求无产阶级把一切民主运动推向前进。在政治要求方面，工人民主并不是在原则上而只是在程度上与资产阶级民主有所区别。在为经济解放，为社会主义革命而进行的斗争中，无产阶级则站在另一个原则基础上，而且只有这一个阶级站在这个基础上（小生产者只是鉴于他们正在转入或者行将转入无产阶级的队伍，才给予无产阶级以帮助）"。②

第八，无产阶级不把和平的"民主化"作为唯一的斗争方式。"工人阶级但愿和平地取得政权（我们早就说过，只有受过阶级斗争锻炼的有组织的工人阶级才能这样取得政权），但是无论从理论上或从政治实践的观点来看，无产阶级放弃用革命的方法夺取政权，就是轻率的行为，就是对资产阶级和一切有产阶级的可耻让步。资产阶级不会对无产阶级实行和平的让步，一到紧要关头，他们就会用暴力保卫自己的特权，这是很可能的，甚至是极其可能的。那时，工人阶级要实现自己的目的，除了革命就别无出路。正因为如此，'工人社会主义'的纲领只是一般地谈夺取政权，而不确定夺取政权的方法，因为选择哪一种方法取决于将来的情况，而将来情况如何还不能肯定。但是无论在什么情况下，把和平的'民主化'作为无产阶级唯一的活动方式，那么我们再说一遍，就是任意缩小工人社会主义的概念，并且把这一概念庸俗化"。③

---

① 列宁：《什么是"人民之友"以及他们如何攻击社会民主主义者》，《列宁全集》，第 1 卷，第 254—256、263—264 页。
② 列宁：《关于俄国社会民主工党纲领的文献》，《列宁全集》，第 6 卷，第 251—252 页。
③ 列宁：《俄国社会民主党中的倒退倾向》，《列宁全集》，第 4 卷，第 220—221 页。

（四） 实现无产阶级民主的基本要求

在列宁看来，为了在社会民主党领导下实现无产阶级的民主，应当注意以下六点基本的要求。

第一，争取民主的斗争必须服从于社会主义革命的斗争。列宁指出："社会民主党人在实际活动方面给自己提出的任务是，领导无产阶级的阶级斗争，并把这一斗争的两种具体表现组织起来：一种是社会主义的表现（反对资本家阶级，目标是破坏阶级制度，组织社会主义社会），另一种是民主主义的表现（反对专制制度，目标是在俄国争得政治自由，并使俄国政治制度和社会制度民主化）。""俄国社会民主党人除了宣传科学社会主义以外，同时还要在工人群众中间广泛宣传民主主义思想，竭力使工人认识专制制度的一切活动表现，专制制度的阶级内容，推翻专制制度的必要性，如果不争得政治自由并使俄国政治社会制度民主化，就不可能为工人事业进行胜利的斗争。""只有无产阶级，才能成为争取政治自由与民主制度的先进战士，因为（1）无产阶级受到的政治压迫最厉害，这个阶级的地位不可能有丝毫改变，它既没有接近最高当局的机会，甚至也没有接近官吏的机会，也无法影响社会舆论。（2）只有无产阶级才能彻底实现政治制度和社会制度的民主化，因为实行这种民主化，就会使工人成为这个制度的主人。……把工人阶级作为争取民主制度的先进战士划分出来，就会加强民主运动，加强争取政治自由的斗争。……俄国一切真正的和彻底的民主主义者，都应当成为社会民主党人。"①"应当善于把争取民主的斗争和争取社会主义革命的斗争结合起来，并使前者服从于后者。全部困难就在这里，全部实质就在这里。……不要忽略主要的东西（社会主义革命）；要把它提到首位；要使一切民主要求服从于它，与它配合，共同隶属于它。"②

第二，群众自发的民主运动必须与革命政党的活动紧密结合。列宁认为："社会民主党不能只是简单地为工人运动服务，因为它是'社会主义与工人运动的结合体'；它的任务是赋予自发的工人运动以明确的社会主

---

① 列宁：《俄国社会民主主义者的任务》，《列宁全集》，第2卷，第429、432、436—437页。
② 列宁：《致伊·费·阿尔曼德（1916年12月25日）》，《列宁全集》，第47卷，第492页。

义理想,把这个运动同合乎现代科学水平的社会主义信念结合起来,同争取民主这一实现社会主义手段的有步骤的政治斗争结合起来,一句话,就是要把这种自发运动同革命政党的活动结合成一个不可分割的整体。西欧社会主义运动和民主运动的历史、俄国革命运动的历史、俄国工人运动的经验,——这些就是我们制定我们党的适当的组织形式和策略所必须掌握的材料。但是对这些材料应该进行独立的'整理',现成的范例是无处可寻的。一方面,俄国工人运动的条件与西欧工人运动完全不同,所以在这一点上抱某种幻想是很危险的。另一方面,俄国社会民主党同俄国过去的一些革命政党有根本的区别。我们固然必须向俄国老一辈的卓越革命家和秘密活动家学习(我们毫不犹豫地承认这种必要性),但是我们不能因此不对他们抱批判的态度,不能因此而不独立制定自己的组织形式。"①

第三,只有通过社会主义革命才能争取充分的民主。列宁指出:"民主也是一种国家形式,它将随着国家的消失而消失,但那只是在取得最终胜利和彻底得到巩固的社会主义向完全的共产主义过渡时候的事。……如果认为争取民主的斗争会使无产阶级脱离社会主义革命,或者会掩盖、遮挡住社会主义革命等等,那是根本错误的。相反,正象不实现充分的民主,社会主义就不能胜利一样,无产阶级不为民主而进行全面的彻底的革命的斗争,就不能作好战胜资产阶级的准备。"②

第四,充分的民主要求民族平等和民族自决。列宁指出:"取得胜利的社会主义必将实现充分的民主,因而,不但要使各民族完全平等,而且要实现被压迫民族的自决权,即政治上的自由分离权。任何社会主义政党,如果不能在目前和在革命时期以及革命胜利以后,用自己的全部行动证明它们将做到解放被奴役的民族并在自由结盟的基础上——没有分离自由,自由结盟就是一句谎话——建立同它们的关系,那就是背叛社会主义。"③"'自决权'意味着这样一种民主制度,即在这种制度下不仅有一般民主,而且特别不能有用不民主的方式来决定分离问题的事情。一般说来,民主可以与气焰嚣张的、压迫者的民族主义并存。无产阶级要求的是那种排除用暴力将某一民族强行控制在一国范围内的民主。因此,'为

---

① 列宁:《为"工人报"写的文章:我们的当前任务》,《列宁全集》,第4卷,第167页。
② 列宁:《社会主义革命和民族自决权》,《列宁全集》,第27卷,第255页。
③ 列宁:《社会主义革命和民族自决权》,《列宁全集》,第27卷,第254—255页。

了不违犯自决权',我们不应当象机灵的谢姆科夫斯基先生考虑的那样'投票赞成分离',而应当赞成让实行分离的区域自己去决定这个问题。……自决权正是意味着不由中央议会,而由实行分离的少数民族的议会、国会和全民投票来决定问题。"[①] "一方面要反对一切民族主义,首先是反对大俄罗斯民族主义;不仅要一般地承认各民族完全平等,而且要承认建立国家方面的平等,即承认民族自决权,民族分离权;另一方面,正是为了同一切民族的各种民族主义进行有成效的斗争,必须坚持无产阶级斗争和无产阶级组织的统一,不管资产阶级如何力求造成民族隔绝,必须使各无产阶级组织极紧密地结成一个跨民族的共同体。各民族完全平等,各民族享有自决权,各民族工人打成一片,——这就是马克思主义教给工人的民族纲领,全世界经验和俄国经验教给工人的民族纲领。"[②]

第五,为达到"先进的民主"必须建立"民主主义的专政"(革命民主专政)。列宁指出:"要强调先进的民主的口号,以区别于司徒卢威先生之流的叛卖性的口号。""'革命对沙皇制度的彻底胜利',就是无产阶级和农民的革命民主专政。……这样的胜利正好就是专政,就是说,它必不可免地要依靠军事力量,依靠武装群众,依靠起义,而不是依靠某种用'合法的'、'和平的方法'建立起来的机关。这只能是专政,因为实现无产阶级和农民所迫切需要而且绝对需要的改革,一定会引起地主、大资产者和沙皇制度的拼命反抗。没有专政,就不可能摧毁这种反抗,就不可能打破反革命的企图。但是,这当然不是社会主义的专政,而是民主主义的专政。""只有无产阶级才能成为彻底的民主战士。只有农民群众加入无产阶级的革命斗争,无产阶级才能成为战无不胜的民主战士。如果无产阶级力量不够,做不到这一点,资产阶级就会成为民主革命的首领并且使这个革命成为不彻底的和自私自利的革命。要防止这种危险,除了实行无产阶级和农民的革命民主专政以外是没有别的办法的。"[③]

第六,通过暴力革命建立民主的国家组织和民主的军队。列宁认为:"以经济为基础的社会主义决不完全归结于经济。要铲除民族压迫,必须有社会主义生产这个基础,但是,在这个基础上还必须有民主的国家组

---

① 列宁:《论俄国社会民主工党的民族纲领》,《列宁全集》,第24卷,第238页。
② 列宁:《论民族自决权》,《列宁全集》,第25卷,第284—285页。
③ 列宁:《社会民主党在民主革命中的两种策略》,《列宁全集》,第11卷,第35、38、42—43、113—114页。

织、民主的军队等等。"① "马克思主义解决民主问题的方法就在于,进行阶级斗争的无产阶级要利用一切民主设施和反资产阶级的意向,为无产阶级战胜资产阶级和推翻资产阶级作好准备。……反对资产阶级的国内战争,是贫苦群众用民主方式组织和进行的反对少数有产者的战争。国内战争也是战争,因此它必不可免地要用暴力代替权利。但是,为了多数人的利益和权利而采用的暴力,其性质不同:它践踏的是剥削者即资产阶级的'权利',如果不用民主的方式组织军队和'后方',这样的暴力是不能实行的。通过利用资产阶级的民主制,达到以社会主义的和彻底民主的方式把无产阶级组织起来,去反对资产阶级和机会主义。别的道路是没有的。别的'出路'都不是出路。马克思主义不知道别的出路,正像实际生活不知道别的出路一样。"②

三 围绕选举展开的斗争

在俄国的无产阶级革命中,有过从抵制选举到利用选举的重要转变,并使无产阶级政党的政策宣传方式有所转变。列宁对于这样的转变,作了全面的论述。

(一) 对普选权和选举原则的全面理解

对于"普选权"以及与之相关的选举原则和选举制度,列宁强调的是三点重要的认识。

第一,选举需要自由的政治条件。"在自由的政治条件下,选举原则可能而且必须居于完全的支配地位,但在专制制度下这是做不到的"。③

第二,坚持选举四原则(普遍、平等、直接和无记名投票)的议会选举。"只有用革命的方法召开的、由全体公民不分性别、宗教信仰和民族,通过普遍、平等、直接和无记名投票选出的、拥有全部国家权力的全民立宪会议,才能实现完全的自由……才能用普遍的人民武装来代替常备

---

① 列宁:《关于自决问题的争论总结》,《列宁全集》,第28卷,第21页。
② 列宁:《对彼·基辅斯基(尤·皮达可夫)的回答》,《列宁全集》,第28卷,第112—114页。
③ 列宁:《俄国社会民主工党第三次代表大会文献:关于社会民主党组织中工人和知识分子的关系的决议草案》,《列宁全集》,第10卷,第166页。

军,才能消灭非选举的不向人民负责的官吏机构,才能实现完全的不受限制的政治自由"。①"在所有选举都要服从警察局的严格监视下的条件下的一致,根本谈不上言论、出版、集会、结社的自由,而没有这种自由,选举纯粹是一出滑稽剧。……只要还没有实际争得人民专制,还没有充分的言论、出版、集会、结社的自由,还没有能保障人身不受侵犯的公民武装,任何人民代表选举法都是一文不值的"。②

第三,坚持官员民选的彻底民主制。"如果以一般的'民主制'为前提,而不是以特定的共和制和人民选举官吏为前提,那么地方公有是有害的"。"全部问题在于,从学术的观点和彻底的无产阶级民主的观点来看,能不能允许不把根本性的土地改革同人民选举官吏、同共和制联系起来,而把它同任何一种'民主'联系起来,因而也就是同立宪民主党的民主联系起来,——这种民主,不管愿不愿意,现在是报刊上和'社会'中主要的和流行最广、影响最大的一种假民主主义。我认为是不能允许的。我可以预言,实践不久就一定会纠正我们的土地纲领的错误,也就是说,政治形势将迫使我们的宣传员和鼓动员在同立宪民主党人的斗争中不是强调立宪民主党人的民主,而是强调人民选举官吏和共和制"。③

(二) 对挑战人民代表制选举的积极抵制

列宁在 1905 年明确提出了抵制杜马选举的论点:"俄国目前的政治局势是这样的:最近可能召开布里根杜马,即地主和大资产阶级代表的咨议性会议。这些代表是在专制政府的奴仆监视和协助之下选出来的,而选举的方法是采取等级的、间接的、资格限制很严的选举制,这种选举制简直是对人民代表制思想的嘲弄。对这个杜马应该采取什么态度呢?""目前我们的策略首先应该是支持抵制的主张。这个抵制的问题本身是资产阶级民主派内部的问题。这同工人阶级没有直接的利害关系。但是,支持较为革命的那部分资产阶级民主派,对工人阶级显然是有利的,扩大和加强政治鼓动,对工人阶级也是有利的。抵制杜马,就是资产阶级更加面向人民,就是加强它的鼓动,就是为我们的鼓动增加论据,就是加深政治危

---

① 列宁:《关于我们杜马党团的宣言》,《列宁全集》,第 13 卷,第 225 页。
② 列宁:《"沙皇与人民和人民与沙皇的一致"》,《列宁全集》,第 11 卷,第 174—176 页。
③ 列宁:《关于俄国社会民主工党统一代表大会报告》,《列宁全集》,第 13 卷,第 11、25 页。

机,即革命运动的根源。……我们还应该尽一切努力使抵制实际上有利于扩大和加强鼓动,而不要成为单纯消极回避选举的行动。如果我们没有弄错的话,这个思想在那些在俄国进行工作的同志中已经相当普遍,他们用积极抵制这几个字来表达自己的想法。和消极回避相反,积极抵制就是要十倍地加强鼓动,到处组织集会,利用选举集会,甚至用强力打入这些集会,组织游行示威和政治罢工,等等。……'积极抵制'就是以两倍的毅力、三倍的努力、更大规模地来鼓动、征集和组织革命力量。但是,如果没有一个明确的、正确的和直接的口号,进行这种工作是不可想象的。这种口号只能是武装起义。政府召集伪造得很拙劣的'人民'代表会议,就给我们提供了极好的根据来鼓动人民争取召集真正的人民代表会议,来向最广大的群众说明,现在(在沙皇这样欺骗和嘲弄人民之后)只有临时革命政府才能召集这种真正的人民代表会议,而要建立临时革命政府,就必须取得武装起义的胜利并且真正推翻沙皇政权。"① "我们为什么拒绝参加选举呢?这是因为,如果参加选举,我们就会无意中增强人民对杜马的信任,从而削弱我们反对冒牌人民代表机关的斗争力量。"②

列宁还就"积极抵制"杜马选举作了如下说明:"积极抵制杜马是什么意思呢?所谓抵制就是拒绝参加选举。无论杜马代表的选举,还是复选人或初选人的选举,我们都不参加。所谓积极抵制并不是简单地置身选举之外,而是广泛地利用选举集会来进行社会民主党的鼓动工作和组织工作。所谓利用这些集会,就是既通过合法的手段(进行选民登记)也通过非法的手段参加这些集会,在会上阐述社会主义者的全部纲领和观点,揭露杜马的全部虚假性,号召为召开立宪会议而斗争。"③

(三) 无产阶级政党在杜马选举中的策略

无产阶级政党需要根据不同的形势,调整自己的策略,不能一味地强调抵制议会选举,正如列宁所言:"对某一机关的任何抵制都不是在该机关范围内进行的斗争,而是反对该机关的产生,或者说得广一点,是反对该机关变为现实的斗争。……马克思主义者应该利用代表机关,这是无可

---

① 列宁:《抵制布里根杜马和起义》,《列宁全集》,第 11 卷,第 160、162—164 页。
② 列宁:《要不要抵制国家杜马》,《列宁全集》,第 12 卷,第 146 页。
③ 列宁:《要不要抵制国家杜马》,《列宁全集》,第 12 卷,第 146 页。

第三章 列宁：从"公社国家"到苏维埃政权的政策诉求

争辩的。但是能不能因此就得出结论说，马克思主义者在一定条件下只能赞成在某个机关的范围内进行的斗争，而不能赞成反对建立这个机关的斗争呢？不，得不出这样的结论。因为这种空泛的论断只有在不可能进行反对这类机关产生的斗争的情况下才适用。所以在抵制问题上争论的焦点就在于有没有可能来进行反对这类机关产生的斗争。""把布尔什维主义同'抵制主义'混为一谈，正如把布尔什维主义同'战斗主义'混为一谈一样，都是错误的。"① 从抵制杜马选举到参加杜马选举，列宁强调了无产阶级政党的策略转换，并说明了选举中的具体做法。

第一，坚持无产阶级政党的独立性。列宁指出："作为无产阶级的阶级政党，社会民主党应当在整个杜马选举运动中保持绝对的独立性，这里无论如何不能把自己的口号、自己的策略同任何其他反对派政党或革命政党的口号和策略混淆起来。因此，在选举运动的第一阶段，即在群众面前开展活动时，社会民主党应当按照总的规则绝对独立行动，只提出党的候选人。只有在绝对必要的情况下，才允许作为例外不按照这个规则行事，而且也只能同那些完全接受我们进行直接政治斗争的基本口号的政党，即承认武装起义的必要性，并为民主共和国而斗争的政党达成协议。同时，这种协议只能限于提出共同的候选人名单，决不能限制社会民主党在政治鼓动方面的独立性。社会民主党在工人选民团中要绝对独立行动，不同任何其他政党达成协议。"②

第二，慎用结盟手段。列宁强调："在我们的选举运动中，我们无论如何不能只空洞地抽象地把无产阶级同整个资产阶级民主派对立起来。相反，我们应当集中全部注意力根据我国革命的历史情况准确地弄清自由主义君主派资产阶级和革命民主派资产阶级的差别，如果具体些说，就是应当集中全部注意力弄清立宪民主党、人民社会党和社会革命党之间的差别。只有根据这种差别，我们才能最正确地确定出自己最亲近的'同盟者'。同时我们不该忘记，（1）社会民主党应当象监视敌人那样监视资产阶级民主派中的任何同盟者；（2）我们还要专门分析一下什么对我们更有利：是同某些人民社会党人（举例说）结成共同联盟来束缚住自己的

---

① 列宁：《反对抵制》，《列宁全集》，第16卷，第2—3、26页。
② 列宁：《向俄国社会民主工党全国代表会议提出的特别意见》，《列宁全集》，第14卷，第99—100页。

手脚呢,还是保持完全的独立性,以便在决定性关头随时有可能把非党的'劳动派'分裂成机会主义者(人民社会党人)和革命者(社会革命党人),使后者反对前者等等。"①

第三,注重选举中的政策宣传。在第二次杜马选举中,列宁草拟了俄国社会民主工党的政策宣传要求:(1)党派的性质。俄国社会民主工党,这是俄国各民族即俄罗斯人、拉脱维亚人、波兰人、犹太人、小俄罗斯人、亚美尼亚人、格鲁吉亚人、鞑靼人等觉悟工人的政党。(2)维护谁的利益。社会民主党是工人阶级的政党,它维护全体被剥削的劳动者的利益。(3)力求得到什么。社会民主党力求把全部政权转到人民手中,即建立民主共和国。社会民主党人需要充分自由,以便为争取社会主义,争取把劳动从资本压迫下解放出来而斗争。(4)给人民什么样的自由。社会民主工党想要把充分自由和全部权力都交给人民,全部官吏都要实行选举制,把士兵从兵营苦役中解放出来并建立自由的民兵制。(5)怎样对待农民的土地要求。社会民主工党想要消灭我国的地主土地占有制。全部土地应当立即不经赎买交给农民。土地问题应由通过普遍、直接、平等和无记名投票选举出来的地方委员会解决。(6)获得胜利时能够争取什么。社会民主工党采取各种斗争手段,直至起义,能够在觉悟农民和城市贫民的帮助下争取到充分自由并把全部土地交给农民。而在获得自由以及全欧觉悟工人帮助的情况下,俄国社会民主工党就能够以快速的步伐走向社会主义。②

第四,提出立场鲜明的选举口号。列宁认为:"提出体现社会民主党选举纲领的简明的共同口号即选举口号常常是有益的,而且有时是必要的,因为这种口号提出了当前政治实践中最根本的问题,为全面开展社会主义宣传提供最方便、最迫切的理由和材料。我们时代的这种选举口号、这种共同口号只能是以下三点:(1)建立共和国;(2)没收地主全部土地;(3)实行八小时工作制。""我们可以用几句话来表明社会民主党选举纲领的实质和真髓,这就是:干革命!"③

第五,坚持选举的思想路线。列宁指出:"选举运动的首要的和基本

---

① 列宁:《社会民主党和选举协议》,《列宁全集》,第14卷,第75页。
② 参见列宁《把谁选入国家杜马》,《列宁全集》,第14卷,第129—133页。
③ 列宁:《关于选举运动和选举纲领》,《列宁全集》,第20卷,第358、361页。

的问题,是这个运动的政治内容和它所反映的思想路线的问题。立宪民主党的决定一再表明它的反民主的本质,因为立宪民主党的选举运动的内容,就是在群众的意识中进一步贬低'立宪主义'这个概念。教育人民,让他们知道'左派'十月党人中间可能有真正的立宪主义者,这就是立宪民主党的打算,这就是它的选举政策的含义。民主派的任务则不同,不是贬低立宪主义这个概念,而是说明,只要政权和收入还继续掌握在马尔柯夫之流手里,立宪主义就是完全虚假的。工人民主派的选举运动的内容是由下列任务决定的:阐明自由派和民主派的区别,把民主派的力量联合起来,把全世界的雇佣工人队伍团结起来。"[1]"现在需要的是把它的整个内容——思想内容、纲领内容、策略内容、组织内容——贯彻到'选举运动'中去。""马克思主义者对工人说:为了真正有成效地争取'自己的'政治自决的自由,你们就应当争取全体人民的政治自决的自由,向人民指出他们的国家生活的彻底的民主的形式,把群众和劳动人民中的落后阶层从自由派的影响下争取过来。为了使你们的政党真正充分了解到阶级的任务,使它的活动真正成为阶级的活动,而不是行会式的活动,就应当使它不仅参加政治生活,而且——不管自由派怎样动摇——把广大阶层的政治生活和独立活动引上比自由派指出的那个舞台更高的舞台,引向更重要更根本的目标。"[2]

(四) 选举体现的革命和政策目标

在列宁看来,无产阶级政党应该通过选举,达到无产阶级革命和无产阶级政策的以下重要目标。

一是捍卫无产阶级利益的目标。列宁强调:"我们的责任不是追求席位,而是极其坚决地彻底地捍卫社会主义无产阶级的观点,捍卫我国资产阶级民主革命取得完全胜利的利益。我们社会民主党的初选人和复选人不论在什么情况下,不论以什么借口,都不应当回避我们的社会主义目的,我们严格的阶级立场,即无产阶级政党的目的和立场。但是,要证明无产阶级在当前革命中的先锋作用,一味重复'阶级的'这个词是不够的。要证明无产阶级的先进作用,单只阐明我们的社会主义学说和马克思主义

---

[1] 列宁:《第四届国家杜马选举运动》,《列宁全集》,第21卷,第42页。
[2] 列宁:《选举运动的几个原则问题》,《列宁全集》,第21卷,第101、121—122页。

的一般理论是不够的。为此还必须善于在分析当前革命的迫切问题时能够实际证明：工人政党的党员比其他一切人更彻底、更正确、更坚决、更巧妙地维护这个革命的利益，维护这个革命取得完全胜利的利益。这不是一个轻而易举的任务，因此，为完成这个任务做好准备，是每一个参加选举运动的社会民主党人的基本的主要的义务。"①

二是揭露选举虚伪性的目标。列宁指出："社会民主党在杜马选举运动中的基本任务是：第一，要向人民说明，杜马完全不适于作实现无产阶级和革命小资产阶级，特别是农民的要求的工具；第二，要向人民说明，只要实权还掌握在沙皇政府手里，要想通过议会道路来实现政治自由是办不到的；要说明举行武装起义、成立临时革命政府并在普遍、直接、平等和无记名投票的基础上召开立宪会议的必要性；第三，批评第一届杜马，阐明俄国自由派的破产，特别是阐明，如果让自由主义君主派政党立宪民主党在解放运动中起首要的领导作用，那对革命事业有何等的致命危险。"②

三是坚持马克思主义政策的目标。列宁认为："只有革命马克思主义的政策，才是唯一从好的意义而不是从庸俗的意义来理解的现实政策。要对付反动派的狡诈善变，那就不是顺着向右转，而是要在无产阶级群众中进行深入而广泛的革命宣传，发扬革命的阶级斗争精神和发展革命的阶级组织。……无原则的实际主义政策是最不实际的政策。要回答伪造杜马的行为，工人阶级应当不是松懈而是强化自己的革命鼓动，在自己的选举运动中同可耻的立宪民主党叛徒分道扬镳。"③

四是教育和训练群众、提高群众政治觉悟的目标。列宁指出："对于工人来说，选举所以重要，是因为可以把选举作为政治上教育群众和团结群众的手段。谁参加选举，谁就会意识到自己是个公民；他就势必会投身到政治生活中去，就会更自觉地对待政治生活，就会更加有兴趣地阅读自己的工人民主派的报纸，就会更加理解报上所讲的问题，就会更加慎重地对待自己参加各种工人团体的义务。"④"对那些希望在选举中捍卫真正最

---

① 列宁：《社会民主党和选举协议》，《列宁全集》，第14卷，第88页。
② 列宁：《向俄国社会民主工党全国代表会议提出的特别意见》，《列宁全集》，第14卷，第99—100页。
③ 列宁：《政府伪造杜马和社会民主党的任务》，《列宁全集》，第14卷，第198—200页。
④ 列宁：《选举为期不远了，大家行动起来吧》，《列宁全集》，第21卷，第378页。

最广大的居民群众利益的人来说，提高群众的政治觉悟是摆在第一位的任务。而居民群众根据各个阶级的真正利益更明确地组合是同这一觉悟的提高分不开的。一切非党性，即使在最好的情况下也总是表明，候选人也好，支持他的集团或政党也好，选举他的群众也好，他们的政治觉悟都是模糊的和不高的。"①

五是积极开展反对资产阶级斗争的目标。列宁指出："如果今天还不具备革命形势，还不具备足以引起群众的激愤、提高他们的积极性的条件，今天交给你的是选票，你就拿过来，好好地加以筹划，用它来打击自己的敌人，而不是用来把那些怕坐监牢而抓住安乐椅不放的人送到议会中去享受肥缺。如果明天你被剥夺了选票，而有人把步枪或精良的最新式的速射炮给你，那你就把这些用于杀人和破坏的武器接过来，不要去理睬那些害怕战争的感伤主义者的嘟囔抱怨；世界上还有很多很多东西必须用火与铁来消灭，这样，工人阶级才能获得解放；如果群众中愤恨和绝望的情绪日益强烈，如果具备了革命的形势，那就着手建立新的组织，使用这些十分有用的用于杀人和破坏的武器来对付自己的政府和自己的资产阶级。"②

四 无产阶级议会政治的发展

列宁通过无产阶级政党的代表参与俄国杜马（议会）的实践，对无产阶级的议会政治或议会斗争学说，尤其是重要的政策斗争学说，有了一些重要的理论发展。

（一）对无产阶级议会斗争的正确认识

无产阶级政党之所以要积极参与议会斗争，在列宁看来，应该有以下几点明确的认识。

第一，应当进行革命斗争来争取议会，而不是通过议会活动来争取革命。"应当进行革命斗争来争取强有力的议会，而不是通过软弱无力的'议会'来争取革命。现在在俄国如果没有革命的胜利，那么'议会'

---

① 列宁：《再论党性和非党性》，《列宁全集》，第19卷，第108页。
② 列宁：《第二国际的破产》，《列宁全集》，第26卷，第270—271页。

(国家杜马或类似的东西)中的全部胜利都等于零,甚至比零还糟,因为假象会蒙住眼睛"。①

第二,区别于资产阶级民主派和无政府主义的议会斗争:教育和组织无产阶级。"社会民主党认为议会制度(参加代表会议)是启发、教育和组织无产阶级建立独立的阶级政党的手段之一,是争取工人解放的政治斗争的手段之一。这个马克思主义观点一方面把社会民主党同资产阶级民主派根本区别开来,另一方面又把它同无政府主义根本区别开来。资产阶级自由派和激进派认为议会制度是管理整个国家事务的'自然的'和唯一正常的、唯一合法的方式,他们否认阶级斗争,否认现代议会制度的阶级性。资产阶级竭尽全力、千方百计寻找种种借口给工人戴上眼罩,使他们看不出议会制度是怎样成了资产阶级压迫的工具,使他们认识不到议会制度有限的历史意义。无政府主义者也不善于从议会制度一定的历史意义来对它作出评价,根本拒绝采用这一斗争手段。因此,俄国社会民主党人既坚决反对无政府主义,又坚决反对资产阶级在议会的基础上同旧政权相勾结来尽快结束革命的意图。社会民主党使自己的全部议会活动无保留无条件地服从工人运动的总利益和无产阶级在当前资产阶级民主革命中的特殊任务。……在整个选举运动和整个杜马运动中,保持阶级的独立性是最重要的总任务。这并不否定其他的局部任务,但是其他的局部任务始终应当服从这个总任务,适应这个总任务。这个总前提既为马克思主义理论所证实,也为国际社会民主党的全部经验所证实,无疑应当成为我们的出发点"。②

第三,认清议会制的阶级性质。"民主运动的真实情况不应当使我们看不到资产阶级民主派经常忽略的一种情况:在资本主义国家里,代表机构必然会产生资本对国家政权施加影响的种种特殊形式。我国没有议会,但是自由派中间的议会迷和所有资产阶级代表中间表现出的议会腐化现象却比比皆是。工人如果想学会利用代表机构来提高工人阶级的觉悟,加强工人阶级的团结和发挥工人阶级的真正作用,就应该很好地懂得这个真理。一切敌视无产阶级的社会力量——'官僚'、地主和资本家——都利

---

① 列宁:《致阿·瓦·卢那察尔斯基(1905年10月11日)》,《列宁全集》,第45卷,第109页。
② 列宁:《社会民主党和选举协议》,《列宁全集》,第14卷,第72—74页。

用这些代表机构来对付工人"。① "议会制度并没有消除最民主的资产阶级共和国作为阶级压迫机关的本质,而是不断暴露这种本质。议会制度有助于教育和组织比先前积极参加政治事变的人多得多的广大居民群众,但是这不会消除危机和政治革命,只会在这种革命发生时使国内战争达到最激烈的程度。……谁不懂得议会制度和资产阶级民主制度的不可避免的内在的辩证法会导致比先前更激烈地用群众的暴力去解决争执,那他就永远不能在这种议会制度的基地上去进行坚持原则的宣传鼓动工作,真正培养工人群众去胜利地参加这种'争执'"。②

第四,认清资产阶级议会制度的虚伪性和局限性。"现在俄国国家杜马已经成立了。工人阶级和一切没有财产的人完全没有选举杜马代表的权利。杜马代表是由富裕的地主和商人通过省复选人选举的。农民甚至连省复选人也不能直接选举,而必须通过在乡会上选举出来的县复选人。选举自由,出版自由,集会自由根本谈不上。警察仍然具有无限的权力。杜马通过的决议只是咨议性的,对政府没有约束力,就是说杜马根本没有任何权力"。③ "在自由问题上,人民完全得指靠官吏。未经官吏同意,人民代表无权决定任何事情。大臣会议甚至认为自己无权研究杜马要求扩大人民代表机关权利的愿望。人民代表对权利问题连想也不能想。他们的任务就是请求。而官吏的任务就是审查这些请求,象上述声明审查杜马的'请求'那样"。④

第五,明确无产阶级政党的议会斗争策略。"我们对待国家杜马的策略可以归纳为五点:(1)利用关于国家杜马的法令和杜马选举来加强鼓动,举行集会,利用选举鼓动、游行示威等;(2)围绕下列口号进行全部鼓动运动:武装起义、革命军队、临时革命政府;传播这个临时政府的纲领;(3)联合一切革命民主派分子来进行这种鼓动和武装斗争,而且仅仅联合这些人,就是说,仅仅联合那些真正接受上述口号的人;(4)支持资产阶级民主派左翼中产生的抵制思想,使它成为积极的抵制,即进行上述的极其广泛的鼓动。争取资产阶级民主派的左派拥护革命民主

---

① 列宁:《资本主义和"议会"》,《列宁全集》,第21卷,第370页。
② 列宁:《马克思主义和修正主义》,《列宁全集》,第17卷,第16—17页。
③ 列宁:《为尼古拉耶夫"俄国革命"小册子加的一条注释》,《列宁全集》,第11卷,第169页。
④ 列宁:《既不给土地,也不给自由》,《列宁全集》,第13卷,第108页。

纲领，并参加能使他们接近小资产阶级和农民的活动；（5）在广大工农群众面前毫不留情地揭露和痛斥资产阶级'妥协'论和资产阶级'妥协分子'；公布和说明他们在参加杜马以前和在杜马内部的每一个叛变行为和不坚定行为；告诉工人阶级要警惕这些出卖革命的资产阶级叛徒"。①

第六，不能用议会斗争限制其他斗争。"把马克思和恩格斯有关英美工人运动的言论同有关德国工人运动的言论比较一下，是大有教益的。如果注意到在德国和英美两国，资本主义处于不同的发展阶段以及资产阶级这个阶级在各该国家全部政治生活中的统治形式各不相同这一事实，那么这种比较的意义就更大了。从科学的角度看，我们在这里可以看到唯物主义辩证法的典范，看到善于针对不同的政治经济条件的具体特点把问题的不同重点和不同方面提到首位加以强调的本领。从工人政党实际的政策和策略的角度看，可以看到《共产党宣言》的作者针对不同国家的民族工人运动所处的不同阶段给战斗的无产阶级确定任务的典范"。"在根本没有社会民主工党、根本没有社会民主党的代表参加议会、不论在选举中或报刊上都根本看不到一贯的坚定的社会民主主义政策的国家里，马克思和恩格斯就教导社会党人无论如何要打破狭隘的宗派圈子，参加到工人运动中去，以便使无产阶级在政治上振作起来。……相反，在资产阶级民主革命还没有完成、过去和现在都被'以议会形式粉饰门面的军事专制'（马克思在他的《哥达纲领批判》中使用的说法）统治着、无产阶级早已参加政治生活并实行社会民主主义政策的国家，马克思和恩格斯最怕的是用议会活动来限制和用庸人观点来缩小工人运动的任务和规模"。②

（二）议会党团的重要作用

俄罗斯社会民主工党由于抵制第一届议会选举，因此在第一届杜马中，应该不存在社会民主工党的议会党团，正如列宁所言："在国家杜马中有一个由15人组成的工人团。这些代表是怎样进入杜马的呢？工人组织并没有提他们做候选人。党并没有委托他们在杜马中代表党的利益。没有一个社会民主工党的地方组织作出关于选派自己的党员进入国家杜马的

---

① 列宁：《做君主派资产阶级的尾巴，还是做革命无产阶级和农民的领袖》，《列宁全集》，第11卷，第199页。

② 列宁：《"约·菲·贝克尔等致弗·阿·左尔格等书信集"俄译本序言》，《列宁全集》，第15卷，第197—198、210页。

决定（尽管可以作出这种决定）。工人代表是通过非党的途径进入杜马的。几乎所有的代表甚至全部代表都是通过同立宪民主党人达成直接的或者间接的、默认的或者公认的协议进入杜马的。有很多人进入杜马甚至分不清他们是以立宪民主党人还是社会民主党人的身分当选的。这是事实，而且是政治上非常重要的事实。避而不谈这个事实，象现在很多社会民主党人那样，是不能原谅的，也是没有用的。……当然，尽管我们认为成立正式的议会党团是不恰当的，这一点也不妨碍我们支持任何工人代表脱离立宪民主党而向社会民主党靠拢的任何愿望。但是从愿望到现实还有一定的距离。仅仅声明自己是社会民主党人是不够的。应该真正执行社会民主党人的工人政策。当然，我们完全懂得这些议员新手的困难处境。我们很清楚，对于那些开始从立宪民主党转向社会民主党的人所犯的错误应该抱谅解的态度。但是，如果他们决心彻底转变，那就只有对这些错误进行公开的和直接的批判。假装没有看见这些错误，就是对社会民主党和整个无产阶级的不可宽恕的罪过。……工人团应该撇开立宪民主党人，直接地、大声地向全体人民说：'立宪民主党人先生们，你们采取了虚伪的态度。你们的答词带有交易的味道。丢掉这一套外交辞令吧。请你们大声宣布，农民要求全部土地，农民应该无偿地取得全部土地。请你们宣布人民要求充分的自由，为了保证真正的而不仅仅是纸上的自由，人民要把全部政权拿过来。不要相信纸上写的宪法，只相信进行斗争的人民的力量！我们投票反对你们的答词！'如果工人团这样说了，它就是真正执行了社会民主党人的工人政策。这样它就不仅代表了工人的利益，而且也代表了为自由奋斗的全体革命人民的利益。……为了避免恶意地歪曲我们的话，我们再说一遍：我们批评工人团的行为并不是指责工人团的成员，而是为了促进俄国无产阶级和农民在政治上的开展。"[①]

在第二届杜马中，俄国社会民主工党已经有了议会党团，列宁对党团提出了以下要求："为了完成自己那些基本的社会主义的任务和直接的政治任务，作为无产阶级阶级政党的社会民主党应当是一个绝对独立自主的政党，应当在杜马中成立社会民主党党团，不论在党的口号还是党的策略方面都绝对不能同其他任何反对派政党或革命政党融为一体；特别是关于革命的社会民主党在杜马中的活动，必须说明目前由政治生活的整个发展

---

① 列宁：《国家杜马中的工人团》，《列宁全集》，第13卷，第91—93页。

进程所提出的下列几个问题：（1）社会民主党杜马党团是我们党的一个组织，应当把它的批评、宣传、鼓动和组织的作用提到首位。社会民主党杜马党团所提出的法案应当为这些目的服务，而不应当为直接'立法的'目的服务，特别是在改善无产阶级的生活条件和保障无产阶级的阶级斗争自由、推翻农村中农奴主——地主的压迫、救援饥饿的农民、消除失业现象、解脱水兵和士兵的兵营苦役等等问题上提出的法案，更应当如此；（2）在革命的人民取得决定性胜利以前，沙皇政府肯定不会让出自己的阵地，因而不论杜马采取什么策略，杜马和政府之间的冲突都不可避免，除非杜马把人民的利益出卖给黑帮，——在这种情况下，社会民主党党团和社会民主党要格外注意杜马外由于客观条件正在发展的革命危机的进程，既不要在不适当的时机引起冲突，也不要用降低自己口号的办法来人为地防止或延缓冲突，因为降低口号只能使社会民主党在群众心目中威信扫地，使社会民主党脱离无产阶级的革命斗争；（3）社会民主党一方面应当揭穿一切非无产阶级政党的资产阶级实质，提出自己的法案来反对他们的一切法案等，另一方面还应当始终反对立宪民主党人在解放运动中的领导权，迫使小资产阶级民主派在立宪民主党的伪善的民主主义和无产阶级的彻底的民主主义之间作出抉择。"①

（三）利用议会的政策宣示

列宁还要求无产阶级政党通过议会党团和议会外的行动，宣示有利于无产阶级革命的政策主张，并提出了七项要求。

第一，避免议会党团的政策动摇。列宁指出："我想把辩论重新转到如何从原则上评价杜马党团的政策这个问题上来。……我想，责备年轻的、刚开始活动的杜马党团犯了错误，那是完全不正确的。但问题的实质正在于，党团在政策上无疑有过动摇。为了教育整个无产阶级政党而不是为了责备几个人，我们应当坦率地承认这种动摇，并给自己提出克服这种动摇的任务。""我们是带着全党早就知道的两条策略路线来参加代表大会的。对于工人政党来说，掩饰分歧和隐瞒分歧是不明智的，不体面的。我们要把两种观点更清楚地加以对比。我们要表明这两

---

① 列宁：《提交俄国社会民主工党第五次代表大会的决议草案：关于社会民主党在国家杜马中的策略》，《列宁全集》，第15卷，第5—6页。

种观点在我们的政策的一切问题上是怎样应用的。我们要对党的经验作出明确的总结。只有这样,我们才能尽到我们的责任,结束无产阶级政策上的动摇。"①

第二,与资产阶级政党的政策决裂。列宁指出:"对革命的社会民主党人来说,支持立宪民主党人的领导权是不能容许的。但是他们仅仅反对参加2月19日的立宪民主党会议还不够。他们应当断然地、坚决地要求杜马党团同立宪民主党式的政策决裂,在杜马中直接而公开地执行无产阶级的独立的政策。"②

第三,以预算作为重要的政策武器。列宁指出:"由杜马批准预算的问题具有极重大的政治意义。从法律的规定本身来看,杜马的权力是微不足道的,政府采取行动可以完全不用取得杜马同意。但在实际上,政府还是受着一定程度的牵制:预算须由杜马批准。……十分明显,在这种情况下,杜马讨论和表决预算,具有双重的政治意义。(1)杜马应当帮助人民看清俄国所谓的'国家经济'的各种治理办法,即一小撮地主、官吏和各种寄生虫有组织地掠夺和不断地、明目张胆地抢劫人民财产的各种办法。……(2)对预算进行无情的、公开的批评并根据彻底的民主原则对预算进行表决,会影响到欧洲和欧洲的资本以至欧洲中小资产阶级的广大阶层是否贷款给斯托雷平老爷们的俄国政府。"③

第四,侧重于政策而不是侧重于立法。列宁认为:"杜马应当用于革命目的,主要是用于广泛传播党的政治观点和社会主义观点,而不是用于进行立法'改革',因为这种'改革'在任何情况下都只能是对反革命的支持和对民主派的肆意削弱。"④"社会民主党人在杜马中必须提出法案和行使质询权,为此在丝毫不违背社会民主党的纲领和策略、不缔结任何联盟的情况下,同比立宪民主党人左的其他集团协同行动。社会民主党党团应当立即向杜马左派代表建议组织情报局,这个情报局对参加者没有任何约束力,但是能为工人代表提供经常以社会民主党的政策的精神来影响民

---

① 列宁:《俄国社会民主工党第五次代表大会文献:关于杜马党团工作报告的发言》,《列宁全集》,第15卷,第319、323页。
② 列宁:《有重要意义的一步》,《列宁全集》,第15卷,第31页。
③ 列宁:《杜马和批准预算》,《列宁全集》,第15卷,第155—156页。
④ 列宁:《俄国社会民主工党第四次代表会议文献:关于第三届国家杜马中社会民主党党团的策略的报告》,《列宁全集》,第16卷,第157页。

主派的机会。"①

第五，坚持反对帝国主义战争的政策立场。列宁指出："我们的议会代表团——国家杜马中的俄国社会民主党工人党团——认为自己不可推卸的社会主义职责是，不投票赞成军事拨款，甚至退出杜马会议厅以表示更强烈的抗议；认为自己的职责是谴责欧洲各国政府的政策是帝国主义政策。"②

第六，揭露和批判政府的反动政策。列宁指出："政府通过时任首席大臣斯托雷平先生向人民代表宣称，政府打算继续执行解散第一届杜马以后所实行的政策。政府不想考虑人民代表的意愿。它要求人民代表接受它的政策，帮助政府发展、完善它的政策，更准确、更全面地推行这个政策。政府的政策意味着什么呢？这个政策意味着维护一小撮大地主和朝臣显贵的利益，维护他们剥削和压迫人民的权利。既不给土地，也不给自由！——这就是政府通过斯托雷平向人民作的宣告。……政府的宣言清楚地表明，它不要和平，而要同人民进行战争。……社会民主工党一向总是对人民说，杜马无力给人民自由和土地。捍卫工农两个阶级利益的杜马代表决心尽一切力量为两个阶级的利益服务，通过在杜马中宣布事实真相的办法帮助人民：向俄国全境的千百万人民说明，政府实行的是怎样一种有害的反人民的政策，它给人民设置了什么样的圈套，它对人民拒绝实行的是哪些法令和措施。杜马代表和整个杜马是能够帮助人民的，但他们没有人民便一事无成。如果说俄国在一个短时期内争取到了自由（尽管只有一点点），如果说俄国争取到了一个人民代表机关（尽管为时短暂），那么这一切全都是人民斗争的成果，全都是工人阶级、农民、士兵和水兵为自由而忘我斗争的成果。"③

第七，反映人民的政策诉求。列宁指出："如果我们是人民的代表，我们就应该表达人民的意愿和人民的要求，而不是看上面或者别的什么'政治条件'喜欢什么才说什么。如果我们是官吏，那我就愿意接受这个道理：'上司'暗示我们不喜欢什么，我们就事先宣布什么'不能实现'。""这里谈的是杜马应该明确地表达而主要是正确地表达人民的真正

---

① 列宁：《俄国社会民主工党第四次代表会议文献：关于第三届国家杜马中社会民主党党团的策略的报告》，《列宁全集》，第16卷，第167页。
② 列宁：《战争和俄国社会民主党》，《列宁全集》，第26卷，第15—16页。
③ 列宁：《关于斯托雷平的宣言》，《列宁全集》，第15卷，第26—28页。

利益，在土地问题的解决上说实话，使农民群众看清什么是阻碍解决土地问题的绊脚石。当然，杜马的意志还不就是法律，这一点我很清楚！但是要想限制杜马的意志，堵住杜马的嘴的，不管是谁都行，只是不能是杜马本身！当然，杜马的决议一定会遭到各种各样的抵抗，但是这决不能用来论证事先就应该曲意逢迎，低声下气，苦苦哀求，卑躬屈膝，去迎合别人的意愿，让人民代表的决议去适应随便什么人的意愿。当然，土地问题不是杜马最终所能解决的，农民争取土地的最后一战也不会在杜马中演出。但是，通过说明问题、明确提出问题、充分阐明真理、彻底清除各种模棱两可和含糊不清的提法来帮助人民，这是我们能够做到的，而且是我们应该做到的，只要我们愿意真正成为人民的代表而不是自由派的官吏，只要我们愿意真正为人民的利益和自由服务的话。"①

（四）为"立宪会议"创造条件

在1917年"十月革命"之前，列宁较关注"立宪会议"问题，并提出了四点看法。

一是有限定条件的"立宪会议"。列宁指出："我们的纲领也把全民立宪会议（为了简略起见，我们用'全民'这个词来表示普遍……的选举权）的口号放在重要的位置上。但是，这个口号在我们的纲领中并不是孤立的，而是有上下文联系的，并且附有补充和说明，这样就使那些在争取自由的斗争中最不坚定甚至反对自由的人无法对它进行歪曲。这个口号在我们的纲领中与下面的口号是相联系的：（1）推翻沙皇专制制度；（2）以民主共和制取代它；（3）用民主立宪制保证人民专制，也就是把整个国家的最高权力集中在由人民代表组成的一院制的立法会议手中。……什么是"全民立宪"会议呢？它是这样一种会议，第一，它真正表达人民的意志；为此就需要普遍……的选举制并充分保障选举前的鼓动自由。第二，它确实有实力和权力'确立'保证人民专制的国家秩序。象大白天一样清楚，缺少这两个条件，这个会议既不可能是真正全民的，也不可能是真正立宪的。……历史雄辩地证明，不用临时革命政府代替同革命作对的政府，就根本谈不上真正的自由选举，就根本谈不上全体人民

---

① 列宁：《在第二届国家杜马中关于土地问题的发言稿》，《列宁全集》，第15卷，第139、148—149页。

对自由选举的意义和性质有什么充分的认识。……无产阶级不相信一般民主主义的口号,而应当提出自己彻底的无产阶级民主主义的口号同它们相对抗。只有遵循这些口号的力量,才能实际保证革命的完全胜利。"①

二是破除"君主立宪"的幻想。列宁认为:"国家杜马根本没有任何权力,因为它的一切决定都没有约束力,而只是咨议性的。它的一切决定都要呈交国务会议,就是说要经过那些官吏的审核和批准。它只不过是官府和警察局大厦的装饰品而已。国家杜马会议公众不得出席。关于国家杜马会议的报道只有在会议没有宣布秘密时才能在报刊上公布,但是只要官员们下一道命令,也就是说,只要大臣们把讨论的问题列为国家机密,就可以使会议秘密进行。……国家杜马是对人民代表机关的嘲弄。从人民专制理论的观点来看,无疑是如此。……从人民专制论的观点看,首先必须切实保障充分的鼓动自由和选举自由,然后召开真正全民的立宪会议,就是说,这个会议应当通过普遍、直接、平等和无记名投票的选举产生,应当掌握全部权力,即完整的、统一的和不可分割的权力,应当真正体现人民专制。"②

三是为"立宪会议"创造物质条件。列宁指出:"为了建立'真正代表民意的'新制度,单是把代表会议叫作立宪会议是不够的。必须使这个会议拥有'立'的权力和力量。考虑到这一点,代表大会的决议也就不以'立宪会议'这个形式上的口号为限,而是补充了唯一能保证这个会议真正执行其任务的物质条件。……立宪会议必须有人来召集;选举的自由和公正必须有人来保证;这个会议必须有人赋予它全部力量和权力:只有成为起义机关的革命政府才会诚心诚意地愿意这样做,也只有它才有力量采取一切办法来实现这一点。"③

四是建立临时革命政府比召开"立宪会议"更为重要。列宁认为:"在当前的革命关头,作为一个阶级的资产阶级的利益,十分自然地而且是不可避免地要求提出全民立宪会议的口号,而决不是提出临时革命政府的口号。第一个口号是或者已成为妥协、买卖和渔利政策的口号。第二个口号是革命斗争的口号。第一个口号是君主派资产阶级的口号,第二个口

---

① 列宁:《革命无产阶级的民主主义任务》,《列宁全集》,第10卷,第260—264页。
② 列宁:《"沙皇与人民和人民与沙皇的一致"》,《列宁全集》,第11卷,第174—177页。
③ 列宁:《社会民主党在民主革命中的两种策略》,《列宁全集》,第11卷,第9—10页。

号是革命人民的口号。第一个口号最便于保持君主制,尽管有人民的革命攻击。第二个口号提出了一条通往共和制的捷径。第一个口号把权力留给沙皇,只用人民的舆论对它加以限制。第二个口号是彻底地无保留地导致名副其实的人民专制的唯一口号。……所有这一切都证明无产阶级的革命斗争政策同资产阶级自由派的渔利政策是根本不同的。"①

五 一切权力归苏维埃

列宁不仅关注通过议会斗争为工人阶级和农民争取利益,还特别要求建立与资产阶级对抗的新型政权组织,并努力使"一切权力归苏维埃"从口号变成了现实。

(一) 建立人民代表大会的政治诉求

建立与议会性质不同的人民代表大会,是列宁早期的政治主张:"要想打碎战争强加在劳动人民身上的新的枷锁,唯一的办法就是召开人民代表大会,以结束政府的专制统治,迫使政府不要光照顾宫廷奸党的利益。"② "俄国的管理形式是无限君主制。沙皇专制独裁,独自颁布法律,任命全部高级官员,人民和人民代表无权过问。在这种国家制度下,人身不可能不受侵犯,公民结社,特别是工人结社不可能自由。因此向专制政府要求保证人身不受侵犯(和结社自由)是毫无意义的,因为这种要求无异于为人民要求政治权利,而专制政府之所以叫作专制政府,正是由于它不给人民政治权利。只有当人民的代表能够参与颁布法律和管理整个国家的时候才有可能保证人身不受侵犯(和结社自由)。现在没有人民代表机关,专制政府一只手给工人一点小小的让步,另一只手又总想把它夺回来。……正因为如此,工人应当要求沙皇召开人民代表大会,召开国民代表会议。"③

人民代表大会(人民代表会议)可以按人民的意志决定政策,如列宁所言:"俄国没有选举产生的统治机关,管事的,不仅全是富人和贵

---

① 列宁:《革命斗争和自由派的渔利行为》,《列宁全集》,第10卷,第251—253页。
② 列宁:《对华战争》,《列宁全集》,第4卷,第323页。
③ 列宁:《"哈尔科夫的五月"小册子序言》,《列宁全集》,第4卷,第330页。

族,而且是他们中间最坏的人。……不是由人民选举产生因而不必对人民负责的大群官吏,结成了一张稠密的蜘蛛网,人们就像苍蝇那样在这张网上挣扎。""只要国内还没有选举产生的管理机关,没有人民代表会议,工人和农民就永远无法免受警察和官吏敲诈勒索、胡作非为和欺凌侮辱之苦。只有这样的人民代表会议才能使人民免受官吏的奴役。每个觉悟的农民都应该支持社会民主党人,社会民主党人向沙皇政府要求的,首先和最主要的就是召开人民代表会议。代表应该由全体人民选举,不分等级,不分贫富。选举应该是自由的,不受官吏的任何干扰;监督选举的应该是人民代理人,而不是巡官和地方官。到那个时候,全体人民的代表就能讨论人民的一切需要,就能在俄国建立起更好的制度。"①

建立人民代表制,实际上就是夺取政权的斗争。列宁强调:"在人民代表制的基础上进行斗争或者为保存人民代表制而斗争这种自由派的任务,是小市民的空想,因为,在客观条件的限制下,这个任务离开'直接为政权而斗争'是不能完成的。"②"我们要求召开全民立宪会议,这个会议应当由全体公民无一例外地选举产生,它还应当在俄国建立选举产生的管理机关。地方人士会议、省长属下的地主议会和贵族代表(也许还有选举出来的代表吧?)先生们的代表理事会这套把戏该收场了!专权的官吏把一切地方自治机关拿来寻开心,就像猫拿老鼠寻开心一样,一会儿把它放开,一会儿又用自己柔软的脚爪来摆弄它,这套把戏也该收场了!只要全民代表会议一天不召开,任何关于信任社会、关于社会生活道德原则的言词就始终是一派谎言,俄国工人阶级反对俄国专制制度的革命斗争也始终不会削弱。"③

(二) 苏维埃的性质界定

列宁强烈要求建立的人民代表大会制度,在俄罗斯以"苏维埃"的形式表现出来,列宁特别强调了对苏维埃性质的界定。

第一,苏维埃是革命类型的代表机关。"1905 年 10—12 月斗争实际上是一场选择斗争道路的斗争。这场斗争起伏很大:起初革命人民占了上

---

① 列宁:《告贫苦农民》,《列宁全集》,第 7 卷,第 116—117、145—146 页。
② 列宁:《不应当怎样写决议》,《列宁全集》,第 15 卷,第 88 页。
③ 列宁:《专制制度在动摇中》,《列宁全集》,第 7 卷,第 107 页。

风,使旧政权不可能立即把革命引上君主立宪的轨道,扫除了警察自由派类型的代表机关,建立了纯革命类型的代表机关,即工人代表苏维埃,等等。10—12月是群众最自由、主动精神最充分、工人运动发展得最广泛最迅速的时期,因为当时人民的冲击清除了君主立宪的机关、法律和种种障碍,因为出现了一个'政权空白时期'——旧政权已被削弱,而人民的革命新政权(工农兵代表苏维埃等)还没有强大到足以完全代替旧政权"。①

第二,苏维埃是临时革命政府的萌芽。"工人代表苏维埃是从总罢工中产生的,是由于罢工、是为了罢工的目的而产生的。……作为工会组织的工人代表苏维埃应当竭力把所有的工人、职员、仆役、雇农等等的代表,把一切愿意而且能够为改善全体劳动人民的生活而共同斗争的人的代表,把一切只要起码在政治上是正直的人的代表,把一切人(只要不是黑帮分子)的代表,都包括进来。我们社会民主党人也要竭力做到:(1)使我们各个党组织的所有(尽可能)成员都参加到一切工会中去;(2)利用和无产者同志们(不论他们的观点如何)的共同斗争,不断地始终不渝地宣传唯一彻底的、唯一的真正无产阶级的世界观——马克思主义"。"在政治上必须把工人代表苏维埃看作临时革命政府的萌芽"。②

第三,苏维埃是无产阶级领导群众的斗争机关和起义机关。"谁也不会为了进行调查,为了发展工会等等而想起建立工人代表苏维埃。建立苏维埃,就是建立无产阶级的直接的群众斗争机关"。③"工人代表苏维埃是群众直接斗争的机关。它们最初是作为罢工斗争的机关出现的。后来客观的需要迫使它们很快就成了同政府进行总的革命斗争的机关。由于事件的发展和罢工转变成起义,它们不可遏止地变成了起义机关"。"要在一切地方组织工人代表苏维埃、农民委员会和类似的机关,同时最广泛地宣传和鼓动要同时举行起义,立即准备起义的力量和组织群众性的自由结合的'战斗队'"。④

第四,苏维埃是依靠人民群众力量的革命政权机关。"建立新的革命

---

① 列宁:《反对抵制》,《列宁全集》,第16卷,第4—5页。
② 列宁:《我们的任务和工人代表苏维埃》,《列宁全集》,第12卷,第56—57页。
③ 列宁:《论组织群众和选择斗争时机》,《列宁全集》,第13卷,第286页。
④ 列宁:《杜马的解散和无产阶级的任务》,《列宁全集》,第13卷,第317、320页。

政权机关——工人、士兵、铁路工人、农民代表苏维埃,新的城乡政权等等。这些机关纯粹是由居民中的革命阶层建立起来的,它们是不顾一切法律、准则,完全用革命方法建立起来的;它们是人民独有的创造力的产物,是已经摆脱或正在摆脱旧警察羁绊的人民的主动性的表现。最后,它们确实是政权机关,虽然它们还处于萌芽状态,还带有自发性,还没有定型,成分和职能还不明确。……新政权的新机关既没有武器,又没有金钱,也没有旧机构。……这个力量依靠的是什么呢?依靠的是人民群众。这就是这个新政权同过去一切旧政权的旧机关的基本区别。后者是少数人压迫人民、压迫工农群众的政权机关。前者则是人民即工人和农民压迫少数人,压迫一小撮警察暴力者,压迫一小撮享有特权的贵族和官吏的政权机关。这就是压迫人民的专政同革命人民的专政的区别。……这个政权对大家都是公开的,它办理一切事情都不回避群众,群众很容易接近它;它直接来自群众,是直接代表人民群众及其意志的机关。这就是新政权,或者确切些说,是新政权的萌芽,因为旧政权的胜利过早地摧折了这棵新生的幼苗"。①

(三) 苏维埃的政策取向

列宁指出:"能不能为这个政府(苏维埃——引者)提出这样一个纲领,它非常全面,足以保证革命胜利,又非常广泛,足以提供建立毫不隐讳、毫不含糊、毫不缄默、毫不虚伪的战斗联盟的可能性?我的回答是:"这个纲领已经被实际生活全部提出来了。这个纲领已经被所有一切阶级和居民阶层中的,乃至正教司祭中的一切觉悟分子在原则上承认了。在这个纲领中占首要地位的应当是真正地彻底实现沙皇虚伪地许诺过的政治自由。必须立即切实地、有保证地真正废除一切限制言论、信仰、集会、出版、结社、罢工的自由的法律,取消一切限制这种自由的机构。在这个纲领中必须提出召开真正的全民立宪会议,这个立宪会议要依靠自由的和武装起来的人民,要掌握全部政权和全部力量,以便在俄国建立新制度。在这个纲领中必须提出武装人民。大家都已经认识到武装人民的必要了。要把各地已经开始的事业进行到底,联合起来。其

---

① 列宁:《立宪民主党人的胜利和工人政党的任务》,《列宁全集》,第 12 卷,第 285—287 页。

次，在临时革命政府的纲领中必须提出，立刻给予受凶残的沙皇压迫的各民族以真正的、充分的自由。……在这个纲领中必须坚持工人已经'夺取到的'八小时工作制以及其他约束资本家剥削的紧急措施。最后，在这个纲领中必须包括以下几点：把全部土地转交给农民，支持农民为夺取全部土地而采取的一切革命措施（当然，不是支持小农'平均'使用土地的幻想），在各地建立已经开始自发地组成的革命农民委员会。……我们不会把我们臆想的任何新东西强加给人民，我们只是负责倡议把大家公认的、俄国继续生存所不可缺少的东西付诸实现。我们没有脱离革命的人民，我们的每一个步骤、每一项决定都交给他们去审定，我们完全和绝对依靠来自劳动人民群众的自由的倡议。"①

列宁还特别指出："我所'指望'的仅仅是，无非是：工人、士兵和农民在处理增加粮食生产、改善粮食分配、改善士兵给养等等实际困难问题上，会比官吏和警察高明。我深信，工兵代表苏维埃会比议会制共和国更快更好地发挥人民群众的主动性。它们会更好地、更实际地、更正确地决定怎样才能采取走向社会主义的步骤以及究竟能够采取哪些走向社会主义的步骤。对银行实行监督，把所有银行合并为一个银行，这还不是社会主义，但这是走向社会主义的一个步骤。今天，德国的容克和资产者正采取这种步骤来对付人民。明天，只要工兵代表苏维埃掌握全部国家政权，它就会更好得多地采取这种步骤来为人民谋福利。"②

（四）农民委员会和农村苏维埃

列宁明确提出了在农村建立农民委员会的要求，并希望这样的组织发挥三大作用。

一是公正法庭的作用。列宁指出："我们将要求成立农民委员会来纠正沙皇政权的贵族委员会对解放的奴隶所采取的那种令人不能容忍的不公平作法。我们将要求成立一种法庭，它有权降低地主在农民走投无路的情况下所榨取的过高地租，而农民也有权向它控告那些乘人之危而订立盘剥性契约的人的高利贷行为。我们将经常设法利用各种机会向农民指出：谁要向他们说什么可以得到现在这个国家的保护或帮助，这种人不是傻子，

---

① 列宁：《我们的任务和工人代表苏维埃》，《列宁全集》，第12卷，第60—62页。
② 列宁：《论策略书》，《列宁全集》，第29卷，第147—148页。

就是骗子或者是农民的死敌；农民首先需要的是摆脱官吏的虐待和压迫，首先需要的是承认他们在各方面同其他各等级完全绝对平等，承认他们有迁移和迁徙的完全自由，有支配土地的自由，有处理一切村社事务和村社收入的自由。"①

二是组织农民和代表农民利益的作用。列宁明确要求："由每个县的雇农、贫苦农民、中等农民和富裕农民选举代理人，成立自由的农民委员会（假使农民认为必要，一县也可成立几个农民委员会；也许他们甚至可以在每一个乡或者每一个大的村子里成立农民委员会）。农民受了些什么盘剥，农民自己知道得最清楚。至今仍靠农奴制盘剥过活的地主是些什么人，农民自己揭露得最清楚。农民委员会要弄清楚哪些割地、草地或者牧场等等是从农民手里不公道地割去的，要弄清楚这些土地是应该无偿地夺回呢，还是应该由大贵族出钱补偿这些土地的买主。农民委员会至少要使农民从许许多多贵族的地主委员会陷害他们的圈套中挣脱出来。农民委员会要使农民摆脱官吏的干涉，表明农民自己愿意而且能够安排自己的事情，要帮助农民商定自己的需求，使他们认清那些能够忠心耿耿地维护贫苦农民、维护同城市工人的联盟的人。农民委员会是使穷乡僻壤的农民也能自力更生、也能自己掌握自己命运的第一步。""任何一个有良心的人都不会否认，我们的要求是最起码的和最公正的：让农民自由选举自己的、没有官吏参加的委员会来消灭一切农奴制盘剥。"②

三是推动民主改革的作用。列宁强调："我的提法同时还把革命农民委员会的任务扩大到'对一切农村关系进行民主改革'。在我们的纲领中，把农民委员会当作一个口号提了出来，并且完全正确地说明它们的特点是农民的，即等级的委员会，因为等级的压迫只能由整个下层的被压迫等级来消灭。但是有什么理由把这些委员会的任务限定为只是进行土地改革呢？难道为了进行行政改革等其他改革还要建立其他的委员会吗？我已经说过，农民最糟糕的一点是完全不懂得运动的政治方面。如果能够（哪怕是在个别的情况下）把农民在改善自身状况方面的有效的革命措施（没收粮食、牲畜、土地），同农民委员会的成立和活动联系起来，同革命政党（在特别顺利的情况下，是临时革命政府）对这些委员会的完全

---

① 列宁：《工人政党与农民》，《列宁全集》，第4卷，第383页。
② 列宁：《告贫苦农民》，《列宁全集》，第7卷，第162—163、168页。

承认联系起来,那就可以认为,争取把农民吸引到民主共和国方面的斗争是胜利了。如果不把农民吸引到这方面来,那么农民的一切革命措施就会是很不巩固的,而他们的一切成果也容易被执掌政权的社会阶级所夺去。"①

列宁也提出了在农村建立苏维埃的设想,但这样的苏维埃,只是针对农业工人而言的:"领导贫苦农民的无产阶级,一方面必须把工作重心从农民代表苏维埃转到农业工人代表苏维埃上来;另一方面必须要求把地主田庄的耕畜和农具收归国有,并在这些田庄上成立由农业工人代表苏维埃监督的示范农场。"②"成立农民代表苏维埃,成立农业工人苏维埃,这是最重大的任务之一。我们的目标不仅是要农业工人单独成立自己的苏维埃,而且要使贫穷困苦的农民离开富裕农民单独组织起来。"③

(五) 夺取政权等同于建立"公社国家"苏维埃

在俄国"十月革命"前夕,列宁明确提出了夺取政权,建立具有"公社国家"性质的苏维埃政权的要求:(1) 觉悟的无产阶级只有在下列条件下,才能同意进行真正能够证明革命护国主义是正确的革命战争:政权转到无产阶级以及跟随无产阶级的贫苦农民手中;不是在口头上而是在实际上放弃一切兼并;真正同资本的一切利益完全断绝关系。(2) 俄国当前形势的特点是从革命的第一阶段向革命的第二阶段过渡,第一阶段由于无产阶级的觉悟和组织程度不够,政权落到了资产阶级手中,第二阶段则应当使政权转到无产阶级和贫苦农民手中。(3) 不给临时政府任何支持。(4) 必须承认这样的事实,党在大多数工人代表苏维埃中只占少数。要向群众说明,工人代表苏维埃是革命政府唯一可能的形式。只要我们还是少数,我们就要进行批评,揭发错误,同时宣传全部政权归工人代表苏维埃的必要性。(5) 不要议会制共和国(从工人代表苏维埃回到议会制共和国,是倒退了一步),而要从下到上由全国的工人、雇农和农民代表苏维埃组成的共和国。废除警察、军队和官吏。一切官员应由选举产生,并且随时可以撤换,他们的薪金不得超过熟练工人的平均工资。(6) 在

---

① 列宁:《关于我们的土地纲领》,《列宁全集》,第9卷,第342—343页。
② 列宁:《社会民主党在俄国第一次革命中的土地纲领》,《列宁全集》,第16卷,第396—397页。
③ 列宁:《远方来信》,《列宁全集》,第29卷,第20页。

土地纲领上,应把重心移到雇农代表苏维埃。没收地主的全部土地。国内一切土地收归国有,由当地雇农和农民代表苏维埃支配。单独组织贫农代表苏维埃。把每个大庄园建成模范农场,由雇农代表进行监督,由公家出资经营。(7)立刻把全国所有银行并成一个国家银行,由工人代表苏维埃进行监督。(8)我们的直接任务并不是"实施"社会主义,而只是立刻过渡到由工人代表苏维埃监督社会的产品生产和分配。(9)党的任务:立刻召开党代表大会;修改党纲,主要有关于帝国主义和帝国主义战争、对国家的态度以及我们关于"公社国家"(即由巴黎公社提供了原型的那种国家)的要求、修改已经陈旧的最低纲领;更改党的名称。①

列宁把夺取政权的斗争称为"第二次革命",②并指出巴黎公社类型的国家和旧类型的国家之间有以下区别:(1)从资产阶级议会制共和国回到君主国是非常容易的(历史证明了这一点),因为整个压迫机器——军队、警察、官吏仍然原封不动。而公社和工兵农等代表苏维埃则打碎并铲除这个机器。(2)资产阶级议会制共和国限制并压抑群众自主的政治生活,不让群众自下而上地直接参加全部国家生活的民主建设,工兵代表苏维埃则与此相反。(3)工兵代表苏维埃再现了巴黎公社所创造的那种国家类型,马克思曾把这种国家类型叫作"终于发现的、可以使劳动在经济上获得解放的政治形式"。③

在夺取政权的斗争中,尤其是为了建立"公社国家"的苏维埃,列宁还强调了改变政策的必要性:"改变苏维埃的全部政策,不信任资本家,把全部政权交给工兵代表苏维埃。更换几个人是不会有什么结果的,必须改变政策。必须由另一个阶级来执政。工人和士兵的政府一定会获得全世界的信任,因为谁都知道,工人和贫苦农民不愿掠夺任何人。只有这样才能加快结束战争,只有这样才能较容易地度过经济破坏时期。"④

---

① 参见列宁《论无产阶级在这次革命中的任务》,《列宁全集》,第29卷,第113—116页。
② 列宁:《远方来信》,《列宁全集》,第29卷,第53页。
③ 参见列宁《无产阶级在我国革命中的任务》,《列宁全集》,第29卷,第153—154、161—162页。
④ 列宁:《"政权危机"》,《列宁全集》,第30卷,第2—3页。

六　无产阶级政党的政策观念

作为无产阶级政党的俄国社会民主党，应该如何处理政策问题，列宁在 1917 年 10 月以前，已经提出了较为系统的看法，并以此反映出了无产阶级政党应具有的政策观念。

（一）对"政策"的基本要求

列宁高度重视"政策"尤其是无产阶级政党"政策"的重要作用，并就政策提出了七点要求。

第一，政策的方针性和原则性要求。"方针明确的政策是最好的政策。原则明确的政策是最实际的政策。只有这样的政策才能真正地牢固地赢得群众对社会民主党的同情和信任"。[①] "革命无产阶级既然意识到自己的具有全世界历史意义的目标，既然不仅力求从政治上而且也从经济上解放劳动者，既然一分钟也没有忘记自己的社会主义任务，它的政策就应当特别坚定、清楚和明确"。[②] "袖手旁观的政策，消极克制的政策，自由放任的政策在我们的党内斗争中已经完全不适用了"。[③]

第二，政策的经验性要求。"为了更好地了解今天的政策，有时不妨回顾一下昨天的政策"。[④]

第三，政策的事实性要求。"马克思主义是以事实，而不是以可能性为依据的。马克思主义者只能以经过严格证明和确凿证明的事实作为自己的政策的前提。我们的（党的）决议正是这样做的。"[⑤] "世界上什么事情都是'可能的'！但是目前它还没有转化。马克思主义的政策是以现实的东西而不是以可能的东西为依据。一种现象转化为另一种现象是可能的，所以策略不是一成不变的。但请对我说现实的东西，而不要说可能的东西"！[⑥]

[①] 列宁：《彼得堡社会民主党的选举运动》，《列宁全集》，第 14 卷，第 298 页。
[②] 列宁：《两次会战之间》，《列宁全集》，第 12 卷，第 49—50 页。
[③] 列宁：《我们争取什么》，《列宁全集》，第 9 卷，第 2 页。
[④] 列宁：《小丑大臣的计划》，《列宁全集》，第 12 卷，第 21 页。
[⑤] 列宁：《致尼·达·基克纳泽（1916 年 12 月 14 日以后）》，《列宁全集》，第 47 卷，第 477 页。
[⑥] 列宁：《致伊·费·阿尔曼德（1916 年 12 月 25 日）》，《列宁全集》，第 47 卷，第 493 页。

第四，政策的利益性和立场性要求。"社会民主党的政策取决于什么？从实质上说，取决于无产阶级的阶级利益；从形式上说，取决于党代表大会的决定"。①"要是一下子看不出是哪些政治集团或者社会集团、势力和人物在维护某些提议、措施等，那总是要提出'对谁有利？'这个问题的。谁直接维护某种政策，这并不重要。……谁直接维护某些观点，这在政治上并不那么重要。重要的是这些观点、这些提议、这些措施对谁有利"。②"当劳动阶级的思想家理解到并深深地体会到这一点的时候，他们就会承认：所谓'理想'不应当去开辟最好的和最简捷的途径，而应当为我国资本主义社会中眼前进行着的'各社会阶级间的严酷斗争'规定任务和目标；衡量自己的意图是否取得成效，不是看为'社会'和'国家'拟定的建议，而是看这些理想在一定社会阶级中传播的程度；如果你不善于把理想与经济斗争参加者的利益密切结合起来，与该阶级的'公平的劳动报酬'这类'狭隘'琐碎的生活问题，即自命不凡的民粹主义者不屑理睬的问题结合起来，那么，最崇高的理想也是一文不值的"。③

第五，政策的阶级性、独立性要求。"革命的时刻愈逼近，立宪运动愈激烈，无产阶级政党就愈是应该更严格地维护自己的阶级独立性，不容许将自己的阶级要求淹没在一般的民主主义词句的大海里。所谓的社会的代表们愈是经常地、坚决地提出他们所谓的全民要求，社会民主党就愈是应该毫不留情地揭穿这一'社会'的阶级性"。④"而我们俄国那些把马克思庸俗化的知识分子，却在最革命的时期教导无产阶级采取消极的政策，采取'随波逐流'、悄悄支持时髦的自由主义政党的最不稳定分子的政策"！⑤

第六，政策的斗争性要求。"革命的社会民主党过去和现在一直把争取改良的斗争包括到自己的活动范围之内，但是它利用'经济'鼓动，并不仅仅是为了要求政府实行种种措施，而且是（并且首先是）要求政

---

① 列宁：《孟什维克是否有权实行支持立宪民主党人的政策》，《列宁全集》，第15卷，第33页。
② 列宁：《对谁有利》，《列宁全集》，第23卷，第61页。
③ 列宁：《民粹主义的经济内容及其在司徒卢威先生的书中受到的批评》，《列宁全集》，第1卷，第353页。
④ 列宁：《专制制度与无产阶级》，《列宁全集》，第9卷，第113页。
⑤ 列宁：《卡·马克思致路·库格曼书信集俄译本序言》，《列宁全集》，第14卷，第377页。

府不再成为专制政府。此外,革命的社会民主党认为有责任不仅应当根据经济斗争,而且根据社会政治生活方面的一切现象来向政府提出这个要求。总之,革命的社会民主党使争取改良的局部斗争服从于争取自由和争取社会主义的革命斗争"。①

第七,政策的反教条主义要求。"正因为马克思主义不是死的教条,不是一成不变的学说,而是活的行动指南,所以它就不能不反映社会生活条件的异常剧烈的变化"。②"马克思主义要求我们对每个历史关头的阶级对比关系和具体特点作出经得起客观检验的最确切的分析。我们布尔什维克总是努力按照这个要求去做,因为要对政策作科学的论证,这个要求是绝对必需的。马克思和恩格斯总是说,'我们的学说不是教条,而是行动的指南',他们公正地讥笑了背诵和简单重复'公式'的做法,因为公式至多只能指出一般的任务,而这样的任务必然随着历史过程中每个特殊阶段的具体的经济和政治情况而有所改变。"③

(二) 与政策有关的权力和权利

在权力问题上,列宁强调的是无产阶级革命必须反对专制权力:"专制制度(专制政体,无限君主制)是一种最高权力完全(无限制地)由沙皇一人独占的管理形式。沙皇颁布法律,任命官吏,搜刮和挥霍人民的钱财,人民对立法和监督管理一概不得过问。因此,专制制度就是官吏和警察专权,而人民无权。俄国全体人民备受无权的痛苦,有产阶级(特别是富有的地主和资本家)却可以任意左右官吏。工人阶级的痛苦是双重的:一方面是由于全国人民的无权;另一方面是由于工人受迫使政府为自己的利益服务的资本家的压迫。推翻专制制度究竟是什么意思呢?这就是说,要沙皇放弃无限权力,人民有权选举自己的代表来颁布法律,监督官吏的行为,监督国家资财的收支。这种由人民参与立法和管理的管理形式叫作立宪管理形式(宪法是人民代表参与立法和管理国家的法律)。总之,推翻专制制度就是用立宪管理形式来代替专制管理形式。由此可见,推翻专制制度根本不需要'推翻人的力量和夺取经济力量',只需要迫使

---

① 列宁:《怎么办》,《列宁全集》,第6卷,第59—60页。
② 列宁:《论马克思主义历史发展中的几个特点》,《列宁全集》,第20卷,第87页。
③ 列宁:《论策略书》,《列宁全集》,第29卷,第136页。

沙皇政府放弃自己的无限权力和召开国民代表会议来制定宪法。"①

在权利方面,列宁既表达了无产阶级的权利诉求,也强调了权利的来源和保障问题,主要涉及以下论点。

(1) 无产阶级要争得经济解放,必须争得政治权利。"要求设立有工人选出的代表参加的工业法庭,只不过是更广泛、更根本的要求的一个小小的组成部分。这个更广泛、更根本的要求就是:人民要有政治权利,也就是说,人民要有参加国家管理的权利,有权不仅在报纸上,而且在人民集会上公开申述人民的需要"。②"'无产阶级的解放应当是无产阶级自己的事情'——这就是马克思和恩格斯经常教导的。而无产阶级要争取经济上的解放,就必须争得一定的政治权利"。③

(2) 公民享有不信任公职人员或机关的权利。"大家知道,在所有立宪制国家,公民都有权对这个或那个公职人员或机关表示不信任。他们的这种权利是不能剥夺的"。④

(3) 应给予农民公民权和自决权。"社会民主党人无条件地赞同这种要求:完全恢复农民的公民权利,完全废除一切贵族特权,取消官僚对农民的监护,给予农民自治权"。⑤

(4) 公民享有信仰宗教的权利。"社会民主党人要求取消等级,要求国内一切公民完全平等。俄国人民也应该要求每个庄稼人都有贵族所有的一切权利"。"社会民主党人要求每人都有充分的、完全自由的随便信仰哪种宗教的权利"。⑥

(5) 应维护民族平等和民族自决的权利。"正是从大俄罗斯无产阶级的利益出发,必须长期教育群众,使他们以最坚决、最彻底、最勇敢、最革命的态度去捍卫一切受大俄罗斯人压迫的民族的完全平等和自决的权利。大俄罗斯人的民族自豪感(不是奴才心目中的那种自豪感)的利益是同大俄罗斯(以及其他一切民族)无产者的社会主义利益一致的"。⑦

---

① 列宁:《俄国社会民主党中的倒退倾向》,《列宁全集》,第4卷,第119—120页。
② 列宁:《论工业法庭》,《列宁全集》,第4卷,第249—250页。
③ 列宁:《弗里德里希·恩格斯》,《列宁全集》,第2卷,第11页。
④ 列宁:《俄国社会民主工党第三次代表大会文献》,《列宁全集》,第10卷,第93页。
⑤ 列宁:《什么是"人民之友"以及他们如何攻击社会民主主义者》,《列宁全集》,第1卷,第254页。
⑥ 列宁:《告贫苦农民》,《列宁全集》,第7卷,第147、150页。
⑦ 列宁:《论大俄罗斯人的民族自豪感》,《列宁全集》,第26卷,第112页。

(6) 注重妇女权利。"在争取妇女选举权的运动中，必须完全坚持社会主义原则和男女平权，不要贪图任何方便而歪曲这些原则"。①

(7) 阶级力量为权利提供保证。"什么是宪法？宪法就是一张写着人民权利的纸。真正承认这些权利的保证在哪里呢？在于人民中那些意识到并且善于争取这些权利的各阶级的力量"。②

(8) 必须通过阶级斗争建立完备的民权制度。"大家都知道，社会民主党早在自己的纲领中就已表示坚决地相信，为了真正满足人民群众的迫切需要，必须建立完备的民权制度。如果人民群众不能掌握全部国家政权，如果在国家中保留某种不是由人民选出的、人民不能更换的、人民完全不能做主的政权，那就不可能真正满足大家都感到的迫切需要。……无产阶级争取政治自由的斗争是革命的，因为这种斗争力求争得完备的民权制度"。③

（三）政策价值取向：平等与自由

列宁从政策的角度论述平等，强调的是政治平等就是权利平等，经济平等就是消灭阶级，社会平等即社会地位的平等，而不是体力和智力的平等："社会民主党人所理解的平等，在政治方面是指权利平等，在经济方面，我们刚才已经说过，是指消灭阶级。至于确立人类在力气和才能（体力和智力）上的平等，社会主义者连想也没有想过。凡达到一定年龄的国家公民，只要不是患通常的痴呆病，也不是患自由派教授那样的痴呆病，都享有同样的政治权利，这是权利平等的要求。……消灭阶级——这就是使全体公民在同整个社会的生产资料的关系上处于同等的地位，这就是说，全体公民都同样可以利用公有的生产资料、公有的土地、公有的工厂等进行劳动。……简单说来，社会主义者说平等，一向是指社会的平等，指社会地位的平等，决不是指个人体力和智力的平等。"④

在"自由"问题上，列宁强调的是五点看法。

第一，用新观点而不是旧观点看待自由。"自由是个伟大的字眼，但正

---

① 列宁：《斯图加特国际社会党人代表大会》，《列宁全集》，第 16 卷，第 72 页。
② 列宁：《两次会战之间》，《列宁全集》，第 12 卷，第 50 页。
③ 列宁：《为政权而斗争和为小恩小惠而"斗争"》，《列宁全集》，第 13 卷，第 218—219 页。
④ 列宁：《自由派教授论平等》，《列宁全集》，第 24 卷，第 391—393 页。

是在工业自由的旗帜下进行过最具有掠夺性的战争，在劳动自由的旗帜下掠夺过劳动者。……假如人们真正确信自己把科学向前推进了，那他们就不会要求新观点同旧观点并列的自由，而会要求用新观点代替旧观点"。①

第二，对"政治自由""公民自由"以及与之有关的"充分自由"，应有更明确的认识。"俄国社会民主党人首先是要争取政治自由。他们需要自由，以便广泛地公开地把全俄工人联合起来，为争取新的更好的社会主义的社会制度而斗争。……这种自由就叫作公民自由，就是在家务、私事和财产方面的自由。农民和工人可以自由（虽然不是完全自由）安排自己的家庭生活和私事，支配自己的劳动（选择东家），支配自己的财产"。"政治自由就是人民自己有权选举一切官吏，有权召集各种会议来讨论一切国家的事务，有权不经任何许可就可以随意印书报"。②"'充分自由'，这就是说管理社会和国家大事的官吏和公职人员要由选举产生。'充分自由'，这就是说彻底消灭那种不是完全和绝对依靠人民的、不是由人民选举产生的、不是向人民汇报工作的、不能由人民撤换的国家政权。'充分自由'，这就是说不是人民应当服从官吏，而是官吏必须服从人民"。③

第三，资产阶级和无产阶级争取政治自由的目的有所不同。"政治自由首先是为资产阶级利益服务的，它不能改善工人的状况"。④"俄国社会民主党人从来没有忽视下面一点：他们首先所争取的政治自由，会首先给资产阶级带来好处。根据这一点而反对同专制制度作斗争的，只有那种陷入空想主义或反动的民粹主义的拙劣偏见中的社会主义者。资产阶级利用自由，是为了安享清福，——无产阶级需要自由，是为了更广泛地开展争取社会主义的斗争"。⑤ "政治自由不能立刻使劳动人民摆脱贫困，可是它能给工人一个同贫困作斗争的武器。要同贫困作斗争，没有也不可能有别的办法，只有靠工人自己联合起来。没有政治自由，几百万人民就没有联合起来的可能"。"农民获得的真正的自由愈多，农村贫民互相也就会愈

---

① 列宁：《怎么办》，《列宁全集》，第 6 卷，第 8 页。
② 列宁：《告贫苦农民》，《列宁全集》，第 7 卷，第 113—115 页。
③ 列宁：《无产阶级和农民》，《列宁全集》，第 12 卷，第 89 页。
④ 列宁：《什么是"人民之友"以及他们如何攻击社会民主主义者》，《列宁全集》，第 1 卷，第 258 页。
⑤ 列宁：《地方自治机关的迫害者和自由主义的汉尼拔》，《列宁全集》，第 5 卷，第 63 页。

加迅速地联合起来"。①

第四，必须通过阶级斗争来争取自由。"一个国家的自由愈少，公开的阶级斗争愈弱，群众的文化程度愈低，政治上的乌托邦通常也愈容易产生，而且保持的时间也愈久"。②

第五，只有人民掌握政权才能保证人民的自由。"人民的自由，只有在人民真正能够毫无阻碍地结社、集会、办报、亲自颁布法律、亲自选举和撤换一切负责执行法律并根据法律进行管理的国家公职人员的时候，才能得到保障。这就是说，人民的自由，只有在国家的全部政权完全地和真正地属于人民的时候，才能完全地和真正地得到保障。……不依靠人民的、高踞人民头上的旧的国家政权，由于害怕革命，向人民许诺保障自由。但是，只要还存在着人民不能加以撤换的政权，诺言就只是诺言，诺言就根本不能兑现"。③

（四）政治参与和政治教育

列宁指出："一切真正的革命，其科学的和实际政治的主要标志之一，就是积极、自动和有效地参加政治生活，参加国家制度建设的'普通人'非常迅速地、急剧地增加起来。"④

政治参与需要政治教育和教育。列宁指出："政治教育究竟应当有哪些内容呢？能不能局限于宣传工人阶级与专制制度敌对的观念呢？当然不能。只说明工人在政治上受压迫是不够的（正如只向工人说明他们的利益同厂主的利益相对立是不够的一样）。必须利用这种压迫的每一个具体表现来进行鼓动（正如我们已经开始利用经济压迫的具体表现来进行鼓动一样）。既然这种压迫是落在社会的各个不同阶级的身上，既然这种压迫表现在生活和活动的各个不同的方面，包括职业、一般公民、个人、家庭、宗教、科学以及其他方面，那么我们如果不负起责任组织对专制制度的全面政治揭露，就不能完成我们发展工人的政治意识的任务，这难道不是显而易见的吗？""我们并不是一些单靠'经济主义'政治稀粥就能喂饱的小孩子；我们想知道别人所知道的一切，我们想详细了解政治生活的

---

① 列宁：《告贫苦农民》，《列宁全集》，第 7 卷，第 118—119、163 页。
② 列宁：《两种乌托邦》，《列宁全集》，第 22 卷，第 129 页。
③ 列宁：《争取自由的斗争和争取政权的斗争》，《列宁全集》，第 13 卷，第 67 页。
④ 列宁：《无产阶级在我国革命中的任务》，《列宁全集》，第 29 卷，第 154 页。

各方面，想积极参加所有各种政治事件。为此就需要知识分子们少讲些我们自己已知道的东西，而多给我们些我们还不知道的，并且是我们自己根据自己工厂方面的经验和'经济方面的'经验永远也不可能知道的东西，即政治知识。""阶级政治意识只能从外面灌输给工人，即只能从经济斗争外面，从工人同厂主的关系范围外面灌输给工人。只有从一切阶级和阶层同国家和政府的关系方面，只有从一切阶级的相互关系方面，才能汲取到这种知识。所以，对于怎么办才能向工人灌输政治知识这个问题，决不能只是作出往往可以使实际工作者，尤其是那些倾心于'经济主义'的实际工作者满意的那种回答，即所谓'到工人中去'。为了向工人灌输政治知识，社会民主党人应当到居民的一切阶级中去，应当派出自己的队伍分赴各个方面。""我们应当既以理论家的身份，又以宣传员的身份，既以鼓动员的身份，又以组织者的身份'到居民的一切阶级中去'。社会民主党人的理论工作应当研究各个阶级的社会地位和政治地位的一切特点，这是谁也不怀疑的。但是这方面的工作还做得很少很少，同研究工厂生活特点的工作相比，未免太不相称了。""要供给工人真正的、全面的和生动的政治知识，就需要在一切地方，在一切社会阶层中，在能够了解俄国国家机构内幕的各种阵地上都有'自己的人'，即社会民主党人。这样的人不仅在宣传和鼓动方面需要，在组织方面尤其需要。"[1]"革命运动的每个实际步骤，都将不可避免地要以社会民主主义的科学来教育青年新兵，因为这一科学是以客观地正确地估计各个阶级的力量和趋向为基础的，而革命不外是对旧的上层建筑的破坏和力图按照自己的意向创立新的上层建筑的各个阶级的独立行动。但不要把我们的革命科学降低为仅仅是一种书本上的信条，不要拿什么策略—过程、组织—过程等这类为涣散、踌躇和消极辩护的可鄙词句来糟蹋我们的革命科学。让各种不同的团体和小组有更多的自由来进行各种各样的活动，要记住，就是没有我们的忠告，不要我们的忠告，革命事变进程本身的严峻要求也会保证它们走上正确的道路。人们早就说过，在政治上常常要向敌人学习。而在革命时期，敌人总是特别有效地和迅速地强迫我们作出正确的结论。"[2]

---

[1] 列宁:《怎么办》，《列宁全集》，第6卷，第54—55、70、76、79、83—84页。

[2] 列宁:《新的任务和新的力量》，《列宁全集》，第9卷，第286页。

（五）舆论与政策的关系

列宁指出："工人阶级正是政治揭露的理想听众，因为他们首先需要而且最需要全面的和生动的政治知识，因为他们最能把这种知识变成积极的斗争，哪怕这种斗争不能产生任何'显著结果'。而能够成为全民的揭露的讲坛的，只有全俄报纸。'没有政治机关报，在现代欧洲就不能有配称为政治运动的运动'，而俄国在这一点上无疑也是应当归入现代欧洲的。报刊在我国早已成了一种力量，否则政府就不会拿成千上万的卢布来收买它，来津贴形形色色的卡特柯夫之流和美舍尔斯基之流了。秘密报刊冲破书报检查的重重封锁，迫使那些合法的和保守的机关报来公开地谈论它，这在专制的俄国已不是什么新鲜的事了。""要在报纸上（而不是在通俗小册子上）谈城市和国家的情况，就需要有新鲜的、各方面的、由能干的人收集并整理过的材料。而为了收集和整理这样的材料，靠那种大家一起管理一切、以全民投票的儿戏作为消遣的原始小组所实行的'原始的民主'，当然是不够的。为此就需要有专门的作家、专门的通讯员组成的大本营；需要有社会民主党人记者组成的大军，这些记者到处建立联系，善于打听到各种各样的'国家机密'（俄国官吏常以知道这些机密自傲，并且随便泄露出去），善于钻到各种各样的'幕后'，——需要有'因职务关系'而必须无孔不入和无所不知的人所组成的大军。"①

列宁强烈要求社会民主党建立"中央机关报"："不通过一种报纸把党的正确的代表机关建立起来，党的成立在很大程度上仍然是一句空话。不通过中央机关报把经济斗争联合起来，经济斗争就不可能成为整个俄国无产阶级的阶级斗争。如果全党不在一切政治问题上发表意见，不指导各个斗争，那么政治斗争就不可能进行。不在中央机关报上讨论所有这些问题，不集体确定一定的活动方式和活动准则，不通过中央机关报来确立每个党员对全党负责的原则，要想组织革命力量，进行纪律教育，提高革命技术都是不可能的。"②"只有彻底贯彻政治斗争原则和高举民主旗帜的全党机关报，才能把一切战斗的民主分子吸引到自己方面来，才能利用俄国

---

① 列宁：《怎么办》，《列宁全集》，第6卷，第85、141—142页。
② 列宁：《为"工人报"写的文章：我们的当前任务》，《列宁全集》，第4卷，第168页。

一切进步力量来争取政治自由。"①

列宁强调党的中央机关报应讨论重大的政治问题和政策问题:"必须出版一个共同的党的刊物,所谓共同并不是仅仅在于:它是为全俄国的运动服务,而不是为个别地区服务;它讨论的是整个运动的问题,并且帮助有觉悟的无产者进行斗争,而不只是讨论一些地方性的问题。所谓共同还在于它能够联合现有的一切写作力量,反映俄国社会民主党人(他们不是彼此隔绝的工作人员,而是由共同的纲领和共同的斗争联合在一个组织中的同志)的各种不同的意见和观点。……在这些刊物上应当用很多篇幅来讨论理论问题,即讨论社会民主主义的一般理论以及怎样把这一理论同俄国实际结合起来。……社会民主工党必须回答实际生活各方面提出的一切问题,回答国内和国际的政治问题,而且应当尽量使每个社会民主党人和每个有觉悟的工人,对一切基本问题都有明确的认识,没有这个条件,就不可能广泛地和有计划地进行宣传和鼓动。"②

党的中央机关报还可能直接影响党的决策。列宁指出:"为了把各个地方的运动合成一个全俄的运动,第一步就应当是创办全俄的报纸。我们需要的报纸还必须是政治报纸。……现在我们已经能够并且应当建立一个全民的揭露沙皇政府的讲坛,——社会民主党的报纸就应当是这样的讲坛。俄国工人阶级与俄国社会其他阶级和阶层不同,它对政治知识经常是感兴趣的,它经常(不仅在风暴时期)迫切要求阅读秘密书刊。在有这样广泛的要求的条件下,在已经开始培养有经验的革命领导者的条件下,在工人阶级的集中化已经使工人阶级实际上成为大城市工人区、大小工厂区的主人的条件下,创办政治报已经成为无产阶级完全办得到的事情。而通过无产阶级,报纸还可以深入到城市小市民、乡村手工业者和农民中间去,成为真正的人民的政治报纸。但是,报纸的作用并不只限于传播思想、进行政治教育和争取政治上的同盟者。报纸不仅是集体的宣传员和集体的鼓动员,而且是集体的组织者。就后一点来说,报纸可以比作脚手架,它搭在正在建造的建筑物周围,显示出建筑物的轮廓,便于各个建筑工人之间进行联络,帮助他们分配工作和观察有组织的劳动所获得的总成

---

① 列宁:《为"工人报"写的文章:迫切的问题》,《列宁全集》,第4卷,第174页。
② 列宁:《"火星报"和"曙光"编辑部声明草案》,《列宁全集》,第4卷,第285—286页。

绩。依靠报纸并通过报纸自然而然会形成一个固定的组织，这个组织不仅从事地方性工作，而且从事经常的共同性工作，教育自己的成员密切注视政治事件，思考这些事件的意义及其对各个不同居民阶层的影响，拟定革命的党对这些事件施加影响的适当措施。"①

党的中央机关报既应提倡为无产阶级利益服务的写作自由，也要强调党的监督。列宁指出："党的出版物的这个原则是什么呢？这不只是说，对于社会主义无产阶级，写作事业不能是个人或集团的赚钱工具，而且根本不能是与无产阶级总的事业无关的个人事业。无党性的写作者滚开！超人的写作者滚开！写作事业应当成为整个无产阶级事业的一部分，成为由整个工人阶级的整个觉悟的先锋队所开动的一部巨大的社会民主主义机器的'齿轮和螺丝钉'。写作事业应当成为社会民主党有组织的、有计划的、统一的党的工作的一个组成部分。""第一，这里说的是党的出版物和它应受党的监督。每个人都有自由写他所愿意写的一切，说他所愿意说的一切，不受任何限制。但是每个自由的团体（包括党在内），同样也有自由赶走利用党的招牌来鼓吹反党观点的人。……党是自愿的联盟，假如它不清洗那些宣传反党观点的党员，它就不可避免地会瓦解，首先在思想上瓦解，然后在物质上瓦解。确定党的观点和反党观点的界限的，是党纲，是党的策略决议和党章，最后是国际社会民主党，各国的无产阶级自愿联盟的全部经验。……第二，要用真正自由的、公开同无产阶级相联系的写作，去对抗伪装自由的、事实上同资产阶级相联系的写作。这将是自由的写作，因为把一批又一批新生力量吸引到写作队伍中来的，不是私利贪欲，也不是名誉地位，而是社会主义思想和对劳动人民的同情。这将是自由的写作，因为它不是为饱食终日的贵妇人服务，不是为百无聊赖、胖得发愁的'一万个上层分子'服务，而是为千千万万劳动人民，为这些国家的精华、国家的力量、国家的未来服务。这将是自由的写作，它要用社会主义无产阶级的经验和生气勃勃的工作去丰富人类革命思想的最新成就，它要使过去的经验（从原始空想的社会主义发展而成的科学社会主义）和现在的经验（工人同志们当前的斗争）之间经常发生相互作用。"②

---

① 列宁：《从何着手》，《列宁全集》，第5卷，第7—9页。
② 列宁：《党的组织和党的出版物》，《列宁全集》，第12卷，第93、95页。

（六）影响政策的制度和法制因素

列宁对专制君主制、立宪君主制和民主共和制三种制度进行了比较（见表3—1），从中不难看出，只有民主共和制最符合社会民主党的政策要求，即人民能够自己管理自己的事务。

表3—1　　　　　　　　三种国家制度的比较①

项目	专制君主制	立宪君主制	民主共和制
要求是什么	警察和官吏要求的是什么	极端自由派资产者（解放派或立宪民主党）要求的是什么	觉悟的工人（社会民主党人）要求的是什么
这三种国家制度是什么	(1) 沙皇是专制君主 (2) 国务会议（由沙皇任命的官员） (3) 国家杜马或人民代表组成的咨询议院（实行非直接的、不平等的和不普遍的选举）	(1) 沙皇是立宪君主 (2) 人民代表组成的参议院（实行非直接的、不完全平等的和不完全普遍的选举） (3) 众议院（实行普遍、直接、平等和无记名投票的选举）	(1) 不要沙皇 (2) 不要参议院 (3) 单一的共和国议院（实行普遍、直接、平等和无记名投票的选举）
这三种国家制度的意义何在	(1) 和 (2) 警察和官吏享有统治人民的全权 (3) 大资产阶级和富裕地主有发言权——人民没有任何权力	(1) 以沙皇为首的警察和官吏享有三分之一的权力 (2) 大资产阶级和富裕地主享有三分之一的权力 (3) 全体人民享有三分之一的权力	(1) 无论是警察，无论是官吏，都没有任何独立的权力；他们完全服从于人民 (2) 无论是资本家，无论是地主，都不享有任何特权 (3) 全体人民享有全部权力，即统一的、完全的和整个的权力
这三种国家制度的目的是什么	为了使廷臣、警察和官吏过最好的生活；使富人能够为所欲为地掠夺工人和农民；使人民永远处于无权和愚昧无知的状态	为了使警察和官吏依附于资本家和地主；使资本家、地主和富裕农民能够自由而心安理得地、根据权利而不是任意地掠夺城乡工人	为了使自由的、有教养的人民学会自己管理自己的一切事务，主要是为了使工人阶级能够自由地为争取社会主义，即为争取不再有富人和穷人，全部土地、一切工厂都归全体劳动者所有的制度而斗争

---

① 参见列宁《三种宪法或三种国家制度》，《列宁全集》，第10卷，第311—313页。

在法制问题上,列宁重点关注的是人民立法、立宪幻想、工业法庭等问题。

列宁显然不同意"人民直接立法"的主张:"至于直接的人民立法问题,我们觉得现在根本不应列入纲领。在原则上不能把社会主义的胜利同直接的人民立法代替议会这一点联系起来。在我们看来,关于爱尔福特纲领的讨论以及考茨基论述人民立法的著作已经说明了这一点。考茨基根据历史和政治的分析认为人民立法在下列条件下有一定的好处:(1)没有城乡对立或城市占优势;(2)有成熟的政党;(3)'没有独立地同人民代表机关相对抗的过分集中的国家政权'。俄国的情况完全相反,因而我国的'人民立法'有蜕化成帝国主义的'全民投票'的严重危险。考茨基在1893年谈到德国和奥地利两国时曾经说:'对于我们东欧人,直接的人民立法是未来国家的制度。'那么谈到俄国就更不用说了。所以我们认为,在专制制度还统治着俄国的今天,我们只能要求'民主立宪',因此与其采用《爱尔福特纲领》实践部分的头两条,还不如采用'劳动解放社'纲领实践部分的头两条。"①

列宁认为:"到了立宪制度已经确立,立宪斗争在一定时期成为阶级斗争和一切政治斗争的主要形式的时候,揭露立宪幻想就不是社会民主党的特别任务、当前任务了。为什么呢?因为在那个时候,立宪国家中的一切事情就是完全按照议会的决定去处理的。立宪幻想是对宪法的一种虚幻的信仰。立宪幻想在宪法貌似存在而实际上并不存在的时候,换句话说,也就是在一切事情并不按照议会的决定去处理的时候,才会占据首要地位。当实际政治生活同议会斗争中所反映的政治生活不一致的时候,这时,只有这时,反对立宪幻想才是先进的革命阶级即无产阶级的当前任务。自由派资产者害怕议会外面的斗争,在议会还软弱无力的时候就散布立宪幻想。无政府主义者根本反对在任何情况下参加议会。社会民主党人则主张利用议会斗争,主张参加议会斗争,但是他们又无情地揭露'议会迷',即把议会斗争奉为唯一的或者说在任何条件下都是主要的政治斗争形式。"②

列宁期待建立公正的法庭,由此注意到了"工业法庭"问题:"由业

---

① 列宁:《我们党的纲领草案》,《列宁选集》,第4卷,第194—195页。
② 列宁:《关于俄国社会民主工党统一代表大会报告》,《列宁全集》,第13卷,第34页。

主和工人双方选出人数相等的代表组成的工业法庭,对工人具有重大的意义,对工人有许多好处:这种法庭比普通法庭对工人更方便;工业法庭的拖拉作风和文牍主义要少些;工业法庭的审判员了解工厂生活条件,作出的判决比较公正;工业法庭可以让工人熟悉法律,使他们习惯于选举自己的代表和参与国家事务;工业法庭可以使工厂生活和工人运动公之于世;工业法庭可以使厂主习惯于有礼貌地对待工人并以平等的身份同工人进行正常的谈判。正因为这样,所以欧洲各国工人都要求设立工业法庭,不仅要求为工厂工人(德国人和法国人已经有了这种法庭),而且为在家里替资本家干活的工人(家庭手工业者)和农业工人设立这种法庭。政府委任的一切官吏(法官也好,工厂视察员也好)在任何时候都不能代替这种有工人亲自参加的机构。……何况每个工人根据切身经验也都知道,他们会从官吏那里得到什么;每个工人也都清楚地了解,说官吏会象从工人中选出的代表一样关心工人,那就是撒谎和欺骗。这种欺骗对政府是非常有利的。因为政府要工人永远充当资本家的无知、无权和不声不响的奴隶。""政府所以委派新的官吏而不设立工业法庭,是因为工业法庭会提高工人的觉悟,促进他们认识自己的权利,认识自己作为一个人和一个公民应该有的尊严,并且会使他们习惯于独立思考国家事务和整个工人阶级的利益,习惯于选举比较开展的伙伴去担任工人代表,这样也就部分地限制了一小撮专横的官吏,使他们再不能独断独行。而这正是我们的政府所最害怕的。……因此,只要俄国还保存着现行政治制度,即人民毫无权利,不对人民负责的官吏和警察横行霸道,工人就不可能指望设立对他们有利的工业法庭。政府明明知道,工业法庭会很快地促使工人提出更根本的要求。工人选出代表参加工业法庭,就会马上看出,这还不够,因为剥削工人的地主和厂主可以把他们的代表派到许多更高级的国家机关中去,工人就一定会提出设立全民代表机关的要求。工人把工厂事务和工人的需要在法庭上公之于世,就会马上看出,这还不够,因为现在只有报纸和人民集会才能使这些东西真正公开,于是工人就要提出集会自由、言论自由和出版自由的要求。正因为如此,政府才把在俄国设立工业法庭的草案埋葬掉了!"[1] "在我们俄国(象其他各国一样),只有当任何一个人都有权向国民会议和选举产生的法庭控告,都有权在口头上或者在报纸上自由地

---

[1] 列宁:《论工业法庭》,《列宁全集》,第4卷,第246—249页。

诉说自己的疾苦的时候，官吏才不敢胡来。""这个法庭应该由对等的工人代表和业主代表选出。只有这样的法庭，才能公正地判断业主对工人、工人对业主的各种不满。""由自由选举的代理人组成的法庭，可以审理农民控告地主盘剥的一切案件。假使地主乘农民急需土地把地租定得过高，这样的法庭就有权减低地租。这样的法庭有权使农民不接受过低的工钱，——例如，地主在冬天用一半价钱雇佣庄稼人干夏天的活，那么法庭就要审理这个案子并且规定公道的工钱。这样的法庭当然不应该由官吏组成，而应该由自由选举的代理人组成，雇农和贫苦农民一定要有自己的代表，而且其人数不应少于富裕农民和地主。这样的法庭也要审理工人同业主之间的一切案件。有了这种法庭，工人和全体贫苦农民就会比较容易捍卫自己的权利，就会比较容易联合起来并了解清楚，哪些人能够忠实可靠地支持贫苦农民和工人。"①

（七）对政府政策的批判立场

在"十月革命"之前，列宁坚持对政府政策进行无情批判，以此来表明无产阶级政党的阶级立场，我们可以列举一些具有代表性的政策批判。

第一，政府政策的资产阶级性质。"为什么我国政府一直努力（从这个解放改革时期起特别努力）'支持、保护和创立'的，只是资产阶级和资本主义呢？为什么这个仿佛凌驾于一切阶级之上的专制政府的这种不好的活动，恰巧同国内生活中以商品经济、商业和工业的发展为特色的历史时期相吻合呢？为什么你们认为近来国内生活中的这些变化是后果，而政府的政策是前因呢？——尽管初期变化是在深处发生的，以致政府没有觉察出来，并且多方加以阻挠，尽管这个'专制'政府在国内生活的另一种条件下曾'支持'、'保护'和'创立'过另一个阶级"。"现在俄国资产阶级由于把生产资料集中在自己手中，不仅已在各地控制着人民劳动，而且对政府施加压力，造成、迫使和决定政府的政策具有资产阶级的性质"。"假如我们的国家不是阶级国家，假如它的政策不是以统治阶级的利益为转移，而是以公正地讨论'人民需要'为转移，那么，它一定万分相信消除这些灾难是必要的。天真的研究者们相信社会和国家是可以

---

① 列宁：《告贫苦农民》，《列宁全集》，第7卷，第146、153、162页。

'感化'的，完全沉溺在他们所收集的那些事实的细节中，惟独忽略了农村的政治经济结构，忽略了那种真正苦于这些眼前直接灾难的经济的主要背景。结果自然是：本来要维护苦于缺少土地等现象的经济利益，现在却是维护那个把持这种经济的阶级利益，因为只有这个阶级才能在村社内部现存社会经济关系下，在国内现存经济制度下维持和发展起来"。①

第二，经济组织制度决定政府的政策。"民粹主义者认为这些现象的产生，是由于'土地少'、赋税负担重、'外水'减少，就是说，是由于政策方面——土地政策、赋税政策、工业政策方面的特点，而不是由于必然产生这种政策的社会生产组织方面的特点。在马克思主义者看来，原因不在于政策，不在于国家，也不在于'社会'，而在于俄国目前的经济组织制度。在俄国各地，商品经济也在转变为资本主义经济；应该证明各地占统治地位的制度实质上是资产阶级制度，正是这个阶级的统治，而不是臭名远扬的民粹派的'偶然性'或'政策'等，使生产者丧失生产资料，使生产者到处都为别人而工作"。②

第三，殖民统治是冒险政策。"我国政府为什么要对中国实行这种疯狂的政策呢？这种政策对谁有利呢？它对一小撮同中国做生意的资本家大亨有利，对一小撮为亚洲市场生产商品的厂主有利，对一小撮现在靠紧急军事订货大发横财的承包人有利（有些生产武器、军需品等等工厂正在拼命地干，并且增雇成百上千的日工）。这种政策对一小撮身居军政要职的贵族有利。他们所以需要冒险政策，是因为借此可以飞黄腾达，建立'战功'而扬名于世。……沙皇政府对中国实行的政策不仅侵犯人民的利益，而且还竭力毒害人民群众的政治意识。凡是只靠刺刀才能维持的政府，凡是不得不经常压制或遏止人民愤怒的政府，都早就懂得一个真理：人民的不满是无法消除的，必须设法把这种对政府的不满转移到别人身上去。……沙皇政府在中国的政策是一种犯罪的政策，它使人民更加贫困，使人民受到更深的毒害和更大的压迫"。③

第四，政府虚假的"让步"政策。"在现代，要成为一个可靠的捍卫

---

① 列宁：《什么是"人民之友"以及他们如何攻击社会民主主义者》，《列宁全集》，第1卷，第225、235、241页。
② 列宁：《民粹主义的经济内容及其在司徒卢威先生的书中受到的批评》，《列宁全集》，第1卷，第328、330页。
③ 列宁：《对华战争》，《列宁全集》，第4卷，第321—323页。

者,仅仅有大炮、刺刀和皮鞭是不够的,还必须努力使被剥削者相信,政府是超阶级的,它不是为贵族和资产阶级利益服务的,而是为公正的利益服务的,它是关心保护弱者和穷人,反对富人和强者的,等等。法国的拿破仑第三、德国的俾斯麦和威廉二世都曾花费不少力气用这种办法来讨好工人。但是,在欧洲,由于还讲一点出版自由和人民代议制,还可以竞选,还有一些已经建立起来的政党,所有这些骗人的把戏很快就被揭穿了。而在亚洲,其中也包括俄国,人民群众闭塞无知,信任慈父沙皇的偏见很深,因而这样的把戏仍能收效很大。而在近一二十年中这种政策不灵了,这是欧洲精神传入俄国的最明显的标志之一。这种政策使用过许多次,但每次总是在公布了一项'关心'(似乎是关心)工人的法令以后,过了若干年,一切又恢复了原状——不满的工人增多了,不满情绪增长了,风潮加剧了——于是又大吹大擂地提出了'关心'政策,体贴工人的花言巧语高唱入云,再公布一项什么法令,给工人3戈比的好处,1卢布的空话和谎言——过若干年后,老一套又重演一次。政府像松鼠蹬轮子似地忙得团团转,一会儿扑到东,一会儿扑到西,拼命想用一块破布堵住工人的不满,可是在另一处却爆发了更强烈的不满"。① "政府方面的政治手腕,就是有意识地献媚、收买和腐蚀,一句话,推行那套叫作'祖巴托夫政策'的办法。所谓祖巴托夫政策,其实质就是答应进行相当广泛的改良,实际上只打算把答应的东西实现那么一点儿,并以此要求放弃政治斗争"。②

第五,混淆阶级差别的政策。"为'解放运动'奠定'一个完全一致的、撇开不同色彩的共同基础'。实际上这就是立宪民主党全部政策的主要目标。不仅如此。广而言之,这也是整个自由派资产阶级在俄国革命中的政策的主要目标。消除解放运动中的'不同色彩',就等于消除资产阶级、农民和无产阶级的民主要求的差别。这就是要'完全一致'地承认自由派资产阶级是整个解放运动的意向的代表和向导。这就是把无产阶级变为自由派资产阶级的盲目的工具。在立宪民主党实行这种政策的情况下,无产阶级应该采取什么样的对策是很清楚的。无产阶级应该无情地揭露这种政策的实质,决不能有半点含糊,决不能模糊工人和农民的政治意

---

① 列宁:《宝贵的招供》,《列宁全集》,第5卷,第66页。
② 列宁:《政治斗争和政治手腕》,《列宁全集》,第7卷,第22—23页。

识。无产阶级应该精心地利用'掌握政权者'和'平分政权者'在实行政策中的一切动摇，来发展和加强自己的阶级组织，加强自己同革命农民这个唯一能够冲决立宪民主党的'堤坝'、打破立宪民主党同旧政权的妥协、把解放运动进行下去的阶级之间的联系"。①

七　党的策略与民主政策过程

列宁不仅讨论了无产阶级政党的策略、纲领问题，还就党内民主的政策过程提出了明确的要求。

（一）无产阶级政党的策略问题

列宁指出："党的策略是指党的政治行为，或者说，是指党的政治活动的性质、方向和方法。党代表大会通过策略决议，就是要确切规定整个党在新的任务方面或者是针对新的政治形势所应采取的政治行为。"② 在党的策略问题上，列宁强调应注意以下九种关系。

第一，纲领与策略的关系。列宁高度重视无产阶级政党的纲领，并就纲领提出了明确的要求："1898 年春成立了'俄国社会民主工党'，它曾经宣布准备在不久的将来制定党的纲领，这就清楚地证明，正是运动本身要求我们制定纲领。目前我们运动中的迫切问题，已经不是开展过去那种分散的'手工业方式的'工作，而是进行联合，进行组织。为此就需要纲领；纲领应该表述我们的基本观点，明确规定我们当前的政治任务，提出一些最迫切的要求，以便确定鼓动工作的范围，使它步调一致，向深度和广度发展，从争取实现零星小要求的局部性片断性鼓动提高到争取实现社会民主党的全部要求的鼓动。""我们认为俄国社会民主工党纲领的组成部分应该是：（1）指出俄国经济发展的基本性质；（2）指出资本主义发展的必然后果是贫困的增长和工人愤慨情绪的增长；（3）指出无产阶级的阶级斗争是我们运动的基础；（4）指出社会民主主义工人运动的最终目的，指出这个运动为了达到这些目的必须努力夺取政权，指出运动的国际性；（5）指出阶级斗争必须具有政治性；（6）指出保护剥削者、造

---

① 列宁：《无产阶级的策略和目前的任务》，《列宁全集》，第 13 卷，第 179—181 页。
② 列宁：《社会民主党在民主革命中的两种策略》，《列宁全集》，第 11 卷，第 6 页。

成人民无权地位和受压迫地位的俄国专制制度是工人运动的主要障碍,因此,为了整个社会发展的利益,也必须争取政治自由,这是党的当前的政治任务;(7)指出党将支持反对专制制度的一切政党和居民阶层,将对我国政府蛊惑人心的诡计进行斗争;(8)列举各项基本的民主要求;然后(9)提出维护工人阶级利益的要求;(10)维护农民利益的要求,并且说明这些要求的一般性质。"① 列宁还特别强调:"纲领无须对手段问题作出规定,手段应该让进行斗争的党组织和规定党的策略的党代表大会去选择。纲领也不一定要谈策略问题(但是一些极其重要的和原则性的问题如对待反对专制制度的其他战士的态度等除外)。策略问题随时产生随时可以在党报上进行讨论,最后由党代表大会加以解决。"②

第二,策略与口号的关系。列宁指出:"革命将第一次使各个阶级受到真正的政治洗礼。通过革命,这些阶级将显示出它们的明确的政治面貌,它们不仅会在自己的思想家的纲领和策略口号中,而且会在群众的公开的政治行动中表现它们自己。革命将教会我们,将教会人民群众,这是毫无疑问的。但是对一个战斗着的政党来说,现在的问题是我们能不能教会革命一些东西?我们能不能利用我们的社会民主主义学说的正确性,利用我们同无产阶级这个唯一彻底革命的阶级的联系,来给革命刻上无产阶级的标记,把革命引导到真正彻底的胜利,不是口头上的而是事实上的胜利,麻痹民主派资产阶级的不稳定性、不彻底性和叛卖性?我们应当尽一切努力来争取达到这个目的。但是要达到这个目的,一方面需要我们对政治局面有正确的估计,需要我们有正确的策略口号;另一方面,需要工人群众用实际的战斗力量来支持这些口号。我们党的一切组织和团体每天经常进行的全部工作,即宣传、鼓动和组织工作,都是为了加强和扩大同群众的联系。……制定正确的策略决议,这对一个想根据马克思主义的坚定原则来领导无产阶级而不仅是跟在事变后面做尾巴的政党来说,是有巨大意义的。……我们的党比其他一切政党都先进,它有全党通过的精确的纲领。我们的党就是在严格对待自己的策略决议方面,也应当给其他政党做出榜样。……根据马克思主义的原则和革命的教训来检查我们的策略,这对那些不愿局限于口头的劝说,而想切实造成策略上的一致,从而为俄国

---

① 列宁:《我们党的纲领草案》,《列宁选集》,第4卷,第186—187、207页。
② 列宁:《我们党的纲领草案》,《列宁选集》,第4卷,第194页。

社会民主工党全党将来的完全统一奠定基础的人来说，也是必要的。"①

第三，原则与方式的关系。列宁指出："原则上承认一切斗争手段、一切计划和一切方法（只要它们是适当的）是一回事，要求在一定的政治局势下遵循一个坚持不懈地执行的计划（如果想谈策略的话）是另一回事；把这两者混为一谈，那就等于把医学上承认各种疗法同在医治一定的病症时采用一定的疗法混为一谈。"② "至于策略问题，我们只能在这里谈这样一点：社会民主党不能用某种事先想好的政治斗争的计划或方法来束缚自己的手脚，缩小自己的活动范围。它承认一切斗争手段，只要这些手段同党的现有力量相适应，并且在现有条件下能够使我们取得最大的成绩。"③

第四，党内斗争与统一的关系。列宁认为："对策略进行争论是必要的，但是论点要力求十分明确。策略问题是党的政治行动问题。可以而且应当用理论、历史材料、对整个政治形势的分析等等来论证这样或那样的行动。"④ "必须为我们认为正确的策略进行公开的、直接的、坚决的、彻底的（也就是一直进行到党的统一代表大会）思想斗争。在统一的党内，决定党的直接行动的策略应该只有一个。这个统一的策略应该是大多数党员的策略：当多数已经完全形成的时候，少数在自己的政治行动上必须服从多数，同时可以保留在新的一届代表大会上进行批评和为解决问题而进行鼓动的权利。"⑤

第五，理论与实践检验的关系。列宁指出："政党内部和政党之间的意见分歧往往不仅靠原则性的论战来解决，而且也会随着政治生活本身的发展得到解决，甚至更正确的说法是：与其说是靠前者解决，不如说是靠后者解决。特别是有关党的策略即党的政治行动的意见分歧，结果往往是持错误意见的人在实际生活教训的影响下和在事变进程本身的压力下实际转上了正确的斗争道路，因为事变进程本身常常迫使人们走上正确的道路，并把错误意见完全抛在一旁，使它们失去基础，变成毫无内容、枯燥无味、谁也不感兴趣的东西。当然，这并不是说，策略问题上的原则性的

---

① 列宁：《社会民主党在民主革命中的两种策略》，《列宁全集》，第 11 卷，第 2—4 页。
② 列宁：《怎么办》，《列宁全集》，第 6 卷，第 45 页。
③ 列宁：《我们运动的迫切任务》，《列宁全集》，第 4 卷，第 337 页。
④ 列宁：《策略可以争论，但请提出明确的口号》，《列宁全集》，第 11 卷，第 247 页。
⑤ 列宁：《国家杜马和社会民主党的策略》，《列宁全集》，第 12 卷，第 157 页。

意见分歧不具有重大意义，不需要进行唯一能使党保持高度理论信念的原则性的解释。不是的，这只是说，必须尽可能经常地根据新的政治事变来检验以前通过的策略决议。这种检验无论在理论上或实践上都是必要的——从理论上来说，是为了通过事实，通过经验来证实已经通过的决议是否正确和正确的程度如何，决议通过以后发生的政治事变要求我们对决议作哪些修改；从实践上来说，是为了真正学会贯彻这些决议，学会把它们看作应立即直接运用到实际中去的指示。"①

第六，理论与革命的关系。列宁指出："没有革命的理论，就不会有革命的运动。在醉心于最狭隘的实际活动的偏向同时髦的机会主义说教结合在一起的情况下，必须始终坚持这种思想。而对俄国社会民主党来说，由于存在三种时常被人忘记的情况，理论的意义就显得更为重要了。这三种情况就是：（1）我们的党还刚刚在形成，刚刚在确定自己的面貌，同革命思想中有使运动离开正确道路危险的其他派别进行的清算还远没有结束。……（2）社会民主主义运动就其本质来说是国际性的运动。这不仅意味着我们应当反对民族沙文主义。这还意味着在年轻的国家里开始的运动，只有在运用别国的经验的条件下才能顺利发展。但是，要运用别国的经验，简单了解这种经验或简单抄袭别国最近的决议是不够的。为此必须善于用批判的态度来看待这种经验，并且独立地加以检验。……（3）俄国社会民主党担负的民族任务是世界上任何一个社会党都不曾有过的。……只有以先进理论为指南的党，才能实现先进战士的作用。"②

第七，斗争与团结的关系。列宁指出："工人政党对其他反对派政党的态度更谈不到有什么重大变化。就是在这方面，马克思主义也指明了一个正确的立场，一方面反对夸大政治的意义，反对密谋主义（布朗基主义等等）；另一方面又反对轻视政治，或者把政治缩小为对社会进行机会主义的、改良主义的修补（无政府主义，空想的和小资产阶级的社会主义，国家社会主义，教授社会主义等等）。无产阶级应该努力建立独立的工人政党，党的主要目的应该是由无产阶级夺取政权来组织社会主义社会。无产阶级决不应该把其他阶级和政党看作'反动的一帮'，恰恰相反，它应该参加整个政治生活和社会生活，应该支持进步阶级和进步政党

---

① 列宁：《革命教导着人们》，《列宁全集》，第 11 卷，第 126 页。
② 列宁：《怎么办》，《列宁全集》，第 6 卷，第 23—24 页。

去反对反动阶级和反动政党,应该支持一切反对现存制度的革命运动,应该成为一切被压迫的民族或种族的保护者,成为一切被压制的宗教以及无权的女性等等的保护者。"①

第八,群众与党的政策关系。列宁指出:"至于如何看待没有组织起来的(和长时期、有时是几十年没有组织要求的)群众对党、对组织的关系,马克思主义者有根本不同的看法。正是为了使一定阶级的群众能够学会认识自己的利益、自己的处境,学会推行自己的政策,正是为了这个目的,才必须立即建立而且无论如何也要建立这个阶级先进分子的组织,即使起初这些人只占本阶级的极少部分也无妨。为了为群众服务和代表他们正确地意识到的利益,先进队伍即组织必须在群众中开展自己的全部活动,毫无例外地吸收他们中间的一切优秀力量,并且要随时随地仔细客观地检查:是否同群众保持着联系,联系是否密切。这样,也只有这样,先进队伍才能教育和启发群众,代表他们的利益,教他们组织起来,使群众的全部活动沿着自觉的阶级政策的道路前进。"②

第九,领袖与群众的关系。列宁指出:"在任何一个政治运动或社会运动中,在任何一个国家里,一定阶级的群众或人民群众同该阶级或人民的少数知识分子代表之间的关系,只能是这样的:无论什么时候什么地方,一个阶级的领袖永远是该阶级最有知识的先进代表人物。俄国工人运动也不能例外。因此,忽视工人的这个先进部分的利益和要求,企图把它降低到水平低的部分的认识水平(而不是经常去提高工人的觉悟程度),这必定会产生极其有害的影响,并且为各种非社会主义思想和非革命思想侵蚀工人准备温床。"③

(二)党内的民主选举与民主决策

列宁明确指出,在秘密组织中不可能实行"广泛民主原则",比"民主制"更重要的是"同志关系":"只有集中的战斗组织,坚定地实行社会民主党的政策并能满足所谓一切革命本能和革命要求的组织,才能使运动不致举行轻率的进攻而能准备好有把握取得胜利的进攻。""每一个人

---

① 列宁:《俄国社会民主党人抗议书》,《列宁全集》,第4卷,第152页。
② 列宁:《维·查苏利奇是怎样毁掉取消主义的》,《列宁全集》,第24卷,第41—42页。
③ 列宁:《论"宣言书"》,《列宁全集》,第4卷,第277页。

大概都会同意'广泛民主原则'要包含以下两个必要条件:第一,完全的公开性;第二,一切职务经过选举。没有公开性而谈民主制是很可笑的,并且这种公开性还要不仅限于对本组织的成员。我们称德国社会党组织为民主的组织,因为在德国社会党内一切都是公开进行的,甚至党代表大会的会议也是公开的;然而一个对所有非组织以内的人严守秘密的组织,谁也不会称之为民主的组织。……关于民主制的第二个标志即选举制,情况也并不见得好些。这个条件在有政治自由的国家中是不成问题的。……完全公开、选举制和普遍监督的'自然选择'作用,能保证每个活动家最后都'各得其所',担负最适合他的能力的工作,亲身尝到自己的错误的一切后果,并在大家面前证明自己能够认识错误和避免错误。……在流行由宪兵来进行选择的情况下,党组织的'广泛民主制'只是一种毫无意思而且有害的儿戏。说它是一种毫无意思的儿戏,是因为实际上任何一个革命组织从来也没有实行过什么广泛民主制,而且无论它自己多么愿意这样做,也是做不到的。说它是一种有害的儿戏,是因为贯彻'广泛民主原则'的尝试,只会便于警察进行广泛的破坏,永远保持目前盛行的手工业方式,转移实际工作者的视线,使他们放弃把自己培养成职业革命家这种重大的迫切任务,而去拟定关于选举制度的详细的'纸上'章程。只有在国外,由于没有可能找到真正的实际工作来做的人常常聚集在一起,这种'民主制的儿戏'才能在某些地方,特别是在各种小团体中间广泛流行。""我们运动中的活动家所应当遵守的唯一严肃的组织原则是:严守秘密,极严格地选择成员,培养职业革命家。只要具备这些品质,就能保证有一种比'民主制'更重要的东西,即革命者之间的充分的同志信任。而这种更重要的东西对我们来说是绝对必要的,因为在我们俄国是根本不可能用普遍的民主监督来代替它的。如果以为无法实行真正'民主的'监督,就会使革命组织的成员成为不受监督的人,那就大错特错了。他们没有时间去考虑民主制(一些完全相互信任的同志们所构成的狭小的核心内部的民主制)儿戏形式,但他们非常真切地感觉到自己的责任,并且他们从经验中知道,真正的革命家组织是会用一切办法来清除其中的不良分子的。"[①]

列宁强调在秘密组织的决策过程中,真正起作用的应是"同志式的

[①] 列宁:《怎么办》,《列宁全集》,第6卷,第130—134页。

影响":"建立秘密组织的全部艺术应在于利用一切力量,'让每个人都有事可做',同时保持对整个运动的领导,当然,保持领导不是靠权力,而是靠威信,毅力,靠比较丰富的经验、比较渊博的学识以及比较卓越的才能。这一点是针对通常可能产生的下面这种反对意见而说的:如果中央偶然出现一个大权在握的无能的人,那么严格的集中制就很容易断送整个事业。这种情况当然可能发生,但是不能拿选举制和分散制作为防止出现这种情况的手段,在专制制度下进行革命工作,无论在多大的范围内搞选举制和分散制,都是绝对不能容许的,并且简直是有害的。任何章程也不能防止这种情况的出现,只有'同志式的影响'才能防止。开始时可由各个分组作出决议,随后由它们向中央机关报和中央委员会提出申诉,直到最后(在最坏的情况下)推翻完全无能的当权者。"①

即便是秘密组织,也需要有效的监督。列宁强调:"党本身必须对它的负责人员执行党章的情况进行监督,而'监督'也不单单是在口头上加以责备,而是要在行动上加以纠正。谁不善于要求和争取使自己的受托者完成他们对委托人所负的责任,谁就不配享有政治上自由的公民的称号。谁不善于要求和争取使自己的受托者完成他们对委托人所负的党的责任,谁就不配享有党员的称号。"②

列宁还特别驳斥了要求在秘密组织中实行"选举原则"的论点:"我不追求名称。但这种'没有成员的组织'能够做到我们需要做的一切,并且一开始就能够保证我们未来的工联同社会主义发生牢固的联系。谁想在专制制度下建立一个实行选举制、报告制和全体表决制等等的广泛的工人组织,那他简直是一个不可救药的空想家。"③ "社会民主党尽管后来发生了分裂,但它还是比其他各政党更早地利用了昙花一现的自由时期,来建立一个公开组织的理想的民主制度:实行选举制和按有组织的党员人数选举代表大会的代表。"④

(三)具有双重含义的"民主集中制"

在列宁看来,无产阶级政党强调的"民主集中制",具有双重的含

---

① 列宁:《就我们的组织任务给一位同志的信》,《列宁全集》,第7卷,第9页。
② 列宁:《无休的托词》,《列宁全集》,第9卷,第292页。
③ 列宁:《怎么办》,《列宁全集》,第6卷,第113—114页。
④ 列宁:《"十二年来"文集序言》,《列宁全集》,第16卷,第95页。

义,即可以在两种不同的定义下实行"民主集中制"。

一是反映中央与地方关系的"民主集中制"。列宁指出:"在各种不同的民族组成一个统一的国家的情况下,并且正是由于这种情况,马克思主义者是决不会主张实行任何联邦制原则,也不会主张实行任何分权制的。中央集权制的大国是从中世纪的分散状态向将来全世界社会主义的统一迈出的巨大的历史性的一步,除了通过这样的国家(同资本主义紧密相联的)外,没有也不可能有别的通向社会主义的道路。然而,决不能忘记,维护集中制只是维护民主集中制。……民主集中制不仅不排斥地方自治以及有独特的经济和生活条件、民族成分等区域自治,相反,它必须既要求地方自治,也要求区域自治。"[1]

二是反映无产阶级政党内部关系的"民主集中制"。列宁对彼得堡的党组织的作了如下说明:"这一组织章程的精神实质就是彻底实行民主集中制的原则。领导整个组织的是代表会议,代表会议由全体党员用直接选举的办法(只在有不可克服的困难时才用二级选举的办法),按照一定比例(第一次代表会议的代表是每50个党员选1个)选出。这个代表会议是常设机关,每月至少召集两次,它是彼得堡组织的最高机关,每半年改选一次。代表会议选出彼得堡委员会,其委员从全体党员中产生,而不是仅仅从在这个地方组织的某个区工作的党员中产生。这种类型的组织消除了各区在代表名额分配上的一切不平等现象,而主要的是:废除了臃肿的、多级的和不民主的由各区代表组成彼得堡委员会的制度,造成了直接由代表会议这个统一的领导机关团结起来的全体党员的真正统一。这个代表会议的组织方法,保证了大多数优秀工人能够参加而且必然参加对地方组织的一切工作的领导。代表会议已经实现了这一新型的组织,宣布自己是常设机关,选出了由19位同志组成的新的彼得堡委员会,举行了两次常会(确切些说是一次常会的两次会议)来解决一切日常问题。……由一些专门委员会进行日常工作,而这些委员会零星分散,没有由代表会议的一个执行机关把它们统一起来,这种组织的工作能力如何是可以想象的!民主集中制在这里变成了空中楼阁。"[2]

在党内的民主集中制下,既要有批评自由,也要坚持党性原则。"民

---

[1] 列宁:《关于民族问题的批评意见》,《列宁全集》,第24卷,第148—149页。
[2] 列宁:《彼得堡的改组和分裂的消灭》,《列宁全集》,第15卷,第283—284页。

主集中制和地方机关自治的原则所表明的正是充分的普遍的批评自由，只要不因此而破坏已经确定的行动的一致，——它也表明不容许有任何破坏或者妨害党既定行动的一致的批评"。① 列宁还特别抨击了破坏党性的政策过程："我只是向党提出几个问题，如果我们各个组织的成员认为我们实际上还有党的话。这些问题就是：（1）在一个名副其实的工人政党内，能不能容许一个由多数派选出而又宣布多数派的政策是'集团'政策的中央委员会存在？（2）有人3月在宣言中说的是一套，到7月说的又是另一套，这样的人在道义上有没有权利得到我们的信任呢？（3）有人趁多数派的两个中央委员被捕而践踏多数派的利益；（4）有人为了反对集团政策，正在谈论要同少数派集团召开会议，而把多数派撇在一边；（5）有人害怕代表大会会对他们的所作所为进行评价，因而竟用分裂来吓唬党，'禁止'党员享有为召开代表大会进行鼓动的起码权利；（6）有人对我们党内危机表现了极端的幼稚无知，竟郑重其事地证明中央机关报的'合法性'，并且用法令把这个中央机关报的'高明'肯定下来；（7）有人显然违背党的意志，想方设法把坚决拥护党内多数派的同志撵出中央委员会；——上面这样的人在道义上有没有权利得到我们的信任呢？"②

从十月革命前列宁对政策与民主关系的系统表述可以看出，列宁不仅全面继承了"公社"政策范式，还在俄国的无产阶级革命实践中发展了这一政策范式，为建立苏维埃政权提供了重要的政策理论基础。

---

① 列宁：《批评自由和行动一致》，《列宁全集》，第13卷，第129页。
② 列宁：《给各中央代办员和各委员会委员的信》，《列宁全集》，第9卷，第21页。

第四章 "苏维埃"政策范式

1917年"十月革命"的胜利，使"公社国家"的苏维埃政权变成了现实。列宁在新政权的运作过程中，将"公社"政策范式转换为"苏维埃"政策范式，并就与之相关的政策与民主关系问题作了系统的说明。

一 苏维埃式的国家

在俄罗斯通过无产阶级革命建立的政权，已经不是完全意义上的"公社国家"或"公社式国家"，列宁将其称为"苏维埃式国家"，并说明了这样的国家所具有的基本特征和重要的政策特点。

（一）公社式国家和苏维埃式国家

列宁认为，巴黎公社是在人们无意识的情况下创造了短期的"公社国家"（巴黎公社类型的国家），苏维埃则是无产阶级有意识地创造出的一种新型的、长期存在的国家（苏维埃类型的国家）："我们的苏维埃还有许多东西很粗糙，不完善，这是毫无疑问的，每一个细心观察苏维埃工作的人都知道得很清楚，但是，这里重要的、有历史价值的、在全世界社会主义的发展中向前迈进了一步的东西，就是建立了新型的国家。在巴黎公社时期，这种类型的国家在一个城市里存在了几个星期，而且人们并没有理解他们自己所做的事情。那些创造了公社的人并不了解公社，他们以觉醒了的群众的天才的敏感创造了公社，但是没有一个法国社会主义派别理解他们所做的事情。而我们的情况不同，在我们之前有巴黎公社，有德国社会民主主义运动多年的发展，我们在建立苏维埃政权的时候，能够清楚地了解自己所做的事情。尽管苏维埃中存在着粗糙和无纪律这种我国小资产阶级特性的残余，新型的国家还是由人民群众建立起来了。它已经活动了不是几个星期,而是好几个月了,不是在一个城市,而是在一个大国,在好几个民族地区。""俄国已经建立了苏维埃共和国,这在历史上是不容否认的。……我们要制定苏维埃政权的纲领来代替最低纲领。对新型国家的论述应该在我们的纲领中占显著的地位。"①

"苏维埃式国家"是依据"公社式国家"经验和俄国革命经验创造出来的国家类型。"进一步巩固和发展苏维埃联邦共和国,这种共和国是比资产阶级议会制高得多和进步得多的民主形式,而根据 1871 年巴黎公社的经验以及 1905 年和 1917—1918 年俄国革命的经验,又是唯一适合于从资本主义到社会主义的过渡时期即无产阶级专政时期的国家类型"。②

从世界范围看,社会主义革命在夺取政权方面已经迈出了两大步,第一步是建立"公社式国家",第二步就是建立"苏维埃式国家":"资产阶级受到资产阶级议会制的熏陶最多,它也最喜欢用这种制度去熏陶群众,可是苏维埃运动、争取苏维埃政权的运动显然已在群众中酝酿成熟了。苏维埃运动已不仅是无产阶级政权的俄国形式。它已成了国际无产阶级夺取政权的阵地,成了世界社会主义革命发展进程中的第二步。第一步是巴黎公社。巴黎公社表明,工人阶级只有通过专政,用暴力镇压剥削者,才能到达社会主义。这是巴黎公社表明的最重要的一点。这就是说,工人阶级走向社会主义,不能通过旧的议会制的资产阶级民主国家,而只能通过彻底粉碎了议会制和官吏机构的新型国家。从世界社会主义革命发展的进程来看,第二步是苏维埃政权。起初,人们认为苏维埃只是俄国的现象(根据当时的事实是可以甚至应该这样看的)。事变表明:它不单是俄国的现象,而且是无产阶级进行斗争的国际形式。"③

(二) 苏维埃国家的基本特征

苏维埃是一种新型的国家机构和国家政权,列宁强调了它与旧的国家机构和旧政权之间的六点重要区别。

第一,它有工农武装力量,并且这个武装力量不是像过去的常备军那

---

① 列宁:《关于修改党纲和更改党的名称的报告》,《列宁全集》第 34 卷,第 46—47、50 页。
② 列宁:《俄共(布)党纲草案》,《列宁全集》,第 36 卷,第 81—82 页。
③ 列宁:《在全俄工会第二次代表大会上的报告》,《列宁全集》,第 35 卷,第 429—430 页。

样脱离人民，而是同人民有极密切的联系；在军事方面，这个武装力量比从前的军队强大得多；在革命方面，它是无可替代的。

第二，这个机构同群众，同大多数人民有极其密切的、不可分离的、容易检查和更新的联系，这样的联系在从前的国家机构中是根本没有的。

第三，这个机构的成员不是经过官僚主义的手续而是按照人民的意志选举产生的，并且可以撤换，所以它比从前的机构更民主。

第四，它同各种各样的行业有牢固的联系，所以它能够不要官僚而使各种各样的极深刻的改革容易实行。

第五，它为先锋队即被压迫工农阶级中最有觉悟、最有毅力、最先进的部分提供了组织形式，所以它是被压迫阶级的先锋队能够用来发动、教育、训练和领导这些阶级全体广大群众的机构，而这些群众向来都是完全处在政治生活之外，处在历史之外的。

第六，它能够把议会制的长处和直接民主制的长处结合起来，也就是说，把立法的职能和执法的职能在选出的人民代表身上结合起来。同资产阶级议会制比较起来，这是在民主发展过程中具有全世界历史意义的一大进步。①

除了强调与旧政权的区别外，列宁认为还需要对苏维埃政权有三个方面的明确认识。

一是在革命胜利之后，已经不能再将苏维埃看作一般的组织，而应该将其视为国家组织。"关键就在于：苏维埃是应该力求成为国家组织（布尔什维克在1917年4月已提出'全部政权归苏维埃'的口号，同年同月在布尔什维克党代表会议上又声明他们不以资产阶级议会制共和国为满足，他们需要的是巴黎公社类型的或苏维埃类型的工农共和国），还是不应该力求这样做，不应该夺取政权，不应该成为国家组织，而应该照旧是一个'阶级'的'战斗组织'"。"苏维埃作为战斗组织是必要的，但不应该变成国家组织，——这一思想在政治实践方面比在理论方面还要荒谬得多"。②

二是苏维埃是劳动群众自我管理和全权决策机关。"这个革命的意义首先在于将拥有一个苏维埃政府，一个绝无资产阶级参加的政权机关。被

---

① 参见列宁《布尔什维克能保持国家政权吗》，《列宁全集》，第32卷，第297页。
② 列宁：《无产阶级革命和叛徒考茨基》，《列宁全集》，第35卷，第260、264页。

压迫的群众将亲自建立政权。旧的国家机构将被彻底打碎,而新的管理机构即苏维埃组织将建立起来"。① "劳动者同志们!请记住,现在是你们自己管理国家。如果你们自己不团结起来,不把国家的一切事务自己担当起来,谁也帮不了你们。你们的苏维埃从现在起就是国家政权机关,即拥有全权的决策机关。"②

三是苏维埃不是"工人国家",而是"工农国家"。列宁认为:"我们在1917年提'工人国家',那是可以理解的;可是现在如果人们向我们说:'既然资产阶级已经不存在,既然国家是工人国家,为什么还要保护工人阶级呢?保护工人阶级免受谁的侵犯呢?'那就犯了明显的错误。不完全是一个工人国家,问题就在这里。我们的国家实际上不是工人国家,而是工农国家。"③

(三) 苏维埃国家的组织建构

在十月革命胜利后,列宁对苏维埃国家的组织形式作了如下说明:"全俄工兵农代表苏维埃代表大会决定:成立工农临时政府,在立宪会议召开以前管理国家,临时政府定名为人民委员会。设立各种委员会,主持国家生活各部门的事务,其成员应与工人、水兵、士兵、农民和职员等群众组织紧密团结,保证实行代表大会所宣布的纲领。行政权属于由这些委员会主席组成的会议,即人民委员会。监督和撤换各人民委员的权利,属于全俄工农兵代表苏维埃代表大会及其中央执行委员会。"④

在地方也同样要召开苏维埃代表大会并建立相应的组织形式。"党的全部工作当然都是通过不分职业而把劳动群众团结在一起的苏维埃来进行的。县苏维埃代表大会这种民主机构,就是在资产阶级世界最好的民主共和国里也是前所未见的;通过这种代表大会(党对这种代表大会极为关注),以及通过经常把觉悟工人派往乡村担任各项职务的办法,来实现无产阶级对农民的领导作用,实现城市无产阶级的专政,即对富有的、资产

---

① 列宁:《彼得格勒工兵代表苏维埃会议文献》,《列宁全集》,第33卷,第2页。
② 列宁:《告人民书》,《列宁全集》,第33卷,第62页。
③ 列宁:《论工会、目前局势及托洛茨基同志的错误》,《列宁全集》,第40卷,第203—204页。
④ 列宁:《全俄工兵代表苏维埃第二次代表大会文献:关于成立工农政府的决定》,《列宁全集》,第33卷,第22页。

阶级的、进行剥削和投机的农民展开经常的斗争等等"。①

列宁还特别强调，苏维埃政府就是无产阶级的政党布尔什维克建立的政府："在全俄工兵代表苏维埃第二次代表大会上，布尔什维克党的代表占了多数。这一事实是理解在彼得格勒和莫斯科以及在全俄各地发生并获得胜利的革命所必需的基本事实。一切拥护资本家和不自觉地充当资本家帮手的人，这些破坏全部政权归苏维埃这一新革命的基本原则的人，常常忘记和回避的也正是这个事实。俄国除了苏维埃政府以外，不应当有别的政府。在俄国，已经争得了苏维埃政权，因此，政府由一个苏维埃政党手里转到另一个苏维埃政党手里，无须经过任何革命，只要通过苏维埃的决议、苏维埃代表的改选，就可以实现。在全俄苏维埃第二次代表大会上布尔什维克党占了多数。因此，只有这个党组织的政府才是苏维埃政府。……我们随时都准备接纳左派社会革命党人参加政府，然而我们声明，我们作为全俄苏维埃第二次代表大会上的多数党，不仅有权利，而且对人民负有义务组织政府。大家知道，我党中央委员会向全俄苏维埃第二次代表大会提出了清一色布尔什维克的人民委员名单，而代表大会批准了这个清一色布尔什维克的政府成员名单。因此，说什么布尔什维克政府不是苏维埃政府，这种骗人的鬼话是彻头彻尾的谎言，都是来自人民的敌人，苏维埃政权的敌人，也只能出自他们的口。恰恰相反，现在，在全俄苏维埃第二次代表大会以后，直到召开第三次代表大会，或直到苏维埃改选，或直到中央执行委员会组织新政府时为止，只有布尔什维克政府方能被认为是苏维埃政府。""我们坚持苏维埃政权的原则，即由最近一次苏维埃代表大会上的多数派掌握政权的原则；我们过去同意，并且现在仍旧同意同苏维埃中的少数派分掌政权，但这个少数派必须诚心诚意地服从多数，并执行全俄苏维埃第二次代表大会全体批准的，采取渐进的、然而是坚定不移的步骤走向社会主义的纲领。"②

（四）苏维埃国家的历史任务

列宁在新的党的纲领草案中，明确提出了苏维埃共和国——向完全消

---

① 列宁：《共产主义运动中的"左派"幼稚病》，《列宁全集》，第39卷，第28—29页。
② 列宁：《俄国社会民主工党（布尔什维克）中央委员会宣言》，《列宁全集》，第33卷，第67—68、71页。

灭国家过渡的新型国家——所肩负的十项历史任务，即国家要重点处理的政策问题。

第一，建立和发展受资本主义压迫的阶级即无产阶级和半无产阶级在各方面的群众性的组织。资产阶级民主共和国容许被剥削群众组织起来，至多只是宣布结社自由，实际上总是对他们的组织设置无数的实际障碍，而这些障碍是由生产资料私有制必然造成的。苏维埃政权在历史上第一次不仅从各方面为受资本主义压迫的群众的组织提供方便，而且使这种组织成为自下而上、由地方到中央的整个国家机构的持久的和不可缺少的基础。只有这样，才能真正实现大多数人享受的民主制度，使大多数人即劳动者实际参加国家的管理，而不像在最民主的资产阶级共和国里那样，实际管理国家的主要是资产阶级的代表。

第二，苏维埃国家组织使那一部分最集中、最团结、最觉醒、在社会主义以前的资本主义整个发展阶段的斗争中经受锻炼最多的劳动群众，即城市工业无产阶级，具有某种实际的优越地位。应当始终不渝地利用这种优越地位来消除资本主义为了把工人分裂成互相竞争的集团而在他们中间培养起来的那种狭隘行会利益和狭隘职业利益，使最落后、最散漫的农村无产者和半无产者群众同先进工人更紧密地联合起来，使他们摆脱农村富农和农村资产阶级的影响，组织和教育他们进行共产主义建设。

第三，资产阶级民主制冠冕堂皇地宣布一切公民平等，而实际上却伪善地掩盖剥削者资本家的统治，用剥削者和被剥削者似乎能够真正平等的思想欺骗群众。苏维埃国家组织戳穿了这种欺骗和伪善，实现了真正的民主制度，即一切劳动者的真正平等，把剥削者排除在享有充分权利的社会成员之外。全部世界史的经验、被压迫阶级反抗压迫者的一切起义的经验告诉我们，剥削者必然要进行拼命的和长期的反抗来保持他们的特权。苏维埃国家组织适合镇压这种反抗，否则就谈不上胜利的共产主义革命。

第四，劳动群众能对国家制度和国家管理施加更直接的影响，即民主制更高形式的实现，在苏维埃这种类型的国家，同样是靠下述两方面达到的：（1）选举的程序和经常进行选举的机会，以及改选和罢免代表的条件，对于城乡的工人来说，比在资产阶级民主的最好形式下都容易和方便。（2）在苏维埃政权下，基层选举单位和国家建设的基本单位不是按地域划分，而是按经济和生产单位（工厂）划分。国家机构同被资本主义联合起来的先进无产者群众的这种更为紧密的联系，除了建立起更高的民主制外，也为实现深刻的社会主义改造提供了可能性。

第五，苏维埃组织建立了一支同被剥削劳动群众空前紧密地联系在一起的工农武装力量。没有这一点，社会主义胜利的基本条件之一，即武装工人和解除资产阶级的武装，就不可能实现。

第六，苏维埃组织无比深入地和广泛地发展了标志着资产阶级民主制比中世纪有伟大历史进步性的那一面，即居民参加对公职人员的选举。在任何一个最民主的资产阶级国家中，劳动群众从来也没有像在苏维埃政权之下那样广泛、经常、普遍、简便地行使选举权，因为资产阶级在形式上给了他们这种权利，而实际上又加以限制。同时苏维埃组织还摈弃了资产阶级民主制消极的一面，即立法权和行政权分立的议会制，这一制度巴黎公社已开始废除，其狭隘性和局限性马克思主义早已指出。苏维埃把两种权力合而为一，使国家机构接近劳动群众而拆除了资产阶级议会这道围墙，因为资产阶级议会以假招牌欺骗群众，掩饰议会投机家的金融勾当和交易所勾当，保障资产阶级的国家管理机构的不可侵犯性。苏维埃宪法保证工农劳动群众比在资产阶级民主和议会制下有更大的可能用最容易最方便的方式来选举和罢免代表，同时也就消灭自巴黎公社时起就已暴露出来的议会制的缺点，特别是立法权和行政权分离、议会脱离群众等缺点。

第七，只有依靠苏维埃国家组织，无产阶级革命才能一下子打碎和彻底摧毁旧的资产阶级国家机构，不然就不可能着手社会主义建设。不论在君主国或在最民主的资产阶级共和国，官僚主义是随时随地把国家权力同地主和资本家的利益连在一起的，而在俄国却已完全摧毁了官僚主义这座堡垒。但反官僚主义的斗争远未结束。官僚们一方面利用居民群众文化水平不够高，另一方面利用城市工人中最觉悟的阶层忙于几乎超过人力所及的极度紧张的军事工作，企图夺回一部分他们已经失去的阵地。因此，要使今后的社会主义建设取得成就，继续进行反官僚主义的斗争是绝对迫切需要的。

第八，这方面的工作同实现苏维埃政权的主要历史任务，即向完全消灭国家过渡这一任务，有不可分割的联系，这个工作应当是：（1）使每一个苏维埃委员必须担任一定的国家管理工作；（2）不断变换这些工作，以便能接触与国家管理有联系的全部事务和一切部门；（3）采取一系列逐步的、经过慎重选择而又坚决实行的措施，以吸引全体劳动居民独立参加国家的管理工作。

第九，资产阶级的民主制和议会制同苏维埃的或无产阶级的民主制之间的差别在于：前者是把重心放在冠冕堂皇地宣布各种自由和权利上，实际上却不让大多数居民即工人和农民稍微充分地享受这些自由和权利，相反，无产阶级的或苏维埃的民主则不是把重心放在宣布全体人民的权利和自由上，而是着重于实际保证那些曾受资本压迫和剥削的劳动群众能实际参与国家管理，实际使用最好的集会场所、最好的印刷所和最大的纸库（储备）来教育那些被资本主义弄得愚昧无知的人们，实际保证这些群众有真正的（实际的）可能来逐渐摆脱宗教偏见等束缚。在实际上使被剥削的劳动者能够真正享受文化、文明和民主的福利，这正是苏维埃政权中一项最重要的工作，而且今后应当坚定不移地把这项工作继续做下去。

第十，在民族问题上，与资产阶级民主制宣布民族平等（这在帝国主义条件下是不能实现的）不同，俄共的政策是坚定不移地使各民族的无产者和劳动群众在他们推翻资产阶级的革命斗争中相互接近和打成一片。沙皇和资产阶级的大俄罗斯帝国主义时代遗留下来的对大俄罗斯人的不信任，在先前加入俄罗斯帝国的各民族的劳动群众中正在迅速消失，正在随着对苏维埃俄国的了解而消失，但这种不信任并不是在所有民族和所有劳动阶层中都已完全消失。因此，必须特别慎重地对待民族感情，认真地实行各民族的真正的平等和分离的自由，以便消除这种不信任的基础，而使各民族的苏维埃共和国结成一个自愿的最紧密的联盟。必须加紧帮助落后的弱小民族：协助每个民族的工人和农民独立地组织起来，启发他们去反对中世纪制度和资产阶级的压迫，并且协助那些在此以前受压迫的或不平等的民族发展语言和图书报刊。[1]

二 苏维埃的民主

"十月革命"之后，列宁对"民主问题"尤其是政策与民主关系问题的解释有了进一步的发展，主要表现在以下几个方面。

（一）对资产阶级民主的批判

对于资产阶级民主，列宁仍然抱的是批判的态度，并强调了以下几个

---

[1] 参见列宁《俄共（布）党纲草案》，《列宁全集》，第36卷，第83—86、100页。

论点。

第一，"民主"不能包治百病。"相信一般'民主'万能，可以包治百病，而不了解它是资产阶级的民主，它的有用和必要是有历史局限性的，——这种情况在各国保持了几十年、几百年，而在小资产阶级中间保持得特别牢固。大资产者有丰富的阅历，他们知道，在资本主义制度下，民主共和国和其他任何国家形式一样，不过是镇压无产阶级的机器。大资产者懂得这一点，是因为他们同任何资产阶级国家机器的真正操纵者和最终的（因而往往是最隐蔽的）发动者有极亲密的关系。小资产者由于自己的经济地位和生活条件较难懂得这一真理，他们甚至抱着幻想，以为民主共和国就意味着'纯粹民主'、'自由的人民国家'、非阶级或超阶级的民权制度、全民意志的纯粹表现，如此等等"。①

第二，"没有一个最民主的共和国是完全民主的。它们只提供一点点民主制"。②

第三，没有"纯粹民主"，只有阶级的民主。"如果不是嘲弄理智和历史，那就很明显：只要有不同的阶级存在，就不能说'纯粹民主'，而只能说阶级的民主（附带说一下，'纯粹民主'不仅是既不了解阶级斗争也不了解国家实质的无知之谈，而且是十足的空谈，因为在共产主义社会中，民主将演变成习惯，消亡下去，但永远也不会是'纯粹的'民主）。'纯粹民主'是自由主义者用来愚弄工人的谎话。历史上有代替封建制度的资产阶级民主，也有代替资产阶级民主的无产阶级民主"。③

第四，民主的形式不能改变不同民主制的实质。"在奴隶占有制时期，在当时最先进、最文明、最开化的国家内，例如在完全建立于奴隶制之上的古希腊和古罗马，已经有各种不同的国家形式。那时已经有君主制和共和制、贵族制和民主制的区别。君主制是一人掌握权力，共和制是不存在任何非选举产生的权力机关；贵族制是很少一部分人掌握权力，民主制是人民掌握权力（民主制一词按希腊文直译过来，意思是人民掌握权力）。所有这些区别在奴隶制时代就产生了。虽然有这些区别，但奴隶占有制时代的国家，不论是君主制，还是贵族的或民主的共和制，都是奴隶

---

① 列宁：《皮季里姆·索罗金的宝贵自供》，《列宁全集》，第35卷，第188页。
② 列宁：《关于人民委员会工作的报告》，《列宁全集》，第33卷，第271页。
③ 列宁：《无产阶级革命和叛徒考茨基》，《列宁全集》，第35卷，第243页。

占有制国家"。"国家仍然是帮助资本家控制贫苦农民和工人阶级的机器,但它在表面上是自由的。它宣布普选权,并且通过自己的拥护者、鼓吹者、学者和哲学家宣称它不是阶级的国家,……是全民的,民主的。……凡是存在着土地和生产资料的私有制、资本占统治地位的国家,不管怎样民主,都是资本主义国家,都是资本家用来控制工人阶级和贫苦农民的机器。至于普选权、立宪会议和议会,那不过是形式,不过是一种空头支票,丝毫也不能改变事情的实质。……资本既然存在,也就统治着整个社会,所以任何民主共和制、任何选举制度都不会改变事情的实质"。①

(二) 无产阶级民主即苏维埃的民主

列宁将"无产阶级民主"等同于"苏维埃的民主",并强调了在无产阶级夺取政权之后,"苏维埃的民主"应包括以下内容。

第一,真正实现大多数人享受的民主制度,使大多数人即劳动者实际参加国家的管理。

第二,实现真正的民主制度,即一切劳动者的真正平等。

第三,劳动群众广泛、经常、普遍、简便地行使选举权。②

第四,无产阶级的民主即苏维埃的民主不是在形式上宣布权利和自由,而首先是和主要是让居民中曾受资本主义压迫的那些阶级即无产阶级和农民能实际享受权利和自由。为此,苏维埃政权剥夺资产阶级的房屋、印刷所和纸库,并将它们全部交给劳动人民及其组织支配。俄共的任务是吸引日益众多的劳动群众来运用民主权利和自由,并扩大劳动群众运用民主权利和自由的物质条件。③

第五,实施真正的民主措施和相应的政策。考茨基就是这样推论的。他大肆攻击布尔什维克,说他们的宪法、他们的全部政策违背了"民主",他找各种机会竭力鼓吹"民主的而不是专政的方法"。无产阶级民主对资产阶级剥削者实行镇压——因此它不骗人,不向他们许诺自由和民主——而给劳动者以真正的民主。只有苏维埃俄国才使俄国无产阶级和占人口大多数的劳动者享受到了任何一个资产阶级民主共和国都从未见过

---

① 列宁:《论国家》,《列宁全集》,第37卷,第67、71—73页。
② 参见列宁《俄共(布)党纲草案》,《列宁全集》,第36卷,第83—86页。
③ 参见列宁《俄共(布)第八次代表大会文献:纲领中一般政治部分第三条的草案》,《列宁全集》,第36卷,第169页。

的、绝不可能有的和无法想象的那种自由和民主，因为它剥夺了资产阶级的宫殿和宅第（不做到这一步，集会自由就是骗人），剥夺了资本家的印刷所和纸张（不做到这一步，占人口大多数的劳动者享受出版自由就是假的），废除了资产阶级议会制，而代之以在接近"人民"方面、在"民主"的程度上比最民主的资产阶级议会高出一千倍的民主组织苏维埃。①

（三）苏维埃共和国是更高类型和最高类型的民主制

列宁认为苏维埃共和国（工农苏维埃）是更高类型和最高类型的民主制，并强调了该论断的六点理由。

第一，苏维埃政权以新的民主制代替了资产阶级民主制。"工人建立了自己的国家之后，就了解到民主制（资产阶级民主制）的旧概念在我国革命的发展过程中已经过时了。我们建立了西欧任何地方都不曾有过的民主类型。只有巴黎公社是它的雏形，而恩格斯在谈到巴黎公社时说过，公社已经不是原来意义上的国家了"。"苏维埃政权是新型的国家，没有官僚，没有警察，没有常备军，以新的民主制代替了资产阶级民主制，这种新的民主制把劳动群众的先锋队推到了最重要的地位，使他们既是立法者，又是执行者和武装保卫者，并建立能够重新教育群众的机构，——所有这些，在理论上是无可争辩的"。②

第二，苏维埃政权使民主第一次为劳动者服务，不再是富人的民主。"工农苏维埃，这是新的国家类型，新的最高的民主类型，这是无产阶级专政的一种形式，是在不要资产阶级和反对资产阶级的情况下来管理国家的一种方式。在这里，民主第一次为群众为劳动者服务，不再是富人的民主，而在一切资产阶级的，甚至是最民主的共和国里，民主始终是富人的民主。人民群众现在第一次为亿万人解决实现无产者和半无产者专政的任务，而不解决这一任务，也就谈不上社会主义。让学究们或满脑子资产阶级民主偏见或议会制偏见的人们在谈到俄国的工人、农民和红军代表苏维埃不是由直接选举产生的时候去摇头耸肩表示不解吧。这些人在1914—1918年的大转变时期既没有忘掉什么，也没有学到什么。无产阶级专政与劳动者的新的民主相结合，国内战争与最广泛地吸引群众参加政治相结

---

① 参见列宁《无产阶级革命和叛徒考茨基》，《列宁全集》，第35卷，第104—106页。
② 列宁：《关于修改党纲和更改党的名称的报告》，《列宁全集》，第34卷，第40、47页。

合,——这样的结合是不可能一蹴而就的,也是保守的议会民主制的陈旧形式容纳不了的"。①

第三,苏维埃政权最能反映人民的利益和观点,并吸引公民参与政治、民主和国家管理。"说资产阶级议会制民主共和国低于巴黎公社类型的或苏维埃类型的共和国,这对不对呢?这是问题的中心"。"革命的利益高于立宪会议形式上的权利。着眼于形式上的民主,那是资产阶级民主主义者的观点,他们不承认无产阶级的利益和无产阶级阶级斗争的利益高于一切。……选举形式、民主形式是一回事,这个机构的阶级内容却是另一回事"。"苏维埃是被压迫群众的斗争机关,它反映和表现这些群众的情绪以及他们观点的改变,自然比其他任何机构迅速得多,完满得多,正确得多(这也就是苏维埃民主成为最高类型的民主的根源之一)"。"顺便指出,苏维埃所以是民主制的最高形式和最高类型,正因为它把工农群众联合起来,吸引他们参与政治,它是最接近'人民'(指马克思在1871年谈到真正的人民革命时所说的'人民')、最灵敏地反映群众在政治上、阶级上的成熟发展到什么程度的晴雨表。苏维埃宪法不是按照什么'计划'写出的,不是在书斋里制定的,也不是资产阶级的法学家强加给劳动群众的东西。不,这个宪法是在阶级斗争发展进程中随着阶级矛盾的成熟而成长起来的"。"巴黎公社类型的国家,苏维埃国家,则公开地、直截了当地对人民说真话,声明它是无产阶级和贫苦农民的专政,并且正是用这样的真话把在任何民主共和制下都是受压抑的千百万新公民吸引到自己方面来,通过苏维埃吸引他们参与政治、民主和国家管理"。②

第四,苏维埃政权推行了更民主的各种措施(如保障群众的集会权利、由工农苏维埃选举法官等)。"苏维埃政权是世界上第一个(严格说来是第二个,因为巴黎公社已开始这样做过)吸引群众即被剥削群众参加管理的政权。……苏维埃是被剥削劳动群众自己的直接的组织,它便于这些群众自己用一切可能的办法来建设国家和管理国家。这里,恰恰是被剥削劳动者的先锋队——城市无产阶级具有一种优越条件,就是大企业把他们极好地联合了起来,他们最容易进行选举和监督当选人。苏维埃组织

---

① 列宁:《给美国工人的信》,《列宁全集》,第35卷,第60—61页。
② 列宁:《无产阶级革命和叛徒考茨基》,《列宁全集》,第35卷,第268、270、302、304—305页。

自然而然使一切被剥削劳动者便于团结在他们的先锋队即无产阶级的周围。旧的资产阶级机构，即官吏，还有财富特权、资产阶级的教育和联系等特权（资产阶级民主愈发达，这些事实上的特权也就愈多种多样）——所有这些，在苏维埃组织下正在消失。出版自由不再是假的，因为印刷所和纸张都从资产阶级手里夺过来了。最好的建筑，如宫殿、公馆、地主宅邸等也是如此。苏维埃政权把成千上万座最好的建筑物一下子从剥削者手里夺过来，就使群众的集会权利更加'民主'百万倍，而没有集会权利，民主就是骗局。非地方性的苏维埃的间接选举使苏维埃代表大会易于举行，使整个机构开支小些，灵活些，在生活沸腾、要求特别迅速地召回或派遣出席全国苏维埃代表大会的地方代表的时期，使工农更便于参加。无产阶级民主比任何资产阶级民主要民主百万倍；苏维埃政权比最民主的资产阶级共和国要民主百万倍。……在俄国，则完全地彻底地打碎了官吏机构，赶走了所有的旧法官，解散了资产阶级议会，建立了正是使工农更容易参加的代表机关，用工农苏维埃代替了官吏，或者由工农苏维埃监督官吏，由工农苏维埃选举法官。单是这件事实，就足以使一切被压迫阶级承认，苏维埃政权这一无产阶级专政形式比最民主的资产阶级共和国要民主百万倍"。①

第五，苏维埃政权为过渡到劳动居民人人参与国家管理创造了条件。"苏维埃政权的民主制和它的社会主义性质表现在：最高国家政权是由以前受资本压迫的群众自由选出和随时都可以撤换的劳动人民（工人、士兵和农民）的代表组成的苏维埃；地方苏维埃根据民主集中制原则，自由联合成俄罗斯苏维埃共和国这一统一的、结合为联邦的全国性苏维埃政权；苏维埃不仅把立法权和对执行法律的监督权集中在自己的手里，而且通过苏维埃全体委员把直接执行法律的职能集中在自己的手里，以便逐步过渡到由全体劳动居民人人来履行立法和管理国家的职能"。②

第六，苏维埃政权不容许向资产阶级民主制的倒退。"在无产阶级夺得政权以前，为了从政治上教育和组织工人群众，利用资产阶级民主制特别是议会制曾经是（必需的）必要的，而现在，当无产阶级夺得政权以后，在苏维埃共和国实现了更高类型的民主制的情况下，任何退到资产阶

---

① 列宁：《无产阶级革命和叛徒考茨基》，《列宁全集》，第35卷，第248—250页。
② 列宁：《关于苏维埃政权的民主制和社会主义性质》，《列宁全集》，第34卷，第448页。

级议会制和资产阶级民主制的步骤都是为剥削者即为地主和资本家的利益效劳的绝对反动的行为。那些似乎是全民的、全民族的、普遍的、超阶级的民主而实际上是资产阶级的民主的口号，不过是为剥削者的利益服务，只要土地和其他生产资料的私有制仍然存在，最民主的共和国都必然是资产阶级专政，是一小撮资本家镇压占大多数的劳动者的机器"。①

正因为苏维埃共和国是更高类型和最高类型的民主制，列宁相信："新的民主制度即无产阶级的民主制度必将在所有国家建立，必将摧毁新旧两大陆上的一切障碍以及帝国主义资本主义制度。"②

（四）反对资产阶级民主的实际举动：废除立宪会议

在"十月革命"前，列宁曾力主召开立宪会议，但在革命成功后，他坚决主张废除立宪会议，并就此作出了四点解释。

第一，把全部政权交给立宪会议是向资产阶级妥协。列宁认为："谁要是说我们以前拥护过立宪会议而现在却把它'驱散'，那他就是没有一点头脑，只会说一些漂亮的空话。因为过去，同沙皇制度和克伦斯基的共和国相比较，立宪会议在我们看来，要比那些臭名昭彰的政权机关好，但是，随着苏维埃的出现，这种全民的革命组织当然无可比拟地高出世界上的任何议会。……把全部政权交给立宪会议就等于和凶恶的资产阶级妥协。……根据苏维埃政权的意志，现在要解散不承认人民政权的立宪会议。"③

第二，议会制（立宪会议）和中世纪相比是进步的，和苏维埃相比是反动的。列宁指出："工人革命家把议会制作为集中抨击的目标是完全正确的，因为这就表明他们在原则上否定了资产阶级议会制和资产阶级民主。苏维埃政权，苏维埃共和国——这就是工人革命用来代替资产阶级民主的东西，这就是从资本主义向社会主义过渡的形式，无产阶级专政的形式。批评议会制不仅是正当的和必要的，而且是十分正确的，因为这种批评不仅说明为什么必须过渡到苏维埃政权，而且说明意识到了议会制的历史条件和历史局限性，意识到了议会制与资本主义（而且只是与资本主

---

① 列宁：《俄共（布）党纲草案》，《列宁全集》，第36卷，第82页。
② 列宁：《致雷蒙德·罗宾斯（1918年4月30日）》，《列宁全集》，第48卷，第130页。
③ 列宁：《在全俄中央执行委员会会议上关于解散立宪会议的讲话》，《列宁全集》，第33卷，第244—245页。

义）的联系，意识到了议会制和中世纪相比是进步的，和苏维埃政权相比是反动的。"①

第三，不能使立宪会议成为对抗苏维埃政权的工具。列宁指出："立宪会议如果同苏维埃政权背道而驰，那就必然注定要在政治上死亡。"②"劳动阶级根据经验确信：旧的资产阶级议会制已经过时，它同实现社会主义的任务完全不相容，只有阶级的机关（如苏维埃）才能战胜有产阶级的反抗和奠定社会主义社会的基础，而全民的机关是办不到的。现在，反对苏维埃掌握全部政权，反对人民所争得的苏维埃共和国，支持资产阶级议会制和立宪会议，那就是向后倒退，就是要使整个工农十月革命失败。在1月5日召开的立宪会议上，由于前面提到的情况，右派社会革命党，克伦斯基、阿夫克森齐耶夫、切尔诺夫的党占了多数。当然，这个党拒绝讨论苏维埃政权的最高机关苏维埃中央执行委员会所提出的非常明确的、毫不含糊的建议，即承认苏维埃政权的纲领，承认《被剥削劳动人民权利宣言》，承认十月革命和苏维埃政权。这样，立宪会议就割断了它同俄罗斯苏维埃共和国的一切联系。因此，目前在苏维埃中显然占有绝大多数、并得到工人和大多数农民信任的布尔什维克党团和左派社会革命党党团退出这样的立宪会议，自然是不可避免的。……因此，中央执行委员会决定：解散立宪会议。"③

第四，苏维埃政权既不需要议会（立宪会议），也不需要全民投票。列宁指出："立宪会议和全民投票都是按照资产阶级议会制的旧模式搞起来的，而且由于资本占统治地位，人民投票就不得不考虑它，同它讨价还价。而苏维埃政权产生的不是那种为了建立资本和官僚机构的稳固统治而在议会里唇枪舌战，炫耀辞令的代表。苏维埃政权来自劳动群众本身，它不召开议会，而召开劳动者代表的会议，由这种会议颁布直接执行和贯彻的旨在反对剥削者的法律。旧式的立宪会议和旧式的全民投票的任务是统一整个民族的意志，创造狼同羊、剥削者同被剥削者和睦共处的条件。不，我们不愿意这样做。这一切我们都经历过了，我们都领教过了。这一切我们已经受够了。我们深信，大多数工人农民和士兵都受够了。当战争

---

① 列宁：《给西尔维娅·潘克赫斯特的信》，《列宁全集》，第37卷，第156—157页。
② 列宁：《关于立宪会议的提纲》，《列宁全集》，第33卷，第165页。
③ 列宁：《解散立宪会议的法令草案》，《列宁全集》，第33卷，第240—241页。

迫使我们进行一系列英勇斗争来挣脱资本的控制,否则就要灭亡的时候,竟有人要我们进行那种在欧洲国家已经进行过的试验,这种试验只会给我们带来旧的资产阶级的资本主义和全民的代表机构,而不会带来劳动群众的代表机构。我们需要的不是资产阶级的代表机构,而是能同剥削者进行无情斗争的被剥削者和被压迫者的代表机构。这就是苏维埃政权的主张;它既不要议会,也不要全民投票。它比这些都高,它使劳动者在不满意自己的政党的时候,可以改选自己的代表,把政权交给另一个政党,不必进行任何革命就可以改组政府。"①

(五)选举与民主的关系

根据苏维埃选举的实际经验,列宁从五个方面论证了选举与民主的关系。

第一,应以阶级斗争的视角看待选举与民主的关系。"(1)普选制是测量各个阶级对自己任务的理解是否成熟的标尺。它表明各个阶级想要怎样完成自己的任务。这些任务的完成本身不是用投票表决所能达到的,而是要通过各种形式的阶级斗争,直到进行国内战争才能达到的。(2)第二国际的社会党人和社会民主党人站在庸俗的小资产阶级民主派的观点上,赞同它的偏见,以为投票表决能够解决阶级斗争的根本问题。(3)为了通过选举和各党派在议会中的斗争达到教育群众的目的,参加资产阶级的议会活动,对革命无产阶级的政党来说是必要的。但是,把阶级斗争局限于议会内的斗争,或者认为议会内的斗争是最高的、决定性的、支配着其余一切斗争形式的斗争,那就是实际上倒向资产阶级反对无产阶级"。②"社会主义革命并不是国家形式的改变,不是以共和制代替君主制,不是另外举行一次虽以人们完全'平等'为前提,实际上却巧妙地掩饰着一部分人是有产者、另一部分人是无产者的事实的选举。在资产阶级社会的人们看来,既然有'民主',既然资本家和无产者都参加这个选举,那么,这就是'人民的意志',这就是'平等',这就是人民愿望的表现。我们知道,这种论调是在给艾伯特和谢德曼之流的刽子手、杀人

---

① 列宁:《在全俄铁路员工非常代表大会上关于人民委员会工作的报告》,《列宁全集》,第33卷,第305—306页。

② 列宁:《立宪会议选举和无产阶级专政》,《列宁全集》,第38卷,第22页。

犯打掩护，是极其卑鄙的欺人之谈"。①"现在，世界历史已把摧毁整个资产阶级制度、推翻并镇压剥削者以及从资本主义向社会主义过渡的问题提上日程，如果现在仍然只是在资产阶级议会制即资产阶级民主上面兜圈子，把资产阶级民主美化为一般'民主'，掩盖它的资产阶级性质，忘记了只要资本家所有制还存在，普选制就始终是资产阶级国家的一种工具，——如果这样，那就是无耻地背叛无产阶级，跑到它的阶级敌人资产阶级那边去，成为变节分子和叛徒"。②

第二，罢免权是更重要的民主权利。"任何由选举产生的机关或代表会议，只有承认和实行选举人对代表的罢免权，才能被认为是真正民主的和确实代表人民意志的机关。真正民主制的这一基本原则，毫无例外地适用于一切代表会议，同样也适用于立宪会议。比多数选举制更民主的比例选举制，要求采取比较复杂的措施来实现罢免权，也就是说，使人民的代表真正服从人民。但是，任何以此为理由而拒绝实行罢免权、阻挠行使罢免权以及限制罢免权的行为都是违反民主制的，是完全背离俄国已经开始的社会主义革命的基本原则和任务的。比例选举制所要求的只是改变罢免权的形式，决不是缩小罢免权。比例选举制的基础是承认党派和通过有组织的政党来进行选举，所以，当阶级力量的对比和阶级对政党的态度发生任何巨大变化时，特别是当大党内部发生分裂时，在各党当选代表比例显然不符合各阶级的意志和力量的选区，必然会产生改选的要求。同时，按真正的民主制的要求，绝对不能只由被改选的机关来决定改选，这就是说，不能让当选人因为要保持自己的代表资格而阻挠人民实现罢免自己代表的意志。因此，全俄工兵农代表苏维埃中央执行委员会决定：每一个选区的工兵代表苏维埃以及农民代表苏维埃，都有权决定改选参加市的、地方自治的以及包括立宪会议在内的一切代表机关的代表。苏维埃也有权决定改选日期。改选本身则要根据严格的比例选举制原则按照通常程序进行"。③"改选问题，这是一个真正实现民主原则的问题。一切先进国家的惯例，只有当选者可以就国家立法问题说说话。资产阶级虽然给了选举代表来开动国家机器的权利，但是故意不给罢免权，即真正的监督权。然

---

① 列宁：《在全俄工会第二次代表大会上的报告》，《列宁全集》，第35卷，第433页。
② 列宁：《给欧美工人的信》，《列宁全集》，第35卷，第445页。
③ 列宁：《罢免权法令草案》，《列宁全集》，第33卷，第102—103页。

而,在历史上所有的革命时期,对宪法的一切修改都贯穿着这样一个基本精神:要求得到罢免权。凡是实行议会制的地方,都实行并且承认民主的代表权。但是,这种代表权只限于人民两年有一次投票权,而且往往有这样的情形:靠人民的选票当选的人,却去帮助镇压人民,而人民则没有撤换和采取有效制裁措施的民主权利。……任何重大变革提到人民面前的任务显然不仅是利用现有法规,而且要制定新的相应的法规。因此,在召开立宪会议的前夕,必须重新审订新的选举条例。苏维埃是劳动者自己建立的,是他们用革命毅力和创造精神建立的,这就是苏维埃能完全为实现群众的利益而工作的保证。每个农民既能选派代表参加苏维埃,又可罢免他们,苏维埃的真正人民性就在这里。……不赋予罢免立宪会议代表的权利,就是不让表达人民的革命意志,也就是篡夺了人民的权利。俄国实行的是比例制选举,这的确是最民主的选举。在这种情况下实行罢免权是有一些困难,但是,这方面的困难纯粹是技术性的,而且很容易克服。比例制选举和罢免权之间无论如何是没有矛盾的。……苏维埃是权力机关,人民相信并且实现了这一点。必须继续执行民主化的路线,实现罢免权。苏维埃作为国家观念即强制观念最完全的体现者,应当享有罢免权。那时政权从一个政党转到另一个政党手里,只要通过和平的方法,简单改选的办法就行了"。[①]

第三,排除资产阶级的选举是苏维埃民主制的暂时性要求。苏维埃民主制即目前具体实施的无产阶级民主制的社会主义性质就在于:(1)选举人是被剥削的劳动群众,排除了资产阶级;(2)废除了选举上一切官僚主义的手续和限制,群众自己决定选举的程序和日期,并且有罢免当选人的完全自由;(3)建立了劳动者先锋队即大工业无产阶级的最优良的群众组织,这种组织使劳动者先锋队能够领导最广大的被剥削群众,吸收他们参加独立的政治生活,根据他们亲身的体验对他们进行政治教育,从而第一次着手使真正全体人民都学习管理,并且开始管理。这就是在俄国实行的民主制的主要特征,这种民主制是更高类型的民主制,是与资产阶级所歪曲的民主制截然不同的民主制,是向社会主义民主制和使国家能开

[①] 列宁:《在全俄中央执行委员会会议上关于罢免权的报告》,《列宁全集》,第33卷,第106—108页。

始消亡的条件的过渡。① "剥夺剥削者的选举权问题,是纯粹俄国的问题,而不是一般无产阶级专政的问题。……现在应该说,限制选举权的问题是专政在某一民族中的特殊问题,而不是专政的一般问题。应该是在研究俄国革命的特殊条件和革命发展的特殊道路的时候才谈到限制选举权的问题"。② "对于剥夺资产阶级选举权的问题,我们决没有从绝对的观点来看,因为在理论上完全可以假设:无产阶级专政将处处镇压资产阶级,而又不剥夺资产阶级的选举权"。③ "在苏维埃共和国内,一方面,随着社会主义一天天地巩固,随着那些客观上有可能继续做剥削者或保持资本主义关系的人的数目日益减少,被剥夺选举权的人所占的百分比自然也会减少。……另一方面,在最近的将来,外国侵略的停止和剥夺者的完全被剥夺,在一定的条件下会造成这样一种局面,那时无产阶级的国家政权会选择另外的方式镇压剥削者的反抗,并实行没有任何限制的普选权"。④

第四,比例代表制适用于民主决策机关,不适用于政策执行机关。"在选举彼得格勒委员会、莫斯科委员会或中央委员会这些领导机关时,却从来没有实行过比例制原则。如果在选举时有两个集团、两个流派或派别组织进行斗争,那么,为了召开作为决策机关的党代表会议或党代表大会,实行代表比例制是必要的。但是,建立一个进行实际工作的执行机关,从来没有采用过代表比例制,而且这样做也不见得正确。……整个来说这是一个掌握实际政策的集体,它不是按比例来代表参加这次会议的各种派别,而应该进行战斗的工作,即根据代表会议决议的精神同内外敌人进行斗争,并且要杜绝不融洽和不协调的现象。因此,具有决定意义的一点,应该是你们这些会议代表亲自了解每个候选人并选择一个能够保证同心协力地进行工作的集体,而不是在选举执行机关时采取比例制原则,这种原则从来没有采用过,现在采用也未必是正确的"。⑤

第五,布尔什维克能够通过选举赢得多数居民的支持。"获得总票数四分之一的布尔什维克胜利了,同资产阶级结成联盟(联合)并同它一

---

① 参见列宁《苏维埃政权的当前任务》,《列宁全集》,第34卷,第183—184页。
② 列宁:《无产阶级革命和叛徒考茨基》,《列宁全集》,第35卷,第256—257页。
③ 列宁:《俄共(布)第八次代表大会文献:关于党纲的报告》,《列宁全集》,第36卷,第156页。
④ 列宁:《俄共(布)党纲草案》,《列宁全集》,第36卷,第99页。
⑤ 列宁:《在俄共(布)莫斯科省代表会议上的讲话》,《列宁全集》,第40卷,第38—39页。

起共获得总票数四分之三的小资产阶级民主派却失败了,怎么会发生这种怪事呢?""我们根据立宪会议选举的材料考察了布尔什维主义获得胜利的三个条件:(1)得到无产阶级绝大多数人的拥护;(2)得到近半数军队的拥护;(3)在决定性时机和决定性地点,即在两个首都和靠近中部地区的各方面军中的力量占压倒的优势"。"无产阶级为了要把大多数居民争取过来,第一,应当推翻资产阶级,把国家政权夺到自己手里;第二,应当彻底粉碎旧的国家机构,建立苏维埃政权,这样一举而摧毁资产阶级和小资产阶级妥协派在非无产阶级劳动群众中间的统治、威信和影响;第三,应当用革命手段、靠剥夺剥削者来满足大多数非无产阶级劳动群众的经济需要,以彻底铲除资产阶级和小资产阶级妥协派在大多数非无产阶级劳动群众中间的影响"。"非无产阶级劳动阶层发生动摇是必然的,他们必然要通过亲身的实际经验,才能对资产阶级的领导和无产阶级的领导作出比较。正是这种情况经常被崇拜'彻底民主'的人们忽略过去,他们以为极其严肃的政治问题可以用投票表决来解决。其实,这些问题如果很尖锐并且为斗争所激化,就要由国内战争来解决,而在国内战争中,非无产阶级劳动群众(首先是农民)的经验,他们把无产阶级政权同资产阶级政权加以比较、对照而得到的经验,有巨大的意义"。[①]

(六)民主与专政的关系

列宁显然更关注民主与专政的关系问题,并就此提出了较为系统的看法。

第一,无产阶级民主制即无产阶级专政。"苏维埃制度就是由一种革命发展为另一种革命的明证或表现之一。苏维埃制度是供工人和农民享受的最高限度的民主制,同时它又意味着与资产阶级民主制的决裂,意味着具有世界历史意义的新型民主制即无产阶级民主制或无产阶级专政的产生"。[②]

第二,民主共和国、立宪会议、全民选举等实际上是资产阶级专政,只有无产阶级专政才能使假民主变为真民主。"资产阶级喜欢把在这种条件下进行的选举叫作'自由的'、'平等的'、'民主的'、'全民的'选

[①] 列宁:《立宪会议选举和无产阶级专政》,《列宁全集》,第38卷,第5、11、15、17页。
[②] 列宁:《十月革命四周年》,《列宁全集》,第42卷,第172页。

举,这是可以理解的,因为这些字眼可以用来掩盖真相,掩盖这样的事实:生产资料所有权和政权仍然掌握在剥削者的手里,因而根本谈不上被剥削者即大多数居民的真正自由和真正平等。对资产阶级来说,在人民面前掩盖现代民主的资产阶级性质,把它说成一般民主或'纯粹民主',是有利的,必需的。……马克思主义教导工人说:你们应该利用资产阶级民主,看到它同封建制度相比是历史上的一大进步,但是一分钟也不要忘记这种'民主'的资产阶级性质,忘记它是有历史条件的和有历史局限性的,不要'迷信''国家',不要忘记,不仅在君主制度下,就是在最民主的共和制度下,国家也无非是一个阶级镇压另一个阶级的机器。资产阶级不得不伪善地把实际上是资产阶级专政,是剥削者对劳动群众的专政的(资产阶级的)民主共和国说成'全民政权'或者一般民主,纯粹民主。……马克思主义者、共产主义者则予以揭穿,直接而公开地向工人和劳动群众说明真相:民主共和国、立宪会议、全民选举等等实际上是资产阶级专政;要把劳动从资本的压迫下解放出来,除了用无产阶级专政代替这种专政,没有别的道路可走。只有无产阶级专政才能使人类摆脱资本的压迫,彻底认清资产阶级民主这种富人的民主是谎言、欺骗和伪善,才能实行穷人的民主,也就是使工人和贫苦农民事实上享受到民主的好处,而现在(甚至在最民主的——资产阶级的——共和制度下)大多数劳动者事实上是享受不到民主的这些好处的。……这是用无产阶级专政代替事实上的资产阶级专政(以资产阶级民主共和国形式伪装起来的专政)。这是用穷人的民主代替富人的民主。这是用大多数人即劳动者的集会和出版自由代替少数人即剥削者的集会和出版自由。这是民主在世界历史上空前地扩大,是假民主变为真民主,是人类摆脱资本的桎梏,而资本使任何一种,甚至最'民主'最共和的那种资产阶级民主变得面目全非和残缺不全。这是用无产阶级国家代替资产阶级国家,这种代替是使国家完全消亡的唯一道路"。①

第三,无产阶级专政不仅一般地说必然使民主形式和民主机构发生变化,而且要使它们变得能使受资本主义压迫的劳动阶级空前广泛地实际享受到民主。"这条论据使用了'一般民主'和'一般专政'的概念,而没有提到是哪一个阶级的民主和专政。这样站在非阶级的或超阶级的、似乎

---

① 列宁:《论"民主"和专政》,《列宁全集》,第35卷,第384—386页。

是全民的立场上提问题，就是公然嘲弄社会主义的基本学说——阶级斗争学说，那些投靠资产阶级的社会党人口头上承认这一学说，实际上却把它忘记了。因为在任何一个文明的资本主义国家中都没有'一般民主'，而只有资产阶级民主；这里所说的专政也不是'一般专政'，而是被压迫阶级即无产阶级对压迫者和剥削者即资产阶级的专政，其目的是战胜剥削者为保持自己的统治而进行的反抗"。"如果认为人类历史上最深刻的革命，世界上第一次使政权由剥削者少数手里转到被剥削者多数手里的革命，能够在旧式民主即资产阶级议会制民主的老框框内发生，不需要最急剧的转变，不需要建立新的民主形式以及体现运用民主的新条件的新机构等等，那就荒谬绝伦了。……无产阶级专政不仅一般地说必然使民主形式和民主机构发生变化，而且要使它们变得能使受资本主义压迫的劳动阶级空前广泛地实际享受到民主。而已经实际形成的无产阶级专政形式，即俄国的苏维埃政权，德国的苏维埃制度，英国的车间代表委员会，以及其他国家中类似的苏维埃机关，也确实意味着和确实做到了占人口大多数的劳动阶级真正有可能享受民主权利和自由，这样的情况，甚至近似的情况，在最好的、最民主的资产阶级共和国中也是从来没有过的"。①

第四，无产阶级专政要求"法官完全由劳动者从劳动者中选举产生"。"在通过无产阶级专政走向共产主义的道路上，共产党抛弃民主主义的口号，彻底废除旧式法院之类的资产阶级统治机关，而代之以阶级的工农的法院。无产阶级掌握全部政权以后，抛弃以前那种含糊不清的'法官由人民选举产生'的公式，而提出'法官完全由劳动者从劳动者中选举产生'的阶级口号，并把这个口号贯彻到整个法院组织中去。共产党只是把不使用雇佣劳动榨取利润的工农代表选进法院，对妇女同样看待，使男女无论在选举法官或履行法官职务上都享有平等的权利。废除了已被推翻的政府的法律以后，党向苏维埃选民选出的法官提出以下的口号：实现无产阶级的意志，运用无产阶级的法令，在没有相应的法令或法令不完备时，要摈弃已被推翻的政府的法律，而遵循社会主义的法律意识"。②

---

① 列宁：《共产国际第一次代表大会文献：关于资产阶级民主和无产阶级专政的提纲和报告》，《列宁全集》，第35卷，第485、492页。
② 列宁：《俄共（布）党纲草案》，《列宁全集》，第36卷，第105页。

(七)反对"生产民主"

列宁对于布哈林等人提出的"生产民主"的概念,表现出鲜明的反对立场,并说明了反对的理由。

首先,"生产民主"是一个糊涂观念。列宁指出:"我愈深入地考虑这个'生产民主',就愈清楚地看到这样的提法在理论上的荒谬,看到这样的提法过于轻率。这样提只会把人弄糊涂。……生产是永远需要的。民主只是政治方面的一个范畴。我们不能反对在讲演和文章里使用这个词。……托洛茨基也好,布哈林也好,显然都没有从理论上周密地考虑过这个术语,因而把自己也搞糊涂了。'生产民主'使人想到的完全不是他们两人所醉心的那些观念的含义。他们想要强调生产,把注意力更多地集中于生产。在文章或演说中强调,这是一回事,但是,如果把这变成提纲,要党加以选择,那我就要说:作出反对这个东西的选择吧,因为这是一个糊涂观念。生产是永远需要的,而民主不是永远都需要的。'生产民主'引起了许多根本荒谬的思想。我们提倡个人管理制还不久,一双靴子还没有穿破。决不能把人搞糊涂,造成这样一种危险:人们弄不清楚什么时候需要民主,什么时候需要个人管理制,什么时候需要独裁制。无论在什么情况下,都不能放弃独裁制。"[①]

其次,在工人组织中扩大民主绝不是把民主变成偶像。列宁指出:"先从布哈林同志急急忙忙塞进12月7日中央委员会决议的有名的'生产民主'说起吧。……这个术语在理论上是错误的。任何民主,和任何政治上层建筑一样(这种上层建筑在阶级消灭之前,在无阶级的社会建立之前,是必然存在的),归根到底是为生产服务的,并且归根到底是由该社会中的生产关系决定的。所以把'生产民主'跟任何其他的民主分割开来,是不能说明任何问题的。这样做只能造成混乱而丝毫没有意义,这是第一。第二,布哈林自己在他起草的12月7日中央全会的决议中对这一术语是这样解释的:'因此,工人民主的方法应当是生产民主的方法。这就是说(你们看:'这就是说'!布哈林在向群众说话时,一开始就用了一个必须特别加以解释的深奥的术语。我认为,从民主的观点来

[①] 列宁:《论工会、目前局势及托洛茨基同志的错误》,《列宁全集》,第40卷,第206—207页。

看，这是非民主的；写给群众看的东西，不应当用这种需要特别加以解释的新术语；从'生产'的观点来看，这是有害的，因为它使人们白费时间来解释无用的术语），进行一切选举、提出候选人、支持候选人等等，都应当不仅考虑政治坚定性，而且要考虑经济工作能力、行政管理工作资历、组织才能以及经过实际考验的对劳动群众物质利益和精神利益的关心程度。这种论断显然是牵强附会和不正确的。民主的意义不仅是'进行选举、提出候选人、支持候选人等等'。这是一方面。另一方面，并不是进行一切选举都要考虑到政治坚定性和经济工作能力。和托洛茨基的愿望相反，在拥有百万群众的组织中，还应当有一定百分比的调停人和官吏（在今后许多年内，没有好的官吏是不行的）。但我们并不说什么'调停人'民主或'官吏'民主。第三，只注意被选举者，只注意组织人员、行政管理人员等，是错误的。这些优秀人才终究只是少数。应当注意普通人，注意群众。……第四，'生产民主'是一个可能引起误解的术语。可以把它理解成否认独裁制和一长制，也可以把它解释成是要延缓实行或不愿实行普通的民主。这两种解释都是有害的，要想避免这种解释，就非加上冗长的和特别的注解不可。""我们将在工人组织内扩大民主，但是决不把民主变成偶像；我们将极其注意同官僚主义作斗争的工作；对于任何无用而有害的官僚主义极端行为，无论是谁指出的，我们都会十分认真地加以纠正。"①

再次，"生产民主"取消了党的领导和组织作用。列宁指出："工团主义者和无政府主义者，不考虑这种参加管理的实际经验，不严格地根据已经取得的成就和已经纠正的错误的教训去进一步发展这一经验，却直接提出由'各级生产者代表大会或全俄生产者代表大会''选举'经济管理机关的口号。这样，党对无产阶级工会以及无产阶级对半小市民以至小资产阶级劳动群众的领导、教育和组织作用，就被撇开了和取消了。因此，这不是继续进行和改进苏维埃政权已经开始的创建新经济形式的实际工作，而是用小资产阶级无政府主义来破坏这一工作，而这样做只能促使资产阶级反革命势力获得胜利。"②

---

① 列宁：《再论工会、目前局势及托洛茨基和布哈林的错误》，《列宁全集》，第40卷，第276—278、302页。
② 列宁：《俄共（布）第十次代表大会文献：关于我们党内的工团主义和无政府主义倾向的决议草案初稿》，《列宁全集》，第41卷，第86页。

最后，形式民主应当服从于革命的适宜性，"生产民主"有造成党的分裂的危险。列宁指出："争论的实质正是在于政策（就是说在于党对工会的政策），而在这场争论中，托洛茨基同志和他提出的针对托姆斯基同志的'整刷'政策是根本错误的。这是因为，即使'整刷'政策部分地被'新任务和新方法'（托洛茨基提纲第12条）证明是对的，然而，在目前这个时候，在目前这种情况下，这一政策也是完全不能容许的，因为它有造成分裂的危险。""托洛茨基和布哈林把事情说成这样：我们所关心的是提高生产，而你们所关心的只是形式上的民主。这样说是不对的，因为问题只在于（从马克思主义的观点来看，也只能在于）：一个阶级如果不从政治上正确地看问题，就不能维持它的统治，因而也就不能完成它的生产任务。"①

三 "战时共产主义"向"新经济政策"的转化

在政策实践方面，1917年至1922年，苏维埃政权经历了由"战时共产主义"政策向"新经济政策"的转化，列宁对这样的转化有较多的说明。

（一）"战时共产主义"的政策要点

苏维埃政权刚建立时，曾有过明确的政策宣示，包括以下要点：（1）苏维埃政权将向各国人民提议立即缔结民主和约，立即在各条战线上停战。（2）苏维埃政权将保证把地主、皇族和寺院的土地无偿地交给农民委员会处置；（3）将使军队彻底民主化，以维护士兵的权利；（4）将规定工人监督生产；（5）将保证按时召开立宪会议；（6）将设法把粮食运往城市，把生活必需品运往农村；（7）将保证俄国境内各民族都享有真正的自决权。（8）新政府将采取一切措施，实行向有产阶级征收和课税的果断政策，以保证供给革命军队一切必需品，并改善士兵家属的生活。②

---

① 列宁：《再论工会、目前局势及托洛茨基和布哈林的错误》，《列宁全集》，第40卷，第270、280页。

② 参见列宁《全俄工兵代表苏维埃第二次代表大会文献：告工人、士兵和农民书》，《列宁全集》，第33卷，第5—6页。

"经济改造"也作为重要的任务被提了出来:"苏维埃政权现在所面临的管理国家这一提到首位的任务,还有这样一个特点:现在(在文明民族的现代史上大概还是第一次)所说的管理,不是政治而是经济具有主要的意义。通常,人们正是首先把主要是甚至纯粹是政治的活动同'管理'一词联系在一起。然而,苏维埃政权的基本原则和实质,以及从资本主义社会向社会主义社会过渡的实质,是政治任务对经济任务来说居于从属地位。而现在,特别是有了苏维埃政权在俄国存在四个多月的实际经验之后,我们应当十分清楚,管理国家的任务现在首先是归结为纯粹经济的任务:医治战争给国家带来的创伤,恢复生产力,调整好对产品的生产和分配的计算和监督,提高劳动生产率,——总之,归结为经济改造的任务。"①

列宁还特别指出:"只有按照一个总的大计划进行的、力求合理地利用经济资源的建设,才配称为社会主义的建设。……从宪法批准和实施的那天起,我们的国家建设就将进入一个比较顺利的时期。但是很可惜,目前我们还顾不上研究经济政策和农业政策。我们不得不抛开这些工作,而把全部注意力放在起码的任务即粮食问题上。"② 由此,在内战的压力下,苏维埃政权不得不实行以"余粮收集制"为代表的"战时共产主义"政策。一方面,"'战时共产主义'是战争和经济破坏迫使我们实行的。它不是而且也不能是一项适应无产阶级经济任务的政策。它是一种临时的办法"。③ 另一方面,这样的政策也是"直接过渡到共产主义"的产物,不仅是错误的政策并且遭到了失败。"我们先前的经济政策,如果不能说计划过(在当时的情况下,我们一般很少进行计划),那么在一定程度上也曾设想过(可以说是缺乏计划地设想),旧的俄国经济将直接过渡到国家按共产主义原则进行生产和分配。由于这一些和其他一些情况,我们犯了错误:决定直接过渡到共产主义的生产和分配。当时我们认定,农民将遵照余粮收集制交出我们所需数量的粮食,我们则把这些粮食分配给各个工厂,这样,我们就是实行共产主义的生产和分配了。而我们的新经济政策

---

① 列宁:《"苏维埃政权的当前任务"一文初稿》,《列宁全集》,第34卷,第122—123页。
② 列宁:《在省苏维埃主席会议上的讲话》,《列宁全集》,第35卷,第18页。
③ 列宁:《论粮食税》,《列宁全集》,第41卷,第208—209页。

的实质正在于，我们在这一点上遭到了严重的失败"。①

（二）"新经济政策"的提出

"新经济政策"是1921年上半年提出来的，列宁对于为什么执行这样的政策，作了以下说明："无产阶级专政就是无产阶级对政治的领导。无产阶级作为一个领导阶级、统治阶级，应当善于指导政治，以便首先去解决最迫切而又最'棘手的'任务。现在最迫切的就是采取那种能够立刻提高农民经济生产力的办法。只有经过这种办法才能做到既改善工人生活状况，又巩固工农联盟，巩固无产阶级专政。……首先必须采取紧急的、认真的措施来提高农民的生产力。要做到这点，就非认真改变粮食政策不可。这种改变就是用粮食税来代替余粮收集制，而这种代替是与交完粮食税之后的贸易自由，至少是与地方经济流转中的贸易自由相联系的。用粮食税来代替余粮收集制这一政策的实质何在呢？……粮食税，是从极度贫困、经济破坏和战争迫使我们所实行的特殊的'战时共产主义'向正常的社会主义的产品交换过渡的一种形式。而正常的社会主义的产品交换，又是从带有小农占人口多数所造成的种种特点的社会主义向共产主义过渡的一种形式。……在小农国家内实现本阶级专政的无产阶级，其正确政策是要用农民所必需的工业品去换取粮食。只有这样的粮食政策才能适应无产阶级的任务，只有这样的粮食政策才能巩固社会主义的基础，才能使社会主义取得完全的胜利。粮食税就是向这种粮食政策的过渡。……社会主义的无产阶级面对着这样的经济现实，能采取什么样的政策呢？是从社会主义大工厂的生产中拿出小农所需要的全部产品来向小农交换粮食和原料吗？这是一个最理想的、最'正确的'政策，这种政策我们已开始实行了。但是，我们现在不可能，根本不可能拿出所需要的全部产品，而且也不可能很快就拿出来，至少在全国电气化第一批工程完成之前是拿不出来的。那该怎么办呢？或者是试图完全禁止、堵塞一切私人的非国营的交换的发展，即商业的发展，即资本主义的发展，而这种发展在有千百万小生产者存在的条件下是不可避免的。一个政党要是试行这样的政策，那它就是在干蠢事，就是自杀。说它在干蠢事，是因为这种政策在经济上行不通；说它在自杀，是因为试行这类政策的政党，必然会遭到失败。老实

---

① 列宁：《新经济政策和政治教育委员会的任务》，《列宁全集》，第42卷，第182—183页。

说,有些共产党员执行的正是这样的政策,所以在'思想、言论和行动'上犯了错误。我们要努力纠正这些错误。一定要纠正这些错误,否则后果将不堪设想。或者是(这是最后一种可行的和唯一合理的政策)不去试图禁止或堵塞资本主义的发展,而努力把这一发展纳入国家资本主义的轨道。这在经济上是可行的,因为凡是有自由贸易成分以至任何资本主义成分的地方,都已经有了——这种或那种形式、这种或那种程度的——国家资本主义。苏维埃国家即无产阶级专政能不能同国家资本主义结合、联合和并存呢?当然能够。""由于要实行粮食税,党和苏维埃机关全体工作人员的最重要任务,就是要把'租让'(即和'租让制的'国家资本主义相类似的)政策的原则和原理运用到自由贸易及地方流转等等的其他资本主义形式上去。"①

也就是说,"新经济政策"重点强调的,应是五种政策上的转变。

第一,在粮食政策上,从"余粮收集制"转变为"粮食税"。"人们对实行粮食税和新经济政策之后提出的政治任务发生误解和认识不清,可能是由于把事情的某些方面说过了头。但是在我们没有实际进行工作以前,话说过头是完全不可避免的;按新原则进行的征粮运动我们一次也还没有搞过,因此,要比较准确地规定适用这个政策某些特点的实际界限,也几乎是不可能的。……在农民占大多数的条件下,我们的政策,特别是我们的经济政策的主要任务,就是要在工人阶级和农民之间建立一定的关系,这是很自然的。……农民占大多数这一情况就不能不影响到经济政策以至全部政策""我们对农民的关系不应当建立在余粮收集制的基础上,而必须建立在粮食税的基础上,当我们这样说的时候,决定这种政策的主要经济因素究竟是什么呢?这就是:在实行余粮收集制的情况下,小农户没有正常的经济基础,许多年都必然死气沉沉,小经济不能存在和发展,因为小业主对于巩固和发展家业、增加产量失去兴趣,结果我们就失去了经济基础。我们没有别的基础,没有别的源泉,如果不把大量的粮食储备集中在国家手里,那就根本谈不到重建大工业。因此,我们首先要执行这种能够改变粮食关系的政策"②

---

① 列宁:《论粮食税》,《列宁全集》,第 41 卷,第 207—211、213 页。
② 列宁:《俄共(布)第十次全国代表会议文献:关于粮食税的报告》,《列宁全集》,第 41 卷,第 297—298、305 页。

第二，在经济政策方面，从"控制产品分配"转变为"商品交换"。"应当把商品交换提到首要地位，把它作为新经济政策的主要杠杆。如果不在工业和农业之间实行系统的商品交换或产品交换，无产阶级和农民就不可能建立正常的关系，就不可能在从资本主义到社会主义的过渡时期建立十分巩固的经济联盟。同时，实行商品交换可以刺激农民扩大播种面积和改进农业。对于地方的进取精神和自主程度必须充分给以支持和加以扩大。应当以余粮最多的省份作为重点，首先实行商品交换。考虑到合作社是实行商品交换的主要机构，因此确认粮食人民委员部机关同合作社机关达成协议，粮食人民委员部机关把用来进行商品交换的储备交给合作社，由合作社在国家的监督下执行国家任务的政策是正确的。保证合作社有广泛的可能进行收购工作，全面地发展地方工业和提高整个经济生活"。①

第三，在产业政策上，从"国家垄断"企业转变为部分企业的"承租"。"当前的敌人是一个大工业遭到破坏的小农国家中的日常经济现象。……我们的口号是：打倒空喊家！打倒不自觉的白卫分子帮凶，这些重犯1921年春天倒霉的喀琅施塔得叛乱者的错误的家伙！要善于根据时局的特点和任务进行切实的实际的工作！我们需要的不是空话，而是实干。……在经济工作中，建设必定更加困难、更加缓慢、更要循序渐进。这是由于经济工作在性质上不同于军事、行政和一般政治工作。这是由于经济工作有特殊的困难和需要更深厚的根基（如果可以这样说的话）。因此，在这个新的更高的斗争阶段，我们确定自己的任务时务必慎之又慎。我们要把任务定得切实一些；我们要多作一些让步，当然是以无产阶级在保持统治阶级地位的条件下可以作的让步为限；尽快征收适量的粮食税，尽量使农民经济有较多的自由来发展、巩固和恢复；把不是我们绝对必需的企业租出去，包括租给私人资本家和外国承租人。我们需要无产阶级国家同国家资本主义结成联盟来反对小资产阶级自发势力"。②

第四，在商业政策上，从"打击商人"转变为向商人"让步"。"首先必须给莫斯科供应粮食和肉类。为此，不仅为此，需要实行'新经济政策'，也需要给予商人们一系列让步和奖励。同时，要经常地尽量多关

---

① 列宁：《俄共（布）第十次全国代表会议文献：关于新经济政策问题的决议草案》，《列宁全集》，第41卷，第327页。

② 列宁：《新的时代和新形式的旧错误》，《列宁全集》，第42卷，第109、114—115页。

心穆斯林贫苦农民,把他们组织起来,对他们进行教育。能够而且应该制定出这样的政策并(通过一系列非常确切的指示)使之固定下来。这种政策应当成为整个东方的楷模"。①

第五,在经济方式上,从无产阶级的"进攻"转变为向国家资本主义的"退却"。"我们苏维埃政权和共产党实行了多么急剧的转变,采取了一种被叫作'新的'经济政策,所谓新,是对我们先前的经济政策而言的。可是实质上,它比我们先前的经济政策包含着更多的旧东西"。"我们的新经济政策的实质正在于开始作战略退却:'趁我们还没有被彻底打垮,让我们实行退却,一切都重新安排,不过要安排得更稳妥。'共产党人既然自觉地提出了新经济政策问题,他们对于在经济战线上遭到了惨败这一点就不可能有丝毫怀疑。当然,一部分人不免会在这个问题上陷于灰溜溜的、近乎惊慌失措的状态,而一旦实行退却,甚至会手足无所措。这是不可避免的事情"。"从新经济政策的角度来看,根本的问题就在于要善于尽快利用当前的形势。新经济政策就是以实物税代替余粮收集制,就是在很大程度上转而恢复资本主义。究竟到什么程度,我们不知道。同外国资本家签订租让合同(诚然,已经签订的合同还很少,特别是同我们提出的建议相比),把企业租给私人资本家,这些都是直接恢复资本主义,是从新经济政策的根上萌发出来的。因为废除余粮收集制就意味着农民可以自由买卖完税后的剩余农产品,而实物税征收的只是他们产品中的一小部分。农民在全国人口和整个经济中占极大的比重,因此在这种自由贸易的土壤上不可能不滋长资本主义。……目前这场战争要解决的问题是:谁将取得胜利,谁能更快地利用目前形势,是我们从一个大门甚至几个大门(我们自己也不知道有许多大门,因为打开这些大门并没有和我们打招呼,而是违反我们的意愿的)放进来的资本家呢,还是无产阶级的国家政权。无产阶级的国家政权在经济上能够依靠什么?一方面是依靠人民生活状况的改善。在这方面应当想到农民。虽然我们遭到了像饥荒这样的严重灾难,人民在受灾的情况下生活状况仍有改善,而这种改善正是来之于经济政策的改变,这是无可争辩的,是大家都看得到的。另一方面,如果资本主义得益,工业生产就会得到发展,无产阶级也会随着成长。资本家将得益于我们的政策,并创造出工业无产阶级"。"或者是建

---

① 列宁:《致格·伊·萨法罗夫(1921年8月7日)》,《列宁全集》,第51卷,第185页。

立起一个无产阶级的有组织的政权,那我们就会取得胜利,而先进的工人和少数先进的农民是会理解这项任务,会在自己周围组织起人民运动的。或者是我们不能做到这一点,那么在技术上比我们强大的敌人就一定会把我们打垮。""我们不应该指望直接采用共产主义的过渡办法。必须以同农民个人利益的结合为基础。……我们是否善于这样做呢?不,不善于!我们以为在一个无产阶级已丧失其阶级特性的国家里可以按共产主义的命令进行生产和分配。我们一定要改变这种办法,否则我们就不能使无产阶级认识这种过渡"。"国家必须学会这样经营商业,即设法使工业能满足农民的需要,使农民能通过商业满足自己的需要。办事情应能使每一个劳动者都拿出自己的力量来巩固工农国家。只有这样,我们才能建立起大工业。……应当从政治上描述伟大任务的时期已经过去,应当实际完成这些任务的时期已经到来。现在摆在我们面前的是文化任务,是消化那个应该而且能够得到贯彻的政治经验。或者是断送苏维埃政权所取得的一切政治成果,或者是为这些成果奠定经济基础。现在没有这种经济基础。我们应当做的正是这件工作"。[①]

实行"新经济政策",既体现了对错误政策的纠正,也体现了"碰硬政策"和政策灵活性的结合,如列宁所言:"我们最后的一项事业,也是最重要最困难而又远远没有完成的事业,就是经济建设,就是在破坏了的封建基地和半破坏的资本主义基地上为新的社会主义大厦奠定经济基础。在这一最重要最困难的事业中,我们遭受的失败最多,犯的错误最多。开始这样一个全世界从未有过的事业,难道能没有失败没有错误吗?但是,我们已经开始了这一事业。我们正在进行这一事业。我们现在正用'新经济政策'来纠正我们的许多错误,我们正在学习怎样在一个小农国家里进一步建设社会主义大厦而不犯这些错误。困难是巨大的。我们已经习惯同巨大的困难作斗争。我们的敌人把我们叫作'硬骨头'和'碰硬政策'的代表不是没有道理的。但是我们也学会了——至少是在一定程度上学会了革命所必需的另一种艺术:灵活机动,善于根据客观条件的变化而迅速急剧地改变自己的策略,如果原先的道路在当前这个时期证明不合

[①] 列宁:《新经济政策和政治教育委员会的任务》,《列宁全集》,第42卷,第181、183—186、188、190、194—195页。

适，走不通，就选择另一条道路来达到我们的目的。"①

（三）"新经济政策"的组织和宣传措施

为全面推行"新经济政策"，苏维埃政权专门建立了各级"经济会议"，作为政策的组织和执行机构，并提出了以下要求：（1）各地都应成立省、县经济会议，它们同省、县执行委员会的关系就像劳动国防委员会同人民委员会的关系一样。两者合用一个办公厅或秘书处。一切工作均应通过各有关主管部门的机构办理，不另设专门机构。（2）劳动国防委员会在地方上的基层机关应是农委和村苏维埃，在工厂区和城市居民区则是区苏维埃、区经济委员会和工厂委员会。乡执行委员会或者完全代行乡经济委员会的职责，或者指派自己的若干委员组成乡经济会议。（3）建立各级经济会议向劳动国防委员会报告工作的制度。②

按照列宁的要求，地方经济会议应当按劳动国防委员会的形式组织起来，它同地方执行委员会的关系就像劳动国防委员会同人民委员会的关系一样。劳动国防委员会行使人民委员会直属委员会的职权。劳动国防委员会的委员是从人民委员会的委员中挑选出来的，因此，这两个机关的工作完全能够互相配合，绝不会发生摩擦，而且办事迅速，机构简单，因为劳动国防委员会不设立任何机构，只是通过各部门的机构进行工作，并且尽量使这种机构简化，彼此协调。省经济委员会和省执行委员会的关系也应当这样，事实上也正是这样。同时，劳动国防委员会在批准区域和边疆区经济委员会的委员和主席的名单时，应当尽量考虑地方工作人员的经验，应当同他们商量之后再予批准。毫无疑问，区域经济委员会无论现在或将来都应当努力使自己的工作和省经济委员会的工作配合好，保证后者尽可能多地参与、过问和关心区域的工作。但是，现在就想对这些相互关系作出统一的规定，则未必恰当，因为经验还很少，这种规定可能变成纯粹官僚主义的创作。比较恰当的是先在实践中摸索出这种关系的适当形式（劳动国防委员会已和人民委员会一起工作了将近一年，但实际上任何组织条例也没有）。这些形式在开始时最好不要绝对固定下来，最好能够多

---

① 列宁：《十月革命四周年》，《列宁全集》，第42卷，第175—176页。
② 参见列宁《劳动国防委员会关于地方经济会议、关于报告制度和关于贯彻执行劳动国防委员会指令的决定草案》，《列宁全集》，第41卷，第257页。

样化一些，这是有益的，甚至是必要的，这样就可以更精确地研究、更充分地比较各种相互关系的不同形式。县和乡的经济委员会应当按同样原则组织起来。当然，也可以对基本形式作各种改变，比如，执行委员会可以把经济会议的全部任务和职责承担下来，可以使它召开的"行政性"或"经济性"会议发挥经济会议的作用，可以单独设立（例如在乡里，有时也可以在县里）专门委员会或甚至专门委任一些人去执行经济会议的全部任务或某些任务，如此等等。基层组织应当是农委，它应当成为劳动国防委员会在农村中的基层机构。关于适当扩大农委权力和确定它与村苏维埃之间关系的法令，已经由人民委员会批准，并于1921年5月公布。省执行委员会的职责是初步规定一些适合当地情况的条例，这些条例必须有助于发扬而不是限制"地方"的特别是基层组织的独创精神。劳动国防委员会在各工业县和各工业区的基层机构应当是区委员会、工厂委员会或工厂管理委员会——这要看是涉及一个工业部门还是涉及几个工业部门。总之，采取各种形式同县执行委员会、乡执行委员会和农委在工作上结合起来，是领导整个地方经济生活必需的方法。①

在政策宣传方面，列宁对党的宣传部门提出了具体要求："请你们注意1921年7月1日出版的《政府法令汇编》第44辑中的《关于地方经济会议、关于地方经济会议报告制度和关于贯彻执行人民委员会和劳动国防委员会指令的决定》（全俄中央执行委员会决定）。必须发表几篇文章，指出全俄中央执行委员会这一决定的意义并加以详尽解释，尤应着重指出，绝不容许为编写报告而设立任何机构，因法律已规定省和县统计局为唯一这样的机构。应详细阐述地方经济会议以及为通告周知而公布的报告对于执行新经济政策和正确进行经济建设所具有的原则性意义。尤应强调商品交换问题，还有发挥地方经济积极性问题，同官僚主义作斗争以及吸收非党人士参加经济建设事业问题。请俄罗斯通讯社就这个问题发两三则简讯，以便各省城县城立即周知，并要求各地党报和苏维埃报纸加以登载。"②

---

① 参见列宁《劳动国防委员会给各地方苏维埃机关的指令》，《列宁全集》，第41卷，第264—265页。

② 列宁：《致尤·米·斯切克洛夫等（1921年7月21日）》，《列宁全集》，第51卷，第93—94页。

(四) 对"国家资本主义"的理解

在推行"新经济政策"中,如何理解"国家资本主义"成为一个关键性的理论问题,列宁就此作出了具体解释。

列宁认为"国家资本主义"就是我们能够加以限制、能够规定其范围的资本主义:"我们现有的这种国家资本主义,是任何理论、任何著作都没有探讨过的,原因很简单,所有同这一名词有关的常用概念都只适用于资本主义社会的资产阶级政权。而我们的社会虽已脱离资本主义轨道,但还没有走上新轨道,不过领导这个国家的已不是资产阶级,而是无产阶级。我们不愿了解,当我们说到'国家'的时候,这国家就是我们,就是无产阶级,就是工人阶级的先锋队。国家资本主义,就是我们能够加以限制、能够规定其范围的资本主义,这种国家资本主义是同国家联系着的,而国家就是工人,就是工人的先进部分,就是先锋队,就是我们。国家资本主义是我们应当将之纳入一定范围的资本主义,但是直到现在我们还没有本领把它纳入这些范围。全部问题就在这里。这种国家资本主义将来会怎样,这就取决于我们了。我们有足够的、绰绰有余的政治权力,我们还拥有足够的经济手段,但是,被推举出来的工人阶级先锋队却没有足够的本领去直接进行管理,确定范围,划定界限,使别人受自己控制,而不是让自己受别人控制。这里所需要的只是本领,但我们缺乏这种本领。无产阶级,革命先锋队掌握着足够的政治权力,同时又存在国家资本主义,这种情况是历史上前所未见的。问题的关键在于我们要懂得,这是一种我们可以而且应当容许其存在、我们可以而且应当将之纳入一定范围的资本主义,因为这种资本主义是广大农民和私人资本所需要的,而私人资本做买卖应能满足农民的需要。必须让资本主义经济和资本主义流转能够像通常那样运行,因为这是人民所需要的,少了它就不能生活。其余的一切对于他们,对于这个阵营,并不是绝对必需的,其余的一切,他们是可以迁就的。你们共产党员,你们工人,你们负责管理国家的无产阶级的觉悟分子,你们必须善于使自己掌握的国家按照你们的意志来行动。我们又经历了一年,国家掌握在我们手中,但是这一年在新经济政策方面,它是否按照我们的意志行动了呢?没有。我们不愿意承认,它没有按照我们的意志行动。它是怎样行动的呢?就像一辆不听使唤的汽车,似乎有人坐在里面驾驶,可是汽车不是开往要它去的地方,而是开往别人要它去的地方，这个别人不知是非法活动分子，不法之徒，投机倒把分子，天知道哪里来的人，还是私人经济资本家，或者两者都是。总之，汽车不完全按照，甚至常常完全不按照掌握方向盘的那个人所设想的那样行驶。这就是在国家资本主义问题上我们要记住的基本点。应该在这个基本领域从头学起，而只有当我们完全领会到和意识到这一点的时候，我们才能担保说，我们能够学会这点。"①

列宁强调，以"贸易自由"为特征的"国家资本主义"虽然不是一种社会主义形式，但适宜俄国的当前发展："我给自己提出的问题是：我们怎样对待国家资本主义？我回答自己说，国家资本主义虽然不是一种社会主义形式，但对我们和俄国来说，却是一种比现有形式更为适宜的形式。这是什么意思呢？这就是说，我们虽然已经完成了社会革命，但我们对于社会主义经济的萌芽或基础都没有估计过高；相反，我们当时在某种程度上已经认识到，如果我们先实行国家资本主义，然后再实行社会主义，那就好了。我所以要特别强调这一方面，是因为我认为只有注意到这一点，第一，才能说明现在的经济政策是什么，第二，才能由此作出对于共产国际也很重要的实际结论。我不想说我们事先已有一个准备好了的退却计划。这是没有的。这短短几行论战性的文字，在当时决不是什么退却计划。例如，很重要的一点，即对国家资本主义具有根本意义的贸易自由，在这里就一个字也没有提到。但这毕竟提出了一个大致的、还不明确的退却思想。我认为无论从经济制度至今还很落后的国家来看，或是从共产国际和西欧先进国家来看，我们都应当注意到这一点。比方说，我们现在正在制定纲领。我个人认为，我们最好现在对所有的纲领只作一般的讨论，即所谓一读，然后送去付印，但不在现在，不在今年最后作出决定。为什么呢？我想首先当然是因为我们对这些纲领未必都很好地考虑过。其次还因为我们几乎根本没有考虑过可能的退却和保障这一退却的问题。而这个问题在世界上发生了像推翻资本主义和十分艰难地建设社会主义这样根本变化的时候，是我们必须注意的。"②

---

① 列宁：《俄共（布）第十一次代表大会文献：俄共（布）中央委员会政治报告》，《列宁全集》，第43卷，第84—85页。
② 列宁：《共产国际第四次代表大会文献：俄国革命的五年和世界革命的前途》，《列宁全集》，第43卷，第276—277页。

(五) 有秩序"退却"和停止"退却"

如何通过"新经济政策",实施向"国家资本主义"的有秩序的"退却",列宁提出了以下说法:"'新经济政策'是一个奇怪的名称。这个政策之所以叫新经济政策,是因为它在向后转。我们现在退却,好像是在向后退,但是我们这样做是为了先后退几步,然后再起跑,更有力地向前跳。只是在这一条件下,我们才在实行新经济政策时向后退。我们现在应该在什么地方和怎样重整队伍、适应情况、重新组织,以便在退却之后开始极顽强地向前进攻,这一点我们还不知道。为了恰当地进行所有这些行动,在作出决定之前就应当像俗语所说的,不是量十次而是量百次。为了重新学习,我想现在我们应该再一次相互坚决保证:我们虽在新经济政策的名义下向后转了,但我们向后转时决不放弃任何新东西,同时又给资本家一些好处,从而使任何一个国家,不管它曾经怎样敌视我们,也不得不同意和我们做交易,同我们来往。"①

列宁还特别指出:"1921年春天的政治形势向我们表明,在许多经济问题上,必须退到国家资本主义的阵地上去,从'强攻'转为'围攻'。……今年春天我们改行新经济政策,退回到采用国家资本主义的经营手段、经营方式和经营方法,这种退却是否已经够了,以致可以停止退却而开始准备进攻呢?不,实际表明退得还不够,……必须再退,再后退,从国家资本主义转到由国家调节买卖和货币流通。商品交换没有得到丝毫结果,私人市场比我们强大,通常的买卖、贸易代替了商品交换。你们要努力适应这种情况,否则买卖的自发势力、货币流通的自发势力会把你们卷走的!这就是为什么我们处于目前这种境地,仍然不得不退却,以便在日后最终转入进攻。这就是为什么目前我们大家都应该认识到以前的经济政策所采取的方法是错误的。我们必须了解这一点,以便弄清目前问题的关键在哪里,我们当前的转变的特点是什么。对外任务目前不是我们的迫切任务。军事任务也不是我们的迫切任务。现时摆在我们面前的主要是经济任务,而且我们应该记住,眼下还不能直接过渡到社会主义建设。""我们必须懂得:目前的具体条件要求国家调节商业和货币流通,

---

① 列宁:《致列·达·托洛茨基(1922年1月21日)》,《列宁全集》,第52卷,第217—218页。

我们正应当在这方面发挥我们的作用。我们目前经济现实中的矛盾比实行新经济政策以前要多：居民中某些阶层即少数人的经济状况有了部分的、些许的改善，但是另一些阶层，即大多数人，他们得到的物质资料同他们的基本需要则完全不相适应。矛盾增加了。不难理解，在我们经历大变革的时候，要一下子消除这些矛盾是不可能的。"①

1922年下半年，列宁明确提出了"停止退却"的要求："现在我来谈谈停止退却的问题。……中央委员会批准了我的报告提纲，提纲要求在代表中央委员会向这次大会所做的报告中突出强调停止退却，并请求代表大会代表全党作出相应的必须执行的指令。我们已经退了一年。我们现在应当代表党宣告：够了！退却所要达到的目的已经达到了。这个时期就要结束或者已经结束。现在提出的是另一个目标，就是重新部署力量。我们已经到达新的地点，总的来说，我们的退却总算进行得比较有秩序。""我说停止退却，我讲这话的意思决不是指我们已经学会经商了。……问题在于，新经济政策实行以后在我们这里出现的那种神经过敏和无谓奔忙的现象，那种追求一切都按新样子建立和赶浪头的倾向，必须加以制止。……大家都在无谓奔忙，杂乱无章；谁都不做实际工作，却去议论怎样适应新经济政策，结果是一无所成。……退却已经结束。主要的活动方法，即如何同资本家共事的方法，已经订出来了。样板已经有了，虽然为数甚少。在新经济政策问题上，不要再卖弄聪明、高谈阔论了！诗，让诗人去写好了，这是他们诗人的事。但是，经济工作者，请不要再侈谈新经济政策了，请你们更多地建立这种合营公司，查一下善于同资本家竞赛的共产党员有多少。退却已经结束，现在的问题是重新部署力量。这就是代表大会应当作出的指令，这个指令应当结束忙乱现象。安静点吧，不要自作聪明，这是有害的。需要在实践上证明，你工作得并不比资本家坏。资本家为了发财致富建立了同农民的经济结合；为了加强我们无产阶级国家的经济实力，你也应该建立同农民经济的结合。你比资本家占优势，因为你手中有国家政权，有多种经济手段，只是你不善于利用这些东西，观察事物要清醒一些，扔掉华而不实的东西，脱去华丽的共产主义外衣，老老实实地学着做些平凡的工作，这样我们就能战胜私人资本家。我们有国家政

---

① 列宁：《在莫斯科省第七次党代表会议上关于新经济政策的报告》，《列宁全集》，第42卷，第225—229、232页。

权,我们有许多经济手段;如果我们击溃了资本主义,建立了同农民经济的结合,那我们就会成为绝对不可战胜的力量。那时,社会主义建设就不仅仅是作为沧海一粟的共产党的事业,而是全体劳动群众的事业了;那时,普通农民就会看到,我们在帮助他;那时,他就会跟着我们走,虽然这种步子要慢百倍,却稳当可靠百万倍。应该在这个意义上来谈停止退却,所以用这种那种形式把这个口号变成代表大会的决议是正确的。"①

(六)"新经济政策"的效果评估

对于"新经济政策"的效果,列宁作了如下说明:"在我们实行新经济政策之后,在给农民以贸易自由之后,现在情况怎样呢?答复是很清楚的,是有目共睹的,就是:一年来农民不仅战胜了饥荒,而且交纳了大量的粮食税,现在我们已经得到几亿普特的粮食,而且几乎没有使用任何强制手段。在1921年以前,农民暴动可以说是俄国的普遍现象,而今天差不多完全没有了。农民对他们目前的境况是满意的。我们可以放心地下这个论断。我们认为,这些证据比任何统计数字的证据都重要。农民在我国是决定性的因素,这是谁也不会怀疑的。农民今天的状况,已经使我们不必担心他们会有什么反对我们的活动了。我们这样说是心中完全有数的,一点也不过甚其词。这一点已经做到了。农民可能对我们政权这一那一方面的工作不满意,他们可能对此有怨言。这当然是可能的,也是难免的,因为我们的机关和我们国家的经济情况还很糟糕,还不能防止这种现象,但无论如何,全体农民对我们已经完全没有什么严重的不满了。这是在一年中取得的成就。我认为这已经很不少了。"② "主要问题当然是新经济政策。整个报告年度就是在新经济政策的标志下度过的。如果说我们这一年取得了什么重大的和不可剥夺的成就(对这一点我还不那么深信无疑),那也不过是从开始实行这个新经济政策方面学到了一些东西。尽管我们学到的东西不多,可是我们这一年确实在新经济政策方面学到了很多东西。至于我们是否真正学会以及学会了多少,这大概就要由后来发生的很少以我们意志为转移的事情来检验,比如由当前面临的财政危机来检验。……

---

① 列宁:《俄共(布)第十一次代表大会文献:俄共(布)中央委员会政治报告》,《列宁全集》,第43卷,第85、88—91页。

② 列宁:《共产国际第四次代表大会文献:俄国革命的五年和世界革命的前途》,《列宁全集》,第43卷,第280—281页。

新经济政策对我们之所以重要，首先是因为它能够检验我们是否真正做到了同农民经济的结合。""新经济政策的基本的、有决定意义的、压倒一切的任务，就是使我们开始建设的新经济（建设得很不好，很不熟练，但毕竟已在完全新的社会主义经济，即新的生产和新的分配的基础上开始建设）同千百万农民赖以为生的农民经济结合起来。""这就是新经济政策的意义，这就是我们全部政策的基础。这是我们过去一年来实施新经济政策的主要教训，也可以说是我们下一年度的主要政治准则。"①

四 "苏维埃"政策范式的基本要求

在建立和运作苏维埃政权的过程中，"苏维埃"政策范式已经成形，列宁对这样的政策范式作了较系统的说明。

（一）基本政策理念

在建立苏维埃政权之后，列宁重点强调了苏联共产党的以下基本政策理念。

一是坚持党的政治领导正确和战略策略正确。"无产阶级革命政党的纪律是靠什么来维持的？是靠什么来检验的？是靠什么来加强的？第一，是靠无产阶级先锋队的觉悟和它对革命的忠诚，是靠它的坚韧不拔、自我牺牲和英雄气概。第二，是靠它善于同最广大的劳动群众，首先是同无产阶级劳动群众，但同样也同非无产阶级劳动群众联系、接近，甚至可以说在某种程度上同他们打成一片。第三，是靠这个先锋队所实行的政治领导正确，靠它的政治战略和策略正确，而最广大的群众根据切身经验也确信其正确。一个革命政党，要真正能够成为必将推翻资产阶级并改造整个社会的先进阶级的政党，没有上述条件，就不可能建立起纪律。没有这些条件，建立纪律的企图，就必然会成为空谈，成为漂亮话，成为装模作样"。②

二是说服人民相信党的纲领和策略的正确性，并善于实际地进行组织工作。"任何一个代表着未来的政党的第一个任务，都是说服大多数人民

---

① 列宁：《俄共（布）第十一次代表大会文献：俄共（布）中央委员会政治报告》，《列宁全集》，第43卷，第72—76页。

② 列宁：《共产主义运动中的"左派"幼稚病》，《列宁全集》，第39卷，第5页。

相信其纲领和策略的正确。……我们布尔什维克党已经说服了俄国,我们已经夺回了俄国——为了穷人,为了劳动者,从富人手里,从剥削者手里夺回了俄国。现在我们应当管理俄国。……一个社会主义政党能够做到大体上完成夺取政权和镇压剥削者的事业,能够做到直接着手管理任务,这在世界历史上是第一次。我们应该不愧为完成社会主义革命的这个最困难的(也是最能收效的)任务的人。应该考虑到,要有成效地进行管理,除了善于说服,除了善于在内战中取得胜利,还必须善于实际地进行组织工作。这是一项最困难的任务,因为这是要用新的方式去建立千百万人生活的最深刻的经济的基础。这也是一项最能收效的任务,因为只有解决(大体上和基本上解决)这项任务以后,才可以说,俄国不仅成了苏维埃共和国,而且成了社会主义共和国"。①

三是实际解决经济建设面临的政策问题,少说空话,因为空话满足不了劳动人民的需要。"要是用旧观点来理解政治,就要犯很大的严重的错误。政治就是各阶级之间的斗争,政治就是无产阶级为争取解放而与世界资产阶级进行斗争的关系。但是我们的斗争有两个方面,一方面要粉碎资产阶级制度遗留下来的东西,粉碎整个资产阶级一再想消灭苏维埃政权的尝试。到目前为止,这个任务吸引了最大的注意力,妨碍了我们转向另一方面的任务——建设任务。在资产阶级世界观的概念中,政治似乎是脱离经济的。资产阶级说:农民们,你们想活下去,就要工作;工人们,你们想在市场上得到一切必需品,生活下去,就要工作,而经济方面的政治有你们的主人来管。其实不然,政治应该是人民的事,应该是无产阶级的事。……现在我们主要的政治应当是:从事国家的经济建设,收获更多的粮食,开采更多的煤炭,解决更恰当地利用这些粮食和煤炭的问题,消除饥荒,这就是我们的政治。正应当根据这些来安排整个鼓动工作和宣传工作。应当少说空话,因为空话满足不了劳动人民的需要"。②

四是以世界格局看待和决定党的国内政策。"只有看到了苏维埃在世界革命范围内所起的作用,才能了解人民委员会过去一年的工作。日常的烦琐的政务和建设事业中不可避免的细小事情,往往把我们引到一边去,

---

① 列宁:《苏维埃政权的当前任务》,《列宁全集》,第34卷,第154—155页。
② 列宁:《在全俄省、县国民教育局政治教育委员会工作会议上的讲话》,《列宁全集》,第39卷,第406—407页。

使我们忘记世界革命的大事。只有看到了苏维埃在世界范围内所起的作用，我们才能正确地分析我们国内生活中的细小事情，并及时地加以调整"。①"只有从苏维埃总的作用，从它总的意义，从它在世界历史发展中的地位来看，才能了解我们曾处于何种情况，为什么我们当时应当这样做而不应当那样做，在回顾过去时，应当用什么来检验所采用的步骤是否正确。现在，我们特别需要这样更普遍、更广泛、更深远地看问题"。②

五是党的政策必须立足于被压迫群众。"从根本上说，我们的政策和我们的预言在各方面都证明是正确的，而任何资本主义国家的被压迫群众果然是同盟者，因为使战争打不下去的正是这些群众"。③

六是少谈主义，少谈政治，多注意实际的政策问题。"在没有领会和不能说明什么是共产主义、什么是商品经济的人那里，是不会有共产主义的。我们在处理有关实际经济政策如粮食政策、农业政策或最高国民经济委员会政策的每个问题时，每天都碰到小商品经济给我们造成的困难"。④"这是最幸福的时代的开始，到那个时代政治将愈来愈少，谈论政治会比较少，而且不会那样长篇大论，讲话更多的将是工程师和农艺师。……今后最好的政治就是少谈政治"。⑤

七是通过教训来正确地规定政策。"我没有可能系统地总结过去一年的经验，我只是根据明天或后天我们的政策需要什么这一点来回顾过去"。⑥"我觉得（或者说，至少我的习惯是如此），作中央委员会的政治报告，不应当光谈报告年度内做过什么事情，而且应当指出报告年度内有哪些主要的、根本的政治教训，以便正确规定我们下一年的政策，从过去一年里学到一点东西"。⑦

---

① 列宁：《在彼得格勒苏维埃会议上关于人民委员会对外对内政策的报告》，《列宁全集》，第36卷，第3页。
② 列宁：《苏维埃政权的成就和困难》，《列宁全集》，第36卷，第35—36页。
③ 列宁：《在俄共（布）莫斯科省代表会议上的讲话》，《列宁全集》，第40卷，第23页。
④ 列宁：《俄共（布）第八次代表大会文献：关于党纲的报告》，《列宁全集》，第36卷，第163页。
⑤ 列宁：《全俄苏维埃第八次代表大会文献：全俄中央执行委员会和人民委员会关于对外对内政策的报告》，《列宁全集》，第40卷，第154页。
⑥ 列宁：《俄共（布）第八次代表大会文献：中央委员会的总结报告》，《列宁全集》，第36卷，第123页。
⑦ 列宁：《俄共（布）第十一次代表大会文献：俄共（布）中央委员会政治报告》，《列宁全集》，第43卷，第72页。

八是正确对待政策批评,既要扩大民主,也要坚决反对不实事求是的和带有派别性的所谓批评。"我们不是为批评而批评,而是为了作出正确的决定。……应当懂得提出申诉的目的、时间和分寸。我们给了所有的人发表意见的机会,展开了辩论,然后由代表大会作出决议,而现在我们是处在战斗岗位上。应当团结起来并且应当懂得,在辩论中再跨出一步,我们就不成其为党了。我一点也不否认申诉的权利,我是说,我们过去没有开展辩论也履行了自己的职责,我们现在也应当明白自己的职责"。①"党在坚决反对不实事求是的和带有派别性的所谓批评的同时,也将继续不断地采取一切手段并试验各种新的办法,来反对官僚主义,扩大民主,发扬自主精神,检举、揭发和驱逐混进党内来的分子"。②"我作为人民委员会的主席,当然不高兴看到在许多次会议上发生琐碎的争执甚至斗气,而愿意有一个基本上为大家必须遵守的、能够结束这场斗争的代表大会决议。但是应当考虑的不是方便不方便的问题,而是实行一定的经济政策有没有利的问题"。③

(二) 党的政策核心作用

苏维埃政策范式的一个重要特征就是共产党的党中央起着决定性的政策核心作用。对于这样的核心作用,列宁从五个方面作了解释。

第一,表现为"寡头政治"的决策中心。列宁指出:"我们党每年召开一次代表大会(最近一次代表大会,每1000个党员选代表1人参加),由大会选出19人组成中央委员会领导全党,而且在莫斯科主持日常工作的则是更小的集体,即由中央全会选出的所谓'组织局'和'政治局',各由5名中央委员组成。这样一来,就成为最地道的'寡头政治'了。我们共和国的任何一个国家机关没有党中央的指示,都不得决定任何一个重大的政治问题或组织问题。"④

第二,不能把政策问题分成原则的和琐碎的,由不同的机构处理不同

---

① 列宁:《在莫斯科市党的积极分子会议上的讲话》,《列宁全集》,第40卷,第357—358页。
② 列宁:《俄共(布)第十次代表大会文献:俄共第十次代表大会关于党的统一的决议草案初稿》,《列宁全集》,第41卷,第82页。
③ 列宁:《俄共(布)第十次代表大会文献:关于以实物税代替余粮收集制的报告的总结发言》,《列宁全集》,第41卷,第68页。
④ 列宁:《共产主义运动中的"左派"幼稚病》,《列宁全集》,第39卷,第27页。

的问题，因为这样做会破坏民主集中制的基础。列宁指出："没有琐碎事务的国家机构是不存在的，也是不可能存在的。你们还没有说到中央委员会解决同政策有关的问题这件事。只要是执政党在管理国家，只要这个党必须解决有关各种任命的一切问题，你们便不能设想最重要的一些国家任命不由处于领导地位的党来决定。归根到底，重要的并不在于由什么人来执行什么样的政策。难道中央委员会没有琐碎事务？有的是。常有这样的情况：赶着讨论了几十个问题，议事日程才算结束，这时不仅会说我真想跳水自杀，甚至还可能说出更难听的话来。……如果我们试图在一般只规定原则的机关中分出一个解决琐碎的实际事务的机关，我们就会把事情搞糟，因为我们这样做就会使概括脱离事实，而概括一脱离事实就成了空想和不严肃的事情。中央委员会不能把问题分成原则的和琐碎的，因为每一件琐碎的事务都可能有原则的方面。……中央委员会有书记处，有组织局，有政治局，最后还召开中央全会，甚至最琐碎、最枯燥、一连讨论几个小时简直叫人想去跳水自杀的这么一些问题都经常提交中央全会。但是，把问题分成琐碎的和原则的，就意味着根本破坏民主集中制的基础。同时，也不能说中央委员会把琐碎事务都堆在别的机构头上。目前，我们还不能改变宪法，还在自主地进行工作。如果我们在有些问题上取得了一致，而在另一些问题上发生了争论，那在我们现有机构的情况下是完全不可避免的。即使中央委员会成了一个监督机关，即使根据总的分工，加里宁同志担负了监督鼓动工作和检查的责任，即使只要求他谈一点巡视和执行任务时的个人印象，那当然也不该因此就叫嚷什么所有问题都从人民委员会转到了中央委员会，或从中央委员会转到了人民委员会。这样说就会引起新的混乱，搞得一塌糊涂，而事情的实质不会因此有所改变。为了监督，为了否决某些问题，高级机关是必需的。有人在这里谈论和抱怨全俄中央执行委员会主席团的工作太多，尽管它是我们的最高机构，却过多地忙于纯属琐碎的事务。但我想问问所有在座的人，你们当中有多少人看完了我们这些工作的几十份记录？谁从头到尾看完过？显然谁也没有，因为枯燥得看不下去。我应当说，我们党的任何一个党员和共和国的任何一个公民，都有权把最无关紧要的问题、最无关紧要的情况报告全俄中央执行委员会。这类问题逐级上报，经过常务委员会等等，送交全俄中央执行委员会主席团审议。在劳动者受到最充分的共产主义再教育（这要经过几十年在彻底实现电气化之后才能做到）以前一直都会这样。我们在这方面不怕发生变化。"①

第三，应注重增加人民委员会的政策责任。列宁强调："在我们党同苏维埃机构之间形成了一种不正常的关系，这一点是我们一致承认的。我方才举了一个例子，说明有些具体的小事都要弄到政治局去解决。从形式上规定不许这样做是很困难的，因为在我国是唯一的执政党在进行管理，而且不能禁止党员提出申诉。于是一切问题都从人民委员会弄到政治局来了。在这一点上我也有很大的过错，因为人民委员会和政治局之间很多事都是通过我个人来联系的。一旦我离开工作，两个轮子立刻就不转动了，为了保持这种联系，加米涅夫就不得不加倍地工作。由于近期我未必能回来工作，全部希望就寄托在现在还有两位副主席这一点上。……我希望代表大会能高度重视这个问题，批准旨在解除政治局和中央的琐碎事务、加强负责工作人员的工作的指令。要使各人民委员对自己的工作负责，而不是先把问题提到人民委员会，然后又提到政治局。我们不能从形式上取消向中央申诉的权利，因为我们的党是唯一的执政党。但是应当制止什么小事都找中央的做法，要提高人民委员会的威信，各部的人民委员——而不是副人民委员——要多出席人民委员会的会议，应当改变人民委员会工作的性质，即把我最近一年没能做到的事情做到：更多地注意检查执行情况。"②

第四，注意政策机构的"合一"趋势，苏维埃各部与人民委员会的部合并，党的机关与苏维埃机关结合。列宁指出："现在有一种使苏维埃成员变为'议会议员'或变为官僚的小资产阶级趋势。必须吸引全体苏维埃成员实际参加管理来防止这种趋势。在许多地方，苏维埃的各部正在变成一种逐渐同各人民委员部合并的机关。"③"怎么可以把党的机关和苏维埃机关结合起来呢？这里难道没有什么不可容许的东西吗？这个问题倒不是我要提出的。我在上面说过官僚主义者不仅在我们苏维埃机关里有，而且在我们党的机关里也有，这个问题是代表我这句话所暗指的那些人提出的。真的，为了工作的利益，为什么不把两种机关结合起来呢？在外交

---

① 列宁：《全俄苏维埃第八次代表大会文献：在俄共（布）党团会议讨论关于对外对内政策的报告时的讲话》，《列宁全集》，第 40 卷，第 163—165 页。
② 列宁：《俄共（布）第十一次代表大会文献：俄共（布）中央委员会政治报告》，《列宁全集》，第 43 卷，第 110—113 页。
③ 列宁：《苏维埃政权的当前任务》，《列宁全集》，第 34 卷，第 184 页。

人民委员部这样的人民委员部里,这种结合带来了极大的好处,并且从一开始就是这么做的,这难道还有谁没有看到吗?为了挫败外国的计谋(姑且这样说吧),难道在政治局里没有从党的角度讨论过关于我们用什么'招数'来对付外国的'招数'这方面的许多大大小小的问题吗?难道苏维埃机关和党的机关这种灵活的结合,不是我们政策的巨大力量的泉源吗?我想,在我们对外政策方面证明正确和确立起来的东西,已经成为惯例而在这个部门已毫无疑问的东西,对于我们的一切国家机关至少是同样适用的(而我认为是更为适用的)。工农检查院本来就是为我们的一切国家机关而设的,它的活动应毫无例外地涉及所有一切国家机构:地方的、中央的、商业的、纯公务的、教育的、档案的、戏剧的等等——总之,各机关一无例外。对于活动范围这样广,又需要活动方式非常灵活的机关,为什么不能容许它用特殊的形式把党的监察机关同苏维埃的监察机关合并起来呢?我看不出这里有什么障碍。而且我认为,这种结合是顺利工作的唯一保证。我认为,只有在我们国家机关的那些落满灰尘的角落里才会有人怀疑这一点,而对这种怀疑只有付之一笑。"[①]

第五,为应对可能的党的分裂,应增加中央委员人数。列宁指出:"我建议把中央委员人数增加到几十人甚至100人。如果我们不实行这种改革,我想,一旦事态的发展不是对我们十分有利(而我们不能寄希望于十分有利这一点上),我们的中央委员会就会遭到很大的危险。……我想,为了提高中央委员会的威信,为了认真改善我们的机关,为了防止中央委员会一小部分人的冲突对党的整个前途产生过分大的影响,这样做是必要的。……我想,从这个角度看,稳定性的问题基本在于象斯大林和托洛茨基这样的中央委员。依我看,分裂的危险,一大半是由他们之间的关系构成的,而这种分裂是可以避免的,在我看来,把中央委员人数增加到50人,增加到100人,这应该是避免分裂的一种办法。斯大林同志当了总书记,掌握了无限的权力,他能不能永远十分谨慎地使用这一权力,我没有把握。另一方面,托洛茨基同志,正象他在交通人民委员部问题上反对中央的斗争所证明的那样,不仅具有杰出的才能。他个人大概是现在的中央委员会中最有才能的人,但是他又过分自信,过分热中于事情的纯粹行政方面。现时中央两位杰出领袖的这两种特点会出人意料地导致分裂,

---

[①] 列宁:《宁肯少些,但要好些》,《列宁全集》,第43卷,第386—387页。

如果我们党不采取措施防止，那么分裂是会突然来临的。""斯大林太粗暴，这个缺点在我们中间，在我们共产党人相互交往中是完全可以容忍的，但是在总书记的职位上就成为不可容忍的了。因此，我建议同志们仔细想个办法把斯大林从这个职位上调开，任命另一个人担任这个职位，这个人在所有其他方面只要有一点强过斯大林同志，这就是较为耐心、较为谦恭、较有礼貌、较能关心同志，而较少任性等等。这一点看来可能是微不足道的小事。但是我想，从防止分裂来看，从我前面所说的斯大林和托洛茨基的相互关系来看，这不是小事，或者说，这是一种可能具有决定意义的小事。""把中央委员人数增加到50人甚至100人，依我看，可以达到双重甚至三重目的：中央委员愈多，受到中央工作锻炼的就愈多，因某种不慎而造成分裂的危险就愈小。吸收很多工人参加中央委员会，会有助于工人改善我们糟透了的机关。"①

（三）民主集中制：从"集体管理制"到"一长制"的变化

如本书第三章而言，"民主集中制"具有双重含义，一是反映中央与地方关系的"民主集中制"，二是反映无产阶级政党内部关系的"民主集中制"。对于这两种"民主集中制"，在"十月革命"后，列宁有了一些新的看法。

对于反映中央与地方关系的"民主集中制"，列宁基本持的是与以前相同的看法："我们主张民主集中制。因此必须弄明白，民主集中制一方面同官僚主义集中制，另一方面同无政府主义有多么大的区别。反对集中制的人常常提出自治和联邦制作为消除集中制的差错的方法。实际上，民主集中制不但丝毫不排斥自治，反而以必须实行自治为前提。实际上，甚至联邦制，只要它是在合理的（从经济观点来看）范围内实行，只要它是以真正需要某种程度的国家独立性的重大的民族差别为基础，那么它同民主集中制也丝毫不抵触。在真正的民主制度下，尤其是在苏维埃国家制度下，联邦制往往只是达到真正的民主集中制的过渡性步骤。俄罗斯苏维埃共和国的例子特别清楚地表明，我们目前实行的和将要实行的联邦制，正是使俄国各民族最牢固地联合成一个统一的民主集中的苏维埃国家的最可靠的步骤。民主集中制决不排斥自治和联邦制，同样，它也丝毫不排斥

---

① 列宁：《给代表大会的信》，《列宁全集》，第43卷，第337—343页。

各个地区以至全国各个村社在国家生活、社会生活和经济生活方面有采取各种形式的完全自由，反而要以这种自由为前提。"①

对于反映无产阶级政党内部关系的"民主集中制"，尤其是与决策有关的"民主集中制"，列宁的说法有重大的变化。

列宁最初强调的是以"集体讨论"和分工负责为内容的"集体管理制"："苏维埃机关的管理工作问题一概通过集体讨论来决定，同时应当极其明确地规定每个担任公职的人对执行一定的具体任务和实际工作所担负的责任。这条规定从现在起必须无条件地贯彻执行，不然就无法实行真正的监督，无法为每项职务和每项工作物色最合适的人选。因此，每个苏维埃委员会和每个苏维埃机关必须毫无例外地立即：第一，通过一项决议，明确各个委员或负责人员的分工和责任；第二，十分明确地规定执行各种委托（特别是同迅速而正确地收集和分配原料和产品有关的委托）的人员的责任。……一切苏维埃领导机关，如执行委员会，省、市工人、农民和红军代表苏维埃等，必须立即重新安排自己的工作，把切实监督中央政权和地方机关的决定的执行情况这项工作放在首位，其他方面的工作尽可能交给由本机关少数人组成的办事组去处理。"②"现在需要集体管理机构的每一个委员，负责机关的每一个成员都把工作担当起来，对它完全负责。任何一个人，只要负责一个部门，就一定要事事负责，既管生产，又管分配。……只要能正确地分配粮食和其他产品，就能支持很长很长时间。但是，要做到这一点，一定要实行坚决消除一切拖拉现象的正确政策：办事要雷厉风行，每项重要工作都要指定专人负责，每一个人都要明确自己的任务，切实负责，直到用脑袋担保。这就是我们在人民委员会和国防委员会实行的政策，国民经济委员会和合作社的全部活动都必须服从这个政策。这就是无产阶级的政策应当坚持的方向。"③

由于"集体管理制"往往造成"无人负责"的局面，列宁明确要求将其转变为以"选举负责机关"为基础的"一长制"："为了处理工农国家的事务，必须实行集体管理制。但是任何夸大和歪曲集体管理制因而造

---

① 列宁：《"苏维埃政权的当前任务"一文初稿》，《列宁全集》，第34卷，第139页。
② 列宁：《关于苏维埃机关管理工作的规定草稿》，《列宁全集》，第35卷，第359—360页。
③ 列宁：《在全俄国民经济委员会第二次代表大会上的讲话》，《列宁全集》，第35卷，第395页。

成办事拖拉和无人负责的现象,任何把实行集体管理的机关变为清谈馆的现象,都是极大的祸害,应不顾一切尽快根除这一祸害。实行集体管理,无论在委员会人数方面或处理的工作范围方面,都不应超过绝对必需的最低限度,禁止'长篇大论',要最迅速地交换意见,通过交换意见互通情况并提出切实可行的建议。只要有一点可能,集体管理就应限于最小范围的委员会内仅就最重要的问题进行最简短的讨论,至于对机关、企业、工作和任务的实际安排,则应委托一位以坚决果断、大胆泼辣、善于处理实际问题著称,又深孚众望的同志负责。任何时候,在任何情况下,实行集体管理都必须极严格地一并规定每个人对明确划定的工作所负的个人责任。借口集体管理而无人负责,是最危险的祸害,这种祸害威胁着一切没有很多集体管理工作经验的人,而在军事上往往导致无法避免的灾难、混乱、惊慌失措、权力分散和失败。"① "集体管理制,作为组织苏维埃管理的基本形式,是在初期即一切需要从头建设的时期所必需的一种萌芽的东西。但是,在组织形式已经确定、已经比较稳定的情况下,要进行实际工作,就必须采取一长制,因为这种制度最能保证最合理地利用人力,最能保证对工作进行实际的而不是口头的检查。……集体管理制即使搞得好也要浪费大量人力,不能保证集中的大工业环境所要求的工作速度和工作的精确程度。"② "通过一长制管理人员进行管理是正确的,至于究竟由谁来充当这种管理人员,由专家来充当还是由工人来充当,就要看有多少旧管理人员和新管理人员。这是最简单的道理。……民主集中制只是说,各地代表在一起开会并选出负责机关来进行管理。但是怎样管理呢?这要看有多少合适的人选,有多少好的管理人员。民主集中制就是:由代表大会检查中央的工作,免除中央的职务并任命新的中央。" "苏维埃社会主义民主制同个人管理和独裁毫不抵触,阶级的意志有时是由独裁者来实现的,他一个人有时可以做更多的事情,而且一个人行事往往是更为必要的。无论如何,对集体管理制、对个人管理制的根本态度不仅早已阐明,并且已由全俄中央执行委员会加以肯定。"③

---

① 列宁:《大家都去同邓尼金作斗争》,《列宁全集》,第37卷,第41—42页。
② 列宁:《在全俄国民经济委员会第三次代表大会上的讲话》,《列宁全集》,第38卷,第84—85页。
③ 列宁:《俄共(布)第九次代表大会文献》,《列宁全集》,第38卷,第290、302—303页。

在人民委员会的议事过程（决策过程）方面，"集体管理制"强调的只是对议事时间和议事内容的控制，如列宁所言："是建立人民委员会一般议事规程的时候了。（1）给报告人的时间是十分钟。（2）给发言人的时间，第一次五分钟，第二次三分钟。（3）发言不得＞两次。（4）对议程赞成和反对的表决，各占一分钟。（5）例外情况按人民委员会特殊决定处理。"①"每个委员，不管他要求把什么问题列入人民委员会议事日程，都要事前提出书面申请，说明：（1）是什么问题（简要地）[这个说明不能只是点一下题（'某某问题'），而应当说明问题的内容]。（2）究竟要人民委员会做什么？（批钱；通过这样那样的决议等——明确说明提出问题的人希望什么）。（3）所提问题是否涉及其他委员主管的部门？是哪些委员？是否有他们的书面结论？"②

转变为"一长制"后，则更注重的是政策责任和机构精简等问题。列宁指出："凡属财政政策的重大问题，都要让每一个负责干部（政治局需要了解他们的意见）尽快交来他们亲自签署的明确的书面意见（用电报文体，以免滋生文牍主义）。"③"我们有 18 个人民委员部，其中工作根本不行的不下 15 个，好的人民委员不是到处都能找到的，但愿人们更加注意这一点。……最近把各种委员会清理了一下。总共有 120 个委员会。有多少是真正必要的呢？只有 16 个。而且这已不是第一次清理了。有些人不是对自己的工作负责，不是把决议提交人民委员会，也不知道自己对此负有责任，而是躲在各种委员会后面。在这些委员会里是一团混乱，谁也弄不清楚是谁负责；一切都乱成一团，最后作出由大家共同负责的决定。……应该使全俄中央执行委员会更加有力地工作，使常会能够正常地举行，会期应当长一些。常会应当讨论法律草案，有时法律草案没有必要地匆忙提到人民委员会去。最好把这些草案搁置一下，让地方工作人员去仔细考虑，并且对法律的起草人要求得更严格些，这些我们现在都没有做。如果全俄中央执行委员会常会的会期长一些，它就可以分设各种小组

---

① 列宁：《致德·伊·库尔斯基（1919 年 4 月 5 日）》，《列宁全集》，第 48 卷，第 540—541 页。

② 列宁：《关于将问题列入人民委员会会议议事日程的程序的指令》，《列宁全集》，第 33 卷，第 181 页。

③ 列宁：《致格·雅·索柯里尼柯夫（1922 年 1 月 26 日）》，《列宁全集》，第 52 卷，第 229 页。

和专门委员会,更严格地检查工作,抓住那种在我看来是目前政治局势的整个关键和本质的东西,也就是把重心转移到挑选人才、检查实际执行情况上去。"①

(四) 政策执行的规范性要求

对于党中央确定的政策,如何能够得到有效执行,列宁强调了四条要求。

第一,少当"领导",多做实际工作。"我们确定不移的口号应当是:少当点'领导',多做些实际工作,也就是少发一些空泛议论,多提供些事实,特别是经过检验的事实;这些事实要说明:在哪些方面,在什么样的条件下,在何种程度上是前进了,或是停滞不前,或是后退了。……如果一个共产党员只会侈谈'领导',却不善于安排专家做实际工作,不善于使他们在实践中取得成就,不善于利用成千上万的教员的实际经验,那么,这样的共产党员就毫无用处"。②

第二,加快工作节奏。列宁打算这样制订工作计划:(1)把人民委员会和劳动国防委员会的工作节奏加快十倍,就是说,要使人民委员们不敢把琐事带到这两个委员会来,而是自己解决,自己负责;(2)让人民委员会办公厅(它现在有四分之三的人无事干)对此负责,贯彻这一要求;(3)小人民委员会也要这样做,而且要大大精简机构;(4)要小人民委员会的一部分委员和工作人员以及人民委员会办公厅的一部分工作人员去检查实际执行情况;(5)要研究人,要发现有才干的工作人员。现在关键就在这里;不然的话,一切命令和决定不过是些肮脏的废纸而已。③

第三,对政策执行情况进行严格检查。列宁强调:"问题在于我们没有对执行情况进行实际检查。这是一种平凡的小任务,是些小事情,可是我们在最伟大的政治革命之后所处的环境是:我们在一段时间内必须与资本主义成分并存,全部情况的关键不在于政治,狭义的政治(报上所说

---

① 列宁:《俄共(布)第十一次代表大会文献:俄共(布)中央委员会政治报告》,《列宁全集》,第43卷,第112—113页。
② 列宁:《论教育人民委员部的工作》,《列宁全集》,第40卷,第330页。
③ 参见列宁《关于改革人民委员会、劳动国防委员会和小人民委员会的工作问题》,《列宁全集》,第42卷,第391—392页。

的全是些政治高调，没有丝毫社会主义的东西），不在于决议，不在于机构，也不在于改组。这些只要对我们有必要，我们会做的，但决不要向人民灌输这些东西，而要挑选所需的人才，检查实际执行情况，这才是人民所重视的。"① "人民委员会和劳动国防委员会最根本的缺点是对执行情况缺乏检查。可恶的官僚主义积习使我们陷入滥发文件、讨论法令、乱下指示的境地，生动活泼的工作就淹没在这浩如烟海的公文之中了。聪明的怠工分子故意把我们拖入这个公文的泥潭。大多数人民委员和其他大员却不自觉地'往绞索套里钻'。……改革我们的令人厌恶的官僚主义的工作，同官僚主义和拖拉作风进行斗争，检查执行情况，这正应该是您的工作的重点。……为此，我认为必须：（1）把一切琐碎问题交给小人民委员会以及劳动国防委员会的办公会议去解决，以减轻人民委员会和劳动国防委员会的负担。……（2）尽量少开会。规定每星期人民委员会1次 + 劳动国防委员会1次，每次两小时。……撤销多如牛毛的委员会，替代的办法是正式要求在最短期间提出书面意见。"②

第四，落实分工制和责任制。根据俄国共产党和苏维埃中央机关各项决定的精神，管理的基本原则是，一定的人对所管的一定的工作完全负责。列宁还特别指出："我管（不论时间长短）我负责。某人不是负责人，不是主管人，却妨碍我。这是制造纠纷。这是混乱。这是不适于担任负责工作的人的干扰。我要求撤换他。"③ "建立明确的专人负责制是人民委员会办公厅和劳动国防委员会办公厅最重要的工作。我将最严格地要求这一点。"④

（五）反对官僚主义

列宁视官僚主义为政策制定和政策执行中的大敌，对于如何有效遏制党内和苏维埃政权内的官僚主义，强调的是六种做法。

第一，以积极选拔人才和责任制控制官僚主义。列宁强调："我们所

---

① 列宁：《俄共（布）第十一次代表大会文献：俄共（布）中央委员会政治报告》，《列宁全集》，第43卷，第109页。
② 列宁：《关于改革人民委员会、劳动国防委员会和小人民委员会的工作问题》，《列宁全集》，第42卷，第387—389页。
③ 列宁：《致安·伊·叶利扎罗娃（1920年秋）》，《列宁全集》，第50卷，第37页。
④ 列宁：《致尼·彼·哥尔布诺夫（1921年9月3日）》，《列宁全集》，第51卷，第273—274页。

有经济机构的一切工作中最大的毛病就是官僚主义。共产党员成了官僚主义者。如果说有什么东西会把我们毁掉的话，那就是这个。对国家银行来说，最危险的莫过于变成官僚机关。我们还在考虑法令、机构。错误就在这里。现在问题的全部关键在于要有实践家，要实践。发现人才——做生意的人（但愿能从一百个、一千个共产党员中挑出一个，这还要上帝保佑），使我们的法令由废纸（不管法令本身是好还是坏，反正都一样）变成生动的实践，——这就是问题的关键。"[1] "这些机关的主要缺点是忙于琐事。这样它们不仅不能同官僚主义作斗争，反而陷进了官僚主义。产生这一祸害的原因是：（1）办公厅主任软弱无力；（2）人民委员们不善于摆脱琐事和官僚主义事务的纠缠；（3）人民委员们（特别是怂恿他们的各部门的官僚）希望把自己的责任推给人民委员会；（4）最后的，也是主要的——负责工作人员没有认识到：现在已经到了同浩如烟海的公文作斗争，不信任这些公文，不信任永无休止的'改组'的时候了；当前的首要任务不是颁布法令，不是改组，而是选拔人才，建立个人对所做的工作负责的制度，检查实际工作。不这样做，就无法克服窒息着我们的官僚主义和拖拉作风。……不信任法令、机构、'改组'和大员，特别是共产党员中的大员；通过对人的考核和对实际工作的检查同腐败的官僚主义和拖拉作风作斗争；毫不留情地赶走多余的官员，压缩编制，撤换不认真学习管理工作的共产党员，——人民委员和人民委员会、人民委员会主席和副主席的工作方针就应该是这样。"[2]

第二，以少开会、多检查的政策机制克服官僚主义。列宁指出："我们确实处于大家没完没了地开会、成立委员会、制定计划的状态之中，应当说，这是很愚蠢的。""我们的法令太多了，而且像马雅可夫斯基所描写的那样，都是匆匆忙忙赶出来的，但对于法令的实际执行情况却没有加以检查。我们共产党负责工作人员的决定是否执行了呢？他们会不会办这件事呢？不，不会，正因为如此，我们国内政策的关键就和以前不同了。我们的会议和委员会是怎么一回事呢？它们往往是一种儿戏。……因此，我们在国内政策特别是经济政策方面的主要任务改变了。我们需要的不是

---

[1] 列宁：《致格·雅·索柯里尼柯夫（1922年2月22日）》，《列宁全集》，第52卷，第300—301页。

[2] 列宁：《关于改革人民委员会、劳动国防委员会和小人民委员会的工作问题》，《列宁全集》，第42卷，第394—395页。

新的法令、新的机构和新的斗争方式。我们需要的是考查用人是否得当，检查实际执行情况。下次清党就要轮到那些以行政官员自居的共产党员了。凡是只知道设立各种委员会，只知道开会、谈话而连简单的事也不做的人，最好都到宣传鼓动部门或其他有益的工作部门去。有人正在编造一些稀奇古怪的东西，他们辩解说，既然是新经济政策，就应该想出一些新花样。而委托给他们的事情却没有做。他们不关心节省他们得到的每一个戈比，更不设法把一个戈比变成两个戈比，而是去制定开支数十亿乃至数万亿苏维埃卢布的计划。对这种坏现象，我们必须进行斗争。考查人和检查实际执行情况——现在全部工作、全部政策的关键就在于此，全在于此，仅在于此。"[①]

第三，以干实事的示范作用抵制官僚主义。列宁在给莫斯科党的委员会的信中指出："应当尽一切努力减少你们的失败；不要因为失败了就灰心丧气，而要坚韧不拔地、耐心地继续工作下去，再接再厉。莫斯科的工作比地方上难做得多，因为莫斯科的官僚主义比较多，腐化堕落和娇生惯养的'上层'人士比较多，等等。然而，莫斯科的工作会有巨大的示范作用和政治意义。依我看，你们委员会应当竭力使自己的工作符合《劳动国防委员会指令》。主要的是不要分散力量，最好是抓住为数不多的企业，承担一些不太艰巨的任务，起初提出的目标要小一些，但不达目的誓不罢休。事情一经开始就不要半途而废，务必一干到底。逐步吸收然而必须吸收每个区里被公认为正直的和受到大家尊敬的非党工人参加工作。要去发现他们，了解他们，不能吝惜时间和精力。要逐渐而慎重地引导他们参加工作，尽力为每个人找到完全恰当的、适合其能力的工作。主要的是使工人和居民熟悉委员会，看到委员会是在帮助他们；主要的是取得群众、非党人员、普通工人和一般市民的信任。……必须竭力在一切可能的方面表明愿意帮助并且以行动给予帮助，尽管帮助不大，却实实在在。只有如此，才能推动工作。……委员会的基本任务是：振兴经济，改进工作，力求做到真正个人负责。为此还应该搞一些这样的设施：食堂、澡堂、洗衣房和集体宿舍等等。"[②]

[①] 列宁：《论苏维埃共和国所处的国际和国内形势》，《列宁全集》，第43卷，第12、14—15页。

[②] 列宁：《致亚·阿·科罗斯捷廖夫（1921年7月26日）》，《列宁全集》，第51卷，第120—122页。

第四，以司法手段和舆论手段对付官僚主义。列宁指出："这种拖拉作风在莫斯科各机关和中央各机关尤其屡见不鲜。因此，应当更加注意同这种现象作斗争。我的印象是，司法人民委员部对这个问题采取的态度完全是形式主义的，也就是说是根本不正确的。应当：（1）把这件事提交法庭处理；（2）对失职人员既要在报刊上申斥，又要严加惩办；（3）通过中央委员会督促法官严惩拖拉作风；（4）举行莫斯科人民审判员、法庭陪审员等等的会议，以制定反对拖拉作风的有效措施；（5）在1921年秋季和跨1921—1922年的冬季，务必将莫斯科有关拖拉问题的4—6起案件提交莫斯科法院审理。要选择'比较引人注目的'事件，使每次审判成为有政治影响的事件；（6）从共产党员中间物色一些处理拖拉问题有经验的精明的'专家'，两三个也行，但必须是比较严厉、办事比较果断的人（吸收索斯诺夫斯基参加），以便学会整治拖拉作风；（7）发表一封关于反对拖拉作风的写得好、道理讲得透彻、非官样文章的信（作为司法人民委员部的通告）。"①

第五，明确反对狂妄自大、文盲、贪污受贿三大敌人。列宁强调："现在每一个人，不论他的职务是什么，面前都有三大敌人，每一个政治教育工作者，如果他是共产党员的话（而政治教育工作者大多是党员），面前都摆着这三项任务。他们面前的三大敌人就是：（一）共产党员的狂妄自大，（二）文盲，（三）贪污受贿。所谓共产党员的狂妄自大，是指一个人置身于共产党内，还没有被清洗出去，就以为可以用共产党员的名义发号施令来解决他的一切任务。他以为，只要他是执政党的党员和某某国家机关的工作人员，就有资格谈论政治教育成就的大小。完全不是这么一回事！这只是共产党员的狂妄自大。……只要在我国还存在文盲现象，那就很难谈得上政治教育。这并不是政治任务，这是先决条件，没有这个条件就谈不上政治。文盲是处在政治之外的，必须先教他们识字。不识字就不可能有政治，不识字只能有流言蜚语、谎话偏见，而没有政治。最后，只要有贪污受贿这种现象，只要有贪污受贿的可能，就谈不上政治。在这种情况下甚至连搞政治的门径都没有，在这种情况下就无法搞政治，因为一切措施都会落空，不会产生任何结果。在容许贪污受贿和此风盛行

---

① 列宁：《给德·伊·库尔斯基的信（1921年9月3日）》，《列宁全集》，第51卷，第275—276页。

的条件下，实施法律只会产生更坏的结果。在这种条件下不能搞任何政治，这里没有搞政治的基本条件。"①

第六，对官僚主义要有长期顽强斗争的打算。列宁指出："我虽然没有在地方上呆过，但是我知道这个官僚主义及其一切危害性。""在一个农民的、又是大伤了元气的国家中，同官僚主义作斗争需要很长的时间，要坚持不懈地进行这种斗争，不要一遭到失败就垂头丧气。"②

（六）法制保障和政策监督

列宁高度重视政策的法制保障和政策监督问题，并就此提出了三方面的要求。

首先，司法机关应认真受理公民对政府机关的控告。"人民还没有充分意识到，法院正是吸引全体贫民参加国家管理的机关（因为司法工作是国家管理的职能之一），法院是无产阶级和贫苦农民的权力机关，法院是纪律教育的工具"。③"法制应当加强（或得到最严格的遵守），因为俄罗斯联邦法律的基本原则已经确定。……共和国的任何一个公民对苏维埃政权的负责人员或机关的任何措施（或拖拉作风等）提出控告时，该负责人员或机关必须写出同上面一样的简要记录。记录一定要抄送提出控告的公民，还要抄报上级机关"。④

其次，建立对履行纯粹政策执行功能"个人独裁"的自下而上的监督机制。"正是苏维埃同劳动'人民'的亲密关系，造成一些特殊的罢免形式和另一种自下而上的监督，这些现在应该大力加以发展。例如，国民教育委员会，作为苏维埃选民及其代表为讨论和监督苏维埃政权在这方面的工作而举行的定期会议，是应该得到充分的赞同和支持的。如果把苏维埃变成一种停滞不前的和自满自足的东西，那是再愚蠢不过的。现在我们愈是要坚决主张有绝对强硬的政权，主张在一定的工作过程中，在履行纯粹执行的职能的一定时期实行个人独裁，就愈是要有多种多样的自下而上的监督形式和方法，以便消除苏维埃政权的一切可能发生的弊病，反复地

---

① 列宁：《新经济政策和政治教育委员会的任务》，《列宁全集》，第42卷，第199—200页。
② 列宁：《致索柯洛夫（1921年5月16日）》，《列宁全集》，第50卷，第330、333页。
③ 列宁：《苏维埃政权的当前任务》，《列宁全集》，第34卷，第177页。
④ 列宁：《关于切实遵守法律的决定提纲草稿》，《列宁全集》，第35卷，第130页。

不倦地铲除官僚主义的莠草"。①

再次，实行常态的群众来访接待制度。"为了同拖拉作风作斗争，为了更有成效地揭发营私舞弊行为，为了揭露和清除混入苏维埃机关负责人员中的坏人，特作如下规定：每个苏维埃机关，都要张贴接待群众来访日期和时间的告示，不仅贴在室内，而且贴在大门外面，使没有出入证的群众都能看到。接待室必须设在可以自由出入、根本不需要什么出入证的地方。每个苏维埃机关都要设登记簿，要有简要的记载，记下来访者的姓名、申诉要点、交谁办理。星期日和节日必须规定接待时间。国家监察部的负责人员有权参加所有的接待，并有责任随时视察接待工作，检查登记簿，把视察、检查登记簿和询问群众的情况作成记录。劳动、国家监察、司法等人民委员部必须在各地设立星期日也保证接待的问事处，把接待的日期和时间通告居民，并规定任何人都可以自由出入，不需要出入证，也不收费。这些问事处不仅要就群众询问的问题——作出口头或书面的答复，而且要替不识字的人和写不清楚的人免费代写申诉。这些问事处不仅必须吸收一切加入苏维埃的党派的代表以及没有加入政府的党派来参加，而且必须吸收非党的工会和非党的知识分子联合会的代表参加"。②

（七）广泛的政策参与

为取得群众的支持，尤其是对党的政策的支持，列宁认为可以采用以下参与方式。

一是劳动群众享用自由的参与方式。列宁指出："对于任何革命，无论是社会主义革命或是民主主义革命，自由都是一个非常非常重要的口号。可是我们的纲领声明，自由如果同劳动摆脱资本压迫相抵触，那就是骗人的东西。""平等如果同劳动摆脱资本压迫的利益相抵触，那就是骗人的东西。……我们要争取的平等就是消灭阶级。因此也要消灭工农之间的阶级差别。"③"'自由'和民主不是供所有的人享用，而是供被剥削劳动群众享用，以利于摆脱剥削；无情地镇压剥削者。重心从形式上承认自

---

① 列宁：《苏维埃政权的当前任务》，《列宁全集》，第34卷，第186页。
② 列宁：《关于苏维埃机关管理工作的规定草稿》，《列宁全集》，第35卷，第360—361页。
③ 列宁：《在全俄社会教育第一次代表大会上的讲话：关于用自由平等口号欺骗人民》，《列宁全集》，第36卷，第334、340—341页。

由（如在资产阶级议会制度下那样）转到在实际上保证推翻了剥削者的劳动者享受自由。例如，从承认集会自由转到把一切最好的大厅和场所交给工人，从承认言论自由转到把所有最好的印刷所交给工人，等等。"①

二是"竞赛"式的组织管理参与方式。列宁强调："我们在组织方面的任务，就是要从人民群众中选拔出领导者和组织者。这一项巨大的工作，现在已经提到日程上来了。如果没有苏维埃政权，没有这种能够选拔人才的过滤器，那么，要想完成这个任务是不可能的。"②"必须组织来自工农的实际组织工作者互相展开竞赛。必须反对知识分子所爱好的一切死套公式和由上面规定划一办法的企图。无论是死套公式或者由上面规定划一办法，都与民主的、社会主义的集中制毫无共同之点。……巴黎公社作出了把来自下面的首创精神、独立性、放手的行动、雄伟的魄力和自愿实行的、与死套公式不相容的集中制互相结合起来的伟大榜样。我们苏维埃走的也是这条道路。但是苏维埃还有些'胆怯'，还没有放开手脚，还没有'渗透'到建立社会主义秩序这一新的、伟大的、创造性的工作中去。必须使苏维埃更大胆、更主动地去从事工作。必须使每个'公社'——每个工厂，每个乡村，每个消费合作社，每个供给委员会——都能作为对劳动和产品分配实行计算和监督的实际组织工作者，互相展开竞赛。……正是应当通过这些工作让有组织才能的人在实践中脱颖而出，并且把他们提拔上来，参加全国的管理工作。这样的人在人民中间是很多的。不过他们都被埋没了。必须帮助他们发挥才能。他们，而且只有他们才能在群众的支持下拯救俄国，拯救社会主义事业。"③

三是政策参与方式：不仅参与决策，还参与政策执行和政策监督。列宁指出："士兵和工人认为，政权应当属于劳动者，不劳动者不得食，谁劳动，谁就在国家里有发言权，谁就可以影响国家大事的决策。这是一个简单的真理，工人阶级中千百万人都懂得这个真理。"④"我们一方面决不停止训练群众参加对社会一切事务的国家管理和经济管理，决不妨碍群众

---

① 列宁：《俄共（布）第七次（紧急）代表大会文献：党纲草案草稿》，《列宁全集》，第34卷，第68页。

② 列宁：《全俄工兵农代表苏维埃第三次代表大会文献：人民委员会工作报告》，《列宁全集》，第33卷，第276—277页。

③ 列宁：《怎样组织竞赛》，《列宁全集》，第33卷，第209—211页。

④ 列宁：《在全俄矿工第一次代表大会上的讲话》，《列宁全集》，第38卷，第323页。

十分详尽地讨论新的任务（相反，应当想方设法帮助他们进行这种讨论，使他们能够独立地作出正确的决定），同时，我们应当开始严格区分民主的两种职能：一种是辩论和开群众大会，另一种是对各项执行的职能建立最严格的责任制和无条件地在劳动中有纪律地、自愿地执行各项必要的指令和命令，以便使经济机构真正像钟表一样工作。……民主的组织原则，其最高级形式就是由苏维埃建议和要求群众不仅积极参加一般规章、决议和法律的讨论，不仅监督它们的执行，而且还要直接执行这些规章、决议和法律；这就是说，要给每一个群众代表、每一个公民提供这样的条件，使他们既能参加国家法律的讨论，也能参加选举自己的代表，参加执行国家的法律。但决不能由此得出结论说，在下面的问题上可以容许有丝毫的混乱或无秩序现象：在每一具体场合由谁来负责一定的执行的职能，负责执行一定的命令，在一段时间内负责领导整个劳动的一定过程。群众应当有权为自己选举负责的领导者。群众应当有权撤换他们。群众应当有权了解和检查他们活动的每一个细节。群众应当有权推举任何工人群众承担执行的职能，但是这丝毫不是说，集体的劳动过程可以不要一定的领导，不要明确规定领导者的责任，不要由领导者的统一意志建立起来的严格秩序。如果没有统一的意志把全体劳动者结合成一个像钟表一样准确地工作的经济机关，那么无论是铁路、运输、大机器和企业都不能正常地进行工作。"[①] "劳动群众开群众大会的这种民主精神，犹如春潮泛滥，汹涌澎湃，漫过一切堤岸。我们应该学会把这种民主精神同劳动时的铁的纪律结合起来，同劳动时无条件服从苏维埃领导者一个人的意志结合起来。"[②]

　　四是有利于"妇女参与"的各种方式。列宁指出："在我们看来，真正有意义的民主，是那种为处于不平等地位的被剥削者服务的民主。不劳动者被剥夺选举权，那才是人与人之间真正的平等。……苏维埃政权比所有最先进的国家更彻底地实现了民主，在它的法律中丝毫也看不到妇女受到不平等待遇的痕迹。再说一遍，任何一个国家、任何一项民主立法，为妇女做到的都不及苏维埃政权在它建立后的最初几个月所做到的一半。""我们的任务是要使政治成为每个劳动妇女都能参与的事情。自从土地私有制和工厂私有制被消灭、地主资本家政权被推翻以后，政治任务对于劳

[①] 列宁：《"苏维埃政权的当前任务"一文初稿》，《列宁全集》，第34卷，第142—144页。
[②] 列宁：《苏维埃政权的当前任务》，《列宁全集》，第34卷，第182—183页。

动群众和劳动妇女,已经是一种简单明白、大家完全能参与的事情了。在资本主义社会,妇女处于无权的地位,与男子相比,她们是极少参与政治的。要改变这种状况,就要有劳动者的政权,有了劳动者的政权,政治的首要任务就同劳动者自己的命运息息相关了。这里,不仅需要党员女工和觉悟的女工,而且需要非党女工和觉悟最低的女工都来参加。这里,苏维埃政权为女工开辟了广阔的活动场所。"[1] "要吸引群众参与政治就不能不吸引妇女参与政治,因为占人类半数的妇女在资本主义制度下受着双重的压迫。女工和农妇受着资本的压迫,不仅如此,她们甚至在最民主的资产阶级共和国里也仍然没有享受充分的权利,因为法律不允许她们同男子平等,这是第一;第二,——这也是主要的——她们仍然受着'家庭的奴役',仍然是'家庭的奴隶',她们被最琐碎、最粗重、最辛苦、最使人愚钝的下厨房等单独的家务劳动压得喘不过气来。布尔什维克革命即苏维埃革命彻底铲除了妇女受压迫和不平等的根源,这是过去世界上任何一个政党、任何一次革命都不敢做的。在我们苏维埃俄国,法律上男女的不平等已经完全取消了。苏维埃政权彻底消灭了婚姻法和家庭法上的特别可耻、卑鄙、伪善的不平等,消除了在对子女关系上的不平等。这只是妇女解放的第一步。但是任何一个资产阶级共和国,哪怕是最民主的资产阶级共和国,都不敢走这第一步,因为它害怕触犯'神圣的私有制'。第二步,也是主要的一步,就是废除土地和工厂的私有制。这样,也只有这样,才有可能使妇女获得真正彻底的解放,通过从单独的琐碎的家务劳动向社会化的大规模劳动的转变摆脱'家庭的奴役'。这个转变是困难的,因为这关系到改造根深蒂固的、习以为常的、陈旧和僵化的'规矩'(老实说,这不是什么'规矩',而是丑恶现象和野蛮行为)。但是这个转变已经开始,事情已经向前推进了,我们已经走上新的道路。"[2]

五是"共产主义星期六义务劳动"的参与方式。列宁指出:"所谓共产主义,是指这样一种制度,在这种制度下,人们习惯于履行社会义务而不需要特殊的强制机构,不拿报酬地为公共利益工作成为普遍现象。自然,在那些为彻底战胜资本主义正在采取最初步骤的人看来,'共产主义'的概念是很遥远的。因此,尽管我们改变党的名称的做法非常正确,

---

[1] 列宁:《论苏维埃共和国女工运动的任务》,《列宁全集》,第37卷,第191、193页。
[2] 列宁:《国际劳动妇女节》,《列宁全集》,第40卷,第380—381页。

尽管这样做好处很大，尽管我们已经完成的事业规模巨大，十分宏伟，但如果把'共产党'这个名称解释为似乎现在就实现共产主义制度，那就是极大的歪曲，那就是胡乱吹嘘，会带来实际的害处。正因为这样，对待'共产主义'这个词要十分审慎。也正因为这样，共产主义星期六义务劳动见之于实践后就有了特殊的价值，因为就在这种极小的事情中开始出现了某种共产主义的东西。在我们经济制度中暂时还没有什么共产主义的东西。……'共产主义的东西'只是在出现星期六义务劳动时，即出现个人为社会进行的大规模的、无报酬的、没有任何权力机关和任何国家规定定额的劳动时，才开始产生。这不是农村中历来就有的邻舍间的帮忙，而是为了全国需要进行的、大规模组织起来的、无报酬的劳动。因此，把'共产主义'这个词不仅用于党的名称，而且用来专指生活中真正实现着共产主义的那些经济现象，这样做就更正确。如果说在俄国现在的制度中也有某种共产主义的东西，那就是星期六义务劳动，其他都不过是为巩固社会主义而对资本主义进行的斗争。在社会主义完全取得胜利以后，从社会主义中必然会生长出共产主义来，生长出从星期六义务劳动中看到的那种不是书本上的而是活生生的现实当中的共产主义来。"①

六是"群众大会"的参与方式。列宁指出："必须把国民经济的一切大部门建立在同个人利益的结合上面。共同讨论，专人负责。由于不善于实行这个原则，我们每走一步都吃到苦头。整个新经济政策要求我们把这两者分得非常清楚、非常明确。当人民转到新的经济条件下的时候，他们马上就讨论起来：这会产生什么结果，应当怎样按新方式来做。开始做任何一件事之前都非经过大家讨论不可，因为几十年几百年来，人民一直被禁止讨论任何事情，而革命不经过一段普遍开群众大会讨论各种问题的时期，是不能得到发展的。这造成了许多混乱现象。确实是这样，这是不可避免的，但是应该说这并不危险。我们只有及时学会区分哪些事需要开群众大会讨论，哪些事需要管理，才能使苏维埃共和国达到应有的水平。可惜我们还没有学会这样做，大多数代表大会离务实很远。我国代表大会之多，超过世界上一切国家。任何一个民主共和国都没有象我们那样召开这么多代表大会，而且它们也不会允许这样做。我们应当记住，我国是一个

---

① 列宁：《在俄共（布）莫斯科市代表会议上关于星期六义务劳动的报告》，《列宁全集》，第38卷，第36—38页。

损失惨重和贫穷不堪的国家,必须使它学会如何开群众大会才不致象我前面所说的那样,把需要开群众大会讨论的和需要管理的混淆起来。一方面要开群众大会,一方面要毫不犹豫地进行管理,要比以前资本家管得更严。"①

七是发挥工会组织作用的参与方式。列宁指出:"在实现无产阶级专政的整个过程中,工会的作用是非常重要的。……一方面,工会包括了全体产业工人,把他们吸收到自己的组织中,它是一个掌权的、统治的、执政的阶级的组织,是实现专政的阶级的组织,是实行国家强制的阶级的组织。但是,工会却不是国家组织,不是实行强制的组织,它是一个教育的组织,是吸引和训练的组织,它是一所学校,是学习管理的学校,是学习主持经济的学校,是共产主义的学校。……工会就它在无产阶级专政体系中的地位来说,是站在——如果可以这样说的话——党和国家政权之间的。在向社会主义过渡的时候,无产阶级专政是不可避免的,然而这种专政却不是由包括全体产业工人的组织来实现的。……可以说党吸收了无产阶级的先锋队,由这个先锋队来实现无产阶级专政。可是,没有工会这样的基础,就不能实现专政,就不能执行国家职能。而这些职能必须通过一系列特别的、并且同样是某种新型的机关,即通过苏维埃机关来实现。根据这种特殊情况可以得出什么样的实际结论呢?结论就是,工会建立起先锋队与群众之间的联系,工会通过日常的工作说服群众,说服那唯一能够领导我们从资本主义过渡到共产主义去的阶级的群众。这是一方面。另一方面,工会是国家政权的'蓄水池'。"②"根据这些原则,应当为工会参加无产阶级国家经济机关和国家机关规定以下几种基本形式:(1)工会用推荐候选人、提供咨询的方式参与一切经济机关以及同经济有关的国家机关的人事安排;工会也参加这些机关,但不是直接参加,而是通过由它们推举并经共产党和苏维埃政权批准的领导人选来参加,这些人选包括最高一级国家机关的委员、经济部门的委员、工厂管理机构的委员(在实行这种集体管理制的单位),还有行政管理人员及其助手,等等。(2)工会最重要的任务之一,就是从工人和一般劳动群众中提拔和培养行政管理

---

① 列宁:《新经济政策和政治教育委员会的任务》,《列宁全集》,第42卷,第191页。
② 列宁:《论工会、目前局势及托洛茨基同志的错误》,《列宁全集》,第40卷,第199—200页。

人员。……工会应当远比现在更细致更坚持不懈地系统登记一切有能力担任这种工作的工人和农民，从各方面切实认真地检查他们学习管理工作的成绩。(3) 工会参加无产阶级国家一切计划机关的工作同样重要。除了参加一切文化教育工作和生产宣传工作之外，工会的这一活动应当能够更广泛更深入地吸引工人阶级和劳动群众参加国家的整个经济建设，使他们熟悉经济生活的整个情况，熟悉工业从采购原料到销售产品的全部工作，使他们更具体地了解国家统一的社会主义经济计划和实现这一计划同工农的实际利害关系。(4) 在建设社会主义和参加工业管理方面，工会工作的一个必要组成部分就是制定工资标准和供给标准等。特别是纪律审判会应当不断加强劳动纪律，不断改进加强劳动纪律和提高生产率的文明工作方法，但决不可干涉人民法院和管理机构的职权。以上列举的工会在社会主义经济建设中几项最重要的职能，当然还应当由工会和苏维埃政权的有关机关作出详细规定。最重要的是，工会要自觉地坚决地放弃对管理工作进行没有准备的、外行的、不负责任的、危害不浅的直接干预，而去进行顽强的、切实的、预计需要做许多年的工作：实地训练工人和全体劳动者管理全国的国民经济。"①

(八) "计划经济"的萌芽

列宁已经看到了制定国家发展计划的重要性，并尝试了计划的制定："'科学地制定整个国民经济的国家计划'，——难道这些话的意思，我们最高政权机关的这项决议的意思，有什么不能理解的地方吗？如果那些在'专家'面前炫耀自己的共产主义的著作家和大官不知道这项决议，那么我们只好提醒他们说：对我们自己的法律无知，并不是论据。""应该学会尊重科学，应该摈弃门外汉和官僚主义者的'共产党员的'狂妄自大，应该学会利用我们自己的经验和我们自己的实践，有系统地从事工作！当然，关于'计划'这个东西本来可以无止境地谈论和争论下去。然而我们决不应当容许对'原则'（即编制计划的'原则'）作空泛的议论和争论，因为现在的问题是应该着手研究现有的这个唯一科学的计划，应该根据实际经验和更详细的研究来修正它。……必须着力把科学的电气化计划

---

① 列宁：《关于工会在新经济政策条件下的作用和任务的提纲草案》，《列宁全集》，第 42 卷，第 370—371 页。

与日常的各个实际计划及其具体实施结合起来。这当然是完全不容争辩的。究竟怎样结合呢？为要知道这一点，经济学家、著作家和统计学家就不应当空谈一般计划，而应当详细研究我们的各种计划的执行情况、我们在这种实际工作中所犯的错误以及改正这些错误的办法。不进行这种研究，我们就会盲目行动。只要进行这种研究，同时研究实际经验，剩下的行政事务问题就完全是小问题了。……精明能干的经济学家不会去编制毫无意义的提纲，而会去细心研究事实、数字和材料，分析我们自己的实际经验，然后指出：我们在某某地方犯了错误，要如此这般来加以改正。精明能干的行政管理人员一定会根据这种研究，提出建议或自行采取措施，来调换工作人员，改变汇报制度，改组机构等等。在我们这里还没有看到过有人用这两种切实的态度来对待统一的经济计划。毛病就在于，人们不正确地处理共产党员对待专家的态度问题和行政管理人员对待学者及著作家的态度问题。在统一的经济计划问题上，也象其他任何问题一样，有些事情（而且总是会出现一些新的事情）只需要共产党员来解决，或只需要用行政手段来解决。这是不容争辩的。但这完全是抽象的说法。而目前在我们这里对这个问题持错误态度的正是共产党员著作家和共产党员行政管理人员，他们不能理解，这方面应该多向资产阶级专家和学者学习，少玩弄些行政手段。""如果某个共产党员是行政管理人员，那么他的首要职责就是防止热中于发号施令，首先要考虑到科学界已经取得的研究成果，首先要问一问事实是否经过检验，首先要研究（通过报告、报刊、会议等等）我们究竟在什么地方犯了错误，然后才能在这个基础上来纠正已经在进行的工作。……少来一些知识分子的和官僚主义者的自负，多研究些我们在中央和地方的实际经验所提供的东西以及科学已经向我们提供的东西吧。"[1]

列宁系统阐释的"苏维埃"政策范式之所以重要，就在于这样的范式不仅继承和发展了马克思和恩格斯倡导的"公社"政策范式，还在于无产阶级政党对处理国家政策问题有了新的民主思维和具体的政策方法，对无产阶级政党的长期执政产生了深远的影响。

---

[1] 列宁：《论统一的经济计划》，《列宁全集》，第40卷，第346、350—354页。

第五章　斯大林："计划经济"政策范式

斯大林在"苏维埃"政策范式的基础上，发展出了"计划经济"的政策范式。或者说"苏维埃"政策范式可以根据政策取向分为两种类型，一种是由列宁用于实践的"新经济政策"取向的"苏维埃"政策范式，另一种就是由斯大林用于实践的"计划经济"政策取向的"苏维埃"政策范式。尤其需要注意的是，对于"计划经济"下的政策与民主关系，斯大林有较全面的阐释。

一　支持"新经济政策"取向的"苏维埃"政策范式

在"十月革命"前后，尤其是1924年列宁逝世以前，斯大林就列宁所倡导的"苏维埃"政策范式作了一些具体的解释，并在理论上强调对这样的政策范式的全面理解和坚持。

（一）建立苏维埃式国家的基本诉求

斯大林高度肯定了列宁对苏维埃式国家的基本论点，强调无产阶级专政是无产阶级的政治统治，是用暴力推翻资本政权的办法——这个基本思想是马克思和恩格斯提出的："列宁在这方面的新贡献在于：（甲）他利用巴黎公社和俄国革命的经验，发现了苏维埃政权是无产阶级专政最好的国家形式。（乙）他从无产阶级同盟者问题着眼，阐明了无产阶级专政的公式，规定了无产阶级专政是领导者无产阶级和被领导者非无产阶级剥削群众（农民等等）的特种形式的阶级联盟。（丙）他特别着重指出这个事实：无产阶级专政是阶级社会中民主的最高类型，是代表多数人（被剥削者）利益的无产阶级民主的形式，它和代表少数人（剥削者）利益的资本主义民主是完全相反的。"①

但是斯大林不再强调"公社式国家",而是强调"十月革命"对于无产阶级建立国家政权的决定性意义:"我不提巴黎公社,因为巴黎公社是无产阶级为反对资本主义而扭转历史的第一次光荣的英勇的然而没有成功的尝试。……十月革命夺得了资产阶级手里的政权,剥夺了资产阶级的政治权利,摧毁了资产阶级的国家机构并把政权交给了苏维埃,因而把社会主义苏维埃政权这一无产阶级民主制同资产阶级国会制度这一资本主义民主制对立起来。十月革命摧毁了资产阶级旧制度以后,就着手建设社会主义新制度。"②

在争取建立苏维埃政权的斗争中,斯大林着重强调的是以下十个论点。

第一,对"民主共和国"应有正确的认识。斯大林指出:"法国大革命建立了共和国,但究竟是怎样的共和国呢?是真正的民主共和国吗?是俄国社会民主工党所要求的那种共和国吗?这个共和国给以了人民普选权吗?当时的选举是完全直接的选举吗?……没有。这样的事情在那里根本没有,而且也不会有。因为工人们当时还没有受过社会民主主义的教育。……我们所需要的并不是十八世纪法国资产阶级所建立的那种共和国,而是二十世纪俄国社会民主工党所要求的共和国。"③"今天我们要求建立民主共和国。我们能不能说民主共和国在各方面都好或是在各方面都坏呢?不,不能这样说!为什么呢?因为民主共和国只有从一方面看,即当它破坏封建制度的时候,才是好的,而从另一方面看,即当它巩固资产阶级制度的时候,却是坏的。因此我们说,民主共和国既然破坏封建制度,所以它是好的,我们就要为它而奋斗;但是民主共和国既然巩固资产阶级制度,所以它是坏的,我们就要和它作斗争。"④

第二,无产阶级政权必须建立在无产阶级专政的基础上。斯大林指出:"谁想知道马克思主义者所想象的无产阶级专政是什么,谁就应当了解一下巴黎公社。我们也来看着巴黎公社吧。如果巴黎公社真的是个别人物对无产阶级的专政,那末就打倒马克思主义、打倒无产阶级专政吧!但

---

① 斯大林:《和第一个美国工人代表团的谈话》,《斯大林全集》,第 10 卷,第 87 页。
② 斯大林:《十月革命的国际性质》,《斯大林全集》,第 10 卷,第 203—205 页。
③ 斯大林:《临时革命政府和社会民主党》,《斯大林全集》,第 1 卷,第 135—136 页。
④ 斯大林:《无政府主义还是社会主义》,《斯大林全集》,第 1 卷,第 282 页。

如果我们看出巴黎公社事实上是无产阶级对资产阶级的专政，那末……那末我们就要尽情耻笑无政府主义的诽谤家。……人民是'唯一的统治者'，'不是一个人的专政，而是全体人民的专政'，——巴黎公社就是这样的。……很明显，专政有两种。有少数人的专政，一小群人的专政，……这种专政通常由一群权奸把持，他们秘密决定问题，加紧绞杀大多数人民。……又有另一种专政，即无产阶级多数人的专政，群众的专政，其目的是反对资产阶级，反对少数人。这里领导专政的是群众，这里不容权奸立足，也不容秘密决定问题，这里一切都公开进行，在街道上进行，在群众大会上进行，这因为它是街头的专政，是群众的专政，是旨在反对任何压迫者的专政。"①

第三，无产阶级专政可以表现为人民专制或无产阶级和农民的专政。斯大林认为："我们今天的任务就是建立人民专制。我们要使政权转到无产阶级和农民手中。……或者我们应当摈弃人民专制（民主共和国）而满足于君主立宪制，……或者我们仍旧认定我们今天的目的应当是建立人民专制（民主共和国）而坚决摈弃君主立宪制。"② "资产阶级的专政同无产阶级和革命农民的专政有什么区别呢？区别就在于，资产阶级专政是少数人对多数人的统治，这种统治只有对多数人施以暴力才能实现，这种统治要求进行反对多数人的内战。而无产阶级和革命农民的专政是多数人对少数人的统治，它完全可以不要内战。……资产阶级专政是秘密的、隐蔽的、幕后的专政，它需要用某种漂亮的掩护物来欺骗群众。而无产阶级和革命农民的专政是公开的专政，群众的专政，它对内不需要欺骗，对外不需要秘密外交。"③

第四，只有通过阶级斗争和武装起义才能建立无产阶级政权。斯大林指出："马克思说过，任何阶级斗争都是政治斗争。这就是说，今天无产者和资本家之间进行着经济斗争，明天他们也不得不进行政治斗争，他们就这样用双重性的斗争来保护自己的阶级利益。"④ "要使无产阶级能够建立最能保证以后为实现社会主义而斗争的民主制度，就必须使无产阶级（在它的周围团结着沙皇制度的反对派）不仅处于斗争的核心

---

① 斯大林：《无政府主义还是社会主义》，《斯大林全集》，第1卷，第333—336页。
② 斯大林：《目前形势和工人党统一代表大会》，《斯大林全集》，第1卷，第246页。
③ 斯大林：《资产阶级专政的政府》，《斯大林全集》，第3卷，第297页。
④ 斯大林：《阶级斗争》，《斯大林全集》，第1卷，第259页。

地位，而且成为起义的领袖和领导者。在技术上领导和在组织上准备全俄起义。"①

第五，"苏维埃"是建立联盟和"统一战线"的革命机关。斯大林认为："要保持已经争得的权利并继续扩大革命，单靠工人和士兵的临时联盟是绝对不够的。要做到这一点，必须使这个联盟成为自觉而坚强的、持久而稳固的联盟。……工兵代表苏维埃也就是这种联盟的机关。这种苏维埃团结得愈紧密，组织得愈巩固，它们所体现的革命人民的革命政权就愈有力量，战胜反革命的保证就愈加实际。"②

第六，"苏维埃"既是革命斗争机关，也是革命政权机关。斯大林指出，俄国出现了两个政府并存的局面，即临时政府和彼得格勒工兵苏维埃实际上分掌政权的局面。彼得格勒工兵代表苏维埃是工人和士兵的革命斗争机关，临时政府是被革命的"极端行动"吓倒的、以地方的消极性为靠山的温和派资产阶级的机关。"随着革命的深入，地方也在革命化。各地都在成立工人代表苏维埃。农民不断卷入运动并组织在自己的协会中。军队也在民主化，各地都在成立士兵联合会。地方的消极性正在消失。……全俄民主力量必须有一个全国性的革命斗争机关，这个机关要有高度的威信，以便把首都和地方的民主力量联合在一起，并在必要时从人民的革命斗争机关变成动员人民中一切有生力量以反对反革命的革命政权机关。只有全国工兵农代表苏维埃能够成为这样的机关"。③

第七，"苏维埃"是可以使国家民主化的革命机关。斯大林指出："革命的创举和民主的措施都是工兵代表苏维埃提出的，而且仅仅是工兵代表苏维埃提出的。临时政府总是固执己见，顽强抗拒，只是在后来才同意苏维埃的意见，而且这种同意也不过是部分的和口头上的，实际上仍然加以阻挠。……叫临时政府不要妨碍工兵代表苏维埃使国家进一步民主化，——这样提出问题不是更好吗？"④

第八，"苏维埃"应当是执行无产阶级政策的机关。斯大林强调："问题不在于什么样的机关，而在于这个机关执行哪个阶级的政策。我们当然拥护我们占多数的苏维埃。我们要竭力建立的正是这样的苏维埃。我

---

① 斯大林：《武装起义和我们的策略》，《斯大林全集》，第1卷，第121页。
② 斯大林：《论工兵代表苏维埃》，《斯大林全集》，第3卷，第4页。
③ 斯大林：《论俄国革命胜利的条件》，《斯大林全集》，第3卷，第14—15页。
④ 斯大林：《论临时政府》，《斯大林全集》，第3卷，第39页。

们不能使政权转到那种同反革命结成联盟的苏维埃手里。"①

第九,"地方自治改革"应服从建立"苏维埃"的需要。斯大林指出:"谁想保证居民有粮食,谁想消除房荒,谁想把城市的捐税仅仅加在富人身上,谁力求使所有这些改革在事实上而不只是在口头上实现,谁就应当投票选举那些反对侵略战争、反对地主资本家政府、反对恢复警察、主张实现民主的和平、主张把政权交给人民自己、主张建立全民的民警、主张市政建设真正民主化的人。不具备这些条件,'根本的地方自主机关改革'就是一句空话。"②

第十,在建立苏维埃政权的过程中,应打破对"协商运动"的幻想。斯大林指出:"'协商'和'谈判'这些字眼对于工人不是而且也不应当是可怕的东西。……为了使协商运动能广泛提出和公开讨论工人生活中的一切问题,从而使工人获得极宝贵的帮助,就必须实行工会所提出的、将列入给当选初选代表的委托书中的条件。任何谈判,只要在全体工人群众面前进行,就'没有什么可怕'。……协商会议,主要是协商运动,只要提供这方面所必要的条件,工人是可以参加的。"③"石油业主'认为需要协商了',于是掀起了协商运动。工人坚决拒绝旧的幕后的协商会议,他们绝大多数赞成有保障的协商会议。……显然石油业主不再认为需要协商,他们宁愿进攻了。……因此,我们的任务就是在我们的工会的周围团结起来,用我们的一切手段保卫自己不受打击。"④

(二) 为建立苏维埃政权提出的民主要求

为了建立苏维埃政权,斯大林在"十月革命"前明确提出了以下与"民主"有关的要求。

第一,推翻专制制度是无产阶级的基本民主诉求。"要把所有参加这个运动的人联合起来,就需要一面旗帜,一面为大家所了解而感到亲切的、能体现一切要求的旗帜,这样的旗帜就是推翻专制制度。只有摧毁专制制度,才能建立起依靠人民参加国家管理并保障学习、罢工、言论、宗

---

① 斯大林:《在俄国社会民主工党(布尔什维克)彼得格勒组织紧急代表会议上的讲话》,《斯大林全集》,第3卷,第118页。
② 斯大林:《地方自治机关选举运动》,《斯大林全集》,第3卷,第66页。
③ 斯大林:《选举以前》,《斯大林全集》,第2卷,第86—87页。
④ 斯大林:《石油业主在策略上的转变》,《斯大林全集》,第2卷,第99—102页。

教、民族及其他等等自由的社会制度"。"只有工人阶级才是真正民主主义可靠的砥柱。只有工人阶级才不会由于获得某种让步而和专制政权妥协，才不会因为人家弹奏宪政琵琶、唱起甜蜜调子便麻痹起来"。①

第二，国家完全民主化是解决民族问题的基础和条件。"国家没有民主化，民族'充分自由发展文化'也就没有保障。可以肯定地说，国家愈民主，对'民族自由'的'侵犯'就愈少，免受'侵犯'的保障就愈多"。"现在和将来的运动就是争取完全民主化的运动。民族问题也应该同这个运动联系起来加以考察。总之，国家完全民主化是解决民族问题的基础和条件。……俄国马克思主义不能不主张民族自决权。总之，自决权是解决民族问题的一个必要条件"。②

第三，专制条件下不可能有真正的"普选"。"尽管专制制度仍然存在，我们还是可以在全俄实行普选！尽管专制制度仍然猖獗，'不合法的'人民代表还是可以宣布自己为立宪会议并建立民主共和国！这就是说，既不需要武装，又不需要起义，也不需要临时政府，只要'不合法的'代表们宣布自己是立宪会议，民主共和国就会自然而然地到来的！……这种异想天开的'立宪会议'必有一天会落到彼得巴甫洛堡大狱里去的"。③ "杜马是一种不伦不类的国会，它只能在口头上拥有表决权，事实上却只有发言权，因为上议院和武装到了牙齿的政府在监督它。宣言上公开说：杜马的任何一个决议，若不经上议院和沙皇批准就不能付诸实施。杜马不是人民的国会，而是人民公敌的国会，因为杜马的选举既不会是普遍的、平等的，也不会是直接的、无记名的。给工人的那一点点选举权不过是纸上空文罢了。……当选为杜马代表的只能是其他阶级的分子，一名工人代表也没有，一个议席也不给工人，——这就是成立杜马的原则"。"要知道选举本身是不能使群众革命化的。……采取参加选举的策略就是无意中帮助和巩固沙皇杜马，降低群众的革命精神，模糊人民的革命意识，无法建立任何革命组织，并且和社会生活的发展背道而驰，所以社会民主党应当摈弃这种策略"。④

---

① 斯大林：《俄国社会民主党及其当前任务》，《斯大林全集》，第 1 卷，第 20、24 页。
② 斯大林：《马克思主义和民族问题》，《斯大林全集》，第 2 卷，第 331—332、352 页。
③ 斯大林：《反动加紧起来了》，《斯大林全集》，第 1 卷，第 158 页。
④ 斯大林：《国家杜马和社会民主党的策略》，《斯大林全集》，第 1 卷，第 188、191—192 页。

第四，无产阶级政党可以将选举作为斗争的工具。"在自由竞选运动的条件下，'有钱有势的人'要想收买和欺骗全体人民是不可能的。因为我们将用社会民主党的真话去对抗他们的势力和金钱，并以此来阻遏资产阶级的骗人把戏"。①"竞选是一件活生生的事情，而且各党派的面目也只有在实际中才可以认清。……社会主义者在竞选中必须独立活动，在初选阶段容许成立协议只是一种例外。而且只容许和那些把全民的立宪会议、没收一切土地、八小时工作制等等作为当前口号的政党成立协议"。②"新的革命浪潮还没有强大到可以提出像政治总罢工那样的问题，然而它的力量已经强大到可以在一些地方撕破'解释'的罗网，使选举工作趋于活跃，组织无产阶级的力量，并对群众进行政治教育了"。"选举说明，无产阶级，也只有无产阶级才负有使命去领导即将到来的革命，逐步把俄国一切渴望祖国从奴役下解放出来的诚实的、民主的人们集合在自己的周围"。③

第五，"杜马"具有鲜明的反民主特征。"立宪民主党的杜马不是人民意志的表达者，它不能起人民代表机关的作用，不能成为国家的政治中心，不能把人民团结在自己周围。……现在的杜马不是从人民中间产生出来的，它是反人民的"。④

第六，无产阶级政党应开展积极的"议会斗争"。"国家杜马中的社会民主党代表应组成一个特别的党团，这个党团作为党的组织之一，必须和党保持最密切的联系，必须服从党的领导和党中央的指示。国家杜马中的社会民主党党团的基本任务就是协助无产阶级进行阶级教育和阶级斗争。……为了这个目的，党团在一切场合下都应当提出无产阶级自己的阶级政策，使社会民主党有别于其他一切组织和一切革命党派"。⑤

第七，"立宪会议"的民主要求。"临时革命政府定会解除黑暗势力的武装，把人民武装起来并立即着手召开立宪会议。这样，沙皇的统治将

---

① 斯大林：《临时革命政府和社会民主党》，《斯大林全集》，第1卷，第138页。
② 斯大林：《彼得堡的竞选和孟什维克》，《斯大林全集》，第2卷，第15—16页。
③ 斯大林：《彼得堡的选举》，《斯大林全集》，第2卷，第269、280页。
④ 斯大林：《目前形势和工人党统一代表大会》，《斯大林全集》，第1卷，第241—242页。
⑤ 斯大林：《给第三届国家杜马社会民主党代表的委托书》，《斯大林全集》，第2卷，第77页。

由人民的统治来代替。……临时政府必须完全实现我们的最低纲领，并立即着手召开全民立宪会议，以立法手续把社会生活中所发生的变革'永远'固定下来"。"立宪会议既要批准临时革命政府在起义人民帮助下所实现的改革，又要制定国家宪法"。①

（三）苏维埃政权的基本制度特征

在"十月革命"后建立的苏维埃政权，通过斯大林的解释，可以看出在制度方面具有六个重要的特征。

第一个是"联邦制"的特征。"美国以及加拿大和瑞士是从各个独立的区域经过它们的联邦发展为单一的国家的，发展的趋势不是有利于联邦制，而是不利于联邦制，联邦制是一种过渡形式。……力求在俄国实行联邦制是不合理的，因为实际生活本身已经注定联邦制必然要消失。……俄国各区域（各边区）和俄国中部是由许多经济和政治的纽带联系起来的，并且俄国愈民主，这些纽带就愈牢固"。"只是在十月革命以后，党才明确而肯定地采取了国家联邦制的观点。……我们党在联邦制问题上的观点的这种演变由下面三个原因来说明：第一、到十月革命时俄国许多民族实际上已经处于完全分离和彼此完全隔绝的状态，因此，联邦制是使这些民族的劳动群众由分散趋于接近、趋于联合的前进一步。第二、在苏维埃建设进程中确立起来的联邦形式本身，远不像从前所想象的和俄国各民族劳动群众在经济上接近起来的目的有那样大的抵触，甚至像后来的实践所表明的那样，联邦形式和这些目的完全不相抵触。第三、民族运动所占的比重，比从前，比战前时期或十月革命以前时期所想象的要大得多，而各民族联合的方法也要复杂得多"。②

斯大林还就"联邦制"的具体制度安排作了具体的解释：关于俄罗斯共和国的联邦制度问题，苏维埃联邦的最高机关应该是苏维埃代表大会。在代表大会闭会期间，中央执行委员会行使代表大会的职权。1918年1月10日至1月18日召开的全俄工兵农代表苏维埃第三次代表大会的"关于俄罗斯共和国联邦机构的会议草案"，有以下规定：（1）俄罗斯社会主义苏维埃共和国建立在俄国各民族自愿联盟的基础上，是这些民族的

---

① 斯大林：《临时革命政府和社会民主党》，《斯大林全集》，第1卷，第125—126、141页。
② 斯大林：《反对联邦制》，《斯大林全集》，第3卷，第26、29—30页。

苏维埃共和国的联邦；（2）联邦的最高权力机构是全俄工兵农代表苏维埃代表大会，代表大会会议至少每三个月举行一次；（3）全俄工兵农代表苏维埃代表大会选举全俄中央执行委员会，在代表大会闭会期间，全俄中央执行委员会是最高机关；（4）联邦政府即人民委员会的选举和罢免（全部或部分）由全俄苏维埃代表大会或全俄中央执行委员会执行；（5）具有特殊生活习惯和民族成分的各个区域的苏维埃共和国参加联邦政府的方式以及俄罗斯共和国联邦机关和区域机关职权范围的划分，在各区域苏维埃共和国成立之后，立即由全俄中央执行委员会和这些共和国的中央执行委员会确定。①

斯大林还特别强调，"联邦制"只是一种过渡形态，最终应该实现的是"社会主义单一制"国家："俄罗斯联邦不是各个独立城市的联盟（像资产阶级报刊的漫画家所想像的那样）或一般区域的联盟（像我们某些同志所揣度的那样），而是在历史上分离出来的、有特殊的生活习惯和民族成分的一定地域的联盟。……这些加入联邦的区域的权限将在整个苏维埃联邦的建设过程中非常具体地规定出来，但是这些权利的一般轮廓现在就可以勾划出来了。陆海军、外交、铁路、邮电、货币、通商条约和总的经济、财政、金融政策，——这一切大概将是中央人民委员会的职权范围。其余一切事宜，首先是一般法令的执行方式、学校、诉讼、行政管理等等，则归区域人民委员会负责。""历史证明迷恋联邦制是不对的。……俄国的联邦制也同美国和瑞士的联邦制一样注定要起过渡作用，过渡到将来的社会主义单一制。"②

第二个是"民族自决"的特征。斯大林指出："有人拿国家机关的混乱、旧官吏的怠工等等吓唬我们，我们自己也知道，新的社会主义政府不可能简单地把旧的资产阶级国家机关接收过来，变成自己的机关。但是我们一着手革新旧机关，清洗坏分子，怠工现象就开始消失了。……有人拿俄国要崩溃，俄国要分裂成许多独立国家来吓唬我们，并且暗示说人民委员会宣布民族自决权是一个'招致灭亡的错误'。但是，我必须非常肯定地说，如果我们不承认俄国各民族有自由自决的权利，那我们就不是民主

---

① 参见斯大林《在全俄工兵农代表苏维埃第三次代表大会上的讲话》，《斯大林全集》，第4卷，第29—30页。

② 斯大林：《俄罗斯联邦共和国的组织》，《斯大林全集》，第4卷，第66、68页。

主义者了（更谈不上社会主义了）。"①

第三个是"自治"的特征。斯大林认为："自治是一种形式，全部问题在于这种形式包含的是什么样的阶级内容。苏维埃政权决不反对自治，它主张自治，但是它主张的是全部政权掌握在工人和农民手里的自治，是各民族的资产阶级不仅无权执政而且无权参加政府机关选举的自治。"②"按照人民委员会的型式建立起来的各区域中央（西伯利亚、白俄罗斯、土尔克斯坦）曾经向人民委员会请求指示，人民委员会答复说：你们自己就是当地权力机关，自己就应当制定指示。"③"必须把群众的觉悟提高到苏维埃政权的水平，使他们的优秀的代表和苏维埃政权融合起来。但是，如果这些边疆地区不实行自治，也就是说，不建立地方学校、地方法院、地方行政机关、地方政权机关、地方社会政治机关和教育机关，不保证在社会政治工作的各方面有使用地方的、为边区劳动群众所熟悉的语言的充分权利，那就不可能做到这一点。"④

第四个是"两院制"的特征。斯大林原来是持否定"两院制"的论点，强调中央政权的建立，它的组织方式是由俄罗斯联邦的特点决定的。"美国和瑞士的联邦制实际上形成了两院制：一方面是根据普选原则选出的议会，另一方面是由各州或各邦组成的联邦院。……俄国的劳动群众是不会同意这种两院制的。至于这种制度和社会主义的基本要求完全不符合，那就更不用说了。……俄罗斯联邦的最高权力机关将是由俄国全体劳动群众选出的苏维埃代表大会或代行其职权的中央执行委员会。并且必须抛弃那种认为普选制'原则'绝对正确的资产阶级偏见，选举权想必只给那些被剥削的或至少不剥削他人劳动的居民阶层。这是无产阶级和贫农专政这一事实的自然结果。至于俄罗斯联邦政权的执行机关，即中央执行委员会，我们应该由苏维埃代表大会从中央和加入联邦的各区域所提出的候选人中选出。这样，在中央执行委员会和人民委员会之间就不会有而且不应该有所谓第二院了"。⑤

---

① 斯大林：《在赫尔辛基芬兰社会民主工党代表大会上的演说》，《斯大林全集》，第4卷，第4—5页。
② 斯大林：《在鞑靼—巴什基里亚苏维埃共和国成立大会筹备会议上的讲话》，《斯大林全集》，第4卷，第81页。
③ 斯大林：《关于乌克兰拉达》，《斯大林全集》，第4卷，第15页。
④ 斯大林：《当前任务之一》，《斯大林全集》，第4卷，第70页。
⑤ 斯大林：《俄罗斯联邦共和国的组织》，《斯大林全集》，第4卷，第66—67页。

1922年12月成立苏维埃社会主义共和国联盟，苏维埃社会主义共和国联盟苏维埃代表大会是最高权力机关，由市苏维埃代表和省苏维埃代表组成，市苏维埃代表每2.5万选民选举1人，省苏维埃代表每12.5万居民选举1人；在代表大会闭会期间，中央执行委员会是联盟最高权力机关，按各加盟共和国的人口比例从各加盟共和国的代表中选出371人组成。苏维埃社会主义共和国联盟人民委员会是联盟中央执行委员会的执行机构，由联盟中央执行委员会选出，任期由中央执行委员会确定。[①] "苏维埃社会主义共和国联盟的最高机关是联盟中央执行委员会和联盟人民委员会，前者由各加盟共和国按它们所代表的人口的比例选出；后者是联盟中央执行委员会的执行机关，由联盟中央执行委员会选出。联盟中央执行委员会的职权是：制定加入联盟的各共和国和各联邦的政治生活和经济生活的基本领导原则。联盟人民委员会的职权是：（甲）直接和统一管理联盟的军事、外交、对外贸易、铁路和邮电各项事务。（乙）领导加入联盟的各共和国和各联邦的财政、粮食、国民经济、劳动和检查等委员会部的工作。……有一种意见认为除了两个联盟机关（中央执行委员会和人民委员会）以外，还必须设立介于二者之间的第三个联盟机关，即所谓各民族都有同等名额的代表参加的上议院。毫无疑问，这种意见是得不到各民族共和国的赞同的，这至少是因为设有上议院的两院制起码是和目前发展阶段的苏维埃建设不相容的"。[②]

　　但不久斯大林就明确提出了建立"两院制"的主张："如果我们能在联盟中央执行机关内设立两个平等的院，第一院由联盟苏维埃代表大会选出，不分民族，第二院由各共和国和各民族地区选出（各共和国的代表人数相等，各民族地区的代表人数也相等），并由共和国联盟苏维埃代表大会批准，我想那时我们的最高机关就能不仅反映所有劳动者的阶级利益，而且反映纯粹民族的需求。……有两种管理国家的方式，一种方式是使机关'简单化'，比如说，以一个集团或一个人为首领，他的耳目是各地的省长。……还有另一种管理制度，即苏维埃制度。我们在苏维埃国家内实行的是另一种管理制度。这种管理制度使人们能准确地预测农民、少

---

　　① 参见《苏维埃社会主义共和国联盟成立条约》，《斯大林全集》，第5卷，第326页。
　　② 斯大林：《关于各独立民族共和国的联合问题》，《斯大林全集》，第5卷，第117—118页。

数民族、所谓'异族人'和俄罗斯人的一切变化、一切情况,使最高机关系统内有许多晴雨表可以预测各种变化。……它所以叫做苏维埃政权,人民政权,是因为它依靠的是最下层的群众,它能最先察觉到各种变化,如果路线被歪曲,它就能采取相应的措施及时纠正路线。在目前的形势下,应设置第二院。"①"提意见的人认为建立两院制是不适当的,提议取消民族院。我认为这个意见也是不正确的。如果苏联是一个单民族的国家,那么一院制会比两院制好。但是苏联不是单民族的国家。……没有这样一个机关,就无法管理苏联这样一个多民族的国家。这样的机关就是第二院,即苏联民族院。……如果两院平等,第二院也像第一院那样用民主方式成立,就不会有第二院比第一院有更多权利,而且第二院照例不是通过民主方式成立的,往往是用上面指定议员方式成立的这种坏处。"②

第五个是"人民性"或"群众性"特征。斯大林指出:"不能把苏维埃政权看成是脱离人民的政权,恰恰相反,它是唯一的来自俄国人民群众并为他们所亲近和爱戴的一种政权。其实这也就说明,为什么苏维埃政权通常在危机关头会表现出空前未有的力量和韧性。……苏维埃政权要成为人民群众所亲近的政权,首先应该成为他们所了解的政权。因此,必须使边疆地区的一切苏维埃机关,即法院、行政机关、经济机关、直接政权机关(以及党的机关)尽可能由熟悉当地居民生活方式、风俗和语言的当地人组成,……必须使群众看到苏维埃政权及其机关是他们自己努力的结果,是他们愿望的体现。只有用这种办法才能在群众和政权之间建立不可摧毁的精神联系。"③

第六个是"创造性"特征。斯大林认为:"任何一种人民革命,只要是真正的人民革命,就是创造性的革命,因为它打破旧的制度而创造新的制度,建立新的制度。"④"不应醉心于批评彼此的制度。每一国的人民都维持着它所愿意维持和可能维持的制度。哪一种制度更好,——历史会证明的。应该尊重人民所选择和赞同的制度。"⑤

---

① 斯大林:《俄共(布)第十二次代表大会》,《斯大林全集》,第5卷,第209—211页。
② 斯大林:《关于苏联宪法草案》,《斯大林文集(1934—1952)》,第124—125页。
③ 斯大林:《苏维埃政权对俄国民族问题的政策》,《斯大林全集》,第4卷,第317—318页。
④ 斯大林:《和第一个美国工人代表团的谈话》,《斯大林全集》,第10卷,第91页。
⑤ 斯大林:《和美共和党人哈罗德·史塔生的谈话的记录》,《斯大林文集(1934—1952)》,第525页。

（四）党的决策与党内民主

对于无产阶级政党的政策功能，斯大林不仅强调了党的决策作用，也强调了"党内民主"在决策过程中的以下重要作用。

一是无产阶级政党要代表工人阶级的利益。"为了能够起领导作用，工人阶级就必须组成一个独立的政党。那时工人阶级在反对专制制度的斗争中，就不会害怕自己的暂时同盟者'社会人士'的任何叛变和出卖行为了。当这些'社会人士'一旦背叛了民主事业时，工人阶级就会用自己的力量引导这个事业前进，而这个独立的政党将给工人阶级以担当这种事业所必需的力量"。①

二是无产阶级政党应成为团结的领导集团。"无产阶级政党作为一个战斗的领导集团，第一、按成员数量来说，它应当比无产阶级小得多；第二、按觉悟程度和经验来说，它应当比无产阶级更高些；第三、它应当是一个团结一致的组织。"②

三是无产阶级政党需要能够了解群众政策要求的领袖。"有一个时期，俄国社会民主党的党员很少。当时它带有知识分子的性质，还不能使无产阶级的斗争具有社会民主主义的色彩。当时党的政策是由某几个人执行的，无产者党员群众的声音是听不到的……今天却完全两样了。今天在我们面前的是一个伟大的政党——俄国社会民主工党，它的党员达二十万之多，它使无产阶级的斗争逐渐具有社会民主主义的色彩。……而这个伟大的党之所以特别伟大和卓越，在于它的舵柄掌握在党员群众手中，而不是掌握在个别'有教养的人物'手中"。③

四是无产阶级政党的中央委员会应有应对事变的决策权。"批评所涉及的不是主要的问题，而是次要的问题。这些批评主要是说中央没有同地方取得联系，中央的活动主要是在彼得格勒。……俄国的政策是在这里，在彼得格勒锻炼出来的。革命的领导力量在这里。地方响应彼得格勒所做的事情。最后，这是因为掌握着全部政权的临时政府在这里，作为整个有组织的革命民主派喉舌的中央执行委员会也在这里。另一方面，事变正在

---

① 斯大林：《俄国社会民主党及其当前任务》，《斯大林全集》，第1卷，第24—25页。
② 斯大林：《无产阶级和无产阶级政党》，《斯大林全集》，第1卷，第56页。
③ 斯大林：《先进的无产阶级和党的第五次代表大会》，《斯大林全集》，第2卷，第33—34页。

迅速发展,……要等待我们地方的朋友发表意见是不行的。大家知道,中央执行委员会决定革命问题是不等待地方的。他们掌握着整个政府机关。……要求中央没有预先征求地方的意见不要采取任何步骤,就等于要求中央不要走在事变的前面,而落在事变的后面,但这就不成其为中央了。只有运用一向采取的那种方法,中央才能担负得起自己的任务"。①

五是无产阶级政党不能与群众脱节。"我们认为无政府主义是马克思主义的真正的敌人。……无政府主义以个人为基础,认为解放个人是解放群众、解放集体的主要条件,……因此它的口号是'一切为了个人'。而马克思主义则以群众为基础,认为解放群众是解放个人的主要条件。这就是说,在马克思主义看来,群众没有解放之前,个人的解放是不可能的,因此它的口号是'一切为了群众'"。②

六是无产阶级政党应强调斗争的统一性而不是对于政策的意见分歧。"我们以为强大而充满生命力的运动,没有意见分歧是不可想象的。……但这并不是说,分歧之点多于一致之点。远非如此!无论先进工人的意见如何分歧,他们总不会忘记他们不分派别地一样遭受剥削,他们不分派别地一样毫无权利。因此,《真理报》首先而且主要地将号召把无产阶级的阶级斗争统一起来"。③ "我党的历史证明,意见分歧的问题不是在辩论中,而主要是在工作的过程中,在运用原则的过程中解决的"。④

七是"党内民主"不是要将党变成"争论俱乐部",而是要自下而上集中全党的意志。"显然,有两种民主:一种是党员群众的民主,这些党员群众愿意发挥自动性并积极参加党的领导工作;另一种是有不满情绪的党内要人的'民主',这些党内要人认为民主的实质就是用一些人代替另一些人。党一定会赞成第一种民主,并且要坚决地实现这种民主。党一定会抛弃有不满情绪的党内要人的'民主',因为它和真正的工人的党内民主毫无共同之处。为了保证党内民主,首先必须铲除我们某些工作人员头脑中存在的那些战争时期的残余和习惯;……其次,为了保证党内民主,

---

① 斯大林:《在俄国社会民主工党(布尔什维克)第六次代表大会上的讲话》,《斯大林全集》,第3卷,第157—158页。
② 斯大林:《无政府主义还是社会主义》,《斯大林全集》,第1卷,第272—273页。
③ 斯大林:《我们的目的》,《斯大林全集》,第2卷,第243页。
④ 斯大林:《自索里维切果茨克流放地寄给党中央的信》,《斯大林全集》,第2卷,第200页。

必须清除我们拥有近百万职员的官僚主义的国家机关对只有两三万工作人员的党机关所加的压力。……最后,为了保证党内民主,必须提高我们许多落后支部的文化水平。……由此可见,保证充分的民主,并不那样简单,当然,如果指的不是那种空洞的形式上的民主,而是真正的工人的民主的话。显而易见,为了保证和实现真正的党内民主,就必须自下而上集中全党的意志"。①

八是应通过培养接班人维系有效的中央委员会决策机制。"目前我们党的中央机关的情况是这样的,我们有二十七个中央委员,中央委员会会议每两个月召开一次,而中央委员会里有一个十人到十五人组成的核心,这些人在领导我们机关的政治和经济工作方面已经熟练到有使自己变成领导术士的危险。这也许是好的,但是这也有很危险的一面,因为这些同志既然在领导方面积累了极丰富的经验,他们就可能沾染上自负的习气,就可能故步自封,脱离群众工作。如果某些中央委员,比如说,十五人的核心很有经验,很有才干,在拟定指示时十有九次不犯错误,这是很好的。但是,如果他们的周围没有同地方工作有密切联系的未来新一代的领导者,那末这些高度熟练的人就完全有可能讲话和脱离群众。其次,中央委员会里有经验的核心在逐渐衰老,它需要接班人。现在是考虑培养新的接班人的时候了。培养新的接班人有一个方法,就是吸引有生气的新的工作人员参加中央委员会的工作。书本是培养不出领导人的。书本可以帮助人们进步,但它本身培养不出领导人。领导工作人员只能在工作过程中成长起来"。②

九是明确党的战略与策略。"战略遵循纲领的指示并且根据内部的(一国的)和国际的各种斗争力量的估计,规定无产阶级革命运动应遵循的总的道路,总的方向,以便在力量对比产生和发展的情况下获得最大的效果。……策略遵循战略的指示以及本国和邻国革命运动的经验,估计到某一特定时期无产阶级及其同盟者内部力量的状况和敌人阵营中力量的状况,拟定能够最稳当地使战略取得胜利的具体办法。……战略是在历史转变关头、历史转折关头变更的。……策略则相反,它是由某个转变来确定的。……战略的时期要比策略长。策略服从战略的利益"。"共产党的战略和策略的一般原则。这样的原则有三个:(甲)……在资本主义国家

---

① 斯大林:《关于争论》,《斯大林全集》,第5卷,第312—313页。
② 斯大林:《俄共(布)第十二次代表大会》,《斯大林全集》,第5卷,第177—179页。

里，无产阶级是唯一彻底的革命阶级，……必须把全部工作都导向保证无产阶级专政的建立。（乙）……任何国家的共产党的战略和策略不限于'自己的'国家、'自己的'祖国、'自己的'无产阶级的利益范围之内，相反地，是在估计自己国家的条件和情况的同时，把国际无产阶级的利益、其他国家的革命利益放在首位，就是说它们的精神实质是国际主义的。（丙）……否定在改变战略和策略、在制定新的战略和策略路线时的一切右的和左的教条主义，否定直观方法，否认引证、历史比拟、杜撰计划和制定死公式的方法，承认不应当'躺在'而应当站在马克思主义立场上，不应当'只是解释世界'，应当'改造'世界，不应当'观察无产阶级的臀部'和做事变的尾巴，而应当领导无产阶级并成为不自觉过程的自觉表现者"。①

（五）建立有效的政策执行和监督体制

斯大林还特别关注政策的执行问题和监督问题，并就党和国家如何建立有效的政策执行和监督体制，提出了以下论点。

第一，必须认真解决党的路线、党的决策与实践脱离的问题。斯大林认为党内生活的主要缺点是："虽然体现在我们历次代表大会决议中的党的路线是正确的，但地方（当然不是任何地方，而是某些地区）上的实践是不正确的。虽然我们党的无产阶级民主路线是正确的，但地方上在实践中用官僚主义歪曲了这一路线。……党的路线说，我们党的实践中的最重要问题（当然，那些急待解决的或者有关军事秘密和外交秘密的问题除外）一定要在党的会议上进行讨论。党的路线就是这样说的。但是党的地方上的实践却认为，党内实践中的一些问题实在没有多大必要在党的会议上进行讨论，因为中央和其他领导组织自己会解决这些问题。党的路线说，如果没有像党龄等等不可克服的障碍存在，我们党的负责人就一定要由选举产生。……但是党的实践却往往认为，既然需要党龄，那就是说不需要真正的选举了。党的路线认为，必须使党员群众了解经济机关、企业和托拉斯的工作，……然而党的实践却认为，既然有中央委员会向经济机关发布指示，既然经济机关受这些指示的约

---

① 斯大林：《论俄国共产党人的政治战略和策略》，《斯大林全集》，第5卷，第50—52、64—65页。

束，即使没有党员群众自下而上的监督，这些指示也是会被执行的。党的路线认为，各部门的负责工作人员，不论是党的工作人员、经济工作人员、工会工作人员或军事工作人员，尽管他们在自己的工作中各有专业，但是他们相互之间还是要有联系，他们都是一个整体的不可分割的部分。……党的实践却认为，既然有工作上的专业化，有党本身的工作、经济工作、军事工作等等的分工，党的工作人员就可以不对经济工作人员负责，经济工作人员就可以不对党的工作人员负责，一般说来，他们之间的联系就必然削弱甚至失掉。"①

斯大林强调，要解决上述问题，必须采取以下办法：（1）必须用一切办法不倦地反对我们党内的战争时期的残余和习惯。（2）必须提高当权群众的积极性，党员群众所关心的一切问题，只要可以公开讨论，都让他们进行讨论；对于各级党机构提出的一切建议，保证能够自由地进行批评。（3）如果没有像党龄不够等不可克服的条件存在，那么一切党组织和负责人必须真正由选举产生。在提拔某些同志担任党的负责工作时，必须从实践中铲除忽视组织内大多数人的意志的现象，必须真正贯彻选举原则。（4）在中央委员会、省委员会和区域委员会下面必须有常设的各部分负责工作人员会议，必须定期召开会议，在会上提出会议认为必须提出的问题，必须使各种工作人员之间的联系不致中断。（5）必须把生产部门的党支部吸引到与企业和托拉斯的工作进程有关的问题方面来。必须吸引支部讨论与企业有关的经济问题，必须经常举行有托拉斯内部各企业的支部代表参加的经济会议来讨论与托拉斯各项工作有关的问题。这是为丰富党员群众在经济方面得出经验以及组织自下而上的监督所必需的可靠方法之一。（6）必须提高党支部的质量。（7）必须加强非党工人工作。（8）必须加强农民工作。②

第二，工人阶级必须学会管理国家，不仅需要培养有经验的决策者，还要培养有经验的执行者。斯大林指出："十月革命后，工人和农民掌握了政权，他们从来没有管理过国家，过去他们只知道为别人工作，因此，他们没有管理国家的足够经验。这是第一个情况，这个情况是苏维埃国家的国家管理机关产生各种缺点的根源。其次，随着旧的国家管理机构的被

---

① 斯大林：《关于党的任务》，《斯大林全集》，第 5 卷，第 291—293 页。
② 参见斯大林《关于党的任务》，《斯大林全集》，第 5 卷，第 296—299 页。

消灭，官僚主义被摧毁了，但是官僚主义分子还保留着，他们改扮成苏维埃工作人员，混入我们的国家机关，利用刚刚掌握政权的工人和农民的经验不足，施展旧的一套盗窃国家财产的伎俩，带来旧的资产阶级作风。这是第二个情况，这个情况是国家机关产生缺点的基础。最后，新政权从旧政权接受来的是完全破坏了的经济机构，……这个情况也是国家机体中存在缺点和毛病的条件之一。""真正管理国家的并不是那些在资产阶级制度下把自己的代表选入国会或者在苏维埃制度下把自己的代表选入苏维埃代表大会的人。不是的。实际上管理国家的是那些真正通晓国家执行机关事务和领导这些机关的人。如果工人阶级真想掌握国家机关来管理国家，它就应当不仅在中央，不仅在讨论和决定问题的地方有自己的有经验的代理人，而且在贯彻决议的地方也有自己的有经验的代理人。只有这样才可以说工人阶级真正掌握了国家。"①

第三，使国家机关成为为人民服务的工具。斯大林认为："国家机关是主要的群众性机关，它通过工人阶级的政党把执政的工人阶级和农民连接起来，并使工人阶级有可能通过其政党来领导农民。……政策是正确的，司机很高明，汽车型式也是好的，是苏维埃型的，可是国家汽车的组成部分即国家机关中的某些工作人员不好，不是我们的人。因为汽车不协调，结果就完全歪曲了正确的政治路线。……国家机关就其型式来说是正确的，可是它的组成部分还是异己的、官僚的、半沙皇半资产阶级的。我们想使国家机关成为为人民群众服务的工具，但是这个国家机关中的某些人想把它变成他们一项收入的来源，这就是整个机关不协调的原因。我们不去改进机关的工作，单靠正确的政治路线是走不远的。""或者我们改善经济机关，裁减它们的人员，精简机构，节约开支，并且把思想上靠近我们党的人补充进去，那末我们就会达到实行所谓新经济政策的目的，……或者我们达不到这个目的而破产。"②

第四，对政策执行应实施真正的而不是纸上的监督。斯大林强调："要做到真正的、实际的、而不是纸上的监督，报告人认为，应当用充实新生力量的方法来改组现有的国家监察部。必须把现有的各个工人监察机

---

① 斯大林：《在全俄工农检查员负责工作人员第一次会议上的开幕词》，《斯大林全集》，第4卷，第322—324页。

② 斯大林：《俄共（布）第十二次代表大会》，《斯大林全集》，第5卷，第168—170页。

关统一为一个整体，把一切做监督工作的力量都归并到总的国家监察部中去。因此，改组国家监察部的主旨就是使它民主化并接近工农群众。"①

第五，防止政策执行中的"沙文主义"倾向。斯大林指出："由于新经济政策的实行，大国沙文主义在我们这里不是与日俱增而是与时俱增，它竭力排斥一切非俄罗斯的东西，竭力使一切管理机关都掌握在俄罗斯人手中，并竭力压制非俄罗斯的东西。主要的危险是：在这种政策下我们有丧失过去被压迫民族对俄罗斯无产者的信任的危险。"②

（六）确立与苏维埃制度结合的民主机制

建立苏维埃政权之后，应使"民主"的要求与苏维埃制度结合，斯大林重点强调了四个论点。

第一，限制"扩大的"民主。"第一种极端看法表现在选举问题上。这就是有些同志竭力主张'彻底'选举。既然要选举，那就尽量选举吧！……这种看法是错误的。……正是在新经济政策实行以后党才开始清党，把党员的人数减少了一半；正是在新经济政策实行以后党才决定：为了保护我们的组织，使它不受新经济政策的影响，必须使非无产阶级分子入党的条件更严格，必须规定党内负责人的党龄等等。党制定了这些限制'扩大的'民主的预防办法"。③

第二，保证妇女的选举权。"女工和农妇同男工和农夫一样是自由的公民，她们选举我们的苏维埃、我们的合作社，她们也可以被选入苏维埃、合作社。如果女工和农妇受到政治教育，她们就能改善我们的苏维埃和合作社，使它们得到巩固和发展"。④

第三，在工会内部必须实行"说服"的民主。"有两种方法：强迫方法（军事方法）和说服方法（工会方法）"。"工会内的民主，即通常称为'工会内部无产阶级民主的正常方法'，是群众性的工人组织所固有的自觉的民主，这种民主是以认识到对组织在工会内的千百万工人群众经常采用说服的方法是必要的和有益的这一点为前提的。不认识到这一点，民

---

① 斯大林：《关于改组国家监察部》，《斯大林全集》，第4卷，第223页。
② 斯大林：《俄共（布）第十二次代表大会》，《斯大林全集》，第5卷，第198—199页。
③ 斯大林：《关于党的任务》，《斯大林全集》，第5卷，第300—301页。
④ 斯大林：《纪念女工和农妇第一次代表大会五周年》，《斯大林全集》，第5卷，第285页。

主就会变成空谈。……简单地说，自觉的民主，工会内部无产阶级民主的方法，是产业工会唯一正确的方法。被迫的'民主'同这种民主毫无共同之处"。"显然，只有用'工会内部无产阶级民主的正常方法'，只有用说服的方法，才能完成团结工人阶级、发挥他们的主动精神和加强他们对苏维埃政权信任的任务"。①

第四，实施非"普遍自由"的政策。"我们非常了解公民权利对于无产者有多么大的意义。公民权利是一种斗争武器，剥夺这些权利就等于剥夺武器，谁不知道没有武器的无产者就不能很好的进行斗争呢？……因此我们无论现在和将来都要用全力为俄国各民族的公民权利平等而斗争！"②"罪恶滔天的沙皇制度把我国引到了毁灭的边缘。……全体居民毫无权利可言，层出不穷的专横暴虐笼罩着生活的各方面，公民的生命财产完全没有保障"。③"人民只应当信赖自己，只应当依靠本身的力量，人民的解放必须由人民亲手来完成。只有在压迫者的骸骨上才能建立人民的自由"。④"至于我们对于内部敌人的政策，那我们应该保持而且是在保持着三个时期一直采取的那个政策，即镇压无产阶级的一切敌人的政策。这种政策当然不能认为是'普遍自由'的政策。在无产阶级专政时代，我们不给资产阶级任何普遍自由，就是说，不给他们任何言论自由、出版自由等等。我们的对内政策归结起来就是：给予城乡无产者阶层以最大的自由，使资产阶级残余连最低的自由也得不到。我们的以无产阶级专政为依据的政策的实质就在这里"。⑤

（七）对"新经济政策"的理解和支持

在"新经济政策"问题上，斯大林强调的是四个方面的认识。

第一方面的认识是为什么要施行"新经济政策"。斯大林指出："这个新时期要求共产党员把全部力量投到经济战线上，投到工业、农业、粮食工作、合作社、运输业等上去，因为不这样做，就不可能战胜经济破坏。""苏维埃政权也愿意同别国的一些资本家集团和本国的小商品生产

---

① 斯大林：《我们的意见分歧》，《斯大林全集》，第 5 卷，第 6、8—9、13 页。
② 斯大林：《社会民主党怎样理解民族问题》，《斯大林全集》，第 1 卷，第 36—37 页。
③ 斯大林：《公民们》，《斯大林全集》，第 1 卷，第 168 页。
④ 斯大林：《告全体工人书》，《斯大林全集》，第 1 卷，第 172 页。
⑤ 斯大林：《无产阶级专政的三年》，《斯大林全集》，第 4 卷，第 342 页。

者达成临时协议,因为这种协议无疑会加速和促进被战争破坏的生产力的恢复,加速和促进作为未来社会主义经济的技术工业基础的电气化的实现。这些情况要求各苏维埃国家的共产党员实行这样的政策:同西方一些资本家集团达成临时协议(为了利用它们的资本和技术力量),同时也同本国的小资产阶级达成临时协议(为了获得必需的原料和粮食)。"① "在无产阶级革命还没有在一个或几个工业资本主义国家内获得胜利之前,苏维埃俄国和我们这个领导它的党就不得不寻求同敌视我们的西方资本家集团建立经济合作的形式和方法,以便取得必需的技术装备。租让制形式和对外贸易——这就是达到这个目的的手段。……正因为如此,在推翻本国的资产阶级并举起无产阶级革命的旗帜以后,只要'最大限度地实现一个国家内所能实现的一切,以便发展、援助和激起世界各国的革命'的党的政策还没有收到实际的效果,党就认为实行'放纵'小生产和小工业的政策,实行在国家政权控制下容许资本主义局部恢复和吸引租赁者和股东等等政策是适宜的。"②

第二个方面的认识是"新经济政策"下的对外政策和国内政策的具体内容。斯大林强调:"这个时期党在对外政策方面的任务是由我们这个从事和平建设工作的党在俄国内部的地位决定的。这些任务就是:(1)利用包围俄国的各资本家集团之间和各资本主义政府之间的一切矛盾和纠纷来瓦解帝国主义。(2)不惜人力和物力帮助西方的无产阶级革命。(3)采取一切办法加强东方的民族解放运动。(4)巩固红军。这个时期党在国内政策方面的任务是由我们这个从事和平建设工作的党在俄国内部的地位决定的。这些任务就是:(1)巩固无产阶级和劳动农民的联盟,其方法是:(甲)吸引农民中最主动和最有办事能力的人参加国家建设工作;(乙)在推广农业知识和修理机器等方面帮助农民经济;(丙)发展城乡间正常的物资交流;(丁)使农业逐步电气化。……(2)发展工业,其方法是:(甲)集中最大限度的力量掌握各基本工业部门和改善这些部门的工人的供应工作;(乙)发展对外贸易以输入机器和装备;(丙)吸引股东和租赁者;(丁)储存即使是最少的机动粮;(戊)使运输业和大工业电气化。"③

---

① 斯大林:《关于共产主义在格鲁吉亚和南高加索的当前任务》,《斯大林全集》,第5卷,第72—74页。
② 斯大林:《党在取得政权以前和以后》,《斯大林全集》,第5卷,第87—88页。
③ 斯大林:《党在取得政权以前和以后》,《斯大林全集》,第5卷,第88—90页。

第三个方面的认识是执行"新经济政策"的具体要求。斯大林指出："必须按新规范即经济规范来改组全部经济工作，必须把一切人力投入经济方面。""现在我们必须从工人中间提拔自己的管理经济的士官和军官，他们将教导人民同破坏做斗争和建设新经济。……应当使地方经济机关，特别是省和区的经济机关，在恢复工业方面有比过去更大的职权，更大的独立性。……应当注意帮助那些被国防委员会从军事工作轨道转到发展经济轨道的组织。"①

第四个方面的认识是对"新经济政策"的效果评估。斯大林认为："现在的问题已经不是农民保持土地，而是要保证农民有自由支配这块土地上的产品的权利。没有这种权利就必然会使耕地面积进一步缩减，使农业日趋衰落，使运输业和工业瘫痪（由于缺乏粮食），使军队瓦解（由于缺乏粮食），而这一切必然导致工农联盟的破裂。……必须采取既能保证工人的经济利益又能保证农民的经济利益的新的经济联盟形式。这就是理解新经济政策的钥匙。""新经济政策的初步成效，如耕地面积开始扩大，各企业中劳动生产率提高和农民情绪好转（制止了大规模的土匪骚动），都确凿地证实了这一结论。"②

二 "新经济政策"向"计划经济"政策的转变

在苏联的政策实践方面，1924年至1934年是从"新经济政策"向"计划经济"政策转变的时期，1934年至1952年则是"计划经济"占统治地位的时期（包括反法西斯战争时的政策）。斯大林对这样的政策转变，有较详细的论述。

（一）"计划经济"的早期表述

斯大林在1906年就提出了"计划经济"的最早论述，强调未来的社会主义社会将建立在完全不同的基础上：（1）那里不会有任何阶级存在：既不会有资本家，也不会有无产者，因此也就不会有剥削，只会有集体工

---

① 斯大林：《在乌克兰共产党（布）第四次代表会议上的讲话》，《斯大林全集》，第4卷，第264、267页。

② 斯大林：《前途》，《斯大林全集》，第5卷，第100、103页。

作的劳动者。(2) 随着剥削的消灭，商品生产和买卖也会消灭，因此不会有劳动力的购买者和出卖者、雇佣者和被雇佣者存在的余地，只会有自由的劳动者。(3) 随着雇佣劳动的消灭，任何的生产工具和生产资料私有制都会消灭，只会有占有一切土地、一切矿业、一切森林、一切工厂和一切铁路等劳动者。(4) 未来生产将是按社会主义原则组织起来的高度发达的生产，它将顾及社会的需要，看社会需要多少就生产多少。这里不会有生产的分散性，不会有竞争、危机和失业现象存在的余地。(5) 凡是没有阶级的地方，凡是没有富人和穷人的地方，也就不需要国家，也就不需要压制穷人和保卫富人的政权。所以在社会主义社会中，政权就没有存在的必要了。(6) 同时很明显，为了处理公共事务，社会主义社会除需要集中各种资料的地方局之外，还需要一个中央统计局来搜集有关全社会各种需要的资料，然后适当地把各种工作分配给劳动者。代表会议，特别是代表大会，也将是必要的；它们的决定，在下届代表大会召开之前，占少数的同志一定要无条件地服从。(7) 自由而友爱的劳动必定使未来社会主义社会中的一切需要都得到平等而充分的满足。(8) 社会主义社会的必要条件是足够发达的生产力和人们的社会主义意识以及人们的社会主义教育。(9) 要获得这一切，又必须有所谓的政治自由，即言论、出版、罢工和结社的自由，一句话，就是必须有阶级斗争的自由。政治自由在民主共和国里有最好的和最完全的保障，一切拥护无产阶级社会主义的人都必须争取建立民主共和国，把它作为走向社会主义的最好的"桥梁"。正因为如此，所以马克思主义的纲领在现时条件下分为两部分，一部分是以实现社会主义为目的的最高纲领，另一部分是以开辟一条经过民主共和国通向社会主义的道路为目的的最低纲领。①

(二) "新经济政策" 第一时期的 "计划性" 要求

按照斯大林的划分，1921—1925 年是"新经济政策"的第一个时期。对于这一时期的政策，斯大林重点强调的是五个政策重点。

第一，具有"结合"特征的"新经济政策"。斯大林指出："他（列宁——引者）拟定了经济政策的具体办法（'新经济政策'），使握有经济

---

① 参见斯大林《无政府主义还是社会主义》，《斯大林全集》，第 1 卷，第 305—308、312 页。

命脉（工业、土地、运输业、银行等等）的无产阶级能运用这些具体办法把社会主义的工业同农业结合起来（'工业和农民经济的结合'），从而把全部国民经济引向社会主义。"① "什么是结合呢？结合就是城市和乡村之间、我们的工业和农民经济之间、我们的工业品和农民经济的粮食与原料之间的经常联系，经常交换。……我国社会主义工业所赖以生存的是国内市场，首先是农民市场，即农民经济。……我们不得不实施所谓新经济政策，就是说，不得不宣布贸易自由，商品流转自由，容许资本主义存在，动员千百万农民和小业主的力量，在国内建立商品流转的巨流，发展商业，然后占领商业方面的主要阵地，通过商业来建立工业和农民经济间的结合。……不能说这种任务是我们力不胜任的，所以不能这样说，是因为掌握政权的无产阶级具有通过商业用迂回的方法来实现这种结合的一切主要手段。（1）无产阶级掌握着政权。（2）它有工业。（3）它握有信贷，而信贷是国家手中极大的力量。（4）它有自己的商业机构。……（5）它握有一定的商品，随时可以抛到市场上去，以平服或稳定市场的波动，影响物价等等。……结合和商业问题已经不是理论问题，而是迫切地要求立即解决的直接实践的问题了。"②

第二，具有"独立经济"特征的"新经济政策"。斯大林认为："我们应该这样来建设我国的经济：……使我国经济不是作为世界资本主义的辅助企业发展起来，而是作为独立的经济单位发展起来，这种独立的经济单位主要是依靠国内市场，依靠我国工业和我国农民经济的结合。……这条路线要求最大限度地扩展我国工业，但是这种扩展要估计到并且要适应我国拥有的资源。这条路线坚决摈弃把我国变成世界资本主义体系附属品的政策。"③

第三，具有"无产阶级专政"特征的"新经济政策"。斯大林强调："我们党提出新经济政策的原则不是在战时共产主义以后，像有些同志有时断定的那样，而是在战时共产主义以前。""我认为我国在无产阶级专政的条件下没有而且不可能有一件稍微重大的政治或经济事件不反映出城市中或农村中阶级斗争的存在。难道新经济政策把无产阶级专政废除

---

① 斯大林：《和第一个美国工人代表团的谈话》，《斯大林全集》，第10卷，第88页。
② 斯大林：《关于俄共（布）第十三次代表大会的总结》，《斯大林全集》，第6卷，第211—212页。
③ 斯大林：《联共（布）第十四次代表大会》，《斯大林全集》，第7卷，第246—247页。

了吗？当然没有！相反地，新经济政策是无产阶级专政的特殊表现和工具。……当然，决不能把我们的政策看做挑起阶级斗争的政策。为什么呢？因为挑起阶级斗争会导致内战。"①

第四，具有"过渡性"特征的"新经济政策"。斯大林指出："说新经济政策是资本主义，那就是胡说，那就是极其荒谬的说法。新经济政策是无产阶级国家所采取的一种特殊政策，它预计到在经济命脉掌握在无产阶级国家手中的条件下容许资本主义存在，预计到资本主义成分同社会主义成分的斗争，预计到社会主义成分的作用日益增长而资本主义成分的作用日益削弱，预计到社会主义成分战胜资本主义成分，预计到消灭阶级和建立社会主义的经济基础。谁不了解新经济政策的这种过渡性即两重性，谁就是离开列宁主义。"②

第五，带有"计划性"特征的"新经济政策"。斯大林在1920年就已经指出："我们建设的不是资产阶级经济，就是说，每个人都追求自己个人的利益，不关心国家整体，不向自己提出有计划地组织全国规模的经济的问题。不是的，我们建设的是社会主义社会。这就是说，应该考虑到整个社会的需要，应该有计划地、有意识地、以全俄规模来组织经济。毫无疑问，这个任务是无比复杂和困难的。这就是为什么我们的建设工作没有产生最大的效果。"③ 1921年3月，斯大林又指出："最近三天我有机会读完了《俄罗斯电气化计划汇编》。……一本出色的、编得很好的书。一个不带引号的真正统一的和真正国家的经济计划的杰出草案。……我的意见是：（1）不要再浪费一分钟去空谈计划。（2）立即开始实际行动。（3）我们在输送物力和人力、恢复企业、分配劳动力、供应食物、组织供应站和供应工作本身等等方面的工作，至少要有三分之一服从于这一行动的利益（三分之二应服从于'当前'的需要）。"④ 1925年，斯大林则明确地提出了"按计划领导经济"的要求："商业和生产中的每次严重停滞，我国经济中的每个严重失算，都不会只以某个个别危机来结束，而一定会打击到整个国民经济。每次危机，不论是商业危机、财政危机或工业危机，在我们这里都可能变成打击全国的总危机。因此，我们在建设方面

---

① 斯大林：《联共（布）中央全会》，《斯大林全集》，第11卷，第144、148—149页。
② 斯大林：《联共（布）第十四次代表大会》，《斯大林全集》，第7卷，第302—303页。
③ 斯大林：《无产阶级专政的三年》，《斯大林全集》，第4卷，第343页。
④ 斯大林：《给列宁的信（1921年3月）》，《斯大林全集》，第5卷，第40—41页。

就应当特别谨慎小心,应当具有远见。因此,我们在按计划领导经济方面,必须做到使失算的情况减少,使我们领导经济的工作极为明智,极为谨慎小心,极其正确无误。""而我们整个制度终究是既不能称为资本主义制度,也不能称为社会主义制度。我们整个制度是从资本主义制度向社会主义制度过渡的制度。……我国的社会主义工业在全国生产总值中所占比重逐渐增大,不断向前迈进,开始使私营工作服从它,使其余一切经济成分都适应它并且跟着它走。农村的命运也是这样的:它应该跟着城市走,跟着大工业走。"①

(三)"新经济政策"第二时期的工业发展计划

1926—1928 年应是"新经济政策"的第二个时期,斯大林对于这一时期的政策,强调的是六个要点。

第一,制订直接工业化的经济计划。1921—1925 年是新经济政策的第一个时期,1926 年则进入新经济政策的第二个时期。斯大林指出:"在新经济政策的第一个时期,整个国民经济的发展事业是依靠农业的,那末现在它却要依靠而且已经依靠工业的直接扩展了。""决定我们政策的一个基本事实,就是我国在经济发展上已进入新经济政策的新时期,进入直接工业化的时期。""必须使我国工业计划不是按照官僚主义的臆想而是密切联系我国国民经济状况、联系对我国资源和后备的估计来制订的。不能在制订工业建设计划上落后于工业发展,但也不能向前跑得太远,脱离农业,不顾我国的积累速度。"②

第二,明确发展国民经济的政策目标。斯大林指出:"我们党的第十四次代表大会曾经委托中央委员会从下列基本任务着眼来进行发展我国国民经济的事业:(1)使我们的政策能促使整个国民经济的生产蒸蒸日上;(2)使党的政策能加快工业的发展速度并保证工业在整个国民经济中的领导作用;(3)在国民经济发展进程中保证国民经济中的社会主义成分即社会主义的经济形式比重日益增大,而使私人商品经济和资本主义经济比重日益减少;(4)使我国整个经济的发展,新工业部门的建立

---

① 斯大林:《联共(布)第十四次代表大会》,《斯大林全集》,第 7 卷,第 248、256 页。
② 斯大林:《关于苏联经济状况和党的政策》,《斯大林全集》,第 8 卷,第 110—111、120 页。

和某些原料生产部门的发展等等都按照这样的方针进行,使总的发展能保障我国的经济独立,能保障我国不致变成资本主义世界经济体系的附属品;(5)使无产阶级专政、工人阶级和农民群众的联盟以及工人阶级在这个联盟中的领导巩固起来;(6)使工人阶级和贫农的物质生活和文化生活不断提高。"①

第三,推行解决"剪刀差"的政策。斯大林指出:"苏联政府实行完全相反的政策。它认为工业应当为居民服务,而不是相反。它认为不断减低工业品的价格是一种主要手段,没有它,工业就不能得到正常发展。至于减低工业品价格政策能促使居民的需求增长,扩大国内(城乡)市场的容量,从而创造进一步扩大工业所必需的不断增大的来源,那就更不用说了。"②

第四,在农业中实行"集体制"的政策。斯大林强调:"我们想采取经济、财政和文化政治方面的办法,逐步地在农业中实行集体制。……我们的措施共有三种。一种是组织个体农户加入合作社;一种是组织农户,主要是组织贫农加入生产合作社;一种是通过国家的计划机关和调节机关,从销售农产品方面和供应农民以工业必需品方面来掌握农户。""由于把农业和工业结合起来,国家就有可能着手有计划地发展农业,供给农业以优良的种子和肥料,规定农业的生产规模,从价格政策方面影响农业等等。""只有当农民经济在新的技术基础上即通过机械化和电气化的方法加以改造的时候,只有当多数农村满布集体形式的农业合作社的时候,全盘集体化才会到来。"③

第五,开展与"战时共产主义"不同的粮食收购运动。为了消除粮食收购危机开展的粮食收购运动,斯大林强调了以下几点要求:(1)收购工作是全党的事情;(2)必须用打击投机商和富农分子的办法来制止投机活动和健全市场;(3)必须吸收农村游资;(4)必须使我们的收购机关受党组织的监督;(5)必须使党的路线在农村实际工作中不再被歪曲。"有人说我们好像是在取消新经济政策,在实行余粮收集制和剥夺富农。新经济政策是我们经济政策的基础,而且在相当长的历史时期中不会

---

① 斯大林:《联共(布)第十五次代表大会》,《斯大林全集》,第10卷,第249页。
② 斯大林:《和外国工人代表团的谈话》,《斯大林全集》,第10卷,第196页。
③ 斯大林:《和外国工人代表团的谈话》,《斯大林全集》,第10卷,第190—193页。

改变。新经济政策意味着在国家有权、有可能从无产阶级专政的观点调节商业的条件下进行商品流转和容许资本主义存在,没有这个条件,新经济政策就意味着资本主义的单纯恢复,这一点是大谈取消新经济政策的反革命造谣者所不愿意了解的。"①

第六,既不能轻视计划工作,也不能夸大计划原则。斯大林指出:"初看起来,会觉得我国粮食困难是偶然的,只是由于计划得不好,只是由于经济平衡中有某些错误。……其实,困难的原因在这里要深刻得多……拿计划得不好和偶然的错误来解释一切,那就是犯了极大的错误。轻视计划工作的作用和意义是错误的,可是夸大计划原则的作用,以为我们已经达到能够计划一切和调整一切的发展阶段,那就更加错误了。不应当忘记,在我国国民经济中,除了那些受我们计划控制的成分以外,还有另一些暂时不受计划控制的成分,最后,还有敌视我们的阶级,而这些阶级是不能单单通过国家计划委员会的计划工作来战胜的。"②

(四) 第一个五年计划的政策要求

1929—1933年苏联实行了第一个五年计划,并用四年时间完成了五年计划。对于第一个五年计划的政策要求,斯大林作了具体的说明。

第一,五年计划是"全线进攻"的计划。斯大林指出:"党在目前的基本方针,就是由社会主义在经济战线上的个别地段上的进攻转入在工业方面和农业方面的全线进攻。第十四次代表大会主要是工业化代表大会。第十五次代表大会主要是集体化代表大会。……党的第十六次代表大会是社会主义在全线展开大规模进攻、消灭富农阶级和实现全盘集体化的代表大会。""我们在一九二九年下半年转入决定性的全线进攻,时机选择是否正确呢?党对于这个问题已经给了明确而肯定的答复。是的,这样的时机已经到了。是的,转入全线进攻的时机,党的选择是正确的。工人阶级积极性的不断增长和党在千百万劳动群众中的威信的空前提高说明了这一点。贫农和中农群众的积极性不断增长和这些群众向集体农庄建设方面的根本转变说明了这一点。我们在工业发展方面以及在国营农场和集体农庄

---

① 斯大林:《收购运动的初步总结和今后党的任务》,《斯大林全集》,第11卷,第14—15页。

② 斯大林:《在粮食战线上》,《斯大林全集》,第11卷,第71—72页。

建设方面的成就说明了这一点。我们现在不仅有可能以国营农场和集体农庄的生产代替富农生产,而且还能够超过富农生产几倍,这个事实说明了这一点。我们已经基本上解决了谷物问题并贮存了一定数量的粮食后备,把生产商品谷物的重心从个体生产方面转到集体农庄和国营农场的生产方面,这个事实说明了这一点。"①

第二,五年计划是使工业高速发展的计划。斯大林指出:"就在最近,还有一部分同志认为苏维埃第五次代表大会(1929年5月20日至5月28日)批准的五年计划是幻想。……但是,如果我们从五年计划在头两年的实行情况来看,那末实际情形怎样呢?五年计划最高方案执行情况的检查前说明了什么呢?它不仅说明我们能在四年内完成五年计划,而且还说明我们许多工业部门能在三年内甚至在两年半内完成五年计划。"② "党在实现五年计划和争取工业建设的胜利时实行了以最高速度发展工业的政策。党仿佛是鞭策了国家,督促它向前奔驰。党实行这种最高速度的政策是不是做得正确呢?是的,是绝对正确的。落后了一百年并因落后而有灭亡危险的国家是不能不加以督促的。"③

第三,五年计划将是终止"新经济政策"的计划。斯大林认为:"新经济政策不只是预计到退却和容许私营商业活跃,即在保证国家起调节作用的条件下容许资本主义活跃(新经济政策的最初阶段)。实际上,新经济政策同时也预计到在一定的发展阶段上社会主义向资本主义进攻,缩小私营商业的活动范围,相对地和绝对地缩减资本主义成分,公营部分日益超过非公营部分,社会主义战胜资本主义(新经济政策的现今阶段)。实行新经济政策是为了社会主义战胜资本主义分子。我们转入全线进攻时还不废除新经济政策,因为私营商业和资本主义分子还存在,'自由的'商品流转还存在;但是,我们确实正在终止新经济政策的最初阶段,开展它的下一阶段即新经济政策的现今阶段,这一阶段是新经济政策的最后阶段。"④

第四,五年计划的基本任务。五年计划的基本任务就是:(1)要把

---

① 斯大林:《联共(布)中央委员会向第十六次代表大会的政治报告》,《斯大林全集》,第12卷,第269—271、297—298页。

② 斯大林:《联共(布)中央委员会向第十六次代表大会的政治报告》,《斯大林全集》,第12卷,第236页。

③ 斯大林:《第一个五年计划的总结》,《斯大林全集》,第13卷,第167页。

④ 斯大林:《联共(布)中央委员会向第十六次代表大会的政治报告》,《斯大林全集》,第12卷,第268页。

苏联这个具有落后的往往是中世纪的技术的国家引上现代新技术的轨道。(2) 要把苏联由一个任凭资本主义国家摆布的软弱的农业国家变为不受世界资本主义摆布而完全独立的强盛的工业国家。(3) 要在把苏联变为工业国家的同时彻底排挤资本主义分子，扩大社会主义经济形式的战线，建立起在苏联消灭阶级和建成社会主义社会的经济基础。(4) 要在我国创立一种不仅能把全部工业而且能把运输业和农业都按社会主义原则进行改造和改组的工业。(5) 要把分散的小农业引上大规模集体经济的轨道，从而保证社会主义在农村中的经济基础，并以此消灭资本主义在苏联恢复的可能性。(6) 要在国内创造一切技术上和经济上的必要前提来最大限度地提高国防力量，从而能够彻底打退所有一切外来的军事干涉的企图。五年计划的这个基本任务是由什么决定的，是以什么理由为依据的呢？其理由就是：(1) 必须消灭那种使苏联处于难堪的地位的技术和经济落后性，必须在我国创造一种使我国在技术和经济方面不仅能够赶上而且过一些时候能超过先进资本主义国家的前提。(2) 苏维埃政权不能长久地建立在工业落后的基础上，只有不仅不逊于而且过一些时候能够超过资本主义各国工业的现代大工业才能成为苏维埃政权的真正的和可靠的基础。(3) 苏维埃政权不能长久地建立在两个对立的基础上，建立在消灭资本主义分子的社会主义大工业和产生资本主义分子的小农经济上。(4) 当农业还没有建立起大生产基础的时候，当小农经济还没有联合为大规模集体经济的时候，资本主义在苏联恢复的危机是一切可能的危险中最现实的危险。①

（五）第二个五年计划和"计划经济"的定型

1934 年开始的苏联第二个五年计划，在政策上有一定的调整，由此完全确定了"计划经济"的地位，并标志着"新经济政策"的结束。对于第二个五年计划和"计划经济"的政策思路，斯大林提出了以下看法。

第一，以计划调整工业发展速度。斯大林指出："能不能说第二个五年计划时期也必须实行完全相同的最高发展速度的政策呢？不，不能这样说。""我认为在第二个五年计划时期我们的工业值必须采取较慢的增长速度。在第一个五年计划时期，工业产值平均每年增长百分之二十二。我

---

① 参见斯大林《第一个五年计划的总结》，《斯大林全集》，第 13 卷，第 157—160 页。

认为在第二个五年计划时期工业产值每年至少必须增长百分之十三至十四。……我们还要掌握新工厂新技术的热情和热潮，还要认真提高劳动生产率，认真降低成本。"①

第二，建立指导集体农庄大经济的计划经济体制。斯大林强调："集体农庄是大经济，而大经济没有计划是不能经营的。包括几百农户，有时甚至包括几千农户的大农庄，只有通过计划指导才能经营。否则它就会垮台，就会瓦解。……很明显，没有苏维埃政权对集体农庄建设事业的经常干预，没有苏维埃政权的经常帮助，要办好这种经济是不可能的。……对集体农庄经济实行计划指导的问题本来应该使共产党员在集体农庄里的领导作用加强起来，但是实际上共产党员往往袖手旁观。"②

第三，终结"新经济政策"。斯大林指出："我们在1924年的情形怎样呢？这是新经济政策第一个时期，当时，苏维埃政权在尽一切力量发展社会主义的条件下，容许资本主义在某种程度上活跃，打算在资本主义和社会主义两个经济体系的竞赛过程中，造成社会主义体系对资本主义体系的优势。……我们现在1936年的情形又是怎样呢？如果说当时我们是处在新经济政策第一个时期，新经济政策开始的时期，资本主义在某种程度上活跃的时期，那么现在我们是处在新经济政策最后一个时期，新经济政策终结的时期，资本主义在国民经济所有部门中完全消灭的时期。……由于苏联国民经济方面发生了这一切变化，我们现在有了社会主义的经济，这个经济不会有危机和失业，不会有贫困和破产，而公民们有一切可能享受富裕的有文化的生活。"③

第四，彰显"计划经济"的优越性。斯大林指出："什么是计划经济呢，它有一些什么特征呢？计划经济力求消灭失业。……其次，计划经济要求加强产品为人民群众所特别需要的那些工业部门的生产。"④"我们的优越性在于我们没有生产过剩的危机，我们没有而且不会有几百万失业者，我们没有生产的无政府状态，因为我们实行计划经济。"⑤

---

① 斯大林：《第一个五年计划的总结》，《斯大林全集》，第13卷，第168—170页。
② 斯大林：《关于农村工作》，《斯大林全集》，第13卷，第200—201页。
③ 斯大林：《关于苏联宪法草案》，《斯大林文集（1934—1952）》，第100—102页。
④ 斯大林：《和英国作家赫·乔·威尔斯的谈话》，《斯大林文集（1934—1952）》，第10—11页。
⑤ 斯大林：《论经济工作人员的任务》，《斯大林全集》，第13卷，第33页。

第五，正确认识国民经济有计划发展的规律。斯大林认为："苏维埃政权依据生产关系一定要适合生产力性质这个经济规律，把生产资料公有化，使它成为全体人民的财产，因而消灭了剥削制度，创造了社会主义的经济形式。如果没有这个规律，不依靠这个规律，苏维埃政权是不能完成自己的任务的。……有人说，我国国民经济有计划（按比例）发展的必然性，使苏维埃政权有可能来消灭现存的经济规律和创造新的经济规律。这是完全不对的。不能把我们的年度计划和五年计划跟国民经济有计划、按比例发展的客观经济规律混为一谈。国民经济有计划发展的规律，是作为资本主义制度下竞争和生产无政府状态的规律的对立物而产生的。它是当竞争和生产无政府状态的规律失去效力以后，在生产资料公有制的基础上才能得到发展。这就是说，国民经济有计划发展的规律，使我们的计划机关有可能去正确地计划社会生产。但是，不能把可能同现实混为一谈。这是两种不同的东西。要把这种可能变为现实，就必须研究这个经济规律，必须掌握它，必须学会熟练地应用它，必须制定出能够反映这个规律的要求和计划。……有人说，在我国社会主义制度下发生作用的若干经济规律，包括价值规律在内，是在计划经济的基础上'改造过的'或者甚至'根本改造过的'规律。这也是不对的。规律不能'改造'，尤其不能'根本改造'。"[①] "社会主义基本经济规律的主要特点和要求，可以大致表述如下：用在高度技术基础上使社会主义生产不断增长和不断完善的办法，来保证最大限度地满足整个社会经常增长的物质和文化的需要。""如果不知道国民经济有计划的发展是为着什么任务而进行，或者任务不明确，那么国民经济有计划的发展，以及或多或少真实地反映这一规律的国民经济计划化，是不能自行产生任何效果的。……国民经济有计划发展的规律本身不能提供这个任务，这个任务是包含在社会主义的基本经济规律中，即表现于这一规律的上述要求内。因此，国民经济有计划发展的规律的作用，只是在它以社会主义基本经济规律为依据时，才能充分发挥起来。至于说到国民经济的计划化，那么，它只有遵守下列两个条件，才能得到良好的结果。这两个条件是：（1）它正确地反映国民经济有计划发展的规律的要求；（2）它在各方面适应社会主义基本经济规律的要求。"[②]

[①] 斯大林：《苏联社会主义经济问题》，《斯大林文集（1934—1952）》，第601—602页。
[②] 斯大林：《苏联社会主义经济问题》，《斯大林文集（1934—1952）》，第628—629页。

第六,"计划经济"要求的是"高级盈利"。斯大林指出:"在我国的经济制度下,商品生产的活动是限制在一定范围内的。关于价值规律的作用,也必须这样说。无疑地,在城市和农村中,生产资料私有制的不存在和生产资料的公有化,不能不限制价值规律发生作用的范围及其对生产的影响程度。在这方面起作用的,还有国民经济有计划(按比例)发展的规律,这个规律代替了竞争和生产无政府状态的规律。在这方面起作用的,还有我国的年度计划和五年计划以及我国整个的经济政策,它们都是根据国民经济有计划发展这一规律的要求制定的。""如果不从个别企业或个别生产部门的角度,不从一年的时间来考虑赢利,而是从整个国民经济的角度,从 10—15 年的时间来考察赢利(这是唯一正确的处理问题的方法),那么,个别企业和个别生产部门暂时不牢固的赢利,就决不能与牢固的经久的高级赢利形式相比拟,这种高级赢利是国民经济有计划发展这一规律的作用及国民经济的计划化所提供给我们的,因为它们使我们避免那种破坏国民经济并给社会带来巨大物质损害的周期性的经济危机,而保证我国国民经济高速度地不断地增长。"①

三 凸显党的领导的"计划经济"政策范式原则

由于在"新经济政策"的实行过程中,斯大林一直强调"计划经济"的因素,因此可以将 1924 年以后斯大林有关政策的各种论点,都归入对"计划经济"政策范式的解释。首先需要注意的,是斯大林对于"计划经济"政策范式中党的领导作用的重视,并强调了六条重要的原则。

(一)党的政策领导作用原则

斯大林指出:"我这样讲决不是想说我们党和国家是一个东西。一点也没有这个意思。党是我们国家中的领导力量。如果根据这一点说政治局是国家的最高领导机关,像某些同志所说的那样,那是愚蠢的。这种说法是不正确的。这是一种糊涂思想,它对我们的敌人有利。政治局不是国家的最高机关,是党的最高机关。而党又是国家的最高领导力量。中央委员会和政治局都是党的机关。我并不想把国家机关和党的机关看成一个东

---

① 斯大林:《苏联社会主义经济问题》,《斯大林文集(1934—1952)》,第 613、615 页。

西。我只是想说,在我们的国内政策和对外政策的一切基本问题上起领导作用的是党。"①

斯大林还指出:"许多资本主义的政府,尽管有'民主的'国会存在,却受大银行的监督。国会总想使人民相信是它们在监督政府。而事实上政府的成员却是由大财团内定的,政府的行动也是受大财团监督的。谁不知道无论在哪一个资本主义'强国'内,违反大财阀的意旨,内阁是组不成的,只要这些财阀一施财政压力,部长们就抱头鼠窜地下台。和国会的假监督相反,银行对政府的监督才是真监督。……富豪对政府的监督在我们这里是不可思议的,并且是根本不会有的,这至少因为在我们这里银行早已收归国有,而富豪已经被驱逐出苏联了。……在我们这里是党领导政府的,而这种领导所以能够实现,是因为在我们这里党得到多数的工人和一般劳动者的信任,它有权代表这个多数来领导政府机关。苏联的工人政党——苏联的共产党对政府的领导表现在什么地方呢?首先表现在共产党力求通过苏维埃和苏维埃代表大会,把忠实于无产阶级事业并愿全心全意为无产阶级服务的自己的候选人,自己的优秀工作人员,输送到我国重要的国家工作岗位上去。……我国政权机关的领导者是共产党员,他们,这些领导者,在我国有很高的威信,这决不是偶然的。第二表现在党检查各管理机关的工作、政权机关的工作,纠正那些不可避免的错误和缺点,帮助这些机关执行政府的决议,竭力保证它们得到群众的支持,而且它们通过任何一项重要的决议都非有党的有关指示不可。第三表现在任何政权机关在制订工业和农业方面或商业和文化建设方面的工作计划时,党都要给它们总的方针性的指示,确定它们在计划执行期间的工作性质和工作方向。资产阶级的报刊对于党这样'干涉'国家事务通常总是表示'惊奇'。但是这种'惊奇'完全是假装的。大家知道,在资本主义国家里,资产阶级政党正是这样"干涉"国家事务和领导政府的,而且在那里是由极少数人操纵领导的。""苏维埃国家和资本主义国家在这方面的差别就在于:共产党领导国家是为了无产阶级的利益而反对资产阶级的。……共产党不需要任何秘密内阁,它斥责秘密内阁的政策和行动,公开向全国宣布它担负着领导国家的责任。"②

---

① 斯大林:《联共(布)第十四次代表大会》,《斯大林全集》,第 7 卷,第 284 页。
② 斯大林:《和第一个美国工人代表团的谈话》,《斯大林全集》,第 10 卷,第 92—94 页。

斯大林强调,为发挥党对政策的领导作用,一方面要有坚忍不拔的精神:"共产党是依靠什么政策来保证我国在这样短的时期内创造这些物质条件的呢?首先,就是依靠了苏维埃的国家工业化政策。……其次,就是依靠了农业集体化政策。……不能说,党的政策没有遇到过抵制。……党的功绩就在于它没有迁就落后分子,不害怕逆流而进,始终保持着领导力量的地位。毫无疑问,共产党如果没有这种坚忍不拔的精神,那就不能坚持国家工业化和农业集体化的政策。"① 另一方面要坚持革命政策而不是改良政策:"要在政治上不犯错误,就要向前看,而不是向后看。……要在政治上不犯错误,就要做革命者,而不是改良主义者。……要在政治上不犯错误,就要执行无产阶级的不调和的阶级政策,而不要执行使无产阶级利益同资产阶级利益相协调的改良主义政策,不要执行使资本主义'长入'社会主义的妥协主义的政策。""要在政治上不犯错误,要不陷入空想家的地位,无产阶级党在自己的活动中就不应当从人类抽象的'人类理性原则'出发,而应当从具体的社会物质生活条件,即从社会发展的决定力量出发;不应当从'伟大人物'的善良愿望出发,而应当从社会物质生活发展的现实需要出发。""要在政治上不犯错误,无产阶级党在制定自己的党纲及进行实际活动的时候,首先应当从生产发展的规律出发,从社会经济发展的规律出发。"②

(二) 密切联系群众原则

在政策过程中如何坚持"正确领导",斯大林强调的是必须使党密切联系群众的原则:"正确领导是什么意思呢?这绝不是在办公室写指示。正确领导,这就是说:第一,正确地决定问题,而要正确地决定问题,就非考虑群众的经验不可,群众能亲身体验到我们领导的结果;第二,组织对正确决定的执行,但是要做到这一点,就非有群众方面的直接帮助不可;第三,组织对这种决定的执行情况的检查,要做到这一点,还是非有群众方面的直接帮助不可。我们领导者只是从一个方面,我是说,从上面看事物、事件和人的,因此我们的眼界多少要受到一些限制。相反地,群

---

① 斯大林:《在莫斯科市斯大林选区选举前的选民大会上的演说(1946年)》,《斯大林文集(1934—1952)》,第480—481页。
② 斯大林:《论辩证唯物主义和历史唯物主义》,《斯大林文集(1934—1952)》,第207、213、221页。

众却是从另一个方面，我是说，从下面看事物、事件和人的，因此他们的眼界也有一定程度的限制。为了对问题作出正确的决定，就必须把这两方面的经验结合起来。只有在这种情况下，领导才是正确的。不仅要教育群众，而且要向群众学习，就是这个意思。"①

斯大林还特别强调，必须使党的"政策"威信建立在群众信任的基础之上：没有这些条件，党的威信和工人阶级内部铁的纪律不是空话就是夸大和侥幸："（1）无产阶级专政所必须的党的威信和工人阶级的铁的纪律，并不是建筑在群众对党的恐惧上，也不是建筑在党的'无限'权力上，而是建筑在工人阶级对党的信任上，工人阶级对党的拥护上；（2）工人阶级对党的信任不是一下子取得的，不是靠对工人阶级使用暴力来取得的，而是靠党在群众中的长期工作，靠党的正确政策，靠党善于使群众根据本身经验来确信党的政策的正确，靠党善于保证自己得到工人阶级的拥护并善于引导工人阶级群众来取得的；（3）没有以群众斗争经验为基础的党的正确政策，没有工人阶级的信任，就没有而且不可能有党的真正领导；（4）如果党享有本阶级的信任，如果党的领导是真正的领导，就不能把党及其领导和无产阶级专政对立起来，因为没有那深为工人阶级所信任的党的领导，就不可能有稍微巩固的无产阶级专政。"如果破坏了"相互信任"的基础，就可能出现以下情况："（1）如果党在群众中的威信不是建筑在它的工作和群众的信任上，而是建筑在它的'无限'权力上；（2）如果党的政策显然不正确，而党又不愿意重新审查并纠正自己的错误；（3）如果党的政策一般是正确的，但群众还领会不了它的政策，而党又不愿意或不善于等待一下，让群众有机会根据本身经验来确信党出政策的正确，却企图强迫群众接受它的政策。"②

（三）自我批评原则

斯大林强调自我批评是纠正党的政策错误的有力武器："自我批评口号不能看做是一种暂时的、瞬息即逝的东西。自我批评是一种以革命发展的精神教育党的干部和整个工人阶级的特殊方法，布尔什维克的方法。"

---

① 斯大林：《论党的工作缺点和消灭托洛茨基两面派和其他两面派的办法》，《斯大林文集（1934—1952）》，第169—170页。
② 斯大林：《论列宁主义的几个问题》，《斯大林全集》，第8卷，第45—48页。

"自我批评的目的在于揭露并消灭我们的错误和弱点,因此,在无产阶级专政的条件下,自我批评只能有利于布尔什维主义同工人阶级的敌人作斗争。""靠我们的弱点和错误过日子的官僚主义分子,他们害怕群众的批评和群众的监督像害怕火一样,他们妨碍我们开展自我批评,妨碍我们克服我们的弱点和错误。决不能把我们组织里的官僚主义看做仅仅是拖拉作风和文牍主义。官僚主义是资产阶级对我们组织的影响的表现。"①

斯大林还特别强调了党中央开展自我批评的做法:"全会工作的特点,全会讨论和全会决议的特点是:全会的工作自始至终都是在极严厉的自我批评的标志下进行的。不仅如此,在全会的每一个问题上,在每一次发言中,都对我们工作的缺点进行了批评,我们的组织都进行了自我批评。对我们缺点的批评,党、苏维埃和经济组织的真诚的布尔什维克的自我批评——这就是全会工作的总的精神。……我认为我们需要自我批评就像需要空气和水一样。我认为没有自我批评,我们的党就无法前进,就无法割开我们的脓疮,就无法消灭我们的缺点。而我们的缺点是很多的,这一点必须公开老实地承认。"②

对于在全党就政策开展自我批评,斯大林则提出了以下要求:"有些人以为只要制定正确的党的路线,把它公布出来,把它变成一般的提纲和决议并一致通过,胜利就会自行到来,即所谓自流的到来。这当然是不对的,这是很大的错误。……好的拥护党的总路线的决议和宣言,这只是事情的开始,因为它们只表示胜利的愿望,而不是胜利本身。在正确的路线提出以后,在对问题做出正确的决定以后,事情的成功就取决于组织工作,取决于组织实现党的路线的斗争,取决于正确地挑选人材,取决于检查领导机关的决议的执行情况。""管理机关的官僚主义和文牍主义,'一般领导'的空谈代替了实际的具体领导,各组织实行职能管理制而缺乏个人负责制,工作中的无人负责和工资制中的平均主义,对执行情况缺乏经常的检查,害怕自我批评,——这就是我们的困难的根源。"③"让党,让布尔什维克,让我国一切诚实的工人和劳动群众来揭发我们工作中的缺

---

① 斯大林:《反对把自我批评口号庸俗化》,《斯大林全集》,第11卷,第111—112、115页。
② 斯大林:《关于中央委员会和中央监察委员会四月联席全会的工作》,《斯大林全集》,第11卷,第26—27页。
③ 斯大林:《在党的第十七次代表大会上关于联共(布)中央工作的总结报告》,《斯大林全集》,第13卷,第322、324页。

点和我们建设中的缺点；让他们指出消灭我们这些缺点的途径，使我们的工作、我们的建设工作不会有保守、停顿和腐败的现象。""如果你们要求他们的批评百分之百的正确，那你们就会取消任何自下而上的批评的可能性，任何自我批评的可能性。正因为如此，我认为即使批评只有百分之五到百分之十的真理，也应该欢迎，应该仔细听取，并考虑到它的好的地方。再说一遍，否则你们就一定会把成千上万忠实于苏维埃事业的人们的嘴巴堵住，他们虽然不善于批评，但他们说的却是真理。……如果自我批评的口号得到正确的和诚实的执行，它至少会产生两个结果：第一、它会提高工人阶级的警惕性，加强对我们缺点的注意，使这些缺点容易纠正，使我们的建设工作不可能发生任何'意外'。第二、它会提高工人阶级的政治水平，培养他们的国家主人翁感，使他们容易学会管理国家。"①

（四）党的团结与统一原则

为制定和执行正确的政策，需要党的团结和统一，尤其是政策意志的统一。斯大林指出："还需要一个政党，这个党十分团结统一，足以把工人阶级一切优秀分子的努力集中到一个目标上去，这个党要十分有经验，不会在困难面前退缩，而能一贯实行正确的革命的布尔什维克政策。我们有没有这样的党呢？是的，是有的。它的政策是不是正确的呢？是的，是正确的，因为这个政策使我们获得重大的胜利。"②"在政治和经济的一切基本问题上，党内绝大多数的意见是完全一致的。我们的对外政策和对内政策的基础是不可动摇的。在各级党组织所有一切会议上争论得十分热烈的问题的实质如下：（1）我们党应当成为有统一意志的统一独立的有机体，还是相反地，应当允许在党内成立作为缔约双方的个别派别组织和集团？（2）所谓新经济政策证明基本上是正确的，还是需要修改？中央委员会和党内绝大多数都认为党应当成为统一的党，新经济政策不需要修改。"③

斯大林还特别强调："不能沉溺于争论。我们是国家的执政党，不要忘记这一点。不要忘记，上层所发生的每一个小争执都会在国内引起对我

---

① 斯大林：《关于中央委员会和中央监察委员会四月联席全会的工作》，《斯大林全集》，第11卷，第28页。
② 斯大林：《论经济工作人员的任务》，《斯大林全集》，第13卷，第33—34页。
③ 斯大林：《关于争论》，《斯大林全集》，第6卷，第3—4页。

们不利的影响,至于在国外就更不用说了。"①

(五) 求实的决策原则

在制定政策的过程中,党必须坚持求实的原则,斯大林就此提出了四项基本要求。

第一,革命胆略与求实精神相结合。斯大林指出:"谁都没有像列宁那样辛辣地讥笑过这种事务主义的病症。列宁把这种病症鄙视为'狭隘的实际主义','无头脑的事务主义'。他通常总是用生动的革命事业和我们全部日常工作中所必须具有的革命前途来和这种病症相对立,从而着重指出:无原则的事务主义,也同'革命的'臆造主义一样,是和真正的列宁主义绝对相反的。俄国人的革命胆略和美国人的求实精神结合起来,就是党的工作和国家工作中的列宁主义的实质。"②

第二,认真分析政策所面临的形势。斯大林指出:"有些人爱用我们政策的英明来解释。我并不否认,我们的政策即使不英明,至少也是正确的,这是第十三次代表大会已经肯定了的。但是仅仅用政策的英明或正确来解释是不行的。这里的问题与其说在于我们的政策正确,不如说在于近来欧洲形成了一种形势,这种形势决定了我们政策的成功。"③

第三,稍微落后于事变的决策原则。斯大林指出:"党在这一切情况下都落在事变的后面,都稍微迟了一点,这个事实是偶然的吗?不,不是偶然的。这是合乎规律的。很明显,既然这里的问题不是一般的理论上的预见,而是直接的实际领导,那末掌握政权而被卷进日常事变的执政党不可能立刻看出和掌握住生活深处所发生的过程,需要有外界的推动力和新过程一定程度的发展,才能使党看出这些过程并依据它们来确定方针。正因为如此,我们党过去稍微落在事变的后面,将来还会落在事变的后面。这里问题完全不在于落后与否,而在于了解事变的意义,了解新过程的意义,然后按照总的发展趋向来巧妙地掌握这些事变和过程。"④ 斯大林还特别指出:"执政党是否可能立即抓住生活中发生的新过程,同时立即把

---

① 斯大林:《联共(布)第十四次代表大会》,《斯大林全集》,第7卷,第327页。
② 斯大林:《论列宁主义基础》,《斯大林全集》,第6卷,第164—165页。
③ 斯大林:《关于俄共(布)第十三次代表大会的总结》,《斯大林全集》,第6卷,第208页。
④ 斯大林:《俄共(布)第十三次代表会议》,《斯大林全集》,第6卷,第34—35页。

它们反映在自己的实际政策中呢？我认为是不可能的。所以不可能，是因为先有事实，然后事实反映在党的最先进的分子的意识中，只有在这以后，党员群众的头脑里才开始意识到新过程。……换句话说，意识多少落后于事实。在这方面，1929年下半年我们政策的转变同布列斯特时期和施行新经济政策时期的转变之间的差别是：党在1929年下半年比在布列斯特时期和施行新经济政策时期更快地意识到客观现实中的新过程，这是因为党在这个期间进步了，它的干部变得更加敏感了。"①

第四，用正确政策主导党的组织路线。斯大林指出："党的政策是正确的，可是它由于组织路线上的缺点而灭亡了，这样的事情是没有的。这样的事情是从来没有的。党的生活和党的工作的基础不在于目前党采取的或可能采取的那些组织形式，而在于党的政策，在于党的对内政策和对外政策。如果党的政策是正确的，如果党正确提出对工人阶级具有决定意义的政治问题和经济问题，那末组织方面的缺点就不会有决定意义，因为政策会挽救它的。过去一向是这样，将来也会是这样。"②

（六）掌控"计划经济"原则

斯大林在对第一个五年计划修订时，明确提出了党中央对于计划经济的掌控问题："党不能仅限于制定总路线，它还应该天天检查总路线的实际执行情况，它应该领导总路线的实现，在工作进程中修订已通过的经济建设计划，使它日趋完善，纠正和防止错误。我们党中央是怎样完成这项工作的呢？中央在这方面所做的工作主要是在加快速度和缩短期限方面修改五年计划并使它更加精确，检查各经济组织执行规定任务的情况。……有人会说，中央把五年计划初定数字改动得这样厉害，这是在破坏计划工作的原则并损害计划机关的威信。但是，只有不可救药的官僚主义分子才会这样说。对于我们布尔什维克来说，五年计划并不是什么固定的一成不变的东西。对于我们来说，五年计划也和任何计划一样，不过是一个大致的计划，应该根据各地的经验，根据计划执行的经验来修订它，使它精确、完善。任何五年计划都不能估计到潜藏在我国制度内部的一切可能性。这些可能性只有在工作进程中，在各工厂、各集体农庄、各国营农

---

① 斯大林：《答姆·拉法依尔同志》，《斯大林全集》，第12卷，第204页。
② 斯大林：《俄共（布）第十三次代表大会》，《斯大林全集》，第6卷，第201—202页。

场、各区等等实现计划的进程中才能发掘出来。只有官僚主义分子才会认为编制计划是计划工作的结果，编制计划不过是计划工作的开始。真正的计划领导只是在计划编制以后，在进行了实地检验以后，在实现计划、修订计划和使计划精确的过程中才展开。正因为如此，中央委员会和中央监察委员会与共和国各计划机关一致认为必须按照提高建设速度和缩短完成期限的精神，根据实际经验修订和改善五年计划。"①

四 "计划经济"政策范式的决策体制

"计划经济"政策范式要求具有无产阶级民主特征的"集体领导"的决策体制，对于这样的体制，斯大林从四个方面作了说明。

（一）避免"个人决定"的集体领导

斯大林指出："政治局是拥有全权的机关，除了中央全会以外，它是高于一切中央机关的。而最高机关是全会，这一点人们有时忘记了。在我们这里全会决定一切，当领袖们开始失常的时候，它就来纠正他们。……离开集体来领导党是办不到的。……集体工作，集体领导，在少数服从多数的条件下保持党的统一，保持中央各机关的统一，这就是我们现在所需要的。"②

斯大林还特别表示出了对"个人决定"的反对态度："个人的决定总是或是几乎总是片面的。在任何委员会里，在任何集体中，都有发表值得重视的意见的人。在任何委员会里，在任何集体中，也都有发表不正确的意见的人。根据三次革命的经验，我们知道一百个没有经过集体审查和修改的个人决定中，大约有九十个是片面的。我们的领导机关，即领导我们所有苏维埃组织和党组织的我们党的中央委员会大约有七十个委员。在这七十个中央委员中有我们优秀的工业专家、我们优秀的合作社专家、我们优秀的供应专家、我们优秀的军事家、我们优秀的宣传家、我们优秀的鼓动家、我们优秀的熟悉国营农场的人、我们优秀的熟悉集体农庄的人、我

---

① 斯大林：《联共（布）中央委员会向第十六次代表大会的政治报告》，《斯大林全集》，第12卷，第300—302页。
② 斯大林：《俄共（布）第十四次代表会议》，《斯大林全集》，第7卷，第328页。

们优秀的熟悉个体农民的人、我们优秀的熟悉苏联各民族和民族政策的人。在这个最高机构里集中了我们党的智慧。每个人都有可能改正任何人的个人意见和建议。每个人都有可能提供自己的经验。如果不这样，如果由个人来做决定，那末我们在工作中就会犯极严重的错误。因为每个人都有可能改正个别人的错误，因为我们重视这些改正，所以我们做出的决定是相当正确的。""我们的工人现在决不会而且在任何情况下都不会容忍一个人专政。在我们这里，最有威望的人只要不再得到工人群众的信任，只要失去了和工人群众的联系，就会完全垮台，就会一钱不值。"①

（二）反对"党专政"和"领袖专政"

斯大林认为，所谓"党专政"就是"领袖专政"，这样的专政对于政策是极为有害的："从列宁主义的观点来看，那些把党'专政'因而也就是把'领袖专政'和无产阶级专政看做一个东西或企图看做一个东西的同志是不对的。……'党专政'这个公式会在我们的实际工作中造成许多危险和政治缺点：（甲）向非党群众示意：千万别辩驳呀，千万别辩论呀，因为党是无所不能的，因为我们这里是党专政；（乙）向党员干部示意：干得大胆些吧，压制得厉害些吧，不倾听非党群众的呼声也是可以的，因为我们这里是党专政；（丙）向党的上层示意：大可以自满自足了，甚至可以骄傲自大了，因为我们这里是党专政，因而'也就是'领袖专政。正是现在，在群众的政治积极性高涨的时期，提醒这些危险的注意是很适宜的，因为现在党决心倾听群众的呼声对于我们是有特殊价值的，现在关心群众的要求是我们党的基本训练，现在党在政策方面必须特别谨慎特别灵活，现在骄傲自大的危险是党在正确领导群众方面所面临的最严重的危险之一。"②

（三）建立"全会"决策机制

将中央政治局决策改为中央委员会的"全会"决策，将地方党的委员会的"常务局"决策改为委员会"全会"决策，是党的领导"民主

---

① 斯大林：《和德国作家艾米尔·路德维希的谈话》，《斯大林全集》，第13卷，第95—96、98页。
② 斯大林：《论列宁主义的几个问题》，《斯大林全集》，第8卷，第58—59页。

化"的重要举措。斯大林就此指出:"在这一年里(1924年——引者),在省委员会特别是党中央委员会中,工作重心由常务局或主席团移到全会了。以前中央全会转托政治局解决基本问题。现在已经不是这样了。现在我们政策和我国经济的基本问题由全会解决。……从下面的意义来说,这是非常重要的:在我们的全会上聚集了一百至一百二十人(这些人是中央委员会和中央监察委员会的委员和候补委员),由于重心移到了全会,全会就变成了培养工人阶级的领袖即工人阶级的政治领导者的最大的学校。新的人材,工人阶级明天的领导者在我们眼前成长壮大起来,——我们扩大全会的不可估量的重要性就在这里。值得注意的是地方上也出现了这种趋向,最重要的问题由省委员会常务局转到全会,全会扩大了,全会会议的时间更长了,全会会议吸收了省的所有的优秀工作人员,省委员会全会因而变成了培养地方和区域的领导者的学校。必须使地方即省和县的这个趋向变成事实。"① "为纪念列宁而吸收党员这件事说明了我们党的深刻的民主性,……这仅仅是民主性的一个方面。另一个方面是党的领导本身正在逐步民主化。在代表大会上已经表明,党的领导的重心日益由狭小的上层和各个局向广大的组织,向地方组织和中央组织的全体会议转移,同时这些全体会议本身在扩大,它们的成分在改善。……这一切说明什么呢?说明我们的领导组织已经开始把自己所有的根伸展到无产阶级群众的深处去。……在第七次代表大会时期(一九一八年),我们中央由十五个委员组成,其中工人只有一个(占百分之七),而知识分子有十四个(占百分之九十三)。而现在,在第十三次代表大会以后,中央已经由五十四个委员组成,其中有二十九个工人(占百分之五十三)和二十五个知识分子(占百分之四十七)。这是党的基本领导民主化的鲜明标志。"②

(四) 注重决策的理论与方法

斯大林指出:"理论是概括起来的各国工人运动的经验。当然,离开革命实践的理论是空洞的理论,而不以革命理论为指南的实践是盲目的实践。可是,理论如果是在和革命实践密切联系中形成的,那末它就能成为

---

① 斯大林:《俄共(布)第十三次代表大会》,《斯大林全集》,第6卷,第185—186页。
② 斯大林:《关于俄共(布)第十三次代表大会的总结》,《斯大林全集》,第6卷,第223—224页。

工人运动的极伟大的力量；因为理论，而且只有理论，才能使运动具有信心，使它有确定方针的能力，使它能了解周围事变的内部联系；因为理论，而且只有理论，才能使实践不仅了解各阶级在目前如何行进和向哪里行进，而且了解这些阶级在最近的将来会如何行进和向哪里行进。不是别人而是列宁说过和重复过几十次下面这个重要的原理：'没有革命的理论，就没有革命的实践'。"①

斯大林对德国共产党提出的"布尔什维克化"要求，实际上是来自苏联共产党的经验，也强调了理论和实践的结合。要实现布尔什维克化，至少必须具备若干基本条件：（1）必须使党不把自己看成国会选举机构的附属品，必须使党不把自己看成工会的免费附加品。（2）必须使党特别是党的领导者完全精通与革命实践不可分割的联系的马克思主义革命理论。（3）必须使党在制定口号和指示的时候，不是根据背熟的公式和历史的比拟，而是根据对革命运动所处的国内外的具体条件的仔细分析，同时还必须考虑到各国的革命经验。（4）必须按照新的革命的方式来改组党的全部工作。（5）必须使党在自己的工作中善于把最高的原则性和与群众最广泛的联系及接触结合起来。（6）必须使党在自己的工作中善于把不可调和的革命性和最大限度的灵活性及机动性结合起来。（7）必须使党不掩饰自己的错误，使它不怕批评。（8）必须使党善于把先进战士中的优秀分子选拔到基本的领导集团中去。（9）必须使党经常地改变自己组织的社会成分，清除那些腐化的机会主义分子。（10）必须使党制定无产阶级的铁的纪律。（11）必须使党经常检查自己的决定和指示的执行情况。不然，这些决定和指示就有变成空洞的诺言的危险，而空洞的诺言只能破坏广大无产阶级群众对党的信任。②

斯大林还指出，党必须根据形势要求防止右和"左"的思想干扰决策："这种在任何条件下、在任何情况下都要公平地和均等地打击右派和'极左派'的观点是幼稚的观点。政治家是不能这样提问题的。对于跟右派和'极左派'作斗争的问题，我们不应当从公平的观点来考察，而应当从政治情况的要求、从每个时候党的政治要求的观点来考察。""跟右

---

① 斯大林：《论列宁主义基础》，《斯大林全集》，第6卷，第79—80页。
② 参见斯大林《关于德国共产党的前途和布尔什维克化》，《斯大林全集》，第7卷，第35—37页。

派和'极左派'作斗争的问题不应当抽象地而应当具体地根据政治情况来提出。"①

五 "计划经济"政策范式的执行体制

"计划经济"政策范式要求建立民主和有效的政策执行体制,对于这样的体制,斯大林从六个方面作了解释。

(一) 政策执行的必备条件

为保证政策有效地执行,斯大林重点强调的是不歪曲政策和提高领导质量两个基本的条件:"从管理国家来看,从领导我国整个建设工作来看,我国现状中的主要特点表现在哪里呢?主要的特点表现在党善于找出正确的政策,就是说,党的基本路线是正确的,党的指示是切合实际的。""有人说苏维埃政权是世界上现存政权中最巩固的政权。这是对的。为什么呢?因为苏维埃政权的政策是唯一正确的政策。但是,为了战胜我们道路上的种种困难,仅仅有正确的政策是不是就够了呢?不,不够。要做到这一点,至少还要有两个条件。第一个条件,首先必须使党所制定的正确政策真正实行,真正完全实现。有正确的政策,这当然是首要的事情。但是,如果这个政策没有实行,或者实行的时候在实践中被歪曲了,那么这个政策又有什么用处呢?……正因为如此,党应当密切注意,要使我们建设工作的基本工作人员是从忠实执行党和苏维埃政权的政策这个观点挑选出来的。第二个条件……还必须努力提高党对群众的领导的质量,从而更顺利地吸引广大工人群众和农民群众参加我们的整个建设工作。……必须使党的领导不是形式主义的领导,不是纸上的领导,而是实际的领导。那就必须使党的领导具有最大限度的灵活性。……现在不能用老一套办法了,不能仅仅用命令和指示来领导了。……现在甚至对最不重要的小事情也要极其细心。……为了加强领导,必须使领导本身更灵活,必须使党对群众的要求有最高度的敏感。"②

---

① 斯大林:《关于反对右倾和"极左"倾的斗争》,《斯大林全集》,第 8 卷,第 3、5 页。
② 斯大林:《在联共(布)莫斯科省第十五次代表会议上的演说》,《斯大林全集》,第 9 卷,第 139、141—144 页。

(二) 注重政策执行的"过渡"环节

斯大林指出:"无产阶级群众组织的任何一个重要决定都非有党的指示不可,这是完全正确的。但这是不是说无产阶级专政仅仅是党的指示呢?这是不是说因此就可以把党的指示和无产阶级专政看做一个东西呢?当然不是的。无产阶级专政是党的指示加上无产阶级群众组织对这些指示的实行,再加上居民对这些指示的实行。由此可见,这里有一系列的过渡和中间阶段,这些过渡和中间阶段是无产阶级专政很重要的因素。可见在党的指示和这些指示的实施之间有被领导者的意志和行动,本阶级的意志和行动,本阶级决心(或不愿意)拥护这些指示,本阶级善于(或不善于)实行这些指示,本阶级善于(或不善于)完全依照环境的要求来实行这些指示等等情况。未必用得着证明:负有领导责任的党决不能不顾及被领导者的意志、情绪和觉悟程度,决不能忽视本阶级的意志、情绪和觉悟程度。因此,谁把党的领导作用和无产阶级专政看做一个东西,谁就是以党的指示代替本阶级的意志和行动。"①

(三) 注重"说服"而不是"强制"

斯大林指出:"要革命就必须有领导革命的少数人,但是最有才能、最忠诚和最有干劲的少数人,如果不依靠千百万人的哪怕是消极的支持,他们也会束手无策。""部分地也依靠半本能的支持,依靠半自觉的支持。但是没有千百万人的支持,最优秀的少数人也是无能为力的。"②

为使党和国家的政策顺利执行,必须获得群众的支持,而获得支持的方法只能是"说服"而不是"强制"。斯大林指出:"我们党在广大群众中进行工作的基本方法是什么?是消灭党的工作中的战时共产主义残余而改用说服的方法。对待我国的剥削分子,我们有经过考验的老办法,即强迫的方法。至于对待我国的劳动人民,对待工人和农民等等,我们就应当采取说服的方法。问题不在于党的指示和指令是正确的,这当然很好,但是这还不够。现在的问题在于使广大的劳动群众相信这些指令和指示的正

---

① 斯大林:《论列宁主义的几个问题》,《斯大林全集》,第 8 卷,第 38—39 页。
② 斯大林:《和英国作家赫·乔·威尔斯的谈话》,《斯大林文集(1934—1952)》,第 18 页。

确性。问题在于使群众根据亲身的经验相信党的指令和指示的正确性。这就要求党进行巨大而复杂的、灵活而耐心的工作。而这是在目前劳动群众积极性高涨条件下唯一正确的工作方法。"① "如果党的政策是正确的,而先锋队和本阶级间的正确关系又没有破坏,那末什么是领导呢?这种条件下的领导就是要善于说服群众,使他们相信党的政策的正确,提出并实行能把群众引到党的立场上并使他们易于根据本身经验认识党的政策的正确的一些口号,把群众提高到党的觉悟水平,这样来保证得到群众的拥护并使他们具有坚决斗争的决心。因此,说服的方法是党领导工人阶级的基本方法。"②

(四)推行"一长制"

斯大林认为推行"一长制"是需要一定条件的:"人们时常问,为什么我们没有一长制呢?只要我们还没有掌握技术,我们就没有而且不会有一长制。……任务就是我们自己掌握技术,成为内行。只有这样才能保证我们的计划全部完成,而一长制也才能实行。"③

但是在 1933 年,斯大林已经明确提出了建立"一长制"的要求:"需要把我们的公司由委员会管理制改为一长管理制。现在的情况是公司的委员会里有十个至十五个人坐在那里写公文,讨论讨论问题。同志们,继续执行这样的管理方法是不行的。必须停止纸上的'领导'而去进行真正的、实事求是的、布尔什维克的工作。让公司的主席和几个副主席留下来领导公司,这对于管理公司就完全够了。其余的委员最好派到下面去,派到工厂去。这无论对于他们或对于工作都要有益得多。"④

(五)与党和国家机关中的官僚主义作斗争

党和国家机关中的官僚主义,严重干扰政策的执行,如斯大林所言:"国家机关问题是我国整个建设中最重要的问题之一。国家机关是廉洁奉公,还是贪污受贿;是实行节约,还是浪费人民财富;是在工作中弄虚作假,还是全心全意为国家服务;是劳动者的累赘,还是帮助劳动者的机

---

① 斯大林:《和宣传鼓动部会议的参加者的谈话》,《斯大林全集》,第 7 卷,第 197 页。
② 斯大林:《论列宁主义的几个问题》,《斯大林全集》,第 8 卷,第 51 页。
③ 斯大林:《论经济工作人员的任务》,《斯大林全集》,第 13 卷,第 36 页。
④ 斯大林:《新的环境和新的经济建设任务》,《斯大林全集》,第 13 卷,第 71 页。

关；是培植无产阶级的法制思想，还是以否定这个思想的精神腐化人民的意识；是在向过渡到没有国家的共产主义社会这个方向前进，还是向普通的资产阶级国家的腐朽官僚制度倒退，——正确地解决这一切问题，对于党和社会主义不能没有决定意义。"①

为此，斯大林明确提出了与官僚主义做斗争的要求："无论在我们的国家机关、合作社机关还是党的机关里都有官僚主义分子，这是没有疑问的。必须和官僚主义分子作斗争，只要我们这里还有国家政权存在，还有国家存在，这个任务就会始终摆在我们面前，这也是事实。但是总要有个分寸。如果把反对我们国家机关中的官僚主义的斗争弄到毁灭国家机关的地步，弄到使国家机关威信扫地的地步，那就是违背列宁主义，那就是忘记我们的机关是苏维埃机关，是世界上现有一切国家机关中最高类型的国家机关。我们国家机关的力量在哪里呢？就在于它通过苏维埃把政权和千百万工农群众联系起来。就在于苏维埃是供数十万工人和农民学习管理的学校。就在于苏维埃机关不是和千百万人民群众隔绝，而是通过许许多多环绕着苏维埃并因而支持着政权机关的群众组织、各种委员会、各种团体、各种会议和代表大会等等来与人民群众打成一片。我们国家机关的缺点在哪里呢？就在于它里面有破坏和歪曲国家机关工作的官僚主义分子。为了从国家机关中清除官僚主义——而官僚主义在一两年内是清除不了的——就必须有系统地改善国家机关，使它和群众接近，依靠新的忠实于工人阶级事业的人材来革新它，以共产主义的精神来改造它，而不是把它搞垮，不是使它威信扫地。"②

斯大林还就反对官僚主义的组织工作，提出了具体的任务："（1）开展自我批评，揭露我们工作中的缺点；（2）动员党组织、苏维埃组织、经济组织、工会组织和共青团组织去和困难作斗争；（3）动员工农群众为实现党和政府的口号和决议而斗争；（4）在劳动者中间开展竞赛和突击运动；（5）广泛建立机器拖拉机站和国营农场的政治部，使党和苏维埃的领导接近农村；（6）缩小人民委员部、管理局和托拉斯的规模，使经济领导接近企业；（7）消除工作中出无人负责现象，消灭工资制度中

---

① 斯大林：《关于俄共（布）第十三次代表大会的总结》，《斯大林全集》，第6卷，第217页。

② 斯大林：《联共（布）第十五次代表会议》，《斯大林全集》，第10卷，第273—274页。

的平均主义；（8）取消'职能管理制'，加强个人负责制，采取废除委员会制的方针；（9）加强对执行情况的检查，采取改组中央监察委员会和工农检查院的方针，以进一步加强对执行情况的检查；（10）把熟练的工作人员从办公室调到更接近生产的地方；（11）揭发不可救药的官僚主义和文牍主义分子，把他们从管理机关驱逐出去；（12）把违反党和政府决议的人、敷衍欺骗的人、爱说废话的人撤职，任用新人，即任用能保证具体领导所担负的工作并能保证加强党和苏维埃纪律的认真办事的人；（13）清洗苏维埃组织和经济组织，精简人员；（14）最后，把不可靠的和蜕化的人清洗出党。"①

（六）干部决定一切

在从"新经济政策"转换到"计划经济"政策体系后，斯大林明确指出："'技术决定一切'这个旧口号，反映了我们十分缺乏技术的过去的时期的口号，现在应当用新口号，用'干部决定一切'的口号来代替了。……'干部决定一切'的口号，要求我们的领导人对我们的工作者，对无论在哪个部门中工作的'大''小'工作者，采取最关切的态度，用心地培养他们，当他们需要支持时帮助他们，当他们做出初步成绩时鼓励他们，推动他们前进等等。……如果我们想要顺利地消灭十分缺乏人才的现象，使我国得到足够数量的能够推进技术和运用技术的干部，我们首先就应当学会重视人才，重视干部，重视每一个有益于我们共同事业的工作者。毕竟应该了解：人才，干部是世界上所有宝贵的资本中最宝贵最有决定意义的资本。"②"在无产阶级掌握政权的我国条件下做一个领袖和组织者是什么意思呢？……就是第一，了解工作人员，善于掌握他们的优缺点，善于使用工作人员；第二，能够这样配备工作人员：（1）使每一个工作人员感到自己适得其所；（2）使每一个工作人员一般能按他们个人的才能对革命做出最大的贡献；（3）这样配备工作人员的结果不是使整个工作停顿，而是使整个工作协调、一致、普遍提高；（4）这样组织起来的工作的总方向是要体现和实现把工作人员配备到合适岗位上去的那种

---

① 斯大林：《在党的第十七次代表大会上关于联共（布）中央工作的总结报告》，《斯大林全集》，第13卷，第322—325页。

② 斯大林：《在克里姆林宫举行的红军高等院校学员毕业典礼上的讲话》，《斯大林文集（1934—1952）》，第46—47页。

政治思想。"①

六 "计划经济"政策范式的监督体制

对政策的执行需要进行检查、监督，在必要的时候还要进行政策的"纠错"，斯大林就此提出了五个方面的要求。

（一）经常性和领导亲自参加的检查

斯大林指出："对执行情况的检查要达到目的，至少必须有两个条件：第一、对执行情况的检查必须是经常的，而不是时断时续的；第二、在党组织、苏维埃组织、经济组织各个环节中领导对执行情况的检查的必须不是次要的人，而是有充分威信的人，即各组织的领导者自己。"②

（二）根据政策效果而不是工作报告进行实地检查

斯大林强调："检查任务的执行情况，这就是说，不仅是在办公室，不仅是根据形式上的工作报告来检查，而首先是要在工作的地方，根据执行的实际结果来检查。一般讲来，是否需要这样的审查和检查呢？毫无疑问是需要的。其所以需要，第一，是因为只有这样的审查才能了解工作人员，确定他们的真正品质。其所以需要，第二，是因为只有这样的检查才能确定执行机关的优点和缺点。其所以需要，第三，是因为只有这样的检查才能确定任务本身的优点和缺点。"③

（三）自上而下与自下而上的检查（监督）相结合

斯大林指出："自上而下的审查固然是需要的，这是审查工作人员及检查任务的执行情况的有效办法之一。但是，自上而下的审查，还远不能包括全部审查工作。还有另外一种审查，自下而上的审查，即由群众、由被领导者来审查领导者，指出领导者的错误，指出改正这些错误的办法。

---

① 斯大林：《论雅·米·斯维尔德洛夫》，《斯大林全集》，第6卷，第241—242页。
② 斯大林：《在党的第十七次代表大会上关于联共（布）中央工作的总结报告》，《斯大林全集》，第13卷，第329页。
③ 斯大林：《论党的工作缺点和消灭托洛茨基两面派和其他两面派的办法》，《斯大林文集（1934—1952）》，第165页。

这种审查是审查工作人员最有效的方法之一。党员群众是在积极分子会议上、在代表会议上、在代表大会上审查自己的领导者,方法就是听取领导者的工作报告,批评缺点,以及选举或不选举某些领导同志参加领导机关。正如我们党章所要求的,在党内要切实实行民主集中制,党的机关要无条件地按选举手续产生,要保证提出和撤消候选人的权利,实行无记名投票,自由地进行批评和自我批评,——所有这些以及诸如此类的办法都必须实行,以便于党员群众审查和监督党的领导者。非党群众是在非党积极分子会议上,在各种各样的群众会议上审查自己的经济领导者、工会领导者和其他领导者,方法就是在会上听取他们的工作报告,批评缺点,并指出改正缺点的方法。最后,人民是在选举苏联政权机关时,用普遍的、平等的、直接的、无记名的投票,来审查自己的国家领导者。任务就在于把自上而下的审查和自下而上的审查结合起来。"①

监督也同样要求自上而下与自下而上的结合,斯大林指出:"怎样才能肃清所有这些组织里的官僚主义呢?要做到这一点,唯一的办法就是组织自下而上的监督,组织工人阶级千百万群众来批评我们机关里的官僚主义,批评他们的缺点和错误。我知道,激起劳动群众的愤怒来反对我们组织里的官僚主义病态,有时会触犯我们某些过去有过功劳而现在害了官僚主义毛病的同志,可是这难道就能阻止我们组织自下而上的监督吗?我认为不能而且不应当。……现在主要的问题在于:掀起极广泛的自下而上的批评浪潮来反对官僚主义,特别是反对我们工作中的缺点。只有从上下两个方面施以压力,只有把重点移到自下而上的批评,才能指望顺利进行斗争并根绝官僚主义。"②

(四) 建立中央工作人员到地方工作的检查制度

斯大林指出:"一切管理部门,不管是党的、工业的或工会的,在检查执行情况方面都糟透了。只是写决议,发指示,但是谁也不想问问自己:这些决议和指示执行得怎样了?是确实执行了还是束之高阁了?……领导——这并不等于写决议和发指示。领导——这就是检查指示的执行情

---

① 斯大林:《论党的工作缺点和消灭托洛茨基两面派和其他两面派的办法》,《斯大林文集(1934—1952)》,第 165—166 页。

② 斯大林:《在苏联列宁主义青年团第八次代表大会上的演说》,《斯大林全集》,第 11 卷,第 61—62 页。

况，不仅检查指示的执行情况，而且检查指示本身，从生动的实际工作的观点来检查这些指示是正确的还是错误的。……就拿纯粹党方面的检查执行情况来说吧，我们通常都是叫州委员会和省委员会的书记到中央来报告工作，以便检查中央指示的执行情况。书记们做了报告，也承认了自己工作中的缺点，中央就指摘他们，通过老一套的决议，指示说，要深入工作，要展开工作，要强调这点那点，要着重注意这点那点等等。书记们带着这种决议回到各地，以后又叫他们来，同样又是深入、展开等等一套。……这样做有它好的一面，但是应当承认，这种检查执行情况的方法已经不够了。……如果中央委员、中央监察委员会主席团委员、正副人民委员、全俄工会中央理事会主席团委员、各工会中央委员会主席团委员等经常到地方去，在那里进行工作，以便了解工作情况，研究一切困难、一切缺点和错误，那末你们可以确信，这将是对执行情况的最切实有效的检查。这将是丰富我们可敬的领导者的经验的最好方法。如果这个方法成了一种制度（而这是必须成为制度的），那末你们可以确信，我们这里拟定的法律，我们制定的指示，就会比目前的要切合实际和正确的多了。"①

（五）公开承认错误和诚恳纠正错误

斯大林认为："布尔什维克的义务不是掩盖自己的错误，不是逃避有关自己错误的问题，如象我们这里所常有的情形一样，而是诚恳和公开地承认自己的错误，诚恳和公开地订出改正这些错误的办法，诚恳和公开地纠正自己的错误。""公开承认我们的错误和诚恳改正这些错误，只能加强我们的党，提高我们党在工人、农民、劳动知识分子心目中的威信，提高我们国家的力量和实力。"② "如果党的政策不正确，如果党的政策和本阶级的利益发生冲突，可以不可以认为党是本阶级的真正领导者呢？当然是不可以的。在这种情形下，党如果始终想做领导者，它就应当重新审查自己的政策，应当改正自己的政策，应当承认自己的错误，并且纠正这种错误。只要从我们党的历史中援引一件事实就可以证明这个原理的正确，例如在废除余粮收集制时期前，工农群众显然不满意我们的政策，当时党

---

① 斯大林：《关于中央委员会和中央监察委员会四月联席全会的工作》，《斯大林全集》，第 11 卷，第 52—53 页。

② 斯大林：《论党的工作缺点和消灭托洛茨基两面派和其他两面派的办法》，《斯大林文集（1934—1952）》，第 167—168 页。

就公开而诚恳地重新审查这个政策。"①

七 "计划经济"政策范式的民主取向

"计划经济"的政策范式，带有鲜明的无产阶级民主的取向，斯大林在这方面的论述，主要涉及六个方面的内容。

（一）民主的基本要求

在无产阶级政权下发展民主，需要明确民主的基本要求，斯大林强调了以下五点要求。

第一，劳动者享受的民主。"人们谈论民主，但什么是民主呢？民主在有对抗阶级的资本主义国家中，归根到底是给有势力的人享受的民主，是给有财产的少数人享受的民主。相反地，民主在苏联却是给劳动者享受的民主，也就是说给所有人享受的民主。由此可见，违反民主主义原则的不是苏联宪法新草案，而是资产阶级的宪法。正因为如此，我认为苏联宪法是世界上唯一彻底民主的宪法"。"苏联新宪法将成为对法西斯主义的控诉书，说明社会主义和民主是不可战胜的"。②

第二，坚持"无产阶级民主制"（苏维埃民主制）的无产阶级民主。"现在莫斯科是建设新的苏维埃民主制的鼓舞者，这种民主制不容许在公民、性别、种族和民族之间有任何直接或间接的不平等而保障劳动权和同工同酬"。③"美国的民主制同苏维埃制度可以和平共处和竞赛。然而这一个不能发展成为另一个。苏维埃制度不会转变为美国的民主制，反之亦然"。④"无产阶级专政并不是在不侵犯旧的经济制度和政治制度的条件下进行的政府人员的普通的更换、'内阁'的更换等等，……而是拥有新的中央政权机关和地方政权机关的新国家"。"由此应当得出两个基本结论：第一个结论：无产阶级专政不能是'完全的'民主，不能是对所有的人的民主，即既对富人又对穷人的民主；……资本主义制度下的民主是资本

---

① 斯大林：《论列宁主义的几个问题》，《斯大林全集》，第8卷，第49页。
② 斯大林：《关于苏联宪法草案》，《斯大林文集（1934—1952）》，第118、129页。
③ 斯大林：《贺词》，《斯大林文集（1934—1952）》，第536页。
④ 斯大林：《和美国斯克里浦斯—霍华德报系总经理罗伊·霍华德先生的谈话》，《斯大林文集（1934—1952）》，第93页。

主义民主,是少数剥削者的民主,是以限制多数被剥削者的权利为基础并反对这个多数为目标的。只有在无产阶级专政下,被剥削者才可能有真正的自由,无产者和农民才可能真正参加国家的管理。无产阶级专政下的民主是无产阶级的民主,是多数被剥削者的民主,是以限制少数剥削者的权利为基础并以反对这个少数为目标的。第二个结论:无产阶级专政的产生不能是资产阶级社会和资产阶级民主制和平发展的结果,而只能是摧毁资产阶级的国家机器、资产阶级的军队、资产阶级的官僚机构、资产阶级的警察的结果"。①

第三,实现"社会主义民主主义"的民主。"新宪法草案的第五个特点,就是它的彻底的信守不移的民主主义。从民主主义的观点来看,资产阶级宪法可以分为两类:一类宪法直接否认公民权利的平等和民主自由,或在事实上把它们化为乌有。另一类宪法很乐意地接受、甚至标榜民主原则,但同时加上许多附带条件和限制,而使民主权利和自由残缺不全。它们说一切公民都有平等选举权,但同时又用居住期限、教育程度以至财产资格来加以限制。它们说公民有平等权利,但同时又加上附带条件,说这不涉及妇女,或只涉及一部分妇女,如此等等。苏联新宪法草案的特点,就在于它完全没有这类附带条件和限制。它根本不分什么积极公民和消极公民,认为所有公民都是积极的。它不承认男性和女性、'定居者'和'暂居者'、有产者和无产者、受过教育者和未受过教育者有权利上的差别,认为所有公民都有平等的权利。决定每个公民在社会上的地位的,不是财产状况,不是民族出身,不是性别,不是职位,而是个人的能力和个人的劳动。……它不仅仅宣布民主自由,而且按立法程序,用一定的物质条件来保证这些自由。因此,很明显,新宪法草案的民主主义,并不是'通常的''公认的'一般民主主义,而是社会主义的民主主义"。②

第四,政治生活充分民主化的民主。"所有这一切的结果,就是我国政治生活的充分民主化,就是新宪法的制定。谁也不敢否认,我们的宪法是世界上最民主的宪法,苏联最高苏维埃以及各加盟共和国最高苏维埃的选举结果就是最明显的例证"。③

---

① 斯大林:《论列宁主义基础》,《斯大林全集》,第6卷,第100—103页。
② 斯大林:《关于苏联宪法草案》,《斯大林文集(1934—1952)》,第110—111页。
③ 斯大林:《在党的第十八次代表大会上关于联共(布)中央工作的总结报告》,《斯大林文集(1934—1952)》,第247页。

第五，改善领导工作的民主。"这些让步会不会改变国家政权的性质呢？不，不会改变。这些让步会不会改变无产阶级专政体系即会不会削弱无产阶级专政呢？绝对不会，一点也不会。无产阶级专政并没有被削弱，它只是由于活跃苏维埃和吸收农民中的优秀分子参加工作而日益巩固了。由于扩大民主，无产阶级对农民的领导不仅保持着，而且还获得新的力量，在无产阶级周围造成信任的气氛。……党在苏维埃民主方面的新方针，会不会引起无产阶级专政体系的某种恶化呢？不，不会引起的。恰恰相反，新方针只会改善工作，巩固无产阶级专政体系"。①

（二）"计划经济"政策范式的民主制度基础

斯大林倡导的"计划经济"政策范式，建立在民主制度的基础之上。对于这样的基础，可以从九个方面做出解释。

第一，"计划经济"政策范式的阶级基础。斯大林指出："由于苏联经济方面发生了这些变化，我国社会的阶级结构也相应发生了变化。……所有的剥削阶级都消灭了。剩下了工人阶级。剩下了农民阶级。剩下了知识分子。""苏联无产阶级已经变成完全新的阶级，已经变成消灭了资本主义经济体系、确立了生产工具和生产资料的社会主义所有制、引导着苏联社会向共产主义前进的苏联工人阶级。……这样的工人阶级是人类历史上还从来没有过的。""苏联的农民是完全新的农民……我国农民是摆脱了剥削的农民……绝大多数都是集体农庄的农民。……我们农民的经济基础不是私有制，而是在集体劳动基础上成长起来的集体所有制。""我们苏联的知识分子，是同工人阶级和农民血肉相连的完全新的知识分子，……他们势必为人民服务，……他们现在是苏联社会中享有平等权利的成员。""和资产阶级宪法不同，苏联新宪法草案所依据的是：社会上已经不再存在彼此对抗的阶级；社会是由工人和农民这两个互相友爱的阶级组成的；执政的正是这两个劳动阶级；对社会的国家领导权（专政）属于工人阶级这个社会的先进阶级；宪法所以需要，是为了把合乎劳动者愿望并有利于劳动者的社会秩序固定下来。"②

第二，"计划经济"政策范式的"革命"基础。斯大林认为，无产阶

---

① 斯大林：《问题和答复》，《斯大林全集》，第7卷，第154—156页。
② 斯大林：《关于苏联宪法草案》，《斯大林文集（1934—1952）》，第102—105、109页。

级革命和资产阶级革命的区别可以归结为下列主要的五点：（1）资产阶级革命通常是在较为现成的资本主义经济形式已经具备时开始发生的，无产阶级革命却是在现成的社会主义经济形式没有具备或几乎没有具备时开始发生的。（2）资产阶级革命的基本任务是夺取政权，并使这政权适合已有的资产阶级的经济；无产阶级革命的基本任务却是在夺取政权以后建设新的社会主义的经济。（3）资产阶级革命通常是以夺取政权来完成的；对于无产阶级革命，夺取政权却只是革命的开始，并且政权是用作改造旧经济和组织新经济的杠杆。（4）资产阶级革命只限于以一个剥削集团代替另一个剥削集团去执掌政权，所以它无须摧毁旧国家机器；无产阶级革命却要把一切剥削阶级都从政权上推下去，并使全体被剥削阶级的劳动群众的领袖即无产阶级去执掌政权，所以它不能不摧毁旧的国家机器而代之以新的国家机器。（5）资产阶级革命不能把千百万被剥削的劳动群众稍微长期地团结在资产阶级的周围；无产阶级革命却能够而且必须使被剥削劳动群众跟无产阶级结成长期的联盟。①

第三，"计划经济"政策范式的无产阶级专政基础。斯大林指出："无产阶级专政有三个主要方面：（1）利用无产阶级政权来镇压剥削者，保卫国家，巩固和其他各国无产者之间的联系，促进世界各国革命的发展和胜利。（2）利用无产阶级政权来使被剥削的劳动群众完全脱离资产阶级，巩固无产阶级和这些劳动群众的联盟，吸引这些群众参加社会主义建设事业，保证无产阶级对这些群众实行国家领导。（3）利用无产阶级政权来组织社会主义社会，消灭阶级，过渡到无阶级的社会，即过渡到社会主义社会。""杠杆或引带就是无产阶级的群众组织，不依靠这些组织就无法实现专政。指导力量就是无产阶级的先进部队，就是无产阶级的先锋队，它是无产阶级专政的主要领导力量。"②"无产阶级专政是无产阶级革命的工具，它的使命是：（1）镇压已被推翻的剥削者的反抗，巩固自己的成绩；（2）把无产阶级革命进行到底，使革命达到社会主义的完全胜利。""全部问题在于保持政权，稳固政权。"③

第四，"计划经济"政策范式的"领导权"基础。斯大林指出："马

---

① 参见斯大林《论列宁主义的几个问题》，《斯大林全集》，第8卷，第21—22页。
② 斯大林：《论列宁主义的几个问题》，《斯大林全集》，第8卷，第30—32页。
③ 斯大林：《论列宁主义基础》，《斯大林全集》，第6卷，第96—97页。

克思和恩格斯提供了无产阶级领导权思想的基本要点。列宁在这方面的新贡献，就在于他向前发展了这些基本要点，把它们扩展为无产阶级领导权的严整体系，扩展为无产阶级不仅在推翻沙皇制度和推翻资本主义的事业中，并且在无产阶级专政时期的社会主义建设事业中，都对城乡劳动群众实行领导的严整体系。"① "新宪法草案确实保留了工人阶级专政制度，同样也毫无变动地保留了苏联共产党现在的领导地位。……我们布尔什维克认为这是宪法草案的优点。"②

第五，"计划经济"政策范式的国家基础。斯大林强调，无产阶级专政的胜利就是镇压资产阶级，摧毁资产阶级的国家机器，以无产阶级民主代替资产阶级民主。但是要依靠什么样的组织才能完成这个巨大的工作呢？无产阶级这个新的组织形式就是苏维埃。苏维埃优越于旧的组织形式的地方在哪里呢？（1）苏维埃是无产阶级的最能包括一切的群众组织。（2）苏维埃是能够团结所有被压迫者和被剥削者、工人和农民、士兵和水兵的唯一的群众组织。（3）苏维埃是群众革命斗争、群众政治发动和群众武装起义的最强有力的机关。（4）苏维埃是群众本身的直接组织，是最民主的因而也是群众的最有威信的组织，这种组织能尽量便利群众参加国家的建设和管理。（5）苏维埃政权是存在阶级的条件下可能有的一切国家组织中最群众化和最民主的国家组织。（6）苏维埃政权是阶级社会一切国家组织中最具国际性的组织。（7）苏维埃政权按其本身结构来说，使被压迫被剥削群众的先锋队，即无产阶级这个在苏维埃中最团结和最觉悟的核心易于领导这些被压迫被剥削阶级。（8）苏维埃政权既然在统一的国家组织内把立法权和行政权结合起来，并用生产单位，用工厂来代替地域选举区，就把工人和一般劳动群众同国家管理机关直接联系起来，教导他们管理国家。（9）只有苏维埃政权才能使军队不受资产阶级长官控制。（10）苏维埃共和国就是那个找了很久而终于找到了的政治形式，在这个形式的范围内必须实现无产阶级的经济解放，实现社会主义的完全胜利。巴黎公社是这种形式的萌芽，苏维埃政权是这种形式的发展和完成。③

---

① 斯大林：《和第一个美国工人代表团的谈话》，《斯大林全集》，第10卷，第88页。
② 斯大林：《关于苏联宪法草案》，《斯大林文集（1934—1952）》，第117页。
③ 参见斯大林《论列宁主义基础》，《斯大林全集》，第6卷，第105—108页。

斯大林特别强调了"工农政府"的提法:"我们的政府,按它的性质、纲领和策略来说,是工人的、无产阶级的、共产主义的政府。……这是不是说,我们的政府就不同时是工农政府了呢?不,不是这个意思。我们的政府虽然按它的纲领和工作来说,是无产阶级的政府,但同时又是工农政府。为什么呢?因为在我国的条件下,基本农民群众的根本利益是同无产阶级的利益完全一致的。因为由于这个缘故,农民的利益就在无产阶级的纲领中,即苏维埃政府的纲领中得到了充分的反映。因为苏维埃政府所依靠的是工农联盟,是在工农这两个阶级根本利益的一致性上建立起来的联盟。最后,因为在政府机关的成员中,在苏维埃的成员中,除了工人以外,还有在工人领导下和工人一起反对共同敌人、一起建设新生活的农民。"①

斯大林还特别指出:"资产阶级民主共和国的要求,在沙皇制度和资产阶级社会存在的条件下,比如说在1905年的俄国,是一种完全可以理解的和革命的要求,因为资产阶级共和国在当时意味着前进一步。资产阶级民主共和国的要求,从我们苏联现在的条件看来,却是一种不可思议的和反革命的要求,因为资产阶级共和国比苏维埃共和国相比是后退了一步。"②

第六,"计划经济"政策范式的经济制度基础。斯大林指出:"什么是苏维埃经济制度呢?苏维埃经济制度就是:(1)资产阶级和地主阶级的政权已经被推翻而代之以工人阶级和劳动农民的政权;(2)生产工具和生产资料即土地和工厂等已经从资本家那里夺取过来并转为工人阶级和劳动农民群众所有;(3)生产的发展所服从的不是竞争和保证资本主义利润的原则,而是计划领导和不断提高劳动者物质和文化生活水平的原则;(4)国民收入的分配不是为了保证剥削阶级及其为数众多的寄生仆役发财致富,而是为了不断提高工农的物质生活和扩大城乡社会主义生产;(5)劳动者的物质生活状况的不断改善和劳动者的需求(购买力)的不断增长既然是扩大再生产的日益增长的源泉,因而也就保证劳动者免遭生产过剩的危机,免受失业增长和贫困的痛苦;(6)工人阶级和劳动农民是国家的主人,他们不是为资本家而是为自己劳动人民做工的。"③

---

① 斯大林:《问题和答复》,《斯大林全集》,第7卷,第151—152页。
② 斯大林:《论辩证唯物主义和历史唯物主义》,《斯大林文集(1934—1952)》,第206页。
③ 斯大林:《联共(布)中央委员会向第十六次代表大会的政治报告》,《斯大林全集》,第12卷,第280—281页。

第七,"计划经济"政策范式的农村基础。斯大林指出:"在国内和国际的新形势下,在农村中可以指出哪些新的因素呢?我认为可以指出四件主要的事实:(1)国际形势的变化和革命速度的缓慢要求选择一条痛苦最少的、哪怕是漫长的道路,来吸引农民参加社会主义建设,来和农民一起建设社会主义;(2)农村的经济发展和农民的分化过程要求肃清农村中战时共产主义的残余;(3)农民的政治积极性要求改变农村中旧的领导方法和行政管理方法;(4)苏维埃的改选暴露出一件无可置疑的事实,就是在我国许多地区中农站在富农方面反对贫农。""现在的主要问题完全不是挑起农村的阶级斗争,现在的主要问题是,使中农团结在无产阶级周围,重新把他们争取过来。现在的主要问题是,和基本农民群众结合起来,提高他们的物质生活和文化生活水平并和他们一道沿着社会主义道路前进。""因此我们在农村中有两项基本任务。第一项任务是必须把农民经济纳入苏维埃经济发展的总体系。……第二项任务是逐步地又不断地实现消灭农村中旧的行政管理方法和领导方法的路线。实现活跃苏维埃的路线、使苏维埃成为真正的选举机关的路线以及在农村中确立苏维埃民主制原则的路线。"①

第八,"计划经济"政策范式的政府政策基础。斯大林指出:"不能把我们国家和我们政府混淆起来,也就是说,不能把二者等量齐观。我们的国家是无产阶级掌握国家政权的组织,这个政权的使命是镇压剥削者的反抗,组织社会主义经济,消灭阶级等等。我们的政府则是这个国家组织的上层机构,是它的上层领导机构。政府可能犯错误,它可能犯一些使无产阶级专政遭受暂时挫折的错误,但这并不是说无产阶级专政这个过渡时期的建国原则是不正确的,或者是错误的。这只是说上层领导机构不好,上层领导机构的政策即政府的政策不符合于无产阶级专政,这种政策应当加以修改,使之符合于无产阶级专政的要求。国家和政府按其阶级性质来说是同一的,但是政府的范围比较狭小,政府不包括国家。它们之间是有机地联系着的,是相互依存的,但这并不是说可以把二者混为一谈。……把我们国家和我们政府的阶级性质问题与我们政府的日常政策问题混淆起来是更不能容许的。……我们政府的日常政策问题究竟是什么呢?这就是

---

① 斯大林:《俄共(布)第十四次代表会议的工作总结》,《斯大林全集》,第7卷,第104—106页。

我们这个农民国家无产阶级专政的阶级目的借以实现的方法和手段的问题。无产阶级国家之所以必要,是为了镇压剥削者的反抗,组织社会主义经济,消灭阶级等等。我们政府之所以必要,除了这一切以外,还为了规定种种方法和手段(即日常政策),没有这些方法和手段,要在我们无产阶级占少数而农民占大多数的国家中完成上述各项任务是不可想像的。"①

第九,"计划经济"政策范式的政策实效基础。斯大林指出:"我们来看看事实吧,来看看我们政策的四个基本问题并从这些基本问题上来检查一下最近两年我们党的路线。"一是关于农民问题。赞同活跃农村苏维埃的政策,并提出工业化的口号作为社会主义建设的基本口号,党坚定不移地采取了同中农建立巩固的联盟和鼓励富农的路线。党获得的成就是安定了农村,改善了同基本农民群众的关系。由此可见,我们党在无产阶级和农民之间的相互关系这个基本问题上的政策是正确的。二是关于工业问题。我们发展了我国的工业,我们是靠自己的积累推进了这个工作的。这就是我们在重新装备我国工业问题上的政策的成就。三是关于对外政策问题。我们的成就是把和平保卫住了,这就是我们的和平政策的成就。四是关于全世界共产主义力量的状况问题。只有瞎子才会否认我国社会主义建设的发展和我们国内政策的成就是全世界共产主义运动增长的主要原因之一。②

(三)"计划经济"政策范式的选举基础

在"计划经济"政策范式下,苏联扩大了选举权,斯大林对于选举情况和选举的功能,作出了以下解释。

第一,控制选举权的苏维埃选举。"拿最近的苏维埃选举来说,在我们这里,除了那些剥削别人劳动并被剥夺了选举权的资产阶级分子以外,凡是苏联的成年人,从十八岁起,不分性别和民族,都有参加苏维埃选举的权利。选民总共将近六千万人。其中绝大多数当然是农民。这六千万人中行使了选举权的约有百分之五十一,就是说,有三千多万人"。③

第二,扩大选举权的理由。"苏维埃政权从前剥夺不劳动者和剥削者

---

① 斯大林:《论工农政府问题》,《斯大林全集》,第9卷,第164—165页。
② 参见斯大林《托洛茨基反对派的过去和现在》,《斯大林全集》,第10卷,第169—173页。
③ 斯大林:《和第一个美国工人代表团的谈话》,《斯大林全集》,第10卷,第97页。

的选举权，不是永久的，而是暂时的，有一定期限的。有一个时候，这些人进行反对人民的公开战争，反抗苏维埃法律。关于剥夺他们选举权的苏维埃法律，是苏维埃政权对他们这种反抗的回答。从那时起，已经过去不少时间了。在过去这一时期内，我们已经把剥削阶级消灭，而苏维埃政权已经变成不可战胜的力量了。修改这种法律的时候是不是已经到了呢？我认为已经到了。……列宁在 1919 年就说过，苏维埃政权在不久的将来就会认为实行没有任何限制的普遍选举权是有益的。请你们注意：没有任何限制"。①

第三，普遍、平等、直接、无记名的选举。"依照新宪法，我们将实行普遍的、平等的、直接的、无记名的选举。……为什么我们的选举是普遍的呢？因为全体公民，除了被法庭判决剥夺选举权的人以外，都有选举权和被选举权。为什么我们的选举是平等的呢？因为财产上的差别（这种差别还部分地存在），种族和民族的不同，都不会造成任何特权或带来什么损害。妇女将和男子平等地享有选举权和被选举权。我们的选举将是真正平等的。为什么要无记名呢？因为我们要使苏联公民完全自由地选出他们要选的人，选出他们托付来保障他们利益的人。为什么要直接选举呢？因为在当地直接选举一切代表机关，直至最高机关，能够更好地保障我们这个幅员广大的国家的劳动者的利益"。②

第四，非政党竞争性的竞选。"党是阶级的一部分，是阶级的先进部分。几个党，也就是政党自由，只有在有利益敌对而不可调和的对抗阶级的社会里才会存在。……可是，在苏联已经没有资本家、地主、富农等阶级了。在苏联只有两个阶级，即工人和农民，这两个阶级的利益不仅不彼此敌对，相反地，是互相友爱的。所以，在苏联也就没有几个政党存在的基础，也就是说没有这些政党自由的基础。在苏联只有一个党，即共产党存在的基础。在苏联只有一个党可以存在，这就是勇敢和彻底保护工农利益的共产党"。③ 斯大林还特别指出："将来在选举中提出候选人名单的，将不仅是共产党，而且是各种非党的社会团体。这种团体我们有好几百个。我们没有彼此对立的政党，正象我们没有彼此对立的资本家阶级和被

---

① 斯大林：《关于苏联宪法草案》，《斯大林文集（1934—1952）》，第 126—127 页。
② 斯大林：《和美国斯克里浦斯—霍华德报系总经理罗伊·霍华德先生的谈话》，《斯大林文集（1934—1952）》，第 93—95 页。
③ 斯大林：《关于苏联宪法草案》，《斯大林文集（1934—1952）》，第 117—118 页。

资本家剥削的工人阶级一样。我们的社会，仅仅由城乡自由劳动者——工人、农民、知识分子组成。这些阶层中的每一阶层会有自己特殊的利益，而且经过现存的很多社会团体反映这种利益。可是既然没有阶级，既然阶级和阶级之间的界限正在消失，既然社会主义社会的各阶层之间只留下某些非根本性的差别，那就不会有形成互相斗争的政党的土壤。没有几个阶级的地方，就不会有几个政党，因为政党是阶级的一部分"。"竞选一定会有，而且我预料会很热烈。我们有不少机关工作做得不好。有时某个地方政权机关，不善于满足城乡劳动者各方面的与日俱增的需求。你有没有建立好的学校呢？你有没有改善居住条件呢？你是不是一个官僚呢？你有没有帮助我们，使得我们的劳动功效更大，使得我们的生活更文明呢？这将是一种标准，千万选民将用这个标准去衡量候选人，抛开不适当的候选人，把他们从候选人名单中取消，提出最优秀的人来充当候选人。是的，竞选将是热烈的，它将围绕许多极其尖锐的问题，主要是实际的、对于人民有头等意义的问题来进行"。①

第五，直接选举与间接选举结合的选举。"根据我国的宪法制度，在苏联不应当有和最高苏维埃同等地由全国人民选举而能和最高苏维埃对立的个人总统。苏联的总统是集体的——这就是最高苏维埃主席团，包括最高苏维埃主席团主席在内，这个主席团不是由全国人民，而是由最高苏维埃选举，并应向最高苏维埃报告工作。历史经验表明，建立最高机关的这种办法，是最民主的，能够保障国家免于各种意外事故"。②

第六，坚决反对"私拉"代表的选举。斯大林指出："事实上我们在农村是不是在扩大民主呢？是的，是在扩大。这是不是对农民的让步呢？当然是的。这种让步是不是很大，是不是限于我国宪法范围之内？我认为这里的让步并不很大，它丝毫没有改变我们的宪法。既然如此，我们改变的究竟是什么，让步到底体现在哪里呢？我们改变的是在新的发展条件下完全不能令人满意的农村工作方法。……在许多地区都是由一小群人在管理农村，这些人同县和省的联系多于同农村居民的联系。这种情况就使得农村的管理者多半朝上看，朝县里看，而很少朝下看，朝农村居民看，他

---

① 斯大林：《和美国斯克里浦斯—霍华德报系总经理罗伊·霍华德先生的谈话》，《斯大林文集（1934—1952）》，第93—95页。
② 斯大林：《关于苏联宪法草案》，《斯大林文集（1934—1952）》，第125—126页。

们觉得自己不是对农村负责,不是对选民负责,而是对县和省负责。……在许多地区农村苏维埃的选举不是真正的选举,而是一小群害怕失去权力的管理者用许多诡计和压力来私拉'代表'的一种空洞的公文往返的手续。……党因此不得不设法改选了苏维埃,而改选证明:许多地区的旧的选举方法是战时共产主义的残余,应当消灭这种有害的腐朽透顶的旧方法,现在正在消灭农村中的这种选举方法。这就是让步的基础,在农村扩大民主的基础。这种让步不仅是农民需要的,也是无产阶级需要的,因为这种让步加强了无产阶级,提高了无产阶级在农村中的威信,巩固了农民对无产阶级的信任。……我们虽然预见到将来要进一步扩大民主,但是我们认为目前在民主方面的让步必须限制在俄共(布)第十四次代表会议和苏维埃第三次代表大会所规定的范围内。"①

第七,高度重视选举的"监控"功能。斯大林强调:"我们新的选举制度,将对一切机关和团体起督促作用,促使它们改善自己的工作。苏联普遍的、平等的、直接的、无记名的选举制度,将成为人民手中的鞭子,用来鞭笞工作做得不好的政权机关。"②"我们的宪法估计到了这一点,它制定了一项法律,这项法律规定,如果代表开始耍滑头,如果他们离开正路,如果他们忘记自己从属于人民,从属于选民,那么选民就有权在任期未满前撤回自己的代表。……代表应当知道,他是人民的勤务员,是人民派到最高苏维埃的使者,他应该遵循人民给他的委托书所指出的那条路线。如果他离开了正路,选民就有权要求重新选举,就有权使离开正路的代表落选。……我的劝告,代表候选人对自己选民的劝告,就是要你们记住选民的这个权利,即在任期未满前撤回代表的权利,要你们监督和检查代表,如果他们想离开正路,就把他们轰走,要求重新选举。"③"我认为选举运动就是选民对作为执政党的我国共产党进行裁判的法庭。选举结果便是选民的判决。如果我国共产党害怕批评和检查,那它就没有多大价值了。共产党愿意接受选民的判决。"④

---

① 斯大林:《问题和答复》,《斯大林全集》,第7卷,第152—154页。
② 斯大林:《和美国斯克里浦斯—霍华德报系总经理罗伊·霍华德先生的谈话》,《斯大林文集(1934—1952)》,第95页。
③ 斯大林:《在莫斯科市斯大林选区选举前的选民大会上的演说》,《斯大林文集(1934—1952)》,第185—186页。
④ 斯大林:《在莫斯科市斯大林选区选举前的选民大会上的演说(1946年)》,《斯大林文集(1934—1952)》,第484页。

(四)"计划经济"政策范式的群众参与基础

在"计划经济"政策范式下,除了要求群众的选举参与外,还要求群众的政策参与。斯大林对群众的政策参与,强调了五个论点。

第一,国家机关应与群众打成一片。斯大林指出:"苏维埃国家机关同资产阶级国家机关有什么区别呢?区别首先在于,资产阶级国家机关是站在群众之上的,……而苏维埃国家机关却是和群众打成一片的。""我们应当竭力使我们的国家机关'扩大十倍',使它成为同千百万劳动群众休戚相关的机关,把官僚主义的残余从国家机关中清除出去,使国家机关同群众打成一片。"①

第二,决策者要细心倾听群众的呼声。斯大林指出:"我们的领导者不应当骄傲,应当了解,我们虽然是中央委员或人民委员,但这还不是说,我们具备了正确领导所必需的一切知识。官衔本身并不提供知识和经验,称号就更不用说了。这就是说,只靠我们的经验,领导者的经验,还不足以实行正确的领导,因此必须以群众的经验,党员群众的经验、工人阶级的经验、人民的经验来充实自己的经验,领导者的经验。这就是说,一分钟也不能削弱我们同群众的联系,更不用说断绝我们同群众的联系了。最后,这就是说,要细心倾听群众的呼声、普通党员的呼声、所谓'小人物'的呼声、人民的呼声。""当布尔什维克保持同广大人民群众的联系时,他们将是不可战胜的,——这可以认为是一个规律。相反地,布尔什维克只要一脱离群众和失去同群众的联系,只要一染上官僚主义的毛病,他们就会丧失任何力量,而变成空架子。"②

第三,鼓励群众中不同意见的争论。斯大林认为:"从苏联宪法的起草到最后润色,全民讨论无疑带来巨大的好处。"③ 代表团的目的是要弄清楚工人阶级和农民跟共产党不同的意见怎样才能合法地表达出来。"目前苏联的工人和劳动农民群众中间有没有不同意见的争论呢?无疑是有的。……这种争论会在会议上、工会中、合作社中、苏维埃选举时以及其

---

① 斯大林:《问题和答复》,《斯大林全集》,第7卷,第134、136页。
② 斯大林:《论党的工作缺点和消灭托洛茨基两面派和其他两面派的办法》,《斯大林文集(1934—1952)》,第169、172页。
③ 斯大林:《全苏苏维埃第八次(非常)代表大会审定委员会的报告》,《斯大林文集(1934—1952)》,第132页。

他场合得到合法的表现。……现在，在无产阶级专政条件下，不同意见的争论却不是围绕着推翻苏维埃政权的问题，不是围绕着摧毁苏维埃制度的问题，而是围绕着改进苏维埃政权机关的问题，改进它们工作的问题。……我们党是国内唯一合法的政党（共产党的垄断），它的这种地位并不是一种人为的故意假造出来的。这种地位决不可能是人为地用行政手腕等制造出来的。我们党的垄断是在实际生活中成长起来的，是在历史进程中形成起来的。""十分明显，这样的不同意见的争论只能是巩固和改进共产党。十分明显，这样的不同意见的争论只能增强共产党的垄断。十分明显，这样的不同意见的争论不会在工人阶级和劳动群众内部造成其他政党形成的基础。"①

第四，坚持群众在会议上发言的做法。斯大林指出："拿加入苏维埃联盟的各民族的千百万男女劳动者、男女工人、男女农民的无数代表会议、会议和代表大会来说，西方人对于这种会议和代表会议有时加以嘲笑，硬说俄国人总喜欢多说话。然而对我们来说，这种会议和代表会议无论在考察群众的情绪上还是在揭发我们的错误并拟定消除这些错误的方法上都有重大的意义，因为我们的错误不少，而我们并不隐瞒这些错误，我们认为揭发错误和老老实实地改正错误是改善对国家的领导的最好方法。你们只要看看在这种代表会议和会议上发言人的演说，看看这些工农出身的'普通人'的切实和诚恳的意见，看看他们的决议，你们就会知道共产党的影响有多么大。"②

第五，广泛吸收劳动农民参加苏维埃的工作。斯大林指出，为什么重视农民参加苏维埃工作呢？（1）因为苏维埃是政权机关，而吸收劳动农民参加管理国家的工作是党的当前任务。（2）因为苏维埃是工农结合的机关，是工人领导农民的机关，而工人领导农民现在比任何时候都更有必要。（3）因为地方预算是在苏维埃中编制的，而预算是农民的切身问题。（4）因为苏维埃是农民情绪的最可靠的晴雨表，而倾听农民的呼声是绝对必要的。③"我们党的农村工作的薄弱表现在哪里呢？表现在党在农村中没有广大的能够把党同我国千百万劳动农民联系起来的非党农民积极分

---

① 斯大林：《和第一个美国工人代表团的谈话》，《斯大林全集》，第10卷，第101—102、105页。
② 斯大林：《和第一个美国工人代表团的谈话》，《斯大林全集》，第10卷，第98页。
③ 参见斯大林《关于党在农村中的任务》，《斯大林全集》，第6卷，第276页。

子。……因此，我们党在农村中的基本任务是：培养为数几十万的、能够把党同千百万劳动农民连接起来的大批非党农民积极分子。……只有在围绕着农村实际需要而进行群众工作的过程中，在农村进行广泛的苏维埃建设的过程中，通过吸引农民参加管理乡、区、县、省的工作，才能在党的周围培养广大的非党农民积极分子。""编造地方预算是使苏维埃活跃起来的物质基础。不用说，预算、征税和开支方法等问题对农民是有头等意义的。因此，农民现在参加苏维埃建设比任何时候都更有现实意义。"①

（五）"计划经济"政策范式的价值取向基础

"计划经济"政策范式有明确的价值取向，主要表现在三个方面。

一是在"利益"问题上，有两种重要的取向。第一种取向是以政策来保证工人和农民的利益。"怎样才能使党的政策在这个基本问题上是正确的呢？第一、必须使党的政策保证工人阶级与农民的结合、联盟。第二、必须使党的政策保证无产阶级在这个联盟中、在这个结合中的领导。要保证结合，必须使我们一般的财政政策，其中包括我们的税收政策，符合于劳动群众的利益；必须使我们的价格政策是正确的，符合于工人阶级和农民的利益；必须使合作社的组织，在城市里，特别是在农村里，有步骤地日益发展起来"。②第二种取向是个人利益和集体利益的结合。"个人和集体之间、个人利益和集体利益之间没有而且也不应当有不可调和的对立。不应当有这种对立，是因为集体主义、社会主义并不否认个人利益，而是把个人利益和集体利益结合起来。社会主义是不能撇开个人利益的。只有社会主义社会才能给这种个人利益以最充分的满足。此外，社会主义社会是保护个人利益的唯一可靠的保证"。③"把集体农庄庄员的个人利益同集体农庄的公共利益集合起来，这就是巩固集体农庄的关键所在"。④

二是在"自由"问题上，强调的是"真正的个人自由"。"我们建成这

---

① 斯大林：《关于党在农村中的当前任务》，《斯大林全集》，第6卷，第264—265、270页。

② 斯大林：《在联共（布）莫斯科省第十五次代表会议上的演说》，《斯大林全集》，第9卷，第140页。

③ 斯大林：《和英国作家赫·乔·威尔斯的谈话》，《斯大林文集（1934—1952）》，第13页。

④ 斯大林：《在全苏集体农庄突击队第二次代表大会农业劳动组合示范章程草案审查委员会的讲话》，《斯大林文集（1934—1952）》，第40页。

一种社会，并不是为了束缚个人自由，而是使个人真正感到他是自由的。我们建成这种社会，是为了真正的个人自由，为了不带引号的自由。……只有在消灭了剥削的地方，在没有人压迫人的地方，在没有失业和贫穷的地方，在人们不担心第二天会失去工作、住宅和饭碗的地方，才能够有真正的自由。只有在这种社会里，才能够有真正的、而不是纸上的个人自由和其他任何自由"。①

三是在"权利"问题上，强调的是三个要点：（1）重视劳动权利。"劳动是每个有工作能力的公民按'不劳动者不得食'这一公式履行的义务和光荣职责。劳动权，即每个公民有得到有保障的工作的权利；休息权；受教育权；以及其他等等。新宪法草案就是以社会主义的这些准则为依据的。它反映这些准则，用立法程序把这些准则固定下来"。（2）重视各民族的平等权利。"和资产阶级宪法不同，苏联新宪法草案具有深刻的国际主义性质。……它的出发点是，一切民族和种族权利平等。它的出发点是，一切民族和种族，不管它们过去和现在的状况如何，不管它们强或弱，都应当在社会一切经济生活、社会生活、国家生活和文化生活方面享受同等的权利"。（3）重视权利保障和实现权利的手段。"新宪法草案的特点，就在于它不限于规定公民的形式权利，而把重点放在保障这些权利的问题上，放在实现这些权利的手段的问题上。它不仅仅宣布公民权利平等，而且用立法程序把剥削制度已被消灭的事实固定下来，把公民已经摆脱剥削的事实固定下来，以保障公民权利平等"。②

（六）"计划经济"政策范式的"党内民主"基础

发展"党内民主"，是"计划经济"政策范式的内在要求，斯大林在这方面坚持的是三个论点。

第一，党内民主不是"广泛民主"，而是经常吸引党员群众不仅参加讨论问题，而且参加领导工作的民主。斯大林指出："广泛的民主、完全的民主显然是不会有的。……现在我来谈谈我们某些同志和某些组织把民主问题偶像化，把民主看做某种绝对的、超出时间和空间以外的

---

① 斯大林：《和美国斯克里浦斯—霍华德报系总经理罗伊·霍华德先生的谈话》，《斯大林文集（1934—1952）》，第93页。
② 斯大林：《关于苏联宪法草案》，《斯大林文集（1934—1952）》，第109—111页。

东西的问题。我想以此说明,民主不是某种在一切时间和一切条件下都一成不变的东西,因为有时候实行民主是不可能的和没有意义的。为了使这种党内民主成为可能,就需要有两个条件或者两类条件,即内部条件和外部条件,没有这两类条件是谈不上什么民主的。(1)必须使工业发展起来,使工人阶级的物质生活状况不恶化,使工人阶级在数量上增长起来,使工人阶级的文化水平不断提高,使工人阶级在质量上也增长起来。必须使党这个工人阶级的先锋队首先也在质量上,而且首先是靠吸收国内无产阶级分子增长起来。为了能够提出真正实行党内民主而不是在纸上实行党内民主这个问题,这些内部性质的条件是绝对必要的。(2)外部性质的条件,没有这种条件,党内民主是不可能的。我指的是某些多少能够保证和平,保证和平发展的国际条件。没有这种条件,党内民主是不可思议的。换句话说,如果有人侵犯我们,而我们不得不拿起武器来保卫国家,那就根本谈不上什么民主,因为那时必须把民主收起来。党要动员起来,我们大概要使它军事化,关于党内民主的问题自然就不存在了。正因为如此,我认为应该以条件为转移来看民主,不应该把党内民主问题偶像化,因为你们知道,实行党内民主是以每一个时期的时间和地点的具体条件为转移的。""我们所理解的民主是提高党员群众的积极性和自觉性,经常吸引党员群众不仅参加讨论问题,而且参加领导工作。"[①]

第二,党内民主不是代际隔阂问题,而是主动性和积极性问题。斯大林认为:"民主的实质归结起来不是新一代和老一代的问题,而是主动性问题,是党员积极参加党的领导的问题。"[②]"要提高工人阶级积极性,首先必须使党本身积极起来,必须使党本身毅然决然走上党内民主的道路,必须使我们的各级组织吸引那些决定我们党的命运的广大党员群众来参加我国建设问题的讨论。……忠实而坚决地实行党内民主,提高党员群众的积极性,吸引他们来讨论社会主义建设的基本问题。""党内民主和派别集团的自由之间没有而且不可能有丝毫共同之处。党内民主是什么呢?党内民主就是提高党员群众的积极性并加强党的统一,加强党内自觉的无产

[①] 斯大林:《俄共(布)第十三次代表会议》,《斯大林全集》,第6卷,第8—9、36页。

[②] 斯大林:《俄共(布)第十三次代表大会》,《斯大林全集》,第6卷,第199页。

阶级纪律。""我们过去的强大靠什么，我们现在的强大又是靠什么呢？就是靠正确的政策和我们队伍的统一。"①

第三，党内民主是反对派别活动的民主。斯大林强调："这种制度（党内制度——引者）的基础是什么呢？就是实行党内民主，容许对党内的缺点和错误进行认真的批评，同时不容许任何派别活动并取缔任何派别活动，违者开除出党。"②

斯大林系统阐释的"计划经济"政策范式，重点说明的是在社会主义国家中如何处理政策问题，如何有效地协调政策与民主的关系。这样的政策范式，在20世纪50年代曾对一批社会主义国家产生了重要的影响。

---

① 斯大林：《关于苏联经济状况和党的政策》，《斯大林全集》，第8卷，第130—132页。
② 斯大林：《俄国反对派的政治面貌》，《斯大林全集》，第10卷，第138页。

第六章　毛泽东：民主主义革命的政策诉求

毛泽东在民主主义革命时期（包括旧民主主义革命时期和新民主主义革命时期，时间为1911年至1949年10月前），对中国共产党的政策诉求以及与之相关的民主要求，作了全面的阐述。

一　旧民主主义与新民主主义

毛泽东对中国革命的性质作了系统的阐释，尤其强调要区分旧民主主义革命和新民主主义革命的本质差别，以及在政策方面的重要区别。

（一）旧民主主义的资产阶级民主革命

毛泽东在北伐战争和土地革命期间（1937年以前）使用过"民主革命""民主主义革命""民权革命""民族革命"等概念，所指的都是资产阶级的民主革命。对于这样的革命，毛泽东提出了以下几点看法。

第一，中国革命是资产阶级民主革命性质的革命。毛泽东指出："中国革命的性质是什么？我们现在干的是什么革命呢？我们现在干的是资产阶级性的民主主义的革命，我们所做的一切，不超过资产阶级民主革命的范围。现在还不应该破坏一般资产阶级的私有财产制，要破坏的是帝国主义和封建主义，这就叫做资产阶级性的民主主义的革命。但是这个革命，资产阶级已经无力完成，必须靠无产阶级和广大人民的努力才能完成。这个革命要达到的目的是什么呢？目的就是打倒帝国主义和封建主义，建立一个人民民主的共和国。这种人民民主主义的共和国，就是革命的三民主义的共和国。它比起现在这种半殖民地半封建的状态是不相同的，它跟将来的社会主义制度也不相同。在社会主义的社会制度中是不要资本家的；

在这个人民民主主义的制度中,还应当容许资本家存在。中国是否永远要资本家呢?不是的,将来一定不要。""中国将来一定要发展到社会主义去,这样一个定律谁都不能推翻。但是我们在目前的阶段上不是实行社会主义,而是破坏帝国主义和封建主义,改变中国现在的这个半殖民地半封建的地位,建立人民民主主义的制度。"①

第二,民权主义是资产阶级革命的基本诉求。毛泽东指出:"我们完全同意共产国际关于中国问题的决议。中国现时确定还是处在资产阶级民权革命的阶段。中国彻底的民权主义革命的纲领,包括对外推翻帝国主义,求得彻底的民族解放;对内肃清买办阶级的在城市的势力,完成土地革命,消灭乡村的封建关系,推翻军阀政府。必定要经过这样的民权主义革命,方能造成过渡到社会主义的真正基础。""要转入到沸热的全国高涨的革命中去,则包括城市小资产阶级在内的政治的经济的民权主义斗争的发动,是必经的道路。"②

第三,中国需要完成由资产阶级民主革命向社会主义革命的转变。毛泽东认为:"从鸦片战争以来,各个革命发展阶段各有若干特点。其中最重要的区别就在于共产党出现以前及其以后。然而就其全体看来,无一不是带了资产阶级民主革命的性质。这种民主革命是为了建立一个在中国历史上所没有过的社会制度,即民主主义的社会制度,这个社会的前身是封建主义的社会(近百年来成为半殖民地半封建的社会),它的后身是社会主义的社会。若问一个共产主义者为什么要首先为了实现资产阶级民主主义的社会制度而斗争,然而再去实现社会主义的社会制度,那答复是:走历史必由之路。"③"我们是革命转变论者,主张民主革命转变到社会主义方向去。民主革命中将有几个发展阶段,都在民主共和国口号下面。"④

第四,中国革命应该是民族革命和民主革命的结合。毛泽东指出:"既然现阶段上中国革命的敌人主要的是帝国主义和封建地主阶级,那末,现阶段上中国革命的任务是什么呢?毫无疑义,主要地就是打击这两个敌人,就是对外推翻帝国主义压迫的民族革命和对内推翻封建地主压迫

---

① 毛泽东:《青年运动的方向》,《毛泽东选集》,第 2 卷,第 526—527 页。
② 毛泽东:《井冈山的斗争》,《毛泽东选集》,第 1 卷,第 76—77 页。
③ 毛泽东:《五四运动》,《毛泽东选集》,第 2 卷,第 523 页。
④ 毛泽东:《为争取千百万群众进入抗日民族统一战线而斗争》,《毛泽东选集》,第 1 卷,第 254 页。

的民主革命,而最主要的任务是推翻帝国主义的民族革命。中国革命的两大任务,是互相关联的。如果不推翻帝国主义的统治,就不能消灭封建地主阶级的统治,因为帝国主义是封建地主阶级的主要支持者。反之,因为封建地主阶级是帝国主义统治中国的主要社会基础,而农民则是中国革命的主力军,如果不帮助农民推翻封建地主阶级,就不能组成中国革命的强大的队伍而推翻帝国主义的统治。所以,民族革命和民主革命这样两个基本任务,是互相区别,又是互相统一的。中国今天的民族革命任务,主要地是反对侵入国土的日本帝国主义,而民主革命任务,又是为了争取战争胜利所必须完成的,两个革命任务已经联系在一起了。那种把民族革命和民主革命分为截然不同的两个革命阶段的观点,是不正确的。"①

第五,贫农阶级是民主革命的重要力量。毛泽东认为:"没有贫农阶级(照绅士的话说,没有'痞子'),决不能造成现时乡村的革命状态,决不能打倒土豪劣绅,完成民主革命。贫农,因为最革命,所以他们取得了农会的领导权。所有最下一级农民协会的委员长、委员,在第一第二两个时期中,几乎全数是他们。这个贫农领导,是非常之需要的。没有贫农,便没有革命。若否认他们,便是否认革命。若打击他们,便是打击革命。他们的革命大方向始终没有错。他们损伤了土豪劣绅的体面。他们打翻了大小土豪劣绅在地上,并且踏上一只脚。他们在革命期内的许多所谓'过分'举动,实在正是革命的需要。"②

第六,要争取无产阶级对资产阶级民主革命的领导权。毛泽东强调:"中国迫切需要一个资产阶级的民主革命,这个革命必须由无产阶级领导才能完成。从广东出发向长江发展的一九二六年到一九二七年的革命,因为无产阶级没有坚决地执行自己的领导权,被买办豪绅阶级夺取了领导,以反革命代替了革命,资产阶级民主革命乃遭遇到暂时的失败。"③

(二) 新民主主义革命与旧民主主义革命的区别

在抗日战争时期,毛泽东明确提出了"新民主主义"革命的概念:"现阶段的中国革命究竟是一种什么性质的革命呢?资产阶级民主主义的

---

① 毛泽东:《中国革命和中国共产党》,《毛泽东选集》,第2卷,第599—600页。
② 毛泽东:《湖南农民运动考察报告》,《毛泽东选集》,第1卷,第21页。
③ 毛泽东:《中国的红色政权为什么能够存在》,《毛泽东选集》,第1卷,第48页。

革命，还是无产阶级社会主义的革命呢？显然地，不是后者，而是前者。既然中国社会还是一个殖民地、半殖民地、半封建的社会，既然中国革命的敌人主要的还是帝国主义和封建势力，既然中国革命的任务是为了推翻这两个主要敌人的民族革命和民主革命，而推翻这两个敌人的革命，有时还有资产阶级参加，即使大资产阶级背叛革命而成了革命的敌人，革命的锋芒也不是向着一般的资本主义和资本主义的私有财产，而是向着帝国主义和封建主义，既然如此，所以，现阶段中国革命的性质，不是无产阶级社会主义的，而是资产阶级民主主义的。但是，现时中国的资产阶级民主主义的革命，已不是旧式的一般的资产阶级民主主义的革命，这种革命已经过时了，而是新式的特殊的资产阶级民主主义的革命。这种革命正在中国和一切殖民地半殖民地国家发展起来，我们称这种革命为新民主主义的革命。"①

按照毛泽东的解释，新民主主义革命具有与旧民主主义革命不同的六个重要特征。

第一，新民主主义革命是世界无产阶级社会主义革命的一部分。"这种新民主主义的革命是世界无产阶级社会主义革命的一部分，它是坚决地反对帝国主义即国际资本主义的。它在政治上是几个革命阶级联合起来对于帝国主义者和汉奸反动派的专政，反对把中国社会造成资产阶级专政的社会。它在经济上是把帝国主义者和汉奸反动派的大资本大企业收归国家经营，把地主阶级的土地分配给农民所有，同时保存一般的私人资本主义的企业，并不废除富农经济。因此，这种新式的民主革命，虽然在一方面是替资本主义扫清道路，但在另一方面又是替社会主义创造前提"。②

第二，新民主主义革命是无产阶级领导之下的人民大众的反帝反封建的革命。"中国现时的革命阶段，是为了终结殖民地、半殖民地、半封建社会和建立社会主义社会之间的一个过渡的阶段，是一个新民主主义的革命过程。这个过程是从第一次世界大战和俄国十月革命之后才发生的，在中国则是从一九一九年五四运动开始的。所谓新民主主义的革命，就是在无产阶级领导之下的人民大众的反帝反封建的革命。中国的社会必须经过

---

① 毛泽东：《中国革命和中国共产党》，《毛泽东选集》，第 2 卷，第 609—610 页。
② 毛泽东：《中国革命和中国共产党》，《毛泽东选集》，第 2 卷，第 610 页。

这个革命,才能进一步发展到社会主义的社会去,否则是不可能的"。①"在中国,事情非常明白,谁能领导人民推翻帝国主义和封建势力,谁就能取得人民的信仰,因为人民的死敌是帝国主义和封建势力,而特别是帝国主义的缘故。在今日,谁能领导人民驱逐日本帝国主义,并实施民主政治,谁就是人民的救星。历史已经证明:中国资产阶级是不能尽此责任的,这个责任就不得不落在无产阶级的肩上了。所以,无论如何,中国无产阶级、农民、知识分子和其他小资产阶级,乃是决定国家命运的基本势力。这些阶级,或者已经觉悟,或者正在觉悟起来,他们必然要成为中华民主共和国的国家构成和政权构成的基本部分,而无产阶级则是领导的力量"。②

第三,新民主主义革命建立的共和国不同于旧民主主义共和国。"这种新民主主义共和国,一方面和旧形式的、欧美式的、资产阶级专政的、资本主义的共和国相区别,那是旧民主主义的共和国,那种共和国已经过时了;另一方面,也和苏联式的、无产阶级专政的、社会主义的共和国相区别,那种社会主义的共和国已经在苏联兴盛起来,并且还要在各资本主义国家建立起来,无疑将成为一切工业先进国家的国家构成和政权构成的统治形式;但是那种共和国,在一定的历史时期中,还不适用于殖民地半殖民地国家的革命。因此,一切殖民地半殖民地国家的革命,在一定历史时期中所采取的国家形式,只能是第三种形式,这就是所谓新民主主义共和国。这是一定历史时期的形式,因而是过渡的形式,但是不可移易的必要的形式。因此,全世界多种多样的国家体制中,按其政权的阶级性质来划分,基本不外乎三种:(甲)资产阶级专政的共和国;(乙)无产阶级专政的共和国;(丙)几个革命阶级联合专政的共和国。第一种,是旧民主主义的国家。在今天,在第二次帝国主义战争爆发之后,许多资本主义国家已经没有民主气息,已经转变或即将转变为资产阶级的血腥的军事专政了。某些地主和资产阶级联合专政的国家,可以附在这一类。第二种,除苏联外,正在各资本主义国家中酝酿着。将来要成为一定时期中的世界统治形式。第三种,殖民地半殖民地国家的革命所采取的过渡的国家形式。各个殖民地半殖民地国家的革命必然会有某些不同特点,但这是大同

---

① 毛泽东:《中国革命和中国共产党》,《毛泽东选集》,第2卷,第610页。
② 毛泽东:《新民主主义论》,《毛泽东选集》,第2卷,第635页。

中的小异。只要是殖民地或半殖民地的革命，其国家构成和政权构成，基本上必然相同，即几个反对帝国主义的阶级联合起来共同专政的新民主主义的国家。在今天的中国，这种新民主主义的国家形式，就是抗日统一战线的形式。它是抗日的，反对帝国主义的；又是几个革命阶级联合的，统一战线的"。①

第四，中国共产党是新民主主义革命的领导力量。"整个中国革命是包含着两重任务的。这就是说，中国革命是包括资产阶级民主主义性质的革命（新民主主义的革命）和无产阶级社会主义性质的革命、现在阶段的革命和将来阶段的革命这样两重任务的。而这两重革命任务的领导，都是担负在中国无产阶级的政党——中国共产党的双肩之上，离开了中国共产党的领导，任何革命都不能成功。完成中国资产阶级民主主义的革命（新民主主义的革命），并准备在一切必要条件具备的时候把它转变到社会主义革命的阶段上去，这就是中国共产党光荣的伟大的全部革命任务"。②

第五，新民主主义革命是依靠人民大众的革命。"新民主主义的革命，不是任何别的革命，它只能是和必须是无产阶级领导的，人民大众的，反对帝国主义、封建主义和官僚资本主义的革命。……这就是说，由参加这个革命的人们所组成的统一战线是十分广大的，这里包括了工人、农民、独立劳动者、自由职业者、知识分子、民族资产阶级以及从地主阶级分裂出来的一部分开明绅士，这就是我们所说的人民大众"。"无产阶级领导的，人民大众的，反对帝国主义、封建主义和官僚资本主义的革命，这就是中国的新民主主义的革命，这就是中国共产党在当前历史阶段的总路线和总政策"。③

第六，新民主主义革命实行的是统一战线的专政。"这种新民主主义的革命，和历史上欧美各国的民主革命大不相同，它不造成资产阶级专政，而造成各革命阶级在无产阶级领导之下的统一战线的专政。在抗日战争中，在中国共产党领导的各个抗日根据地内建立起来的抗日民主政权，乃是抗日民族统一战线的政权，它既不是资产阶级一个阶级的专政，也不

---

① 毛泽东：《新民主主义论》，《毛泽东选集》，第2卷，第636—637页。
② 毛泽东：《中国革命和中国共产党》，《毛泽东选集》，第2卷，第613—614页。
③ 毛泽东：《在晋绥干部会议上的讲话》，《毛泽东选集》，第4卷，第1256、1259—1260页。

是无产阶级一个阶级的专政,而是在无产阶级领导之下的几个革命阶级联合起来的专政。只要是赞成抗日又赞成民主的人们,不问属于何党何派,都有参加这个政权的资格"。①

(三) 三民主义与新三民主义

对于孙中山提出来的三民主义,毛泽东强调的是既要同意、支持,也要将其发展为新三民主义的论点。

第一,共产党同意三民主义。毛泽东指出:"共产党是否同意三民主义?我们的答复:是同意的。三民主义有它的历史变化。孙中山先生的革命的三民主义,曾经因为孙先生与共产党合作加以坚决执行而取得人民的信仰,成为一九二四年至一九二七年的胜利的革命的旗帜。但是一九二七年国民党排斥共产党(清党运动和反共战争),实行相反的政策,招致革命的失败,陷民族于危险的地位,于是三民主义也就失去了人民的信仰。现在民族危机极端严重,国民党已不能照旧不变地统治下去,因而全国人民和国民党中的爱国分子,又有两党合作的迫切要求。因此,重新整顿三民主义的精神,在对外争取独立解放的民族主义、对内实现民主自由的民权主义和增进人民幸福的民生主义之下,两党重新合作,并领导人民坚决地实行起来,是完全适合于中国革命的历史要求,而应为每一个共产党员所明白认识的。……但是共产党的民主革命纲领,与国民党第一次全国代表大会所宣布的三民主义的纲领,基本上是不相冲突的。因此,我们不但不拒绝三民主义,而且愿意坚决地实行三民主义,而且要求国民党和我们一道实行三民主义,而且号召全国人民实行三民主义。我们认为,共产党、国民党、全国人民,应当共同一致为民族独立、民权自由、民生幸福这三大目标而奋斗。"②

第二,共产党实行的是符合三民主义的政策。毛泽东指出:"在共产党方面,十年来所实行的一切政策,根本上仍然是符合于孙中山先生的三民主义和三大政策的革命精神的。共产党没有一天不在反对帝国主义,这就是彻底的民族主义;工农民主专政制度也不是别的,就是彻底的民权主义;土地革命则是彻底的民生主义。为什么共产党现在又申明取消工农民

---

① 毛泽东:《中国革命和中国共产党》,《毛泽东选集》,第 2 卷,第 610—611 页。
② 毛泽东:《中国共产党在抗日时期的任务》,《毛泽东选集》,第 1 卷,第 238—239 页。

主专政和停止没收地主的土地呢？这个理由我们也早已说明了，不是这种制度和办法根本要不得，而是日本帝国主义的武装侵略引起了国内阶级关系的变化，使联合全民族各阶层反对日本帝国主义成了必需，而且有了可能。不但在中国，而且在世界范围内，为了共同反对法西斯，建立反法西斯的统一战线也有了必需和可能。所以，我们主张在中国建立民族的和民主的统一战线。我们用以代替工农民主专政的各阶层联合的民主共和国的主张，是在这种基础之上提出的。实行'耕者有其田'的土地革命，正是孙中山先生曾经提出过的政策；我们今天停止实行这个政策，是为了团结更多的人去反对日本帝国主义，而不是说中国不要解决土地问题。关于这种政策改变的客观原因和时间性，我们曾经毫不含糊地说明了自己的观点。正是因为中国共产党根据马克思主义的原则，一贯地坚持并发展了第一次国共统一战线的共同纲领即革命的三民主义，所以共产党能于强寇压境民族危急之际，及时地提出民族民主的统一战线这种唯一能够挽救危亡的政策，并且不疲倦地实行之。现在的问题，不是共产党信仰不信仰实行不实行革命的三民主义的问题，反而是国民党信仰不信仰实行不实行革命的三民主义的问题。现在的任务，是在全国范围内恢复孙中山先生的三民主义的革命精神，据以定出一定的政纲和政策，并真正而不二心地、切实而不敷衍地、迅速而不推延地实行起来，这在中国共产党方面真是日夜馨香祷祝之的。"[1]

第三，三民主义与共产主义既有相同部分，也有不同部分。毛泽东指出："三民主义和共产主义两个主义比较起来，有相同的部分，也有不同的部分。相同部分，这就是两个主义在中国资产阶级民主革命阶段上的基本政纲。1924年孙中山重新解释的三民主义中的革命的民族主义、民权主义和民生主义这三个政治原则，同共产主义在中国民主革命阶段的政纲，基本上是相同的。由于这些相同，并由于三民主义见之实行，就有两个主义两个党的统一战线。忽视这一方面，是错误的。"不同部分，则有：（1）民主革命阶段上一部分纲领的不相同。（2）有无社会主义革命阶段的不同。（3）宇宙观的不同。（4）革命彻底性的不同。由于这些不同，共产主义者和三民主义者之间就有了差别。忽视这种差别，只看见统

---

[1] 毛泽东：《国共合作成立后的迫切任务》，《毛泽东选集》，第2卷，第339—340页。

一方面，不看见矛盾方面，无疑是非常错误的。①

第四，新三民主义必须坚持联俄、联共、扶助农工三大政策。毛泽东认为："这种新时期的革命的三民主义，新三民主义或真三民主义，是联俄、联共、扶助农工三大政策的三民主义。没有三大政策，或三大政策缺一，在新时期中，就都是伪三民主义，或半三民主义。（1）革命的三民主义，新三民主义，或真三民主义，必须是联俄的三民主义。现在的事情非常明白，如果没有联俄政策，不同社会主义国家联合，那就必然是联帝政策，必然同帝国主义联合。……（2）革命的三民主义，新三民主义，或真三民主义，必须是联共的三民主义。如不联共，就要反共。反共是日本帝国主义和汪精卫的政策，你也要反共，那很好，他们就请你加入他们的反共公司。但这岂非有点当汉奸的嫌疑吗？我不跟日本走，单跟别国走。那也滑稽。不管你跟谁走，只要反共，你就是汉奸，因为你不能再抗日。……今日的三民主义，必须是联共的三民主义，否则，三民主义就要灭亡。这是三民主义的存亡问题。联共则三民主义存，反共则三民主义亡，谁能证明其不然呢？（3）革命的三民主义，新三民主义，或真三民主义，必须是农工政策的三民主义。不要农工政策，不真心实意地扶助农工，不实行《总理遗嘱》上的'唤起民众'，那就是准备革命失败，也就是准备自己失败。斯大林说：'所谓民族问题，实质上就是农民问题。'这就是说，中国的革命实质上是农民革命，现在的抗日，实质上是农民的抗日。新民主主义的政治，实质上就是授权给农民。新三民主义，真三民主义，实质上就是农民革命主义。大众文化，实质上就是提高农民文化。抗日战争，实质上就是农民战争。现在是'上山主义'的时候，大家开会、办事、上课、出报、著书、演剧，都在山头上，实质上都是为的农民。抗日的一切，生活的一切，实质上都是农民所给。说'实质上'，就是说基本上，并非忽视其他部分，这是斯大林自己解释过了的。中国有百分之八十的人口是农民，这是小学生的常识。因此农民问题，就成了中国革命的基本问题，农民的力量，是中国革命的主要力量。农民之外，中国人口中第二个部分就是工人。中国有产业工人数百万，有手工业工人和农业工人数千万。没有各种工业工人，中国就不能生活，因为他们是工业经济的生产者。没有近代工业工人阶级，革命就不能胜利，因为他们是中国

---

① 参见毛泽东《新民主主义论》，《毛泽东选集》，第2卷，第648—649页。

革命的领导者，他们最富于革命性。在这种情形下，革命的三民主义，新三民主义或真三民主义，必然是农工政策的三民主义。如果有什么一种三民主义，它是没有农工政策的，它是并不真心实意扶助农工，并不实行'唤起民众'的，那就一定会灭亡。由此可知，离开联俄、联共、扶助农工三大政策的三民主义，是没有前途的。一切有良心的三民主义者，必须认真地考虑到这点。"①

二 不同革命时期的政策选择

毛泽东强调，不同的革命时期，中国共产党有不同的政策。对于北伐战争时期（1924—1927年，第一次国内革命战争时期）、土地革命时期（1927—1937年，第二次国内革命战争时期）、抗日战争时期（1937—1945年）和解放战争时期（1945—1949年，第三次国内革命战争时期）中国共产党的基本政策选择，可简述于下。

（一）北伐战争、土地革命时期的政策要求

北伐战争和土地革命时期中国共产党的政策，按照毛泽东的解释，主要表现为四方面的政策要求。

第一，劳工主义的政策要求。毛泽东指出："社会民主主义，借议会为改造工具，但事实上议会的立法总是保护有产阶级的。无政府主义否认权力，这种主义恐怕永世都做不到。温和方法的共产主义，如罗素所主张极端的自由，放任资本家，亦是永世做不到的。激烈方法的共产主义，即所谓劳农主义，用阶级专政的方法，是可以预计效果的，故最宜采用。"②"只有坚决地实行劳动法，才能改善工人群众的生活，使工人群众积极地迅速地参加经济建设事业，而加强他们对于农民的领导作用。"③

第二，一切服务于革命战争的政策要求。毛泽东指出："一切苏维埃工作的实际执行都在乡苏与市苏，这是人人了解的，但乡苏、市苏应该怎么样进行他们的工作，却有很多人不了解。而不了解乡苏与市苏的工作，

---

① 毛泽东：《新民主主义论》，《毛泽东选集》，第2卷，第650—653页。
② 毛泽东：《在新民学会长沙会员大会上的发言》，《毛泽东文集》，第1卷，第2页。
③ 毛泽东：《必须注意经济工作》，《毛泽东选集》，第1卷，第111页。

简直就不能真正领导苏维埃工作，就不能真正去解决'一切苏维埃工作服从革命战争的要求'这个问题。现在上级苏维埃工作人员中我们遇得到这样的情形：发得出很多的命令与决议，却不知道任何一个乡苏、市苏工作的实际内容。同志们！这是不行的，这是官僚主义，这是苏维埃工作的障碍！"①

第三，经济政策中的适当计划要求。毛泽东指出："我们经济政策的原则，是进行一切可能的和必需的经济方面的建设，集中经济力量供给战争，同时极力改良民众的生活，巩固工农在经济方面的联合，保证无产阶级对于农民的领导，争取国营经济对私人经济的领导，造成将来发展到社会主义的前提。我们的经济建设的中心是发展农业生产，发展工业生产，发展对外贸易和发展合作社。……在小农经济的基础上面，对于某些重要农产作出相当的生产计划，动员农民为着这样的计划而努力，这是容许的，而且是必需的。我们在这一方面，应该有进一步的注意和努力。"②

第四，解决农民基本问题的政策要求。毛泽东指出："我们要胜利，一定还要做很多的工作。领导农民的土地斗争，分土地给农民；提高农民的劳动热情，增加农业生产；保障工人的利益；建立合作社；发展对外贸易；解决群众的穿衣问题，吃饭问题，住房问题，柴米油盐问题，疾病卫生问题，婚姻问题。总之，一切群众的实际生活问题，都是我们应当注意的问题。假如我们对这些问题注意了，解决了，满足了群众的需要，我们就真正成了群众生活的组织者，群众就会真正围绕在我们的周围，热烈地拥护我们。""一切这些群众生活上的问题，都应该把它提到自己的议事日程上。应该讨论，应该决定，应该实行，应该检查。要使广大群众认识我们是代表他们的利益的，是和他们呼吸相通的。要使他们从这些事情出发，了解我们提出来的更高的任务，革命战争的任务，拥护革命，把革命推到全国去，接受我们的政治号召，为革命的胜利斗争到底。"③

（二）抗日战争时期中国共产党的基本政策取向

在抗日战争的特殊背景下，中国共产党的政策要求，可以概括为中国

---

① 毛泽东：《长冈乡调查》，《毛泽东文集》，第1卷，第276页。
② 毛泽东：《我们的经济政策》，《毛泽东选集》，第1卷，第116—117页。
③ 毛泽东：《关心群众生活，注意工作方法》，《毛泽东选集》，第1卷，第122—124页。

共产党的新民主主义政策的十二个重要的取向,毛泽东对这些取向作了具体的说明。

第一,"纲举目张"取向。毛泽东指出:"政策有各方面的政策,纲领有一般的纲领、具体的纲领。……我们各个时期都有具体的政策,比如抗战初期的十大纲领,抗战中期各方面的具体政策,在陕甘宁边区有二十一条施政纲领,其他敌后各抗日根据地也都有大同小异的纲领,性质相同,条文小异。内战时期,党的第六次代表大会所决定的十大纲领,就是新民主主义总路线下的具体纲领,更具体的还有土地法、婚姻法、政治工作条例等。北伐战争时也有类似的东西,党发布过很多对时局宣言,都是具体的纲领。这次我们把这个问题在这里说清楚一下,使我们的同志们懂得新民主主义就是我们的总纲,有纲有目,'纲'就是鱼网上拿在手里的大绳子,'目'就是鱼网的眼。"[①]

第二,政策调整取向。毛泽东指出:"在目前反共高潮的形势下,我们的政策有决定的意义。但是我们的干部,还有许多人不明白党在目前时期的政策应当和土地革命时期的政策有重大的区别。必须明白,在整个抗日战争时期,无论在何种情况下,我党的抗日民族统一战线的政策是决不会变更的;过去十年土地革命时期的许多政策,现在不应当再简单地引用。尤其是土地革命的后期,由于不认识中国革命是半殖民地的资产阶级民主革命和革命的长期性这两个基本特点而产生的许多过左的政策,例如以为第五次'围剿'和反对第五次'围剿'的斗争是所谓革命和反革命两条道路的决战,在经济上消灭资产阶级(过左的劳动政策和税收政策)和富农(分坏田),在肉体上消灭地主(不分田),打击知识分子,肃反中的'左'倾,在政权工作中共产党员的完全独占,共产主义的国民教育宗旨,过左的军事政策(进攻大城市和否认游击战争),白区工作中的盲动政策,以及党内组织上的打击政策等等,不但在今天抗日时期,一概不能采用,就是在过去也是错误的。这种过左政策,适和第一次大革命后期陈独秀领导的右倾机会主义相反,而表现其为'左'倾机会主义的错误。在第一次大革命后期,是一切联合,否认斗争;而在土地革命后期,则是一切斗争,否认联合(除基本农民以外),实为代表两个极端政策的

[①] 毛泽东:《在中国共产党第七次全国代表大会上的口头政治报告》,《毛泽东文集》,第3卷,第320—321页。

极明显的例证。而这两个极端的政策,都使党和革命遭受了极大的损失。"①

第三,政策区别取向。毛泽东指出:"有了大方向还需要有政策。我们的政策可分为全国的和陕甘宁边区及敌后抗日根据地的两部分。关于全国的政策,即将发表的我党中央纪念抗战六周年的宣言中,提出了向政府的四条建议,这就是'加强作战''加强团结''改良政治''发展生产'。至于抗战胜利之后怎么办,我党中央去年发表的'七七'宣言中已经说得很清楚,在战后我们希望与各党各派继续合作,共同建国。我国的抗战,现在有正面与敌后两个战场,敌后战场的斗争非常残酷,我们共产党在那里做了很大的努力,几年来,我们创造了许多新东西,例如反'扫荡'、反'蚕食'、精兵简政、拥政爱民、拥护军队、生产运动、整顿三风等。对于别的地区,我们看见什么缺点,只有提建议,但在边区与敌后则不然,我们可以自己动手来改正,所以我们应当把工作做得更好些。"②

第四,民主政府取向。对于"民主政府"的政策取向,毛泽东重点强调的是三项基本要求:(1)改革政治机构,使国民大会成为决定政策的最高权力机关。"政府如果是真正的国防政府,它就一定要依靠民众,要实行民主集中制。它是民主的,又是集中的;最有力量的政府是这样的政府。国民大会要是真正代表人民的,要是最高权力机关,要掌管国家的大政方针,决定抗日救亡的政策和计划。"③(2)建立民主的、临时的联合政府。"中国急需把各党各派和无党无派的代表人物团结在一起,成立民主的临时的联合政府,以便实行民主的改革。""新民主主义的政权组织,应该采取民主集中制,由各级人民代表大会决定大政方针,选举政府。它是民主的,又是集中的,就是说,在民主基础上的集中,在集中指导下的民主。只有这个制度,才既能表现广泛的民主,使各级人民代表大会有高度的权力;又能集中处理国事,使各级政府能集中地处理被各级人民代表大会所委托的一切事务,并保障人民的一切必要的民主活动。""在这个问题和其他任何有关民主改革的问题上,我们共产党人声明:不

---

① 毛泽东:《论政策》,《毛泽东选集》,第2卷,第720—721页。
② 毛泽东:《英勇斗争的二十二年》,《毛泽东文集》,第3卷,第32页。
③ 毛泽东:《反对日本进攻的方针、办法和前途》,《毛泽东选集》,第2卷,第319页。

管国民党当局现在还是怎样坚持其错误政策和怎样借谈判为拖延时间、搪塞舆论的手段，只要他们一旦愿意放弃其错误的现行政策，同意民主改革，我们是愿意和他们恢复谈判的。但是谈判的基础必须放在抗日、团结和民主的总方针上，一切离开这个总方针的所谓办法、方案，或其他空话，不管它怎样说得好听，我们是不能赞成的。"① （3）在抗日根据地建立新型的政权组织。"关于政权组织，必须坚决地执行'三三制'，共产党员在政权机关中只占三分之一，吸引广大的非党人员参加政权。在苏北等处开始建立抗日民主政权的地方，还可以少于三分之一。不论政府机关和民意机关，均要吸引那些不积极反共的小资产阶级、民族资产阶级和开明绅士的代表参加；必须容许不反共的国民党员参加。在民意机关中也可以容许少数右派分子参加。切忌我党包办一切。我们只破坏买办大资产阶级和大地主阶级的专政，并不代之以共产党的一党专政。"②

第五，民主国家取向。毛泽东指出："我们主张在彻底地打败日本侵略者之后，建立一个以全国绝对大多数人民为基础而在工人阶级领导之下的统一战线的民主联盟的国家制度，我们把这样的国家制度称之为新民主主义的国家制度。这是一个真正适合中国人口中最大多数的要求的国家制度，因为，首先，它取得了和可能取得数百万产业工人，数千万手工业工人和雇佣农民的同意；其次，也取得了和可能取得占中国人口百分之八十，即在四亿五千万人口中占了三亿六千万的农民阶级的同意；又其次，也取得了和可能取得广大的城市小资产阶级、民族资产阶级、开明士绅及其他爱国分子的同意。自然，这些阶级之间仍然是有矛盾的，例如劳资之间的矛盾，就是显著的一种；因此，这些阶级各有一些不同的要求。抹杀这种矛盾，抹杀这种不同要求，是虚伪的和错误的。但是，这种矛盾，这种不同的要求，在整个新民主主义的阶段上，不会也不应该使之发展到超过共同要求之上。这种矛盾和这种不同的要求，可以获得调节。在这种调节下，这些阶级可以共同完成新民主主义国家的政治、经济和文化的各项建设。"③

毛泽东还特别指出："我们的政府不但是代表工农的，而且是代表民

---

① 毛泽东：《论联合政府》，《毛泽东选集》，第3卷，第978、1006、1018页。
② 毛泽东：《论政策》，《毛泽东选集》，第2卷，第724页。
③ 毛泽东：《论联合政府》，《毛泽东选集》，第3卷，第1005页。

族的。""人民共和国的政府以工农为主体,同时容纳其他反帝国主义反封建势力的阶级。让这些人参加人民共和国的政府,不危险吗?不危险的。工人农民是这个共和国的基本群众。给城市小资产阶级、知识分子及其他拥护反帝反封建纲领的分子以在人民共和国政府中说话做事的权利,给他们以选举权和被选举权,不能违背工农基本群众的利益。我们纲领的重要部分应当保护工农基本群众的利益。工农基本群众的代表在人民共和国政府中占了大多数,共产党在这个政府中的领导和活动,都保证了他们进来不危险。"①

第六,民主政治取向。毛泽东指出:"我们主张的新民主主义的政治,就是推翻外来的民族压迫,废止国内的封建主义的和法西斯主义的压迫,并且主张在推翻和废止这些之后不是建立一个旧民主主义的政治制度,而是建立一个联合一切民主阶级的统一战线的政治制度。我们的这种主张,是和孙中山先生的革命主张完全一致的。""人民已经有了充分的经验,有了明亮的眼睛。他们要一个人民大众的民主的统一,不要独裁者的专制的统一。……没有人民的自由,没有人民的民主政治,能够统一吗?有了这些,立刻就统一了。中国人民争自由、争民主、争联合政府的运动,同时就是争统一的运动。我们在具体纲领中提出了许多争自由争民主的要求,提出了联合政府的要求,同时就是为了这个目的。不废止国民党内反人民集团的专政,成立民主的联合政府,不但在国民党统治区不能实行任何民主的改革,不能动员那里的全体军民打倒日本侵略者,而且还将发展为内战的惨祸,这是很多人都明白的常识了。"②

第七,人民自由取向。毛泽东强调:"自由是人民争来的,不是什么人恩赐的。中国解放区的人民已经争得了自由,其他地方的人民也可能和应该争得这种自由。中国人民争得的自由越多,有组织的民主力量越大,一个统一的临时的联合政府便越有成立的可能。这种联合政府一经成立,它将转过来给予人民以充分的自由,巩固联合政府的基础。然后才有可能,在日本侵略者被打倒之后,在全部国土上进行自由的无拘束的选举,产生民主的国民大会,成立统一的正式的联合政府。没有人民的自由,就没有真正民选的国民大会,就没有真正民选的政府。难道还不清楚吗?人

---

① 毛泽东:《论反对日本帝国主义的策略》,《毛泽东选集》,第1卷,第144—146页。
② 毛泽东:《论联合政府》,《毛泽东选集》,第3卷,第1005、1020—1021页。

民的言论、出版、集会、结社、思想、信仰和身体这几项自由,是最重要的自由。在中国境内;只有解放区是彻底地实现了。"① "关于人民权利,应规定一切不反对抗日的地主资本家和工人农民有同等的人权、财权、选举权和言论、集会、结社、思想、信仰的自由权,政府仅仅干涉在我根据地内组织破坏和举行暴动的分子,其他则一律加以保护,不加干涉。"②

第八,人民军队取向。对于"人民军队"的政策取向,毛泽东重点强调了三方面的要求:(1)没有人民的军队便没有人民的一切。"军队和其他武装力量,是新民主主义的国家权力机关的重要部分,没有它们,就不能保卫国家。新民主主义国家的一切武装力量,如同其他权力机关一样,是属于人民和保护人民的,它们和一切属于少数人、压迫人民的旧式军队、旧式警察等,完全不同。""为创造中国人民的军队而奋斗,是全国人民的责任。没有一个人民的军队,便没有人民的一切。对于这个问题,切不可只发空论。"③ (2)枪杆子里面出政权。"共产党员不争个人的兵权(决不能争,再也不要学张国焘),但要争党的兵权,要争人民的兵权。现在是民族抗战,还要争民族的兵权。在兵权问题上患幼稚病,必定得不到一点东西。……每个共产党员都应懂得这个真理:'枪杆子里面出政权。'我们的原则是党指挥枪,而决不容许枪指挥党。但是有了枪确实又可以造党,八路军在华北就造了一个大党。还可以造干部、造学校、造文化、造民众运动。延安的一切就是枪杆子造出来的。枪杆子里面出一切东西。从马克思主义关于国家学说的观点看来,军队是国家政权的主要成分。谁想夺取国家政权,并想保持它,谁就应有强大的军队。有人笑我们是'战争万能论',对,我们是革命战争万能论者,这不是坏的,是好的,是马克思主义的。俄国共产党的枪杆子造了一个社会主义。我们要造一个民主共和国。帝国主义时代的阶级斗争的经验告诉我们:工人阶级和劳动群众,只有用枪杆子的力量才能战胜武装的资产阶级和地主;在这个意义上,我们可以说,整个世界只有用枪杆子才可能改造。我们是战争消灭论者,我们是不要战争的;但是只能经过战争去消灭战争,不要枪杆子必须拿起枪杆子。"④ (3)采用敌我友有别的军事政策。应尽量扩大八路

---

① 毛泽东:《论联合政府》,《毛泽东选集》,第 3 卷,第 1019 页。
② 毛泽东:《论政策》,《毛泽东选集》,第 2 卷,第 720 页。
③ 毛泽东:《论联合政府》,《毛泽东选集》,第 3 卷,第 1006、1023 页。
④ 毛泽东:《战争和战略问题》,《毛泽东选集》,第 2 卷,第 511—512 页。

军新四军,因为这是中国人民坚持民族抗战的最可靠的武装力量。"对于国民党军队,应继续采取人不犯我我不犯人的政策,尽量地发展交朋友的工作。应尽可能地吸收那些同情我们的国民党军官和无党派军官参加八路军新四军,加强我军的军事建设。……在我党我军的思想基础和组织基础已经巩固地建设成功的现在时期,大量地吸收同情分子(当然决不是破坏分子),不但没有危险,而且非此不能争取全国同情和扩大革命势力,所以是必要的政策。"①

第九,新民主主义经济取向。中国共产党主张的"新民主主义经济",其政策取向主要表现在以下五个方面。(1)抗日的中国应建立新民主主义的经济。"在中国建立这样的共和国,它在政治上必须是新民主主义的,在经济上也必须是新民主主义的。大银行、大工业、大商业,归这个共和国的国家所有。……在无产阶级领导下的新民主主义共和国的国营经济是社会主义的性质,是整个国民经济的领导力量,但这个共和国并不没收其他资本主义的私有财产,并不禁止'不能操纵国民生计'的资本主义生产的发展,这是因为中国经济还十分落后的缘故。这个共和国将采取某种必要的方法,没收地主的土地,分配给无地和少地的农民,实行中山先生'耕者有其田'的口号,扫除农村中的封建关系,把土地变为农民的私产。农村的富农经济,也是容许其存在的。这就是'平均地权'的方针。这个方针的正确的口号,就是'耕者有其田'。在这个阶段上,一般地还不是建立社会主义的农业,但在'耕者有其田'的基础上所发展起来的各种合作经济,也具有社会主义的因素。中国的经济,一定要走'节制资本'和'平均地权'的路。……这样的经济,就是新民主主义的经济。而新民主主义的政治,就是这种新民主主义经济的集中的表现。"②(2)重视生产力的发展。"中国一切政党的政策及其实践在中国人民中所表现的作用的好坏、大小,归根到底,看它对于中国人民的生产力的发展是否有帮助及其帮助之大小,看它是束缚生产力的,还是解放生产力的。"③(3)合理负担和保护商业。"游击战争根据地的经济政策,必须执行抗日民族统一战线的原则,即合理负担和保护商业,当地政权和游击

---

① 毛泽东:《论政策》,《毛泽东选集》,第2卷,第727页。
② 毛泽东:《新民主主义论》,《毛泽东选集》,第2卷,第638—640页。
③ 毛泽东:《论联合政府》,《毛泽东选集》,第3卷,第1028页。

队决不能破坏这种原则,否则将影响于根据地的建立和游击战争的支持。合理负担即实行'有钱者出钱',但农民亦须供给一定限度的粮食与游击队。保护商业应表现于游击队的严格的纪律上面;除了有真凭实据的汉奸之外,决不准乱没收一家商店。这是困难的事,但这是必须执行的确定的政策。"① (4)发展经济,保障供给。"未有经济无基础而可以解决财政困难的,未有经济不发展而可以使财政充裕的。陕甘宁边区的财政问题,就是几万军队和工作人员的生活费和事业费的供给问题,也就是抗日经费的供给问题。这些经费,都是由人民的赋税及几万军队和工作人员自己的生产来解决的。如果不发展人民经济和公营经济,就只有束手待毙。财政困难,只有从切切实实的有效的经济发展上才能解决。忘记发展经济,忘记开辟财源,而企图从收缩必不可少的财政开支去解决财政困难的保守观点,是不能解决任何问题的。"② (5)开展大规模的生产运动。"在一切党政军机关中讲究节省,反对浪费,禁止贪污。各级党政军机关学校一切领导人员都须学会领导群众生产的一全套本领。凡不注重研究生产的人,不算好的领导者。一切军民人等凡不注意生产反而好吃懒做的,不算好军人、好公民。一切未脱离生产的农村党员,应以发展生产为自己充当群众模范的条件之一。……在目前条件下,发展生产的中心关节是组织劳动力。每一根据地,组织几万党政军的劳动力和几十万人民的劳动力(取按家计划、变工队、运输队、互助社、合作社等形式,在自愿和等价的原则下,把劳动力和半劳动力组织起来)以从事生产,即在现时战争情况下,都是可能的和完全必要的。共产党员必须学会组织劳动力的全部方针和方法。"③

第十,既联合又斗争取向。毛泽东指出:"党内许多干部对于策略问题上的片面观点和由此而来的过左过右的摇摆,必须使他们从历史上和目前党的政策的变化和发展,作全面的统一的了解,方能克服。"④ "现在的政策,是综合'联合'和'斗争'的两重性的政策。在劳动政策方面,是适当地改善工人生活和不妨碍资本主义经济正当发展的两重性的政策。

---

① 毛泽东:《抗日游击战争的战略问题》,《毛泽东选集》,第2卷,第394页。
② 毛泽东:《抗日时期的经济问题和财政问题》,《毛泽东选集》,第3卷,第846—847页。
③ 毛泽东:《开展根据地的减租、生产和拥政爱民运动》,《毛泽东选集》,第3卷,第866—868页。
④ 毛泽东:《论政策》,《毛泽东选集》,第2卷,第723页。

第六章　毛泽东：民主主义革命的政策诉求　299

在土地政策方面,是要求地主减租减息又规定农民部分地交租交息的两重性的政策。在政治权利方面,是一切抗日的地主资本家都有和工人农民一样的人身权利、政治权利和财产权利,但又防止他们可能的反革命行动的两重性的政策。……严肃地坚决地保持共产党员的共产主义的纯洁性,和保护社会经济中的有益的资本主义成分,并使其有一个适当的发展,是我们在抗日和建设民主共和国时期不可缺一的任务。中国共产党是在复杂的环境中工作,每个党员,特别是干部,必须锻炼自己成为懂得马克思主义策略的战士,片面地简单地看问题,是无法使革命胜利的。"①

第十一,革命的三民主义政策取向。毛泽东强调:"陕甘宁边区所实行的是革命的三民主义。我们对于任何一个实际问题的解决,都没有超过革命的三民主义的范围。就目前来说,革命的三民主义中的民族主义,就是要打倒日本帝国主义;其民权主义和民生主义,就是要为全国一切抗日的人民谋利益,而不是只为一部分人谋利益。全国人民都要有人身自由的权利,参与政治的权利和保护财产的权利。全国人民都要有说话的机会,都要有衣穿,有饭吃,有事做,有书读,总之是要各得其所。中国社会是一个两头小中间大的社会,无产阶级和地主大资产阶级都只占少数,最广大的人民是农民、城市小资产阶级以及其他的中间阶级。任何政党的政策如果不顾到这些阶级的利益,如果这些阶级的人们不得其所,如果这些阶级的人们没有说话的权利,要想把国事弄好是不可能的。中国共产党提出的各项政策,都是为着团结一切抗日的人民,顾及一切抗日的阶级,而特别是顾及农民、城市小资产阶级以及其他中间阶级的。共产党提出的使各界人民都有说话机会、都有事做、都有饭吃的政策,是真正的革命三民主义的政策。在土地关系上,我们一方面实行减租减息,使农民有饭吃;另一方面又实行部分的交租交息,使地主也能过活。在劳资关系上,我们一方面扶助工人,使工人有工做,有饭吃;另一方面又实行发展实业的政策,使资本家也有利可图。所有这些,都是为了团结全国人民,合力抗日。这样的政策我们叫做新民主主义的政策。这是真正适合现在中国国情的政策;我们希望不但在陕甘宁边区实行,不但在敌后各抗日根据地实行,并且在全国也实行起来。"②

---

① 毛泽东:《"农村调查"的序言和跋》,《毛泽东选集》,第3卷,第750—751页。
② 毛泽东:《在陕甘宁边区参议会的演说》,《毛泽东选集》,第3卷,第766页。

第十二，社会主义和共产主义取向。毛泽东指出："我们共产党人从来不隐瞒自己的政治主张。我们的将来纲领或最高纲领，是要将中国推进到社会主义社会和共产主义社会去的，这是确定的和毫无疑义的。我们党的名称和我们的马克思主义的宇宙观，明确地指明了这个将来的、无限光明的、无限美妙的最高理想。每个共产党员入党的时候，心目中就悬着为现在的新民主主义革命而奋斗和为将来的社会主义和共产主义而奋斗这样两个明确的目标。"①

（三）解放战争时期的政策安排

解放战争时期中国共产党的政策安排，主要表现在土地改革政策、经济政策、城市政策和解放全国的政策四个方面。

第一，土地改革政策。毛泽东指出："封建主义是帝国主义和官僚资本主义的同盟者及其统治的基础。因此，土地制度的改革，是中国新民主主义革命的主要内容。土地改革的总路线，是依靠贫农，团结中农，有步骤地、有分别地消灭封建剥削制度，发展农业生产。土地改革所依靠的基本力量，只能和必须是贫农。……土地改革必须团结中农，贫雇农必须和占农村人口百分之二十左右的中农结成巩固的统一战线。……我们赞助农民平分土地的要求，是为了便于发动广大的农民群众迅速地消灭封建地主阶级的土地所有制度，并非提倡绝对的平均主义。……土地改革的对象，只是和必须是地主阶级和旧式富农的封建剥削制度，不能侵犯民族资产阶级，也不要侵犯地主富农所经营的工商业，特别注意不要侵犯没有剥削或者只有轻微剥削的中农、独立劳动者、自由职业者和新式富农。……消灭封建剥削制度应当是有步骤的，即是说，有策略的。……发展农业生产，是土地改革的直接目的。为了发展农业生产，必须劝告农民在自愿原则下逐步地组织为现时经济条件所许可的以私有制为基础的各种生产的和消费的合作团体。"②

第二，为新中国奠定基础的经济政策。毛泽东指出："新中国的经济构成是：（1）国营经济，这是领导的成分；（2）由个体逐步地向着集体方向发展的农业经济；（3）独立小工商业者的经济和小的、中等的私人

---

① 毛泽东：《论联合政府》，《毛泽东选集》，第 3 卷，第 1008 页。
② 毛泽东：《在晋绥干部会议上的讲话》，《毛泽东选集》，第 4 卷，第 1256—1259 页。

资本经济。这些，就是新民主主义的全部国民经济。而新民主主义国民经济的指导方针，必须紧紧地追随着发展生产、繁荣经济、公私兼顾、劳资两利这个总目标。一切离开这个总目标的方针、政策、办法，都是错误的。"①

第三，城市政策。毛泽东指出，关于城市政策，应注意下列各点：(1) 极谨慎地清理国民党统治机构，只逮捕其中主要反动分子，不要牵连太广。(2) 对于官僚资本要有明确界限，不要将国民党人经营的工商业都叫作官僚资本而加以没收。对于小官僚和地主所办的工商业，则不在没收之列。一切民族资产阶级经营的企业，严禁侵犯。(3) 禁止农民团体进城捉拿和斗争地主。(4) 入城之初，不要轻易提出增加工资减少工时的口号。(5) 不要忙于组织城市人民进行民主改革和生活改善的斗争。(6) 大城市目前的中心问题是粮食和燃料问题，必须有计划地加以处理。城市一经由我们管理，就必须有计划地逐步解决贫民的生活问题。不要提"开仓济贫"的口号。不要使他们养成依赖政府救济的心理。(7) 一切作长期打算。严禁破坏任何公私生产资料和浪费生活资料，禁止大吃大喝，注意节约。(8) 市委书记和市长必须委派懂政策有能力的人担任。市委书记和市长应该对所属一切工作人员加以训练，讲明各项城市政策和策略。城市已经属于人民，一切应该以城市由人民自己负责管理的精神为出发点。②

第四，解放全国的政策。毛泽东还为人民解放军解放全国确定了政策基调："本军的政策，代表中国人民的迫切要求，主要的有如下各项：(1) 联合工农兵学商各被压迫阶级、各人民团体、各民主党派、各少数民族、各地华侨和其他爱国分子，组成民族统一战线，打倒蒋介石独裁政府，成立民主联合政府。(2) 逮捕、审判和惩办以蒋介石为首的内战罪犯。(3) 废除蒋介石统治的独裁制度，实行人民民主制度，保障人民言论、出版、集会、结社等项自由。(4) 废除蒋介石统治的腐败制度，肃清贪官污吏，建立廉洁政治。(5) 没收蒋介石、宋子文、孔祥熙、陈立夫兄弟等四大家族和其他首要战犯的财产，没收官僚资本，发展民族工商

---

① 毛泽东：《目前形势和我们的任务》，《毛泽东选集》，第4卷，第1199页。
② 参见毛泽东《再克洛阳后给洛阳前线指挥部的电报》，《毛泽东选集》，第4卷，第1266—1268页。

业，改善职工生活，救济灾民贫民。（6）废除封建剥削制度，实行耕者有其田的制度。 （7）承认中国境内各少数民族有平等自治的权利。（8）否认蒋介石独裁政府的一切卖国外交，废除一切卖国条约，否认内战期间蒋介石所借的一切外债。要求美国政府撤退其威胁中国独立的驻华军队，反对任何外国帮助蒋介石打内战和使日本侵略势力复兴。同外国订立平等互惠通商友好条约。联合世界上一切以平等待我之民族共同奋斗。上述各项，就是本军的基本政策。本军所到之处，立即实施这些政策。这些政策是适合全国百分之九十以上人民的要求的。"①

三　民主主义革命中的民主问题

在中国民主主义革命的不同时期，除了有不同的政策诉求外，还要处理不同的民主的问题，并突出表现为民主着重点的不同。

（一）北伐战争和土地革命时期：维系工农兵政府的民主

在北伐战争和土地革命时期，毛泽东重点强调的是能够维系工农兵政府的民主。这样的民主，应包括以下要点。

第一，广大的农民群众是乡村的民主势力。毛泽东指出："从中层以上社会至国民党右派，无不一言以蔽之曰：'糟得很'。……实在呢，如前所说，乃是广大的农民群众起来完成他们的历史使命，乃是乡村的民主势力起来打翻乡村的封建势力。……'糟得很'，明明是站在地主利益方面打击农民起来的理论，明明是地主阶级企图保存封建旧秩序，阻碍建设民主新秩序的理论，明明是反革命的理论。""地主权力既倒，农会便成了唯一的权力机关，真正办到了人们所谓'一切权力归农会'。连两公婆吵架的小事，也要到农民协会去解决。一切事情，农会的人不到场，便不能解决。农会在乡村简直独裁一切，真是'说得出，做得到'。外界的人只能说农会好，不能说农会坏。土豪劣绅，不法地主，则完全被剥夺了发言权，没有人敢说半个不字。""革命不是请客吃饭，不是做文章，不是绘画绣花，不能那样雅致，那样从容不迫，文质彬彬，那样温良恭俭让。革命是暴动，是一个阶级推翻一个阶级的暴烈的行动。农村革命是农民阶

---

① 毛泽东：《中国人民解放军宣言》，《毛泽东选集》，第4卷，第1181—1183页。

级推翻封建地主阶级的权力的革命。农民若不用极大的力量,决不能推翻几千年根深蒂固的地主权力。"①

第二,大革命可以带来民主的廉洁政府。毛泽东认为:"县政治必须农民起来才能澄清,广东的海丰已经有了证明。这回在湖南,尤其得到了充分的证明。在土豪劣绅霸占权力的县,无论什么人去做知事,几乎都是贪官污吏。在农民已经起来的县,无论什么人去,都是廉洁政府。我走过的几县,知事遇事要先问农民协会。……现在像湘乡、湘潭、醴陵、衡山等县的县政治状况是:(1)凡事取决于县长和革命民众团体的联合会议。这种会议,由县长召集,在县署开。有些县名之曰'公法团联席会议',有些县名之曰'县务会议'。出席的人,县长以外,为县农民协会、县总工会、县商民协会、县女界联合会、县教职员联合会、县学生联合会以及国民党县党部的代表们。在这样的会议里,各民众团体的意见影响县长,县长总是唯命是听。所以,在湖南采用民主的委员制县政治组织,应当是没有问题的了。现在的县政府,形式和实质,都已经是颇民主的了。……(2)承审员没有案子。湖南的司法制度,还是知事兼理司法,承审员助知事审案。知事及其僚佐要发财,全靠经手钱粮捐派,办兵差和在民刑诉讼上颠倒敲诈这几件事,尤以后一件为经常可靠的财源。几个月来,土豪劣绅倒了,没有了讼棍。农民的大小事,又一概在各级农会里处理。所以,县公署的承审员,简直没有事做。……(3)警备队、警察、差役,一概敛迹,不敢下乡敲诈。从前乡里人怕城里人,现在城里人怕乡里人。尤其是县政府豢养的警察、警备队、差役这班恶狗,他们怕下乡,下乡也不敢再敲诈。他们看见农民的梭镖就发抖。"②

第三,在红军中必须实行民主。毛泽东指出:"红军的物质生活如此菲薄,战斗如此频繁,仍能维持不敝,除党的作用外,就是靠实行军队内的民主主义。官长不打士兵,官兵待遇平等,士兵有开会说话的自由,废除烦琐的礼节,经济公开。士兵管理伙食,仍能从每日五分的油盐柴菜钱中节余一点作零用,名曰'伙食尾子',每人每日得六七十文。这些办法,士兵很满意。尤其是新来的俘虏兵,他们感觉国民党军队和我们军队是两个世界。他们虽然感觉红军的物质生活不如白军,但是精神得到了解

---

① 毛泽东:《湖南农民运动考察报告》,《毛泽东选集》,第1卷,第14—17页。
② 毛泽东:《湖南农民运动考察报告》,《毛泽东选集》,第1卷,第29—31页。

放。同样一个兵，昨天在敌军不勇敢，今天在红军很勇敢，就是民主主义的影响。红军像一个火炉，俘虏兵过来马上就熔化了。中国不但人民需要民主主义，军队也需要民主主义。军队内的民主主义制度，将是破坏封建雇佣军队的一个重要的武器。"①

为反对"单纯军事观点"，毛泽东还特别强调应实行以下民主措施：（1）发动地方党对红军党的批评和群众政权机关对红军的批评，以影响红军的党和红军的官兵。（2）党对于军事工作要有积极的注意和讨论。一切工作，在党的讨论和决议之后，再经过群众去执行。（3）编制红军法规，明白地规定红军的任务，军事工作系统和政治工作系统的关系，红军和人民群众的关系，士兵会的权能及其和军事政治机关的关系。②

第四，纠正"极端民主化"倾向。毛泽东指出："红军第四军在接受中央指示之后，极端民主化的现象，减少了许多。例如党的决议比较地能够执行了；要求在红军中实行所谓'由下而上的民主集权制'、'先交下级讨论，再由上级决议'等错误主张，也没有人再提了。但是在实际上，这种减少，只是一时的和表面的现象，还不是极端民主化的思想的肃清。这就是说，极端民主化的根苗还深种在许多同志的思想中。例如对于决议案的执行，表示种种勉强的态度，就是证据。纠正的方法：一是从理论上铲除极端民主化的根苗。首先，要指出极端民主化的危险，在于损伤以至完全破坏党的组织，削弱以至完全毁灭党的战斗力，使党担负不起斗争的责任，由此造成革命的失败。其次，要指出极端民主化的来源，在于小资产阶级的自由散漫性。这种自由散漫性带到党内，就成了政治上的和组织上的极端民主化的思想。这种思想是和无产阶级的斗争任务根本不相容的。二是在组织上，厉行集中指导下的民主生活。其路线是：（1）党的领导机关要有正确的指导路线，遇事要拿出办法，以建立领导的中枢。（2）上级机关要明了下级机关的情况和群众生活的情况，成为正确指导的客观基础。（3）党的各级机关解决问题，不要太随便。一成决议，就须坚决执行。（4）上级机关的决议，凡属重要一点的，必须迅速地传达到下级机关和党员群众中去。其办法是开活动分子会，或开支部以至纵队的党员大会（须看环境的可能），派人出席作报告。（5）党的下级机关和

---

① 毛泽东：《井冈山的斗争》，《毛泽东选集》，第1卷，第64页。
② 参见毛泽东《关于纠正党内的错误思想》，《毛泽东选集》，第1卷，第86页。

党员群众对于上级机关的指示,要经过详尽的讨论,以求彻底地了解指示的意义,并决定对它的执行方法。"①

第五,工农兵政府应实行民主集中主义。毛泽东指出:"县、区、乡各级民众政权是普遍地组织了,但是名不副实。许多地方无所谓工农兵代表会。乡、区两级乃至县一级,政府的执行委员会,都是用一种群众会选举的。一哄而集的群众会,不能讨论问题,不能使群众得到政治训练,又最便于知识分子或投机分子的操纵。一些地方有了代表会,亦仅认为是对执行委员会的临时选举机关;选举完毕,大权揽于委员会,代表会再不谈起。名副其实的工农兵代表会组织,不是没有,只是少极了。所以如此,就是因为缺乏对于代表会这个新的政治制度的宣传和教育。封建时代独裁专断的恶习惯深种于群众乃至一般党员的头脑中,一时扫除不净,遇事贪图便利,不喜欢麻烦的民主制度。民主集中主义的制度,一定要在革命斗争中显出了它的效力,使群众了解它是最能发动群众力量和最利于斗争的,方能普遍地真实地应用于群众组织。"②

第六,注重苏维埃的民主制度建设。毛泽东强调:"乡苏维埃(与市苏维埃)是苏维埃的基本组织,是苏维埃最接近群众的一级,是直接领导群众执行苏维埃各种革命任务的机关。在国内战争环境内,战争动员工作十分紧张,群众生活需要更加改善,因此极力改善乡苏(与市苏)的工作,健全乡苏的组织与领导,使它能够完全适合发展革命战争与改善群众生活的要求,是非常重要的事。改善乡苏工作的方向,应该朝着最能够接近广大群众,最能够发挥群众的积极性与创造性,最能够动员群众执行苏维埃任务,并且最能够争取任务完成的速度,使苏维埃工作与革命战争、群众生活的需要完全配合起来,这是苏维埃工作的原则。"按照实际工作需要,毛泽东对乡苏主席团的工作、代表会议的工作、村的组织与工作、乡与村的委员会等提出了具体的要求,并强调区苏要切实指导乡苏工作:"上级政府检查区苏的工作,就看区苏是不是切实指导所属各乡都实行了各项管理办法,争取了各种苏维埃工作的最快速度与最好成绩。"③

---

① 毛泽东:《关于纠正党内的错误思想》,《毛泽东选集》,第1卷,第86—87页。
② 毛泽东:《井冈山的斗争》,《毛泽东选集》,第1卷,第70—71页。
③ 毛泽东:《乡苏怎样工作》,《毛泽东文集》,第1卷,第343—359页。

（二）抗日战争时期：维系统一战线的民主

在抗日战争时期，毛泽东强调的是能够有效地维系抗日统一战线的民主，并对这样的民主提出了七项要求。

1. 中国人民非常需要民主

毛泽东指出："中国是有缺点的，而且是很大的缺点，这种缺点，一言以蔽之，就是缺乏民主。中国人民非常需要民主，因为只有民主，抗战才有力量，中国内部关系与对外关系，才能走上轨道，才能取得抗战的胜利，才能建设一个好的国家，亦只有民主才能使中国在战后继续团结。中国缺乏民主，是在座诸位所深知的。只有加上民主，中国才能前进一步。""远东决战亦快要到来了，但是中国缺乏一个为推进战争所必需的民主制度。只有民主，抗战才能够有力量。"

毛泽东强调："民主必须是各方面的，是政治上的、军事上的、经济上的、文化上的、党务上的以及国际关系上的，一切这些，都需要民主。""经济民主，就是经济制度要不是妨碍广大人民的生产、交换与消费的发展，而是促进其发展的。文化民主，例如教育、学术思想、报纸与艺术等，也只有民主才能促进其发展。党务民主，就是在政党的内部关系上与各党的相互关系上，都应该是一种民主的关系。在国际关系上，各国都应该是民主的国家，并发生民主的相互关系，我们希望外国及外国朋友以民主态度对待我们，我们也应该以民主态度对待外国及外国朋友。""政治民主有其自己的内容，经济是其物质基础，而不就是政治民主的内容。文化是精神的东西，它有助于政治民主，也不就是政治的内容。"

"毫无疑问，无论什么都需要统一，都必须统一。但是，这个统一，应该建筑在民主基础上。政治需要统一，但是只有建立在言论、出版、集会、结社的自由与民主选举政府的基础上面，才是有力的政治。统一在军事上尤为需要，但是军事的统一，亦应建筑在民主基础上，在军官与士兵之间，军队与人民之间，各部分军队互相之间，如果没有一种民主生活、民主关系，这种军队是不能统一作战的。""我重复说一句，我们很需要统一，但是只有建筑在民主基础上的统一，才是真统一。……我们共产党为着打倒日本帝国主义而做的一切工作，都贯彻着一个民主统一或民主集中的精神。其有不足的，必须继续做。如果有缺点，必须克服这种缺点。

我们认为全中国只有民主制度、民主作风，目前才能胜敌，将来才能建立一个很好的和平的国内关系与国际关系。"①

2. 以民主推动抗日统一战线的建立

毛泽东认为，为了建立抗日统一战线，应该明确提出以下的民主要求。

第一，争取民主是革命任务的中心一环。"前一阶段和这一阶段都是走上全国性对日武装抗战的过渡阶段。如果前一阶段的任务主要地是争取和平，则这一阶段的任务主要地是争取民主。必须知道，为了建立真正的坚实的抗日民族统一战线，没有国内和平固然不行，没有国内民主也不行。所以争取民主，是目前发展阶段中革命任务的中心一环。看不清民主任务的重要性，降低对于争取民主的努力，将不能达到真正的坚实的抗日民族统一战线的建立"。②

第二，民主自由是保证抗战胜利的中心一环。"政治上、军事上、经济上、教育上的国防准备，都是救亡抗战的必需条件，都是不可一刻延缓的。而争取政治上的民主自由，则为保证抗战胜利的中心一环。抗战需要全国的和平与团结，没有民主自由，便不能巩固已经取得的和平，不能增强国内的团结。抗战需要人民的动员，没有民主自由，便无从进行动员。……中国真正的坚实的抗日民族统一战线的建立及其任务的完成，没有民主是不行的"。③

第三，争取真正的民主权利。"阶级的矛盾，在阶级制度未废除前，是无法消灭的。但在抗日战争的面前，我们对这个问题应有适当的解决，因此在统一战线纲领中，我们提出给人民在政治上以民主权利，在经济上以生活的改善。工人农民受着政治与经济的压迫，起来反抗是必然的，只有给以民主权利与改善其生活，始能减少其矛盾"。④ "人民各项权利，在我们这里，只能说实现了几个重要部分，例如，管理政府，工作权，在现有物质条件限制下的言论、出版、集会权等。至于休息权，中国目前大体上还谈不到，工农更是如此。教育权、老病保养权，还在走头一步。苏联

---

① 毛泽东：《会见中外记者西北参观团的讲话》，《毛泽东文集》，第3卷，第167—170页；《给谢觉哉的信》，《毛泽东文集》，第3卷，第232—233页。
② 毛泽东：《中国共产党在抗日时期的任务》，《毛泽东选集》，第1卷，第235页。
③ 毛泽东：《中国共产党在抗日时期的任务》，《毛泽东选集》，第1卷，第236页。
④ 毛泽东：《抗日民主与北方青年》，《毛泽东文集》，第1卷，第499页。

宪法是几个五年计划的产物，在中国许多部分还是理想，不是事实"。①

第四，争取妇女的平等权利。"什么叫做女子有自由、有平等？就是女子有办事之权，开会之权，讲话之权，没有这些权利，就谈不上自由平等。我们共产党是提倡这种权利的，希望同志们大家团结起来，结合在一块儿。陕甘宁边区的妇女先团结起来，先结合起来，再到全国去团结"。②

第五，进行民主改革和执行真正的民主政策。毛泽东认为中国必须立即开始实行下列两方面的民主改革："第一方面，将政治制度上国民党一党派一阶级的反动独裁政体，改变为各党派各阶级合作的民主政体。这方面，应从改变国民大会的选举和召集上违反民主的办法，实行民主的选举和保证大会的自由开会做起，直到制定真正的民主宪法，召集真正的民主国会，选举真正的民主政府，执行真正的民主政策为止。""第二方面，是人民的言论、集会、结社自由。没有这种自由，就不能实现政治制度的民主改革，就不能动员人民进入抗战，取得保卫祖国和收复失地的胜利。"③

3. 抗日必须与民主运动相配合

在抗日与民主的关系方面，毛泽东强调了五个方面的认识。

第一，抗日与民主互为条件。毛泽东指出："对于抗日任务，民主也是新阶段中最本质的东西，为民主即是为抗日。抗日与民主互为条件，同抗日与和平、民主与和平互为条件一样。民主是抗日的保证，抗日能给予民主运动发展以有利条件。新阶段中，我们希望有、也将会有许多直接的间接的反日斗争，这些将推动对日抗战，也大有助于民主运动。然而历史给予我们的革命任务，中心的本质的东西是争取民主。'民主'，'民主'是错的吗？我以为是不错的。……一时的后退现象，不能代替总的历史规律。因此不能否认新阶段，也不能否认民主任务的提出。况且无论什么情况，民主的口号都能适应，民主对于中国人是缺乏而不是多余，这是人人明白的。何况实际情况已经表明，指出新阶段和提出民主任务，是向抗战接近一步的东西。时局已经前进了，不要把它拉向后退。'为什么强调国民大会？'因为它是可能牵涉到全部生活的东西，因为它是从反动独裁到

---

① 毛泽东：《给谢觉哉的信》，《毛泽东文集》，第3卷，第232页。
② 毛泽东：《妇女们团结起来》，《毛泽东文集》，第2卷，第171页。
③ 毛泽东：《中国共产党在抗日时期的任务》，《毛泽东选集》，第1卷，第236—237页。

第六章　毛泽东：民主主义革命的政策诉求　309

民主的桥梁，因为它带着国防性，因为它是合法的。收复冀东察北、反对走私、反对'经济提携'等等，如象同志们所提出的，都是很对的，但这丝毫也不与民主任务和国民大会相矛盾，二者正是互相完成的，但中心的东西是国民大会和人民自由。日常的反日斗争和人民生活斗争，要和民主运动相配合，这是完全对的，也是没有任何争论的。但目前阶段里中心和本质的东西，是民主和自由。"①

　　第二，坚持独立和民主，就是"民主的抗日"或"抗日的民主"。毛泽东指出："抗日，大家赞成，这件事已经做了，问题只在于坚持。但是，还有一件事，叫做民主，这件事现在还没有做。这两件事，是目前中国的头等大事。中国缺少的东西固然很多，但是主要的就是少了两件东西：一件是独立，一件是民主。这两件东西少了一件，中国的事情就办不好。一面少了两件，另一面却多了两件。多了两件什么东西呢？一件是帝国主义的压迫，一件是封建主义的压迫。由于多了这两件东西，所以中国就变成了殖民地半殖民地半封建的国家。现在我们全国人民所要的东西，主要的是独立和民主，因此，我们要破坏帝国主义，要破坏封建主义。……把独立和民主合起来，就是民主的抗日，或叫抗日的民主。没有民主，抗日是要失败的。没有民主，抗日就抗不下去。有了民主，则抗他十年八年，我们也一定会胜利。"②

　　第三，政治越改进，抗战越能坚持。毛泽东认为："国内政治的改进，是和抗战的坚持不能分离的。政治越改进，抗战越能坚持；抗战越坚持，政治就越能改进。但是基本上依赖于坚持抗战。……革命战争是一种抗毒素，它不但将排除敌人的毒焰，也将清洗自己的污浊。凡属正义的革命的战争，其力量是很大的，它能改造很多事物，或为改造事物开辟道路。"③

　　第四，民主政治依赖于民主运动。毛泽东指出："民主政治的实现，依赖民主运动，没有广大人民的要求与推动民主运动，则民主政治不会实现。全国各界各党派应团结起来为争取民主权利而斗争，全国军人应该拥护民主运动，因为要挽救中国，战胜日本，避免沦为殖民地的危险，惟有

---

　　① 毛泽东：《为争取千百万群众进入抗日民族统一战线而斗争》，《毛泽东选集》，第1卷，第252—253页。
　　② 毛泽东：《新民主主义的宪政》，《毛泽东选集》，第2卷，第689—690页。
　　③ 毛泽东：《论持久战》，《毛泽东选集》，第2卷，第424—425页。

实行民主政治，给予人民以参政的自由，才能实现。民主运动的具体进行，应注意国民大会的选举、召集与开会，应注意争取言论、集会、结社、出版与爱国救国的完全自由。这是起码的民主权利。如果整个国家向这个方向走，则统一的民主共和国是能实现的。"①

第五，抗日而没有民主是不能胜利的。毛泽东指出："说中国是一个民主国家，什么是它的根据？根据是有一个，就是我们国家的名称，你看，各国人不是叫我们中华民国吗？我想，这就是它唯一的根据。至于说实际根据，那是没有的。现在的中国，是一个不民主的国家。孙中山先生的民主原则，虽然已经讲了有几十年了，可是，到现在还没有兑现，现在全国几万万人都要求兑现，大概有可能兑现的吧！到那时，那末就多了一个根据。我希望添上这个根据，因为这不但便利于在外交上说话，而主要地还是便利于抗战。""现在全国各地，不但工人农民，而且在小资产阶级，如广大的知识分子、学生青年、文化人，前进的思想家、政治家、科学家、军人中间，酝酿着一个很大的民主运动，问题是由于受国家的旧的政治机构所束缚，因而没有发展生长，所以，改革旧的政治机构，是一件重要的工作。毫无疑义，抗日而没有民主，是不能胜利的，抗日与民主是一件事的两方面。有一些人，赞成抗日，而反对民主，这种人，实际上是不愿意抗日胜利的，是要引导抗日到失败的人。"②

4. 坚持召开国民大会的主张

在抗日战争时期，毛泽东曾多次提出召开国民大会的要求，重点强调的是以下论点。

第一，召开国民大会是孙中山的主张。毛泽东指出："军政、训政、宪政三个时期的划分，原是孙中山先生说的。但孙先生在逝世前的《北上宣言》里，就没有讲三个时期了，那里讲到中国要立即召开国民会议。可见孙先生的主张，在他自己，早就依据情势，有了变动。现在在抗战这种严重的局面之下，要避免亡国惨祸，并把敌人打出去，必须快些召集国民大会，实行民主政治。关于这个问题，有各种不同的议论。有些人说：老百姓没有知识，不能实行民主政治。这是不对的。在抗战中间，老百姓进步甚快，加上有领导，有方针，一定可以实行民主政治。例如在华北，

---

① 毛泽东：《抗日民主与北方青年》，《毛泽东文集》，第1卷，第500页。
② 毛泽东：《同美国记者斯诺的谈话》，《毛泽东文集》，第2卷，第241—242、245页。

已经实行了民主政治。在那里，区长、乡长、保甲长，多是民选的。县长，有些也是民选的了，许多先进的人物和有为的青年，被选出来当县长了。这样的问题，应该提出让大家讨论。"①

第二，为结束一党专政，应召集真正代表民意的有权力的国民大会。毛泽东指出："在我后方，必须迅速地认真地实行政治改革，结束国民党一党专政，召集真正代表民意的有权力的国民大会，制定宪法，实行宪政。任何的动摇和懈怠，任何与此相反的方针，都是绝对错误的。"② "我们认为抗日救国的国防会议，必须吸收各党各派各界各武装队伍的代表，构成真正能够决定抗日救国大计的权力机关，并从这一会议中产生全国统一的国防政府。而国民大会也必须是全国人民普选出来的国会，是中华民主共和国的最高权力机关。只有这样的国防会议与全国国会，才能是全国人民所欢迎、拥护与参加的，才能把救国救民的伟大事业放在坚固不拔的基础之上。否则任何好听的名词，均决然无补实际，决然不为全国人民所同意。"③

第三，可以召集临时性的国民大会。毛泽东指出："我们正在提议改造政府机构和军队制度。为应付当前的紧急状态，我们提议召集临时国民大会。这个大会的代表，应大体上采用孙中山先生在一九二四年的主张，由各抗日党派、抗日军队、抗日民众团体和实业团体，按照一定比例推选出来。这个大会的职权，应是国家的最高权力机关，由它决定救国方针，通过宪法大纲，并选举政府。"④

第四，中国共产党要参加的是民主的国民大会。毛泽东认为："今天的国民大会，带着国防性，同时是从独裁过渡到民主的桥梁，因此全国应参加国民大会，共产党是准备参加的。南京关于国民大会的选举、召集与任务的规定，是不民主的，如不加以修改，则国民大会的作用是极其有限的，因此全国应联合要求南京修改其不正当的规定。国民大会的选举，应由人民参加，它的召集与开会，应予以充分的自由，其任务应不限于谈宪

---

① 毛泽东：《和中央社、扫荡报、新民报三记者的谈话》，《毛泽东选集》，第2卷，第551—552页。
② 毛泽东：《目前形势和我们的任务》，《毛泽东选集》，第2卷，第580页。
③ 毛泽东：《中国共产党致中国国民党书》，《毛泽东文集》，第1卷，第430页。
④ 毛泽东：《和英国记者贝特兰的谈话》，《毛泽东选集》，第2卷，第356页。

法，而须扩展到彻底而具体的讨论抗日救亡的方针。"①

第五，建立实行"民主集中制"的"代议制"政府。毛泽东强调："我们将支持成立一个有国会的代议制政府，一个抗日救亡的政府——一个保护和支持一切人民爱国力量的政府。如果这样一个共和国成立了，苏维埃政府将成为它的一部分。我们的地区将和国内其他地区一样，采取同样的措施以建立民主的代议制政府。""选举权应该是普遍的，不受财产、社会地位、教育程度和性别的限制。"② "应当不但看名词，而且看实际。民主和集中之间，并没有不可越过的深沟，对于中国，二者都是必需的。一方面，我们所需求的政府，必须是能够真正代表民意的政府；这个政府一定要有全中国广大人民群众的支持和拥护，人民也一定要能够自由地去支持政府，和有一切机会去影响政府的政策。这就是民主制的意义。另一方面，行政权力的集中化是必要的；当人民要求的政策一经通过民意机关而交付与自己选举的政府的时候，即由政府去执行，只要执行时不违背曾经民意通过的方针，其执行必能顺利无阻。这就是集中制的意义。只有采取民主集中制，政府的力量才特别强大，抗日战争中国防性质的政府必定要采取这种民主集中制。……战争的性质决定政府和人民的关系，这是一个历史的原则。"③

5. 以诚意推行宪政

对于如何在抗日战争的大背景下认识和推进宪政，毛泽东有以下具体解释。

第一，宪政就是民主政治。毛泽东指出："宪政是什么呢？就是民主的政治。……但是我们现在要的民主政治，是什么民主政治呢？是新民主主义的政治，是新民主主义的宪政。它不是旧的、过了时的、欧美式的、资产阶级专政的所谓民主政治；同时，也还不是苏联式的、无产阶级专政的民主政治。"④

第二，中国需要的是新民主主义宪政。毛泽东认为："那种旧式的民主，在外国行过，现在已经没落，变成反动的东西了。这种反动的东西，我们万万不能要。中国的顽固派所说的宪政，就是外国的旧式的资产阶级

---

① 毛泽东：《抗日民主与北方青年》，《毛泽东文集》，第1卷，第500页。
② 毛泽东：《和美国记者斯诺的谈话》，《毛泽东文集》，第1卷，第408、410页。
③ 毛泽东：《和英国记者贝特兰的谈话》，《毛泽东选集》，第2卷，第354—355页。
④ 毛泽东：《新民主主义的宪政》，《毛泽东选集》，第2卷，第690页。

的民主政治。他们口里说要这种宪政,并不是真正要这种宪政,而是借此欺骗人民。他们实际上要的是法西斯主义的一党专政。中国的民族资产阶级则确实想要这种宪政,想要在中国实行资产阶级的专政,但是他们是要不来的。因为中国人民大家不要这种东西,中国人民不欢迎资产阶级一个阶级来专政。中国的事情是一定要由中国的大多数人作主,资产阶级一个阶级来包办政治,是断乎不许可的。社会主义的民主怎么样呢?这自然是很好的,全世界将来都要实行社会主义的民主。但是这种民主,在现在的中国,还行不通,因此我们也只得暂时不要它。到了将来,有了一定的条件之后,才能实行社会主义的民主。现在,我们中国需要的民主政治,既非旧式的民主,又还非社会主义的民主,而是合乎现在中国国情的新民主主义。目前准备实行的宪政,应该是新民主主义的宪政。"①

第三,新民主主义宪政是几个革命阶级联合的民主专政。毛泽东强调:"什么是新民主主义的宪政呢?就是几个革命阶级联合起来对于汉奸反动派的专政。从前有人说过一句话,说是'有饭大家吃'。我想这可以比喻新民主主义。既然有饭大家吃,就不能由一党一派一阶级来专政。讲得最好的是孙中山先生在《中国国民党第一次全国代表大会宣言》里的话。那个宣言说:'近世各国所谓民权制度,往往为资产阶级所专有,适成为压迫平民之工具。若国民党之民权主义,则为一般平民所共有,非少数人所得而私也。'同志们,我们研究宪政,各种书都要看,但尤其要看的,是这篇宣言,这篇宣言中的上述几句话,应该熟读而牢记之。'为一般平民所共有,非少数人所得而私',就是我们所说的新民主主义宪政的具体内容,就是几个革命阶级联合起来对于汉奸反动派的民主专政,就是今天我们所要的宪政。这样的宪政也就是抗日统一战线的宪政。"②

第四,必须全力"促进"宪政。毛泽东指出:"'训政'多年,毫无结果。物极必反,宪政为先。然而言论不自由,党禁未开放,一切犹是反宪政之行为。以此制宪,何殊官样文章。以此行宪,何异一党专制。当此国难深重之秋,若犹不思变计,则日汪肆扰于外,奸徒破坏于内,国脉民命,岌岌可危矣。政府宜即开放党禁,扶植舆论,以为诚意推行宪政之表

---

① 毛泽东:《新民主主义的宪政》,《毛泽东选集》,第 2 卷,第 690—691 页。
② 毛泽东:《新民主主义的宪政》,《毛泽东选集》,第 2 卷,第 691 页。

示。昭大信于国民,启新国之气运,诚未有急于此者。"①

第五,现在的宪政是为了争取民主,而不是承认已经民主化的事实。毛泽东指出:"世界上历来的宪政,不论是英国、法国、美国,或者是苏联,都是在革命成功有了民主事实之后,颁布一个根本大法,去承认它,这就是宪法。中国则不然。中国是革命尚未成功,国内除我们边区等地而外,尚无民主政治的事实。中国现在的事实是半殖民地半封建的政治,即使颁布一种好宪法,也必然被封建势力所阻挠,被顽固分子所障碍,要想顺畅实行,是不可能的。所以现在的宪政运动是争取尚未取得的民主,不是承认已经民主化的事实。这是一个大斗争,决不是一件轻松容易的事。"②

第六,必须揭露宪政的"两面派"。毛泽东强调:"现在有些历来反对宪政的人,也在口谈宪政了。他们为什么谈宪政呢?因为被抗日的人民逼得没有办法,只好应付一下。而且他们还提高嗓子在叫:'我们是一贯主张宪政的呀!'吹吹打打,好不热闹。多年以前,我们就听到过宪政的名词,但是至今不见宪政的影子。他们是嘴里一套,手里又是一套,这个叫做宪政的两面派。……他们是在挂宪政的羊头,卖一党专政的狗肉。我并不是随便骂他们,我的话是有根据的,这根据就在于他们一面谈宪政,一面却不给人民以丝毫的自由。同志们,真正的宪政决不是容易到手的,是要经过艰苦斗争才能取得的。"③

第七,中国人民已经懂得民主宪政,要进步、要民主、要参政。毛泽东指出:"中国是永远向前发展的。中国人民现在已经懂得了世界大事,懂得了革命道理。这种道理是一步一步懂得的,从前懂得少,现在懂得多了。大家懂得了帝国主义战争的性质是非正义的掠夺性的,懂得了日本帝国主义的阴谋诡计,懂得了投降派、顽固派的阴险狠毒,懂得了民主宪政。他们认识清楚,要进步、要民主、要参政,而这民主宪政的真正实现还需要大家起来奋斗。只有全国青年学生、工人、农民一同起来作斗争,才能把这个事情搞成功。现在的人是聪明了,不容易被欺骗了。大家都光起眼睛看着:什么人不开放民主?什么人要分裂?什么人要投降?什么人

---

① 毛泽东:《向国民党的十点要求》,《毛泽东选集》,第 2 卷,第 681—682 页。
② 毛泽东:《新民主主义的宪政》,《毛泽东选集》,第 2 卷,第 693 页。
③ 毛泽东:《新民主主义的宪政》,《毛泽东选集》,第 2 卷,第 693—694 页。

要倒退？……我们不准黑暗势力把中国拖向后退。我们有没有把握不准他们那样做呢？是有的，重要的根据就是现在的人不容易被欺骗了，全国老百姓是不好再欺骗了。"①

第八，宪政的任务是建立自由平等的民主国家。毛泽东指出："抗战胜利后，共产党的主要任务，一句话，是建立一个自由平等的民主国家。在这个国家内，有一个独立的民主的政府，有一个代表人民的国会，有一个适合人民要求的宪法。在这个国家内的各个民族是平等的，在平等的原则下建立联合的关系。在这个国家内，经济是向上发展的，农业、工业、商业都大大地发展，并由国家与人民合作去经营，制订八小时工作制，农民应该有土地，实行统一的累进税，对外国和平通商，订立互利的协定。在这个国家内，人民有言论、出版、集会、结社、信仰的完全自由，各种优秀人物的天才都能发展，科学与一般文化都能提高，全国没有文盲。在这个国家内，军队不是与人民对立的而是与人民打成一片的。这样的国家，还不是社会主义的国家，这样的政府，也不是苏维埃政府，乃是实行彻底的民主制度与不破坏私有财产原则下的国家与政府。这就是中国的现代国家，中国很需要这样一个国家。有了这样一个国家，中国就离开了半殖民地与半封建的地位，变成了自由平等的国家，离开了旧中国，变成了新中国。共产党愿意联合全国的一切党派与人民，大家努力建立这样一个国家。这样一个国家，是全国人民几十年来所希望所力争的，也是孙中山先生所希望所力争的。"②"'自由民主的中国'将是这样一个国家，它的各级政府直至中央政府都由普遍、平等、无记名的选举所产生，并向选举它的人民负责。它将实现孙中山先生的三民主义，林肯的民有、民治、民享的原则与罗斯福的四大自由。它将保证国家的独立、团结、统一及与各民主强国的合作。"③

6. 确定新民主主义的"国体"和"政体"

毛泽东指出："这个国体问题，从前清末年起，闹了几十年还没有闹清楚。其实，它只是指的一个问题，就是社会各阶级在国家中的地位。资产阶级总是隐瞒这种阶级地位，而用'国民'的名词达到其一阶级专政

---

① 毛泽东：《一二九运动的伟大意义》，《毛泽东文集》，第2卷，第255—256页。
② 毛泽东：《同世界学联代表团的谈话》，《毛泽东文集》，第2卷，第134页。
③ 毛泽东：《答路透社记者甘贝尔问》，《毛泽东文集》，第4卷，第27页。

的实际。这种隐瞒，对于革命的人民，毫无利益，应该为之清楚地指明。'国民'这个名词是可用的，但是国民不包括反革命分子，不包括汉奸。一切革命的阶级对于反革命汉奸们的专政，这就是我们现在所要的国家。"

"至于还有所谓'政体'问题，那是指的政权构成的形式问题，指的一定的社会阶级取何种形式去组织那反对敌人保护自己的政权机关。没有适当形式的政权机关，就不能代表国家。中国现在可以采取全国人民代表大会、省人民代表大会、县人民代表大会、区人民代表大会直到乡人民代表大会的系统，并由各级代表大会选举政府。但必须实行无男女、信仰、财产、教育等差别的真正普遍平等的选举制，才能适合于各革命阶级在国家中的地位，适合于表现民意和指挥革命斗争，适合于新民主主义的精神。这种制度即是民主集中制。只有民主集中制的政府，才能充分地发挥一切革命人民的意志，也才能最有力量地去反对革命的敌人。"

"'非少数人所得而私'的精神，必须表现在政府和军队的组成中，如果没有真正的民主制度，就不能达到这个目的，就叫做政体和国体不相适应。国体——各革命阶级联合专政。政体——民主集中制。这就是新民主主义的政治，这就是新民主主义的共和国，这就是抗日统一战线的共和国，这就是三大政策的新三民主义的共和国，这就是名副其实的中华民国。我们现在虽有中华民国之名，尚无中华民国之实，循名责实，这就是今天的工作。这就是革命的中国、抗日的中国所应该建立和决不可不建立的内部政治关系，这就是今天'建国'工作的唯一正确的方向。"①

7. 建立和维系抗日的新民主主义政权

为建立维系抗日的新民主主义政权，毛泽东明确提出了以下要求。

第一，必须建立反对一党专政的统一战线政权。"在抗日根据地内建立政权的问题上，必须确定这种政权是抗日民族统一战线的政权。在国民党统治区域，则还没有这种政权。这种政权，即是一切赞成抗日又赞成民主的人们的政权；即是几个革命阶级联合起来对于汉奸和反动派的民主专政。它是和地主资产阶级专政相区别的，也和严格的工农民主专政有一些区别。在政权的人员分配上，应该是：共产党员占三分之一，他们代表无产阶级和贫农；左派进步分子占三分之一，他们代表小资产阶级；中间分

---

① 毛泽东：《新民主主义论》，《毛泽东选集》，第2卷，第637—638页。

子及其他分子占三分之一，他们代表中等资产阶级和开明绅士。只有汉奸和反共分子才没有资格参加这种政权。这种人数的大体上的规定是必要的，否则就不能保证抗日民族统一战线政权的原则。这种人员分配的政策是党的真实政策，必须认真实行，不能敷衍塞责。这是大体的规定，应依具体情况适当地施行，不能机械地求凑数目字。这种规定，在最下级政权中可能须作某种变动，以防豪绅地主把持政权，但基本精神是不能违背的。在抗日统一战线政权中，对于共产党员以外的人员，应该不问他们有无党派关系及属于何种党派。在抗日统一战线政权统治的区域，只要是不反对共产党并和共产党合作的党派，不问他们是国民党，还是别的党，应该允许他们有合法存在的权利。抗日统一战线政权的选举政策，应该是凡满十八岁的赞成抗日和民主的中国人，不分阶级、民族、党派、男女、信仰和文化程度，均有选举权和被选举权。抗日统一战线政权的产生应该由人民选举，然后陈请国民政府加委。其组织形式，应该是民主集中制。抗日统一战线政权的施政方针，应该以反对日本帝国主义，反对真正的汉奸和反动派，保护抗日人民，调节各抗日阶层的利益，改良工农生活，为基本出发点。这种抗日统一战线政权的建立，将给全国以很大的影响，给全国抗日统一战线政权树立一个模型，因此应为全党同志所深刻了解并坚决执行"。①

第二，新民主主义政权以共产党的领导为主要标志。"判断一个地方的社会性质是不是新民主主义的，主要地是以那里的政权是否有人民大众的代表参加以及是否有共产党的领导为原则。因此，共产党领导的统一战线政权，便是新民主主义社会的主要标志。有些人以为只有实行十年内战时期那样的土地革命才算实现了新民主主义，这是不对的。现在各根据地的政治，是一切赞成抗日和民主的人民的统一战线的政治，其经济是基本上排除了半殖民地因素和半封建因素的经济，其文化是人民大众反帝反封建的文化。因此，无论就政治、经济或文化来看，只实行减租减息的各抗日根据地，和实行了彻底的土地革命的陕甘宁边区，同样是新民主主义的社会。各根据地的模型推广到全国，那时全国就成了新民主主义的共和国"。②

---

① 毛泽东：《目前抗日统一战线中的策略问题》，《毛泽东选集》，第2卷，第708—709页。
② 毛泽东：《关于打退第二次反共高潮的总结》，《毛泽东选集》，第2卷，第743页。

第三，应正确理解边区政权的性质。"明白了边区的性质，才能明白它在中国的意义与作用。边区是一个什么性质的地方呢？一句话说完，是一个民主的抗日根据地"。"首先，在民众方面，都有他们自己的组织。……其次，边区已成了直接抗战的区域，这里留了八路军的一部分，还有地方武装部队。这些军队，其内部官长与士兵的关系，其对外与人民的关系，也都有一种民主的精神。……其次，边区的教育同样是抗日的与民主的。……其次，经济方面也是这样，以有利抗战为主旨，而以民主精神经营之。……还有，也是最重要的，就是边区各级政府都是由人民投票选举的。这里证明一点，就是有些人说'知识落后的工农不能实行选举制度'，这是不符合事实的。这里实行民选的结果并不坏，每个有眼睛的人都能看到。当人民选举他们所欢喜的人去办政府的事的时候，办得很不错，这比派官办事制度要好得多，对于动员人民力量参加抗日战争，特别积极而有效。与过去苏维埃不同的，是扩大了选举与被选举的范围，即不论工人、农民、妇女、知识分子、学生、商人、有产者，只要不反对抗日而年满十八岁者，都有选举与被选举之权。以上所述的各方面，把抗日战争与民主制度结合起来，都能收得很大的效果。……这就是边区的性质，边区的特点。明白了这种性质与特点，就可以明白它在全国的意义与作用是什么了。全国也应采取这个制度，应把抗日战争与民主制度结合起来，以民主制度的普遍实行去争取抗日战争的胜利"。[①]

（三）解放战争时期：强调人民民主专政的民主

在解放战争时期，毛泽东强调的是为建立人民民主专政的政权而实行的民主，并对这样的民主给出了以下解释。

1. 坚持人民民主专政的原则

毛泽东强调要坚持人民民主专政的原则，并对这样的原则作了具体的解释。

第一，资产阶级民主主义已经让位于人民民主主义。"西方资产阶级的文明，资产阶级的民主主义，资产阶级共和国的方案，在中国人民的心目中，一齐破了产。资产阶级的民主主义让位给工人阶级领导的人民民主主义，资产阶级共和国让位给人民共和国。这样就造成了一种可能性：经

---

① 毛泽东：《同世界学联代表团的谈话》，《毛泽东文集》，第 2 卷，第 129—130 页。

过人民共和国到达社会主义和共产主义,到达阶级的消灭和世界的大同。康有为写了《大同书》,他没有也不可能找到一条到达大同的路。资产阶级的共和国,外国有过的,中国不能有,因为中国是受帝国主义压迫的国家。唯一的路是经过工人阶级领导的人民共和国"。①

第二,人民民主专政就是人民内部的民主和对反动派的专政相结合。"共产党领导的政府是'极权政府'的话,也有一半是说得对的。这个政府是对于内外反动派实行专政或独裁的政府,不给任何内外反动派有任何反革命的自由活动的权利。反动派生气了,骂一句'极权政府'。其实,就人民政府关于镇压反动派的权力来说,千真万确地是这样的。这个权力,现在写在我们的纲领上,将来还要写在我们的宪法上。对于胜利了的人民,这是如同布帛菽粟一样地不可以须臾离开的东西。这是一个很好的东西,是一个护身的法宝,是一个传家的法宝,直到国外的帝国主义和国内的阶级被彻底地干净地消灭之日,这个法宝是万万不可以弃置不用的。越是反动派骂'极权政府',就越显得是一个宝贝。……共产党领导的人民民主专政的政府,对于人民内部来说,不是专政或独裁的,而是民主的。这个政府是人民自己的政府。这个政府的工作人员对于人民必须是恭恭敬敬地听话的。同时,他们又是人民的先生,用自我教育或自我批评的方法,教育人民"。②

第三,人民民主专政有自身的阶级基础。"人民民主专政的基础是工人阶级、农民阶级和城市小资产阶级的联盟,而主要是工人和农民的联盟,因为这两个阶级占了中国人口的百分之八十到九十。推翻帝国主义和国民党反动派,主要是这两个阶级的力量。由新民主主义到社会主义,主要依靠这两个阶级的联盟"。"总结我们的经验,集中到一点,就是工人阶级(经过共产党)领导的以工农联盟为基础的人民民主专政。这个专政必须和国际革命力量团结一致。这就是我们的公式,这就是我们的主要经验,这就是我们的主要纲领"。③

第四,必须建立以工农联盟为基础的人民民主专政的国家。"中国革命的理论和实践,在中国共产党领导之下,都大大地向前发展了,根本上

---

① 毛泽东:《论人民民主专政》,《毛泽东选集》,第4卷,第1408页。
② 毛泽东:《为什么要讨论白皮书》,《毛泽东选集》,第4卷,第1439—1440页。
③ 毛泽东:《论人民民主专政》,《毛泽东选集》,第4卷,第1415—1417页。

变换了中国的面目。到现在为止，中国人民已经取得的主要的和基本的经验，就是这两件事：（1）在国内，唤起民众。这就是团结工人阶级、农民阶级、城市小资产阶级和民族资产阶级，在工人阶级领导之下，结成国内的统一战线，并由此发展到建立工人阶级领导的以工农联盟为基础的人民民主专政的国家；（2）在国外，联合世界上以平等待我的民族和各国人民，共同奋斗。这就是联合苏联，联合各人民民主国家，联合其他各国的无产阶级和广大人民，结成国际的统一战线"。①"我们政权的阶级性是这样：无产阶级领导的，以工农联盟为基础，但不是仅仅工农，还有资产阶级民主分子参加的人民民主专政。……我们是人民民主专政，各级政府都要加上'人民'二字，各种政权机关都要加上'人民'二字，如法院叫人民法院，军队叫人民解放军，以示和蒋介石政权不同。我们有广大的统一战线，我们政权的任务是打倒帝国主义、封建主义和官僚资本主义，要打倒它们，就要打倒它们的国家，建立人民民主专政的国家"。②

第五，必须强化人民的国家机器。"人民的国家是保护人民的。有了人民的国家，人民才有可能在全国范围内和全体规模上，用民主的方法，教育自己和改造自己，使自己脱离内外反动派的影响（这个影响现在还是很大的，并将在长时期内存在着，不能很快地消灭），改造自己从旧社会得来的坏习惯和坏思想，不使自己走入反动派指引的错误路上去，并继续前进，向着社会主义社会和共产主义社会前进。我们在这方面使用的方法，是民主的即说服的方法，而不是强迫的方法。人民犯了法，也要受处罚，也要坐班房，也有死刑，但这是若干个别的情形，和对于反动阶级当作一个阶级的专政来说，有原则的区别。对于反动阶级和反动派的人们，在他们的政权被推翻以后，只要他们不造反，不破坏，不捣乱，也给土地，给工作，让他们活下去，让他们在劳动中改造自己，成为新人。他们如果不愿意劳动，人民的国家就要强迫他们劳动。……这种对于反动阶级的改造工作，只有共产党领导的人民民主专政的国家才能做到。这件工作做好了，中国的主要的剥削阶级——地主阶级和官僚资产阶级即垄断资产阶级，就最后地消灭了。剩下一个民族资产阶级，在现阶段就可以向他们

---

① 毛泽东：《论人民民主专政》，《毛泽东选集》，第4卷，第1409页。
② 毛泽东：《在中共中央政治局会议上的报告和结论》，《毛泽东文集》，第5卷，第135—136页。

中间的许多人进行许多适当的教育工作。等到将来实行社会主义即实行私营企业国有化的时候，再进一步对他们进行教育和改造的工作。人民手里有强大的国家机器，不怕民族资产阶级造反。严重的问题是教育农民。农民的经济是分散的，根据苏联的经验，需要很长的时间和细心的工作，才能做到农业社会化。没有农业社会化，就没有全部的巩固的社会主义。农业社会化的步骤，必须和以国有企业为主体的强大的工业的发展相适应。人民民主专政的国家，必须有步骤地解决国家工业化的问题"。①

2. 在人民军队中实行政治民主、经济民主和军事民主

毛泽东指出："部队内部政治工作方针，是放手发动士兵群众、指挥员和一切工作人员，通过集中领导下的民主运动，达到政治上高度团结、生活上获得改善、军事上提高技术和战术的三大目的。目前在我军部队中热烈进行的三查、三整，就是用政治民主、经济民主的方法，达到前两项目的。关于经济民主，必须使士兵选出的代表有权协助（不是超过）连队首长管理连队的给养和伙食。关于军事民主，必须在练兵时实行官兵互教，兵兵互教；在作战时，实行在火线上连队开各种大、小会，在连队首长指导下，发动士兵群众讨论如何攻克敌阵，如何完成战斗任务。在连续几天的战斗中，此种会应开几次。此项军事民主，在陕北蟠龙战役和晋察冀石家庄战役中，都实行了，收到了极大效果。证明只有好处，毫无害处。应当使士兵群众对于干部中的坏分子有揭发其错误和罪恶的权利。应当相信，士兵对于一切好的和较好的干部是不会不加爱护的。同时，应当使士兵在必要时，有从士兵群众中推选他们相信的下级干部候选人员、以待上级委任的权利。在下级干部极端缺乏的时候，这种推选很有用处。但是这种推选不是普遍的推选，而是某些必要时的推选。"②

3. 在解放区建立民主政权

毛泽东指出："解放区在坚决地毫不犹豫地实现耕者有其田的条件下，'三三制'政策仍然不变。在政权机关和社会事业中，除共产党人外，必须继续吸收广大的党外进步分子、中间分子（开明绅士等）参加工作。解放区内，除汉奸分子和反对人民利益而为人民所痛恨的反动分子外，一切公民不分阶级、男女、信仰，都有选举权和被选举权。在彻底实

---

① 毛泽东：《论人民民主专政》，《毛泽东选集》，第4卷，第1413—1414页。
② 毛泽东：《军队内部的民主运动》，《毛泽东选集》，第4卷，第1218—1219页。

现耕者有其田的制度以后，解放区人民的私有财产权仍将受到保障。"①
"我们对于开明绅士的要求，在抗日时期是赞成抗日，赞成民主（不反共），赞成减租减息；在现阶段是赞成反美、反蒋，赞成民主（不反共），赞成土地改革。只要他们能够这样做，我们就应该毫无例外地去团结他们，并且在团结中教育他们。"② "有在边区农代大会成立前政务会议应尊重农代筹委会的意见和依据贫农、雇农、工人的要求改进工作等语。其中不但没有小资产阶级、中等资产阶级，连中农、独立工商业者、自由职业者及脑力劳动的知识分子也没有提到。像晋冀鲁豫这样大范围的政权机关不应只是代表农民的，它是应当代表一切劳动群众（工人、农民、独立工商业者、自由职业者及脑力劳动的知识分子）及中产阶级（小资产阶级、中等资产阶级、开明绅士）的，而以劳动群众为主体。因此，边区最高政权机关是边区人民代表大会及其选出的政府，而不是农民代表大会及其选出的政府。尽管现在各解放区是农民占绝大多数，但是必须顾到工人及其他各阶层民众，在农民中则必须顾到中农。"③

4. 普遍召开人民代表会议

在解放战争的后期，毛泽东强调各地要普遍召开人民代表会议，为未来的新政权奠定民主制度的基础，并提出了以下要求。

第一，以"人民代表会议"的称呼取代"苏维埃"的称呼。毛泽东指出："我们不采取资产阶级共和国的国会制度，而采取无产阶级共和国的苏维埃制度。代表会议就是苏维埃。自然，在内容上我们和苏联的无产阶级专政的苏维埃是有区别的，我们是以工农联盟为基础的人民苏维埃，'苏维埃'这个外来语我们不用，而叫做人民代表会议。苏维埃是俄国人民创造的，列宁加以发扬。在中国，因为资产阶级共和国的国会制度在人民中已经臭了，我们不采用它，而采用社会主义国家的政权制度。与人民代表会议制度相配合的还有党的代表会议制度。这次二中全会，按其性质来说就是一次党的代表会议，不过，这种中央全会的形式更可以充分讨论问题，较之一两千人的大会解决问题更好些。"④

第二，人民代表会议应当成为人民的权力机关。毛泽东认为："在反

---

① 毛泽东：《迎接中国革命的新高潮》，《毛泽东选集》，第4卷，第1157页。
② 毛泽东：《关于民族资产阶级和开明绅士问题》，《毛泽东选集》，第4卷，第1233页。
③ 毛泽东：《边区政权机关不应只代表农民》，《毛泽东文集》，第5卷，第33页。
④ 毛泽东：《在中共七届二中全会上的总结》，《毛泽东文集》，第5卷，第265—266页。

对封建制度的斗争中，在贫农团和农会的基础上建立起来的区村（乡）两级人民代表会议，是一项极可宝贵的经验。只有基于真正广大群众的意志建立起来的人民代表会议，才是真正的人民代表会议。这样的人民代表会议，现在已有可能在一切解放区出现。这样的人民代表会议一经建立，就应当成为当地的人民的权力机关，一切应有的权力必须归于代表会议及其选出的政府委员会。到了那时，贫农团和农会就成为它们的助手。我们曾经打算在各地农村中，在其土地改革任务大致完成以后再去建立人民代表会议。现在你们的经验以及其他解放区的经验，既已证明就在土地改革斗争当中建立区村两级人民代表会议及其选出的政府委员会，是可能的和必要的，那么，你们就应当这样做。在一切解放区，也就应当这样做。在区村两级人民代表会议普遍地建立起来的时候，就可以建立县一级的人民代表会议。有了县和县以下的各级人民代表会议，县以上的各级人民代表会议就容易建立起来了。在各级人民代表会议中，必须使一切民主阶层，包括工人、农民、独立劳动者、自由职业者、知识分子、民族工商业者以及开明绅士，尽可能地都有他们的代表参加进去。当然不是勉强凑数，而是要分别有市镇的农村和没有市镇的农村，分别市镇的大小，分别城市和农村，自然地而不是勉强地实现这个联合一切民主阶层的任务。"①

第三，召开县的人民代表会议的要求。毛泽东指出："关于召开县的各界代表会问题，自西北局提议后，引起了我们的注意，认为有益无害。而不召开各界代表会，要等到农协在乡村中建立了基础再召开人民代表会议，如一九四八年十二月二日中央复电那样，则是很不利的。事实上，县的许多大政方针，例如剿匪、反霸、借粮、征粮、救济灾荒、修理堤坝、推动农民组织起来建立农协、减租减息问题、恢复和发展县范围内的工商业及文化教育问题、推行人民币及县的财政金融问题等，均以召开各界代表会议，经过讨论，取得代表们同意，然后传达推行，比较不开这种会，长期限于党内干部的讨论、传达和推行，要有利得多。县的各界代表会的成分，应包括党、政、军的代表，农民及工人的代表，革命知识分子及妇女的代表，工商业的代表，及若干开明绅士的代表。其中，共产党员及可靠的左翼分子，应超过二分之一，保证决议的通过。中间分子及必须拉拢的少数右翼但不反动的分子，可让其占三分之一左右的数目，以便孤立反

---

① 毛泽东：《在晋绥干部会议上的讲话》，《毛泽东选集》，第4卷，第1251—1252页。

动派，利于政令的推行和群众的发动，且可发现问题及发现积极分子。省委、区党委和地委，必须积极帮助各县县委，有计划地有准备地布置和领导此种会议。这是全县性的会议，县城及各区、各乡及县一级机构，均应有代表，在县委领导下，由县政府召开。这是县的会议，至于区、乡，则照你们意见召开区的及乡的农民代表会议，但应吸收革命知识分子参加。"①

第四，召开城市人民代表会议的要求。毛泽东指出："现在请你们严催所属三万人口以上的城市，务于九月份一律开一次各界人民代表会议，并一律将开会情形在报纸上公开发表，在广播台上公开广播。不许可有不开的，不许可不公开发表和不做口语广播。借此以使所属三万人口以上城市的党的组织和各界人民代表亲密结合，经过他们去团结各界人民，克服困难，恢复和发展生产，并克服党的领导机关中的许多人只相信少数人的党内干部会议，不相信人民代表会议的官僚主义作风。以后一切三万人以上的城市至少每月开各界人民代表会议一次，每次一天至多两天就够，每次讨论和决定的问题有一两个就够。"②

第五，召开人民代表会议的具体要求。（1）经验证明，凡未注意召开各界代表会仍然束缚于党内狭小圈子的，就走了弯路。（2）必须反对形式主义，每次会议要有充分准备，要有中心内容，要切切实实讨论工作中存在的为人民所关心的问题，要展开批评和自我批评，要当作一件大事去办，否则将损害党的政治威信。（3）在新解放区，各界代表会的开始若干次，代表的产生可以推派和聘请为主，由可靠民众团体的民主选举为辅，以后，即可改为由各团体、各界的民主选举为主，推派和聘请为辅。总以既能保证会议由我党领导，又能养成民主精神为原则。（4）二万以上不足三万人的城镇，亦可开各界代表会。（5）尚未彻底完成土改的省、县、区三级，均开各级代表会议，乡村开农民代表会议，而以县的各界代表会为中心。（6）已完成土改的省、县、区、乡四级，均开人民代表大会，但在开始若干次，亦可开各界代表会议，以为过渡。（7）无论是各界代表会议或人民代表大会，党员均不要太多，以能保证通过决议为原

---

① 毛泽东：《开好县的各界代表会议》，《毛泽东文集》，第5卷，第340—341页。
② 毛泽东：《三万以上人口的城市和各县均应召开各界人民代表会议》，《毛泽东文集》，第5卷，第333—334页。

则。大体上，党员及可靠左翼分子，略为超过二分之一即够，以便吸收大批中间分子及少数不反动的右翼分子，争取他们向我们靠拢。(8) 会议之前由党委（市委、县委等）召集代表中的党员开会一次，决定方针。能开党的代表大会或代表会议则更好，但不要每次都如此。①

5. 筹备政治协商会议

在解放战争即将取得决定性胜利的时候，中国共产党提出了召开政治协商会议的要求，毛泽东对政协的召开作了以下解释。

第一，召开政协是建立新政府的重要举措。毛泽东指出："召集政治协商会议的口号，团结了国民党区域一切民主党派、人民团体和无党派民主人士于我党周围。现在，我们正在组织国民党区域的这些党派和团体的代表人物来解放区，准备在一九四九年召集中国一切民主党派、人民团体和无党派民主人士的代表们开会，成立中华人民共和国临时中央政府。"②

第二，政协将为民主联合政府确定施政纲领。毛泽东在1948年已指出："在目前形势下，召集人民代表大会，成立民主联合政府，加强各民主党派、各人民团体的相互合作，并拟订民主联合政府的施政纲领，业已成为必要，时机亦已成熟。……但欲实现这一步骤，必须先邀集各民主党派、各人民团体的代表开一个会议。在这个会议上，讨论并决定上述问题。此项会议似宜定名为政治协商会议。一切反美帝反蒋党的民主党派、人民团体，均可派代表参加。不属于各民主党派、各人民团体的反美帝反蒋党的某些社会贤达，亦可被邀参加此项会议。此项会议的决定，必须求得到会各主要民主党派及各人民团体的共同一致，并尽可能求得全体一致。会议的地点，提议在哈尔滨。会议的时间，提议在今年秋季。并提议由中国国民党革命委员会、中国民主同盟中央执行委员会、中国共产党中央委员会于本月内发表三党联合声明，以为号召。"③

第三，召开政协获得了广泛的支持。毛泽东指出："中国共产党、各民主党派、各人民团体、各界民主人士、国内少数民族和海外华侨都认为：必须打倒帝国主义、封建主义、官僚资本主义和国民党反动派的统治，必须召集一个包含各民主党派、各人民团体、各界民主人士、国内少

---

① 参见毛泽东《关于各地召开各界代表会议的指示》，《毛泽东文集》，第5卷，第337—339页。

② 毛泽东：《中共中央关于九月会议的通知》，《毛泽东选集》，第4卷，第1289页。

③ 毛泽东：《给李济深、沈钧儒的信》，《毛泽东文集》，第5卷，第90页。

数民族和海外华侨的代表人物的政治协商会议，宣告中华人民共和国的成立，并选举代表这个共和国的民主联合政府，才能使我们的伟大的祖国脱离半殖民地的和半封建的命运，走上独立、自由、和平、统一和强盛的道路。这是一个共同的政治基础。这是中国共产党、各民主党派、各人民团体、各界民主人士、国内少数民族和海外华侨团结奋斗的共同的政治基础，这也是全国人民团结奋斗的共同的政治基础。这个政治基础是如此巩固，以至于没有一个认真的民主党派、人民团体和民主人士提出任何不同的意见，大家认为只有这一条道路，才是解决中国一切问题的正确的方向。""中国民主联合政府一经成立，它的工作重点将是：（1）肃清反动派的残余，镇压反动派的捣乱；（2）尽一切可能用极大力量从事人民经济事业的恢复和发展，同时恢复和发展人民的文化教育事业。中国人民将会看见，中国的命运一经操在人民自己的手里，中国就将如太阳升起在东方那样，以自己的辉煌的光焰普照大地，迅速地荡涤反动政府留下来的污泥浊水，治好战争的创伤，建设起一个崭新的强盛的名副其实的人民共和国。"①

四　中国共产党的基本政策理念

在民主革命时期，中国共产党秉持一些基本的政策理念以及与之相关的民主理念，毛泽东对这些理念作了较系统的说明。

（一）"群众路线"理念

无论是制定政策还是执行政策，都要坚持走群众路线。毛泽东对于中国共产党所坚持的群众路线，作了十点说明。

第一，共产党员必须善于联系群众，解决群众的问题。毛泽东指出："我们共产党员，无论在什么问题上，一定要能够同群众相结合。如果我们的党员，一生一世坐在房子里不出去，不经风雨，不见世面，这种党员，对于中国人民究竟有什么好处没有呢？一点好处也没有的，我们不需要这样的人做党员。我们共产党员应该经风雨，见世面；这个风雨，就是

---

① 毛泽东：《在新政治协商会议筹备会上的讲话》，《毛泽东选集》，第4卷，第1400—1401、1403—1404页。

群众斗争的大风雨,这个世面,就是群众斗争的大世面。'三个臭皮匠,合成一个诸葛亮',这就是说,群众有伟大的创造力。中国人民中间,实在有成千成万的'诸葛亮',每个乡村,每个市镇,都有那里的'诸葛亮'。我们应该走到群众中间去,向群众学习,把他们的经验综合起来,成为更好的有条理的道理和办法,然后再告诉群众(宣传),并号召群众实行起来,解决群众的问题,使群众得到解放和幸福。"①

第二,正确的政策来自同群众的联系。毛泽东认为:"我们共产党人区别于其他任何政党的又一个显著的标志,就是和最广大的人民群众取得最密切的联系。……二十四年的经验告诉我们,凡属正确的任务、政策和工作作风,都是和当时当地的群众要求相适合,都是联系群众的;凡属错误的任务、政策和工作作风,都是和当时当地的群众要求不相适合,都是脱离群众的。"②

第三,不能用官僚主义对待群众。毛泽东指出:"动员群众的方式,不应该是官僚主义的。官僚主义的领导方式,是任何革命工作所不应有的,经济建设工作同样来不得官僚主义。要把官僚主义方式这个极坏的家伙抛到粪缸里去,因为没有一个同志喜欢它。每一个同志喜欢的应该是群众化的方式,即是每一个工人、农民所喜欢接受的方式。官僚主义的表现,一种是不理不睬或敷衍塞责的怠工现象,……另一种是命令主义。"③

第四,共产党员必须善于同党外人员合作。毛泽东强调:"我们的同志必须懂得一条真理:共产党员和党外人员相比较,无论何时都是占少数。假定一百个人中有一个共产党员,全中国四亿五千万人中就有四百五十万共产党员。即使达到这样大的数目,共产党员也还是只占百分之一,百分之九十九都是非党员。我们有什么理由不和非党人员合作呢?对于一切愿意同我们合作以及可能同我们合作的人,我们只有同他们合作的义务,绝无排斥他们的权利。"④

第五,必须真正关心群众生活。毛泽东指出:"我们现在的中心任务是动员广大群众参加革命战争,以革命战争打倒帝国主义和国民党,把革命发展到全国去,把帝国主义赶出中国去。谁要是看轻了这个中心任务,

---

① 毛泽东:《组织起来》,《毛泽东选集》,第3卷,第887页。
② 毛泽东:《论联合政府》,《毛泽东选集》,第3卷,第1043—1044页。
③ 毛泽东:《必须注意经济工作》,《毛泽东选集》,第1卷,第110—111页。
④ 毛泽东:《整顿党的作风》,《毛泽东选集》,第3卷,第784页。

谁就不是一个很好的革命工作人员。我们的同志如果把这个中心任务真正看清楚了，懂得无论如何要把革命发展到全国去，那末，我们对于广大群众的切身利益问题，群众的生活问题，就一点也不能疏忽，一点也不能看轻。因为革命战争是群众的战争，只有动员群众才能进行战争，只有依靠群众才能进行战争。如果我们单单动员人民进行战争，一点别的工作也不做，能不能达到战胜敌人的目的呢？当然不能。"①

第六，必须善于发动群众。毛泽东指出："如果我们不从发动群众斗争、替群众解决问题、一切依靠群众这一点出发，并动员一切力量从事细心的群众工作，在一年之内，特别是在最近几个月的紧急时机内，打下初步的可靠的基础，那末，我们在东北就将陷于孤立，不能建立巩固根据地，不能战胜国民党的进攻，而有遭遇极大困难甚至失败的可能；反之，如果我们紧紧依靠群众，我们就将战胜一切困难，一步一步地达到自己的目的。群众工作的内容，是发动人民进行清算汉奸的斗争，是减租和增加工资运动，是生产运动。应当在这些斗争中，组织各种群众团体，建立党的核心，建立群众的武装和人民的政权，把群众斗争从经济斗争迅速提高到政治斗争，参加根据地的建设。"②

第七，要注意联系群众的工作方法。毛泽东强调："我们是革命战争的领导者、组织者，我们又是群众生活的领导者、组织者。组织革命战争，改良群众生活，这是我们的两大任务。在这里，工作方法的问题，就严重地摆在我们的面前。我们不但要提出任务，而且要解决完成任务的方法问题。我们的任务是过河，但是没有桥或没有船就不能过。不解决桥或船的问题，过河就是一句空话。不解决方法问题，任务也只是瞎说一顿。……一切工作，如果仅仅提出任务而不注意实行时候的工作方法，不反对官僚主义的工作方法而采取实际的具体的工作方法，不抛弃命令主义的工作方法而采取耐心说服的工作方法，那末，什么任务也是不能实现的。"③ "要联系群众，就要按照群众的需要和自愿。一切为群众的工作都要从群众的需要出发，而不是从任何良好的个人愿望出发。有许多时候，群众在客观上虽然有了某种改革的需要，但在他们的主观上还没有这种觉

---

① 毛泽东：《关心群众生活，注意工作方法》，《毛泽东选集》，第1卷，第122页。
② 毛泽东：《建立巩固的东北根据地》，《毛泽东选集》，第4卷，第1124页。
③ 毛泽东：《关心群众生活，注意工作方法》，《毛泽东选集》，第1卷，第125—126页。

悟，群众还没有决心，还不愿实行改革，我们就要耐心地等待；直到经过我们的工作，群众的多数有了觉悟，有了决心，自愿实行改革，才去实行这种改革，否则就会脱离群众。凡是需要群众参加的工作，如果没有群众的自觉和自愿，就会流于徒有形式而失败。'欲速则不达'，这不是说不要速，而是说不要犯盲动主义，盲动主义是必然要失败的。在一切工作中都是如此；在改造群众思想的文化教育工作中尤其是如此。这里是两条原则：一条是群众的实际上的需要，而不是我们脑子里头幻想出来的需要；一条是群众的自愿，由群众自己下决心，而不是由我们代替群众下决心。"①

第八，对群众要进行必要的教育。毛泽东指出："凡属人民群众的正确的意见，党必须依据情况，领导群众，加以实现；而对于人民群众中发生的不正确的意见，则必须教育群众，加以改正。地委书记会议仅仅强调了党应当执行群众意见的方面，而忽视了党应当教育群众和领导群众的方面，以致给了后来某些地区的工作同志以不正确的影响，助长了他们的尾巴主义错误。"②

第九，要取得人民的信任。毛泽东指出："很多人对于官兵关系、军民关系弄不好，以为是方法不对，我总告诉他们是根本态度（或根本宗旨）问题，这态度就是尊重士兵和尊重人民。从这态度出发，于是有各种的政策、方法、方式。离了这态度，政策、方法、方式也一定是错的，官兵之间、军民之间的关系便决然弄不好。军队政治工作的三大原则：一是官兵一致，二是军民一致，三是瓦解敌军。这些原则要实行有效，都须从尊重士兵、尊重人民和尊重已经放下武器的敌军俘虏的人格这种根本态度出发。那些认为不是根本态度问题而是技术问题的人，实在是想错了，应该加以改正才对。"③

第十，共产党员要成为执行群众路线的典范。毛泽东强调："共产党员在民众运动中，应该是民众的朋友，而不是民众的上司，是诲人不倦的教师，而不是官僚主义的政客。共产党员无论何时何地都不应以个人利益放在第一位，而应以个人利益服从于民族的和人民群众的利益。……共产

---

① 毛泽东：《文化工作中的统一战线问题》，《毛泽东选集》，第3卷，第961—962页。
② 毛泽东：《在晋绥干部会议上的讲话》，《毛泽东选集》，第4卷，第1253页。
③ 毛泽东：《论持久战》，《毛泽东选集》，第2卷，第479页。

党员应是实事求是的模范,又是具有远见卓识的模范。因为只有实事求是,才能完成确定的任务;只有远见卓识,才能不失前进的方向。因此,共产党员又应成为学习的模范,他们每天都是民众的教师,但又每天都是民众的学生。……只有共产党员协同友党友军和人民大众中的一切先进分子,高度地发挥其先锋的模范的作用,才能动员全民族一切生动力量,为克服困难、战胜敌人、建设新中国而奋斗。"①

(二)"实事求是"理念

"实事求是"既涉及认识论和方法论问题,也涉及政策态度问题。毛泽东对于实事求是的理念,主要强调的是五个论点。

第一,实事求是就是要求马克思主义的普遍真理与中国革命实践相结合。"马克思列宁主义的普遍真理一经和中国革命的具体实践相结合,就使中国革命的面目为之一新"。"要使马克思列宁主义的理论和中国革命的实际运动结合起来,是为着解决中国革命的理论问题和策略问题而去从它找立场,找观点,找方法的。这种态度,就是有的放矢的态度。'的'就是中国革命,'矢'就是马克思列宁主义。我们中国共产党人所以要找这根'矢',就是为了要射中国革命和东方革命这个'的'的。这种态度,就是实事求是的态度。'实事'就是客观存在着的一切事物,'是'就是客观事物的内部联系,即规律性,'求'就是去研究。我们要从国内外、省内外、县内外、区内外的实际情况出发,从其中引出其固有的而不是臆造的规律性,即找出周围事变的内部联系,作为我们行动的向导。而要这样做,就须不凭主观想象,不凭一时的热情,不凭死的书本,而凭客观存在的事实,详细地占有材料,在马克思列宁主义一般原理的指导下,从这些材料中引出正确的结论。这种结论,不是甲乙丙丁的现象罗列,也不是夸夸其谈的滥调文章,而是科学的结论。这种态度,有实事求是之意,无哗众取宠之心。这种态度,就是党性的表现,就是理论和实际统一的马克思列宁主义的作风。这是一个共产党员起码应该具备的态度"。②

第二,实事求是、理论联系实际是一个党性坚强的党员的起码政策

---

① 毛泽东:《中国共产党在民族战争中的地位》,《毛泽东选集》,第2卷,第488—489页。
② 毛泽东:《改造我们的学习》,《毛泽东选集》,第2卷,第754、759页。

态度。"党内许多同志,还不了解没有调查就没有发言权这一真理。还不了解系统的周密的社会调查,是决定政策的基础。还不知道领导机关的基本任务,就在于了解情况与掌握政策,而情况如不了解,则政策势必错误。还不知道,不但日本帝国主义对于中国的调查研究,是如何的无微不至,就是国民党对于国内外情况,亦比我党所了解的丰富得多。还不知道,粗枝大叶、自以为是的主观主义作风,就是党性不纯的第一个表现;而实事求是,理论与实际密切联系,则是一个党性坚强的党员的起码态度"。①

第三,共产党员绝对不应盲从。"共产党员对任何事情都要问一个为什么,都要经过自己头脑的周密思考,想一想它是否合乎实际,是否真有道理,绝对不应盲从,绝对不应提倡奴隶主义"。②

第四,实事求是就是要坚持实践是检验真理的标准。"辩证唯物论的认识论把实践提到第一的地位,认为人的认识一点也不能离开实践,排斥一切否认实践重要性、使认识离开实践的错误理论。……马克思主义的哲学辩证唯物论有两个最显著的特点:一个是它的阶级性,公然申明辩证唯物论是为无产阶级服务的;再一个是它的实践性,强调理论对于实践的依赖关系,理论的基础是实践,又转过来为实践服务。判定认识或理论之是否真理,不是依主观上觉得如何而定,而是依客观上社会实践的结果如何而定。真理的标准只能是社会的实践。实践的观点是辩证唯物论的认识论之第一的和基本的观点"。③"真理只有一个,而究竟谁发现了真理,不依靠主观的夸张,而依靠客观的实践。只有千百万人民的革命实践,才是检验真理的尺度"。④

第五,实事求是就是要坚持唯物辩证法的认识论。"离开实践的认识是不可能的"。"通过实践而发现真理,又通过实践而证实真理和发展真理。从感性认识而能动地发展到理性认识,又从理性认识而能动地指导革命实践,改造主观世界和客观世界。实践、认识、再实践、再认识,这种形式,循环往复以至无穷,而实践和认识之每一循环的内容,都比较地进到了高一级的程度。这就是辩证唯物论的全部认识论,这就是辩证唯物论

---

① 毛泽东:《中共中央关于调查研究的决定》,《毛泽东文集》,第2卷,第360—361页。
② 毛泽东:《整顿党的作风》,《毛泽东选集》,第3卷,第785页。
③ 毛泽东:《实践论》,《毛泽东选集》,第1卷,第261页。
④ 毛泽东:《新民主主义论》,《毛泽东选集》,第2卷,第623页。

的知行统一观"。①

(三)"党内民主"理念

中国共产党要领导民主主义革命,制定正确的方针、路线、政策,必须充分发挥"党内民主"的作用,毛泽东就此提出了六方面的要求。

第一,扩大党内民主是巩固和发展党的必要步骤。"处在伟大斗争面前的中国共产党,要求整个党的领导机关,全党的党员和干部,高度地发挥其积极性,才能取得胜利。所谓发挥积极性,必须具体地表现在领导机关、干部和党员的创造能力,负责精神,工作的活跃,敢于和善于提出问题、发表意见、批评缺点,以及对于领导机关和领导干部从爱护观点出发的监督作用。没有这些,所谓积极性就是空的。而这些积极性的发挥,有赖于党内生活的民主化。党内缺乏民主生活,发挥积极性的目的就不能达到。大批能干人才的创造,也只有在民主生活中才有可能。由于我们的国家是一个小生产的家长制占优势的国家,又在全国范围内至今还没有民主生活,这种情况反映到我们党内,就产生了民主生活不足的现象。这种现象,妨碍着全党积极性的充分发挥。同时,也就影响到统一战线中、民众运动中民主生活的不足。为此缘故,必须在党内施行有关民主生活的教育,使党员懂得什么是民主生活,什么是民主制和集中制的关系,并如何实行民主集中制。这样才能做到:一方面,确实扩大党内的民主生活;又一方面,不至于走到极端民主化,走到破坏纪律的自由放任主义。扩大党内民主,应看作是巩固党和发展党的必要的步骤"。②

第二,以党的民主集中制发动全党的积极性。"要党有力量,依靠实行党的民主集中制去发动全党的积极性。在反动和内战时期,集中制表现得多一些。在新时期,集中制应该密切联系于民主制。用民主制的实行,发挥全党的积极性。用发挥全党的积极性,锻炼出大批的干部,肃清宗派观念的残余,团结全党像钢铁一样"。③

第三,以代表会议制度取代干部会议制度。"实现党内民主的办法,是实行代表大会及代表会议的制度。我们党内是有民主的,但是还不足或

---

① 毛泽东:《实践论》,《毛泽东选集》,第1卷,第265、273页。
② 毛泽东:《中国共产党在民族战争中的地位》,《毛泽东选集》,第2卷,第494—495页。
③ 毛泽东:《为争取千百万群众进入抗日民族统一战线而斗争》,《毛泽东选集》,第1卷,第256页。

者缺乏，现在要增加。办法是用代表大会、代表会议代替干部会议。干部会议的好处是迅速、便利，召集比较容易，代表会议要保存干部会议的好处，不要太繁杂了"。①

第四，必须坚持党的纪律。"少数不服从多数。例如少数人的提议被否决，他们就不诚意地执行党的决议。纠正的方法：（1）开会时要使到会的人尽量发表意见。有争论的问题，要把是非弄明白，不要调和敷衍。一次不能解决的，二次再议（以不妨碍工作为条件），以期得到明晰的结论。（2）党的纪律之一是少数服从多数。少数人在自己的意见被否决之后，必须拥护多数人所通过的决议。除必要时得在下一次会议再提出讨论外，不得在行动上有任何反对的表示"。②

第五，认真开展批评和自我批评。批评和自我批评是党内民主的重要方法，毛泽东就此作出了五点解释。

一是批评和自我批评是中国共产党必须坚持的民主作风。毛泽东指出："有无认真的自我批评，也是我们与其他政党互相区别的显著的标志之一。我们曾经说过，房子是应该经常打扫的，不打扫就会积满了灰尘；脸是应该经常洗的，不洗也就会灰尘满面。我们同志的思想，我们党的工作，也会沾染灰尘的，也应该打扫和洗涤。'流水不腐，户枢不蠹'，是说它们在不停的运动中抵抗了微生物或其他生物的侵蚀。对于我们，经常地检讨工作，在检讨中推广民主作风，不惧怕批评和自我批评，实行'知无不言，言无不尽'，'言者无罪，闻者足戒'，'有则改之，无则加勉'这些中国人民的有益的格言，正是抵抗各种政治灰尘和政治微生物侵蚀我们同志的思想和我们党的肌体的唯一有效的方法。"③

二是中国共产党欢迎来自党外的批评。毛泽东强调："因为我们是为人民服务的，所以，我们如果有缺点，就不怕别人批评指出。不管是什么人，谁向我们指出都行。只要你说得对，我们就改正。你说的办法对人民有好处，我们就照你的办。'精兵简政'这一条意见，就是党外人士李鼎铭先生提出来的；他提得好，对人民有好处，我们就采用了。只要我们为人民的利益坚持好的，为人民的利益改正错的，我们这个队伍就一定会兴

---

① 毛泽东：《在中共中央政治局会议上的报告和结论》，《毛泽东文集》，第5卷，第137页。
② 毛泽东：《关于纠正党内的错误思想》，《毛泽东选集》，第1卷，第87—88页。
③ 毛泽东：《论联合政府》，《毛泽东选集》，第3卷，第1045页。

旺起来。"①

三是应经常检查批评和自我批评的情况。毛泽东要求:"在拥政爱民和拥军优抗的运动中,彻底检查军队方面和党政方面各自在一九四三年的缺点错误,而于一九四四年坚决改正之。以后应于每年正月普遍举行一次,再三再四地宣读拥政爱民公约和拥军优抗公约,再三再四地将各根据地曾经发生的军队欺压党政民和党政民关心军队不足的缺点错误,实行公开的群众性的自我批评(各方面只批评自己,不批评对方),而彻底改正之。"②

四是党内批评不是攻击个人。毛泽东指出:"党内批评是坚强党的组织、增加党的战斗力的武器。但是红军党内的批评有些不是这样,变成了攻击个人。其结果,不但毁坏了个人,也毁坏了党的组织。这是小资产阶级个人主义的表现。纠正的方法,在于使党员明白批评的目的是增加党的战斗力以达到阶级斗争的胜利,不应当利用批评去做攻击个人的工具。许多党员不在党内批评而在党外去批评。这是因为一般党员还不懂得党的组织(会议等)的重要,以为批评在组织内或在组织外没有什么分别。纠正的方法,就是要教育党员懂得党的组织的重要性,对党委或同志有所批评应当在党的会议上提出。"③

五是党内批评应注意大问题,而不是纠结于小问题。毛泽东指出:"关于党内批评问题,还有一点要说及的,就是有些同志的批评不注意大的方面,只注意小的方面。他们不明白批评的主要任务,是指出政治上的错误和组织上的错误。至于个人缺点,如果不是与政治的和组织的错误有联系,则不必多所指摘,使同志们无所措手足。而且这种批评一发展,党内精神完全集注到小的缺点方面,人人变成了谨小慎微的君子,就会忘记党的政治任务,这是很大的危险。……党内批评要防止主观武断和把批评庸俗化,说话要有证据,批评要注意政治。"④

第六,反对自由主义。毛泽东指出:"我们主张积极的思想斗争,因为它是达到党内和革命团体内的团结使之利于战斗的武器。每个共产党员

---

① 毛泽东:《为人民服务》,《毛泽东选集》,第 3 卷,第 954 页。
② 毛泽东:《开展根据地的减租、生产和拥政爱民运动》,《毛泽东选集》,第 3 卷,第 868 页。
③ 毛泽东:《关于纠正党内的错误思想》,《毛泽东选集》,第 1 卷,第 88 页。
④ 毛泽东:《关于纠正党内的错误思想》,《毛泽东选集》,第 1 卷,第 89—90 页。

和革命分子，应该拿起这个武器。但是自由主义取消思想斗争，主张无原则的和平，结果是腐朽庸俗的作风发生，使党和革命团体的某些组织和某些个人在政治上腐化起来。……革命的集体组织中的自由主义是十分有害的。它是一种腐蚀剂，使团结涣散，关系松懈，工作消极，意见分歧。它使革命队伍失掉严密的组织和纪律，政策不能贯彻到底，党的组织和党所领导的群众发生隔离。这是一种严重的恶劣倾向。自由主义的来源，在于小资产阶级的自私自利性，以个人利益放在第一位，革命利益放在第二位，因此产生思想上、政治上、组织上的自由主义。……我们要用马克思主义的积极精神，克服消极的自由主义。……一切忠诚、坦白、积极、正直的共产党员团结起来，反对一部分人的自由主义的倾向，使他们改变到正确的方面来。这是思想战线的任务之一。"①

（四）"学习理论"和"反对党八股"理念

为制定正确的政策，需要认真学习理论。在毛泽东看来，学习理论和解决中国的实际问题，既要反对"洋八股"，也要反对"党八股"。

毛泽东指出："马克思、恩格斯、列宁、斯大林的理论，是'放之四海而皆准'的理论。不应当把他们的理论当作教条看待，而应当看作行动的指南。不应当只是学习马克思列宁主义的词句，而应当把它当成革命的科学来学习。不但应当了解马克思、恩格斯、列宁、斯大林他们研究广泛的真实生活和革命经验所得出的关于一般规律的结论，而且应当学习他们观察问题和解决问题的立场和方法。……共产党员是国际主义的马克思主义者，但是马克思主义必须和我国的具体特点相结合并通过一定的民族形式才能实现。马克思列宁主义的伟大力量，就在于它是和各个国家具体的革命实践相联系的。对于中国共产党说来，就是要学会把马克思列宁主义的理论应用于中国的具体的环境。……洋八股必须废止，空洞抽象的调头必须少唱，教条主义必须休息，而代之以新鲜活泼的、为中国老百姓所喜闻乐见的中国作风和中国气派。……学习的敌人是自己的满足，要认真学习一点东西，必须从不自满开始。对自己，'学而不厌'，对人家，'诲人不倦'，我们应取这种态度。"②

---

① 毛泽东：《反对自由主义》，《毛泽东选集》，第 2 卷，第 330—332 页。
② 毛泽东：《中国共产党在民族战争中的地位》，《毛泽东选集》，第 2 卷，第 498—500 页。

毛泽东还指出："五四运动的发展，分成了两个潮流。一部分人继承了五四运动的科学和民主的精神，并在马克思主义的基础上加以改造，这就是共产党人和若干党外马克思主义者所做的工作。另一部分人则走到资产阶级的道路上去，是形式主义向右的发展。但在共产党内也不是一致的，其中也有一部分人发生偏向，马克思主义没有拿得稳，犯了形式主义的错误，这就是主观主义、宗派主义和党八股，这是形式主义向'左'的发展。这样看来，党八股这种东西，一方面是五四运动的积极因素的反动，一方面也是五四运动的消极因素的继承、继续或发展，并不是偶然的东西。我们懂得这一点是有好处的。如果'五四'时期反对老八股和老教条主义是革命的和必需的，那末，今天我们用马克思主义来批判新八股和新教条主义也是革命的和必需的。"①

毛泽东还特别列出了党八股的八条罪状：一是空话连篇，言之无物。二是装腔作势，借以吓人。三是无的放矢，不看对象。四是语言无味，像个瘪三。五是甲乙丙丁，开中药铺。六是不负责任，到处害人。七是流毒全党，妨害革命。八是传播出去，祸国殃民。"不但文章里演说里有党八股，开会也有的。'一开会，二报告，三讨论，四结论，五散会。'假使每处每回无大无小都要按照这个死板的程序，不也就是党八股吗？在会场上做起'报告'来，则常常就是'一国际，二国内，三边区，四本部'，会是常常从早上开到晚上，没有话讲的人也要讲一顿，不讲好像对人不起。总之，不看实际情形，死守着呆板的旧形式、旧习惯，这种现象，不是也应该加以改革吗？"②

（五）"吸取巴黎公社经验教训"理念

毛泽东在纪念巴黎公社的演讲中指出："巴黎公社，是一八七一年三月十八日巴黎工人阶级起来的第一次革命的运动。那年正当前清同治十年，到今日恰是五十五年了。我们要问，这种运动为什么不发生于百年以前，而发生于五十五年前的今日呢？我们知道，凡属一种运动发生，不是无缘无故的，必有客观的条件。查巴黎公社，在中国鸦片战争之后三十年，这三十年中，继续订有《南京条约》《天津条约》《北京条约》……

---

① 毛泽东：《反对党八股》，《毛泽东选集》，第 3 卷，第 789—790 页。
② 参见毛泽东《反对党八股》，《毛泽东选集》，第 3 卷，第 790—798 页。

等，足证明欧洲各国，已有能力向东方猛烈地发展，已由资本主义进为帝国主义，国内已形成伟大的工人阶级，所以才有此种壮烈的工人革命运动产生。这是应该注意的第一点。"

"俄国的十月革命和巴黎公社，是工人阶级以自己的力量，来求人类真正的平等自由，它们的意义是相同的，不过成功与失败不同而已。所以我们可以说：巴黎公社是开的光明的花，俄国革命是结的幸福的果——俄国革命是巴黎公社的继承者。现在一般资本家宣传说：'对外的战争是有益的，对内的战争是无益的。'我们却要进一步说：'资本家互争利益的国际战争，是无意义的，打倒资本主义的国际战争，才有意义的；军阀们争权夺利的国内战争，是无价值的，被压迫阶级起来推倒压迫阶级的国内战争，才有价值。'一般国家主义派，盛倡其'为祖国而牺牲，乃无上光荣'的说法，这是资产阶级欺人之话，我们万不要受他们的愚弄！此应注意的第二点。"

"现时国内颇有些人怀疑或反对阶级斗争的，这是不了解人类进化史的缘故。马克思说：'人类的历史，是一部阶级斗争史。'这是事实，不能否认。人类由原始社会进化为家长社会、封建社会以至于今日之国家，无不是统治阶级与被统治阶级之阶级斗争的演进。巴黎公社便是工人阶级第一次起来打倒统治阶级的政治的经济的革命。我们向来读中国史，不注意阶级斗争的事实、其实四千多年的中国史，何尝不是一部阶级斗争史呢？……此应注意的第三点。"

"巴黎公社存在不过七十二天，何以失败这样快呢？有两个主要原因：（1）没有一个统一的集中的有纪律的党作指挥——我们欲革命成功，必须势力集中行动一致，所以有赖于一个有组织有纪律的党来发号施令。当时巴黎公社，因为没有一个统一的政党，以致内部意见纷歧，势力分散，而予敌人以可乘之机，这是失败的第一个原因。（2）对敌人太妥协太仁慈——我们对敌人仁慈，便是对同志残忍。……巴黎公社，对于敌人不取严厉处置，还容许敌人占住金融机关，调集军队，所以终被敌人覆灭了。各同志要鉴往知来，惩前毖后，千万不要忘记'我们不给敌人以致命的打击，敌人便给我们以致命的打击'这句话。我们要革命，便要从此学得革命的方法。这是纪念巴黎公社应注意的第四点。"[1]

---

[1] 毛泽东：《纪念巴黎公社的重要意义》，《毛泽东文集》，第1卷，第33—36页。

五　中国共产党的政策机制

在民主主义革命时期，中国共产党已经初步形成以民主集中制为基本特征的政策机制，毛泽东对这样的机制作了十二个方面的说明。

(一) 代表群众利益的决策标准

中国共产党的政策一定要代表群众和代表人民的利益，这是党的"群众路线"的基本要求，并由此形成了以下决策标准。

第一，一切政治的关键在民众。毛泽东指出："一切问题的关键在政治，一切政治的关键在民众，不解决要不要民众的问题，什么都无从谈起。要民众，虽危险也有出路；不要民众，一切必然是漆黑一团。"① "政治，不论革命的和反革命的，都是阶级对阶级的斗争，不是少数个人的行为。革命的思想斗争和艺术斗争，必须服从于政治的斗争，因为只有经过政治，阶级和群众的需要才能集中地表现出来。革命的政治家们，懂得革命的政治科学或政治艺术的政治专门家们，他们只是千千万万的群众政治家的领袖，他们的任务在于把群众政治家的意见集中起来，加以提炼，再使之回到群众中去，为群众所接受，所实践，而不是闭门造车，自作聪明，只此一家，别无分店的那种贵族式的所谓'政治家'，——这是无产阶级政治家同腐朽了的资产阶级政治家的原则区别。"②

第二，正确的政策能够被群众接受并扩大群众基础。毛泽东强调："在我们工作中起决定性作用的因素是我们经常去了解我们哪些政策为群众所接受，哪些政策受到群众的批评或拒绝。只有那些受群众欢迎的政策才能成为我们党继续实行的政策。每当采取一项新的措施时，党内和党外总会有一些人不大理解。但是在实施过程中，必然会形成一种绝大多数人共同的意见，这是因为我们的党始终在注视着党内外的普遍反应，而且还根据人民的实际需要和意见，不断修改我们的措施。我们所有的党组织，从上到下都必须遵守我们的一项至关重要的原则，这就是不脱离群众，同

---

① 毛泽东：《一切政治的关键在民众》，《毛泽东文集》，第3卷，第202页。
② 毛泽东：《在延安文艺座谈会上的讲话》，《毛泽东选集》，第3卷，第823页。

群众的需要和愿望息息相通。"① "还有另一方面的真理，就是我们政策的正确。如果我们的政策不正确，比如侵犯了中农、中等资产阶级、小资产阶级、民主人士、开明绅士、知识分子，对俘虏处置不当，对地主、富农处置不当，在统一战线问题上犯了错误，那就还是不能胜利，共产党会由越来越多变成越来越少，蒋介石的孤立会变成国共两方面都孤立，人民不喜欢蒋介石，也不喜欢共产党。这个可能性是有的，在理论上不是不存在的。"② "我们需要一个正确的政策。这个政策的基本点，就是放手发动群众，壮大人民的力量，在我们党领导之下，打败侵略者，建设新中国。……只要我们有正确的政策，只要我们一致努力，我们的任务是必能完成的。"③

第三，我们的权力是人民给的。毛泽东指出："去年（1944年——引者）有个美国记者问我：'你们办事，是谁给的权力？'我说：'人民给的。'如果不是人民给的，还有谁给呢？当权的国民党没有给。……我们的责任，是向人民负责。每句话，每个行动，每项政策，都要适合人民的利益，如果有了错误，定要改正，这就叫向人民负责。同志们，人民要解放，就把权力委托给能够代表他们的、能够忠实为他们办事的人，这就是我们共产党人。我们当了人民的代表，必须代表得好。……我们要有清醒的头脑和正确的方针，要不犯错误。"④

（二）实事求是的决策态度

中国共产党人必须保持实事求是的决策态度，毛泽东就此提出了六条要求。

第一，从事实中找出方针、政策。"按照实际情况决定工作方针，这是一切共产党员所必须牢牢记住的最基本的工作方法。我们所犯的错误，研究其发生的原因，都是由于离开了当时当地的实际情况，主观地决定自己的工作方针。这一点，应当引为全体同志的教训"。⑤ "我们是马克思主义者，马克思主义叫我们看问题不要从抽象的定义出发，而要从客观存在

---

① 毛泽东：《同英国记者斯坦因的谈话》，《毛泽东文集》，第3卷，第188页。
② 毛泽东：《在西北野战军前委扩大会议上的讲话》，《毛泽东文集》，第5卷，第23页。
③ 毛泽东：《两个中国之命运》，《毛泽东选集》，第3卷，第976页。
④ 毛泽东：《抗日战争胜利后的时局和我们的方针》，《毛泽东选集》，第4卷，第1074页。
⑤ 毛泽东：《在晋绥干部会议上的讲话》，《毛泽东选集》，第4卷，第1251页。

的事实出发，从分析这些事实中找出方针、政策、办法来"。①

第二，坚持实践对政策的检验。"政策是革命政党一切实际行动的出发点，并且表现于行动的过程和归宿。一个革命政党的任何行动都是实行政策。不是实行正确的政策，就是实行错误的政策；不是自觉地，就是盲目地实行某种政策。所谓经验，就是实行政策的过程和归宿。政策必须在人民实践中，也就是经验中，才能证明其正确与否，才能确定其正确和错误的程度。但是，人们的实践，特别是革命政党和革命群众的实践，没有不同这种或那种政策相联系的。因此，在每一行动之前，必须向党员和群众讲明按情况规定的政策。否则，党员和群众就会脱离政策的领导而盲目行动，执行错误的政策"。②

第三，反对教条主义和经验主义的决策方法。"研究问题，忌带主观性、片面性和表面性。所谓主观性，就是不知道客观地看问题，也就是不知道用唯物的观点去看问题。……表面性，是对矛盾总体和矛盾各方的特点都不去看，否认深入事物里面精细地研究矛盾特点的必要，仅仅站在那里远远地望一望，粗枝大叶地看到一点矛盾的形相，就想动手去解决矛盾（答复问题、解决纠纷、处理工作、指挥战争）。这样的做法，没有不出乱子的。中国的教条主义和经验主义的同志们所以犯错误，就是因为他们看事物的方法是主观的、片面的和表面的"。③

第四，注意政策问题中的主要矛盾问题。"在复杂的事物的发展过程中，有许多的矛盾存在，其中必有一种是主要的矛盾，由于它的存在和发展规定或影响着其他矛盾的存在和发展"。"任何过程如果有多数矛盾存在的话，其中必定有一种是主要的，起着领导的、决定的作用，其他则处于次要和服从的地位。因此，研究任何过程，如果是存在着两个以上矛盾的复杂过程的话，就要用全力找出它的主要矛盾。捉住了这个主要矛盾，一切问题就迎刃而解了。这是马克思研究资本主义社会告诉我们的方法。列宁和斯大林研究帝国主义和资本主义总危机的时候，列宁和斯大林研究苏联经济的时候，也告诉了这种方法。万千的学问家和实行家，不懂得这种方法，结果如堕烟海，找不到中心，也就找不到

---

① 毛泽东：《在延安文艺座谈会上的讲话》，《毛泽东选集》，第3卷，第810页。
② 毛泽东：《关于工商业政策》，《毛泽东选集》，第4卷，第1229页。
③ 毛泽东：《矛盾论》，《毛泽东选集》，第1卷，第287—288页。

解决矛盾的方法"。①

第五，以不同的方法解决不同性质的矛盾。"不同质的矛盾，只有用不同质的方法才能解决。例如，无产阶级和资产阶级的矛盾，用社会主义革命的方法去解决；人民大众和封建制度的矛盾，用民主革命的方法去解决；殖民地和帝国主义的矛盾，用民族革命战争的方法去解决；在社会主义社会中工人阶级和农民阶级的矛盾，用农业集体化和农业机械化的方法去解决；共产党内的矛盾，用批评和自我批评的方法去解决；社会和自然的矛盾，用发展生产力的方法去解决。过程变化，旧过程和旧矛盾消灭，新过程和新矛盾发生，解决矛盾的方法也因之而不同。……用不同的方法去解决不同的矛盾，这是马克思列宁主义者必须严格地遵守的一个原则"。②

第六，注重上层建筑对经济基础的反作用，理论在一定条件下对政策起着决定作用。"诚然，生产力、实践、经济基础，一般地表现为主要的决定的作用，谁不承认这一点，谁就不是唯物论者。然而，生产关系、理论、上层建筑这些方面，在一定条件之下，又转过来表现其为主要的决定的作用，这也是必须承认的。当着不变更生产关系，生产力就不能发展的时候，生产关系的变更就起了主要的决定的作用。当着如同列宁所说'没有革命的理论，就不会有革命的运动'的时候，革命理论的创立和提倡就起了主要的决定的作用。当着某一件事情（任何事情都是一样）要做，但是还没有方针、方法、计划或政策的时候，确定方针、方法、计划或政策，也就是主要的决定的东西。当着政治文化等上层建筑阻碍着经济基础的发展的时候，对于政治上和文化上的革新就成为主要的决定的东西了。我们这样说，是否违反了唯物论呢？没有。因为我们承认总的历史发展中是物质的东西决定精神的东西，是社会的存在决定社会的意识；但是同时又承认而且必须承认精神的东西的反作用，社会意识对于社会存在的反作用，上层建筑对于经济基础的反作用。这不是违反唯物论，正是避免了机械唯物论，坚持了辩证唯物论"。③

---

① 毛泽东：《矛盾论》，《毛泽东选集》，第1卷，第295—297页。
② 毛泽东：《矛盾论》，《毛泽东选集》，第1卷，第286页。
③ 毛泽东：《矛盾论》，《毛泽东选集》，第1卷，第300—301页。

（三）保证革命方向的决策原则

中国共产党的政策代表的是党的立场和方向，必须以制定"革命政策"作为基本原则，并符合以下要求。

第一，政策和策略是党的生命。"只有党的政策和策略全部走上正轨，中国革命才有胜利的可能。政策和策略是党的生命，各级领导同志务必充分注意，万万不可粗心大意"。①

第二，坚持共产主义的政策方向。"共产主义不是一天做得起来的，苏联革命也经过许多阶段，然后才达到现在社会主义的胜利。……只有实行现在民权革命时代所必要的政策，才是真正走向共产主义的良好办法"。②

第三，不能以改良政策取代革命政策。"降低党的立场，模糊党的面目，牺牲工农利益去适合资产阶级改良主义的要求，将必然引导革命趋于失败。我们的要求是实行坚决的革命政策，争取资产阶级民主革命的彻底胜利"。③

第四，敢于坚持正确的政策方向，反对错误政策倾向。"一个政党要引导革命到胜利，必须依靠自己政治路线的正确和组织上的巩固"。④ "红色政权的长期的存在并且发展，还须有一个要紧的条件，就是共产党组织的有力量和它的政策的不错误"。⑤ "反对土匪主义，承认严肃的政治纪律；反对军阀主义，承认有限制的民主生活和有威权的军事纪律；反对不正确的宗派主义的干部政策，承认正确的干部政策；反对孤立政策，承认争取一切可能的同盟者；最后，反对把红军停顿于旧阶段，争取红军发展到新阶段——所有这些原则问题，都要求正确的解决"。⑥ "其他财政、经济、文化、教育、锄奸各方面的政策，为着抗日的需要，均必须从调节各阶级利益出发，实行统一战线政策，均必须一方面反对右倾机会主义，一方面反对'左'倾机会主义"。⑦

---

① 毛泽东：《关于情况的通报》，《毛泽东选集》，第4卷，第1241页。
② 毛泽东：《关于加强春耕工作的意见》，《毛泽东文集》，第1卷，第257页。
③ 毛泽东：《中国共产党在抗日时期的任务》，《毛泽东选集》，第1卷，第243页。
④ 毛泽东：《矛盾论》，《毛泽东选集》，第1卷，第278页。
⑤ 毛泽东：《中国的红色政权为什么能够存在》，《毛泽东选集》，第1卷，第50页。
⑥ 毛泽东：《中国革命战争的战略问题》，《毛泽东选集》，第1卷，第176页。
⑦ 毛泽东：《团结到底》，《毛泽东选集》，第2卷，第719页。

第六章　毛泽东：民主主义革命的政策诉求　343

第五，注重政策经验的积累。"经验对于干部是必需的，失败确是成功之母。但是虚心接受别人的经验也属必需，如果样样要待自己经验，否则固执己见拒不接受，这就是十足的'狭隘经验论'"。① "惟政策与经验的关系一点，似应了解为凡政策之正确与否及正确之程度，均待经验去考证；任何经验（实践），均是从实行某种政策的过程中得来的，错误的经验是实行了错误政策的结果，正确的经验是实行了正确政策的结果。因此，无论做什么事，凡关涉群众的，都应有界限分明的政策。我感觉各地所犯的许多错误，主要的（坏人捣乱一项原因不是主要的）是由于领导机关所规定的政策缺乏明确性，未将许可做的事和不许可做的事公开明确地分清界限。其所以未能明确分清界限，是由于领导者自己对于所要做的事缺乏充分经验（自己没有执行过某种政策的充分经验），或者对于他人的经验不重视，或者由于不应有的疏忽以致未能分清政策的界限"。②

第六，必须有高瞻远瞩的政策眼光。"如果现在没有正确的政策，那末极端的困难还在后头。普通的人，容易为过去和当前的情况所迷惑，以为今后也不过如此。他们缺乏事先看出航船将要遇到暗礁的能力，不能用清醒的头脑把握船舵，绕过暗礁"。③ "什么叫做领导？领导和预见有什么关系？预见就是预先看到前途趋向。如果没有预见，叫不叫领导？我说不叫领导。斯大林说：没有预见就不叫领导，为着领导必须预见。……凡是政策上犯错误的，一定是大东西看不见。小东西看不见，也会犯错误，但那只是一点一件的错误，牵涉的面不大，这种错误十个、八个也不是很关紧要的。当然，犯了这样的错误也不好，但毕竟不算大错误。凡是大的错误，就是对大量普遍的东西看不到。所谓预见，不是指某种东西已经大量地普遍地在世界上出现了，在眼前出现了，这时才预见；而常常是要求看得更远，就是说在地平线上刚冒出来一点的时候，刚露出一点头的时候，还是小量的不普遍的时候，就能看见，就能看到它的将来的普遍意义"。④

---

① 毛泽东：《中国革命战争的战略问题》，《毛泽东选集》，第1卷，第197页。
② 毛泽东：《政策和经验的关系》，《毛泽东文集》，第5卷，第74页。
③ 毛泽东：《一个极其重要的政策》，《毛泽东选集》，第3卷，第837页。
④ 毛泽东：《在中国共产党第七次全国代表大会上的结论》，《毛泽东文集》，第3卷，第394—395页。

(四) 调查研究的决策方法

调查研究是毛泽东极为重视的决策方法,并明确提出了以下要求。

第一,在政策问题上,没有调查就没有发言权。"共产党领导机关的基本任务,就在于了解情况和掌握政策两件大事,前一件事就是所谓认识世界,后一件事就是所谓改造世界。就要使同志们懂得,没有调查就没有发言权,夸夸其谈地乱说一顿和一二三四的现象罗列,都是无用的"。①"我们的口号是:一,不做调查没有发言权。二,不做正确的调查同样没有发言权"。②

第二,要进行典型例子的调查。"在一切活动中找出几个令人满意的和令人不满意的典型例子,经过深入研究,总结经验,得出具体结论,以求得必要的工作改进。这种观察实际情况,研究好的和坏的典型例子所用的时间,有时是几个星期,有时是几个月,有时甚至是几年。虽然用的时间比较多,但这种方法却使我们能同现实发展情况始终保持密切联系,能了解人民的愿望和需要,能向党内外工作出色的人学习"。③

第三,注意调查研究的具体方法。"现在我们很多同志,还保存着一种粗枝大叶、不求甚解的作风,甚至全然不了解下情,却在那里担负指导工作,这是异常危险的现象。对于中国各个社会阶级的实际情况,没有真正具体的了解,真正好的领导是不会有的。要了解情况,唯一的方法是向社会作调查,调查社会各阶级的生动情况。对于担负指导工作的人来说,有计划地抓住几个城市、几个乡村,用马克思主义的基本观点,即阶级分析的方法,作几次周密的调查,乃是了解情况的最基本的方法。只有这样,才能使我们具有对中国社会问题的最基础的知识。要做这件事,一是眼睛向下,不要只是昂首望天。没有眼睛向下的兴趣和决心,是一辈子也不会真正懂得中国的事情的。二是开调查会。东张西望,道听途说,决然得不到什么完全的知识。……开调查会,是最简单易行又最忠实可靠的方法,我用这个方法得了很大的益处,这是比较什么大学还要高明的学校。到会的人,应是真正有经验的中级和下级的干部,或老百姓。……开调查

---

① 毛泽东:《改造我们的学习》,《毛泽东选集》,第3卷,第760页。
② 毛泽东:《总政治部关于调查人口和土地状况的通知》,《毛泽东文集》,第1卷,第267—268页。
③ 毛泽东:《同英国记者斯坦因的谈话》,《毛泽东文集》,第3卷,第189页。

会每次人不必多，三五个七八个人即够。必须给予时间，必须有调查纲目，还必须自己口问手写，并同到会人展开讨论。因此，没有满腔的热忱，没有眼睛向下的决心，没有求知的渴望，没有放下臭架子、甘当小学生的精神，是一定不能做，也一定做不好的。必须明白：群众是真正的英雄，而我们自己则往往是幼稚可笑的，不了解这一点，就不能得到起码的知识。……所以，一切实际工作者必须向下作调查。对于只懂得理论不懂得实际情况的人，这种调查工作尤有必要，否则他们就不能将理论和实际相联系"。①

第四，在调查研究的基础上规定行动方针。"据我们历来的想法，所谓对于情况的估计，就是根据我们对于客观地存在着的实际情况，加以调查研究，而后反映于我们脑子中的关于客观情况的内部联系，这种内部联系是独立地存在于人的主观之外而不能由我们随意承认或否认的。它有利于我们也好，不利于我们也好，能够动员群众也好，不能动员也好，我们都不得不调查它，考虑它，注意它。如果我们还想改变客观情况的话，那就可以根据这种真实地反映了客观情况内部联系的估计，规定行动方针，转过去影响客观情况，把它加以改造。这时，如果客观情况是有利于我们前进的，我们就向群众说：你们前进吧！如果是不利于我们前进的，我们就向群众说：你们暂停吧（近乎'等待主义'）；或说：你们退却吧（大有'机会主义'嫌疑）！据我想，这就叫作马克思主义的起码观点呢！"②

（五）民主集中的决策机制

党的各级机关尤其是中央机关，应该坚持民主集中的决策机制。毛泽东对于这样的决策机制，强调的是六个要点。

第一，认真对待集中与分散的关系。"应该集中的不集中，在上者叫做失职，在下者叫做专擅，这是在任何上下级关系上特别是在军事关系上所不许可的。应该分散的不分散，在上者叫做包办，在下者叫做无自动性，这也是在任何上下级关系上特别是在游击战争的指挥关系上所不许可

---

① 毛泽东：《"农村调查"的序言和跋》，《毛泽东选集》，第3卷，第747—749页。
② 毛泽东：《驳第三次"左"倾路线（节选）》，《毛泽东文集》，第2卷，第339页。

的。只有上述的原则,才是正确地解决这个问题的方针。"①

第二,要提倡顾全大局,建设一个集中的统一的党。"一部分同志,只看见局部利益,不看见全体利益,他们总是不适当地特别强调他们自己所管的局部工作,总希望使全体利益去服从他们的局部利益。他们不懂得党的民主集中制,他们不知道共产党不但要民主,尤其要集中。他们忘记了少数服从多数,下级服从上级,局部服从全体,全党服从中央的民主集中制。……要提倡顾全大局。每一个党员,每一种局部工作,每一项言论或行动,都必须以全党利益为出发点,绝对不许可违反这个原则"。"我们一定要建设一个集中的统一的党,一切无原则的派别斗争,都要清除干净"。②

第三,重大决策由集体讨论决定,反对家长制。"家长制的定义是:只有个人的命令,没有集体的讨论,只有上级委派,没有群众选举。如果大家承认是这个定义,那末,我们看一看,四军的党内有没有这定义所说的一样,就可以知道有没有家长制了。四军党的集体的讨论,从支部到前委历来是如此的,各级党部会议,特别是前委纵委两级会议,不论是常委会、全体会,应到委员之外,差不多每次都有非委员的负责同志参加。……说四军党内只有个人命令没有集体讨论,无论如何说不过去吧!说到各指导机关的产生,从支委到纵委、前委是中央委派的,但这不能作为四军党内家长制的证明,四军党内事实上寻不出家长制。为什么少数同志有这种借口呢?这种话有什么客观的来源呢?是的,就是四军中有一种党部书记兼充红军党代表制度,一些同志分不清楚党代表与书记在职务上是两样东西,因为党代表与军官的权限历来没有弄清楚,时常发生争权问题,由是引起了头脑不清楚的人把党代表在那里工作看做是党的书记在那里工作了。三纵队几个连上的同志叫那个连的支书做'老板',就是这样牵挂来的。要除去此弊,只有使党代表与书记分开,这是应该一面从内部找人,一面从外面多找人来才可以解决的"。③

第四,高度的民主和高度的集中。"民主要有很高程度的民主,集中也要很高程度的集中,这两个东西有没有矛盾呢?有矛盾的,但是可以统

---

① 毛泽东:《抗日游击战争的战略问题》,《毛泽东选集》,第 2 卷,第 405—406 页。
② 毛泽东:《整顿党的作风》,《毛泽东选集》,第 3 卷,第 779—780 页。
③ 毛泽东:《给林彪的信》,《毛泽东文集》,第 1 卷,第 73—74 页。

一的,民主集中制就是这两个带着矛盾性的东西的统一。……我们是干革命的,还怕民主?还怕人家发表意见?你说对了就可以说出一个正确的道理来,说错了也不要紧,说错了还可以让人知道一条错误的道理,所以要实行高度的民主"。"大家有意见,有气,就应该打开窗户,让他们把气出完,把意见都说出来。只有这样,才能团结同志,统一意志,集中意志,形成高度的集中。没有集中,就不能胜利,就要失败,就要被消灭,所以没有集中不行。但是我们要在高度民主的基础上,建立高度的集中"。①

第五,善于解决意见分歧。"我们党内自然也时常会发生意见分歧,但这些分歧都能通过讨论和分析这种民主的方式加以解决。如果少数人对多数人的决议的正确性仍然不信服,那末,在党的会议上经过彻底辩论以后,他们就会服从决议了"。②

第六,讨论政策开小会,传达政策开大会。"讨论政策的会议,人数不可太多,只要事先有良好准备,会议的时间亦可缩短。按情况,大约以十几个人,或二三十人,或四五十人,开会一星期左右为适宜。传达政策的会议,人数可以多些,时间亦不可过长。只有整党性质的高级和中级的干部会议,人数可以多些,时间亦可以长些"。③

(六) 党委制的决策体制

毛泽东指出:"党委制是保证集体领导、防止个人包办的党的重要制度。近查有些(当然不是一切)领导机关,个人包办和个人解决重要问题的习气甚为浓厚。重要问题的解决,不是由党委会议做决定,而是由个人做决定,党委委员等于虚设。委员间意见分歧的事亦无由解决,并且听任这些分歧长期地不加解决。党委委员间所保持的只是形式上的一致,而不是实质上的一致。此种情形必须加以改变。今后从中央局至地委,从前委至旅委以及军区(军分会或领导小组)、政府党组、民众团体党组、通讯社和报社党组,都必须建立健全的党委会议制度,一切重要问题(当然不是无关重要的小问题或者已经会议讨论解决只待执行的问题)均须

---

① 毛泽东:《在中国共产党第七次全国代表大会上的结论》,《毛泽东文集》,第3卷,第399—400页。
② 毛泽东:《同英国记者斯坦因的谈话》,《毛泽东文集》,第3卷,第188页。
③ 毛泽东:《一九四八年的土地改革工作和整党工作》,《毛泽东选集》,第4卷,第1274页。

交委员会讨论，由到会委员充分发表意见，做出明确决定，然后分别执行。……此外，还须注意，集体领导和个人负责，二者不可偏废。军队在作战时和情况需要时，首长有临机处置之权。"①

对于表现为集体领导和集体决策的党委制，毛泽东还提出了以下具体的要求。

第一，党委书记要善于当"班长"。党的委员会有一二十个人，象军队的一个班，书记好比是"班长"。要把这个班带好，的确不容易。目前各中央局、分局都领导很大的地区，担负很繁重的任务。领导工作不仅要决定方针政策，还要制定正确的工作方法。有了正确的方针政策，如果在工作方法上疏忽了，还是要发生问题。党委要完成自己的领导任务，就必须依靠党委这"一班人"，充分发挥他们的作用。书记要当好"班长"，就应该很好地学习和研究。书记、副书记如果不注意向自己的"一班人"作宣传工作和组织工作，不善于处理自己和委员之间的关系，不去研究怎样把会议开好，就很难把这"一班人"指挥好。如果这"一班人"动作不整齐，就休想带领千百万人去作战，去建设。当然，书记和委员之间的关系是少数服从多数，这同班长和战士之间的关系是不一样的。

第二，要把问题摆到桌面上来。不仅"班长"要这样做，委员也要这样做。不要在背后议论。有了问题就开会，摆到桌面上来讨论，规定它几条，问题就解决了。有问题而不摆到桌面上来，就会长期不得解决，甚至一拖几年。"班长"和委员还要能互相谅解。书记和委员，中央和各中央局，各中央局和区党委之间的谅解、支援和友谊，比什么都重要。

第三，"互通情报"。党委各委员之间要把彼此知道的情况互相通知、互相交流。这对于取得共同的语言是很重要的。有些人不是这样做，而是像老子说的"鸡犬之声相闻，老死不相往来"，结果彼此之间就缺乏共同的语言。

第四，不懂得和不了解的东西要问下级，不要轻易表示赞成或反对。有些文件起草出来压下暂时不发，就是因为其中还有些问题没有弄清楚，需要先征求下级的意见。切不可强不知以为知，要"不耻下问"，要善于倾听下面干部的意见。先做学生，然后再做先生；先向下面干部请教，然后再下命令。各中央局、各前委处理问题的时候，除军事情况紧急和事情

---

① 毛泽东：《关于健全党委制》，《毛泽东选集》，第4卷，第1282—1283页。

已经弄清楚者外,都应该这样办。这不会影响自己的威信,而只会增加自己的威信。中央领导之所以正确,主要是由于综合了各地供给的材料、报告和正确的意见。如果各地不来材料,不提意见,中央就很难正确地发号施令。对下面来的错误意见也要听,根本不听是不对的;不过听了而不照它做,并且要给以批评。

第五,学会"弹钢琴"。弹钢琴要十个指头都动作,不能有的动,有的不动。但是,十个指头同时都按下去,那也不成调子。要产生好的音乐,十个指头的动作要有节奏,要互相配合。党委要抓紧中心工作,又要围绕中心工作而同时开展其他方面的工作。钢琴有人弹得好,有人弹得不好,这两种人弹出来的调子差别很大。党委的同志必须学好"弹钢琴"。

第六,要"抓紧"。党委对主要工作不但一定要"抓",而且一定要"抓紧"。什么东西只有抓得很紧,毫不放松,才能抓住。抓而不紧,等于不抓。伸着巴掌,当然什么也抓不住。就是把手握起来,但是不握紧,样子像抓,还是抓不住东西。不抓不行,抓而不紧也不行。

第七,胸中有"数"。对情况和问题一定要注意到它们的数量方面,要有基本的数量的分析。任何质量都表现为一定的数量,没有数量也就没有质量。有许多同志至今不懂得注意事物的数量方面,不懂得注意基本的统计、主要的百分比,不懂得注意决定事物质量的数量界限,一切都是胸中无"数",结果就不能不犯错误。例如,要进行土地改革,对于地主、富农、中农、贫农各占人口多少,各有多少土地,这些数字就必须了解,才能据以定出正确的政策。对于何谓富农,何谓富裕中农,有多少剥削收入才算富农,否则就算富裕中农,这也必须找出一个数量的界限。在任何群众运动中,群众积极拥护的有多少,反对的有多少,处于中间状态的有多少,这些都必须有个基本的调查,基本的分析,不可无根据地、主观地决定问题。

第八,"安民告示"。开会要事先通知,像出安民告示一样,让大家知道要讨论什么问题,解决什么问题,并且早作准备。有些地方开干部会,事前不准备好报告和决议草案,等开会的人到了才临时凑合,好像"兵马已到,粮草未备",这是不好的。如果没有准备,就不要急于开会。

第九,"精兵简政"。讲话、演说、写文章和写决议案,都应当简明扼要。会议也不要开得太长。

第十,注意团结那些和自己意见不同的同志一道工作。不论在地方上或部队里，都应该注意这一条。对党外人士也是一样。

第十一，力戒骄傲。这对领导者是一个原则问题，也是保持团结的一个重要条件。就是没有犯过大错误，而且工作有了很大成绩的人，也不要骄傲。禁止给党的领导者祝寿，禁止用党的领导者的名字作地名、街名和企业的名字，保持艰苦奋斗作风，制止歌功颂德现象。

第十二，划清两种界限。首先，是革命还是反革命？是延安还是西安？有些人不懂得要划清这种界限。例如，他们反对官僚主义，就把延安说得好似"一无是处"，而没有把延安的官僚主义同西安的官僚主义比较一下，区别一下。这就从根本上犯了错误。其次，在革命的队伍中，要划清正确和错误、成绩和缺点的界限，还要弄清它们中间什么是主要的，什么是次要的。例如，成绩究竟是三分还是七分？说少了不行，说多了也不行。一个人的工作，究竟是三分成绩七分错误，还是七分成绩三分错误，必须有个根本的估计。如果是七分成绩，那么就应该对他的工作基本上加以肯定。把成绩为主说成错误为主，那就完全错了。看问题一定不要忘记划清这两种界限：革命和反革命的界限，成绩和缺点的界限。记着这两条界限，事情就好办，否则就会把问题的性质弄混淆了。[1]

（七）听取政策意见和政策协商

在政策制定和政策执行的过程中，要广泛听取政策意见，并进行必要的政策协商，毛泽东就此提出了四点要求。

第一，听取意见并发现群众真正的意见。"如果党的领导者真正是为广大人民群众的利益而工作，如果他们在这方面的努力是诚心诚意的，那末他们听取群众意见的机会是非常多的。我们通过村、乡镇、区、县的群众大会，也就是我们区域内任何地方的群众大会，通过党员同各阶层人士的交谈，通过各种会议、报纸和群众的来电来信等等一切能听到人民呼声的渠道，总是能发现群众的真正的意见"。[2]

第二，从"闲话"中听取政策意见。"我们要习惯听闲话，准备多听闲话，把听闲话当作收集舆论的机会。闲话有两种，一种是好人讲的，一种是坏人讲的。如果是好人讲的，说明你这个领导在工作上很可能有问

---

[1] 参见毛泽东《党委会的工作办法》，《毛泽东选集》，第4卷，第1378—1382页。
[2] 毛泽东：《同英国记者斯坦因的谈话》，《毛泽东文集》，第3卷，第189页。

题。我们讲党要听闲话就是这个道理，注意收集不同的意见。意见一致了就不会发生不团结现象，不团结就是因为有不同的意见而又得不到解决。我们需要像拣破铜烂铁一样将不同意见收集起来，经过熔化，准备修正思想上、工作上的毛病和错误。……不同的意见公开地讲出来，什么意见都可以讲。正确路线的领导之下也会有缺点错误，如黄河之水滚滚而流中间还会有几个小泡，我们多收集各种意见，认清自己工作中的缺点错误，这样就可以减少盲目性"。①

第三，共产党员必须倾听党外人士的意见，给别人以说话的机会。"《陕甘宁边区施政纲领》上有一条，规定共产党员应当同党外人士实行民主合作，不得一意孤行，把持包办，就是针对着这一部分还不明白党的政策的同志而说的。共产党员必须倾听党外人士的意见，给别人以说话的机会。……国事是国家的公事，不是一党一派的私事。因此，共产党员只有对党外人士实行民主合作的义务，而无排斥别人、垄断一切的权利。共产党是为民族、为人民谋利益的政党，它本身决无私利可图。它应该受人民的监督，而决不应该违背人民的意旨。它的党员应该站在民众之中，而决不应该站在民众之上"。②

第四，建立必要的政策协商机制。"在我们政策的实际执行过程中，我们要向所有同志具体讲明，我们和非党人士之间的真诚合作，不仅帮助了群众，也帮助了我们自己。这样做的结果，党和非党人士的相互信任，在他们必须通力合作的实际工作中增长了"。③ 规定下列具体办法，要求一切党员与一切党组织认真地坚决地实行之。（1）必须将关心和倾听党外人员的意见和要求及向党外人员学习，作为每个共产党员的严重责任。一切党员，都有责任经常地将党外人员的意见和要求（不论是正确的或不正确的）反映到党内及各工作部门内，而一切党组织与一切工作部门的领导人员都有责任考虑这些意见和要求，并须适时地列入议事日程，加以讨论及解决。（2）在各抗日根据地内，政府系统、参议会系统及民众团体的各级领导机关中，均应实行"三三制"。在这些机关中，共产党员必须与党外人员实行民主合作，倾听党外人员的意见，和他们一起，共同

---

① 毛泽东：《在西北野战军前委扩大会议上的讲话》，《毛泽东文集》，第5卷，第28—29页。
② 毛泽东：《在陕甘宁边区参议会的演说》，《毛泽东选集》，第3卷，第767页。
③ 毛泽东：《同英国记者斯坦因的谈话》，《毛泽东文集》，第3卷，第190页。

商量问题与决定问题，共同遵守少数服从多数、局部服从全体、下级服从上级的民主集中制，并须使党外人士有职有权，敢于说话，敢于负责。（3）在各抗日根据地内，在政府、参议会及一切已有或应有党外人员工作的部门中，党支部的任务是：对于党员进行党的教育，领导党员成为工作的模范，团结党外人员，保证该部门工作任务的完成。支部不得直接干预行政领导，更不得代替行政领导。在行政关系上，党员必须服从行政的领导。在党外人员担负行政领导责任的部门中，该地或该部门的党组织及党员对行政工作有不同意见时，应取适当方式，与党外人员协商解决，不得直接处理。某些地方党政不分的现象，应该纠正。（4）党员及党组织不得任意地无根据地怀疑党外人员，必须从友谊中细心了解自己周围的每个党外人员的历史和特性，细心了解他们对人民、对我党及对工作的意见和要求。对于他们的宗教信仰、思想自由及生活习惯，必须加以尊重。须知党外人员的愿与我党合作与我党的尊重党外人员，是彼此合作中不可缺一的条件。（5）任何愿与我党合作的党外人员，对我党和我党党员及干部都有批评的权利。除破坏抗战团结者的恶意攻击以外，一切善意批评，不论是文字的、口头的或其他方式的，党员及党组织都应虚心倾听。正确的批评，应加接受，即使其批评有不确当者，亦只可在其批评完毕，并经过慎重考虑之后，加以公平的与善意的解释。绝对不可文过饰非，拒绝党外人员的批评，或曲解善意批评为攻击，而造成党外人员对党的过失缄口不言的现象。党外人员对于违犯政府法令或党的政策的党员及干部，除得向法庭或行政机关依法控诉外，并有权向各级党委控告，直到党的中央。（6）《新华日报》《解放日报》及各抗日根据地的报纸刊物，应吸收广大党外人员发表言论，使一切反法西斯反日本帝国主义的人都有机会在我党党报上说话，并尽可能吸收党外人员参加编辑委员会，使报纸刊物办得更好。（7）在各抗日根据地内，县委以上的各级党委必须有计划地召集党员与党外人员联合一起的干部会议及座谈会，与党外人员共同讨论各项抗日政策，并征求党外人员对党的意见。①

（八）政策解释和政策宣传

政策制定之后，为有效地执行政策，必须进行政策解释和政策宣传，

---

① 参见毛泽东《关于共产党员与党外人员的关系》，《毛泽东文集》，第 2 卷，第 395—398 页。

毛泽东强调应坚持以下做法。

第一，必须系统地说明政策界限。毛泽东强调："领导者虽然知道划分政策的界限，但只作了简单的说明，没有作系统的说明。根据经验，任何政策，如果只作简单的说明，而不作系统的说明，即不能动员党与群众，从事正确的实践。我们过去有许多工作，既未能公开地（此点很重要，即是说在报纸上发表，使广大人们知道）明确地分清界限，又未能作系统的说明，不能专责备各中央局，我自己即深感这种责任。最近三个多月，我们即就各项政策，努力研究，展开说明，以补此项缺失。"①

第二，政策既要使干部知道，也要使广大群众知道。毛泽东指出："我们的政策，不光要使领导者知道，干部知道，还要使广大的群众知道。""在我们一些地方的领导机关中，有的人认为，党的政策只要领导人知道就行，不需要让群众知道。这是我们的有些工作不能做好的基本原因之一。我党二十几年来，天天做群众工作，近十几年来，天天讲群众路线。我们历来主张革命要依靠人民群众，大家动手，反对只依靠少数人发号施令。但是在有些同志的工作中间，群众路线仍然不能贯彻，他们还是只靠少数人冷冷清清地做工作。其原因之一，就是他们做一件事情，总不愿意向被领导的人讲清楚，不懂得发挥被领导者的积极性和创造力。""善于把党的政策变为群众的行动，善于使我们的每一个运动，每一个斗争，不但领导干部懂得，而且广大的群众都能懂得，都能掌握，这是一项马克思列宁主义的领导艺术。我们的工作犯不犯错误，其界限也在这里。"②

第三，报纸和刊物要宣传党的政策。毛泽东指出："有关政策的问题，一般地都应当在党的报纸上或者刊物上进行宣传。报纸的作用和力量，就在它能使党的纲领路线，方针政策，工作任务和工作方法，最迅速最广泛地同群众见面。办好报纸，把报纸办得引人入胜，在报纸上正确地宣传党的方针政策，通过报纸加强党和群众的联系，这是党的工作中的一项不可小看的、有重大原则意义的问题。"③

第四，应进行广泛的政策教育。毛泽东强调："为了保证胜利，一九四九年还要进行普遍的和深入的政策教育工作。说是'学会了'，并不等

---

① 毛泽东：《政策和经验的关系》，《毛泽东文集》，第5卷，第74—75页。
② 毛泽东：《对晋绥日报编辑人员的谈话》，《毛泽东选集》，第4卷，第1261—1263页。
③ 毛泽东：《对晋绥日报编辑人员的谈话》，《毛泽东选集》，第4卷，第1261—1262页。

于不要再学了，我们还要学习很多的东西。"①

（九）政策执行中的领导方法

政策必须得到有效的执行，毛泽东对于政策执行问题，重点强调的是六个方面的要求。

第一，政策执行不能忘记党的总路线和总政策。毛泽东指出："我党规定了中国革命的总路线和总政策，又规定了各项具体的工作路线和各项具体的政策。但是，许多同志往往记住了我党的具体的各别的工作路线和政策，忘记了我党的总路线和总政策。而如果真正忘记了我党的总路线和总政策，我们就将是一个盲目的、不完全的、不清醒的革命者，在我们执行具体工作路线和具体政策的时候，就会迷失方向，就会左右摇摆，就会贻误我们的工作。"②

第二，无保留地执行中央的一切政策。毛泽东强调："中央不止一次地向各地各军领导同志指出，中央的一切政策必须无保留地执行，不能允许不得中央同意由任何下级机关自由修改。但在日本投降以后的两年多时间内，不少地方在关于土地改革的政策方面，在关于工商业及工运的政策方面，在关于打人杀人的政策方面，在统一战线的政策方面，在宣传教育的政策方面，以及在其他某些方面，地方党和军队的领导机关不得中央同意，甚至不得中央委托的领导机关（即各中央局、中央分局、前委及其他中央委托的领导机关）的同意，自由地迫不及待地粗率地冒险地规定及执行明显地违背中央路线和政策的某些政策。地方主义的和经验主义的恶劣作风，事前不请示事后不报告的恶劣作风，多报功绩少报（甚至不报）错误缺点的恶劣作风，对于原则性问题粗枝大叶缺乏反复考虑慎重处置态度的恶劣作风，不愿精心研究中央文件以致往往直接违反这些文件中的某些规定的恶劣作风，仍然存在。所有这些不良现象，中央要求一切受中央委托的领导机关的负责同志严肃地注意加以改变，并指导所属中级及下级领导机关的负责同志同样严肃地注意加以改变，一遇此类现象，立即明确地毫不含糊地予以指出并予以纠正。"③

---

① 毛泽东：《目前形势和党在一九四九年的任务》，《毛泽东文集》，第 5 卷，第 232 页。
② 毛泽东：《在晋绥干部会议上的讲话》，《毛泽东选集》，第 4 卷，第 1259 页。
③ 毛泽东：《将全国一切可能和必须统一的权力统一于中央》，《毛泽东文集》，第 5 卷，第 86 页。

第三，注重"政策试点"。毛泽东指出："不要全面动手，而应选择强的干部在若干地点先做，取得经验，逐步推广，波浪式地向前发展。在整个战略区是如此，在一个县内也是如此。"①

第四，避免"以党代政"的政策执行方法。毛泽东指出："党在群众中有极大的威权，政府的威权却差得多。这是由于许多事情为图省便，党在那里直接做了，把政权机关搁置一边。这种情形是很多的。政权机关里的党团组织有些地方没有，有些地方有了也用得不完满。以后党要执行领导政府的任务；党的主张办法，除宣传外，执行的时候必须通过政府的组织。国民党直接向政府下命令的错误办法，是要避免的。"②

第五，通过"精兵简政"建立贯彻政策的工作系统。毛泽东指出："这一次精兵简政，必须是严格的、彻底的、普遍的，而不是敷衍的、不痛不痒的、局部的。在这次精兵简政中，必须达到精简、统一、效能、节约和反对官僚主义五项目的。这五项，对于我们的经济工作和财政工作，关系极大。精简之后，减少了消费性的支出，增加了生产的收入，不但直接给予财政以好影响，而且可以减少人民的负担，影响人民的经济。经济和财政工作机构中的不统一、闹独立性、各自为政等恶劣现象，必须克服，而建立统一的、指挥如意的、使政策和制度能贯彻到底的工作系统。这种统一的系统建立后，工作效能就可以增加。节约是一切工作机关都要注意的，经济和财政工作机关尤其要注意。实行节约的结果，可以节省一大批不必要的和浪费性的支出，其数目可以达到几千万元。从事经济和财政业务的工作人员，还必须克服存在着的有些还是很严重的官僚主义，例如贪污现象，摆空架子，无益的'正规化'，文牍主义等。如果我们把这五项要求在党的、政府的、军队的各个系统中完全实行起来，那我们的这次精兵简政，就算达到了目的，我们的困难就一定能克服。"③

第六，军队应成为执行政策的重要力量。毛泽东对军队政治工作提出了以下要求："（1）共产党领导的军队中的政治工作，在抗战中应有其独立性。这种独立性是根据党的政策与共产党在民族斗争中的独立性而来的。因此模糊我们政治工作的独立性的原则，无视国民党军队的传统与作

---

① 毛泽东：《新解放区土地改革要点》，《毛泽东选集》，第4卷，第1227页。
② 毛泽东：《井冈山的斗争》，《毛泽东选集》，第1卷，第72页。
③ 毛泽东：《抗日时期的经济问题和财政问题》，《毛泽东选集》，第3卷，第850—851页。

法对我们的恶劣影响是不对的。然而所谓政治工作的独立性并不是要我们抄袭内战时期一切做法,相反的我们应当根据民族战争的环境来确定政治工作各方面的具体方针,我们应当使军队的政治工作变成实现党的每个政策的有力武器。(2)军队政治机关与军队各级干部,尤其是军政干部,必须了解与掌握党的政策与策略。应当承认军队干部对党的政策策略的了解与掌握是非常不够的,因此必须加强干部中策略教育,使其成为干部教育中最重要的一项。军队对居民必须有最严格的纪律。在政权及地方党未建立起来的地方,军队政治机关应负全责建立政权与地方党,而在建立的过程中必须严格地实行党的政策。在政权及地方党已建立完备的区域,军队不应干涉地方政权及党的工作,而应尊重他们,成为遵守法令的模范。应当与军队中破坏对居民纪律的行为,不爱护根据地,浪费人力物力,不尊重政府及地方党,以及一切脱离党的政策的行为,作严格的斗争。"①

(十) 建立政策报告制度

为了及时反映情况,使中央有可能在事先或事后帮助各地不犯或少犯错误,争取革命战争更加伟大的胜利起见,毛泽东要求建立报告制度,并提出了以下要求。

第一,各中央局和分局,由书记负责(自己动手,不要秘书代劳),每两个月,向中央和中央主席作一次综合报告。报告内容包括该区军事、政治、土地改革、整党、经济、宣传和文化等各项活动的动态,活动中发生的问题和倾向,对于这些问题和倾向的解决方法。报告文字每次以一千字左右为限,除特殊情况外,最多不要超过两千字。一次不能写完全部问题时,分两次写。或一次着重写几个问题,对其余问题则不着重写,只略带几笔;另一次,则着重写其余问题,而对上次着重写过的只略带几笔。综合报告内容要扼要,文字要简练,要指出问题或争论之所在。我们所以规定这项政策性的经常的综合的报告和请示的制度,是因为党的第七次全国代表大会以后,仍然有一些(不是一切)中央局和分局的同志,不认识事先或事后向中央作报告并请求指示的必要和重要性,或仅仅作了一些技术性的报告和请示,以致中央不明了或者不充分明了他们重要的(不是次要的或技术性的)活动和政策的内容,因而发生了某些不可挽救的,

---

① 毛泽东:《对八路军政治工作的几点意见》,《毛泽东文集》,第 2 卷,第 293—294 页。

或难以挽救的，或能够挽救但已受了损失的事情。而那些事前请示、事后报告的中央局或分局，则避免了或减少了这样的损失。

第二，各野战军首长和军区首长，除作战方针必须随时报告和请示，并且照过去规定，每月作一次战绩报告、损耗报告和实力报告外，从今年起，每两个月要作一次政策性的综合报告和请示。此项报告和请示的内容是：关于该军纪律，物质生活，指战员情绪，指战员中发生的偏向，克服偏向的方法，技术、战术进步或退步的情况，敌军的长处、短处和士气高低，我军政治工作的情况，我军对土地政策、城市政策、俘虏政策的执行情况和克服偏向的方法，军民关系和各阶层人民的动向等。我们规定此项政策性综合报告的理由，和上述中央局、分局应作综合报告的理由相同。①

（十一）干部决定一切

毛泽东指出："指导伟大的革命，要有伟大的党，要有许多最好的干部。在一个四亿五千万人的中国里面，进行历史上空前的大革命，如果领导者是一个狭隘的小团体是不行的，党内仅有一些委琐不识大体、没有远见、没有能力的领袖和干部也是不行的。中国共产党早就是一个大政党，经过反动时期的损失它依然是一个大政党，它有了许多好的领袖和干部，但是还不够。我们党的组织要向全国发展，要自觉地造就成万数的干部，要有几百个最好的群众领袖。这些干部和领袖懂得马克思列宁主义，有政治远见，有工作能力，富于牺牲精神，能独立解决问题，在困难中不动摇，忠心耿耿地为民族、为阶级、为党而工作。……我们的革命依靠干部，正像斯大林所说的话：'干部决定一切。'"②

毛泽东还强调，政治路线确定之后，干部就是决定的因素。因此，有计划地培养大批的新干部，就是我们的战斗任务。

第一，不但要关心党的干部，还要关心非党的干部。党外存在很多的人才，共产党不能把他们置之度外。

第二，必须善于识别干部。不但要看干部的一时一事，而且要看干部

---

① 参见毛泽东《关于建立报告制度》，《毛泽东选集》，第4卷，第1207—1209页。
② 毛泽东：《为争取千百万群众进入抗日民族统一战线而斗争》，《毛泽东选集》，第1卷，第255页。

的全部历史和全部工作,这是识别干部的主要方法。

第三,必须善于使用干部。领导者的责任,归结起来,主要是出主意、用干部两件事。一切计划、决议、命令、指示等,都属于"出主意"一类。使这一切主意见之实行,必须团结干部,推动他们去做,属于"用干部"一类。在这个使用干部的问题上,我们民族历史中从来就有两个对立的路线:一个是"任人唯贤"的路线,另一个是"任人唯亲"的路线。前者是正派的路线,后者是不正派的路线。

第四,必须善于爱护干部。爱护的办法是:(1)指导他们。这就是让他们放手工作,使他们敢于负责;同时,又适时地给予指示,使他们能在党的政治路线下发挥其创造性。(2)提高他们。这就是给予学习的机会,教育他们,使他们在理论上在工作能力上提高一步。(3)检查他们的工作,帮助他们总结经验,发扬成绩,纠正错误。有委托而无检查,及至犯了严重的错误,方才加以注意,不是爱护干部的办法。(4)对于犯错误的干部,一般地应采取说服的方法,帮助他们改正错误。只有对犯了严重错误而又不接受指导的人们,才应当采取斗争的方法。在这里,耐心是必要的;轻易地给人们戴上"机会主义"的大帽子,轻易地采用"开展斗争"的方法,是不对的。(5)照顾他们的困难。干部有疾病、生活、家庭等项困难问题者,必须在可能限度内用心给予照顾。这些就是爱护干部的方法。[1]

第五,使我们的干部不但能治党,而且能治国,要懂得向全中国与全世界人民讲话,并为他们做事,要有远大的政治眼光与政治家的风度。[2]

(十二)勇于纠正政策错误

共产党人应该勇于纠正错误,尤其是勇于纠正政策错误,毛泽东就此给出了六点解释。

第一,错误是难免的,犯了错误就要彻底纠正。毛泽东指出:"一个有纪律的,有马克思列宁主义的理论武装的,采取自我批评方法的,联系人民群众的党。一个由这样的党领导的军队。一个由这样的党领导的各革

---

[1] 参见毛泽东《中国共产党在民族战争中的地位》,《毛泽东选集》,第2卷,第492—494页。

[2] 参见毛泽东《目前抗战形势与党的任务报告提纲》,《毛泽东文集》,第2卷,第60页。

命阶级各革命派别的统一战线。这三件是我们战胜敌人的主要武器。这些都是我们区别于前人的。依靠这三件，使我们取得了基本的胜利。我们走过了曲折的道路。我们曾和党内的机会主义倾向作斗争，右的和'左'的。凡在这三件事上犯了严重错误的时候，革命就受挫折。错误和挫折教训了我们，使我们比较地聪明起来了，我们的事情就办得好一些。任何政党，任何个人，错误总是难免的，我们要求犯得少一点。犯了错误则要求改正，改正得越迅速，越彻底，越好。"①

第二，通过纠正政策错误改善党与群众的关系。毛泽东强调："我们任何一项政策的正确性都必须由群众来检验，而且事实上一直是这样做的。我们自己也不断检查我们自己的决定和政策，一旦发现错误就加以改正。我们从所有正反两方面的经验中得出结论，并尽可能广泛地加以实施。通过这些方法，共产党同人民大众的关系就能不断得到改善。"②

第三，执行错误政策必须被及时纠正。毛泽东指出："由于没有使中下级干部彻底了解，由于上级没有事先预防与及时检查，致使许多地方犯有极左错误，主要是在土地政策、劳动政策、财政政策、锄奸政策，对待知识分子政策，对待俘虏政策，对待国民党人员政策，以及我之政权组织上表现过左。其结果是缩小了我之社会基础，引起中间势力害怕，给日寇、汪逆与顽固派以争夺群众团聚反动力量的机会。待错误形成再去纠正，已使我们受到极大损失。现在华中工作正在发展（山东亦然），你们必须预防下级执行政策时犯过左错误，你们必须懂得'左'倾错误是当前主要危险，必须及时检查下级工作，纠正过左行动，否则在敌人与顽固派的夹攻中要取得我党我军发展与巩固的伟大胜利，要长期坚持根据地，是不可能的。此事望你们尖锐地提起全党全军注意，切勿等闲视之。"③

第四，注重纠正政策错误的领导方法。毛泽东强调："在领导方法上，方针决定了，指示发出了，中央局、分局必须同区党委、地委或自己派出的工作团，以电报、电话、车骑通讯、口头谈话等方法密切联系，并且利用报纸做为自己组织和领导工作的极为重要的工具。必须随时掌握工作进程，交流经验，纠正错误，不要等数月、半年以至一年后，才开总结

---

① 毛泽东：《论人民民主专政》，《毛泽东选集》，第4卷，第1417页。
② 毛泽东：《同英国记者斯坦因的谈话》，《毛泽东文集》，第3卷，第188—189页。
③ 毛泽东：《防止执行政策时犯"左"倾错误》，《毛泽东文集》，第2卷，第302页。

会，算总账，总的纠正。这样损失太大，而随时纠正，损失较少。在通常情况下，各中央局和下面的联系必须力求密切，经常注意明确划清许做和不许做的事情的界限，随时提醒下面，使之少犯错误。这都是领导方法问题。"①

第五，对犯政策错误的同志进行批评教育。毛泽东指出："我们有些同志有时可能没有透彻理解我们的政策，在执行政策过程中犯了错误，对这样的同志必须进行批评和教育。为了达到教育目的，透彻地研究和分析一个工作中好的例子也是很重要的。就拿今天的《解放日报》来说吧，有一篇长文章占了整整一个版面，它详细讲述了八路军的一个连如何改正缺点成为一个最好的连队。我们军队的每个连的干部和战士都要阅读、研究和讨论这篇文章。这是一个简便易行的做法，利用一个连队的好经验对五千个连队进行政策教育。"②

第六，以民主作风纠正政策错误。毛泽东强调："我们工作作风中的一项极大的毛病，就是有些工作人员习惯于独断专行，而不善于启发人们的批评讨论，不善于运用民主作风。……在党内，在党外，都大大地提倡民主作风。不论什么人，只要不是敌对分子，不是恶意攻击，允许大家讲话，讲错了也不要紧。各级领导人员，有责任听别人的话。实行两条原则：（1）知无不言，言无不尽；（2）言者无罪，闻者足戒。如果没有'言者无罪'一条，并且是真的，不是假的，就不可能收到'知无不言，言无不尽'的效果。……我们一切工作干部，不论职位高低，都是人民的勤务员，我们所做的一切，都是为人民服务，我们有些什么不好的东西舍不得丢掉呢？如果我们改正了这个缺点，那我们就能团结更广大的人民，我们的事业就能获得更大的与更快的发展。"③

从本章叙述的内容可以看出，在中国的民主革命时期，毛泽东将"公社"政策范式、"苏维埃"政策范式、"计划经济"政策范式的理论要求与中国的实践相结合，已经对政策与民主的关系提出了系统的看法。这些看法对于在中国最终确立"民主集中制"的政策范式，显然起了重要的奠基作用。

---

① 毛泽东：《关于工商业政策》，《毛泽东选集》，第4卷，第1229页。
② 毛泽东：《同英国记者斯坦因的谈话》，《毛泽东文集》，第3卷，第189页。
③ 毛泽东：《一九四五年的任务》，《毛泽东文集》，第3卷，第242—243页。

第七章 "民主集中制"政策范式

在中国的社会主义建设时期，毛泽东所倡导的是"民主集中制"的政策范式。这样的政策范式，尽管含有"计划经济"要素，但是与斯大林倡导的"计划经济"政策范式有明显的区别。本章将根据毛泽东1949—1976年的著述，对"民主集中制"政策范式的理论要点作出说明。

一 民主与民主集中制

毛泽东所强调的"民主集中制"，应来自列宁而不是斯大林。"我们发展了列宁的民主集中制，又紧张又松弛，又团结又斗争，一句话，我们发展了辩证法。"[①] 在民主与民主集中制问题上，毛泽东重点阐释的是五个方面的论点。

（一）民主和集中是对立的统一关系

毛泽东从辩证法的角度，强调了民主与集中的对立统一关系："实际上，世界上只有具体的自由，具体的民主，没有抽象的自由，抽象的民主。在阶级斗争的社会里，有了剥削阶级剥削劳动人民的自由，就没有劳动人民不受剥削的自由。有了资产阶级的民主，就没有无产阶级和劳动人民的民主。有些资本主义国家也容许共产党合法存在，但是以不危害资产阶级的根本利益为限度，超过这个限度就不容许了。要求抽象的自由、抽象的民主的人们认为民主是目的，而不承认民主是手段。民主这个东西，有时看来似乎是目的，实际上，只是一种手段。马克思主义告诉我们，民

[①] 毛泽东：《在中共八大二次会议上的讲话提纲》，《建国以来毛泽东文稿》，第7册，第197—198页。

主属于上层建筑，属于政治这个范畴。这就是说，归根结底，它是为经济基础服务的。自由也是这样。民主自由都是相对的，不是绝对的，都是在历史上发生和发展的。在人民内部，民主是对集中而言，自由是对纪律而言。这些都是一个统一体的两个矛盾着的侧面，它们是矛盾的，又是统一的，我们不应当片面地强调某一个侧面而否定另一个侧面。在人民内部，不可以没有自由，也不可以没有纪律；不可以没有民主，也不可以没有集中。这种民主和集中的统一，自由和纪律的统一，就是我们的民主集中制。在这个制度下，人民享受着广泛的民主和自由；同时又必须用社会主义的纪律约束自己。这些道理，广大人民群众是懂得的。"[1] "在我们国家，如果不充分发扬人民民主和党内民主，不充分实行无产阶级的民主制，就不可能有真正的无产阶级的集中制。没有高度的民主，不可能有高度的集中，而没有高度的集中，就不可能建立社会主义经济。"[2]

（二）坚持"人民民主"取向的民主原则

按照毛泽东的解释，"在现阶段，在建设社会主义的时期，一切赞成、拥护和参加社会主义建设事业的阶级、阶层和社会集团，都属于人民的范围；一切反抗社会主义革命和敌视、破坏社会主义建设的社会势力和社会集团，都是人民的敌人"。[3] 在制定中华人民共和国宪法时，毛泽东特别强调了"人民民主"的原则："我们对资产阶级民主不能一笔抹杀，说他们的宪法在历史上没有地位。但是，现在资产阶级的宪法完全是不好的，是坏的，帝国主义国家的宪法尤其是欺骗和压迫多数人的。我们的宪法是新的社会主义类型，不同于资产阶级类型。我们的宪法，就是比他们革命时期的宪法也进步得多。我们优越于他们。……我们的宪法草案，结合了原则性和灵活性。原则基本上是两个：民主原则和社会主义原则。我们的民主不是资产阶级的民主，而是人民民主，这就是无产阶级领导的、以工农联盟为基础的人民民主专政。人民民主的原则

---

[1] 毛泽东：《关于正确处理人民内部矛盾的问题》，《毛泽东文集》，第7卷，第208—209页。

[2] 毛泽东：《在扩大的中央工作会议上的讲话》，《建国以来毛泽东文稿》，第10册，第24—25页。

[3] 毛泽东：《关于正确处理人民内部矛盾的问题》，《毛泽东文集》，第7卷，第205页。

贯串在我们整个宪法中。"①

（三）民主集中制所体现的民主与专政的关系

毛泽东指出："我们的国家制度是人民民主专政，民主是商量办事，不是独裁，但集中是必要的。现在还有对敌斗争，拘留条例主要是对付反动分子。对敌人是专政，要压迫他。对地主要剥夺财产，取消政治权利。"②"我们的国家是工人阶级领导的以工农联盟为基础的人民民主专政的国家。这个专政是干什么的呢？专政的第一个作用，就是压迫国家内部的反动阶级、反动派和反抗社会主义革命的剥削者，压迫那些对于社会主义建设的破坏者，就是为了解决国内敌我之间的矛盾。例如逮捕某些反革命分子并且将他们判罪，在一个时期内不给地主阶级分子和官僚资产阶级分子以选举权，不给他们发表言论的自由权利，都是属于专政的范围。为了维护社会秩序和广大人民的利益，对于那些盗窃犯、诈骗犯、杀人放火犯、流氓集团和各种严重破坏社会秩序的坏分子，也必须实行专政。专政还有第二个作用，就是防御国家外部敌人的颠覆活动和可能的侵略。在这种情况出现的时候，专政就担负着对外解决敌我之间的矛盾的任务。专政的目的是为了保卫全体人民进行和平劳动，将我国建设成为一个具有现代工业、现代农业和现代科学文化的社会主义国家。谁来行使专政呢？当然是工人阶级和在它领导下的人民。"③

（四）民主集中制的基本要求

毛泽东对于如何实行民主集中制，还特别提出了以下八条基本要求。

第一，民主集中制既实行于人民，也实行于国家机关。毛泽东指出："在人民内部是实行民主集中制。宪法规定：中华人民共和国公民有言论、出版、集会、结社、游行、示威、宗教信仰等等自由。我们的宪法又规定：国家机关实行民主集中制，国家机关必须依靠人民群众，国家机关工作人员必须为人民服务。""所谓有公民权，在政治方面，就是说有自

---

① 毛泽东：《关于中华人民共和国宪法草案》，《毛泽东文集》，第6卷，第326页。
② 毛泽东：《关于政协的性质和任务的谈话提纲》，《建国以来毛泽东文稿》，第4册，第633—635页。
③ 毛泽东：《关于正确处理人民内部矛盾的问题》，《毛泽东文集》，第7卷，第206—207页。

由和民主的权利。但是这个自由是有领导的自由,这个民主是集中指导下的民主,不是无政府状态。无政府状态不符合人民的利益和愿望。"①

第二,民主集中制既实行于党内,也实行于党外。毛泽东强调:"不论党内党外,都要有充分的民主生活,就是说,都要认真实行民主集中制。要真正把问题敞开,让群众讲话,哪怕是骂自己的话,也要让人家讲。骂的结果,无非是自己倒台,不能做这项工作了,降到下级机关去做工作,或者调到别的地方去做工作,那又有什么不可以呢?一个人为什么只能上升不能下降呢?为什么只能做这个地方的工作而不能调到别个地方去呢?""有些同志还没有民主集中制的思想,现在就要开始建立这个思想,开始认识这个问题。充分地发扬了民主,就能把党内、党外广大群众的积极性调动起来,就能使占总人口百分之九十五以上的人民大众团结起来。"②

第三,民主集中制强调用说服教育的方法解决人民内部矛盾问题。毛泽东指出:"许多人觉得,提出采用民主方法解决人民内部矛盾的问题,是一个新的问题。事实并不是这样。马克思主义者从来就认为无产阶级的事业只能依靠人民群众,共产党人在劳动人民中间进行工作的时候必须采取民主的说服教育的方法,决不允许采取命令主义态度和强制手段。中国共产党忠实地遵守马克思列宁主义的这个原则。我们历来就主张,在人民民主专政下面,解决敌我之间的和人民内部的这两类不同性质的矛盾,采用专政和民主这样两种不同的方法。""我们的错误没有扩大化,是由于我们在政策中规定了必须分清敌我,错了就要平反。"③

第四,民主集中制反对用行政命令的方法解决问题。毛泽东指出:"我们主张有领导的自由,主张集中指导下的民主,这在任何意义上都不是说,人民内部的思想问题、是非的辨别问题,可以用强制的方法去解决。企图用行政命令的方法,用强制的方法解决思想问题,是非问题,不但没有效力,而且是有害的。我们不能用行政命令去消灭宗教,不能强制人们不信教。不能强制人们放弃唯心主义,也不能强制人们相信马克思主

---

① 毛泽东:《关于正确处理人民内部矛盾的问题》,《毛泽东文集》,第7卷,第207—208页。
② 毛泽东:《在扩大的中央工作会议上的讲话》,《建国以来毛泽东文稿》,第10册,第18—20、43页。
③ 毛泽东:《关于正确处理人民内部矛盾的问题》,《毛泽东文集》,第7卷,第210—212页。

义。凡属于思想性质的问题，凡属于人民内部的争论问题，只能用民主的方法去解决，只能用讨论的方法、批评的方法、说服教育的方法去解决，而不能用强制的、压服的方法去解决。人民为了有效地进行生产、进行学习和有秩序地过生活，要求自己的政府、生产的领导者、文化教育机关的领导者发布各种适当的带强制性的行政命令。没有这种行政命令，社会秩序就无法维持，这是人们的常识所了解的。这同用说服教育的方法去解决人民内部的矛盾，是相辅相成的两个方面。为着维持社会秩序的目的而发布的行政命令，也要伴之以说服教育，单靠行政命令，在许多情况下就行不通。"①

第五，民主集中制是联系群众的有效方法。毛泽东认为："有了错误，自己不讲，又怕群众讲。越怕，就越有鬼。""我们工作中的是和非的问题，正确和错误的问题，这是属于人民内部矛盾问题。解决人民内部矛盾，不能用咒骂，也不能用拳头，更不能用刀枪，只能用讨论的方法，说理的方法，批评和自我批评的方法，一句话，只能用民主的方法，让群众讲话的方法。我们现在不是有许多困难吗？不依靠群众，不发动群众和干部的积极性，就不可能克服困难。但是，如果不向群众和干部说明情况，不向群众和干部交心，不让他们说出自己的意见，他们还对你感到害怕，不敢讲话，就不可能发动他们的积极性。"②

第六，民主集中制是改正错误的有效方法。毛泽东指出："现在有些同志，很怕群众开展讨论，怕他们提出同领导机关、领导者意见不同的意见。一讨论问题，就压抑群众的积极性，不许人家讲话。这种态度非常恶劣。民主集中制是上了我们的党章的，上了我们的宪法的，他们就是不实行。同志们，我们是干革命的，如果真正犯了错误，这种错误是不利于党的事业，不利于人民的事业的，就应当征求人民群众和同志们的意见，并且自己作检讨。这种检讨，有的时候，要有若干次。一次不行，大家不满意，再来第二次；还不满意，再来第三次；一直到大家没有意见了，才不再作检讨。不管是主动的，被动的，早作检讨，晚作检讨，只要正视错误，肯承认错误，肯改正错误，肯让群众批评，只要采取了这种态度，都

---

① 毛泽东：《关于正确处理人民内部矛盾的问题》，《毛泽东文集》，第7卷，第209—210页。
② 毛泽东：《在扩大的中央工作会议上的讲话》，《建国以来毛泽东文稿》，第10册，第18、21页。

应当欢迎。"①

第七，民主集中制倡导批评和自我批评的方式。毛泽东认为："批评和自我批评是一种方法，是解决人民内部矛盾的方法，而且是唯一的方法。除此以外，没有别的方法。但是，如果没有充分的民主生活，没有真正实行民主集中制，就不可能实行批评和自我批评这种方法。"②

第八，建立民主集中制需要一个长期的过程。毛泽东指出："要真正实现民主集中制，是要经过认真的教育、试点和推广，并经过长期反复进行，才能实现的，否则在大多数同志当中，始终不过是一句空话。"③

（五）民主集中制是政策制定和执行的重要保障

毛泽东强调："没有民主，不可能有正确的集中，因为大家意见分歧，没有统一的认识，集中制就建立不起来。什么叫集中？首先是要集中正确的意见。在集中正确意见的基础上，做到统一认识、统一政策、统一计划、统一指挥、统一行动，叫做集中统一。如果大家对问题还不了解，有意见还没有发表，有气还没有出，你这个集中统一怎么建立得起来呢？没有民主，就不可能正确地总结经验。没有民主，意见不是从群众中来，就不可能制定出好的路线、方针、政策和办法。我们的领导机关，就制定路线、方针、政策和办法这一方面说来，只是一个加工工厂。大家知道，工厂没有原料就不可能进行加工。没有数量上充分的和质量上适当的原料，就不可能制造出好的成品来。如果没有民主，不了解下情，情况不明，不充分搜集各方面的意见，不使上下通气，只由上级领导机关凭着片面的或者不真实的材料决定问题，那就难免不是主观主义的，也就不可能达到统一认识、统一行动，不可能实现真正的集中。……如果离开充分发扬民主，这种集中，这种统一，是真的还是假的？是实的还是空的？是正确的还是错误的？当然只能是假的、空的、错误的。我们的集中制，是建立在民主基础上的集中制。无产阶级的集

---

① 毛泽东：《在扩大的中央工作会议上的讲话》，《建国以来毛泽东文稿》，第 10 册，第 20 页。

② 毛泽东：《在扩大的中央工作会议上的讲话》，《建国以来毛泽东文稿》，第 10 册，第 20 页。

③ 毛泽东：《关于重新印发毛泽东在七千人大会上讲话的批语》，《建国以来毛泽东文稿》，第 12 册，第 9 页。

中,是在广泛民主基础上的集中。"①

二 "民主集中制"政策范式的制度基础

"民主集中制"政策范式,是建立在中华人民共和国的一些重要制度基础之上的。毛泽东对这些制度,作了一些具体的说明。

(一) 人民代表大会制度

人民代表大会制度脱胎于"苏维埃制度",在本书第六章已作了说明。中华人民共和国成立后,确定了由"人民代表会议"向"人民代表大会"过渡的制度建设之路,毛泽东就此提出了两方面的要求。一方面,要求普遍召开人民代表会议:"这是一件大事。如果一千几百个县都能开起全县代表大会来,并能开得好,那可会对于我党联系数万万人民的工作,对于使党内外广大干部获得教育,都是极重要的。务望仿照办理,抓紧去做。"② 另一方面,要求为代表会议注入政策讨论的内容:"必须认真地团结各界民主人士,帮助他们解决工作问题和学习问题,克服统一战线工作中的关门主义倾向和迁就主义倾向。必须认真地开好足以团结各界人民共同进行工作的各界人民代表会议。人民政府的一切重要工作都应交人民代表会议讨论,并作出决定。必须使出席人民代表会议的代表们有充分的发言权,任何压制人民代表发言的行动都是错误的。"③

毛泽东还于1953年1月正式提出了建立人民代表大会制度的要求:"就全国范围而言,大陆上的军事行动已经结束,土地改革已经基本完成,各界人民已经组织起来,因此,根据中国人民政治协商会议共同纲领的规定,召开全国人民代表大会及地方各级人民代表大会的条件已经成熟了,这是中国人民流血牺牲,为民主奋斗历数十年之久才得到的伟大胜利。召开人民代表大会,可以更加发扬人民民主,加强国家建设和加强抗

---

① 毛泽东:《在扩大的中央工作会议上的讲话》,《建国以来毛泽东文稿》,第10册,第21—22页。
② 毛泽东:《转发松江县召开各界人民代表会议经验的电报》,《建国以来毛泽东文稿》,第1册,第52页。
③ 毛泽东:《为争取国家财政经济状况的基本好转而斗争》,《毛泽东文集》,第6卷,第71页。

美援朝的斗争。人民代表大会制的政府,仍将是全国各民族、各民主阶级、各民主党派和各人民团体统一战线的政府,它是对人民有利的。"①

(二) 政治协商制度

中国人民政治协商会议是为建立中华人民共和国召开的代行全国人民代表大会职权的会议,如毛泽东所言:"现在的中国人民政治协商会议是在完全新的基础之上召开的,它具有代表全国人民的性质,它获得全国人民的信任和拥护。因此,中国人民政治协商会议宣布自己执行全国人民代表大会的职权。中国人民政治协商会议在自己的议程中将要制定中国人民政治协商会议的组织法,制定中华人民共和国中央人民政府的组织法,制定中国人民政治协商会议的共同纲领,选举中国人民政治协商会议的全国委员会,选举中华人民共和国中央人民政府委员会,制定中华人民共和国的国旗和国徽,决定中华人民共和国国都的所在地以及采取和世界大多数国家一样的年号。"②

在1954年召开全国人民代表大会之后,毛泽东仍强调应保留政治协商制度:"召开全国人民代表大会以后,有些人认为政协的作用不大了,政协是否还需要成了问题。现在证明是需要的。政协全国委员会委员五百五十九人当中,当全国人民代表大会代表的一百四十人,只占总数的四分之一,还有四分之三不是人大代表,可见通过政协容纳许多人来商量事情很需要。虽然全国和地方的人民代表大会、国务院和各省市人民委员会各方面都容纳了许多人,但是还需要政协全国委员会和政协地方委员会。主要的问题是政协的性质问题,是国家机关还是人民团体?政协的性质有别于国家权力机关——全国人民代表大会,它也不是国家的行政机关。有人说,政协全国委员会的职权要相等或大体相等于国家机关,才说明它是被重视的。如果这样说,那末共产党没有制宪之权,不能制定法律,不能下命令,只能提建议,是否也就不重要了呢?不能这样看。如果把政协全国委员会也搞成国家机关,那就会一国二公,是不行的。要区别各有各的职权。政协是全国各民族、各民主阶级、各民主党派、各人民团体、国外华

---

① 毛泽东:《关于召开全国和地方各级人民代表大会的讲话》,《建国以来毛泽东文稿》,第4册,第20页。
② 毛泽东:《中国人从此站立起来了》,《毛泽东文集》,第5卷,第343页。

侨和其他爱国民主人士的统一战线组织，是党派性的，它的成员主要是党派、团体推出的代表。"毛泽东还明确了政协的以下任务：

"一、协商国际问题。像过去的抗美援朝，现在的美国占领台湾问题，包括将来如发生外国侵略等，都需要商量。这类事大概每年都会有。这些事国务院要办，外交部和国防部要办，但有些问题，比如艾德礼、尼赫鲁、吴努要来访问，我们需要先商量商量，取得一致方针，召集什么会好呢？人大常委会不太好，还是政协常委会好。国务院的人都可以去参加，不是以机关资格，而是以个人资格。过去经过政协，各民主党派发表了支持抗美援朝斗争的联合宣言，还为解放台湾发表了联合宣言。反对战争，保卫和平，这一条有很多文章可做，有些人大常委会不好做，国务院做不完，要由政协来做。

"二、商量候选人名单。对全国人民代表大会代表和地方同级人民代表大会代表的候选人名单以及政协各级委员会组成人员的人选进行协商，它有这种权利。全国人民代表大会的代表是人民选举的，但各党派、团体要先进行协商。

"三、提意见。当前主要是对社会主义改造的问题提意见。资本主义工商业、农业和手工业都要改造，这就发生各方面的关系问题。选举也是有各方面的关系。还有文教、学习也有各方面的关系。……将来一万年以后，也还有唯心论，因为社会经济制度、生产关系陈旧了，就有一批人要出唯心论。新旧之间的矛盾，一万年后也还有。社会主义改造是很纷繁的，各种工作就要协商。……宪法的实施问题，巩固人民民主制度问题，政协可以向人大常委会和国务院提意见。政协委员提意见，特别是发议论，说闲话，只要不是破坏性的意见，只要是建设性的意见，即使是错误的，提了也有好处。提意见是合乎章程的。

"四、协调各民族、各党派、各人民团体和社会民主人士领导人员之间的关系。过去汉族的统治者不好，压迫少数民族，现在要改变。要调整各方面的关系，具体的事是协商候选人名单。

"五、学习马列主义。学习是自愿的，不能强制。对马列主义有的人信得多，有的人信得少，比如有的政协常委他只爱国，不愿学习马列主义，也没有办法。要提倡努力改造思想，三勤夹一懒。"①

---

① 毛泽东：《关于政协的性质和任务》，《毛泽东文集》第 6 卷，第 384—387 页。

(三) 统一战线的制度功能

"统一战线"也发展成了一种新型的制度形态，毛泽东特别强调了这种制度形态的五大保证作用。

第一，"统一战线"对中国共产党领导的保证作用。"无产阶级专政的实质，就是工人阶级经过共产党对国家政权的领导。我们中国共产党对于革命的领导，在过去为了执行资产阶级民主革命任务的斗争中，在各革命根据地的政权机关中，早已建立起来。在人民共和国成立以后，参加国家机关工作的不只是有农民和其他劳动人民，而且还有民族资产阶级、各民主党派、无党派民主人士和各少数民族的代表人物。这些代表人物和他们的团体都宣告他们愿意接受中国共产党的领导，承认中国共产党在国家政权中的领导地位"。①

第二，"统一战线"对多党合作的保证作用。"究竟是一个党好，还是几个党好？现在看来，恐怕是几个党好。不但过去如此，而且将来也可以如此，就是长期共存，互相监督。在我们国内，在抗日反蒋斗争中形成的以民族资产阶级及其知识分子为主的许多民主党派，现在还继续存在。在这一点上，我们和苏联不同。我们有意识地留下民主党派，让他们有发表意见的机会，对他们采取又团结又斗争的方针"。②

第三，"统一战线"对社会主义建设的保证作用。"比如讲统一战线到底还要不要？现在经常发生这个问题。这不是一个政党（共产党或者它的中央委员会），一个集团，少数人或者个别的人，说要就要、说不要就不要这么一个问题。这是要看统一战线存在下去有好处还是没有好处，对劳动人民事业，对走社会主义道路，有利益还是没有利益来决定的。……现在证明，建立了统一战线对我们有帮助，不但对过去反帝反封建的资产阶级民主革命是有利的，对现在为社会主义事业奋斗也是有好处的。因此，统一战线要坚持下去，宪法上已经作了规定"。③

第四，"统一战线"对党的优良作风的保证作用。"最近两个月以来，

---

① 毛泽东：《对中共八大政治报告稿的批语和修改》，《建国以来毛泽东文稿》，第6册，第146页。
② 毛泽东：《论十大关系》，《毛泽东文集》，第7卷，第34页。
③ 毛泽东：《在资本主义工商业社会主义改造问题座谈会上的讲话》，《毛泽东文集》，第6卷，第494—495页。

在各种有党外人士参加的会议上和报纸刊物上所展开的关于人民内部矛盾的分析和对于党政所犯错误缺点的批评,对于党与人民政府改正错误,提高威信,极为有益,应当继续展开,深入批判,不要停顿或间断。其中有一些批评得不正确,或者在一篇批评中有些观点不正确,当然应当予以反批评,不应当听任错误思想流行,而不予回答(要研究回答的时机并采取分析的态度,要有充分说服力),但是大多数的批评是说得中肯的,对于加强团结,改善工作,极为有益"。①

第五,"统一战线"对调动积极因素的保证作用。"中国的统一战线有很久的历史,从新民主主义革命反帝反封建,到现在的社会主义革命。无产阶级是经过共产党领导统一战线的。我看统一战线有好处,又反帝反封建,又赞成社会主义,为什么要把人家赶走呢?是人多好些,还是把许多积极因素赶走好些呢?还是把积极因素团结起来好。要把民族资产阶级、小资产阶级(农村的、城市的)、宗教家等都团结起来。团结了更多的人,阻碍就少些,事情就容易办得通。至于选举,不选民主人士不好,要说服选民,使他们了解这样做对劳动人民没有害处而有益处,是可以说服他们的"。"人们考虑的,不外是一个饭碗,一张选票,有饭吃不会死人,有选票可以当家做主,说文明点就是一个工作岗位和一个政治地位。地主只给饭碗,暂时不给选票,这对地主来说是突然转变,没有思想准备的。对资产阶级则不同。马克思说:无产阶级要解放自己,就要解放整个人类。如果地主、资产阶级、小资产阶级不解放,无产阶级本身就不能解放,必须全人类都解放,变成一个新制度,无产阶级才能最后解放自己"。②

(四) 行政管理制度

中华人民共和国成立之后,建立了中央人民政府和地方各级人民政府,并建立了相应的行政管理制度。在行政管理制度问题上,毛泽东重点关注的是七个方面的问题。

第一,照搬苏联规章制度问题。毛泽东指出:"规章制度从苏联搬来

---

① 毛泽东:《中央关于请党外人士帮助整风的指示》,《建国以来毛泽东文稿》,第 6 册,第 455—456 页。

② 毛泽东:《工商业者要掌握自己的命运》,《毛泽东文集》,第 6 卷,第 488、491 页。

了一大批,如搬苏联的警卫制度,害死人,限制了负责同志的活动,前呼后拥,不许参观,不许上馆子,不许上街买鞋。陈云同志让他亲戚煮饭,警卫部门认为不得了。这是讲公安部。其他各部都有规章制度问题,搬苏联的很多,害人不浅。那些规章制度束缚生产力,制造浪费,制造官僚主义。这也是拿钱买经验。新中国成立之初,没有办法,搬苏联的,这有一部分真理,但也不是全部真理,不能认为非搬不可,没有其他办法。""搬,要有分析,不要硬搬,硬搬就是不独立思考,忘记了历史上教条主义的教训。""苏联有苏联的一套办法。苏联经验是一个侧面,中国实践又是一个侧面,这是对立的统一。苏联的经验只能择其善者而从之,其不善者不从之。把苏联的经验孤立起来,不看中国实际,就不是择其善者而从之。什么事情都要提出两个办法来比较,这才是辩证法,不然就是形而上学。铁路选线、工厂选厂址、三峡选坝址,都有几个方案,为什么规章制度不可以有几个方案?……总之,基本路线是普遍真理,但各有枝叶不同。各国如此,中国的各个省也如此。"①

第二,财政经济统一管理问题。毛泽东指出:"人民政府在最近几个月内实现了全国范围的财政经济工作的统一管理和统一领导,争取了财政的收支平衡,制止了通货膨胀,稳定了物价。""一句话,还没有获得有计划地进行经济建设的条件。……要获得财政经济情况的根本好转,需要三个条件,即(1)土地改革的完成;(2)现有工商业的合理调整;(3)国家机构所需经费的大量节减。要争取这三个条件,需要相当的时间,大约需要三年时间,或者还要多一点。全党和全国人民均应为创造这三个条件而努力奋斗。"②

第三,中央行政机构的设置问题。毛泽东要求:"中央的部门可以分成两类。有一类,它们的领导可以一直管到企业,它们设在地方的管理机构和企业由地方进行监督;有一类,它们的任务是提出指导方针,制定工作规划,事情要靠地方办,要由地方去处理。"③

第四,中央与地方分权问题。毛泽东指出:"关于中央同地方分权的

---

① 毛泽东:《在成都会议上的讲话提纲》,《建国以来毛泽东文稿》,第7册,第108—125页。
② 毛泽东:《为争取国家财政经济状况的基本好转而斗争》,《毛泽东文集》,第6卷,第68—70页。
③ 毛泽东:《论十大关系》,《毛泽东文集》,第7卷,第32页。

问题,中央要设多少部门,它们有多大的权力,地方有哪些部门,管哪些事,有多大权力,恐怕在几个月之内就可以搞出一个草案来。"①"中央和地方的关系也是一个矛盾。解决这个矛盾,目前要注意的是,应当在巩固中央统一领导的前提下,扩大一点地方的权力,给地方更多的独立性,让地方办更多的事情。这对我们建设强大的社会主义国家比较有利。我们的国家这样大,人口这样多,情况这样复杂,有中央和地方两个积极性,比只有一个积极性好得多。我们不能像苏联那样,把什么都集中到中央,把地方卡得死死的,一点机动权也没有。"②

第五,中央与地方关系问题。毛泽东认为:"中央要发展工业,地方也要发展工业。就是中央直属的工业,也还是要靠地方协助。至于农业和商业,更需要依靠地方。总之,要发展社会主义建设,就必须发挥地方的积极性。中央要巩固,就要注意地方的利益。现在几十只手插到地方,使地方的事情不好办。立了一个部就要革命,要革命就要下命令。各部不好向省委、省人民委员会下命令,就同省、市的厅局联成一线,天天给厅局下命令。这些命令虽然党中央不知道,国务院不知道,但都说是中央来的,给地方压力很大。表报之多,闹得泛滥成灾。这种情况,必须纠正。我们要提倡同地方商量办事的作风。党中央办事,总是同地方商量,不同地方商量从来不冒下命令。在这方面,希望中央各部好好注意,凡是同地方有关的事情,都要先同地方商量,商量好了再下命令。""处理好中央和地方的关系,这对于我们这样的大国大党是一个十分重要的问题。这个问题,有些资本主义国家也是很注意的。它们的制度和我们的制度根本不同,但是它们发展的经验,还是值得我们研究。……我们的宪法规定,立法权集中在中央。但是在不违背中央方针的条件下,按照情况和工作需要,地方可以搞章程、条例、办法,宪法并没有约束。我们要统一,也要特殊。为了建设一个强大的社会主义国家,必须有中央的强有力的统一领导,必须有全国的统一计划和统一纪律,破坏这种必要的统一,是不允许的。同时,又必须充分发挥地方的积极性,各地都要有适合当地情况的特殊。"③

---

① 毛泽东:《在中共中央政治局扩大会议上的总结讲话》,《毛泽东文集》,第7卷,第53页。
② 毛泽东:《论十大关系》,《毛泽东文集》,第7卷,第31页。
③ 毛泽东:《论十大关系》,《毛泽东文集》,第7卷,第31—32页。

第六，地方与地方关系问题。毛泽东强调："还有一个地方和地方的关系问题，这里说的主要是地方的上下级关系问题。省市对中央部门有意见，地、县、区、乡对省市就没有意见吗？中央要注意发挥省市的积极性，省市也要注意发挥地、县、区、乡的积极性，都不能够框得太死。当然，也要告诉下面的同志哪些事必须统一，不能乱来。总之，可以和应当统一的，必须统一，不可以和不应当统一的，不能强求统一。正当的独立性，正当的权利，省、市、地、县、区、乡都应当有，都应当争。这种从全国整体利益出发的争权，不是从本位利益出发的争权，不能叫做地方主义，不能叫做闹独立性。省市和省市之间的关系，也是一种地方和地方的关系，也要处理得好。我们历来的原则，就是提倡顾全大局，互助互让。"①

三 "民主集中制"政策范式的政策取向

综合毛泽东各种著述中的论点，可以看出，在"民主集中制"政策范式下，有十种基本的政策取向。

（一）"党的领导"取向

毛泽东特别强调党的领导对于政策的核心作用，这样的核心作用主要体现在六个方面。

第一，"领导我们事业的核心力量是中国共产党。指导我们思想的理论基础是马克思列宁主义"。②

第二，"思想上政治上的路线正确与否是决定一切的。党的路线正确就有一切，没有人可以有人，没有枪可以有枪，没有政权可以有政权。路线不正确，有了也可以丢掉。路线是个纲，纲举目张"。③

第三，党中央和各级党委对政策负有领导责任。"党中央及各级党委对政府、对财经工作、对工业建设的领导责任是：（1）一切主要的和重

---

① 毛泽东：《论十大关系》，《毛泽东文集》，第 7 卷，第 32—33 页。
② 毛泽东：《为建设一个伟大的社会主义国家而奋斗》，《毛泽东文集》，第 6 卷，第 350 页。
③ 毛泽东：《在外地巡视期间同沿途各地负责人谈话》，《建国以来毛泽东文稿》，第 13 册，第 242 页。

要的方针、政策、计划都必须统一由党中央规定，制定党的决议、指示，或对各有关机关负责同志及党组的建议予以审查批准；各中央代表机关及各级党委则应坚决执行党中央及中央人民政府一切决议、指示和摘要的执行，并于不抵触中央决议、指示和法令的范围内，制定自己的决议或指示，保证中央和上级所给任务的完成。（2）检查党的决议和指示的执行情况"。①

第四，一元化领导，党政不分。"党中央决定成立财经、政法、外事、科学、文教各小组。这些小组是党中央的，直隶中央政治局和书记处，向它们直接做报告。大政方针在政治局，具体部署在书记处。只有一个'政治设计院'，没有两个'政治设计院'。大政方针和具体部署，都是一元化，党政不分。具体执行和细节决策属政府机构及其党组。对大政方针和具体部署，政府机构及其党组有建议之权，但决定权在党中央。政府机构及其党组和党中央一同有检查之权"。②

第五，一切行动听指挥。"三大纪律的第一条，就是一切行动听指挥，步调一致，才能得胜利。步调不一致，就不能胜利。再就是八项注意的第一条和第五条，对人民，对战士，对下级要和气，不要耍骄傲，军阀作风坚决克服掉。这是重点。没有重点就没有政策"。③

第六，应杜绝"无领导"现象。"目前，我们的经济工作中，无领导的现象太多了，必须在反官僚主义的斗争中学得做领导工作的能力和方法。领导者无领导，这是官僚主义者，不是领导者"。④ "无领导、无政治，也不认真管业务的部门——专门吃饭、做官、当老爷的官僚衙门，除军委卫生部以外，可能还有别的部门，请你们在此次反官僚主义斗争中，撕破面皮，将这些彻底整垮，改换面目，建立真正能工作的机关"。⑤

---

① 毛泽东：《在中央关于改变管理干部的办法和建立财经工作部的决定草案上加写的一段话》，《建国以来毛泽东文稿》，第 3 册，第 682 页。
② 毛泽东：《对中央决定成立财经、政法、外事、科学、文教各小组的通知稿的批语和修改》，《建国以来毛泽东文稿》，第 7 册，第 268—269 页。
③ 毛泽东：《在外地巡视期间同沿途各地负责人谈话》，《建国以来毛泽东文稿》，第 13 册，第 249 页。
④ 毛泽东：《关于在反官僚主义的斗争中学习做领导工作的批语》，《建国以来毛泽东文稿》，第 4 册，第 190 页。
⑤ 毛泽东：《关于检查为卫生部领导工作的批语》，《建国以来毛泽东文稿》，第 4 册，第 177 页。

(二)"人民利益"取向

毛泽东特别注意政策的利益取向,尤其是政策应代表人民利益的取向,并就此提出了以下要求。

第一,注重兼顾国家、集体和个人利益。"国家和工厂、合作社的关系,工厂、合作社和生产者个人的关系,这两种关系都要处理好。为此,就不能只顾一头,必须兼顾国家、集体和个人三个方面,也就是我们过去常说的'军民兼顾'、'公私兼顾'。鉴于苏联和我们自己的经验,今后务必更好地解决这个问题。""总之,国家和工厂,国家和工人,工厂和工人,国家和合作社,国家和农民,合作社和农民,都必须兼顾,不能只顾一头"。①

第二,注重改善工人生活。重点必须放在发展生产上,但发展生产和改善人民生活二者必须兼顾。福利不可不谋,不可多谋,不谋不行。在指出"生产长一寸,福利长一分"这种说法不甚确切时,不要使工人们觉得今后好像只要生产,不要福利了。而要说明这句话不如"在增加生产的基础上逐步地改善工人的生活"这种说法更为确切些。② "拿工人讲,工人的劳动生产率提高了,他们的劳动条件和集体福利就需要逐步有所改进。我们历来提倡艰苦奋斗,反对把个人物质利益看得高于一切,同时我们也历来提倡关心群众生活,反对不关心群众痛痒的官僚主义。随着整个国民经济的发展,工资也需要适当调整。关于工资,最近决定增加一些,主要加在下面,加在工人方面,以便缩小上下两方面的距离。我们的工资一般还不高,但是因为就业的人多了,因为物价低和稳,加上其他种种条件,工人的生活比过去还是有了很大改善。……我们需要大力发扬他们这种艰苦奋斗的精神,也需要更多地注意解决他们在劳动和生活中的迫切问题"。③

第三,注重维护农民的利益。"我们对农民的政策不是苏联的那种政策,而是兼顾国家和农民的利益。我们的农业税历来比较轻。工农业品的交换,我们是采取缩小剪刀差,等价交换或者近乎等价交换的政策。我们

---

① 毛泽东:《论十大关系》,《毛泽东文集》,第7卷,第28、30页。
② 参见毛泽东《对"生产长一寸,福利长一分"口号的意见》,《建国以来毛泽东文稿》,第4册,第308页。
③ 毛泽东:《论十大关系》,《毛泽东文集》,第7卷,第28—29页。

统购农产品是按照正常的价格，农民并不吃亏，而且收购的价格还逐步有所增长。我们在向农民供应工业品方面，采取薄利多销、稳定物价或适当降价的政策，在向缺粮区农民供应粮食方面，一般略有补贴。但是就是这样，如果粗心大意，也还是会犯这种或那种错误。鉴于苏联在这个问题上犯了严重错误，我们必须更多地注意处理好国家同农民的关系"。①

第四，涉及人民利益的政策必须持慎重态度。"今后关于涉及广大人民群众利益的事项，凡尚属拟议，未经正式决定并允许下达者，一律不得下达"。②

（三）"总路线指导政策"取向

毛泽东特别强调了党所制定的"总路线"对于政策的指导作用，并对总路线作了明确的说明："中央委员会根据列宁关于过渡时期的学说，总结了中华人民共和国成立以来的经验，在我国国民经济恢复阶段将要结束的时候，即一九五二年，提出了党在过渡时期的总路线。这个总路线就是在大约三个五年计划的期间内，逐步实现国家的社会主义工业化，同时对于农业、手工业和资本主义工商业逐步实现社会主义改造，以求达到在我国建成社会主义社会的目的。党的总路线以及党为着实现这个总路线而采取的各项重要的政策和办法，已经在事实上被证明是正确的。"③"党在过渡时期的总路线的实质，就是使生产资料的社会主义所有制成为我国国家和社会的唯一的经济基础。我们所以必须这样做，是因为只有完成了由生产资料的私人所有制到社会主义所有制的过渡，才利于社会生产力的迅速向前发展，才利于在技术上起一个革命，把在我国绝大部分社会经济中使用简单的落后的工具农具去工作的情况，改变为使用各类机器直至最先进的机器去工作的情况，借以达到大规模地出产各种工业和农业产品，满足人民日益增长着的需要，提高人民的生活水平，确有把握地增强国防力量，反对帝国主义的侵略，以及最后地巩固人民政权，防止反革命复辟这些目的。要完成这个任务，大约需要经过三个五年计划，就是大约十五年左右的时间（从一九五三年算起，到一九六七年基本上完成，加上经济

---

① 毛泽东：《论十大关系》，《毛泽东文集》，第7卷，第30页。
② 毛泽东：《涉及广大群众利益的事项未经允许不得下达》，《建国以来毛泽东文稿》，第4册，第278页。
③ 毛泽东：《在中国共产党全国代表会议上的讲话》，《毛泽东文集》，第6卷，第389页。

恢复时期的三年，则为十八年，这十八年中已经过去了四年），那时中国就可以基本上建设成为一个伟大的社会主义国家。"①

"有了总路线还不够，还必须在总路线指导之下，在工、农、商、学、兵、政、党各个方面，有一整套适合情况的具体的方针、政策和办法，才有可能说服群众和干部，并且把这些当作教材去教育他们，使他们有一个统一的认识和统一的行动，然后才有可能取得革命事业和建设事业的胜利，否则是不可能的。对于这一点，我们在抗日时期就有了深刻的认识。在那时候，我们这样做了，就使得干部和群众对于民主革命时期的一整套具体的方针、政策和办法，有了统一的认识，因而有了统一的行动，使当时的民主革命事业取得了胜利，这是大家知道的。在社会主义革命和社会主义建设的时期，头八年内，我们的革命任务，在农村是完成对封建主义的土地制度的改革和接着实现农业合作化；在城市是实现对资本主义工商业的社会主义改造。在经济建设方面，那时候的任务是恢复经济和实现第一个五年计划。不论在革命方面和建设方面，那时候都有一条适合客观情况的、有充分说服力的总路线，以及在总路线指导下的一整套方针、政策和办法，因此教育了干部和群众，统一了他们的认识，工作也就比较做得好。这也是大家知道的。但是，那时候有这样一种情况，因为我们没有经验，在经济建设方面，我们只得照抄苏联，特别是在重工业方面，几乎一切都抄苏联，自己的创造性很少。这在当时是完全必要的，同时又是一个缺点，缺乏创造性，缺乏独立自主的能力。这当然不应当是长久之计。从一九五八年起，我们就确立了自力更生为主、争取外援为辅的方针。在一九五八年党的八大二次会议上，通过了'鼓足干劲，力争上游，多快好省地建设社会主义'的总路线，在那一年又办起了人民公社，提出了大跃进的口号。在提出社会主义建设总路线的一个相当时间内，我们还没有来得及、也没有可能规定一整套适合情况的具体的方针、政策和办法，因为经验还不足。在这种情形下，干部和群众，还得不到一整套的教材，得不到系统的政策教育，也就不可能真正有统一的认识和统一的行动。要经过一段时间，碰过一些钉子，有了正、反两方面的经验，才有这样的可能。现在好了，有了这些东西了，或者正在制定这些东西。这样，

---

① 毛泽东：《对过渡时期总路线宣传提纲的批语和修改》，《建国以来毛泽东文稿》，第4册，第404—406页。

我们就可以更加妥善地进行社会主义革命和社会主义建设。在总路线指导之下，制定一整套具体的方针、政策和办法，必须通过从群众中来的方法，通过作系统的周密的调查研究的方法，对工作中的成功经验和失败经验，作历史的考察，才能找出客观事物所固有的而不是人们主观臆造的规律，才能制定适合情况的各种条例。"①

（四）"不照搬外国经验"取向

在政策理念上，毛泽东坚决反对照搬外国经验，尤其是苏联经验，并提出了以下论点。

第一，应积极学习外国经验，但不要一切照搬外国经验。"我们要熟悉外国的东西，读外国书。但是并不等于中国人要完全照外国办法办事，并不等于中国人写东西要像翻译的一样。中国人还是要以自己的东西为主。应该越搞越中国化，而不是越搞越洋化。这样争论就可以统一了。要反对教条主义，反对保守主义，这两个东西对中国都是不利的。学外国不等于一切照搬。向古人学习是为了现在的活人，向外国人学习是为了今天的中国人。中国的和外国的，两边都要学好。半瓶醋是不行的，要使两个半瓶醋变成两个一瓶醋。这不是什么'中学为体，西学为用'。'学'是指基本理论，这是中外一致的，不应该分中西。非驴非马也可以。骡子就是非驴非马。驴马结合是会改变形象的，不会完全不变。中国的面貌，无论是政治、经济、文化都不应该是旧的，都应该改变，但中国的特点要保存。应该是在中国的基础上面，吸取外国的东西。应该有机地结合。西洋的东西也是要变的。西洋的东西也不是什么都好，我们要拿它好的。我们应该在中国自己的基础上，批判地吸收西洋有用的成分。吸收外国的东西，要把它改变，变成中国的"。②

第二，要学习先进经验，而不是学习落后经验。"我们历来提的口号是学习苏联先进经验，谁要你去学习落后经验呀？有一些人，不管三七二十一，连苏联人放的屁都是香的，那也是主观主义。苏联人自己都说是臭的嘛！所以，要加以分析。我们说过，对斯大林要三七开。他们的主要

---

① 毛泽东：《在扩大的中央工作会议上的讲话》，《建国以来毛泽东文稿》，第10册，第34—36页。

② 毛泽东：《同音乐工作者的谈话》，《建国以来毛泽东文稿》，第6册，第176—183页。

的、大量的东西,是好的,有用的;部分的东西是错误的"。[1]

第三,外国也不要照搬中国经验。"有一点要跟大家说清楚,就是中国的经验只能提供作为参考,照抄则不可。各国应根据自己国家的特点决定方针、政策,把马克思主义同本国特点结合起来。中国的经验,有好的也有不好的,有成功的也有失败的。即使是好的经验,也不一定同别的国家的具体情况相适合。照抄是很危险的,成功的经验,在这个国家是成功的,但在另一个国家如果不同本国的情况相结合而一模一样地照搬就会导向失败。照抄别国的经验是要吃亏的,照抄是一定会上当的。这是一条重要的国际经验"。[2]

(五)"认识世界,改造世界"取向

为制定正确的方针、政策,毛泽东特别强调共产党人应该以辩证唯物主义的方法认识世界和改造世界,并提出了以下论点。

第一,注重事物的两重性。毛泽东指出:"我们在一九五六年发表的十二年农业发展纲要四十条和十二年科学发展纲要,这些都是从马克思主义关于宇宙发展的两重性,关于事物发展的两重性,关于事物总是当作过程出现而任何一个过程无不包括两重性,这样一个基本观点,对立统一的观点,出发的。一方面,藐视它,轻而易举,不算数,不在乎,可以完成,能打胜仗。一方面,重视它,并非轻而易举,算数的,千万不可掉以轻心,不经艰苦奋斗,不苦战,就不能胜利。可能性同现实性是两件东西,是统一性的两个对立面。虚假的可能性同现实的可能性又是两件东西,又是统一性的两个对立面。头脑要冷又要热,又是统一性的两个对立面。冲天干劲是热。科学分析是冷。在我国,在目前,有些人太热了一点。他们不想使自己的头脑有一段冷的时间,不愿意做分析,只爱热。同志们,这种态度是不利于做领导工作的,他们可能跌筋斗,这些人应当注意提醒一下自己的头脑。另有一些人爱冷不爱热。他们对一些事,看不惯,跟不上。对这些人,应当使他们的头脑慢慢热起来。"[3]

---

[1] 毛泽东:《增强党的团结,继承党的传统》,《毛泽东文集》,第7卷,第91页。
[2] 毛泽东:《要团结一切可以团结的力量》,《毛泽东文集》,第7卷,第64页。
[3] 毛泽东:《关于帝国主义和一切反动派是不是真老虎的问题》,《建国以来毛泽东文稿》,第7册,第611—613页。

第二，人的正确思想来自实践。毛泽东指出："人的正确思想是从哪里来的？是从天上掉下来的吗？不是。是自己头脑里固有的吗？不是。人的正确思想，只能从社会实践中来，只能从社会的生产斗争、阶级斗争和科学实验这三项实践中来。人们的社会存在，决定人们的思想。而代表先进阶级的正确思想，一旦被群众掌握，就会变成改造社会、改造世界的物质力量。人们在社会实践中从事各项斗争，有了丰富的经验，有成功的，有失败的。无数客观外界的现象通过人的眼、耳、鼻、舌、身这五个官能反映到自己的头脑中来，开始是感性认识。这种感性认识的材料积累多了，就会产生一个飞跃，变成了理性认识，这就是思想。这是一个认识过程。这是整个认识过程的第一个阶段，即由客观物质到主观精神的阶段，由存在到思想的阶段。这时候的精神、思想（包括理论、政策、计划、办法）是否正确地反映了客观外界的规律，还是没有证明的，还不能确定是否正确，然后又有认识过程的第二个阶段，即由精神到物质的阶段，由思想到存在的阶段，这就是把第一个阶段得到的认识放到社会实践中去，看这些理论、政策、计划、办法等是否能得到预期的成功。一般的说来，成功了的就是正确的，失败了的就是错误的，特别是人类对自然界的斗争是如此。在社会斗争中，代表先进阶级的势力，有时候有些失败，并不是因为思想不正确，而是因为在斗争力量的对比上，先进势力这一方，暂时还不如反动势力那一方，所以暂时失败了，但是以后总有一天会要成功的。人们的认识经过实践的考验，又会产生一个飞跃。这次飞跃，比起前一次飞跃来，意义更加伟大。因为只有这一次飞跃，才能证明认识的第一次飞跃，即从客观外界的反映过程中得到的思想、理论、政策、计划、办法等，究竟是正确的还是错误的，此外再无别的检验真理的办法。而无产阶级认识世界的目的，只是为了改造世界，此外再无别的目的。一个正确的认识，往往需要经过由物质到精神，由精神到物质，即由实践到认识，由认识到实践这样多次的反复，才能够完成。这就是马克思主义的认识论，就是辩证唯物论的认识论。现在我们的同志中，有很多人还不懂得这个认识论的道理。问他的思想、意见、政策、方法、计划、结论、滔滔不绝的演说、大块的文章，是从哪里得来的，他觉得是个怪问题，回答不出来。对于物质可以变成精神，精神可以变成物质这样日常生活中常见的飞跃现象，也觉得不可理解。因此，对我们的同志，应当进行辩证唯物论的认识论的教育，以便端正思想，善于调查研究，总结经验，克服困难,少犯错误,做好工作。"①

第三,应真正掌握马克思主义的认识论和方法论。毛泽东强调:"我们现在还有一些处在领导工作岗位的同志和许多从事一般工作的同志,并不懂得或者不甚懂得马克思主义的科学的革命的认识论,他们的世界观和方法论还是资产阶级的,或者还有资产阶级思想的残余。他们常常自觉地或者不自觉地以主观主义(唯心主义)代替唯物主义,以形而上学代替辩证法。既然这样,那他们的调查研究工作就不可能做好。为了做好我们的工作,各级党委应当大大提倡学习马克思主义的认识论,使之群众化,为广大干部和人民群众所掌握,让哲学从哲学家的课堂上和书本里解放出来,变为群众手里的尖锐武器。""所谓认识客观真理,即是人在实践中,反映客观外界的现象和本质,经过渐变和突变,成为尚未经过考验的主观真理。要认识这一过程中所得到的主观真理是不是真正反映了客观真理(即规律性),还得回到实践中去,看是不是行得通。""人类的历史,就是一个不断地从必然王国向自由王国发展的历史。这个历史永远不会完结。……因此,人类总得不断地总结经验,有所发现,有所发明,有所创造,有所前进。停止的论点,悲观的论点,无所作为和骄傲自满的论点,都是错误的。"②

第四,力量的来源是人民群众。毛泽东认为:"力量的来源就是人民群众。不反映人民群众的要求,哪一个人也不行。要在人民群众那里学得知识,制定政策,然后再去教育人民群众。所以要当先生,就得先当学生,没有一个教师不是先当过学生的。而且就是当了教师之后,也还要向人民群众学习,了解自己学生的情况。""简单地说,就是从群众中来,到群众中去。下决心长期下去蹲点,就能听到群众的呼声,就能从实践中逐步地认识客观真理,变为主观真理,然后再回到实践中去,看是不是行得通。如果行不通,则必须重新向群众的实践请教。这样就可以解决框框问题,即教条主义问题了,就可以不信迷信了。"③

第五,防范"左"倾和右倾错误。毛泽东指出:"有人说,'左'比

---

① 毛泽东:《对"中共中央关于目前农村工作若干问题的决定(草案)"稿的修改》,《建国以来毛泽东文稿》,第10册,第299—301页。

② 毛泽东:《学习马克思主义的认识论和辩证法》,《毛泽东文集》,第8卷,第323—325页。

③ 毛泽东:《学习马克思主义的认识论和辩证法》,《毛泽东文集》,第8卷,第324页。

右好，许多同志都这么说。其实，也有许多人在心里说，右比'左'好，但不讲出来，只有诚实的人才讲出来。有这么两种意见。什么叫'左'？超过时代，超过当前的情况，在方针政策上、在行动上冒进，在斗争的问题上、在发生争论的问题上乱斗，这是'左'，这个不好。落在时代的后面，落在当前情况的后面，缺乏斗争性，这是右，这个也不好。我们党内不但有喜欢'左'的，也有不少喜欢右的，或者中间偏右，都是不好的。我们要进行两条战线的斗争，既反对'左'，也反对右。"①

第六，反对教条主义。毛泽东对教条主义提出了以下看法：各个部门存在教条主义的情况不同，需要分析比较，找出原因。（1）重工业的设计、施工、安装，自己都不行，没有经验，没有专家，部长是外行，只好抄外国的，抄了也不会鉴别。这方面大部分正确，一部分不正确，是硬搬。（2）我们对苏联和中国的情况都不了解。对苏联的经验、情况、历史发展不甚了解，既然不了解只好盲目地学他们。（3）精神上受到压力。菩萨比人大好多倍，是为了吓人。戏台上的英雄豪杰一出来，与众不同。斯大林就是那样的人。中国人当奴隶当惯了，似乎还要继续当下去。中国艺术家画我和斯大林在一起的像，我总比斯大林矮一些，这就是盲目屈服于苏联的压力。马列主义主张对任何人都是平等的，应该平等待人。赫鲁晓夫一棍子打死斯大林也是一种压力，中国党内多数人是不同意的，但也有一些人屈服于这个压力，要学打倒个人崇拜。有些人对反个人崇拜很感兴趣。个人崇拜有两种，一种是正确的崇拜，如对马克思、恩格斯、列宁、斯大林正确的东西，我们必须崇拜，永远崇拜，不崇拜不得了。真理在他们手里，为什么不崇拜呢？我们相信真理，真理是客观存在的反映。另一种是不正确的崇拜，不加分析，盲目服从，这就不对了。反个人崇拜的目的也有两种，一种是反对不正确的崇拜，一种是反对崇拜别人，要求崇拜自己。（4）忘记了历史经验教训，不懂得比较法，不懂得树立对立面。对许多规章制度，我们许多同志不去设想有没有另外一种方案，择其合乎中国情况者应用，不合乎者另拟，也不作分析，不动脑筋，不加比较。一九五六年，斯大林受到批判，我们一则以喜，一则以忧。揭掉盖子，破除迷信，去掉压力，解放思想，完全必要。但一棍子打死，我们就不赞成。他们不挂斯大林

---

① 毛泽东：《在中国共产党全国代表会议上的讲话》，《毛泽东文集》，第6卷，第403页。

的像，我们挂。批判斯大林，使那些迷信他的人清醒了一些。要使我们的同志认识到，老祖宗也有缺点，要加以分析，不要那样迷信。①

（六）"社会主义革命"和"社会主义改造"取向

毛泽东指出："我们说标志着革命性质的转变、标志着新民主主义革命阶段的基本结束和社会主义革命阶段的开始的东西是政权的转变，是国民党反革命政权的灭亡和中华人民共和国的成立，并不是说社会主义改造这样一个伟大的任务，在人民共和国成立以后就可以立即在全国一切方面着手施行了。不是的，那时，我们还须在广大的农村中解决封建主义与民主主义即地主与农民之间的矛盾。那时在农村中的主要矛盾是封建主义与民主主义之间的矛盾，而不是资本主义与社会主义之间的矛盾，因此需要有两年至三年时间在农村实行土地改革。那时我们一方面在农村实行民主主义的土地改革，一方面在城市立即着手接收官僚资本主义企业使之变为社会主义的企业，建立社会主义的国家银行，同时在全国范围内着手建立社会主义的国营商业和合作社商业，并已在过去几年中对私人资本主义企业开始实行了国家资本主义的措施。所有这些显示着我国过渡时期头几年中的错综复杂的形象。"②"社会主义革命的目的是为了解放生产力。农业和手工业由个体的所有制变为社会主义的集体所有制，私营工商业由资本主义所有制变为社会主义所有制，必然使生产力大大地获得解放。这样就为大大地发展工业和农业的生产创造了社会条件。我们进行社会主义革命所用的方法是和平的方法。在我国的条件下，用和平的方法，即用说服教育的方法，不但可以改变个体的所有制为社会主义的集体所有制，而且可以改变资本主义所有制为社会主义所有制。过去有些人怕社会主义这一关难过，现在看来，这一关也还是容易过的。目前我们国家的政治形势已经起了根本的变化。"③

毛泽东强调，社会主义改造需要逐步地完成："我国现在就有社会主

---

① 参见毛泽东《在成都会议上的讲话提纲》，《建国以来毛泽东文稿》，第7册，第108—125页。

② 毛泽东：《对过渡时期总路线宣传提纲的批语和修改》，《建国以来毛泽东文稿》，第4册，第404—406页。

③ 毛泽东：《社会主义革命的目的是解放生产力》，《建国以来毛泽东文稿》，第6册，第22—23页。

义。宪法中规定，一定要完成社会主义改造，实现国家的社会主义工业化。这是原则性。要实行社会主义原则，是不是在全国范围内一天早晨一切都实行社会主义呢？这样形式上很革命，但是缺乏灵活性，就行不通，就会遭到反对，就会失败。因此，一时办不到的事，必须允许逐步去办。比如国家资本主义，是讲逐步实行。国家资本主义不是只有公私合营一种形式，而是有各种形式。一个是'逐步'，一个是'各种'。这就是逐步实行各种形式的国家资本主义，以达到社会主义全民所有制。社会主义全民所有制是原则，要达到这个原则就要结合灵活性。灵活性是国家资本主义，并且形式不是一种，而是'各种'，实现不是一天，而是"逐步"。这就灵活了。现在能实行的我们就写，不能实行的就不写。比如公民权利的物质保证，将来生产发展了，比现在一定扩大，但我们现在写的还是'逐步扩大'。这也是灵活性。"①

（七）"团结一切可以团结的人"取向

制定政策和执行政策，都离不开团结，毛泽东明确提出了"团结一切可以团结的人"的论点，并强调了三种团结。

第一，团结各族人民。毛泽东指出："现在的情况是：革命时期的大规模的急风暴雨式的群众阶级斗争基本结束，但是阶级斗争还没有完全结束；广大群众一面欢迎新制度，一面又还感到还不大习惯；政府工作人员经验也还不够丰富，对一些具体政策的问题，应当继续考察和探索。这就是说，我们的社会主义制度还需要有一个继续建立和巩固的过程，人民群众对于这个新制度还需要有一个习惯的过程，国家工作人员也需要一个学习和取得经验的过程。在这个时候，我们提出划分敌我和人民内部两类矛盾的界限，提出正确处理人民内部矛盾的问题，以便团结全国各族人民进行一场新的战争——向自然界开战，发展我们的经济，发展我们的文化，使全体人民比较顺利地走过目前的过渡时期，巩固我们的新制度，建设我们的新国家，就是十分必要的了。"②

第二，团结民族资产阶级和小资产阶级。毛泽东指出："争取中间势力很重要。在中国，在南北美洲，民族资产阶级都起着很大的作用。他们

---

① 毛泽东：《关于中华人民共和国宪法草案》，《毛泽东文集》，第6卷，第326—327页。
② 毛泽东：《关于正确处理人民内部矛盾的问题》，《毛泽东文集》，第7卷，第216页。

人数不多，但影响很大，在某些时候甚至比工人阶级的影响还大。所以对这些人的争取工作就很重要。现在，我们对民族资产阶级不但要作斗争，同时要团结他们，要给他们利益，这样他们才能拥护社会主义改造。给什么利益呢？一是给他们工作，二是给他们选举权。对民族资本家的改造不是一下子就能完成的，我们给他们时间。中华人民共和国成立已经六年了，我们还打算再给他们三年的时间，一共九年。这样做对工人农民是有利的，生产不中断，市场上群众需要的商品不短缺，物价稳定，货币购买力稳定。""无产阶级要团结小资产阶级，主要是团结不剥削别人的小资产阶级，即独立生产的农民和手工业者。这是被剥削者同不剥削别人的独立生产者的联盟。这种联盟是很重要的。"①

第三，团结犯错误的同志。毛泽东强调："要团结一切可以团结的人，这样，我们就可以把敌人缩小到最少，只剩下帝国主义和本国的少数亲帝国主义分子，即同帝国主义有密切联系的大资本家和大地主。对我们来说，朋友越多越好，敌人越少越好。为了这个目的，我们党必须充分利用一切可以利用的力量。对于党内犯过错误的同志要有正确的政策，帮助他们，而不是把他们整死。批评并不等于一推了事。人总是要犯错误的。不同的是，有的犯得多一些，有的犯得少一些；有的改正得早一些，有的改正得晚一些。我们党内曾经有过对犯错误的同志实行'无情打击'的偏向。人总是有情的，何况是对同志呢？'无情打击'只会在党内造成对立，闹不团结，今天我打你，明天你打我，打来打去弄得大家不和气，党的事业不兴旺、不发达，同志们大家都不高兴。后来我们党纠正了这种偏向，帮助在改正错误的同志，能团结的力量越多越好。犯过错误的同志有了经验教训，在这一点上可能比没有犯过错误的同志要强。没有犯过错误的同志，下一次有可能会犯错误。大敌当前，我们必须调动一切可以调动的力量，包括社会的、党内的一切可以团结的力量。"②

（八）"发展商品生产"取向

要不要发展商品生产和商品交换，与"资本主义"有密切的关系，毛泽东就此强调了两个观点。

---

① 毛泽东：《要团结一切可以团结的力量》，《毛泽东文集》，第 7 卷，第 60—61 页。
② 毛泽东：《要团结一切可以团结的力量》，《毛泽东文集》，第 7 卷，第 62 页。

第一，社会主义商品生产不同于资本主义商品生产。"现在，我们有些人大有要消灭商品生产之势。他们向往共产主义，一提商品生产就发愁，觉得这是资本主义的东西，没有分清社会主义商品生产和资本主义商品生产的区别，不懂得在社会主义条件下利用商品生产的作用的重要性。这是不承认客观法则的表现，是不认识五亿农民的问题。在社会主义时期，应当利用商品生产来团结几亿农民"。"商品生产，要看它是同什么经济制度相联系，同资本主义制度相联系就是资本主义的商品生产，同社会主义制度相联系就是社会主义的商品生产"。①

第二，商品流通的必要性是共产主义者要考虑的。"斯大林说：'试问，为什么商品生产就不能在一定时期内同样地为我国社会主义社会服务而并不引导到资本主义呢？'这句话很重要。已经把鬼吃了，还怕鬼？不要怕，不会引导到资本主义，因为已经没有了资本主义的经济基础。商品生产可以乖乖地为社会主义服务，把五亿农民引导到全民所有制。商品生产是不是有利的工具？应当肯定说：是。为了五亿农民，应当充分利用这个工具发展社会主义生产。我们不要以为中国农民特别进步。""修武县县委书记的想法是完全正确的。商品流通的必要性是共产主义者要考虑的。必须在产品充分发展之后，才可能使商品流通趋于消失。同志们，我们建国才九年就急着不要商品，这是不现实的。只有当国家有权支配一切产品的时候，才可能使商品经济成为不必要而消失。只要存在两种所有制，商品生产和商品交换就是极其必要、极其有用的"。②

（九）"计划经济"取向

"民主集中制"政策范式带有较强的"计划经济"色彩，毛泽东就"计划经济"提出了以下看法。

第一，计划经济是为了能够掌握自己的命运。毛泽东指出："计划是意识形态。意识是实际的反映，又对实际起反作用。过去我们计划规定沿海省份不建设新的工业，一九五七年以前没有进行什么新建设，整整耽误了七年的时间。一九五八年以后，才开始在这些省份进行大的建设，两年中得到很快的发展。这就说明，像计划这类意识形态的东西，对经济的发

---

① 毛泽东：《关于社会主义商品生产问题》，《毛泽东文集》，第7卷，第437、439页。
② 毛泽东：《关于社会主义商品生产问题》，《毛泽东文集》，第7卷，第440页。

展和不发展,对经济发展的快慢,有着多么大的作用。"① "比如工作安排和政治安排是否妥当等,会有些问题发生。但是经过商量,经过考虑,经过调查研究,总可以实事求是地求得解决的。这样,大家就能够自己掌握自己的命运。……那种不能掌握自己命运的情况,在几个五年计划之内,应该逐步结束。"②

第二,经济发展为第一个五年计划创造了条件。毛泽东认为:"我们的国家已比国家初建时的那种残缺不全的情况完全不同了,我们的经济一般已经恢复到过去最高年产量的水平,其中大多数项目则已超过了这一个水平,有些并已超过很大。这样就给了我们以开始进行第一个五年经济建设计划的可能,就给第一个五年计划奠定了基础。一九五三年是第一个五年经济建设计划的第一年。"③ "发展国民经济的第一个五年计划是实现党的总路线的一个重大的步骤。这次党的全国代表会议应该根据实际经验,认真地讨论这个计划草案,使它的内容能够比较妥当,而成为切实可行的计划。在我们这样一个大国里面,情况是复杂的,国民经济原来又很落后,要建成社会主义社会,并不是轻而易举的事。我们可能经过三个五年计划建成社会主义社会,但要建成为一个强大的高度社会主义工业化的国家,就需要有几十年的艰苦努力,比如说,要有五十年的时间,即本世纪的整个下半世纪。"④

第三,计划经济需要科学的态度。毛泽东指出:"'社会主义计划建立在严格的科学基础上',这个当作任务来提,是对的。问题在于能否掌握有计划发展的规律,掌握到什么程度;在于是否善于利用这个规律,能利用到什么程度。……不以规律为计划的依据,就不能使有计划按比例发展的规律的作用发挥出来。"⑤

第四,计划经济需要注意动态的"综合平衡"。毛泽东强调:"全国的平衡还是需要的。有一个同志讲,地方要有独立性,同时还要有全国的平衡,我看这句话很好。有一些事情地方是不享有独立性的,只有国家的

---

① 毛泽东:《读苏联"政治经济学教科书"的谈话》,《毛泽东文集》,第8卷,第119页。
② 毛泽东:《在资本主义工商业社会主义改造问题座谈会上的讲话》,《毛泽东文集》,第6卷,第494—495页。
③ 毛泽东:《对薄一波关于一九五三年国家预算稿的批语和修改》,《建国以来毛泽东文稿》,第4册,第52页。
④ 毛泽东:《在中国共产党全国代表会议上的讲话》,《毛泽东文集》,第6卷,第390页。
⑤ 毛泽东:《读苏联"政治经济学教科书"的谈话》,《毛泽东文集》,第8卷,第119页。

统一性；另一些事情地方是享有独立性的，但也还需要有全国的平衡，没有全国的平衡，就会搞得天下大乱。……我们在讲地方的独立性、讲地方独立自主的时候，要注意不要走向极端，偏到另一方面去了。当然，在现在地方缺少独立性的时候，强调一下地方的独立自主，是很有必要的。"[①]"在整个经济中，平衡是个根本问题，有了综合平衡，才能有群众路线。有三种平衡：农业内部农、林、牧、副、渔的平衡；工业内部各个部门、各个环节的平衡；工业和农业的平衡。整个国民经济的比例关系是在这些基础上的综合平衡。"[②]

毛泽东还专门就经济学理论，讨论了"平衡"的问题："恩格斯说，在社会主义制度下，'按照预定计划进行社会生产就成为可能'，这是对的。资本主义社会里，国民经济的平衡是通过危机达到的。社会主义社会里，有可能经过计划来实现平衡。但是也不能因此就否认我们对必要比例的认识要有一个过程。……实际工作告诉我们，在一个时期内，可以有这样的计划，也可以有那样的计划；可以有这些人的计划，也可以有那些人的计划。不能说这些计划都是完全合乎规律的。实际上是，有些计划合乎规律，或者基本上合乎规律，有些计划不合乎规律，或者基本上不合乎规律。认为对比例关系的认识，不要有个过程，不要经过成功和失败的比较，不要经过曲折的发展，这都是形而上学的看法。自由是对必然的认识并根据对必然的认识成功地改造客观世界。这个必然不是一眼就能看穿看透的。世界上没有天生的圣人。到了社会主义社会，也还是没有什么'先知先觉'。……拿我们自己的经验来说，开始我们也不懂得搞社会主义，以后在实践中逐步有了认识。认识了一些，也不能说认识够了。如果认识够了，那就没有事做了。""社会主义国家的经济能够有计划按比例地发展，使不平衡得到调节，但是不平衡并不消失。'物之不齐，物之情也。'因为消灭了私有制，可以有计划地组织经济，所以就有可能自觉地掌握和利用不平衡是绝对的、平衡是相对的这个客观规律，以造成许多相对的平衡。……要经常保持比例，就是由于经常出现不平衡。因为不成比例了，才提出按比例的任务。平衡了又不平衡，按比例了又不按比例，这

---

① 毛泽东：《在中共中央政治局扩大会议上的总结讲话》，《毛泽东文集》，第7卷，第55—56页。

② 毛泽东：《庐山会议讨论的十八个问题》，《毛泽东文集》，第8卷，第80页。

种矛盾是经常的、永远存在的。……社会主义经济发展过程中，经常出现不按比例、不平衡的情况，要求我们按比例和综合平衡。例如，经济发展了，到处感到技术人员不够，干部太少，于是就出现干部的需要和干部的分配的矛盾，这就促进我们多办学校，多培养干部，来解决这个矛盾。"
"资本主义技术的发展，有不平衡的方面，也有平衡的方面。问题是这种平衡和不平衡，同社会主义制度下的平衡和不平衡，在性质上不同。"
"平衡是对不平衡来说的，没有了不平衡，还有什么平衡？事物的发展总是不平衡的，因此有平衡的要求。平衡和不平衡的矛盾，在各方面、各部门、各个部门的各个环节都存在，不断地产生，不断地解决。有了头年的计划，又要有第二年的计划；有了年度的计划，又要有季度的计划；有了季度的计划，还要有月计划。一年十二个月，月月要解决平衡和不平衡的矛盾。计划常常要修改，就是因为新的不平衡的情况又出来了。"①

第五，计划经济既要求全国一盘棋，也要求地方的积极性。毛泽东指出："全国一盘棋与地方积极性相结合，有矛盾，按全国一盘棋原则去解决。"② "都是全民所有制的企业，实行不实行中央和地方分权，哪些企业由谁去管，这些都是有关建设的重大问题。中央不能只靠自己的积极性，还必须同时依靠地方的积极性。过去中央有些部门，把地方办的事业不当作自己的，只把直属的企业看成自己的，这种看法妨碍了充分发挥地方的积极性。中央和地方都要注意发挥企业的积极性。去年有些基本建设单位实行了投资包干制，就大大发挥了这些单位的积极性。"③

第六，计划经济强调统筹兼顾。毛泽东强调："这里所说的统筹兼顾，是指对于六亿人口的统筹兼顾。我们作计划、办事、想问题，都要从我国有六亿人口这一点出发，千万不要忘记这一点。为什么要提出这样一个问题，难道还有人不知道我国有六亿人口吗？知道是知道的，不过办起事来有些人就忘记了，似乎人越少越好，圈子紧缩得越小越好。抱有这种小圈子主义的人们，对于这样一种思想是抵触的：调动一切积极因素，团

---

① 毛泽东：《读苏联"政治经济学教科书"的谈话》，《毛泽东文集》，第8卷，第118—121页。
② 毛泽东：《在中共八届六中全会上的讲话提纲》，《建国以来毛泽东文稿》，第7册，第641页。
③ 毛泽东：《读苏联"政治经济学教科书"的谈话》，《毛泽东文集》，第8卷，第126—127页。

结一切可能团结的人，并且尽可能地将消极因素转变为积极因素，为建设社会主义社会这个伟大的事业服务。我希望这些人扩大眼界，真正承认我国有六亿人口，承认这是一个客观存在，这是我们的本钱。我国人多，是好事，当然也有困难。我们各方面的建设事业都在蓬勃地发展着，成绩很大，但是，在目前社会大变动的过渡时期，困难问题还是很多的。又发展又困难，这就是矛盾。任何矛盾不但应当解决，也是完全可以解决的。我们的方针是统筹兼顾、适当安排。无论粮食问题，灾荒问题，就业问题，教育问题，知识分子问题，各种爱国力量的统一战线问题，少数民族问题，以及其他各项问题，都要从对全体人民的统筹兼顾这个观点出发，就当时当地的实际可能条件，同各方面的人协商，作出各种适当的安排。决不可以嫌人多，嫌人落后，嫌事情麻烦难办，推出门外了事。我这样说，是不是要把一切人一切事都由政府包下来呢？当然不是。许多人，许多事，可以由社会团体想办法，可以由群众直接想办法，他们是能够想出很多好的办法来的。而这也就包括在统筹兼顾、适当安排的方针之内，我们应当指导社会团体和各地群众这样做。"①

第七，注重国家的财政预算。毛泽东认为："国家的预算是一个重大的问题，里面反映着整个国家的政策，因为它规定政府活动的范围和方向。"②

第八，计划经济要认真考虑人民生活问题。毛泽东强调："城市蔬菜的生产和供应，都要有计划性。大城市和新发展起来的城市，人口很集中，没有蔬菜吃，哪能行呢？要解决这个问题。在城市郊区，蔬菜生产搞互助组，供应不好解决，可以不经互助组，就搞半社会主义的合作社，甚至搞完全社会主义的合作社。这个问题，可以研究一下。"③ "要把衣、食、住、用、行五个字安排好，这是六亿五千万人民安定不安定的问题。安排好了之后，就不会造反了。怎么才会不造反？就是要使他们过得舒服，少说闲话，不骂我们。这样有利于建设，同时国家也可以多积累。"④

---

① 毛泽东：《关于正确处理人民内部矛盾的问题》，《毛泽东文集》，第7卷，第227—228页。
② 毛泽东：《在中央人民政府委员会第四次会议上的讲话》，《建国以来毛泽东文稿》，第1册，第174页。
③ 毛泽东：《关于农业互助合作社的两次谈话》，《毛泽东文集》，第6卷，第305—306页。
④ 毛泽东：《庐山会议讨论的十八个问题》，《毛泽东文集》，第8卷，第78页。

"在社会主义工业化过程中,随着农业机械化的发展,农业人口会减少。如果让减少下来的农业人口,都拥到城市里来,使城市人口过分膨胀,那就不好。从现在起,我们就要注意这个问题。要防止这一点,就要使农村的生活水平和城市的生活水平大致一样,或者还好一些。"①"无产阶级专政的国家,一定可以做到有菜吃,有油吃,有猪吃,有鱼吃,有菜牛吃,有羊吃,有鸡鸭鹅兔吃,有蛋吃。我们应当有志气、有决心做到这一项在政治上经济上都有伟大意义的社会主义事业,也应当有信心做到这一项事情。一切为了人民利益,望各级党委接到这个指示以后,精心筹划,立即动手办起来。不但大中城市,县城及四乡集镇都要照此办起来。各级党委要有一个专门管副食品的书记或精心从事的干部。"②

第九,既要反对高积累,也要反对平均主义。毛泽东指出:"国家积累不可太多,要为一部分人民至今口粮还不够吃、衣被甚少着想;再则要为全体人民分散储备以为备战备荒之用着想;三则更加要为地方积累资金用之于扩大再生产着想。所以,农业机械化,要同这几方面联系起来,才能动员群众,为较快地但是稳步地实现此种计划而奋斗。苏联的农业政策,历来就有错误,竭泽而渔,脱离群众,以致造成现在的困境,主要是长期陷在单纯再生产坑内,一遇荒年,连单纯再生产也保不住。我们也有过几年竭泽而渔(高征购)和很多地区荒年保不住单纯再生产的经验,总应该引以为戒吧。现在虽然提出了备战、备荒、为人民(这是最好地同时为国家的办法,还是'百姓足,君孰与不足'的老话)的口号,究竟能否持久地认真地实行,我看还是一个问题,要待将来才能看得出是否能够解决。"③"反对平均主义,是正确的;反过头了,会发生个人主义。过分悬殊也是不对的。我们的提法是既反对平均主义,也反对过分悬殊。"④

第十,计划经济要求提高生产率和产品质量。毛泽东认为:"苏联的工农业劳动生产率,现在还没有超过美国,我们则差得更远。人口虽多,

---

① 毛泽东:《读苏联"政治经济学教科书"的谈话》,《毛泽东文集》,第8卷,第128页。
② 毛泽东:《对中央关于在大中城市郊区发展副食品生产的指示稿的批语和修改》,《建国以来毛泽东文稿》,第8册,第327页。
③ 毛泽东:《关于农业机械化问题给刘少奇的信》,《建国以来毛泽东文稿》,第12册,第20页。
④ 毛泽东:《读苏联"政治经济学教科书"的谈话》,《毛泽东文集》,第8卷,第130页。

但是劳动生产率远远比不上人家，还要继续紧张地努力若干年，分几个阶段，把我们的国家搞强大起来，使我们的人民进步起来。提高劳动生产率，一靠物质技术，二靠文化教育，三靠政治思想工作。后两者都是精神作用。"①"我看我们搞几年慢腾腾的，然后再说。今年、明年、后年搞扎实一点。不要图虚名而招实祸。我们要做巩固工作，提高产品质量，增加品种、规格，提高管理水平，提高劳动生产率。"②

第十一，计划经济强调"工农业并举"和"两个主导"。毛泽东强调："我们的提法是在优先发展重工业的条件下，发展工业和发展农业同时并举。所谓并举，并不否认重工业优先增长，不否认工业发展快于农业；同时，并举也并不是要平均使用力量。例如，一九六〇年估计可生产钢材一千三四百万吨，拿出十分之一的钢材来搞农业技术改造和水利建设，其余十分之九的钢材，主要还是用于重工业和交通运输的建设，在目前的条件下，这就是工农业并举了。这样做怎么会妨碍优先发展重工业和加快发展工业呢？""我们把生产资料优先增长的公式具体化为：在优先发展重工业的条件下，实行几个同时并举；每一个并举中间，又有主导的方面。例如，中央和地方，以中央为主导；工业与农业，以工业为主导。"③

（十）走中国自己的路的"现代化"取向

毛泽东指出："社会主义这个阶段，又可能分为两个阶段，第一个阶段是不发达的社会主义，第二个阶段是比较发达的社会主义。后一阶段可能比前一阶段需要更长的时间。经过后一阶段，到了物质产品、精神财富都极为丰富和人们的共产主义觉悟极大提高的时候，就可以进入共产主义社会了。建设社会主义，原来要求是工业现代化，农业现代化，科学文化现代化，现在要加上国防现代化。在我们这样的国家，完成社会主义建设是一个艰巨任务，建成社会主义不要讲得过早了。"④

毛泽东还强调："'每一个'国家都'具有自己特别的具体的社会主

---

① 毛泽东：《读苏联"政治经济学教科书"的谈话》，《毛泽东文集》，第 8 卷，第 124—125 页。
② 毛泽东：《大兴调查研究之风》，《毛泽东文集》，第 8 卷，第 236—237 页。
③ 毛泽东：《读苏联"政治经济学教科书"的谈话》，《毛泽东文集》，第 8 卷，第 123—124 页。
④ 毛泽东：《读苏联"政治经济学教科书"的谈话》，《毛泽东文集》，第 8 卷，第 116 页。

义建设的形式和方法',这个提法好。""吃饭靠外国,危险得很,打起仗来,更加危险。""世界上从有历史以来,没有不搞实力地位的事情。任何阶级、任何国家,都是要搞实力地位的。搞实力地位,这是历史的必然趋势。"①

四 "民主集中制"政策范式的决策机制

"民主集中制"政策范式,按照毛泽东的要求,在决策方面,需要强调的是七种机制。

(一) 集体领导机制

在政策过程中,尤其是在决策过程中,要实行集体领导,是毛泽东反复强调的观点,并形成了以下要点。

第一,集体领导是党的最高原则。毛泽东认为:"集体领导是我们这一类型的党组织的最高原则,它能防止分散主义,它能防止党内野心家的非法活动,因此必须特别强调和认真实行党组织的集体领导制度,而决不可以不适当地过分地去强调任何个人的英雄作用,决不可以使共产党员由满腔热情地勤勤恳恳地为人民服务的高贵品质堕落到资产阶级的卑鄙的个人主义。"②

第二,凡大事就要集体讨论。毛泽东强调:"各级党委是执行集中领导的机关。但是,党委的领导,是集体领导,不是第一书记个人独断。在党委会内部只应当实行民主集中制。第一书记同其他书记和委员之间的关系是少数服从多数。拿中央常委或者政治局来说,常常有这样的事情,我讲的话,不管是对的还是不对的,只要大家不赞成,我就得服从他们的意见,因为他们是多数。听说现在有一些省委、地委、县委,有这样的情况:一切事情,第一书记一个人说了就算数。这是很错误的。哪有一个人说了就算数的道理呢?我这是指的大事,不是指有了决议之后的日常工作。只要是大事,就得集体讨论,认真地听取不同的意见,认真地对于复

---

① 毛泽东:《读苏联"政治经济学教科书"的谈话》,《毛泽东文集》,第8卷,第116、129—130页。

② 毛泽东:《对过渡时期总路线宣传提纲的批语和修改》,《建国以来毛泽东文稿》,第4册,第407页。

杂的情况和不同的意见加以分析。要想到事情的几种可能性，估计情况的几个方面，好的和坏的，顺利的和困难的，可能办到的和不可能办到的。尽可能地慎重一些，周到一些。如果不是这样，就是一人称霸。这样的第一书记，应当叫做霸王，不是民主集中制的'班长'。"①

第三，集体领导应提倡批评和自我批评。毛泽东指出："我们有些同志，听不得相反的意见，批评不得。这是很不对的。在我们这次会议中间，有一个省，会本来是开得生动活泼的，省委书记到那里一坐，鸦雀无声，大家不讲话了。这位省委书记同志，你坐到那里去干什么呢？为什么不坐到自己房子里想一想问题，让人家去纷纷议论呢？平素养成了这样一种风气，当着你的面不敢讲话，那么，你就应当回避一下。有了错误，一定要作自我批评，要让人家讲话，让人批评。……在中央北京工作会议的最后一天，我讲了自己的缺点和错误。我说，请同志们传达到各省、各地方去。事后知道，许多地方没有传达。似乎我的错误就可以隐瞒，而且应当隐瞒。同志们，不能隐瞒。凡是中央犯的错误，直接的归我负责，间接的我也有份，因为我是中央主席。我不是要别人推卸责任，其他一些同志也有责任，但是第一个负责的应当是我。我们的省委书记，地委书记，县委书记，直到区委书记，企业党委书记，公社党委书记，既然作了第一书记，对于工作中的缺点错误，就要担起责任。不负责任，怕负责任，不许人讲话，老虎屁股摸不得，凡是采取这种态度的人，十个就有十个要失败。人家总是要讲的，你老虎屁股真是摸不得吗？偏要摸！"②

第四，集体领导必须与个人负责相结合，不实行"一长制"。毛泽东指出："真正的集体领导与个人负责相结合，这个制度必须认真执行。"③"鉴于种种历史教训，鉴于个人的智慧必须和集体的智慧相结合才能发挥较好的作用和使我们在工作中少犯错误，中央和各级党委必须坚持集体领导的原则，继续反对个人独裁和分散主义两种偏向。必须懂得，集体领导和个人负责这样两个方面，不是互相对立的，而是互相结合的。而个人负

---

① 毛泽东：《在扩大的中央工作会议上的讲话》，《建国以来毛泽东文稿》，第10册，第22页。
② 毛泽东：《在扩大的中央工作会议上的讲话》，《建国以来毛泽东文稿》，第10册，第23—24页。
③ 毛泽东：《在中共八大二次会议上的讲话提纲》，《建国以来毛泽东文稿》，第7册，第204页。

责，则和违反集体领导原则的个人独裁，是完全不同的两件事。"①"例如一长制，中央曾经批转过某些地区的经验，认为可以试行。那个时候对这个问题还没有经验，就不能下一个断语，说一长制不好。一直到不久以前，我们才断定一长制不好，集体领导同个人负责相结合的制度好。"②

第五，地方党委应以集体领导取代"分片包干"。毛泽东指出："同志们，你们回去，一定要把民主集中制健全起来。县委的同志，要引导公社党委把民主集中制健全起来。首先要建立和加强集体领导。不要再实行长期固定的'分片包干'的领导方法了，那个方法，党委书记和委员们各搞各的，不能有真正的集体讨论，不能有真正的集体领导。要发扬民主，要启发人家批评，要听人家的批评。自己要经得起批评。应当采取主动，首先作自我批评。有什么就检讨什么，一个钟头，顶多两个钟头，倾箱倒箧而出，无非是那么多。如果人家认为不够，请他提出来，如果说得对，我就接受。让人讲话，是采取主动好，还是被动好？当然是主动好。已经处在被动地位了怎么办？过去不民主，现在陷于被动，那也不要紧，就请大家批评吧。白天出气，晚上不看戏，白天晚上都请你们批评。（笑声）这个时候我坐下来，冷静地想一想，两三天晚上睡不着觉。想好了，想通了，然后诚诚恳恳地作一篇检讨。这不就好了吗？总之，让人讲话，天不会塌下来，自己也不会垮台。不让人讲话呢？那就难免有一天要垮台。"③

（二）党政分工机制

在处理政策问题时，毛泽东强调的是"党委决策、政府执行"的党政分工机制，并形成了"八句歌诀"："在省、地、县三级或者在省、地、县、乡四级的干部会议上，讨论一次党的领导原则问题。讨论一下这些原则是否正确：'大权独揽，小权分散。党委决定，各方去办。办也有决，不离原则。工作检查，党委有责。'这几句话里，关于党委的责任，是说大事由它首先作出决定，并且在执行过程中加以检查。'大权独揽'是一句成语，习惯上往往指的是个人独断。我们借用这句话，指的却是主要权

---

① 毛泽东：《在中国共产党全国代表会议上的讲话》，《毛泽东文集》，第6卷，第391—392页。
② 毛泽东：《关于第八届中央委员会的选举问题》，《毛泽东文集》，第7卷，第102页。
③ 毛泽东：《在扩大的中央工作会议上的讲话》，《建国以来毛泽东文稿》，第10册，第42—43页。

力应当集中于中央和地方党委的集体，用以反对分散主义。难道大权可以分揽吗？这八句歌诀，产生于一九五三年，就是为了反对那时的分散主义而想出来的。所谓'各方去办'，不是说由党员径直去办，而是一定要经过党员在国家机关中、在企业中、在合作社中、在人民团体中、在文化教育机关中，同非党员接触、商量、研究，对不妥当的部分加以修改，然后大家通过，方才去办。第三句话里所说的'原则'，指的是：党是无产阶级组织的最高形式，民主集中制，集体领导和个人作用的统一（党委和第一书记的统一），中央和上级的决议。"[①]

（三）会议讨论机制

会议是决策和检查政策执行情况等的重要形式，毛泽东对于如何开会，提出了以下要求。

第一，大型会议不宜过多。大型会议、中型会议和小型会议，都是必需的，各地和各部门要好好安排一下。小型会议，参加的几个人，一二十人，便于发现问题和讨论问题。上千人参加的大型会议，只能采取先作报告后加讨论的方法，这种会不能太多，每年两次左右。小型和中型会议每年至少要开四次。这种会最好到下面去开。省委可以到地委召开一个地区或者相近几个地区的县书会议。中央同志和国务院各部门可以轮番到地方开些小型会议。各个经济协作区有事就开会，每年至少开四次。

第二，材料和观点的统一。开会的方法应当是材料和观点的统一。把材料和观点割断，讲材料的时候没有观点，讲观点的时候没有材料，材料和观点互不联系，这是很坏的方法。只提出一大堆材料，不提出自己的观点，不说明赞成什么反对什么，这种方法更坏。要学会用材料说明自己的观点。必须要有材料，但是一定要有明确的观点去统率这些材料。材料不要多，能够说明问题就行，解剖一个或者几个麻雀就够了，不需要很多。自己应当掌握丰富的材料，但是在会上只需要拿出典型性的。必须懂得，开会同写大著作是有区别的。

第三，会议前要互通情况。一般来说，不要在几小时内使人接受一大堆材料、一大堆观点，而这些材料和观点又是人们平素不大接触的。一年要找几次机会，让那些平素不大接触本行事务的人们，接触本行事务，给

[①] 毛泽东：《工作方法六十条（草案）》，《建国以来毛泽东文稿》，第 7 册，第 57—58 页。

予适合需要的原始材料或者半成品。不要在一个早上突如其来地把完成品摆在别人面前。要下些毛毛雨，不要在几小时内下几百公里的倾盆大雨。"强迫受训"的制度必须尽可能废除，"强迫签字"的办法必须尽可能减少。要彼此有共同的语言，必须先有必要的共同的情报知识。①

第四，先发报告草稿，后开会。这是一个开会的方法问题。先把报告草稿发下去，请到会的人提意见，加以修改，然后再作报告。报告的时候不是照着本子念，而是讲一些补充意见，作一些解释。这样，就更能充分地发扬民主，集中各方面的智慧，对各种不同的看法有所比较，会也开得活泼一些。是不是所有的会议都可以采用这种方法呢？那也不是。采用这种方法，要有充裕的时间。我们的人民代表大会的会议，有时也许可以采用这种方法。省委、地委、县委的同志们，你们以后召集会议，如果有条件的话，也可以采用这种方法。当然，你们的工作忙，一般地不能用很长的时间去开会，但是在有条件的时候，不妨试一试看。这个方法是一个什么方法呢？是一个民主集中制的方法，是一个群众路线的方法。先民主，后集中，从群众中来，到群众中去，领导同群众相结合。②

第五，认真规划会议议程。缩短主观主义时间的办法：（1）批判分散主义，实行集体领导。（2）将各财经、文教、政法部门一个一个列入议程，加以讨论，作出决定，每年每一部讨论两次。（3）主要干部亲自到现场检查。③

第六，不要"一言堂"。有事要跟同志们商量，要充分酝酿，要听各种意见，反对的意见也可以让他讲出来。要讲民主，不要"一言堂"，一开会就自己讲几个钟头，不让人家讲话。不要开会时赞成，会后又翻案，又说不赞成。共产党人要搞民主作风，不能搞家长作风。④

（四）调查研究机制

毛泽东特别提倡调查研究的风气，使调查研究成为"民主集中制"

---

① 参见毛泽东《工作方法六十条（草案）》，《建国以来毛泽东文稿》，第7册，第58—59页。

② 参见毛泽东《在扩大的中央工作会议上的讲话》，《建国以来毛泽东文稿》，第10册，第17页。

③ 参见毛泽东《缩短主观主义时间的办法》，《建国以来毛泽东文稿》，第4册，第317页。

④ 参见毛泽东《培养无产阶级的革命接班人》，《建国以来毛泽东文稿》，第11册，第86页。

政策范式的一种重要机制，并有了以下要求。

第一，重视解剖"麻雀"。毛泽东指出："要争取和依靠农民，就要调查农村。方法是调查一两个或几个农村，花几个星期的时间，弄清农村阶级力量、经济情况、生活条件等问题。像党的总书记这样主要的领导人员，要亲自动手，了解一两个农村，争取一些时间去做，这是划得来的。麻雀虽然很多，不需要分析每个麻雀，解剖一两个就够了。总书记调查一两个农村，心中有数了，就可以帮助同志们去了解农村，弄清农村的具体情况。……党的领导机关，包括全国性的、省的和县的负责同志，也要亲自调查一两个农村，解剖一两个'麻雀'。这就叫作'解剖学'。"[1]

第二，"走马看花"和"下马看花"。毛泽东认为："调查有两种方法，一种是走马看花，一种是下马看花。走马看花，不深入，因为有那么多的花嘛。你们从拉丁美洲到亚洲来，是走马看花的。你们国家有那么多的花，看一看望一望就走，这是很不够的，还必须用第二种方法，就是下马看花，过细看花，分析一朵'花'，解剖一个'麻雀'。"[2]"中央和省、直属市、自治区两级党委的委员，除了生病的和年老的以外，一年一定要有四个月的时间轮流离开办公室，到下面去作调查研究，开会，到处跑。应当采取走马看花、下马看花两种方法。哪怕到一个地方谈三四小时就走也好。要和工人、农民接触，要增加感性知识。中央的有些会议可以到北京以外的地方去开，省委的有些会议可以到省会以外的地方去开。"[3]

第三，"走下去"和"请上来"。毛泽东强调，要到下面去研究问题："我希望中央的同志，各省市自治区、各部的主要负责同志都这样做。听说现在许多负责同志不下去了，这不好。中央机关苦得很，在这个地方一点知识也捞不到。你要找什么知识，蹲在机关里是找不到的。真正出知识的地方是工厂、合作社、商店。工厂怎么办，合作社怎么办，商店怎么办，在机关里是搞不清楚的。越是上层越没有东西。要解决问题，一定要自己下去，或者是请下面的人上来。第一不下去，第二不请下面的人上来，就不能解决问题。我建议，省市自治区党委书记兼一个县委书记，或者兼一个工厂或学校的党委书记，地委书记、县委书记也要兼一个下级单

---

[1] 毛泽东：《我们党的一些历史经验》，《毛泽东文集》，第7卷，第133—134页。
[2] 毛泽东：《我们党的一些历史经验》，《毛泽东文集》，第7卷，第134页。
[3] 毛泽东：《工作方法六十条（草案）》，《建国以来毛泽东文稿》，第7册，第56页。

位的书记。这样可以取得经验,指导全局。要密切联系群众。脱离群众,官僚主义,势必要挨打。中央的同志,各省市自治区、各部的主要负责同志,一年总要有一段时间到工厂、合作社、商店、学校等基层单位去跑一跑,进行调查研究,搞清楚群众的情况怎样,先进的、中间的、落后的各有多少,我们的群众工作做得如何,做到心中有数。要依靠工人阶级,依靠贫农下中农,依靠先进分子,总要有个依靠。"①

第四,可以多派调查组。毛泽东指出:"这些年来,我们的同志调查研究工作不做了。要是不做调查研究工作,只凭想象和估计办事,我们的工作就没有基础。所以,请同志们回去后大兴调查研究之风,一切从实际出发,没有把握就不要下决心。调查研究工作,并不那么困难,时间并不要那么多,调查的单位也不要那么多。比如,在农村搞一两个生产队、一两个公社,在城市搞一两个工厂、一两个商店、一两个学校,加在一起也只有十个左右。这些调查并不都要自己亲身去搞。自己亲身搞的,农村有一两个、城市有一两个就够了。要组织调查研究的班子,指导他们去搞。"②"派调查组下去,无论城乡,无论人多人少,都应先有训练,讲明政策、态度和方法,不使调查达不到目的,引起基本同志反感,使调查这样一件好事,反而成了灾难。"③

第五,要有真正的蹲点调查。毛泽东指出:"不是视而不见,听而不闻,而是各级干部除少数人以外,在这次下去蹲点以前,根本没有下去认真蹲过点,没有做出过马克思主义的阶级分析。"④ "也有不少同志不蹲点,不调查,不研究,有事不同群众商量,高高在上,独断专行,一人说了算数,满足于发号施令,严重地脱离实际,脱离群众。像这样的'同志',一点共产党员的气味也没有,就不可能做到领导同群众相结合,就不可能实行民主集中制。这些'同志'应当立即改变作风,鼓起革命精神,'下楼出院',深入现场,调查研究,认识问题,承认自己的错误,从广大群众那里听取意见,然后才有可能同群众一道解决那里的问题,总

---

① 毛泽东:《在省市自治区党委书记会议上的讲话》,《毛泽东文集》,第 7 卷,第 197—198 页。
② 毛泽东:《大兴调查研究之风》,《毛泽东文集》,第 8 卷,第 233—234 页。
③ 毛泽东:《对"关于调查研究的调查"一文的批语和修改》,《建国以来毛泽东文稿》,第 9 册,第 504 页。
④ 毛泽东:《对陶铸的信和蹲点报告的批语和批注》,《建国以来毛泽东文稿》,第 11 册,第 259—260 页。

结那里的经验。只有这样，才能进行正确的个别指导，从而也才有可能作出正确的一般号召，使生产建设的群众运动能够开展得更好。不这样做，最后总是被群众抛掉的。"①

第六，坚持实事求是。毛泽东在1961年特别提出："今年搞一个实事求是年好不好？河北省有个河间县，汉朝封了一个王叫河间献王。班固在《汉书·河间献王刘德》中说他'实事求是'，这句话一直流传到现在。提出今年搞个实事求是年，当然不是讲我们过去根本一点也不实事求是。我们党是有实事求是传统的，就是把马列主义的普遍真理同中国的实际相结合。但是新中国成立以来，特别是最近几年，我们对实际情况不大摸底了，大概是官做大了。我这个人就是官做大了，我从前在江西那样的调查研究，现在就做得很少了。今年要做一点，这个会开完，我想去一个地方，做点调查研究工作。不然，对实际情况就不摸底。不摸清一个农村公社，不摸清一个城市公社，不摸清一个工厂，不摸清一个学校，不摸清一个商店，不摸清一个连队，就不行。其实，摸清这么几个单位的情况就差不多了。现在我们看出了一个方向，就是同志们要把实事求是的精神恢复起来了。"②

第七，调查研究是为了心里有底。毛泽东指出："我希望同志们回去之后，要搞调查研究，把小事撇开，用一部分时间，带几个助手，去调查研究一两个生产队、一两个公社。在城市要彻底调查一两个工厂、一两个城市人民公社。一个省委第一书记，又要调查农村又要调查城市，这就要好好部署一下。去做调查，就是要使自己心里有底，没有底是不能行动的。了解情况，要用眼睛看，要用口问，要用手记。谈话的时候还要会谈，不然就会受骗。要看群众是不是面有菜色，群众的粮食究竟是很缺，还是够，还是很够，这是看得出来的。"③

第八，调查研究是政策的基础。毛泽东认为："我们大部分人，包括我自己在内，都是调查研究不够。建国后这十一年我做过两次调查，一次是为合作化的问题，看过一百几十篇材料，每省有几篇，编出了一本书，叫做《中国农村的社会主义高潮》。有些材料看过几遍，研究他们为什么

---

① 毛泽东：《对政府工作报告稿的批语和修改》，《建国以来毛泽东文稿》，第11册，第272—273页。
② 毛泽东：《大兴调查研究之风》，《毛泽东文集》，第8卷，第237页。
③ 毛泽东：《大兴调查研究之风》，《毛泽东文集》，第8卷，第233页。

搞得好，我调查研究合作化问题就是依靠了那些材料。还有一次是关于十大关系问题，用一个半月时间同三十四个部门的负责人讨论，每天一个部门或两天一个部门，听他们的报告，跟他们讨论，然后得出十大关系的结论，这是向上层人们，向各部部长调查。现在全党对情况比较摸底了，中央、省、地各级对下面的情况比较摸底了，我看应该这样说。为什么又讲不甚了了呢？比较摸底，但还是不甚了了，我是讲'不甚'，不是讲你全不了。现在局势已经是有所好转，但是不要满足，不要满足于我们现在已经比较摸底、比较清楚情况，要鼓起群众的干劲，同时鼓起干部的干劲。干部一到群众里头去，干劲就来了。我的经验历来如此，凡是忧愁没有办法的时候，就去调查研究，一经调查研究，办法就出来了，问题就解决了。……调查研究就会有办法，大家回去试试看。"①

第九，要做到情况明，决心大，方法对。毛泽东指出："我们讲情况明，决心大，方法对，要有这三条。第一条情况明。这是一切工作的基础，情况不明，一切无从着手。因此要摸清情况，要做调查研究。第二条决心大。这次会议我们开了二十几天，情况逐步明了了，决心逐步增大了，但是决心还是参差不齐。……第三条方法对。抗日战争时期，解放战争时期，我们做调查研究比较认真一些，注意从实际出发，实事求是。通过调查研究，情况明了来下决心，决心就大，方法也就对。方法就是措施、办法，实现方针、政策要有一套方法。这三条里头没有提方针、政策，因为我们已经有了方针、政策。有了好的方针、政策，你情况不明，决心不大，方法不对，还是等于没有。……过去我们开一次会议，决议很多，以为这些决议会灵，其实并不那么灵。会议的决议，多不一定灵，少也不一定灵，关键还是在于情况明不明，决心大不大，方法对不对。……我们对国内情况还是不太明，决心也不大，方法也不那么对。我们要分批摸各省、市、自治区的底，二十七个地方分开来摸。每一个省，每一个市，每一个自治区又按地、县、公社分头去摸。"②

（五）群众路线机制

在政策过程中必须走群众路线，是毛泽东的一贯主张。在群众路线问

---

① 毛泽东：《在广州中央工作会议上的讲话》，《毛泽东文集》，第 8 卷，第 260—261 页。
② 毛泽东：《大兴调查研究之风》，《毛泽东文集》，第 8 卷，第 234—237 页。

题上,可以归纳出毛泽东的十三个重要论点。

第一,权力来自群众。"我们的权力是谁给的?是工人阶级给的,是贫下中农给的,是占人口百分之九十五以上的广大劳动群众给的。我们代表了无产阶级,代表了人民群众,打倒了人民的敌人,人民就拥护我们。共产党基本的一条,就是直接依靠广大的革命人民群众"。①

第二,要相信群众相信党。"我们应当相信群众,我们应当相信党,这是两条根本的原理。如果怀疑这两条原理,那就什么事情也做不成了"。② "我们从来相信,占人口百分之九十五以上的人民群众是要革命的,是要社会主义的,或者是可以勉强跟着走的,是坚决拥护或者是可以勉强地拥护我们党所制定的符合全国人民根本利益的路线和政策的"。③

第三,应当使群众真正参加管理和领导。"列宁这句话,'社会主义是生气勃勃的,创造性的,是人民群众本身的创造',讲得好。我们的群众路线,就是这样的。是不是合乎列宁主义呢?教科书在引用这句话以后,讲要吸收广大劳动群众'直接地和积极地参加生产管理,参加国家机关的工作,参加国家社会生活的一切部门的领导',也讲得好。但是,讲是讲,做是做,做起来并不容易。这里讲到苏联劳动者享受的各种权利时,没有讲劳动者管理国家、管理军队、管理各种企业、管理文化教育的权利。实际上,这是社会主义制度下劳动者最大的权利,最根本的权利。没有这种权利,劳动者的工作权、休息权、受教育权等权利,就没有保证"。④

第四,"从群众中来,到群众中去"的政策意义。"概念的形成过程,判断的形成过程,推理的过程,就是调查和研究的过程,就是思维的过程。人脑是能够反映客观世界的,但是要反映得正确很不容易。要经过反复的考察,才能反映得比较正确,比较接近客观实际。有了正确的观点和正确的思想,还要有比较恰当的表达方式告诉别人。概念、判断的形成过程,推理的过程,就是'从群众中来'的过程;把自己的观点和思想传

---

① 毛泽东:《共产党基本的一条就是直接依靠广大人民群众》,《建国以来毛泽东文稿》,第12册,第581页。
② 毛泽东:《关于农业合作化问题》,《毛泽东文集》,第6卷,第423页。
③ 毛泽东:《对政府工作报告稿的批语和修改》,《建国以来毛泽东文稿》,第11册,第273页。
④ 毛泽东:《读苏联"政治经济学教科书"的谈话》,《毛泽东文集》,第8卷,第129页。

达给别人的过程,就是'到群众中去'的过程。在我们的干部中,大概还有不少的人,不明白这样一个简单的真理:任何英雄豪杰,他的思想、意见、计划、办法,只能是客观世界的反映,其原料或者半成品只能来自人民群众的实践中,或者自己的科学实验中,他的头脑只能作为一个加工工厂而起制成完成品的作用,否则是一点用处也没有的。人脑制成的这种完成品,究竟合用不合用,正确不正确,还得交由人民群众去考验。如果我们的同志不懂得这一点,那就一定会到处碰钉子"。①

第五,决策须依赖群众路线。"都要坚决走群众路线,一切问题都要和群众商量,然后共同决定,作为政策贯彻执行。各级党委,不许不作调查研究工作。绝对禁止党委少数人不作调查,不同群众商量,关在房子里,作出害死人的主观主义的所谓政策"。②"在订计划的时候,必须发动群众,注意留有充分的余地"。③

第六,正确的政策需要说服群众。"使一个地方健全地达到合作化的问题是党的政策和工作方法的问题。只要我们党对于处理合作化问题上的各项政策是正确的,只要我们党当着发动群众加入合作社的时候所采用的工作方法,不是命令主义的或者简单从事的方法,而是向群众讲道理,作分析,完全依靠群众自觉自愿的方法,那末,完成合作化,并且达到增产,决不是很困难的"。④"请你们注意,对党与工人、农民、学生、解放军战士、知识分子、民主党派、少数民族等七个方面之间所存在的各项具体矛盾,分别召集会议,加以分析研究,使自己心中有数,由盲目到自觉,以便有根据地说服干部和群众"。⑤

第七,建立制度来保证群众路线和集体领导。"当革命胜利之后,在工人阶级和共产党已经成为领导全国政权的阶级和政党的时候,我们党和国家的领导工作人员,由于受到官僚主义的多方面的袭击,就面临到有可能利用国家机关独断独行、脱离群众、脱离集体领导、实行命令主义、破

---

① 毛泽东:《工作方法六十条(草案)》,《建国以来毛泽东文稿》,第 7 册,第 60—61 页。
② 毛泽东:《转发张平化关于农村调查来信的批语》,《建国以来毛泽东文稿》,第 9 册,第 494 页。
③ 毛泽东:《订计划要留有充分的余地》,《建国以来毛泽东文稿》,第 13 册,第 8 页。
④ 毛泽东:《"中国农村的社会主义高潮"按语选》,《毛泽东文集》,第 6 卷,第 448—449 页。
⑤ 毛泽东:《中央关于整风和党政主要干部劳动的指示》,《建国以来毛泽东文稿》,第 6 册,第 447—448 页。

坏党和国家的民主制度这样一个很大的危险性。我们要是不愿意陷到这样的泥坑里去的话，也就更加要充分地注意执行这样一种群众路线的领导方法，而不应当稍为疏忽。为此，我们需要建立一定的制度来保证群众路线和集体领导的贯彻实施，而避免脱离群众的个人突出和个人英雄主义，减少我们工作中的脱离客观实际情况的主观主义和片面性"。①

第八，不要夸大干部的作用，不要摆"老资格"。"不要逞英雄。事业是多数人做的，少数人的作用是有限的。应当承认少数人的作用，就是领导者、干部的作用，但是，没有什么了不起的作用，有了不起的作用的还是群众。干部与群众的正确关系是，没有干部也不行，但是，事情是广大群众做的，干部起一种领导作用，不要夸大干部的这种作用。没有你就不得了吗？历史证明，各种事实证明，没有你也行"。②"我们的同志应当注意，不要靠官，不要靠职位高，不要靠老资格吃饭。说资格老，多少年革命，这个资格也是可靠的，但同时我们不要靠它。你资格老，几十年，那是真的。可是，你有一天办了一些糊涂事，讲了一篇混账话，人民还是不谅解你。尽管你过去做过多少好事，职位有多么高，你今天的事情办得不好，解决得不对，对人民有损害，这一点人民就不能原谅。因此，我们的同志不要靠老资格吃饭，要靠解决问题正确吃饭。靠正确，不靠资格。靠资格吃不了饭，索性不靠它，等于还是什么官都没有做，就是不摆老爷架子，不摆官僚架子，把架子收起来，跟人民见面，跟下级见面。这一条，我们的干部要注意，特别是老干部要注意。一般来说，新干部没有这种包袱，比较自由。老干部对新干部要处在平等的地位。有很多东西，老干部不如新干部，要向他们学习"。③

第九，领导应走在群众运动前头。"领导不应当落在群众运动的后头。而现在的情况，正是群众运动走在领导的前头，领导赶不上运动。这种情况必须改变"。④

第十，干部参加劳动。"县、区、乡三级党政主要干部，凡能劳动的，每年抽一部分时间下田参加生产，从事一小部分体力劳动。县以上各

---

① 毛泽东：《对"无产阶级专政的历史经验"稿的批语和修改》，《建国以来毛泽东文稿》，第 6 册，第 63 页。
② 毛泽东：《在中国共产党全国代表会议上的讲话》，《毛泽东文集》，第 6 卷，第 402 页。
③ 毛泽东：《坚持艰苦奋斗，密切联系群众》，《毛泽东文集》，第 7 卷，第 287 页。
④ 毛泽东：《关于农业合作化问题》，《毛泽东文集》，第 6 卷，第 419 页。

级党政军主要干部（不是一般干部），凡能劳动的，也要这样做，每年以一部分时间，分别下田、下工厂、下矿山、下工地或者到其他场所，和工人农民一道从事可能胜任的一小部分体力劳动（哪怕是很少一点）。这样一来，党和群众就打成一片了，主观主义，官僚主义，老爷作风，就可以大为减少，面目一新"。①

第十一，以真正平等的态度对待干部和群众。"必须使人感到人们互相间的关系确实是平等的，使人感到你的心是交给他的。学习鲁迅。鲁迅的思想是和他的读者交流的，是和他的读者共鸣的。人们的工作有所不同，职务有所不同，但是任何人不论官有多大，在人民中间都要以一个普通劳动者的姿态出现。决不许可摆架子。一定要打掉官风。对于下级所提出的不同意见，要能够耐心听完，并且加以考虑，不要一听到和自己不同的意见就生气，认为是不尊重自己。这是以平等态度待人的条件之一"。②

第十二，抓群众路线的典型。"群众路线有没有？有多少？"③ "群众路线问题，仍然是一个值得全党注意的问题。其办法是从全省各县、全县各乡中，经过鉴定，划分为对于群众路线执行的很好的、执行得不很好也不很坏处于中间状态的和执行的很坏这样三大类，加以比较，引导第二、第三两类都向第一类看齐，到第一类县乡去开现场会议，可以逐步地解决这个问题。这个问题，不但农村有，城市也有，故是全党性的问题"。④

第十三，要真正实行群众路线。"比如讲依靠群众吧，群众路线，还是有两种可能性：一种是依靠，一种是不依靠；一种是实行群众路线，一种是不实行群众路线。决不要以为，决定上写了，所有的党委，所有的同志就都会实行，总有一小部分人不愿意实行"。⑤

（六）计划决策机制

毛泽东对于如何确定计划和出台相应政策，提出了四条具体的要求。

---

① 毛泽东：《中央关于整风和党政主要干部劳动的指示》，《建国以来毛泽东文稿》，第6册，第447—448页。
② 毛泽东：《工作方法六十条（草案）》，《建国以来毛泽东文稿》，第7册，第56—57页。
③ 毛泽东：《庐山会议讨论的十八个问题》，《毛泽东文集》，第8卷，第80页。
④ 毛泽东：《介绍一封信》，《建国以来毛泽东文稿》，第7册，第302—303页。
⑤ 毛泽东：《在中共八届十一中全会闭幕会上的讲话》，《建国以来毛泽东文稿》，第12册，第100页。

第一，县以上各级党委要抓社会主义建设工作。县以上各级党委要抓社会主义工业工作。各级党委要抓社会主义农业工作。这是从农业发展纲要四十条中抽出来的十四个要点。四十条必须全部施行。抽出一些要点，目的在于有所侧重。纲举目张，全网自然提起来了。

第二，全面规划，几次检查，年终评比。这是三个重要方法。这样一来，全局和细节都被掌握了，可以及时总结经验，发扬成绩，纠正错误，又可以激励人心，大家奋进。

第三，什么时候交计划？省、自治区、直属市、专区、县都要按照三个十四项订出计划。订计划时要有重点，不可在同一时间内百废俱兴。区、乡、社的计划内容主要就是农业十四项。项目可以根据当地情况有所增减。先订五年的计划，可以是粗线条的。计划要逐级审查。为了便于比较，省委要在县、区、乡、社的计划中选一些最好的和少数最坏的送给中央审查。省和专区的计划都要按期交中央，一个也不能少。

第四，生产计划三本账。中央两本账，一本是必成的计划，这一本公布；第二本是期成的计划，这一本不公布。地方也有两本账。地方的第一本就是中央的第二本，这在地方是必成的；第二本在地方是期成的。评比以中央的第二本账为标准。①

（七）政策掌控机制

"民主集中制"政策范式强调有效地掌控政策，毛泽东就此提出了九方面的要求。

第一，政策程序要求。在政策程序方面，为明确责任，毛泽东提出了七点要求：（1）权力集中。"权力集中于常委和书记处，我为正帅，邓为副帅。一朝权在手，就把令来行。"② "凡用中央名义发出的文件、电报，均须经我看过后方能发出，否则无效。请注意。过去数次中央会议决议不经我看，擅自发出，是错误的，是破坏纪律的。"③ （2）书记负责。"县

---

① 参见毛泽东《工作方法六十条（草案）》，《建国以来毛泽东文稿》，第7册，第46—48页。

② 毛泽东：《对赵尔陆关于重工业生产建设方面几个问题的意见的批语》，《建国以来毛泽东文稿》，第8册，第280—281页。

③ 毛泽东：《关于用中央名义发文件、电报问题的信和批语》，《建国以来毛泽东文稿》，第4册，第229页。

干部、区干部的工作要逐步转到农业生产互助合作这方面来,转到搞社会主义这方面来。县委书记、区委书记要把办社会主义之事当作大事看。一定要书记负责,我就是中央的书记,中央局书记、省委书记、地委书记、县委书记、区委书记,各级书记,都要负责,亲自动手。中央现在百分之七八十的精力,都集中在办农业社会主义改造之事上。改造资本主义工商业,也是办社会主义。各级农村工作部的同志,到会的人,要成为农业社会主义改造的专家,要成为懂得理论、懂得路线、懂得政策、懂得方法的专家。"① "是否事事都要问过第一书记?可以不必。大事一定要问。要有二把手、三把手,第一书记不在家的时候,要另外有人挂帅。"② (3) 公开政治见解。"我们是共产党人,更不待说是党的高级干部,在政治上都要光明磊落,应该随时公开说出自己的政治见解,对于每一个重大的政治问题表示自己或者赞成或者反对的态度。"③ (4) 少用"指示"字眼。"注意,'教导''指示'这类字面,用于个人,很不好,缺乏民主气氛,使人看了不顺眼,以后不可再用。"④ (5) 政府不得命令党委。"这种请政府命令党委的观点是错误的,并且不止一个部如此,请作纠正。由国务院向各省市委下达命令的办法不妥,此类内部命令,似由国务院与党中央联名下达为宜。"⑤ (6) 不依赖秘书。"不可以一切依赖秘书,或者'二排议员'。要以自己动手为主,别人帮助为辅。不要让秘书制度成为一般制度,不应当设秘书的人不许设秘书。一切依赖秘书,这是革命意志衰退的一种表现。"⑥ (7) 精简机构。"要精简机构。国家是阶级斗争的工具。阶级不等于国家,国家是由占统治地位的阶级出一部分人(少数人)组成的。机关工作是需要一点人,但是越少越好。现在国家机构庞大,部门很多,许多人蹲在机关里头没有事做。这个问题要解决。第一条,必须减人;第二条,对准备减的人,必须作出适当安排,使他们都有切实的归

---

① 毛泽东:《关于农业互助合作的两次谈话》,《毛泽东文集》,第6卷,第305页。
② 毛泽东:《工作方法六十条(草案)》,《建国以来毛泽东文稿》,第7册,第58页。
③ 毛泽东:《在中国共产党全国代表会议上的讲话》,《毛泽东文集》,第6卷,第391页。
④ 毛泽东:《对中共中央关于一九五九年国民经济计划的决议草稿的批语和修改》,《建国以来毛泽东文稿》,第7册,第621页。
⑤ 毛泽东:《关于不能由政府向党委下达内部命令的两个批语》,《建国以来毛泽东文稿》,第5册,第7页。
⑥ 毛泽东:《工作方法六十条(草案)》,《建国以来毛泽东文稿》,第7册,第61页。

宿。党、政、军都要这样做。"①

第二，政策谋划要求。毛泽东认为："多谋善断，留有余地，波浪性前进，观察形势，当机立断，与人通气，解除封锁，一个人有时胜过多人，真理在他手里，不在多数人手里。""多想多读，多谋善断。谋之于主席、副主席、总书记，谋之于秘书、部长助理、副部长、司局长，谋之于省地县社直至生产小队长，谋之于反对派即不同意见的同志。我不向同志们封锁我的意见，同志们对我封锁，我是不大高兴的，过去的封锁，必须改正。"②"凡事要思索，不宜仓促作出决定。凡大事要征求较多同志的意见。"③

第三，民主作风要求。在领导作风方面，毛泽东提出了以下论点：（1）不要怕"小广播"。"群众对领导者真正佩服，要靠在革命实践中了解。真正了解，才能相信。现在团中央威信已经相当高。有些人还不佩服，慢慢会佩服的。小伙子刚上台，威信不高，不要着急，不受点批评不挨点骂是不可能的。有'小广播'，是因为'大广播'不发达。只要民主生活充分，当面揭了疮疤，让人家'小广播'，他还会说没时间，要休息了。"④（2）要允许政策争论。"党的政策是否允许怀疑？对党的政策的怀疑的意见是否允许争论？有人说，根据党章规定，党员对党的政策是可以在党的会议和刊物上讨论的，怀疑的意见也可以提出争论，有人说，党员争论党的政策只限于对政策出不同的理解和执行方法问题，如果有反对或者怀疑党的政策的意见，是不允许争论的。毛泽东的批语是：为什么不允许争论呢？"⑤

第四，政策学习要求。毛泽东指出："所有的省委书记、市委书记、地委书记以及中央各部门的负责同志，都要奋发努力，在提高马克思列宁主义水平的基础上，使自己成为精通政治工作和经济工作的专家。一方面要搞好政治思想工作，一方面要搞好经济建设。对于经济建设，我们要真

---

① 毛泽东：《在省市自治区党委书记会议上的讲话》，《毛泽东文集》，第7卷，第197页。
② 毛泽东：《对赵尔陆关于重工业生产建设方面几个问题的意见的批语》，《建国以来毛泽东文稿》，第8册，第280—281页。
③ 毛泽东：《对中央关于国庆节挂像、抬像办法和口号的通知稿的批语》，《建国以来毛泽东文稿》，第12册，第131页。
④ 毛泽东：《青年团的工作要照顾青年的特点》，《毛泽东文集》，第6卷，第279—280页。
⑤ 毛泽东：《在中宣部印发的"有关思想工作的一些问题的汇集"上的批注》，《建国以来毛泽东文稿》，第6册，第411—412页。

正学懂。"① "搞经济，我们也有了一些经验，现在搞这些新的科学技术我们还没有经验。安排经济，对人、对资本家、对民主党派、对知识分子的工作，我们比较学会了，我们有二十二年根据地的经验。世界上新的工业技术、农业技术我们还没有学会，虽然我们已经有了六年的经验，学会了许多东西，但是从根本上说，我们还要作很大的努力，主要靠第二个五年计划和第三个五年计划来学会更多的东西。"②

第五，坚持原则要求。毛泽东指出："在原则性的问题上，在同志之间，对于违反党的原则的言论、行动，应当经常注意保持一个距离。他们那些话，他们那些行动，不符合党的原则，我们又看不惯，在这一部分问题、这一部分情况上，就不要打成一片。对其他的问题，符合党的原则的，比如五年计划，……以及各种正确的政策，正确的党内法规，这样一些言论、行动，当然要积极支持，打成一片。对不符合党的原则的，就应当保持一个距离，就是说，要划清界限，立即挡回去。不能因为是老朋友、老上司、老部下、老同事、同学、同乡等而废去这个距离。"③

第六，权威和威信要求。毛泽东认为："绝对权威的提法不妥。从来没有单独的绝对权威，凡权威都是相对的，凡绝对的东西都只存在相对的东西之中，犹如绝对真理是无数相对真理的总和，绝对真理只存在于各个相对真理之中一样。大树特树的说法也不妥。权威或威信只能从斗争实践中自然地建立，不能由人工去建立，这样建立的威信必然会垮下来。"④

第七，"商量政府"要求。毛泽东明确提出了"商量政府"的概念，并要求在决策中注意以下要求：（1）政府跟人民商量办事。"现在是协商办事，这样大的事情，与全国人民有关的大事，当然要协商办理。如果大家不赞成，那就没有办法做好。"⑤ "我们政府的性格，你们也都摸熟了，是跟人民商量办事的，是跟工人、农民、资本家、民主党派商量办事的，可以叫它是个商量政府。我们不是板起面孔专门教训人的，不是意见提得不对就给他一棒子，打得他头向下、脚朝天。我们叫人民政府，你们有话

---

① 毛泽东：《在中国共产党全国代表会议上的讲话》，《毛泽东文集》，第 6 卷，第 396 页。
② 毛泽东：《关于第八届中央委员会的选举问题》，《毛泽东文集》，第 7 卷，第 101 页。
③ 毛泽东：《在中国共产党全国代表会议上的讲话》，《毛泽东文集》，第 6 卷，第 400 页。
④ 毛泽东：《对大树特树绝对权威的提法等的批语》，《建国以来毛泽东文稿》，第 12 册，第 455 页。
⑤ 毛泽东：《工商业者要掌握自己的命运》，《毛泽东文集》，第 6 卷，第 488 页。

尽可以讲，不会借故整人的。"①（2）"重大问题的全民讨论。这个宪法草案，看样子是得人心的。宪法草案的初稿，在北京五百多人的讨论中，在各省市各方面积极分子的讨论中，也就是在全国有代表性的八千多人的广泛讨论中，可以看出是比较好的，是得到大家同意和拥护的。今天很多人讲了话，也都是这样讲的。为什么要组织这样广泛的讨论呢？有几个好处。首先，少数人议出来的东西是不是为广大人们所赞成呢？经过讨论，证实了宪法草案初稿的基本条文、基本原则，是大家赞成的。草案初稿中一切正确的东西，都保留下来了。少数领导人的意见，得到几千人的赞成，可见是有道理的，是合用的，是可以实行的。这样，我们就有信心了。其次，在讨论中搜集了五千九百多条意见（不包括疑问）。这些意见，可以分作三部分。其中有一部分是不正确的。还有一部分虽然不见得很不正确，但是不适当，以不采用为好。既然不采用为什么又搜集呢？搜集这些意见有什么好处呢？有好处，可以了解在这八千多人的思想中对宪法有这样一些看法，可以有个比较。第三部分就是采用的。这当然是很好的，很需要的。如果没有这些意见，宪法草案初稿虽然基本上正确，但还是不完全的，有缺点的，不周密的。现在的草案也许还有缺点，还不完全，这要征求全国人民的意见了。但是在今天看来，这个草案是比较完全的，这是采纳了合理的意见的结果。这个宪法草案所以得人心，是什么理由呢？我看理由之一，就是起草宪法采取了领导机关的意见和广大群众的意见相结合的方法。这个宪法草案，结合了少数领导者的意见和八千多人的意见，公布以后，还要由全国人民讨论，使中央的意见和全国人民的意见相结合。这就是领导和群众相结合，领导和广大积极分子相结合的方法。过去我们采用了这个方法，今后也要如此。一切重要的立法都要采用这个方法。这次我们采用了这个方法，就得到了比较好的、比较完全的宪法草案。"②（3）与非党人员一同讨论政策。"行政会议讨论的问题，是否党员事先都要讨论？除某些特别重要问题外，一般问题可以事先不要讨论，提到行政会议上与非党人员一起讨论，似要活泼些，请叫绥远试试这样做。"③

---

① 毛泽东：《同工商界人士的谈话》，《毛泽东文集》，第7卷，第178页。
② 毛泽东：《关于中华人民共和国宪法草案》，《毛泽东文集》，第6卷，第324—325页。
③ 毛泽东：《在华北局关于绥远非党干部对我批评意见的报告上的批语》，《建国以来毛泽东文稿》，第1册，第570页。

第八，任务与政策一致要求。毛泽东强调："政策与任务必须一致，此点继续执行不变。"①"只要认真去做，任务与政策的矛盾，是可以解决的。就是说，只有彻底执行政策，才能更好地完成任务。"②"我们的一切工作，围绕一个总目的，这就是要达到：在共产党和工人阶级领导之下，在正确地执行公私兼顾、劳资两利、城乡互助、内外交流的政策过程中，稳步地完成过渡时期建设和改造我们家的伟大任务。为了完成这个任务，须要全国各民族、各民主阶级、各民主党派、各人民团体的合作，因批评和自我批评的方法，发扬正确的思想，批判错误的思想。只要我们大家了解，做法适当，我们是有信心逐步地完成这个任务的。"③

第九，政策公开要求。毛泽东认为："我们有一条是好的，就是我们所做的事，使全体人民都知道。过去蒋介石有什么意见，人家要猜摸一番，过了一个时期就变了。现在对我们用不着猜摸，我们的方向就是人民的方向，这是载于宪法的。现在常常听到有人说要摸底，有什么底？宪法就是底。共产党的底就是发挥一切有用的因素，破坏阻碍的因素。有用的因素是建设性的力量。"④

五 "民主集中制"政策范式的执行政策要求

在"民主集中制"政策范式的政策执行方面，毛泽东重点强调的是四方面的要求。

（一）"领导方法"要求

在政策过程尤其是政策执行过程中，需要注意"领导方法"或"工作方法"，毛泽东就此提出了以下要求。

第一，领导有解释政策的责任。"领导的方法可以好一些，也可以差一些。领导要能够适合客观发展的规律。如果领导得好一些，适合客观规

---

① 毛泽东：《对陈云在中央人民政府第二十六次会议上的报告要点稿的批语和修改》，《建国以来毛泽东文稿》，第4册，第321页。
② 毛泽东：《关于解决任务与政策的矛盾的批语》，《建国以来毛泽东文稿》，第4册，第211页。
③ 毛泽东：《对陈云在中央人民政府第二十六次会议上的报告要点稿的批语和修改》，《建国以来毛泽东文稿》，第4册，第322页。
④ 毛泽东：《在国防委员会第一次会议上的讲话》，《毛泽东文集》，第6卷，第358页。

律好一些，缺点错误就少一些，工作也就好一些。如果领导得差一些，适合客观规律差一些，工作也就差一些。所以，我们要注意领导方法，各个党派、工商联，中央同地方，都要注意用什么方法使大家更觉悟一些。为什么企业偷税、漏税呢？很重要的原因就是我们领导者对他们宣传教育得不够。学习多一些，偷税、漏税就少一些，没有学习的就偷税、漏税。所以，偷税、漏税也有我们领导者的问题，不能只怪人家。当然，领导者不止我们这几个人了，在座的都是领导者，许多人都是人民代表、副市长、工商联委员、政协委员、民主党派负责人，你们都有责任。你看，归根到底又把问题搞到你们身上来了。当然，我也是要担负一点责任，不担负也不行啰！我们大家都要担负责任，共同负责，这是整个民族的问题嘛"。①

第二，抓两头带中间。"这是一个很好的领导方法。任何一种情况都有两头，即是有先进和落后，中间的状态又总是占多数。抓住两头就把中间带动起来了。这是一个辩证的方法，抓两头，抓先进和落后，就是抓住了两个对立面"。②

第三，组织参观和学习。"组织干部和群众对先进经验的参观和集中地展览先进的产品和作法，是两项很好的领导方法。用这些方法可以提高技术水平，推广先进经验，鼓励互相竞赛。许多问题到实地一看就解决了。社和社、乡和乡、县和县、省和省之间，都可以组织互相参观。中央、省、市、专区和县都可以举办生产建设展览会"。③

第四，总结先进经验。"中央各部门，各省、市、自治区党委，应该派遣负责同志到各地的基层单位去，总结群众中的这一类先进经验，发展下层单位和群众的这一类有利于社会主义建设的创举，建议主管机关给以批准，停止原有的规章制度中某些规定在这个单位实行，并且把这个单位的先进经验推广到其他单位试行。中央各部门，各省、市、自治区党委，应该系统地总结这方面的典型的成熟的先进经验。重大的和全国性的，经过党中央和国务院批准，地方性的，经过相应的地方党委和政府批准，技术性的和专业性的，经过主管部门批准，然后在全国或者全省的相同的所有单位中普遍推行。经过一段时间实行以后，在必要的时候，再根据新的

---

① 毛泽东：《在资本主义工商业社会主义改造问题座谈会上的讲话》，《毛泽东文集》，第6卷，第500—501页。
② 毛泽东：《工作方法六十条（草案）》，《建国以来毛泽东文稿》，第7册，第50页。
③ 毛泽东：《工作方法六十条（草案）》，《建国以来毛泽东文稿》，第7册，第50页。

经验修改或者重新制定各种规章制度。这是制定和修改各种规章制度的群众路线的方法"。①

第五，开会、巡视、办刊物。"领导方法很重要。要不犯错误，就要注意领导方法，加强领导。有几项关于领导方法的建议，看是不是可行。这就是我们大家都在做的，一年开几次会，或者大会或者小会，解决当前发生的问题。如果有问题，就要从个别中看出普遍性。不要把所有的麻雀统统提来解剖，然后才证明'麻雀虽小，肝胆俱全'。从来的科学家都不是这么干的。只要有几个合作社搞清楚了，就可以作出适当的结论。除了开会的方法以外，还有打电报、打电话、出去巡视这些方法，也是很重要的领导方法。另外，各省要选择恰当的人，办好刊物，改善刊物，迅速交流经验。再一点建议，是不是请你们试试看。我用十一天工夫，看了一百二十几篇报告，包括改文章写按语在内，我就'周游列国'，比孔夫子走得宽，云南、新疆一概'走'到了。你们每个省、每个自治区是不是可以一年或者半年编一本书，每个县搞一篇，使得各县的经验能够交流，这对迅速推广合作化运动有好处。还有一个方法就是发简报。县委对地委，地委对省委、区党委，省委、区党委对中央，都要有简报，报告合作社进度如何，发生了什么问题。各级领导接到这样的简报，掌握了情况，有问题就有办法处置了。这是关于几个领导方法的建议，请各位同志考虑"。②

（二）"不执行错误政策"要求

毛泽东指出："根据主观主义设想根本不符合实际情况的任何上级的命令指示，必须加以废止或修改者，地方党政有权提出意见。遇到这种情况，地方党政从实际出发提出意见，是正确的；不提意见，将不正确的命运指示，违反群众意见，硬着头皮往下推，则是不正确的。当然，除了遇着紧急情况，地方党政有权得先行处理，然后报请上级追认外，一般事件，最后如何处理，均应报告中央或其他原决定的上级机关批准，然后执行。"③

---

① 毛泽东：《工作方法六十条（草案）》，《建国以来毛泽东文稿》，第7册，第55—56页。
② 毛泽东：《农业合作化的全面规划和加强领导问题》，《毛泽东文集》，第6卷，第478—479页。
③ 毛泽东：《中央关于同意推迟执行群众性戒烟运动的指示的电报》，《建国以来毛泽东文稿》，第4册，第172页。

需要注意的是，毛泽东后来又强调不执行错误政策的权力，只给省一级政府："中央曾经发过一个通知，说地方有权制止中央部门发出的行不通的一切命令和指示。这里是说行不通的，你不能一切都制止。……也许你们会制止得多了一点，但并非出于坏意，也是可以原谅的。我们信任现在的省委、市委和区党委，给了你们这个权。这个权不能给地委，也不能给县委，只给省委、市委和区党委，因为省委、市委和区党委这一级领导干部在政治上比较成熟。总之，你们有权制止一切行不通的、不合实际的、主观主义的命令、训令、指示、表格，制止'五多'的东西。"①

（三）"民主管理"要求

政策执行依赖于"民主管理"，毛泽东就此提出了三方面的要求。

一是民主管理需要一点"自由主义"。毛泽东指出："民主管理问题，是哪一个同志在这里讲了，这个问题很重要。现在是发展了命令主义，合作社什么都得听命令。过去是个体经济，就是搞自由主义。现在集体化了，能听命令，一起上工，这就有极大的利益。但是什么都得听命令，这就宽了。命令要正确，范围不要太宽了，要给农民一些自己活动的时间，就是要有一点自由，如同我们每天都要有一点自由一样。我们这些人没有一点自由能活下去吗？我就不相信。整天要板起一副面孔，那又何必呢？如果每天二十四小时都板起一副面孔，我看只要一个星期，所有的人都要死光的。严肃是同不严肃相对立而存在的，没有不严肃哪有严肃呢？纪律是对没有纪律而来的，是对自由主义而来的，不搞一点'自由主义'怎么行？总是要有一点'自由主义'的。现在我们反对自由主义，是反对在不应当搞自由的地方也搞了自由的那一部分，不是反对一切自由。如果反对一切自由，那就要在每一个家庭设一个检查长去检查，看看他是不是一天到晚都那么严肃，都不搞一点自由。"②

二是"三同"（同吃、同住、同劳动）是有效的管理办法。毛泽东强调："官僚主义者阶级与工人阶级和贫下中农是两个尖锐对立的阶级。管理也是社教。如果管理人员不到车间、小组搞'三同'，拜老师学一门至

---

① 毛泽东：《在中共中央政治局扩大会议上的总结讲话》，《毛泽东文集》，第7卷，第53—54页。

② 毛泽东：《在中共中央政治局扩大会议上的总结讲话》，《毛泽东文集》，第7卷，第55页。

几门手艺，那就一辈子会同工人阶级处于尖锐的状态中，最后必然要被工人阶级把他们当作资产阶级打倒，不学会技术，长期当外行，管理也搞不好。以其昏昏，使人昭昭，是不行的。"①

三是提倡妇女参加管理。毛泽东指出："在中国，参加政府或全国人民代表大会工作的妇女毕竟也是少数。妇女的权利在宪法中虽然有规定，但是还需要努力执行才能全部实现。""在我们全国人民代表大会的代表中，有百分之十二是妇女；在基层人民代表大会中，女代表占百分之十七。在北京、上海、天津三个中央直辖市的人民代表大会中，女代表占百分之二十。""将来女同志的比例至少要和男同志一样，各占百分之五十。如果女同志的比例超过了男同志，也没有什么坏处。这个目标只能在全世界不打仗了，都进入了社会主义社会，那时生产有了高度的发展，人民的文化、教育水平有了很大的提高，才可以完全实现。不尊重妇女权利的情况，是在阶级社会产生后才开始的。在阶级社会出现以前，有一个女权时代，妇女是占统治的地位，听说那时候她们不需要打扮，而相反地男人却要打扮，以获得她们的欢喜。只有当阶级社会不存在了，笨重的劳动都自动化了，农业也都机械化了的时候，才能真正实现男女平等。农业合作化以后，妇女们参加了生产，在经济上显出了能力。过去她们搞家务多，搞农业生产少，现在她们参加农业生产，权利也增加了。但是合作化后，农业生产还是主要靠体力劳动，妇女又要兼顾家务，所以只有当农业机械化以后，才能根本改变这种情况。现在，在重工业部门中，主要还是男同志从事劳动，轻工业部门中女同志比较多。"②

（四）反对不良风气要求

在政策执行过程中，可能产生一些不良风气，毛泽东特别强调了应警惕以下五种不良风气。

第一，下边可以任意改变政策风气。毛泽东指出："特别是关于'有许多民主人士说我们说话不算数，上边的规定，下边可以任意改变，这种状况必须纠正'，'由于战争已经结束，乡村改革一点，已引起人们突出的

---

① 毛泽东：《对陈正人关于社教蹲点情况报告的批语和批注》，《建国以来毛泽东文稿》，第11册，第265—266页。
② 毛泽东：《同南斯拉夫妇女代表团的谈话》，《毛泽东文集》，第7卷，第150—152页。

注意，关起门来办事的时期已经过去了，由我们自己提出而由各民主党团举手赞成的一切政策，我们自己必须首先坚持执行'。这些观点是完全正确的，务望各地同志注意。①"政策要交代清楚。交代政策这件事很重要。"②

第二，拖拉风气。毛泽东强调："我请同志们注意，请中央各部门的同志们注意，要教育自己的工作人员。听说，现在到中央部门办事见不到人，中央部门处理问题拖延不决，这两点相当普遍。地方要解决问题，到中央部门就是见不到人，连处长都不容易见到，有些问题拖了几年不得解决。应当检查这个问题，看用一种什么方式，又能见到人，又能比较快地解决问题。"③

第三，"五多五少"风气。毛泽东指出："我们党政组织在农村工作中存在一些严重地脱离农民群众、损害农民及其积极分子的利益的问题，即所谓'五多'问题。'五多'，就是任务多，会议集训多，公文报告表册多，组织多，积极分子兼职多。这些问题，很久就存在了，中央曾对其中有些问题有过指示，要求各级党委予以重视和解决，但是不但没有解决，反而越来越严重。其原因，是没有将整个问题系统地提出来，尤其重要的是没有在中央、大区、省（市）、专区和县这五级党政领导机关中展开反对分散主义和官僚主义的斗争。因为区、乡的'五多'，基本上不是从区、乡产生的，而是从上面产生的，是因为在县以上各级党政领导机关中存在着严重的分散主义和官僚主义所引起的，有些则是过去革命战争和土地改革时期的产物，未加改变，遗留至今的。……今后各级领导机关在规定任务的问题上，在召集会议和调人集训的问题上，在发出公文表册和向下级要报告的问题上，在规定区、乡组织形式的问题上以及在使用乡村积极分子的问题上，都要由县以上党委和政府的主要负责同志，按照实际可行的情况，加以适当的规定，有些则要由中央作出统一的规定。过去由各级党、政、民组织的许多工作部门，各自独立地向下级分派任务，随便召集下级人员和农村积极分子开会或训练，滥发公文表册和向下级或农村随便要报告等项不良制度和不良办法，必须坚决废止，而代之以有领导

---

① 毛泽东：《中央转发中南局关于减租总结的批语》，《建国以来毛泽东文稿》，第1卷，第313页。
② 毛泽东：《关于农业互助合作的两次谈话》，《毛泽东文集》，第6卷，第304页。
③ 毛泽东：《在中共中央政治局扩大会议上的总结讲话》，《毛泽东文集》，第7卷，第53页。

的、统一的和适合情况的制度和办法。至于在农村中每个乡存在着几十种委员会以及积极分子兼职太多,均属妨碍生产,脱离群众,也应坚决地但是有步骤地加以改变。"①"县以上党、政、民各级机关所发统计报表,在农村中已泛滥成灾,达到了完全不能容忍的程度。为此,中央责成中央各部委,中央人民政府各党组(主要责成国家统计局),各中央局、分局、省市委在接到本指示以后,迅即仿照华北局的办法对于统计报表问题指定专人加以调查分析,分别宣布停用、保留和改进,并规定简化报表及控制报表的可行办法,坚决制止滥发统计报表的严重现象。处理滥发统计报表一项问题,应联系'五多'问题中其他四项问题去处理。城市中的滥发统计报表问题,亦应同时注意处理。"②"消极方面,他们说,突出的表现是'五多五少'。就是说,会议多,联系群众少;文件、表报多,经验总结少;人们蹲在机关多,认真调查研究少;事务多,学习少;一般号召多,细致地组织工作少。物极必反,我们一定要创设条件,使这种官僚主义走向它的反面。历城县已经定出办法,克服'五多五少'。山东省委已将历城办法推到全省施行。这种官僚主义状态,只是存在于历城一个县,或者山东一个省吗?不见得。很可能到处都存在。请你们各自调查一个县、一个市(在大城市里调查一个区),就可知道底细了。克服'五多五少'的办法,可以仿照历城办理。这种官僚主义的来源,不能只在县,还在省与中央。关于省(市、自治区)的方面,请你们注意处理。关于中央方面,我们将采取处理办法。看来一年要对这个'五多五少'问题谈两次,至少谈一次。中央几年前曾对这个问题发过指示,后来没有再过问(主要指'五多'中的会议多,文件表报多),自己也有官僚主义,不能只怪别人。"③

第四,"干涉过多"风气。毛泽东指出:"什么是干涉过多呢?不顾需要和可能、不切实际、主观主义的计划,或者计划倒合实际,但用命令主义的方法去做,那就是干涉过多。主观主义、命令主义,一万年也是要

---

① 毛泽东:《解决区乡工作中的"五多"问题》,《毛泽东文集》,第6卷,第271—272页。

② 毛泽东:《中央关于坚决制止滥发统计报表的指示》,《建国以来毛泽东文稿》,第4册,第283页。

③ 毛泽东:《中央关于反对官僚主义的指示》,《建国以来毛泽东文稿》,第9册,第114—115页。

不得的。不仅是对于分散的小农经济要不得，就是对于合作社也是要不得的。但是，不能把需要做、可能做的事，做法又不是命令主义的，也叫做干涉过多。检查工作，应当用这个标准。凡是主观主义的，不合实际的，都是错误的。凡是用命令主义去办事，都是错误的。稳步不前，右了，超过实际可能办到的程度勉强去办，'左'了，这都是主观主义。"①

第五，"共产风、浮夸风、命令风、干部特殊风、生产瞎指挥风五风"。毛泽东强调："必须在几个月内下决心彻底纠正十分错误的'共产风'、浮夸风、命令风、干部特殊风和对生产瞎指挥风，而以纠正'共产风'为重点，带动其余四项歪风的纠正。省委自己全面彻底调查一个公社（错误严重的）使自己心中有数的方法是一个好方法。经过试点然后分批推广的方法，也是好方法。省委不明了情况是很危险的。只要情况明了，事情就好办了。一定要走群众路线，充分发动群众自己起来纠正干部的'五风'不正，反对恩赐观点。下决心的问题，要地、县、社三级下决心（坚强的贯彻到底的决心），首先要省委一级下决心，现在是下决心纠正错误的时候了。只要情况明，决心大，方法对，根据中央十二条指示，让干部真正学懂政策（即十二条），又把政策交给群众，几个月时间就可把局面转过来，湖北的经验就是明证。"②

六 "民主集中制"政策范式的政策监督机制

"民主集中制"政策范式的政策监督机制，归纳毛泽东的论点，主要表现为五个重要的机制。

（一）政策检查机制

毛泽东强调的对政策执行情况的检查，主要采用的应是三种方式。

第一种方式是检查工作。"在一般情况下（特殊者除外）下去检查工作应该通过而不是超过被检查地区或单位的领导机关去进行检查"。③ "一

---

① 毛泽东：《关于农业互助合作的两次谈话》，《毛泽东文集》，第6卷，第303页。
② 毛泽东：《中央关于彻底纠正"五风"问题的指示》，《建国以来毛泽东文稿》，第9册，第352—353页。
③ 毛泽东：《在中央关于派人下去检查工作的几项规定稿中加写的话》，《建国以来毛泽东文稿》，第4册，第208页。

年至少检查四次。中央和省一级,每季要检查一次;下面各级按情形办理。重要的任务在没有走上轨道之前,要每月检查一次。这也是掌握时机的方法,是就一年内说的"。①

第二种方式是评比。"如何评比?省和省比,市和市比,县和县比,社和社比,厂和厂比,矿和矿比,工地和工地比。可以订评比公约,也可以不订。农业比较易于评比。工业可以根据可比的条件评比,按产业系统评比"。②

第三种是人民来信。"必须重视人民的通信,要给人民来信以适当的处理,满足群众的正当要求,要把这件事看成是共产党和人民政府加强和人民联系的一种方法,不要采取掉以轻心置之不理的官僚主义态度。如果人民来信很多,本人处理困难,应当设立适当人数的专门机构或专门的人,处理这些信件"。③ "即如处理人民来信一事,据报,山东省政府就积压了七万多件没有处理,省以下各级党政组织积压了多少人民来信,则我们还不知道,可以想象是不少的。这些人民来信大都是有问题要求我们给他们解决的,其中许多是控告干部无法无天的罪行而应当迅速处理的"。"山东如此,各省市的情况,究竟如何,我们没有接到像山东分局这样集中反映的报告,但已有不少的材料,可以判断,有很多地方是和山东的情况相似的。因此请你们仿照山东办法在一九五三年结合整党建党和其他工作,从处理人民来信入手,检查一次官僚主义、命令主义和违法乱纪分子的情况,并向他们展开坚决的斗争"。④

(二) 批评和自我批评机制

批评和自我批评是共产党需要坚持的一种优良作风,在"民主集中制"政策范式中,更是一种有效的政策监督机制。毛泽东对于批评和自我批评,强调的是四个主要的功能。

第一,互相监督功能。毛泽东指出:"谁监督我们这些人呢?互相监

---

① 毛泽东:《工作方法六十条(草案)》,《建国以来毛泽东文稿》,第7册,第47页。
② 毛泽东:《工作方法六十条(草案)》,《建国以来毛泽东文稿》,第7册,第47页。
③ 毛泽东:《转发中央办公厅秘书市关于处理群众来信的报告的批语》,《建国以来毛泽东文稿》,第2册,第310页。
④ 毛泽东:《中央关于反对官僚主义、反对命令主义、反对违法乱纪的指示》,《建国以来毛泽东文稿》,第4册,第8—10页。

督是好办法，可以促进党和国家的事业迅速进步。是迅速进步，不是慢慢地进步。……在党的第八次代表大会上，不要每个人去检讨一篇，但对我们工作中的缺点和错误，还是要作公开的批评和自我批评。不实行马克思主义的这一条是不行的。批评要尖锐。这次有些批评，我觉得不那么尖锐，总是怕得罪人的样子。你不那样尖锐，不切实刺一下，他就不痛，他就不注意。要有名有姓，哪一个部门，要指出来。你没有搞好，我是不满意的，得罪了你就得罪了你。怕得罪人，无非是怕丧失选举票，还怕工作上不好相处。你不投我的票，我就吃不了饭？没有那回事。其实，你讲出来了，把问题尖锐地摆在桌面上，倒是好相处了。不要把棱角磨掉。牛为什么要长两只角呢？牛之所以长两只角，是因为要斗争，一为防御，二为进攻。我常跟同志讲，你头上长'角'没有？你们各位同志可以摸一摸。我看有些同志是长了'角'的，有些同志长了'角'但不那样尖锐，还有些同志根本没有长'角'。我看，还是长两只'角'好，因为这是合乎马克思主义的。马克思主义有一条，叫做批评和自我批评。所以，定期召开会议，进行批评和自我批评，这是一种同志间互相监督，促使党和国家事业迅速进步的好办法。建议各省、市委同志们考虑，你们是不是也可以这样做？你们不是学中央吗？我看这一点是可以学的。"①

第二，意见表达功能。毛泽东指出："批评问题。不要怕，百花齐放，百家争鸣。马克思主义是不怕批评的，应允许互相批评，批评政府不犯罪。老干部不怕批评。"②"各级党委，特别是坚决站在中央正确路线方面的负责同志，要随时准备挨骂。人们骂得对的，我们应当接受和改正。骂得不对的，特别是歪风，一定要硬着头皮顶住，然后加以考察，进行批判。在这种情况下，决不可以随风倒，要有反潮流的大无畏的精神。"③

第三，增强免疫力功能。毛泽东指出："人们问：在我们国家里，马克思主义已经被大多数人承认为指导思想，那末，能不能对它加以批评呢？当然可以批评。马克思主义是一种科学真理，它是不怕批评的。如果马克思主义害怕批评，如果可以批评倒，那末马克思主义就没有用了。事

---

① 毛泽东：《在中国共产党全国代表会议上的讲话》，《毛泽东文集》，第6卷，第405—406页。
② 毛泽东：《在第十一次最高国务会议作结束语的提纲》，《建国以来毛泽东文稿》，第6册，第361页。
③ 毛泽东：《工作方法六十条（草案）》，《建国以来毛泽东文稿》，第7册，第56页。

实上，唯心主义者不是每天都在用各种形式批评马克思主义吗？抱着资产阶级思想、小资产阶级思想而不愿意改变的人们，不是也在用各种形式批评马克思主义吗？马克思主义者不应该害怕任何人批评。相反，马克思主义者就是要在人们的批评中间，就是要在斗争的风雨中间，锻炼自己，发展自己，扩大自己的阵地。同错误思想作斗争，好比种牛痘，经过了牛痘疫苗的作用，人身上就增强免疫力。在温室里培养出来的东西，不会有强大的生命力。实行百花齐放、百家争鸣的方针，并不会削弱马克思主义在思想界的领导地位，相反地正是会加强它的这种地位。"①

第四，发扬民主功能。毛泽东指出："绝大多数同志认为，这次会议开得很好，……发扬了民主，开展了批评与自我批评，使得我们互相了解更多了，思想更加统一了，使得我们有了共同的认识。本来我们是有共同认识的，但是在若干问题上，我们中间还是有不同意见的，经过这一次会议，统一了我们的认识。在这个基础上，在这个思想的、政治的以及许多政策的共同认识的基础上，就可以使我们党更好地团结起来了。"②

（三）反对官僚主义机制

反对官僚主义和命令主义，既是政策执行的需要，更是政策监督的需要，毛泽东就此作出了六方面的解释。

第一，官僚主义的表现。毛泽东指出："现在我们的党政机关中间，存在着一部分很不健康的现象，这就是严重的官僚主义、命令主义和违法乱纪这些事情，这些坏人坏事。……我现在要着重讲的，是官僚主义在中央机关的情形。我们中央机关几十个部门，包括党、政、军。党就是共产党、各民主党派、人民团体。政就是中央人民政府各委、部、会，计算起来，就有一百几十个单位。应该说其中有很多的部门，不是少数的部门，存在着官僚主义。他们脱离群众，脱离下面的实际情况，关在房子里写决议案，写指示。决议案、指示像雪片一样地飞出去，下面的情况究竟怎么样，能不能执行，不去管。就是坐在房子里头，不下去检查，只是注意所谓布置工作，却没有注意检查工作。"③

---

① 毛泽东：《关于正确处理人民内部矛盾的问题》，《毛泽东文集》，第7卷，第231—232页。
② 毛泽东：《在中国共产党全国代表会议上的讲话》，《毛泽东文集》，第6卷，第394页。
③ 毛泽东：《在政协一届四次会议上的讲话》，《建国以来毛泽东文稿》，第4册，第46页。

第二，产生官僚主义的原因。毛泽东指出了产生官僚主义的五个重要原因：(1) 就其社会根源来说，这是反动统治阶级对待人民的反动作风（反人民的作风，国民党的作风）的残余在我们党和政府内的反映的问题。(2) 就我们党政组织的领导任务和领导方法来说，这是交代工作任务与交代政策界限、交代工作作风没有联系在一起的问题，即没有和工作任务一道，同时将政策界限和工作作风反复地指示给中下级干部的问题。(3) 这是对各级干部特别是对县区乡三级干部没有审查，或者审查工作做得不好的问题。(4) 这是对县区乡三级尚未开展整党工作，尚未在整党中开展反命令主义和清除违法乱纪分子的斗争的问题。(5) 这是在我们专区以上的高级机关工作人员中至今还存在着不了解和不关心人民群众的痛苦，不了解和不关心基层组织情况这样一种官僚主义，尚未向它开展斗争和加以肃清的问题。如果我们的领导任务有所加强，我们的领导方法有所改进，则危害群众的官僚主义和命令主义就可以逐步减少，就可以使我们的许多党政组织较早地远离国民党作风。而混在我们党政组织中的许多坏人就可以早日清除，目前存在的许多坏事就可以早日消灭。① "政府大多数部门的主要缺点是缺乏思想和政治领导，有些部门达到了惊人的程度。这种情况必须改变"。②

第三，官僚主义是人民内部矛盾问题。毛泽东指出："敌我之间的矛盾是对抗性的矛盾。人民内部的矛盾，在劳动人民之间说来，是非对抗性的；在被剥削阶级和剥削阶级之间说来，除了对抗性的一面以外，还有非对抗性的一面。人民内部的矛盾不是现在才有的，但是在各个革命时期和社会主义建设时期有着不同的内容。在我国现在的条件下，所谓人民内部的矛盾，包括工人阶级内部的矛盾，农民阶级内部的矛盾，知识分子内部的矛盾，工农两个阶级之间的矛盾，工人、农民同知识分子之间的矛盾，工人阶级和其他劳动人民同民族资产阶级之间的矛盾，民族资产阶级内部的矛盾，等等。我们的人民政府是真正代表人民利益的政府，是为人民服务的政府，但是它同人民群众之间也有一定的矛盾。这种矛盾包括国家利益、集体利益同个人利益之间的矛盾，民主同集中的矛盾，领导同被领导

---

① 参见毛泽东《中央关于反对官僚主义、反对命令主义、反对违法乱纪的指示》，《建国以来毛泽东文稿》，第4册，第8—10页。

② 毛泽东：《关于检查改进政府部门工作问题的批语》，《建国以来毛泽东文稿》，第4册，第58页。

之间的矛盾,国家机关某些工作人员的官僚主义作风同群众之间的矛盾。这种矛盾也是人民内部的一个矛盾。一般说来,人民内部的矛盾,是在人民利益根本一致的基础上的矛盾。"①

第四,建立有效检查各级机构官僚主义的机制。毛泽东指出:"应当说中央机关中有许多部门的工作是做得比较好的。比如邮电部,他们做了很多的工作。他们也犯了错误,就是用违反政策的方法来搞所谓增产。早在中国共产党成立三十周年的时候,邮电部一个什么局长,就发命令招揽生意,让大家给中共中央打致敬电报、写致敬信,结果一下子就来了几十万份电报,其中究竟有多少是人民真正出于内心打来的,有多少是强迫人家打来的,要查一查。这就在人民面前把共产党表现得不像样子,大大损害了共产党的威信。其他还有一些部门,工作是做了很多,但是问题也很不小。是不是这样,我没有经过详细的检查。我想,如果我讲错了,你们可以批评我。我的缺点在什么地方呢?我的缺点就是没有经过详细的检查。过去,也没有在这样的大会上具体地指出来。这是你们可以向我批评、向我开炮的。我准备在今年夏秋冬三季之内,对每一个部都能够检查一次。我在上面所讲的这些部门,哪一些比较好,哪一些比较差,哪一些是中间状态,说的不见得那么十分准确,因为没有经过仔细的检查分析,没有吸收那些部门的群众和干部参加检查。总而言之,我们政府几十个部门,无论是财经、文教部门,还是政法部门,都程度不同地存在着官僚主义问题。要执行第一个五年计划这么繁重的任务,就应该克服官僚主义。要知道下面的命令主义、违法乱纪,是跟我们的官僚主义分不开的,因为我们没有去过问,没有去检查,或者缺乏检查。我想,这个工作应该从中央人民政府开始,从共产党中央开始,从军委和各部门开始。中央机关每一个部门都有部长、副部长、办公厅主任、司长、局长,这些主要干部,少的有八九个,多的有几十个。他们应该轮流到下面去检查,经常有人在下面。检查了的回来,没有下去的再下去,又回来,又下去,这样每一个人包括部长在内都到底下去过,一直检查到基层单位。比如工业部门应该检查到工厂,农业部门应该检查到乡村;军委系统的,像海军应该检查到长山列岛、舟山群岛、万山群岛、海南岛,陆军应该检查到连队;邮电部

---

① 毛泽东:《关于正确处理人民内部矛盾的问题》,《毛泽东文集》,第 7 卷,第 205—206 页。

门应该检查到乡村的邮政代办所；公安部门应该检查乡村的公安员、城市的派出所。部长亲自下去，不是要你去检查所有的公安派出所、邮政代办所，而是要你检查若干部门和基层单位。这次会议以后，要从我们中央开始，带头下去检查。这样才能带动大行政区一级，省市一级，专区一级和县一级，我们才有资格责备下面，才能真正解决问题。"①

第五，以报刊作为反对官僚主义的重要武器。毛泽东强调："凡典型的官僚主义、命令主义和违法乱纪的事例，应在报纸上广为揭发。其违法情形严重者必须给以法律的制裁，如是党员必须执行党纪。各级党委应有决心将为群众所痛恨的违法乱纪分子加以惩处和清除出党政组织，最严重者应处极刑，以平民愤，并借以教育干部和人民群众。但在开展反坏人坏事的广泛斗争达到了一个适当阶段的时候，就应将各地典型的好人好事加以调查分析和表扬，使全党都向这些好的典型看齐，发扬正气，压倒邪气。"②

第六，干部应以普通劳动者的姿态出现。毛泽东指出："我们有些干部是老子天下第一，看不起人，靠资格吃饭，做了官，特别是做了大官，就不愿意以普通劳动者的姿态出现。这是一种很恶劣的现象。如果大多数干部能够以普通劳动者的姿态出现，那末这少数干部就会被孤立，就可以改变官僚主义的习气。靠做大官吃饭，靠资格吃饭，妨碍了创造性的发挥。因此，要破除官气，要扫掉官气，要在干部当中扫掉这种官气。谁有真理就服从谁，不管是挑大粪的也好，挖煤炭的也好，扫街的也好，贫苦的农民也好，只要真理在他们手里，就要服从他们。如果你的官很大，可是真理不在你手里，也不能服从你。再说一遍，要是大多数干部扫掉了官气，剩下来的人就是有官气，也容易扫掉了，因为他们孤立了。官气是一种低级趣味，摆架子、摆资格、不平等待人、看不起人，这是最低级的趣味，这不是高尚的共产主义精神。以普通劳动者的姿态出现，则是一种高级趣味，是高尚的共产主义精神。"③

---

① 毛泽东：《在政协一届四次会议上的讲话》，《建国以来毛泽东文稿》，第 4 册，第 46 页。
② 毛泽东：《中央关于反对官僚主义、反对命令主义、反对违法乱纪的指示》，《建国以来毛泽东文稿》，第 4 册，第 8—10 页。
③ 毛泽东：《干部要以普通劳动者的姿态出现》，《建国以来毛泽东文稿》，第 7 册，第 236—238 页。

(四)"讲真话"机制

为防止造假,尤其是在政策评估方面"说假话",需要建立"讲真话"的机制,毛泽东就此提出了六条要求。

第一,"讲真话"要求正面评估政策。"艾森豪威尔、杜勒斯不让美国的新闻记者到中国来,实际上就是承认我们的政策有这个好处。如果我们这里是一塌糊涂,他们就会放那些人来,横直是写骂人文章。他们就是怕写出来的文章不专门骂人,还讲一点好话,那个事情就不好办"。①

第二,"讲真话"要求真实评估政策。"讲真话问题,包产能包多少,就讲能包多少,不讲经过努力实在做不到而又勉强讲做得到的假话。收获多少,就讲多少,不可以讲不合实际情况的假话。对各项增产措施,对实行八字宪法,每项都不可讲假话。老实人,敢讲真话的人,归根到底,于人民事业有利,于自己也不吃亏。爱讲假话的人,一害人民,二害自己,总是吃亏。应当说,有许多假话是上面压出来的。上面'一吹二压三许愿',使下面很难办。因此,干劲一定要有,假话一定不可讲"。②

第三,"讲真话"要求认真对待政策指标。"宣传问题。去年有些虚夸,四大指标定高了,弄得今年不好宣传,有些被动。如何转为主动?上海会议时,有人提出,利用开人民代表大会的机会,把指标改了,后来没有这么做。现在看来失掉了点时机,但不要紧。指标改不改?看来改一下好。但改成多少,还拿不准。是否人大常委会开个会,把指标改过来。粮食是否以后不公布绝对数字,可以学习苏联,不宣传粮食指标。今后钢不算小转炉的,铁不算土铁"。③

第四,"讲真话"要求实事求是的而不是盲目的积极性。"积极性有两种:一种是实事求是的积极性,一种是盲目的积极性。红军的三大纪律,现在有两条还有用:'一切行动听指挥',即统一领导,反对无政府主义;'不拿群众一针一线',即不搞一平二调。总的说来,群众生活提高了,文化水平也提高了。共产主义风格有两种:一种是真要搞共产主义;另一种,这种占多数,是事情归他办,权力都归他,他就说是'共

---

① 毛泽东:《增强党的团结,继承党的传统》,《毛泽东文集》,第7卷,第87页。
② 毛泽东:《党内通信》,《建国以来毛泽东文稿》,第8册,第237页。
③ 毛泽东:《庐山会议讨论的十八个问题》,《毛泽东文集》,第8卷,第79—80页。

产主义'，归人家就是'资本主义'。山东曹县出现抢粮现象，这很好，抢得还少了，抢多了可以引起我们的注意。对那些摧残人民积极性的官僚主义就是要整一下"。①

第五，"讲真话"强调"相信作假也要犯错误"。"作假问题。郑州会议提出的《关于人民公社若干问题的决议》初稿，现在要搞成指示，作假问题要专搞一条，不要同工作方法写在一起，否则人家不注意。现在横竖要放'卫星'，争名誉，就造假。有一个公社，自己只有一百头猪，为了应付参观，借来了二百头大猪，参观后又送回去。有一百头就是一百头，没有就是没有，搞假干什么？过去打仗发捷报，讲俘虏多少、缴获多少，也有这样的事，虚报战绩，以壮声势，老百姓看了舒服，敌人看了好笑，欺骗不了的。后来我们反对这样做，三令五申，多次教育，要老实，才不敢作假了。其实，就都那么老实吗？人心不齐，我看还是有点假的，世界上的人有的就不那么老实。建议跟县委书记、公社党委书记切实谈一下，要老老实实，不要作假。本来不行，就让人家骂，脸上无光，也不要紧。不要去争虚荣。比如扫盲，说什么半年、一年扫光，我就不太相信，第二个五年计划期间扫除了就不错。绿化，年年化，年年没有化，越化越见不到树。说消灭了四害，是'四无'村，实际上是'四有'村。上面规定的任务，他总说完成了，没有完成就造假。现在的严重问题是，不仅下面作假，而且我们相信，从中央、省、地到县都相信，主要是前三级相信，这就危险。如果样样都不相信，那就变成机会主义了。群众确实做出了成绩，为什么要抹煞群众的成绩，但相信作假也要犯错误。比如一千一百万吨钢，你说一万吨也没有，那当然不对了，但是真有那么多吗？又比如粮食，究竟有多少，去年三千七百亿斤，今年先说九千亿斤，后来又压到七千五百亿斤到八千亿斤，这是否靠得住？我看七千五百亿斤翻了一番，那就了不起"。②

第六，"讲真话"要求订立有效的竞赛和检查办法。"搞评比，结果就造假；不评比，那就不竞赛了。要订个竞赛办法，要检验，要组织验收委员会，像出口物资那样，不合规格不行。经济事业要越搞越细密，越搞越实际越科学，这跟做诗不一样，要懂得做诗和办经济事业的区别。……

---

① 毛泽东：《庐山会议讨论的十八个问题》，《毛泽东文集》，第 8 卷，第 79 页。
② 毛泽东：《在武昌会议上的讲话》，《毛泽东文集》，第 7 卷，第 446—447 页。

即使检查了,也还要估计到里头还有假。有些假的,你查也查不出来,人家开了会,事先都布置好了。希望中央、省、地这三级都懂得这个问题,有个清醒头脑,打个折扣。三七开,十分中打个三分假,可不可以?这样是否对成绩估计不足,对干部、群众不信任?要有一部分不信任,要估计到至少不少于一成的假,有的是百分之百的假。这是不好的造假。另一种是值得高兴的造假。比如瞒产,干部要多报,老百姓要瞒产,这是个矛盾。瞒产有好处,有些地方报多了,上面就调得多,留给它的就没有多少了,吃了亏。再有一种假,也是造得好的,是对付主观主义、强迫命令的。中南海有个下放干部写信回来说,他所在的那个公社规定要拔掉三百亩包谷,改种红薯,每亩红薯要种一百五十万株,而当时包谷已经长到人头那么高了,群众觉得可惜,只拔了三十亩,但上报说拔了三百亩。这种造假是好的。王任重说,他的家乡河北某地,过春节时,要大家浇麦子,不让休息,老百姓有什么办法,只得作假。夜间在地里点上灯笼,人实际上在家里休息,干部看见遍地灯光,以为大家没有休息。湖北有一个县,要群众日夜苦战,夜间不睡觉。但群众要睡觉,就派小孩子放哨,看见干部来了,大家起来哄弄哄弄,干部走了又睡觉。这也是好的造假。总之,一要干部有清醒头脑,一要对他们进行教育,不要受骗,不要强迫命令。不然,人家起来放哨怎么办?现在有种空气,只讲成绩,不讲缺点,有缺点就脸上无光,讲实话没有人听,造假,讲得多,有光彩。讲牛尾巴长在屁股后面,没有人听,讲长在头上,就是新闻了。要进行教育,讲清楚,要老老实实,几年之内能做到就好。我看经过若干年,上了轨道,就可以比较踏实"。①

(五)政策纠错机制

有效的监督是为了及时地纠正错误,毛泽东对于政策错误,有八点重要的认识。

第一,在同错误路线的斗争中成长。毛泽东指出:"我们党的历史经验,也是在自己同各种错误路线作斗争的过程中使自己获得了锻炼,因此取得了伟大的革命胜利和建设胜利的。至于局部的和个别的错误,则在工作中时常发生,仅仅是依赖党的集体智慧和人民群众的智慧,及时地加以

---

① 毛泽东:《在武昌会议上的讲话》,《毛泽东文集》,第7卷,第447—448页。

揭露和克服，才使它们不能获得发展的机会，没有成为全国性的和长期性的错误，没有成为危害人民的大错误。"① "事物总是有始有终的，只有两个无限，时间和空间无限。无限是由有限构成的，各种东西都是逐步发展、逐步变动的。讲这些，是为了解放思想，把思想活泼一下。脑子一固定，就很危险。要教育干部，中央、省、地、县四级干部很重要，包括各个系统，有几十万人。要多想，不要死背经典著作，而要开动脑筋，使思想活泼起来。过去我们在建设问题上用的心思太少，主要精力是搞革命。错误还是要犯的，不可能不犯，犯错误是正确路线形成的必要条件。正确路线是对错误路线而言，二者是对立的统一。正确路线是在同错误路线作斗争中形成的。说错误都可以避免，只有正确，没有错误，这种观点是反马克思主义的。问题是犯得少一点，犯得小一点。正确与错误是对立的统一，难免论是正确的，可免论是不正确的。只有正确，没有错误，历史上没有这个事实，这是否认对立统一这个规律，是形而上学。争取错误犯得最少，这是可能的。错误犯得多少，是高个子和矮个子的关系。少犯错误，是可能的，应该办到，马克思、列宁就办到了。"②

第二，避免个别的、局部的、暂时的错误变成全国性的、长时期的错误。毛泽东强调："共产党和社会主义国家的各种领导人物的责任是要尽量减少错误，尽量避免某些严重的错误，注意从个别的、局部的、暂时的错误中取得教训，力求使某些个别的、局部的、暂时的错误不至于变成全国性的、长时期的错误。而要达到这一点，就要求每个领导者都十分谨慎和谦逊，密切地联系群众，遇事和群众商量，反复地调查研究实际的情况，经常进行适合情况的、恰如其分的批评和自我批评。"③

第三，尽量少栽筋斗。毛泽东指出："现在是搞建设，搞建设对于我们是比较新的事情。早几年在中央范围内就谈过，我们希望建设中所犯的错误，不要像革命中所犯的错误那么多、时间那么长。我们搞建设，是不是还要经过十四年的曲折，也要栽那么多筋斗呢？我说可以避免栽那么多

---

① 毛泽东：《对"无产阶级专政的历史经验"稿的批语和修改》，《建国以来毛泽东文稿》，第6册，第64—65页。
② 毛泽东：《在成都会议上的讲话提纲》，《建国以来毛泽东文稿》，第7册，第108—125页。
③ 毛泽东：《对"无产阶级专政的历史经验"稿的批语和修改》，《建国以来毛泽东文稿》，第6册，第61页。

筋斗。因为过去栽筋斗主要是个思想问题,是不认识、不觉悟的问题。"①

第四,反对个人崇拜。毛泽东指出:"斯大林在他一生的后期,越陷越深地欣赏个人崇拜。违反党的民主集中制,违反集体领导和个人负责相结合的制度,因而发生了一些重大的错误。"②

第五,不要迷信社会主义国家里一切都是好的。毛泽东强调:"我们不要迷信,认为在社会主义国家里一切都是好的。事物都有两面:有好的一面,有坏的一面。在我们的社会里,一定有好的东西,也有坏的东西,有好人,也有坏人,有先进的,也有落后的。正因为是这样,我们才要进行改造,把坏的东西改造成为好的东西。我们必须准备着还有坏的东西,否则一个问题出来了,就会认为不得了了。过去认为苏联是没有错误的,现在斯大林问题出来了,许多人就惊讶不止。世界是美丽的,但也不是美丽的,世界上有斗争、有矛盾。希望一切都是好的,这是我们的主观,而现实是客观。世界上有好的东西,也有坏的东西,自古以来是这样,一万年后也会是这样。正因为世界上有坏的东西,我们才要改造,才要做工作。但是我们不会把一切都做好,否则我们的后代就没有工作可做了。什么事情都不能过分,过分了就要犯错误。……我们要使错误小一些,这是可能的。但否认我们会有错误,那是不现实的,那就不是世界,不是地球,而是火星了。"③

第六,认真分析错误。毛泽东指出:"犯错误是难免的。谁不犯错误呢?难道帝国主义犯错误犯得少吗?算账总有正负,对错误即负的必须批评,成功的经验即正的必须保护。错误往往是由于经验不足造成的,马克思主义总共只有一百多年的历史。错误是一定会犯的,各个国家的革命和建设都会发生错误。中国将来也一定会犯错误。认真一些,就会少犯错误,少犯全国性的错误,即使犯了全国性的错误也会及早纠正。不犯错误是不可能的,如果我们相信唯物论的话。人的思维不可能完全确切地反映客观实际。人类只能在认识事物的过程中逐渐克服认识的不足,这是没有办法的事。事物是十分错综复杂的,又是在发展变化的,人的思维的反映

---

① 毛泽东:《关于第八届中央委员会的选举问题》,《毛泽东文集》,第 7 卷,第 101 页。
② 毛泽东:《对"无产阶级专政的历史经验"稿的批语和修改》,《建国以来毛泽东文稿》,第 6 册,第 62 页。
③ 毛泽东:《不要迷信在社会主义国家里一切都是好的》,《毛泽东文集》,第 7 卷,第 69—70 页。

跟不上客观实际，就一定会犯错误，如果我们相信辩证法的话。"①

第七，真理是逐步完成的。毛泽东指出："如列宁所说，不犯错误的人从来没有。郑重的党在于重视错误，找出错误的原因，分析所以犯错误的客观原因，公开改正。我党的总路线是正确的，实际工作也是基本上做得好的。有一部分错误大概也是难于避免的。哪里有完全不犯错误、一次就完成了真理的所谓圣人呢？真理不是一次完成的，而是逐步完成的。我们是辩证唯物论的认识论者，不是形而上学的认识论者。自由是必然的认识和世界的改造。由必然王国到自由王国的飞跃，是在一个长期认识过程中逐步地完成的。对于我国的社会主义革命和建设，我们已经有了十年的经验了，已经懂得了不少的东西了。但是我们对于社会主义时期的革命和建设，还有一个很大的盲目性，还有一个很大的未被认识的必然王国，我们还不深刻地认识它。我们要以第二个十年时间去调查它，去研究它，从其中找出它的固有的规律，以便利用这些规律为社会主义的革命和建设服务。"②

第八，通过政策问题上的思想统一增进团结。毛泽东强调："有矛盾，就要出主观主义，就要犯错误。那些人并不是跟我们前世有冤，今世有仇，从前都不认识，他为什么要整你呢？就是因为思想不同，对问题的看法不一样。后来证明，政策问题上思想统一了，就完全团结了。所谓不团结，都是思想上有距离，政治问题、政策问题上有争论。除开极个别的别有用心钻到党内来破坏的敌对分子以外，所有犯错误的人，不管他犯的错误怎么严重，哪怕是路线错误，也只是思想不对头。既是思想问题，那么改正错误就是改正思想的问题，就是整风学习的问题，讨论研究的问题。"③

毛泽东系统论述的"民主集中制"政策范式，既是对中国情境下政策与民主关系的理论归纳，也是对中国共产党执政的政策实践经验的总结，对今天的中国仍有不可忽视的影响。

---

① 毛泽东：《要团结一切可以团结的力量》，《毛泽东文集》，第7卷，第65—66页。
② 毛泽东：《十年总结》，《建国以来毛泽东文稿》，第9册，第215—216页。
③ 毛泽东：《关于第八届中央委员会的选举问题》，《毛泽东文集》，第7卷，第107页。

第八章 邓小平:"民主集中制"政策范式的阐释

邓小平在民主主义革命时期和中华人民共和国成立后的前十七年,在政策与民主关系方面主要是对毛泽东倡导的"民主集中制"政策范式的阐释,可择其要者概述于下。

一 新民主主义革命的政策观

在抗日战争时期和解放战争时期,邓小平重点阐释的是新民主主义革命的政策观念,主要包括以下内容。

(一)新民主主义革命的基本政策理念

邓小平对中国共产党在新民主主义革命时期的政策理念,着重的是七个方面的解释。

第一,党是领导一切的核心。邓小平指出:"有人会问:武装、政权、群众、党四种力量如何联系与配合呢?首先是党的领导问题,党是领导一切的核心。在没有党的地方,革命队伍的责任是建立党与发展党。根据地的党的责任是要善于掌握几种力量的联系与配合,根据不同条件去决定自己注意的中心方向,在解决这一中心工作时要求得其他工作的配合。武装力量的责任是保卫根据地,保卫革命政权,保卫人民利益,建立党而又服从党的政治领导,建立革命政权而又服从政府的革命法令,参加群众工作,发动群众,而又为群众所帮助、所监督。政权的责任是服从于党的政治路线和政策的领导,扶植群众运动和照顾基本群众利益,巩固统一战线,爱护军队和解决军队的供给、补充。群众团体的责任是在党的政治领导之下,独立地去进行发动、组织与教育群众的工作,把群众的认识提高

第八章　邓小平："民主集中制"政策范式的阐释　433

到政治斗争武装斗争阶段，使群众形成一个自觉自为的阶级力量，去与地主资产阶级实行统一战线而又巩固统一战线，诱导群众执行政府的革命法令，号召群众参加与拥护革命军队并把自己武装起来加入民兵。这就是这几种力量的配合与联系。有了武装就有了一切，或有了群众就有了一切的说法，只有在一定条件下才是对的，否则是有毛病的。"①

第二，必须树立政策全局观念。邓小平认为："我们同志对于我们在敌后斗争的一举一动都可以影响全国这种政治意义认识不够，所以往往缺乏全局观念，在言论行动上，政策决定上，都还有不慎重的地方，对中央的方针，还缺乏深刻的了解。这些就是中央指摘的闹独立性、党性不纯的主要表现。……我们一切政策行动都应不仅照顾到根据地本身，而且要照顾到对全国的影响。这个观念应在干部中特别在领导干部中树立起来。"②

第三，政策要照顾群众利益。邓小平强调："在对敌负担和日常生活中照顾基本群众的利益，不仅是必要的而且是可能的。除了敌人完全统治的我们毫无工作基础的地区（这样的区域正在缩小），凡是我们游击战争特别是政权力量能够经常达到的区域（这样的区域正在扩大），都应该提出与解决这个问题，只是在不同区域不同工作基础的条件下，要有程度上的差别和方法上的不同而已。要教育党员和干部善于从当地群众日常生活中去发现问题，寻求机会解决问题。照顾基本群众利益的方法很多，比如，在对敌负担中坚持合理负担原则；利用人民拥护抗日政府的热情，宣传政府法令，鼓励实行法令；村游击小组保护全村的利益，提出减租减息；不放松对每一个租佃关系、债务关系和主雇关系乃至一般的民事案件加以调解等。又比如，当敌占区人民向抗日政府提起民事诉讼时，应乐于接受，秉公办理，以调解方式为主，而适当照顾基本群众利益。秉公办理的实质，就于基本群众有利。农村中这类问题是很多的，我们很可以按照实际情形，帮助基本群众解除很多痛苦。当然，在要求上不宜太高。不能一区一村地去做，可以一家一家地去做。……只要于基本群众有一点利益，都要积极地去做。同时，照顾基本群众利益必须与团结对敌的利益求得一致。在敌占区或敌占优势的游击区，无论对敌斗争或解决阶级关系问

---

①　邓小平：《根据地建设与群众运动》，《邓小平文选》，第 1 卷，第 66—67 页。
②　邓小平：《五年来对敌斗争的概略总结》，《邓小平文选》，第 1 卷，第 43—44 页。

题，都必须着眼于当地群众的发动，使每一个要求都成为群众自己的要求，而给以应有的配合和援助，并且要随时注意组织群众、建立秘密党的工作。惟有这样，才能锻炼群众，发挥伟大的力量。同时，必须注意群众的教育，特别是使群众从自己的经验中相信我们主张的正确。任何脱离群众、不问群众态度如何的干法，必然要失败的。"①

第四，党员是政策执行的保证。邓小平指出："中国革命的队伍大得很，任务又多，共产党员担负的责任很重。党领导得好不好，中央的路线政策执行得如何，要看共产党员合不合标准。毛主席指示正确，我们如果搞自由主义，处处违反，还是要失败的。经过整党，我们的意志统一了，中央的路线政策能够贯彻执行了，战斗力增强了，人民解放事业才能成功。""我们常常说，政策和策略是党的生命。如果没有政策和策略，党的路线就是空的。正确的路线一定要用正确的政策和策略来保证。全党同志都要学好党的政策和策略，这样，我们才会无比的强大，谁也不能战胜我们。"②

第五，注重政策宣传。邓小平指出："历来的经验证明，展开充分的宣传活动，扩大党的全部正确政策的宣传，揭露敌人的欺骗和罪恶，首先在群众中建立和占领思想阵地，这对新区战胜敌人与发动群众关系极为重大，而我们则相当普遍地忽视了宣传工作。比如我们在大别山，不是加强宣传队、剧团、文化工作的组织和领导，而是把这些机构的干部分散去进行土改工作，以致失去或减少了他们的作用。在宣传内容上，一般地只注意土改宣传，而忽视了党的各方面正确政策的宣传。'左'的口号、'左'的词句掩盖了或减弱了党的正确口号和主张的力量。"③

第六，加强政策训练。邓小平强调："关于出动前的准备。应包括思想、组织、政策、军事和经济等方面的准备。我们南进时就是缺乏准备，所以吃了很大的亏。在思想上，农民远离家乡，北方人到南方，都是极大的问题。而到新区（南方）后，又确实遇到许多困难，如吃大米，走山路、走小路，蚊虫多，水土不服，语言不通，打山地战等等，都会影响到

---

① 邓小平：《敌占区的组织工作与政策运用》，《邓小平文选》，第1卷，第57—58页。
② 邓小平：《跃进中原的胜利形势与今后的政策策略》，《邓小平文选》，第1卷，第102、107页。
③ 邓小平：《贯彻执行中共中央关于土改与整党工作的指示》，《邓小平文选》，第1卷，第113页。

干部战士的情绪。所以出征前要向干部战士说清楚,反复说明这是革命不革命的问题;划清思想界限,反能巩固士气和信心。十纵就因为作了深入的动员,南进后部队一直是巩固的,情绪一直是好的。在组织上,要有足够数目的干部随军行动,这些干部都须经过任务、政策和作风的训练。在军事上,要有适合于山地战的组织和装备以及山地战术的训练。在经济上,要使部队进入新区后不致马上发生供给困难而破坏政策和纪律。而新区的各项主要政策,尤须在干部中施行教育。"①

第七,政权比军队更宜于宣传和执行政策。邓小平指出:"政权随军的就是战地行政委员会,展开的就是各级临时的人民政府,一切事情用政权出面比由军队直接出面要好。我们到大别山时,人民对我们第一件要求是'安政治',因为人民最怕紊乱,怕无政府,要求有秩序。'不搞滥'的本身,就是团结大多数的大政策。广泛使用一切宣传武器(宣传队,剧团,部队指战员的宣传,政府出布告,开大会,开座谈会,演讲会,画展等等),宣传我们的主张和政策,驳斥敌人的造谣和欺骗,可以占领思想阵地,安定民心,造成新区的新气象。"②

(二)群众运动和民主教育

邓小平关注群众运动和相应的民主教育尤其是政策教育问题,并提出了以下四点要求。

一是掌握指导群众运动规律。"什么是我们指导根据地群众运动应掌握的规律呢?第一是发动群众,在发动群众中组织群众、武装群众;第二是在发动群众之后,立即注意整理与健全群众组织生活;第三是在发动与组织群众中注意群众的政治教育,在发动与组织任务完成之后,应将重心转入教育群众,把群众运动提高到民主政治和武装斗争的阶段,使群众形成一个自为的阶级力量,去参加统一战线,去参加群众性的游击战争,以巩固既得的政治经济权利;第四是把群众的经济斗争政治斗争约束于统一战线范围之内。不了解这些发展的规律,不懂得诱导群众运动逐渐由低级向高级发展,就会使运动脱节,就不能逐步地提高群众到自为阶级的阶

---

① 邓小平:《关于今后进入新区的几点意见》,《邓小平文选》,第1卷,第124—125页。
② 邓小平:《关于今后进入新区的几点意见》,《邓小平文选》,第1卷,第128页。

段，也就不能保卫其既得的利益"。①

二是在群众运动中实现党的政策。"群众'左'可怕不可怕的问题。只有当我党能够及时掌握与恰当纠正'左'的现象时，'左'才是不可怕的，如果让'左'的东西发展到破裂统一战线的地步，那就是值得可怕的。我们共产党人，不仅要认识世界，而且要改造世界，不仅要当群众的学生，还要当群众的先生，党不是要发展群众运动中的自流性，而是要使党的方针在群众运动中获得实现。这就说明了党的指导的作用"。②

三是民主教育是民主运动的基础。"随着民主政治的开展，民主教育比任何时候还要迫切，无论在党内或在群众中，过去这点都是极其不够的。实际的政治斗争，是党员和群众的最好锻炼。我们除在学校中、民革室中、训练班中，应注意民主政治的教育外，对每一个民主运动都要精细地布置，不可丝毫草率，要使之完全符合民主政治的要求，真正动员起广大民众来参加，动员起全党来领导。如此，才会使运动本身收到效果，也才能教育党教育群众。最近北方局向联办提议成立晋冀豫边区临时参议会，已经联办通过。这是一个重大的民主运动。今年的村选，明年的县选，全边区大选，都一步步地临到我们面前。而在我们各种工作中，哪一件事里面都有民主问题。我党要善于在一切工作中，一切运动中，大大发扬大众的民主主义作风，与一切不民主的现象作斗争。有了民主主义作风，才有广大的群众运动；有了广大的群众运动，才有真正的布尔什维克的党。我们要在民主政治斗争中，保证党对政权的领导，我们更要在民主政治斗争中，使党成为群众的党！"③

四是政府和军队要扶植群众运动。"政府对于群众运动应是扶植的态度，所以不应对群众运动采取旁观或漠不关心的官僚主义态度。但是群众运动应该是群众自觉自动的运动，所以政府也不要采取干涉或代替包办的态度。敌后抗日民主政府，是统一战线的政权，是在我党政治领导之下的政权，它的施政纲领和法令，是符合于党的政策的，是既照顾了工人、农民又照顾了地主、资本家的，所以是有利于基本群众的。我们在群众运动中实行减租减息、合理负担等有利于基本群众的事情，就是在执行政府的

---

① 邓小平：《根据地建设与群众运动》，《邓小平文选》，第 1 卷，第 68 页。
② 邓小平：《根据地建设与群众运动》，《邓小平文选》，第 1 卷，第 72 页。
③ 邓小平：《党与抗日民主政权》，《邓小平文选》，第 1 卷，第 20—21 页。

法令；而政府在公布了这些法令之后，还必须保障其实现，所以把群众运动和政府态度对立起来是不对的。党和群众团体在指导群众运动中，政府在扶植群众运动中，都是保证这些法令的实现，都是要把群众运动约束于政府法令之内，亦即是约束于统一战线范围之内，所以群众团体和政府对群众运动的立场是一致的，只是在各自的岗位上有其不同的态度和作法"。①

（三）民主政权建设中的政策问题

在抗日战争时期和解放战争时期，都有民主政权建设涉及的一些基本政策问题，邓小平就此提出了以下看法。

一是"三三制"政权的实质是民主问题。邓小平指出："三三制的抗日民主政权原则，为党中央所提出的真实政策，已取得广大群众的拥护，尤应为全党同志所奉行。因为这种政权表现为几个革命阶级对汉奸、亲日派、反动派的联合专政，既能合乎统一战线原则，团结大多数以与日寇、汉奸、亲日派、反动派进行斗争，又能保证由共产党员与进步势力结合起来的优势，所以这不仅是今天敌后抗战的最好政权形式，而且是将来新民主主义共和国所应采取的政权形式。""既是几个革命阶级的联合专政，就必然产生政权中的优势问题。我党必须要掌握这种优势，所以产生了我党对政权的领导问题。优势从何而得？一方面从组织成分上去取得，这在三三制原则本身是包含着的；但更基本的是从民主政治斗争中去取得，即是说，主要从依靠于我党主张的正确，能为广大群众所接受、所拥护、所信赖的政治声望中去取得。确切地说，党的优势不仅在于政权中的适当数量，主要在于群众的拥护。民主政治斗争可以使党的主张更加接近群众，可以使群众从自己的政治经验中更加信仰我党。所以，只有民主政治斗争，才能使我党取得真正的优势。由此可见，三三制政权的实质是民主问题。党在领导政权工作时，必须贯彻民主的精神。否则，即使你努力保证了党员不超过三分之一，也还是表现着对三三制的怠工。"②

二是"以党治国"的政策表现。邓小平指出："假如说中国是一个半封建的缺乏民主的国家，则反映到党内的是：共产党员一般缺乏民主的习

---

① 邓小平：《根据地建设与群众运动》，《邓小平文选》，第1卷，第74页。
② 邓小平：《党与抗日民主政权》，《邓小平文选》，第1卷，第8—9页。

惯，缺乏民主政治斗争的常识与锻炼。假如说西欧共产党带有若干社会民主党的不良传统，则中国党或多或少带有一些国民党的不良传统。某些同志的'以党治国'的观念，就是国民党恶劣传统反映到我们党内的具体表现。党提出三三制的政策之后，在我们晋冀豫区，曾遭受到党内一部分人的抵抗，这也是忽视民主和'以党治国'的观念在作怪。最近虽有不少转变，但彻底纠正这种错误观念，还需要一个教育与斗争的过程。几年来，'以党治国'的思想曾经统治了某些区域，甚至有些区域的领导同志还长期存在着这种顽固的思想。它所造成的恶果也不小，主要表现为：第一，这些同志误解了党的优势，以为党员包办就是绝对优势，不了解真正的优势要表现在群众拥护上。把优势建筑在权力上是靠不住的。'一二·九'北平学生运动时，宋哲元用了自己的权力——军队、监狱、警察、大刀、水龙去对付革命的学生，试问我们能说当时的优势是在宋哲元手上吗？这当然是说不通的。过去我们有些高唱优势的同志，认为共产党员占多数了，天下是我们的了，因而可以为所欲为了，于是许多过左的错误由之而生，中间分子对我不满，进步分子非常不安，群众对党的舆论也不好。除了阿Q主义者，谁能说党已经有了优势！第二，这些同志误解了党的领导，把党的领导解释为'党权高于一切'，遇事干涉政府工作，随便改变上级政府法令；不经过行政手续，随便调动在政权中工作的干部；有些地方没有党的通知，政府法令行不通，形成政权系统中的混乱现象。甚至把'党权高于一切'发展成为'党员高于一切'者，党员可以为非作歹，党员犯法可以宽恕。其结果怎样呢？结果非党干部称党为'最高当局'（这是最严酷的讽刺，不幸竟有人闻之沾沾自喜！），有的消极不敢讲话，有的脱离我们以至反对我们，进步分子则反为我忧虑。结果群众认为政府是不中用的，一切要决定于共产党。于是要钱的是共产党，要粮的是共产党，政府一切法令都是共产党的法令，政府一切错误都是共产党的错误，政府没有威信，党也脱离了群众。这实在是最大的蠢笨！结果党的各级指导机关日趋麻木，不细心地去研究政策，忙于事务上的干涉政权，放松了政治领导。结果党员'因党而骄'，在政权中工作的党员自高自大，盛气凌人，自以为是，看不起非党员，自己可以不守法，不遵守政权的纪律和秩序。甚至少数党员自成一帮，消极怠工，贪污腐化，互相包庇。于是投机分子混入党内，从各方面来破坏党。几年来，我们在这方面是吃了不少亏的。第三，这些同志尚简单避复杂，主要是他们自己不相信自己的主张正确,怕见人,怕通不过,以为一切问题只要党员占多数,一举手万事皆迎刃而解。殊不知这是麻痹党腐化党的使党脱离群众的最好办法。首先是关起门来决定复杂的政策问题,必然发生错误;其次是把非党干部、把群众看成任人摆弄的傀儡,必然脱离群众,引起群众的反对;再次是党和党员都会因此麻痹,失掉对于新事物的知觉,而逐渐腐朽。民主政治的好处,正在于它能够及时反映各阶级各方面的意见,使我们能够正确地细心地去考虑问题决定问题;它能够使我们从群众的表现中去测验我党的政策是否正确,是否为群众所了解所拥护;它能够使我们对事物感觉灵敏,随时具有高度的警惕性;它能够使我们党得到群众的监督,克服党员堕落腐化的危险,及时发现投机分子以及破坏分子而清洗出党;它能在民主政治斗争中提高党员的斗争能力,使党更加接近群众,锻炼党使党成为群众的党。总之,"以党治国"的国民党遗毒,是麻痹党、腐化党、破坏党、使党脱离群众的最有效的办法。我们反对国民党以党治国的一党专政,我们尤要反对国民党的遗毒传播到我们党内来。"①

　　三是党对政权是指导与监督政策。邓小平指出:"然则党对抗日民主政权的正确领导原则是什么呢?是指导与监督政策。这就是说,党对政权要实现指导的责任,使党的主张能够经过政权去实行,党对政权要实现监督的责任,使政权真正合乎抗日的民主的统一战线的原则。党的领导责任是放在政治原则上,而不是包办,不是遇事干涉,不是党权高于一切。这是与'以党治国'完全相反的政策。指导与监督政策的具体运用是:第一,党要细心地研究政策,正确地决定政策,并经过行政机关或民意机关中的党团,使党决定的政策成为政府的法令和施政方针。党的指导机关只有命令政府中党团和党员的权力,只有于必要时用党的名义向政府提出建议的权力,绝对没有命令政府的权力。第二,今天在华北的抗日民主政权中,基本上保证了党的领导与优势,党的政策一般能够保证贯彻于政府的法令中,这个特点,必须认识。因此各级党部必须研究上级政府,特别是一个战略区的高级政府(如本区的联办)的法令指示,并根据这些法令指示去指导同级政府党团的工作。党的责任是研究上级政令运用于本区本县的具体步骤和方式方法,及时检查执行程度,以保证上级政令之实现。所以党的各级委员会应把政府的领导,放在自己经常的议事日程中。如果

---

① 邓小平:《党与抗日民主政权》,《邓小平文选》,第1卷,第10—12页。

发现上级政令有不妥处，或有不适合于本区本县之处，也只能经过党团提到政府讨论，由政府向上级呈报理由，党也应该把这些问题迅速反映到上级党部，设法改正。但党没有任何权力去命令政权工作同志不执行上级政令，或者自己来一套。过去某些地区，政府法令没有党的同等内容的通知，等于具文；某些党的领导同志根本不愿意研究上级政府的法令指示，甚至把上级政令故意置之高阁，单凭自己的聪明去指导同级政府工作，这等于胡行乱为！这等于叫政权工作同志犯法！必须切实纠正。上级政令中既然贯彻了党的政策，所以研究政府法令就是研究党的具体政策，不应该再等待上级党部的指示。不研究抗日民主政权的法令指示，就没有资格去指导同级政权。第三，党要切实保证三三制。在各级参议会、行政委员会的选举中，在各级政府行政人员的配备选拔中，必须切实经过党的指导作用，以保证三三制的比例。自流主义的选举，无计划的选拔，都不能得到应有的成果。在村选及区级干部配备中，尤须注意及此，且应切实保证村区长的人选，掌握在党员和进步分子（也可吸收一部分有正义感且能执行上级政府法令的中间分子）手中。第四，既然三三制的实质是民主问题，党要教育与责成政权中的党团和共产党员，首先自己具有充分的民主精神，高度的革命热情，和蔼的态度，积极的工作，刻苦的作风，和政治家的风度。他们在政权工作中，要能够坚持党的政治立场，要能够团结非党干部，要能够以自己的模范作用去影响非党干部积极负责地工作，反对'因党而骄'。党要实现对政权指导与监督的作用，首先就要从切实指导与监督自己的党团和党员做起。第五，既然三三制政权是几个革命阶级的专政，有各抗日阶级抗日党派的代表参加，就必然有各个不同的政见不同的立场，也就必然有政治上的争论。只要是真正地发展民主，民主政治斗争也必将大大地开展起来。民主政治斗争之开展，正是好现象，因为它可以真正表露各阶级的意见和要求，也可以暴露某些党派的实质，使群众认清其面貌。我们共产党是不怕民主政治斗争的，因为我党的主张是正确的，只有那种不相信党的主张正确的右倾机会主义者，只有那种投机分子、官僚腐化分子、贪污分子，才惧怕民主政治斗争，惧怕把党的面貌放在群众面前。所以，党要有意识地去发展民主政治的斗争，首先要纠正某些同志中的武断不民主的错误，要使非党干部敢于讲话，讲所欲讲，敢于工作，不对我疑惧。做到这一步，那不仅民主政治开展有了内容，而且政府威信和工作效率都会大大提高起来。第六，党要教育党员和群众，以正确的态度去对待政权,使大家懂得,今天的抗日民主政权不同于过去地主资产阶级专政的政权,全体人民对于抗日民主政权都应采取绝对拥护的态度。在人民中,要养成遵守抗日民主政权法令的习惯。在政权中工作的同志,要遵守政权的纪律和秩序,反对混乱现象,反对不尊重上级政权的行为。地方党、群众团体和军队的责任,是要扶植与帮助提高政权的威信,党和群众团体绝对没有捕人杀人等权力,不能对政府采取干涉的行为,军队不许把政府当作支差机关。也有这样的情形,个别地区的某些政府,不能保证接受党的领导,制定一些错误的法令,做一些违反人民利益违背统战原则的事情。现在有些区村政权就是这样。在实行民选之后,这种现象还有可能发生。在这样情形下,我们的态度应该是拥护而不是反对这个抗日民主政权,但是反对它的某一项错误的法令,反对某一个坏的行政人员。而且解决这样问题的办法也要适当。有的可采取政权内部斗争的方式,有的可采取在群众中作公开斗争的方式,有的可采取局部改组的方式,有的可采取公民罢免重新选举的方式,有的可采取自上而下的方式,有的可采取自下而上的方式,总以能教育群众、纠正错误、保证党的领导为原则。在解决这些问题时,绝不能采取非民主的不正当的方式,即使他是一个反革命,也必须经过民主斗争或合法手续,才能加以逮捕与处理,否则有害无益。第七,党的指导机关要定期讨论政策,讨论法令,检查党团工作,要有专门同志管理政府党团和政府机关支部的工作。党对党团的指导也应放在政治原则上,给党团以灵活运用的余地,不可涉及细微,这样才能培养党团的能力。党对政府工作同志的理论学习、个人操守和党性锻炼,必须注意,遇有错误,及时纠正。但在公开场合,必须注意培养这些同志的威信。"①

四是民主政权应掌握政策尺度。邓小平指出:"削弱封建不只是在经济上,而且表现在政治上思想上。在政治上打坍地主阶级的统治,实行'三三制'民主政治,其本身就是削弱封建阶级在政治上的地位,但绝不能解释为消灭封建阶级的政治地位。地主阶级只要它是抗日的,不反对民主政治的,它就有参加'三三制'民主政权的权利。所以我们在政治上,不仅要保障群众的人权、政权、财权、地权,还要保障地主的人权、政权、财权、地权。在群众运动中不能提倡侮辱地主人格的行为,如打人、

---

① 邓小平:《党与抗日民主政权》,《邓小平文选》,第1卷,第12—16页。

唾口水等。尤其在党的领导上，应防止这些现象成为风气，因为这些做法，会失掉社会同情，有碍团结地主抗日，也妨碍争取落后群众卷入斗争。削弱封建阶级的政治地位，是一个严重的斗争。过去的经验证明，地主阶级，特别是大地主，非常重视其政治上的统治地位，减租减息他们还比较容易接受些，一触及到政权问题，就要遇到他们的严重反抗。所以没有群众自觉地参加政治斗争，要想削弱封建阶级的政治地位，是不可能的。"①

五是在解放区建立人民民主政权。邓小平强调："党的领导及各项政策应该充分地通过政权和群众团体去实现。在控制区，应配备大批得力干部到政府各部门中去，而首先要加强的是财经部门（包括财、粮、工商、银行、税收），以便保障军需民生，避免浪费和混乱，及在工作步骤上取得主动。同时注意建立人民法庭，以便接收审理案件，维持社会秩序，避免乱打人、乱捉人、乱杀人的现象。我们的政权性质，依然是无产阶级领导的人民大众的反帝反封建反官僚资本的人民民主政权的性质，抛弃中央的'三三制'政策是错误的。因此，在区村政权仍应绝对掌握于农民（包括中农）的手中，但在县以上政府，目前可根据实际情况，酌量聘请一些进步的工商业人士，及在地方上比较正派的、有正义感的、有相当声望的、赞成反美反蒋、赞成民主和减租减息、合理负担等项基本纲领和政策而又没有逃跑的开明绅士，当参议、咨议，或吸收参加一定的工作。但是聘请参议、咨议时，必须有合格的人选，而且要经过区党委的审查和批准，切不可滥竽充数，流于形式，甚或用人不当，脱离群众。在游击区，则在武工队的统一组织下，采取县区游击政权的形式，在乡村则保留旧的形式而逐渐加以改造，充实其民主的内容。在不能不应付敌人的地方，可以建立革命的两面政权。在崭新区，除了灵活运用上述原则外，在初期还应善于利用旧的政府，维持秩序，解决军需。"②

六是召开各界代表会议。邓小平指出："我们与川东各负责同志研究重庆市及川东工作时，认为市的和县的各界代表会议以早开为好。我们一进入城市就有许多困难问题摆在面前，如货币问题、物价问题、工

---

① 邓小平：《根据地建设与群众运动》，《邓小平文选》，第 1 卷，第 71 页。
② 邓小平：《贯彻执行中共中央关于土改与整党工作的指示》，《邓小平文选》，第 1 卷，第 119 页。

资问题等，在乡村首先就有很大的借粮问题和货币问题、治安问题等。迅速召开代表会议来解决这些问题，不但比在党内解决好，而且也比座谈会的方式好。"①

二 民主与民主集中制

中华人民共和国成立以后，邓小平着重于"民主集中制"政策范式的解读，并就"民主"和"民主集中制"等提出了以下看法。

（一）发展党和国家的民主生活

邓小平指出："党必须经常注意进行反对主观主义、官僚主义和宗派主义的斗争，经常警戒脱离实际和脱离群众的危险。为此，党除了应该加强对于党员的思想教育之外，更重要的还在于从各方面加强党的领导作用，并且从国家制度和党的制度上作出适当的规定，以便对于党的组织和党员实行严格的监督。我们需要实行党的内部的监督，也需要来自人民群众和党外人士对于我们党的组织和党员的监督。无论党内的监督和党外的监督，其关键都在于发展党和国家的民主生活，发扬我们党的传统作风，这就是毛泽东同志在第七次大会的政治报告中所提倡的'理论和实践相结合的作风，和人民群众紧密地联系在一起的作风以及自我批评的作风'。"② "不管党也好，政也好，根本的问题是选举。拿大队来说，有什么办法派人去当一个大队的脱离生产的干部？派少数人去加强加强，了解了解情况，短时间是可以的，根本的办法还是要用当地的人，本乡的人，本大队的人，根本的办法是搞民主。"③

（二）民主集中制的基本要求

邓小平强调必须坚持党的民主集中制，并对如何执行民主集中制提出了具体要求。

第一，民主集中制是党的根本组织原则。邓小平指出："民主集中制

---

① 邓小平：《贵州新区工作的策略》，《邓小平文选》，第1卷，第142—143页。
② 邓小平：《关于修改党的章程的报告》，《邓小平文选》，第1卷，第215页。
③ 邓小平：《克服当前困难的办法》，《邓小平文选》，第1卷，第321页。

是我们党的列宁主义的组织原则,是党的根本的组织原则,也是党的工作中的群众路线在党的生活中的应用。在党章草案的总纲和第二章中,对于党的民主集中制作了比较充分的规定。这些规定,是我们党组织生活的多年来经验积累的结果。"①"我们党的组织原则是高度的民主和高度的集中相结合,把列宁提出的民主集中制原则精神发挥了。一个党不集中不行,如果没有中央的和各级党委的集中领导,这个党就没有战斗力。这种集中,如果没有高度的民主作基础,集中也是假的。全党提倡民主、提倡批评与自我批评,就能真正把全党的意志集中起来,真正做到万众一心。"②

第二,没有民主集中制,党、国家和个人都可能变质。邓小平认为:"实事求是,说老实话,本来是我们党的传统,但是,由于没有贯彻实行民主集中制、运动中斗争过火等种种原因,这几年在我们党内滋长了一种不如实反映情况,不讲老实话,怕讲老实话的坏风气。有意弄虚作假,是不好的;怕讲老实话,虽然原因是多方面的,不同于弄虚作假,但也是不好的。近几年来,我们不少同志对党的优良传统坚持不够,特别是对于实事求是传统、群众路线的传统、民主集中制的传统这三个方面的忽视和损伤,给我们的工作带来了很大的危害。这是值得全党严重注意的。""如果搞得不好,特别是民主集中制执行得不好,党是可以变质的,国家也是可以变质的,社会主义也是可以变质的。干部可以变质,个人也可以变质。"③

第三,没有无产阶级的民主和无产阶级的集中,就没有社会主义。邓小平指出:"事实确是这样,没有民主,就没有集中;而这个集中,总是要在民主的基础上,才能真正地正确地实现。没有无产阶级的民主和无产阶级的集中,也就没有社会主义。……从领导方法来说,只有从群众中来,才能到群众中去。没有民主基础上的集中制,既不能实行真正的从群众中来,也不能实行真正的到群众中去。不实行民主集中制,不但脱离人民群众,脱离党员群众,而且上级脱离下级,甚至在同级里也势必造成少数人或个人脱离多数,少数人或个人专断的局面。"④

第四,要避免不适当的"过度集中"。邓小平认为:"在我们党的历

---

① 邓小平:《关于修改党的章程的报告》,《邓小平文选》,第1卷,第225页。
② 邓小平:《建设一个成熟的有战斗力的党》,《邓小平文选》,第1卷,第347页。
③ 邓小平:《在扩大的中央工作会议上的讲话》,《邓小平文选》,第1卷,第302—303页。
④ 邓小平:《在扩大的中央工作会议上的讲话》,《邓小平文选》,第1卷,第304—305页。

史上，关于上下级关系问题，是曾经出现过偏向的。'左'倾机会主义在党内居于统治地位的时候，上下级关系中的偏向是过度集中。在那个时期，下级组织对于上级领导机关实际上几乎没有发言权。当时的上级领导者不但没有兴趣听取下级的情况和意见，而且要给那些根据实际情况向他们提出合理的不同意见的人们以种种打击。这种错误，在一九三五年一月党中央结束了"左"倾机会主义的统治以后，也就在基本上被克服了。""在目前，党的上下级关系中的缺点，从总的方面来说，主要地还是对于发扬下级组织的积极性创造性注意不足。不适当的过分的中央集权，不但表现在经济工作、文化工作和其他国家行政工作中，也表现在党的工作中。上级机关所作的硬性的规定太多，而不少的规定，并不是对于下级组织的情况和经验作了充分研究的结果，以致往往使下级组织在执行的时候发生困难。许多上级组织还不善于深入下层，倾听下级组织和群众的意见，同下级组织经过互相商量去解决工作中的问题，还习惯于在办公室里发号施令，或者到下面去包办代替。此外，有些上级的领导人员还喜欢摆架子，耍威风，只是教训人，批评人，而不能向下级请教，不能听下级的批评，不能对下级作自我批评。这种情况虽然不是普遍的，但是也不是个别的。如果不注意并且改变这种情况，那么，在这些地方也就不会有真正的民主集中制。"①

第五，克服"分散主义"的倾向。邓小平指出："从一九三五年以来，我们党的上下级关系，中央和地方的关系，一般是正常的。中央在处理全国性的重要问题的时候，总是尽可能征询和听取各地方和各部门的同志们的意见，对于不同的意见，一般也可以进行自由的反复的讨论。大家知道，中央有许多重要的指示，是先用草案的形式发给地方，要求各地在讨论和试行中加以修正，在几个月甚至一年多以后，才根据各地的意见修正发布的。对于中央已经发布的指示，如果地方组织由于具体情况确实不能照样执行，中央也同意地方组织按照实际情况加以变通。不但在抗日战争期间和解放战争期间，而且在中华人民共和国成立的最初几年中，中央都给予地方独立处理问题的广泛权力，而事实证明这样做是完全正确的。在各地方和各部门，上下级关系一般也是执行了同样的原则。地方和下级对于中央和上级的领导，一般是尊重的，因此，党的政策基本上在全党能

---

① 邓小平：《关于修改党的章程的报告》，《邓小平文选》，第 1 卷，第 226—228 页。

够得到贯彻实行。但是，在这个时期，党内也曾经存在过另一种偏向，就是分散主义的偏向。我们党内时常出现这样一种干部，他们在自己的工作岗位上，爱好自成系统，自成局面，在政治上自由行动，不喜欢党的领导和监督，不尊重中央和上级的决定，甚至在他们处理一些应当由中央统一决定的重要问题的时候，也事前既不向中央和上级机关请示，事后又不向中央和上级机关报告，违背党的政策和纪律，危害党的统一。"① "目前，我们党的生活是有严重缺陷的。当然，造成严重缺陷的原因有多种。这几年指标过高，要求过急，既助长了分散主义，又助长了命令主义，党的民主集中制也就有了相当大的削弱。……同志们可以细细想一想，在集中正确意见的基础上，统一认识，统一政策，统一计划，统一指挥，统一行动，这五个统一究竟怎样呢？究竟是过去革命战争时期更集中，胜利以后前几年更集中，还是这几年更集中呢？应该指出，这几年，形式上比过去集中得多，但在五个统一方面，却不如过去了！这就是说，分散主义发展了。""同分散主义同时并存的是，命令主义也发展了，党内民主削弱了。没有了民主，就不可能有集中，从而也就不可能有认识的统一，行动的统一。我们强调加强集中统一和反对分散主义，更应坚持民主集中制的原则。不应该误解，以为强调集中统一，就可以抛弃民主集中制的那个民主。为了加强集中统一，反对分散主义，就更要坚持民主集中制的民主这一方面。有了这一方面，集中就有了基础，就可以真正集中统一起来。"②

第六，正确解决上下级关系的制度性安排。邓小平强调："党是依靠全体党员和全党的各个组织，来联系广大的人民群众的。为了从人民群众中收集他们的意见和经验，为了向人民群众宣传党的主张，把它变为人民群众自己的主张，并且组织人民群众加以执行，一般地都必须经过党员的努力，经过党的下级组织的努力。因此，正确地解决党的组织和党员的关系，党的上级组织和下级组织的关系，党的中央组织和地方组织的关系，在党的民主集中制问题上，具有特别重要的意义。"党章草案关于民主集中制中的上下级关系问题，增加了下列的规定：（1）关于民主集中制的基本条件，增加了下列的规定："党的各级领导机关必须经常听取下级组织和党员群众的意见，研究他们的经验，及时地解决他们的问题。""党

---

① 邓小平：《关于修改党的章程的报告》，《邓小平文选》，第1卷，第226—227页。
② 邓小平：《在扩大的中央工作会议上的讲话》，《邓小平文选》，第1卷，第305—306页。

第八章　邓小平:"民主集中制"政策范式的阐释　447

的下级组织必须定期向上级组织报告工作。下级组织的工作中应当由上级组织决定的问题,必须及时向上级请求指示。"(2)关于中央和地方、上级和下级的职权范围问题,增加了这样的条文:"党的中央组织和地方组织的职权应当有适当的划分。凡属全国性质的问题和需要在全国范围内作统一决定的问题,应当由中央组织处理,以利于党的集中统一;凡属地方性质的问题和需要由地方决定的问题,应当由地方组织处理,以利于因地制宜。上级地方组织和下级地方组织的职权,也应当根据同一原则作适当的划分。"(3)关于政策问题的讨论和决议的执行,增加了这样的条文:"关于党的政策问题,在党的领导机关没有作出决议以前,党的下级组织和党的委员会的成员,都可以在党的组织内和党的会议上自由地切实地进行讨论,并且向党的领导机关提出自己的建议。但是党的领导机关一经作出决议,他们就必须服从。下级组织如果认为上级组织的决议不符合本地区、本部门的实际情况,应当向上级组织请求改变这个决议;但是如果上级组织认为仍然应当执行原来的决议,下级组织就必须无条件地加以执行。"①

第七,处理中央与地方关系的原则。邓小平指出:"我们的一切工作都会涉及全局与局部的关系、中央与地方的关系、集中统一与因地制宜的关系。大道理与小道理必须弄清楚。全体和局部缺一不可,全体是由局部组成的,如果只有全体,没有局部,则全体也就不成为全体了。另一方面,全体和局部、中央和地方、集中统一和因地制宜,以什么为主导呢?如果把局部、地方、因地制宜作主导,那就要犯原则错误。一定要以中央、全体、集中统一作主导。因此,在中央工作的同志要经常照顾局部和地方,要因地制宜,注意到地方工作有什么困难。……在地方来讲,则应照顾全体、中央和集中统一,以中央为主体。这是因为地方是在中央领导下的地方,局部是在全体中的局部,因地制宜是在集中统一下的因地制宜,如果两者之间发生矛盾,地方应服从中央,局部应服从全体,因地制宜应服从集中统一。不如此,就会发生地方主义、本位主义和山头主义。"②

第八,要创造既有民主也有集中的生动活泼的政治局面。邓小平要

---

① 参见邓小平《关于修改党的章程的报告》,《邓小平文选》,第1卷,第225—226、228—229页。

② 邓小平:《地方财政工作要有全局观念》,《邓小平文选》,第1卷,第198—199页。

求:"在我们党内和国家内,必须按照毛泽东同志提出的,要造成又有集中又有民主,又有纪律又有自由,又有统一意志、又有个人心情舒畅、生动活泼,那样一种政治局面。这种局面首先要从党内造成。我们国家也要造成这样一种局面。但是,如果党内不造成,国家也造不成。我们党一定要造成这样的生动活泼的政治局面,我们党内一定要有充分的民主。我们党是统一的,团结的,有战斗力的党。没有民主,就没有集中统一;没有集中统一,党就没有战斗力。我们党要永远保持集中统一。这样的党,才真正有战斗力。但是,只有在民主基础上,在充分发扬民主的基础上,才能够建立这样一个统一的党,有纪律的党,有战斗力的党。"①

三 "民主集中制"政策范式的决策机制

对于"民主集中制"政策范式,邓小平更关心的是政策运行所需要的各种机制,而不是该范式的制度基础。在"民主集中制"政策范式的决策机制方面,邓小平重点阐释了五种机制中的问题。

(一) 集体领导机制

邓小平与毛泽东一样,对决策中的"集体领导"给予高度重视,并提出了以下看法。

第一,只有联系群众的集体领导,才符合党的民主集中制原则。"党的民主集中制的另一个基本问题,是各级党组织中的集体领导问题。列宁主义要求党在一切重大的问题上,由适当的集体而不由个人作出决定。关于坚持集体领导原则和反对个人崇拜的重要意义,苏联共产党第二十次代表大会作了有力的阐明,这些阐明不仅对于苏联共产党,而且对于全世界其他各国共产党,都产生了巨大的影响。很明显,个人决定重大问题,是同共产主义政党的建党原则相违背的,是必然要犯错误的,只有联系群众的集体领导,才符合于党的民主集中制原则,才便于尽量减少犯错误的机会"。②

第二,集体领导是党的优良传统。"在我们党内,从长时期以来,由

---

① 邓小平:《在扩大的中央工作会议上的讲话》,《邓小平文选》,第1卷,第306—307页。
② 邓小平:《关于修改党的章程的报告》,《邓小平文选》,第1卷,第229页。

党的集体而不由个人决定重大的问题，已经形成一个传统。违背集体领导原则的现象虽然在党内经常发生，但是这种现象一经发现，就受到党中央的批判和纠正。中央在一九四八年九月关于健全党委制的决定，对于加强党的集体领导，尤其起了重大的作用"。"这个决定在全党实行了，并且直到现在仍然保持着它的效力。当然，集体领导的制度在这个决定之前早就存在了。这个决定的重要意义，在于它总结了党内认真实行集体领导的成功的经验，促使那些把集体领导变为有名无实的组织纠正自己的错误，并且扩大了实行集体领导的范围。像这个决定所说的，在中国人民解放军里面，长期以来就实行着党委的集体领导制，或者说得完全些，党委集体领导下的首长分工负责制。……根据最近几年的经验，中央已经决定在一切企业中同样实行党委集体领导的制度，也就是党委集体领导下的厂长负责制或经理负责制等等"。①

第三，破坏集体领导有各种表现。"党的集体领导的制度，在实践中还是有许多缺点。有少数党组织的负责人，仍然有个人包办的行为。这些负责人，或者很少召集必要的正式的会议，或者往往也召集党组织的会议，但是，这些会议只是形式主义的。他们既没有使会议的参加者对于所要决定的问题，在会议以前具有思想上的准备，在会议上，又没有造成便于展开讨论的气氛，实际上形成强迫通过。这种以集体领导的外表掩盖个人专断的实质的办法，必须坚决加以反对"。"中央一九四八年九月的决定中所指出的另一方面的缺点，现在在许多组织中也还存在，这就是会议次数过多，时间过长。过多过长的会议，不但使党的专职工作人员缺少深入群众和进行具体领导的时间，助长官僚主义和文牍主义，而且妨碍许多党员和群众的劳动和休息。这种缺点的产生，是由于缺乏对会议的规划、准备和领导，同时也由于滥用会议的方式，把许多不需要提到会议上讨论的问题提到会议上来了。这种缺点也必须坚决地克服"。②

第四，毛泽东是尊重集体领导的。"还有一个集体领导问题，也要在适当的会议上说一说。我们党是集体领导，毛泽东同志是这个集体领导的代表人，是我们党的领袖，他的地位和作用同一般的集体领导成员是不同的。但是，切不可因此把毛泽东同志和党中央分开，应该把毛泽东同志看

---

① 邓小平：《关于修改党的章程的报告》，《邓小平文选》，第1卷，第229—231页。
② 邓小平：《关于修改党的章程的报告》，《邓小平文选》，第1卷，第231页。

作是党的集体领导中的一个成员,把他在我们党里头的作用说得合乎实际。毛泽东同志是尊重集体领导的"。①

第五,一切会议的问题都必须经过讨论。"一切提到会议上的问题,都必须经过讨论,允许提出异议。如果在讨论中发现重大的意见分歧,而这种分歧并不属于需要立即解决的紧急问题,就应该适当地延长讨论,并且进行个人商谈,以便求得大多数的真正同意,而不应该仓促地进行表决,或者生硬地作出结论。同样,在党组织进行选举的时候,候选人的名单也应该在选举人中间进行必要的酝酿和讨论。只有这样,党内的民主生活才能获得真实的保证"。②

第六,建立集体领导、分工负责机制。"在党委内部生活中,应该注意集体领导,分工负责。这里边'班长'的作用很重要。我们党,在过去一段时间里,中央和毛泽东同志都特别强调树立核心;后来,核心大体上树立了,就特别强调如何当好'班长'。这就是说,一定要树立核心。不建立核心,处于涣散的状况,这个党委的工作是做不好的。这次会上'将军',大概多半是'将''班长'的'军'。这并不是不重视'班长'。相反,正是重视'班长'。这就是说,'班长'要当好。现在没有适当'班长'的,还要培养'班长',或者由上级选择一个比较好的'班长'。有了'班长',大家就要帮助他当好。当'班长'是很不容易的,常常遇到很为难的事情。不要以为当'班长'很舒服。我知道,好多'班长'也是叫苦的。'班长'的事情很多,谁也不能说样样事情就处理得那么周到。看来,有一些事情,不原谅也是不行的。而'班长'本人,既然知道不容易当,那就要照毛泽东同志在七届二中全会上所讲的,要学会'弹钢琴'。这是不容易学会的。我们恐怕是永远要学的。哪一天都得要讲'要学会',不能说'都会了'(毛泽东:会了,又可以不会的)。遇到新的事情又不会了,遇到新的问题又不会了,遇到新的对象又不会了,到了新的地区又不会了,可不容易学会哩。哪一天都要学会'弹钢琴',学会当乐队指挥。'班长'不勇于负责是不行的。有一些问题,'班长'不负责出面处理也是不行的。有些事情,你不出面处理,推到哪里去呢?这里,是不是可以把问题大体上分两种性质:一种叫日常性质的问题;一

---

① 邓小平:《正确宣传毛泽东思想》,《邓小平文选》,第 1 卷,第 284 页。
② 邓小平:《关于修改党的章程的报告》,《邓小平文选》,第 1 卷,第 231 页。

种叫重大的问题,或者是政策性质的、重大性质的问题。日常的问题,总是要分工负责点头的。第一书记不点头是不行的呀。如果每一件事情都开委员会讨论,开书记处会议讨论,这样开会要开死人的呀。总是或者由第一书记,或者由第二书记,或者由其他书记,分工负责,该点头的还是要点头才行。但是,重大的问题,就必须分别情况,提到委员会,提到常委会,或者提到书记处,加以讨论,大家取得共同的意见,作出共同的决定(毛泽东:如果意见不一致,就少数服从多数)"。①

(二) 党政分工机制

邓小平指出:"党是阶级组织的最高形式,指出这一点,在今天党已经在国家工作中居于领导地位的时候,特别重要。这当然不是说,党可以直接去指挥国家机关的工作,或者是把各种纯粹行政性质的问题提到党内来讨论,混淆党的工作和国家机关工作所应有的界限。这是说,第一,在国家机关工作中的党员,首先是由担任负责工作的党员所组成的党组,必须服从党的统一领导。第二,党必须经常讨论和决定在国家工作中的各种方针政策问题和重要的组织问题,国家机关中的党组必须负责在同党外人士完满合作的条件下,实现党所作出的这些决定。第三,党必须认真地有系统地研究国家机关工作的情况和问题,以便对于国家工作提出正确的、切实的和具体的主张,或者根据实践及时地修正自己的主张,并且对于国家机关工作进行经常的监督。有某些在国家机关中工作的同志,借口自己工作的特殊性而不尊重党的领导,企图把自己工作的部门造成一个独立国,这是必须克服的一种危险倾向。同时,也有些党的机关,对国家机关的行政工作作不正确的干涉,或者并不调查研究,满足于笼统的一般化的领导或者感想式的领导,这种倾向也必须加以纠正。这里所说的党同国家机关工作的关系,一般地也适用于党同各种人民团体的关系。但是,人民团体内部的民主生活,要比国家机关广泛得多,党在领导人民团体内的党组的时候,必须注意到这种特点。"②

(三) 群众路线机制

对于与决策有关的群众路线机制,邓小平重点强调了十方面的要求。

---

① 邓小平:《在扩大的中央工作会议上的讲话》,《邓小平文选》,第 1 卷,第 310—311 页。
② 邓小平:《关于修改党的章程的报告》,《邓小平文选》,第 1 卷,第 236—237 页。

第一，群众路线的两种意义。"什么是党的工作中的群众路线呢？简单地说来，它包含两方面的意义：在一方面，它认为人民群众必须自己解放自己；党的全部任务就是全心全意地为人民群众服务；党对于人民群众的领导作用，就是正确地给人民群众指出斗争的方向，帮助人民群众自己动手，争取和创造自己的幸福生活。因此，党必须密切联系群众和依靠群众，而不能脱离群众，不能站在群众之上；每一个党员必须养成为人民服务、向群众负责、遇事同群众商量和同群众共甘苦的工作作风。在另一方面，它认为党的领导工作能否保持正确，决定于它能否采取'从群众中来，到群众中去'的方法。按照毛泽东同志所起草的党中央关于领导方法的决定的话来说，就是'将群众的意见（分散的无系统的意见）集中起来（经过研究，化为集中的系统的意见），又到群众中去作宣传解释，化为群众的意见，使群众坚持下去，见之于行动，并在群众行动中考验这些意见是否正确。然后再从群众中集中起来，再到群众中坚持下去。如此无限循环，一次比一次地更正确、更生动、更丰富'"。[①]

第二，党没有超乎人民群众之上的权力。"党的工作中的群众路线，具有极深刻的理论意义和实际意义。马克思主义向来认为，归根结底地说来，历史是人民群众创造的。工人阶级必须依靠本阶级的群众力量和全体劳动人民的群众力量，才能实现自己的历史使命——解放自己，同时解放全体劳动人民。人民群众的觉悟性、积极性、创造性愈是发展，工人阶级的事业就愈是发展。因此，同资产阶级的政党相反，工人阶级的政党不是把人民群众当作自己的工具，而是自觉地认定自己是人民群众在特定的历史时期为完成特定的历史任务的一种工具。共产党——这是工人阶级和劳动人民中先进分子的集合体，它对于人民群众的伟大的领导作用，是不容怀疑的。但是，它之所以成为先进部队，它之所以能够领导人民群众，正因为，而且仅仅因为，它是人民群众的全心全意的服务者，它反映人民群众的利益和意志，并且努力帮助人民群众组织起来，为自己的利益和意志而斗争。确认这个关于党的观念，就是确认党没有超乎人民群众之上的权力，就是确认党没有向人民群众实行恩赐、包办、强迫命令的权力，就是确认党没有在人民群众头上称王称霸的权力"。[②]

[①] 邓小平：《关于修改党的章程的报告》，《邓小平文选》，第1卷，第217页。
[②] 邓小平：《关于修改党的章程的报告》，《邓小平文选》，第1卷，第217—218页。

第八章　邓小平："民主集中制"政策范式的阐释　453

第三，领导不是自封的，要得到群众的承认和批准。"共产党员除了应成为执行共同纲领和遵守法纪的模范之外，还需要具有纯正的作风，就是要有不怕麻烦、谦逊朴素和实事求是的作风，要有一心一意为人民服务不计其他的工作态度。有些同志以为天下是我们打下的，一切要服从我们。这是非常错误的。实际上群众不一定会服从你。领导不是自封的，要看群众承认不承认，批准不批准。领导作风恶劣，群众就不会服从；领导犯了错误，群众就不批准。或者有人说，我革命时间长，本领大。但群众不跟你走，你就一事无成"。①

第四，脱离群众一定会使党工作受损失，人民利益受损失。"在说到我们党由于实行群众路线而得到巨大的胜利的时候，我们的意思决不是认为我们的工作在这一方面都是光明的。恰恰相反，我们的目的是要让全党记住：如果正确地实行群众路线，使我们得到成功，那末，违背群众路线，就一定要使我们的工作遭受损失，使人民的利益遭受损失。由于我们党现在已经是在全国执政的党，脱离群众的危险，比以前大大地增加了，而脱离群众对于人民可能产生的危害，也比以前大大地增加了。因此，目前在全党认真地宣传和贯彻执行群众路线，也就有特别重大的意义"。②

第五，要向群众学习，有事同群众商量。"如果不从认识方法上解决党的主张必须是'从群众中来，到群众中去'的问题，那么，党同人民群众的关系问题仍然不能真正地解决。实践证明，许多人并非在主观上没有为人民服务的愿望，但是他们仍然把工作做坏了，使群众受到重大的损失。这是因为他们自以为是先进分子，是领导者，比群众懂得多，因而遇事不向群众学习，不同群众商量，因而他们出的主意，经常在群众中行不通；但是，他们又不从错误和失败中取得教训，以为错误和失败，只是由于群众落后和其他临时因素的影响，因而滥用党的威信，继续一意孤行，这就使他们的错误和失败愈来愈严重。在我们党的历史上，这种主观主义者给我们党的损失，给中国革命和中国人民的损失，是不可胜数的。主观主义者不懂得，只有首先善于做群众的学生的人，才有可能做群众的先生，并且只有继续做学生，才能继续做先生。一个党和它的党员，只有认真地总结群众的经验，集中群众的智慧，才能指出正确的方向，领导群众

---

① 邓小平：《克服目前西南党内的不良倾向》，《邓小平文选》，第1卷，第157页。
② 邓小平：《关于修改党的章程的报告》，《邓小平文选》，第1卷，第221页。

前进。我们不是尾巴主义者,当然懂得,群众的意见一定不会都是正确的和成熟的。我们所谓总结和集中,并不是群众意见的简单堆积,这里必须要有整理、分析、批判和概括;但是,离开群众经验和群众意见的调查研究,那末,任何天才的领导者也不可能进行正确的领导。整理、分析、批判和概括也是会犯错误的,但是不断地同群众商量,不断地研究群众的实践,这就使党有可能少犯错误,并且及时地发现和纠正错误,而不致使得错误发展到严重的地步。因此,党的工作中的群众路线,本身就要求党的领导保持谦虚和谨慎的态度。骄傲,专横,鲁莽,自作聪明,不同群众商量,把自己的意见强加于人,为了自己的威信而坚持错误,是同党的群众路线根本不相容的"。①

第六,正确的政策来自群众。"我们党对于群众路线历来的解释,正如毛主席讲的,无非是从群众中来,到群众中去,集中起来,坚持下去。这就是正确地反映群众的意见,然后正确地领导群众。党的正确的路线、政策是从群众中来的,是反映群众的要求的,是合乎群众的实际的,是实事求是的,是能够为群众所接受、能够动员起群众的,同时又是反过来领导群众的,这就叫群众路线"。②

第七,群众路线要靠实际做工作,而不是热闹的形式。"群众路线要采取各种形式,其中包括热闹的形式。我们现在并不取消热闹的形式。比如最近我们在商业系统里面就要搞个反对'走后门'运动。……我们不能否定在某一个时候要有一个具有一定规模的热闹的形式,有这样热闹的形式,才能把一个歪风打下去,才能把一件事情办好。在全国范围有这样的问题,在一个区域、一个城市也有这样的问题。但是我们的群众路线,不是满足于那个热热闹闹,主要的是要做经常的、细致的工作,做人的工作。这是一点一滴的工作,这样的工作积累起来,才有我们伟大的成绩。所以,我们要搞得深入一些。我们党的历史,我们党的传统,有热闹的形式,但是归根到底,我们是实事求是地做深入的工作。为什么我们过去在农村做的工作那样好?就是因为做得很深入。我们甚至做一件事情可以不登报也能搞好。禁鸦片烟,不登报,完成了;土地改革和镇压反革命,不登报,完成了。这就是靠家喻户晓。所谓家喻户晓,就是一种又是热闹的

---

① 邓小平:《关于修改党的章程的报告》,《邓小平文选》,第 1 卷,第 218—219 页。
② 邓小平:《提倡深入细致的工作》,《邓小平文选》,第 1 卷,第 287—288 页。

事情，又是极端细致的事情。所以，我们主要是做细致的工作，深入的工作。做人的工作也好，做各行各业、各方面的工作也好，种庄稼也好，搞工业生产也好，办学校也好，都要做细致的工作。我们要把大量的工作放到群众中去，同他们一块生活，一块活动，一块说笑话，一块下棋，然后去做工作。一不要党气，二不要团气。这就难了。所以，我们做细致的工作，不是比过去更容易。最容易的工作是开大会，发个一般号召，敲锣打鼓，搞得热热闹闹，那个工作究竟见多少效？"①

第八，要靠群众路线来解决工作中的困难。"我们到西南的干部很少，工作任务繁重而紧迫。在这种情况下，依靠什么办法来做好工作？唯一正确的办法是走群众路线。但是，我们常常见到有些同志在遇到困难的时候，不是看自己执行政策上和思想作风上有没有问题，而是埋怨上级给的任务重，干部少，群众条件不好。……我们提倡的正确的作风，就是毛主席指出的理论与实际结合的作风，联系群众的作风，自我批评的作风。官僚主义、命令主义与毛主席的教导恰恰相反。沾染这种作风的人，不可能实行理论与实际的结合，不可能联系群众，不可能进行自我批评，也不可能完成任务，其结果一定是损害党的工作，损害党的信誉"。②

第九，不是群众自愿的群众运动违反群众路线。"在群众工作方面，我们党的几次会议上，讲过群众路线问题。群众路线是我们党长期的很好的传统。我们的工作向来是很深入的，过去在农村也好，全国胜利之后也好，各种工作是做到家的。不是吹牛皮，一些外国党也真正相信我们的群众路线。我们过去做了许多事，有的并不登报，不登报不等于不普遍深入地宣传，如整顿社会治安、社会风气，都做到家喻户晓。这是依靠党的领导，依靠各个群众组织的经常工作去做的。这几年，经常的细致的工作忽略了。这是党的领导方面的问题，党没有专门党的工作，团没有专门团的工作，工会没有专门工会的工作，妇女也没有专门妇女的工作了，要有就是三八队、青年队、娃娃队，大家都去搞一般工作，丢掉了我们各行各业应该经常死死抓住不放的事情。最近中央要开个空前的大会，近七千人，研究党的工作。现在党的工作大大削弱，反映到党对妇女工作的领导也可以看出来。这几年有没有群众路线呢？不能说没有，但至少相当多的群众

---

① 邓小平：《提倡深入细致的工作》，《邓小平文选》，第 1 卷，第 288—289 页。
② 邓小平：《克服目前西南党内的不良倾向》，《邓小平文选》，第 1 卷，第 154—155 页。

运动不是群众自愿的,是违反群众路线的。我们不回避这些问题。过去搞了一些蠢事,也是好事,使我们更加体会到党的传统经验是很宝贵的,更深刻地体会到要把它恢复起来,好好地做深入细致的一点一滴的工作。过去传统的作风、做法,凡是好的东西都要恢复起来。不是巩固这几年大喊大吼的东西,而是巩固原来长期积累下来的好经验、好作风、好做法。调整、巩固、充实、提高八字方针,主要是讲经济方面,但群众工作也有这个问题。哪些事情不妥当,哪些提法不妥当,不要隐讳,实事求是总结起来就妥当了"。①

第十,不能经常搞大运动。"这几年,我们搞了许多大运动,差不多是把大运动当作我们群众路线的唯一的形式,天天运动,这是不好的。结果,很多经常工作,各部门、各系统、各单位的经常工作,被不断的运动和'分片包干'的方法挤掉了。这个'分片包干'的工作方法,是同那种专搞运动的方法有关,是不好的。应该吸取这几年的教训。例如,过去我们城市里的街道工作是做得很好的。确实,在团结好人、改造坏人、树立好的社会风气、贯彻执行各种任务中,街道工作起了很好的作用。妇女工作、青年工作、工会工作、党委工作,都做得很细致的。但是近几年来,这些工作都有了很大的削弱。这里只是举例。各方面工作都有这样的情况,不必多解释了。总之,要建立经常工作。党、群众组织、军队、企业、机关,都要把经常工作建立起来,要把经常的组织工作、经常的宣传教育工作建立起来。有了经常的细致的工作,了解问题就可以比较深入,这对调查研究也有帮助"。②

(四) 调查研究和计划决策机制

邓小平强调:"制定正确的纲领和政策,要对本国的具体实际作深入的了解。"③"我们今后订计划,一定要切合实际,并且留有余地。今后规定任务,一定不要过重,也不要过死。同志们在讨论中担心,以后中央规定的任务会不会过重。我们在这里许一个愿,中央努力做到不过重,也不过死。过去几年中,中央的缺点,主要表现在计划指标过高上。计划指标

---

① 邓小平:《重要的是做好经常工作》,《邓小平文选》,第1卷,第293—294页。
② 邓小平:《在扩大的中央工作会议上的讲话》,《邓小平文选》,第1卷,第314页。
③ 邓小平:《建设一个成熟的有战斗力的党》,《邓小平文选》,第1卷,第343页。

如果切合实际,并且留有余地,那就不会发生过重、过死的问题了。今后订计划,一方面要有统一的计划,另一方面,在统一的计划内,要给下面留有这样的可能,就是使下面能够结合当地的具体实际去安排,特别是在因地制宜方面,在发挥地方积极性方面,都要做得更好。我们今后制定具体政策和解决问题,在强调集中统一的时候,更应该运用毛泽东同志提倡的'从群众中来,到群众中去'的方法。要经过调查研究,把下面的意见集中起来,然后制定一个切合实际的政策,制定一个切合实际的计划,再到群众中去贯彻实行,并且在实践中加以检验。解决具体问题,也应该如此。"①

(五) 政策掌控机制

在政策掌控问题上,尤其是对决策程序的掌控,邓小平重点强调的是八方面的要求。

第一,谨慎用权要求。"我们执了政,拿了权,更要谨慎。(1) 我们要权,无产阶级要权,不能让权被资产阶级拿到手上;马克思列宁主义者要权,不能让权被机会主义者拿到手上。(2) 我们拿到这个权以后,就要谨慎。不要以为有了权就好办事,有了权就可以为所欲为,那样就非弄坏事情不可"。②

第二,领导威信要求。"要把我们党的老传统真正地恢复起来和发扬起来,党的各级领导同志的态度是很重要的。各级领导同志要善于倾听反面意见,倾听不同意见;要听老实人的话,要听老实话。这也是我们的传统。毛泽东同志,刘少奇同志,历来是这样提倡的。中央多少年来都是这样提倡的。在这次会议的讨论中,很多同志说,过去发表意见比较随便,同志间也容易交心。那就照样恢复起来吧。但是,这里一定要我们党的各级主要领导同志注意到这个问题。党的各级主要领导人,特别是'班长''副班长',要服从和团结多数,尊重少数。这一点,毛泽东同志过去不晓得讲过多少次,这次会上又讲了这个问题。做领导人的,总要取得大多数人的同意,事情才好办,绝不能一个人讲了就算数。对少数人要尊重,少数人的意见不一定就是错误的。即使是错误的,他们的意见也不会是孤

---

① 邓小平:《在扩大的中央工作会议上的讲话》,《邓小平文选》,第1卷,第306页。
② 邓小平:《在扩大的中央工作会议上的讲话》,《邓小平文选》,第1卷,第303—304页。

立的,只有重视这些意见,才能很好地去加以纠正,帮助同志们改正错误。还有,领导人的度量要大一点。要能容人,要能听得进反面意见,要能用平等态度待人,要能更谦虚谨慎,等等。我们党的各级领导同志,特别是主要领导人,威信建立在什么地方呢?建立在思想、工作、言论的正确上,建立在民主作风上,建立在批评和自我批评的作风上。领导人不可能什么事都做得百分之百的正确,不可能一点缺点、错误也没有。问题在于对自己的缺点和错误,有没有自我批评的精神,让不让别人批评,听了正确的批评能不能接受和照办。有错误,自己讲,而且讲够,又能倾听别人批评的意见,这就有了主动,就可以使大家心情舒畅。这样做绝不会损害自己的威信,只会提高自己的威信"。①

第三,按法令制定政策要求。"在统一战线中保持党的领导,这是很对的,但是共产党员在自己的工作中如何体现党的领导呢?首先,要坚决地执行由我党提出的为人民政协所通过的共同纲领,和中央人民政府发布的每一项法令、文告。其次,要善于团结党外人士去实现共同纲领和执行法令。一个共产党员如果不熟悉共同纲领和政府法令,不懂得运用这些武器去团结和教育人民同敌人作斗争,那么不仅说不上什么领导,而且还会做出违反共同纲领和政策的事情,做出违法乱纪的事情,使自己完全居于无理和被动的地位。今天的不幸情况,恰恰是有些共产党员不学习不运用共同纲领。党外人士把共同纲领背得烂熟,在讨论工作和政策时,能够引经据典,充分说理。而我们的一些共产党员却往往瞠目不知所对,有的甚至最后拿出蛮不讲理的本事来。试问,这还说得上领导吗?"②

第四,与党外人士积极合作要求。"我们党内有这样两种人。一种人老是拿共产党员的牌子和革命多少年的资格去压别人,硬要党外人士服从自己,说话态度生硬,架子摆得很大,以为这就是'领导'。其实只能令人讨厌,脱离群众,使自己陷于孤立和困难的地步。另外一种人,虽然本事不大,但是能够同党外人士虚心合作,遇事共同商议,共同决定,工作勤勤恳恳,结果事情办得很好,也得到人家的尊重。所以正确的主张必须与良好的工作方法结合起来,才能实现"。"现在各级政府正在进行人事安排,今后会有许多党外人士当部长、科长,如果有些党员同志当副职,

---

① 邓小平:《在扩大的中央工作会议上的讲话》,《邓小平文选》,第1卷,第308—309页。
② 邓小平:《克服目前西南党内的不良倾向》,《邓小平文选》,第1卷,第156—157页。

一定要接受人家的领导。这同党的领导并不矛盾。只要党员正确地执行政策，就体现了党的领导。即使党员是正职，党外人士是副职，也要遇事商量，真正做到党外人士有职有权"。①

第五，支持代表会议决策的要求。"各界人民代表会议的制度应好好贯彻。一年来的实践证明，这是联系群众、解决问题、巩固统一战线的最好的形式。各地应总结经验，使之开得更好些，发挥的作用更大些"。②"解决以上这些问题，主要是开各界人民代表会，这是联系群众最好、最主要的办法。在干部中要进行整风，反对官僚主义和命令主义。哪怕是辛辛苦苦的官僚主义也好，哪怕是艰苦奋斗的命令主义也好，都在反对之列"。③

第六，鼓励工会、妇联参与决策的要求。"建立工会的民主生活，克服官僚主义。工会一经初步整理，就应开代表大会或会员大会，选举工会领导机关。工会必须充分听取工人的意见和建议，并作认真而妥善的处理"。④"妇女工作一定要管本行，议大事。管事要管本行，议事要议大事，要把眼界搞开阔些。这不单是指做妇女工作的干部，妇女群众也要关心政治。经常工作中有政治，有思想，勤俭建国就是大事，这里就有思想。只看到一个家，不看到国，那怎么行。妇女干部要看世界，农村妇女也要看世界。开各种会议，要谈形势，听了报告，要发表点议论，养成风气。这叫务虚，这个虚，实际上是实，思想认识会反映到实际中去，反映到工作劲头上去。一定要议论大事，不要搞得狭窄得很。在培养妇女干部方面，要注意这个问题。以后订个章程，包括县在内，开妇联会，要议大事"。⑤

第七，各部门协作决策要求。"城市问题复杂，多有时间性，而且往往一个问题牵涉许多部门，所以要求城市工作具有很大的集中性，要统一到市委的领导下去进行。我们有些部门是实行两重乃至三重领导的，这样的部门，除某些特殊问题外，一般的问题均应通过市委去进行。否则头绪很多，没有主要负责的机关，也没有指定主要负责的人，往往一件事情很长时间不能解决。这种官僚主义，就是由于没有统一领导，没有专人负责

---

① 邓小平：《克服目前西南党内的不良倾向》，《邓小平文选》，第1卷，第157—158页。
② 邓小平：《在西南局城市工作会议上的报告提纲》，《邓小平文选》，第1卷，第182页。
③ 邓小平：《在西南区新闻工作会议上的报告》，《邓小平文选》，第1卷，第149页。
④ 邓小平：《在西南局城市工作会议上的报告提纲》，《邓小平文选》，第1卷，第179页。
⑤ 邓小平：《重要的是做好经常工作》，《邓小平文选》，第1卷，第296页。

而来的。以后凡是涉及几个部门的事情，必须召集在一块，商定方针步骤，一致执行；重大一点的问题必须组织一个专门小组或委员会，指定主要负责的人员，以专责守。经验证明，这种方法是好的"。①

第八，决定数字就是决定政策的要求。"更大的危险性是财政部代替各部门决定政策，这是不懂得数字中有政策，决定数字就是决定政策。归口就包括政策问题，数目字内包括轻重缓急，哪个项目该办，哪个项目不该办，这是一个政治性的问题。财政部代替各部作决定，有人说是'有财无政'。'政'是有的，但是错了。过去财政部管得多，反而挨了骂。挨骂有两方面：一方面是袖筒里谈交易，不给钱挨骂，给了钱也挨骂；另一方面是预算不采取归口的办法，控制不住，干预过多，因而财政部成了被斗争的焦点。归口以后，就易于控制，预算就容易确定。所以预算要归口，不能有不归口的预算项目。归口不等于财政部不管，财政部有干预的权利，要提出意见。财政部提意见，是从全局出发，考虑有钱没有钱，是否符合国民经济发展的比例。预算不能由各部自行决定，但必须以各部门为主，共同商量。各级、各部门对归口是赞成的，现在有一些还没有归口，归口以后，工作就主动了"。"动用总预备费须经中央批准。这样，大家提出要求时就会更慎重一些了。这个批准权不应在财政部，而应在中央政治局"。②

四 "民主集中制"政策范式的执行政策要求

在"民主集中制"政策范式的政策执行方面，邓小平重点强调的是三方面的要求。

（一）"政策宣传"要求

邓小平较注意政策宣传问题，并就政策宣传提出了三方面的要求。

第一，"用笔领导"。"拿笔杆是实行领导的主要方法。领导同志要学会拿笔杆。开会是一种领导方法，是必需的，但到会的人总是少数，即使

---

① 邓小平：《在西南局城市工作会议上的报告提纲》，《邓小平文选》，第1卷，第182—183页。

② 邓小平：《财政工作的六条方针》，《邓小平文选》，第1卷，第193—195页。

做个大报告，也只有几百人听。个别谈话也是一种领导方法，但只能是'个别'。实现领导最广泛的方法是用笔杆子。用笔写出来传播就广，而且经过写，思想就提炼了，比较周密。所以用笔领导是领导的主要方法，这是毛主席告诉我们的。凡不会写的要学会写，能写而不精的要慢慢地精"。①

第二，政策必须与群众见面。"拿笔有多种。党和政府写决议、指示、计划，发电报，这是很重要的，但指示、电报只能传达到一定范围的干部。任何政策如果只同干部见面，不同群众见面，是不能发生效果的。拿笔杆子中，作用最广泛的是写文章登在报纸上和出小册子，再就是写好稿子到广播电台去广播。出报纸、办广播、出刊物和小册子，而又能做到密切联系实际，紧密结合中心任务，这在贯彻实现领导意图上，就比其他方法更有效、更广泛，作用大得多"。②

第三，报纸要发挥政策批评的功能。"现在报纸的影响比过去大了，有些不正确的东西在报上一表扬，就糟了。前几年很多干部不看报，现在不同了，报纸有威信，看到报纸讲什么就要照着去做。很多地方看到报纸批评了的做法，就秘密地改，这就是报纸的作用。社会上很多人看报，看共产党什么态度，人民政府政策如何，要从报上找自己需要的东西，解决自己的问题。正因为干部群众都重视报纸，我们就要很慎重"。"报纸最有力量的是批评与自我批评。中央过去表扬了几个报，主要因为他们实现了批评与自我批评，是非弄得很清楚，应该做的和不应该做的弄得很明确。报纸搞批评，要抓住典型，有头有尾，向积极方面诱导，有时还要有意识地作好坏对比。这样的批评与自我批评才有力量，才说明是为了改进工作，而不是消极的。什么叫生动活泼？不在文字长短，而是要写出生动的过程，而且有结果。我们有的批评往往只是把问题摆出来了，没有下文。描写过程也不能冗长。批评与自我批评要大大发扬，我们还很不够。领导上，党委和政府，要全力支持通讯员写批评稿，现在敢说话的人太少，要鼓励说话。对有些与事实不符的批评，必要时也要提醒和说明。从领导来看，办报是大家办报，从新闻工作者自己来看，也是大家办报。报纸真的同实际、同群众联系好了，报纸办好了，对领导是最大的帮助。常

---

① 邓小平：《在西南区新闻工作会议上的报告》，《邓小平文选》，第1卷，第145页。
② 邓小平：《在西南区新闻工作会议上的报告》，《邓小平文选》，第1卷，第145页。

常有这样的情况：党和政府听不到的，报纸能听到，它能摸到社会的脉搏。目前最突出的问题是什么，把读者来信加以综合研究，常常就能看出来。任何一个任务不是一家报纸所能完成的。各家报纸接触面不同，要各方面努力，才能把党和政府的声音普遍传播到各阶层群众中去"。①

（二）"坚决执行政策"要求

邓小平指出："我们的方针确定之后，就要一条心，向前看，继续总结各地方、各部门、各单位的经验。对于党和国家的政策和任务，必须千方百计，克服困难，去贯彻执行。决定了就要执行，要一致执行，这是一条纪律，也是我们党的传统。"②"集中力量，创造典型，积累经验，然后普及的领导方法，用之于城市各项工作中，都是灵验的。我们同志在新的工作中往往忘记了这个工作方法，以致走了许多弯路，应引起注意。"③

邓小平还强调："努力，表示想把事情办好，这是共产党员必须具备的起码的品质，但是最主要的还是看努力的结果。有两种努力，一种是执行了政策，联系了群众，做好了工作，完成了任务；另一种是工作看起来忙得很，但是实行的是命令主义，违反了政策，脱离了群众，完成不了任务，损害了党的信誉。我们要区别这两种努力，提倡正确的努力，不赞成那种不正确的努力。党内犯官僚主义错误的同志，有些也是很努力的，所以有个新名词叫'辛辛苦苦的官僚主义'。从遵义会议以来，我们党在毛主席的领导下，保证了党的路线方针的正确。但是路线正确并不等于解决了一切问题，还要看党的各级干部和党员是否正确执行这个路线。中央的路线、方针、政策正确，如果下面不很好执行，那有什么用呢？所以说，尽管绝大多数同志是努力的，但并不就是一切情况都好，一切都胜利，还要检查一下是怎样努力的。努力加上方法正确，才能完成任务。这里面包括政策与作风两个问题，而总的是联系群众的问题。"④

（三）"反官僚主义"要求

邓小平指出："在党的组织和国家机关的许多工作人员中，正在滋

---

① 邓小平：《在西南区新闻工作会议上的报告》，《邓小平文选》，第1卷，第147、150页。
② 邓小平：《在扩大的中央工作会议上的讲话》，《邓小平文选》，第1卷，第316页。
③ 邓小平：《在西南局城市工作会议上的报告提纲》，《邓小平文选》，第1卷，第183页。
④ 邓小平：《克服目前西南党内的不良倾向》，《邓小平文选》，第1卷，第152—153页。

第八章　邓小平："民主集中制"政策范式的阐释　463

长着形形色色的官僚主义的倾向。不少领导机关和领导干部，高高在上，不接近群众，不重视调查研究，不了解工作中的真实情况。他们往往不是从客观的实际条件和人民群众的具体实践出发，来考虑和决定他们的工作，而是从不确切的情况出发，从想象和愿望出发，主观主义地来考虑和决定他们的工作。因此，他们作出的决议、指示虽然很多，但有的不完全正确，有的甚至完全错误。他们在执行中央和上级的指示的时候，往往不采取同下级同志和群众商量的办法，不结合当时当地的具体情况，而只是机械地盲目地搬运。他们往往满足于表面上的成绩，而不注意工作的实际效果，或者只看到工作中好的方面，看不到工作中坏的方面，或者只追求数量，不讲究质量。他们对自己的工作心中无数，常常'左'右摇摆，有时表现为右倾保守，思想落后于实际，有时又表现为急躁冒进，贪多求快，超过实际的可能。不少机关的负责同志，把自己的绝大部分时间，用在处理文电和不必要的过多的开会上面，很少深入基层，深入群众，了解他们的要求和研究他们的经验，这就不可避免地陷入了事务主义和文牍主义的泥坑。不少领导同志，喜欢在自己的工作岗位上建立庞大的机关，由于机构臃肿，层次重叠，不能使群众的意见和要求正确地及时地反映上来，也不能把自己的决议和指示正确地迅速地贯彻下去，在自己和群众之间，设置了许多人为的障碍。不少负责同志，对于工作中需要立即解决的问题，不是亲自动手来处理，而是层层下放，然后又层层上报，结果不是处理有错误，就是处理不及时，使工作受到许多损失。更严重的是有些领导同志，不愿意接近群众，不关心群众的痛痒，对于群众要求迫切解决的问题，不是积极地去解决，而是抱着一种无动于衷的冷淡态度。官僚主义也表现在有一些干部有严重的骄傲自满情绪。他们夸大个人的作用，强调个人的威信，只能听人奉承赞扬，不能受人批评监督，甚至有些品质恶劣的人，还对批评者实行压制和报复。我们党内还有一种人，他们把党和人民的关系颠倒过来，完全不是为人民服务，而是在人民中间滥用权力，做种种违法乱纪的坏事。这是一种很恶劣的反人民的作风，这是旧时代统治阶级作风在我们队伍中的反映。诚然，这样的干部为数很少，但是，他们的危害却很大。官僚主义倾向还有一种比较大量的表现，就是命令主义。不少党的组织和干部，在作出决议、指示以前，既不同群众商量，在执行决议、指示的时候，对群众又不是采取说服教育的方法，而是企图一切依靠命令行事。犯这种错误的同志，他们在主观愿望上也许是想把工作做好，但是，在实际上却是把工作做得很坏。这种命令主义的错误，在党的基层组织和基层干部中表现得较为突出，但是，下面的命令主义错误，往往是同上级领导机关的主观主义和官僚主义的领导分不开的。上述这些现象的存在，说明党的工作中的群众路线，还远没有在我们党内得到完全贯彻执行。我们必须向这些脱离群众的、官僚主义的现象进行经常的斗争。"①

五 "民主集中制"政策范式的政策监督机制

在"民主集中制"政策范式的政策监督机制方面，邓小平重点强调的是五方面的要求。

（一）对领导人的监督

邓小平指出："对于我们党的各级领导人（包括党委会的所有成员），应该有监督。这种监督是来自几方面的，来自上面，来自下面（下级），来自群众，也来自党小组生活。我想提出这么一个问题，大家看看妥当不妥当。我觉得，对领导人最重要的监督是来自党委会本身，或者书记处本身，或者常委会本身。这是一个小集体。我们一些领导同志，同伙夫、勤杂人员等同志们编在一个党小组里，那是起不了多少监督作用的。当然，根据党章规定，人人要过支部生活。我想，我们是不是可以这样，就是把领导人的主要的小组生活，放到党委会去，或者放到书记处去，或者放到常委会去。在党委会里面，应该有那么一段时间交交心，真正造成一个好的批评和自我批评的空气。同等水平、共同工作的同志在一起交心，这个监督作用可能更好一些。（刘少奇：可以有这么个建议，各级党的委员会一个月之内要有一次党内生活会。委员会开会，进行批评和自我批评。）不一定一个月，三个月有一次也很好了。（刘少奇：一季有一次，一年四次也好，开党内生活会。这么一个建议，行不行？每一个委员会，省委也好，地委也好，县委也好，一季开一次会，搞批评和自我批评，过党的生活。）（毛泽东：检查工作，总结经验，交换意见。）谈谈心，相互批评批

---

① 邓小平：《关于修改党的章程的报告》，《邓小平文选》，第1卷，第221—223页。

评，有意见就讲。我们要重视党委内部的互相监督作用这个问题。上级不是能天天看到的，下级也不是能天天看到的，同级的领导成员之间彼此是最熟悉的。这样做，对于同级里面讨论问题，取得一致意见，作出决定，也是很重要的。"①

（二）对干部的监督

邓小平指出："对干部的监督，无非是这样几个方面：首先是党的生活的监督，党员干部要过党的生活。今年一月扩大的中央工作会议提出，许多高级干部完全在支部里面过党的生活，监督比较困难。这是多少年的经验了。那个时候提出，一个季度或者半年，可以在一个党委，一个党组，结合讨论工作，过一次党的生活，做点批评和自我批评，看看执行方针政策正确不正确，努力不努力，坚决不坚决。这不只是个人的修养问题，也是一种监督，是党的生活的一种形式。对这一部分干部采用这种形式比较好。这已经是肯定了的，现在就是做的问题。至于一般党员、干部，人人都应该经常过支部生活，过小组生活，接受党的监督。民主集中制的贯彻执行，这也是一种监督。还有党员和群众的监督，党的监察制度的监督，组织部门对干部实行鉴定制度的监督。监察工作主要是监察干部，包括比较负责的干部，即使不是同级的主要干部，至少也是一些负责干部。要把管理和监督干部的经常工作好好地建立起来，把监察工作好好地加强起来，把干部的鉴定制度恢复起来，这样做极有好处。对干部中存在的问题，经常抓就容易解决，搞一次运动费力得很。"②

（三）对中国共产党的监督

邓小平指出："党要受监督，党员要受监督，八大强调了这个问题。毛主席最近特别强调要有一套章程，就是为了监督。毛主席说，要唱对台戏，唱对台戏比单干好。我们党是执政的党，威信很高。我们大量的干部居于领导地位。在中国来说，谁有资格犯大错误？就是中国共产党。犯了错误影响也最大。因此，我们党应该特别警惕。宪法上规定了党的领导，党要领导得好，就要不断地克服主观主义、官僚主义、宗派主义，就要受

---

① 邓小平：《在扩大的中央工作会议上的讲话》，《邓小平文选》，第1卷，第309—310页。
② 邓小平：《执政党的干部问题》，《邓小平文选》，第1卷，第330—331页。

监督，就要扩大党和国家的民主生活。如果我们不受监督，不注意扩大党和国家的民主生活，就一定要脱离群众，犯大错误。因为我们如果关起门来办事，凭老资格，自以为这样就够了，对群众、对党外人士的意见不虚心去听，就很容易使自己闭塞起来，考虑问题产生片面性，这样非犯错误不可。所以毛主席在革命胜利之后再三强调这个问题，这是看得很深很远的。"

邓小平还强调："所谓监督来自三个方面。第一，是党的监督。对于共产党员来说，党的监督是最直接的。要求党的生活严一些，团的生活也严一些，也就是说，党对党员的监督要严格一些，团对团员的监督要严格一些。第二，是群众的监督。要扩大群众对党的监督，对党员的监督。第三，是民主党派和无党派民主人士的监督。要扩大他们对共产党的监督，对共产党员的监督。有了这几方面的监督，我们就会谨慎一些，我们的消息就会灵通一些，我们的脑子就不会僵死起来，看问题就会少一些片面性。共产党员谨小慎微不好，胆子太大了也不好。一怕党，二怕群众，三怕民主党派，总是好一些。谨慎总是好一些。"①

（四）来自人大、政协等的政策监督

邓小平指出："在群众方面，要扩大各方面的民主。人民代表大会、政协会要开好。开好各级人民代表大会、政协会，很有益处。最近全国政协会开得很好，畅所欲言，有好多好意见。厂矿企业的管理方面，要扩大民主。最近中央关于处理罢工罢课问题的指示里强调了这个问题。要搞职工代表大会，加强它的作用，这就是要求我们在厂矿企业里扩大群众的监督。在这方面，八大决议中只讲了一面，强调了党委领导下的厂长负责制，这次处理罢工罢课问题的指示里还加了一条，即党委领导下的群众监督制。既有自上而下的党委领导下的厂长负责制，又有自下而上的党委领导下的群众监督制。厂矿企业的领导同志，有群众监督比之没有群众监督要好一些，会谨慎一些。实行群众监督可以把群众的积极性调动起来，会提出很多好的意见。听说相当一部分厂矿企业的行政领导者对这一点想不通。他们总觉得：不受监督，自己下命令舒服，独断专行比较方便。正因为相当多的领导同志思想不通，看起来监督就更加重要了，不搞群众监督

---

① 邓小平：《共产党要接受监督》，《邓小平文选》，第1卷，第270—271页。

就更危险了。就是农村办合作社,也要扩大民主,实行民主办社。农村干部的命令主义是同上级领导的缺乏民主作风分不开的。计划搞得那样死,怎能不强迫命令呢?在山西,农民对我们的意见是:'你们管得太多了。'我们到晋南,当地领导机关规定八月初五棉花打顶尖,不够尺寸不准打顶尖,干部拿上尺子到地里量着打顶尖,照办了的每亩收棉四十斤,没照办的每亩收棉五十斤。这叫什么先进经验?这也是滥用党的威信。农民对我们无可奈何,反正是党的号召,做就是了。这种情况,偶尔发生群众还可以原谅,长此下去那还行?在学校,也要扩大民主生活。教职员工会、学生会,要发挥作用,教职员、学生的意见要能充分表达。学校的负责人,要善于吸收教职员的意见,善于吸收学生的意见。发扬民主不会妨碍统一领导。我们的军队不是最讲集中吗?我们过去打仗也靠军队的民主生活,这对我们统一指挥有什么妨碍呢?对领导管理有什么妨碍呢?只有加强上下团结,事情才更好办嘛。实际上群众参与的事情,即使遇到困难,即使有的搞错了,他们也能忍受,很少埋怨;相反,实行命令主义,搞对了群众也不满意。所以,扩大各方面的民主生活,扩大群众的监督,很重要。"

邓小平还指出:"各党派的'长期共存、互相监督'和思想上的'百花齐放、百家争鸣'这十六个字,毛主席讲了,我不准备多讲。这里要讲的是我们党内不少人思想不通,不了解它的好处。这十六个字的方针对我们国家有深远的影响,对我们党有极大的好处,对发展马克思列宁主义有很大的好处。如果我们不注意,不搞'百花齐放、百家争鸣',思想要僵死起来,马克思主义要衰退,只有搞'百花齐放、百家争鸣',各种意见表达出来,进行争辩,才能真正发展马克思主义,发展辩证唯物主义。这一点,斯大林犯过错误,就是搞得太死了,搞得太单纯了。在苏联,马克思主义在一个时期衰退了。'长期共存、互相监督'也是这样,有监督比没有监督好,一部分人出主意不如大家出主意。共产党总是从一个角度看问题,民主党派就可以从另一个角度看问题,出主意。这样,反映的问题更多,处理问题会更全面,对下决心会更有利,制定的方针政策会比较恰当,即使发生了问题也比较容易纠正。所以,对这十六字方针应当想通。"①

---

① 邓小平:《共产党要接受监督》,《邓小平文选》,第 1 卷,第 271—273 页。

（五）中央主动纠正政策错误

邓小平指出："二十七年的历史证明，我们的党中央是一个好的党中央。有的同志可能会说，党中央不是也有缺点和错误吗？刘少奇同志的报告中不是说，中央对近几年来我们工作中的一些缺点和错误负主要责任吗？这个问题怎么解释呢？我们认为，没有缺点和错误的中央是没有的。问题在于我们是不是严肃认真地正视问题，是不是实事求是地对待问题。我说我们中央好，从这次会议也可以看得出来。在这次会议上，我们的中央，按照马克思列宁主义的原则，认真地总结经验，开展批评和自我批评，发扬成绩，修正错误。这样做，照列宁的话说，就是一个郑重的党的标志。我们党是合乎这个标准的。刘少奇同志的报告集中讲了我们这几年工作中的问题，特别是讲了许多缺点和错误，进行批评和自我批评，总结经验。这样做是不容易的。正因为我们敢于严肃认真地正视问题，实事求是地对待问题，对就对，错就错，是就是，非就非，所以说，我们党是合乎列宁所说的标准的，我们的中央是好的中央。"①

六　党内民主与党的建设

邓小平对党内民主和党的建设问题，有专门的论述，可列举其主要关注的五个问题。

（一）以党代表大会常任制落实党内民主

邓小平指出："党的民主集中制的基本要求之一，是党的各级代表大会的定期召集和充分发挥作用。党的第八次大会同第七次大会隔了十一年多，当然是迟了。地方各级代表大会和代表会议，除了一部分单位已经严格执行了党章的规定以外，多数的单位还是比党章规定的开得少。这是我们党的民主生活中的一个重要的缺点。""党内民主没有因为党的代表大会和代表会议开得不经常而受到严重的影响，这是因为，从第七次大会以来的这些年份里，无论党的中央组织和地方组织，都召集了大量的干部会议，这些会议按照充分民主的精神，讨论了党的政策和工作中的各种问

---

① 邓小平：《在扩大的中央工作会议上的讲话》，《邓小平文选》，第1卷，第298—299页。

题,在很大的程度上起了党的代表会议以至代表大会的作用。……出席这些会议的,一般都有百多人、几百人到一千多人。这些会议,实际上都起了全国代表会议的作用,都在自由的、切实的讨论的基础上,解决了党的政策和工作中的重要问题。当然,无论如何,召集这些会议在法律上究竟不能代替召集代表大会,不能弥补不经常召集代表大会的缺憾。""为了彻底克服这个缺点,把党的民主生活提高到更高的水平,党中央委员会在党章草案中,决定采取一项根本的改革,就是把党的全国的、省一级的和县一级的代表大会,都改作常任制,多少类似各级人民代表大会那样。党章草案规定全国代表大会每届任期五年,省一级的代表大会每届任期三年,县一级的代表大会每届任期二年。这三级代表大会一律每年开会一次,因此,原有的党的各级代表会议制度就不需要了。党的代表大会的常任制,大大减少了代表选举工作的负担,代表大会在任期届满以前,可以随时召集。由于每年开会,代表大会的会议也就可以开得简便一些。代表大会常任制的最大好处,是使代表大会可以成为党的充分有效的最高决策机关和最高监督机关,它的效果,是几年开会一次和每次重新选举代表的原有制度所难达到的。按照新的制度,党的最重要的决定,都可以经过代表大会讨论。党的中央、省、县委员会每年必须向它报告工作,听取它的批评,答复它的询问。代表由于是常任的,要向选举他们的选举单位负责,就便于经常地集中下级组织的、党员群众的和人民群众的意见和经验,他们在代表大会会议上,就有了更大的代表性,而且在代表大会闭会期间,也可以按照适当的方式,监督党的机关的工作。因此,我们相信,这种改革,必然可以使党内民主得到重大的发展。""必须着重地指出,党是一个战斗的组织,没有集中统一的指挥,是不可能取得任何战斗胜利的,一切发展党内民主的措施都不是为了削弱党的必需的集中,而是为了给它以强大的生气勃勃的基础,这是我们大家都充分明了的。我们主张改进各级代表大会的制度,是为了使各级党的委员会更便于集中广大群众的意见,工作做得更正确有效。我们主张改进中央和地方、上级和下级之间的工作关系,是为了使中央和上级的领导更符合于实际,把注意力更集中于必须集中的工作,对于地方和下级更可以加强检查和指导。"[①]

[①] 邓小平:《关于修改党的章程的报告》,《邓小平文选》,第1卷,第232—234页。

（二）恢复党内民主的优良传统

邓小平指出："一定要把我们党的优良传统恢复起来，发扬起来。一定要按照传统，按照党章的规定，建立党员与党的正确关系。党员对党，对工作，对问题，对领导人，都有权按组织原则，在党的范围内，提出批评和意见，并且有权保留自己的意见。党章规定，在问题没有作出决定以前，在党的会议上或在党的报刊上，党员都可以自由发表意见。只是不准两条：第一，不准不执行党的决议。党员对于党的决议如果有不同意的地方，可以提出意见；如果认为决议中有不正确的地方，也可以要求修改。但是，党章规定，党员必须执行党的决议，虽然在执行中有权保留自己的意见。如果不执行，那就是违反党的纪律。第二，不准搞派别活动。（毛泽东：不准搞暗藏的派别活动。有一部分人，他公开发表不同的意见，是不是许可呢？）这是党章上许可的。在问题没有作出决定以前，都可以公开地发表自己的意见；在作出决定以后，就必须坚决执行。但是，在执行过程中，也还可以提意见。至于理论上、学术上的问题，那是另外一回事，那是不论什么时候都可以自由讨论的。这几年来，有许多事情是违反党内民主的原则的，应该纠正。""有同志担心，毛泽东同志讲了话，刘少奇同志作了报告，'三不'，不抓辫子，不戴帽子，不打棍子，哪晓得隔了几年之后会不会变呢？这种想法，是这几年的实际状况的一种反映，是可以理解的。但是，尽管可以原谅，也还是一种错误的想法。应该相信我们党的传统。当然，有的同志要看一看，是可以的。我们不是说允许保留意见吗？现在有的同志还是只写匿名信。写匿名信可以叫做'半勇敢'。我们收到一些匿名信，其中说的都是很好的意见。为什么要匿名呢？既然是共产党员，为什么不可以公开地郑重地发表自己的意见，由半勇敢变为全勇敢呢？我们大家要带头。只要我们带头，就可以把这个风气转过来，就可以把我们党的优良传统恢复起来，发扬起来。如果现在还是东怕西怕，还是怕讲心里话，我们党的老传统就恢复不起来。特别是我们在座的'班长''副班长'，更应该带头恢复老传统。这些老传统，中央提倡，毛泽东同志提倡，我们党历来就有章程，只是这几年有了损伤，是应该和能够迅速恢复起来的，不正常的现象是应该和能够迅速纠正过来的。当然，一定要说清楚，要做到这点，党内一定要有充分的民主。"①

(三) 以整风达到政策统一

邓小平指出:"我们党有五好:有好的指导思想,有好的中央,有大批好的骨干,有好的传统,有好的信赖党的人民。这样的党,既然能够领导人民取得革命的胜利,也一定能够领导人民取得社会主义建设的胜利;既然能够把国内工作搞好,也一定能够在国际共产主义运动中担负起自己应负的责任。"②

邓小平还强调:"当一个共产党员,就要自觉服从党的路线和政策,全心全意为人民服务,做好工作,并经常准备吃亏和遇到麻烦,工作做坏了,还要受批评,而且终生都应该如此。""这次整风主要是查思想、查作风,看我们的同志对党的革命事业抱什么态度,在各种运动中是否执行了党的政策,是否联系了群众,工作是否做得那样好,是否合乎毛泽东思想,目的是经过整风,克服思想上政策上的混乱现象,达到思想上的统一,政策上的统一,使工作在已有的基础上前进一步。""我们要在整风的基础上把党公开。中央局准备发一个指示,无论城市、乡村、工厂、机关,党都要公开。公开的好处很多,老区都有经验。有的同志怕把表现不好的党员公开出来。丑媳妇总要见公婆的嘛,让群众来监督批评,只有好处,没有坏处。"③

(四) 干部能上能下

邓小平指出:"多少年来,我们对干部就是包下来,能上不能下。现在看来,副作用很大。我们面前摆着这个难题,现在还没有很好的办法解决。唯一的出路是要能下。这是一项很艰巨的工作。首先,思想上要弄通。应该说,问题倒还不全是待遇问题,解决待遇问题可以保留原薪原级,问题是职位要能下。现在副职太多,一个军区的副司令员要开两桌饭,一个省的副主席、副主任、省委副书记也要开两桌饭。这个问题,多少年来,中央在考虑,地方也在考虑,但是始终解决不了。解决这个问

---

① 邓小平:《在扩大的中央工作会议上的讲话》,《邓小平文选》,第1卷,第307—308页。
② 邓小平:《在扩大的中央工作会议上的讲话》,《邓小平文选》,第1卷,第301页。
③ 邓小平:《克服目前西南党内的不良倾向》,《邓小平文选》,第1卷,第152、156、160页。

题,需要做很多的工作。要说服我们的干部,造成一种能下的空气。生活待遇和政治待遇可以不降低。要劝说一批同志去担任荣誉职务,比如在一个县,当个县的政协委员、政协副主席。省也是这样。有一部分干部可以到下面去工作,替换一些下面的干部,让他们回到生产中去,待遇不降低。还有一部分完全不能工作的干部,索性就离开职务继续休养,或者担任一个荣誉职务。干部能上不能下的问题现在已经成为我们工作中的障碍,虽然一下子还不能解决,要慢慢来,但是总要逐步地解决。这次中央书记处开会听取组织工作汇报时,我提出干部能上能下,是不是可以试验一下,先从基层做起。……这个问题,中央没有议过,我是第一次发表这个意见。在农村基层搞久了,也有缺点。当上一二十年的支部书记,又是'一帮子',他的话差不多就是'圣旨',这对于发扬民主,贯彻执行民主集中制,都不利。支部书记到下面当个普通党员,生产队长到下面当个普通社员,可以看看他们当支部书记或队长的时候,工作和作风究竟怎么样,这对于发扬民主有好处。这个问题,请你们回去跟中央局和省、市、自治区党委的领导同志交换一下意见,看是不是可以找些地方试一试。我个人考虑,可能是个好办法,至少没有坏处。……先从基层做起。要逐步从制度上,习惯上,风气上,做到能上能下。这一点,我们不如资本主义社会,资本主义社会是能上能下的。苏联怎么样,我不清楚。这是摆在我们面前的一个大问题。"①

(五) 正确认识领袖的作用

邓小平指出:"马克思主义在承认历史是人民群众所创造的时候,从来没有否认杰出的个人在历史上所起的作用;马克思主义只是指出,个人的作用归根结底是以一定的社会条件为转移的。同样,马克思主义也从来没有否认领袖人物对于政党的作用。按照列宁的著名的说法,领袖是'最有威信、最有影响、最有经验'的人们,毫无疑问,他们的这种威信、影响和经验乃是党、阶级和人民的宝贵的财富。对于这一点,我们中国共产党人从自己的切身经验中,是感到特别亲切的。当然这种领袖是在群众斗争中自然而然地产生的,而不能是自封的。同过去剥削阶级的领袖相反,工人阶级政党的领袖,不是在群众之上,而是在群众之中,不是在

---

① 邓小平:《执政党的干部问题》,《邓小平文选》,第 1 卷,第 329—330 页。

党之上，而是在党之中。正因为这样，工人阶级政党的领袖，必须是密切联系群众的模范，必须是服从党的组织、遵守党的纪律的模范。对于领袖的爱护——本质上是表现对于党的利益、阶级的利益、人民的利益的爱护，而不是对于个人的神化。苏联共产党第二十次代表大会的一个重要的功绩，就是告诉我们，把个人神化会造成多么严重的恶果。我们党从来认为，任何政党和任何个人在自己的活动中，都不会没有缺点和错误，这一点，现在已经写在我们的党章草案的总纲里去了。因为这样，我们党也厌弃对于个人的神化。当人民革命在全国胜利的前夕，在一九四九年三月的七届二中全会上，党中央根据毛泽东同志的提议，决定禁止给党的领导者祝寿，禁止用党的领导者的名字作地名、街名、企业的名字，这对于制止歌功颂德，起了很有益的作用。党中央历来也反对向领导者发致敬电和报捷电，反对在文学艺术作品中夸大领导者的作用。当然，个人崇拜是一种有长远历史的社会现象，这种现象，也不会不在我们党的生活和社会生活中，有它的某些反映。我们的任务是，继续坚决地执行中央反对把个人突出、反对对个人歌功颂德的方针，真正巩固领导者同群众的联系，使党的民主原则和群众路线，在一切方面都得到贯彻执行。"①

　　从本章的内容可以看出，邓小平对"民主集中制"政策范式的阐释，更多强调的是具体的要求和做法，从细节上对"民主集中制"政策范式起了重要的补充和完善作用。

---

① 邓小平：《关于修改党的章程的报告》，《邓小平文选》，第 1 卷，第 234—235 页。

第九章 "改革开放"政策范式

邓小平自1977年以来，强调的是"改革开放"的政策范式。这样的政策范式，与他在"文化大革命"以前所论述的"民主集中制"政策范式的最重要区别，就是将"改革开放"作为一种必须长期坚持的政策路线，并围绕这样的路线提出了一些新的要求。

一 "改革开放"的政策路线

邓小平所倡导的"改革开放"，既是一种明确的政策要求，更是一种极为重要的"路线"要求。对于这样的"路线"，邓小平着重强调的是以下四个方面的论述。

(一)"开放政策"的基本诉求

邓小平首先提出的是"开放"的政策要求，并就这样的要求强调了七大要点。

第一，中国的发展需要"开放"。邓小平指出："中国在历史上对世界有过贡献，但是长期停滞，发展很慢。现在是我们向世界先进国家学习的时候了。我们过去有一段时间，向先进国家学习先进的科学技术被叫作'崇洋媚外'。现在大家明白了，这是一种蠢话。我们派了不少人出去看看，使更多的人知道世界是什么面貌。关起门来，固步自封，夜郎自大，是发达不起来的。由于受林彪、'四人帮'的干扰，我们国家的发展耽误了十年。六十年代前期我们同国际上科学技术水平有差距，但不很大，而这十几年来，世界有了突飞猛进的发展，差距就拉得很大了。同发达国家相比较，经济上的差距不止是十年了，可能是二十年、三十年，有的方面甚至可能是五十年。……要实现四个现代化，就要善于学习，大量取得国际上的帮助。要引进国际上的先进技术、先进装备，作为我们发展的起点。"①

第二，"开放"必须打破"闭关自守"。邓小平认为："现在的世界是开放的世界。中国在西方国家产业革命以后变得落后了，一个重要原因就是闭关自守。建国以后，人家封锁我们，在某种程度上我们也还是闭关自守，这给我们带来了一些困难。三十几年的经验教训告诉我们，关起门来搞建设是不行的，发展不起来。关起门有两种，一种是对国外；还有一种是对国内，就是一个地区对另外一个地区，一个部门对另外一个部门。两种关门都不行。我们提出要发展得快一点，太快不切合实际，要尽可能快一点，这就要求对内把经济搞活，对外实行开放政策。"②

第三，"开放"不能讲大话，讲空话，需要一系列正确的政策。邓小平指出："在经济问题上，我是个外行，也讲了一些话，都是从政治角度讲的。比如说，中国的经济开放政策，这是我提出来的，但是如何搞开放，一些细节，一些需要考虑的具体问题，我就懂得不多了。今天谈这个问题，我也是从政治角度来谈。我们确定了一个政治目标：发展经济，到本世纪末翻两番，国民生产总值按人口平均达到八百美元，人民生活达到小康水平。这个目标对发达国家来说是微不足道的，但对中国来说，是一个雄心壮志，是一个宏伟的目标。更为重要的是，在这个基础上，再发展三十年到五十年，力争接近世界发达国家的水平。实现我们的目标，不是很容易的。讲大话，讲空话，都不行，要有一系列正确的对内对外的方针和政策。"③

第四，"开放"需要在传统的基础上根据新情况制定政策。邓小平强调："你们问我们实行开放政策是否同过去的传统相违背。我们的作法是，好的传统必须保留，但要根据新的情况来确定新的政策。过去行之有效的东西，我们必须坚持，特别是根本制度，社会主义制度，社会主义公有制，那是不能动摇的。我们不能允许产生一个新的资产阶级。我们引进先进技术，是为了发展生产力，提高人民生活水平，是有利于我们的社会主义国家和社会主义制度。至于怎么能发展得多一点、好一点、快一点、

---

① 邓小平：《实行开放政策，学习世界先进科学技术》，《邓小平文选》，第2卷，第132—133页。
② 邓小平：《建设有中国特色的社会主义》，《邓小平文选》，第3卷，第64—65页。
③ 邓小平：《我们的宏伟目标和根本政策》，《邓小平文选》，第3卷，第77页。

省一点，这更不违背我们的社会主义制度。"①

第五，"开放政策"包括三方面的开放。邓小平指出："一个对外经济开放，一个对内经济搞活。改革就是搞活，对内搞活也就是对内开放，实际上都叫开放政策。而对外开放，我们还有一些人没有弄清楚，以为只是对西方开放，其实我们是三个方面的开放。一个是对西方发达国家的开放，我们吸收外资、引进技术等主要从那里来。一个是对苏联和东欧国家的开放，这也是一个方面。国家关系即使不能够正常化，但是可以交往，如做生意呀，搞技术合作呀，甚至于合资经营呀，技术改造呀，一百五十六个项目的技术改造，他们可以出力嘛。还有一个是对第三世界发展中国家的开放，这些国家都有自己的特点和长处，这里有很多文章可以做。所以，对外开放是三个方面，不是一个方面。对内经济搞活，改革经济体制，发展起来会比我们预想的要快，就是说，很有希望。中间也可能会出些问题，不要紧，我们不怕，一步步走，一步步地总结经验，不对头赶快改，不是大改，大的方针不会变了。"②

第六，"开放"遵循的是先农村后城市的步骤。邓小平强调："从中国的实际出发，我们首先解决农村问题。中国有百分之八十的人口住在农村，中国稳定不稳定首先要看这百分之八十稳定不稳定。城市搞得再漂亮，没有农村这一稳定的基础是不行的。所以，我们首先在农村实行搞活经济和开放政策，调动了全国百分之八十的人口的积极性。我们是在一九七八年底制定这个方针的，几年功夫就见效了。不久前召开的第六届全国人民代表大会第二次会议决定，改革要从农村转到城市。城市改革不仅包括工业、商业，还有科技、教育等，各行各业都在内。总之，我们内部要继续改革，对外进一步开放。"③ "对内经济搞活，首先从农村着手。中国有百分之八十的人口在农村。中国社会是不是安定，中国经济能不能发展，首先要看农村能不能发展，农民生活是不是好起来。翻两番，很重要的是这百分之八十的人口能不能达到。现在看，一系列新的农村政策是成功的。过去农村很困难，现在可以说绝大多数的人能够吃饱，能够穿得比较好，居住情况有了很大的改善。农村政策见效很快，增加了我们的信

---

① 邓小平：《实行开放政策，学习世界先进科学技术》，《邓小平文选》，第2卷，第133页。
② 邓小平：《军队要服从整个国家建设大局》，《邓小平文选》，第3卷，第98—99页。
③ 邓小平：《建设有中国特色的社会主义》，《邓小平文选》，第3卷，第65页。

心，对我们确定翻两番的目标是一个鼓励。这几年进行的农村的改革，是一种带革命意义的改革。与此同时，我们开始了城市改革的试验。当然，农村这一套不能完全搬到城市，因为城市比农村复杂得多，它包括工业、商业、服务业，还包括科学、教育、文化等领域。即将召开的党的十二届三中全会的主题，就是城市和整个经济体制的改革。这意味着中国将出现全面改革的局面。农村改革经过三年就见成效。城市改革大体上也要三年至五年才能够看到显著的变化。农村改革的经验使我们相信城市改革能够搞好。同时，我们也意识到，由于城市改革的复杂性，可能会出些差错。但这影响不了大局，我们是走一步看一步，有不妥当的地方，改过来就是了。总之，遵循一个原则，就是实事求是。我们相信，城市改革也会成功，党的十二届三中全会将在中国的历史发展中写上很重要的一笔。"①

第七，"开放"可以带来世界与中国的相互帮助。邓小平指出："我们在制定对内经济搞活这个方针的同时，还提出对外经济开放。总结历史经验，中国长期处于停滞和落后状态的一个重要原因是闭关自守。经验证明，关起门来搞建设是不能成功的，中国的发展离不开世界。当然，像中国这样大的国家搞建设，不靠自己不行，主要靠自己，这叫做自力更生。但是，在坚持自力更生的基础上，还需要对外开放，吸收外国的资金和技术来帮助我们发展。这种帮助不是单方面的。中国取得了国际的特别是发达国家的资金和技术，中国对国际的经济也会做出较多的贡献。几年来中国对外贸易的发展，就是一个证明。所以我们说，帮助是相互的，贡献也是相互的。"②

（二）"改革"的基本定位

邓小平对于继"开放"后提出的"改革"概念，从五个方面给予了基本的定位。

第一，"改革"是解放生产力。邓小平认为："革命是解放生产力，改革也是解放生产力。推翻帝国主义、封建主义、官僚资本主义的反动统治，使中国人民的生产力获得解放，这是革命，所以革命是解放生产力。社会主义基本制度确立以后，还要从根本上改变束缚生产力发展的经济体

---

① 邓小平：《我们的宏伟目标和根本政策》，《邓小平文选》，第3卷，第77—78页。
② 邓小平：《我们的宏伟目标和根本政策》，《邓小平文选》，第3卷，第78—79页。

制,建立起充满生机和活力的社会主义经济体制,促进生产力的发展,这是改革,所以改革也是解放生产力。过去,只讲在社会主义条件下发展生产力,没有讲还要通过改革解放生产力,不完全。应该把解放生产力和发展生产力两个讲全了。"①

第二,"改革"是一种革命。邓小平指出:"我们把改革当作一种革命,当然不是'文化大革命'那样的革命。"②"现在我们正在做的改革这件事是够大胆的。但是,如果我们不这样做,前进就困难了。改革是中国的第二次革命。这是一件很重要的必须做的事,尽管是有风险的事。六届人大三次会议的政府工作报告指出了我们已经遇到的一些风险。我们在确定做这件事的时候,就意识到会有这样的风险。"③

第三,"改革"就是坚持对内开放和对外开放的政策。邓小平强调:"无论是农村改革还是城市改革,其基本内容和基本经验都是开放,对内把经济搞活,对外更加开放。虽然城市改革比农村复杂,但是有了农村改革的成功经验,我们对城市改革很有信心。农村改革三年见效,城市改革时间要长一些,三年五载也会见效。十二届三中全会的决议公布后,人们就会看到我们全面改革的雄心壮志。"④"两个开放,即对外开放和对内开放,这个政策不会变,我们现在进行的改革是两个开放政策的继续和发展。改革需要继续开放。不久前,我在全国科技工作会议上讲执行开放政策时,强调了理想和纪律,这是必要的。有人认为,中国谈理想,是否意味着要收了。不是这样。对于开放可能带来的消极影响,我们的头脑是清醒的,不是盲目的。我们的方针不是收,而是继续放,也许今后要放得更大。外国有的评论家说,中国的现行政策是不可逆转的。我认为这个看法是正确的。"⑤

第四,"改革"需要及时总结经验和纠正错误。邓小平指出:"我们的方针是,胆子要大,步子要稳,走一步,看一步。我们的政策是坚定不移的,不会动摇的,一直要干下去,重要的是走一段就要总结经验。因为

---

① 邓小平:《在武昌、深圳、珠海、上海等地的谈话要点》,《邓小平文选》,第3卷,第370页。
② 邓小平:《我们把改革当作一种革命》,《邓小平文选》,第3卷,第82页。
③ 邓小平:《改革是中国的第二次革命》,《邓小平文选》,第3卷,第113页。
④ 邓小平:《我们把改革当作一种革命》,《邓小平文选》,第3卷,第81—82页。
⑤ 邓小平:《改革是中国的第二次革命》,《邓小平文选》,第3卷,第113—114页。

改革涉及人民的切身利害问题，每一步都会影响成亿的人。改革能否成功，再过几年就能看清了。农村的改革三年见效，包括城市、农村在内的全面改革更复杂了，我们设想要五年见效。这中间一定还会犯错误，还会出问题。关键是要善于总结经验，哪一步走得不妥当，就赶快改。最近出现的一些问题没有什么了不起，国际上有人把它看得比较严重，我们自己心里是踏实的。"①

第五，"改革"将为中国六十年的持续发展奠定基础。邓小平指出："我对外国人说，改革的势头不错，这话正是在北京出现一阵抢购，有半个月人心惶惶的时候说的。那时候，我心里是踏实的。现在看势头还是好的，我总是讲这个观点。经济体制改革成不成功，成功大小，要看三年到五年。见效了才能说服人，证明第二个三中全会决议是正确的。改革的意义，是为下一个十年和下世纪的前五十年奠定良好的持续发展的基础。没有改革就没有今后的持续发展。所以，改革不只是看三年五年，而是要看二十年，要看下世纪的前五十年。这件事必须坚决干下去。物价改革是个很大的难关，但这个关非过不可。不过这个关，就得不到持续发展的基础。十二届三中全会以来九个月的实践证明，物价改革是对的。理顺生活资料价格恐怕要用三年，加上生产资料价格的改革，需要的时间更长。如果用五年时间理顺物价关系，就是了不起的事。这项工作很艰巨。改革的势头好，要坚持搞下去，这个路子必须走。今后即使出现风波，甚至出现大的风波，改革也必须坚持。否则，下一个十年没有希望。我们要抓住时机，现在是改革的最好时机。"②

（三）对"改革开放"政策路线的全面理解

将"开放"与"改革"结合在一起，既是中国共产党的政治路线，也是重要的政策路线，邓小平强调应从十个方面理解这样的路线。

第一，"改革开放"是符合党的根本政治路线的政策选择。邓小平指出："从一九七八年我们党的十一届三中全会开始，确定了我们的根本政治路线，把四个现代化建设，努力发展社会生产力，作为压倒一切的中心任务。在这个基础上制定了一系列新的方针政策，主要是改革和开放政

---

① 邓小平：《改革是中国的第二次革命》，《邓小平文选》，第3卷，第113页。
② 邓小平：《抓住时机，推进改革》，《邓小平文选》，第3卷，第131—132页。

策。改革是全面的改革，包括经济体制改革、政治体制改革和相应的其他各个领域的改革。开放是对世界所有国家开放，对各种类型的国家开放。""总之，几年的实践证明，我们搞改革、开放的路子是走对了。虽然每一个领域都还有不少问题，但是不难逐步解决。所以，我们改革、开放的政策不可能放弃，甚至于不可能放慢。现在快、慢也是议论的问题之一，因为改革、开放是有风险的。要讲究稳妥，但稳妥变成停滞不前就坏了。最近我们中央在考虑，在总结经验的基础上，加快一点改革、开放的步子。"①

第二，"改革开放"是在中国搞社会主义的正确政策选择。邓小平指出："世界上对我国的经济改革有两种评论。有些评论家认为改革会使中国放弃社会主义，另一些评论家则认为中国不会放弃社会主义。后一种看法比较有眼光。我们所有的改革都是为了一个目的，就是扫除发展社会生产力的障碍。过去我们进行了新民主主义革命，建国后完成了土地改革，又进行了农业、手工业和资本主义工商业的社会主义改造，建立了社会主义经济基础，那是一个伟大的革命。那个革命搞了三十几年。但是在建立社会主义经济基础以后，多年来没有制定出为发展生产力创造良好条件的政策。社会生产力发展缓慢，人民的物质和文化生活条件得不到理想的改善，国家也无法摆脱贫穷落后的状态。这种情况，迫使我们在一九七八年十二月召开的党的十一届三中全会上决定进行改革。我们总的原则是四个坚持：坚持社会主义道路，坚持人民民主专政，坚持共产党的领导，坚持马列主义、毛泽东思想。这已经写进中国的宪法。问题是怎么坚持。是坚持那种不能摆脱贫穷落后状态的政策，还是在坚持四项原则的基础上选择好的政策，使社会生产力得到比较快的发展？十一届三中全会决定进行改革，就是要选择好的政策。改革的性质同过去的革命一样，也是为了扫除发展社会生产力的障碍，使中国摆脱贫穷落后的状态。从这个意义上说，改革也可以叫革命性的变革。"②

第三，"改革开放"是没有现成经验的政策实验。邓小平强调："我国几年来的发展情况表明，凡是实行改革、开放政策的地方都搞得好。现在国际上有一种议论，说中国改革的步子放慢了，政策要变。说放慢步子

---

① 邓小平：《改革的步子要加快》，《邓小平文选》，第3卷，第237、240页。
② 邓小平：《对中国改革的两种评价》，《邓小平文选》，第3卷，第134—135页。

还有些根据,说政策要变就没有根据了。改革总会出现一些问题,有了问题就要进行调整。……改革、开放是一个新事物,没有现成的经验可以照搬,一切都要根据我国的实际情况来进行。实践证明,步子放大些有利。当然步子大风险也就大。"①

第四,"改革开放"带有鲜明的和平、民主、经济改革的政策要求。邓小平指出:"在总结经验的基础上,党的十一届三中全会提出一系列新的政策。就国内政策而言,最重大的有两条,一条是政治上发展民主,一条是经济上进行改革,同时相应地进行社会其他领域的改革。我们的对外政策是反对霸权主义,维护世界和平。我们把争取和平作为对外政策的首要任务。争取和平是世界人民的要求,也是我们搞建设的需要。没有和平环境,搞什么建设!"② "我们的现代化建设要取得成功,决定于两个条件。一个是国内条件,就是坚持现行的改革开放政策。如果改革成功,会为中国今后几十年的持续稳定发展奠定基础。还有一个是国际条件,就是持久的和平环境。我们奉行反对霸权主义、维护世界和平的外交政策。谁搞和平,我们就拥护;谁搞战争和霸权,我们就反对。我们同美苏两个超级大国都改善关系,但是他们哪件事做得不对,我们就批评,就不投赞成票。我们不能坐到别人的车子上去。我们这种独立自主的外交政策,最有利于世界和平。问题的关键是中国的现行政策不能变,无论对内还是对外政策都不能变。我相信,只要坚持现行政策,搞它几十年,中国会发展起来的。"③

第五,"改革开放"必须吸取"文化大革命"的教训。邓小平指出:"我们是在一个贫穷的大国里进行改革的,这在世界上没有先例。我们搞建设有三十九年,有成功的经验,也有失败的教训。但是光凭自己的经验和教训还解决不了问题。中国要谋求发展,摆脱贫穷和落后,就必须开放。开放不仅是发展国际间的交往,而且要吸收国际的经验。我们从一九五七年以后,耽误了二十年,而这二十年又是世界蓬勃发展的时期,这是非常可惜的。但另一方面也有一点好处,二十年的经验尤其是'文化大革命'的教训告诉我们,不改革不行,不制定新的政治的、经济的、社

---

① 邓小平:《我国方针政策的两个基本点》,《邓小平文选》,第3卷,第248页。
② 邓小平:《政治上发展民主,经济上实行改革》,《邓小平文选》,第3卷,第116—117页。
③ 邓小平:《拿事实来说话》,《邓小平文选》,第3卷,第156页。

会的政策不行。十一届三中全会制定了这样的一系列方针政策，走上了新的道路。这些政策概括起来，就是改革和开放。"① "我熟悉我们党从开头到现在的历史，对许多重大事件的历史过程都比较了解。总结历史，不要着眼于个人功过，而是为了开辟未来。过去的成功是我们的财富，过去的错误也是我们的财富。我们根本否定'文化大革命'，但应该说'文化大革命'也有一'功'，它提供了反面教训。没有'文化大革命'的教训，就不可能制定十一届三中全会以来的思想、政治、组织路线和一系列政策。三中全会确定将工作重点由以阶级斗争为纲转到以发展生产力、建设四个现代化为中心，受到了全党和全国人民的拥护。为什么呢？就是因为有'文化大革命'作比较，'文化大革命'变成了我们的财富。"②

第六，"改革开放"是实现经济发展目标的政策手段。邓小平认为："改革和开放是手段，目标是分三步走发展我们的经济。第一步是达到温饱水平，已经提前实现了。第二步是在本世纪末达到小康水平，还有十二年时间，看来可以实现。第三步是下个世纪再花五十年时间，达到中等发达国家水平，这是很不容易的。关键是本世纪内的最后十年，要为下个世纪前五十年的发展打下基础，创造比较好的条件和环境。"③

第七，"改革开放"是具有抗风险能力的政策安排。邓小平强调："改革没有万无一失的方案，问题是要搞得比较稳妥一些，选择的方式和时机要恰当。不犯错误不可能，要争取犯得小一点，遇到问题就及时调整。这是有风险的事情，但我看可以实现，可以完成。这个乐观的预言，不是没有根据的。同时，我们要把工作的基点放在出现较大的风险上，准备好对策。这样，即使出现了大的风险，天也不会塌下来。"④ "不要怕冒一点风险。我们已经形成了一种能力，承担风险的能力。为什么这次治理通货膨胀能够见效这么快，而且市场没有受多大影响，货币也没有受多大影响？原因就是有这十一二年改革开放的基础。改革开放越前进，承担和抵抗风险的能力就越强。我们处理问题，要完全没有风险不可能，冒点风险不怕。"⑤

① 邓小平：《要吸收国际的经验》，《邓小平文选》，第 3 卷，第 266 页。
② 邓小平：《总结历史是为了开辟未来》，《邓小平文选》，第 3 卷，第 272 页。
③ 邓小平：《要吸收国际的经验》，《邓小平文选》，第 3 卷，第 266—267 页。
④ 邓小平：《要吸收国际的经验》，《邓小平文选》，第 3 卷，第 267 页。
⑤ 邓小平：《善于利用时机解决发展问题》，《邓小平文选》，第 3 卷，第 364 页。

第八,"改革开放"需要具有改革形象的稳定的领导集体。邓小平指出:"我们是一个大国,只要我们的领导很稳定又很坚定,那末谁也拿中国没有办法。中国一定要有一个具有改革开放形象的领导集体,这点请你们特别注意。改革开放放弃不得。如果固守成规,照过去的老框框一模一样地搞,没有一些试验、一些尝试,包括受一些挫折、有一些失败的尝试,肯定达不到我们的战略目标。我们一定要真正地搞改革开放,不能关起门来搞。我们在两三年内要好好地调整。过去失误的,例如通货膨胀,弥补起来。""要搞几个大项目,表示我们的信心。改革开放政策稳定,中国大有希望。"①

第九,"改革开放"需要"适度"的快速经济增长。邓小平认为:"现在特别要注意经济发展速度滑坡的问题,我担心滑坡。百分之四、百分之五的速度,一两年没问题,如果长期这样,在世界上特别是同东亚、东南亚国家和地区比,也叫滑坡了。世界上一些国家发生问题,从根本上说,都是因为经济上不去,没有饭吃,没有衣穿,工资增长被通货膨胀抵消,生活水平下降,长期过紧日子。如果经济发展老是停留在低速度,生活水平就很难提高。人民现在为什么拥护我们?就是这十年有发展,发展很明显。假设我们有五年不发展,或者是低速度发展,例如百分之四、百分之五,甚至百分之二、百分之三,会发生什么影响?这不只是经济问题,实际上是个政治问题。所以,我们要力争在治理整顿中早一点取得适度的发展。什么叫适度?适度的要求就是确实保证这十年能够再翻一番。要按一九八〇年的固定价格,没有水分的,还要把人口增长的因素计算在内。这样算,究竟每年增长速度要达到多少?我们现在的算法究竟准不准确,可不可靠?年增百分之六的速度是不是真正能实现第二个翻番?这个要老老实实地计算,要最终体现到人民生活水平上。生活水平究竟怎么样,人民对这个问题感觉敏锐得很。我们上面怎么算帐也算不过他们,他们那里的帐最真实。我的意思是,只靠我们现在已经取得的稳定的政治环境还不够。加强思想政治工作,讲艰苦奋斗,都很必要,但只靠这些也还是不够。最根本的因素,还是经济增长速度,而且要体现在人民的生活逐步地好起来。人民看到稳定带来的实在的好处,看到现行制度、政策的好

---

① 邓小平:《改革开放政策稳定,中国大有希望》,《邓小平文选》,第3卷,第318、321页。

处,这样才能真正稳定下来。不论国际大气候怎样变化,只要我们争得了这一条,就稳如泰山。要实现适当的发展速度,不能只在眼前的事务里面打圈子,要用宏观战略的眼光分析问题,拿出具体措施。机会要抓住,决策要及时,要研究一下哪些地方条件更好,可以更广大地开源。比如抓上海,就算一个大措施。上海是我们的王牌,把上海搞起来是一条捷径。中国社会主义农业的改革和发展,从长远的观点看,要有两个飞跃。第一个飞跃,是废除人民公社,实行家庭联产承包为主的责任制。这是一个很大的前进,要长期坚持不变。第二个飞跃,是适应科学种田和生产社会化的需要,发展适度规模经营,发展集体经济。这是又一个很大的前进,当然这是很长的过程。乡镇企业很重要,要发展,要提高。农业问题要始终抓得很紧。农村富起来容易,贫困下去也容易,地一耕不好农业就完了。总之,经济能不能避免滑坡,翻两番能不能实现,是个大问题。使我们真正睡不着觉的,恐怕长期是这个问题,至少十年。中国能不能顶住霸权主义、强权政治的压力,坚持我们的社会主义制度,关键就看能不能争得较快的增长速度,实现我们的发展战略。"①

第十,"改革开放"必须坚持四项基本原则。邓小平指出:"中央认为,我们要在中国实现四个现代化,必须在思想政治上坚持四项基本原则。这是实现四个现代化的根本前提。这四项是:(1)必须坚持社会主义道路;(2)必须坚持无产阶级专政;(3)必须坚持共产党的领导;(4)必须坚持马列主义、毛泽东思想。大家知道,这四项基本原则并不是新的东西,是我们党长期以来所一贯坚持的。粉碎'四人帮'以至三中全会以来,党中央实行的一系列方针政策,一直是坚持这四项基本原则的。我们从实践上和理论上,都批判了'四人帮'那种以极左面目出现的主张普遍贫穷的假社会主义。我们坚持了社会主义公有制和按劳分配的原则。我们坚持自力更生为主、争取外援为辅、学习和引进外国先进技术发展我国社会主义经济建设的方针。我们努力按照客观经济规律办事。也就是说,我们坚持了科学社会主义。我们粉碎了'四人帮'的封建法西斯主义,平反了大量冤案,解决了历史上遗留的一系列问题,巩固了无产阶级专政,恢复和发扬了社会主义民主,特别是三中全会以后,出现了毛泽东同志生前多年盼望实现的生动活泼的政治局面。我们恢复了遭到破坏

---

① 邓小平:《国际形势和经济问题》,《邓小平文选》,第3卷,第354—356页。

的党的三大作风，健全了党的民主集中制，增强了全党的团结、党和群众的团结，从而大大提高了党的威信，加强了党对国家和社会生活的领导。我们破除了林彪和'四人帮'所制造的精神枷锁，坚持领袖是人不是神；坚持完整地准确地掌握马列主义、毛泽东思想的科学体系；坚持从实际出发，实事求是。这就恢复了毛泽东思想的本来面目，维护了毛泽东同志作为一个伟大革命家在中国革命史和世界革命史上应当享有的崇高地位。"①

（四）"改革开放"政策的稳定性、长期性要求

邓小平特别强调"改革开放"政策的稳定性和长期性的要求，并指出这样的政策之所以不能随意改变，主要是基于以下六条理由。

第一，政策的正确性使得政策不能随意被改变。邓小平指出："我们的政策是否有连续性，主要看两条。首先是看政策本身对不对，这是最重要的。如果政策不对，有什么必要连续呢？如果政策对，能推动社会主义社会生产力发展，使人民生活逐步好起来，这种政策本身就保证了它的连续性。其次要看执行政策的人。"②"我们要向世界说明，我们现在制定的这些方针、政策、战略，谁也变不了。为什么？因为实践证明现在的政策是正确的，是行之有效的。人民生活确实好起来了，国家兴旺发达起来了，国际信誉高起来了，这是最大的事情。改变现在的政策，国家要受损失，人民要受损失，人民不会赞成，首先是八亿农民不会赞成。农村政策一变，他们的生活水平马上就会降低。现在农村还有几千万人温饱问题没有完全解决，不过也比过去好多了。毕竟全国绝大多数地方好起来了，国家可以腾出手来帮助少数贫困地方发展起来。中央对此已有部署。不仅是国家，还有那些好起来了的地方也可以帮助，问题不难解决。所以，从我们自己的实践看，不但我们这一代不能变，下一代，下几代，都不能变，变不了。"③

第二，人民对政策的支持使得政策不能随意被改变。邓小平指出："因为确定现行政策会不会发生变化的主要根据是，现行政策对不对，对国家来说对不对，对人民来说对不对，人民的日子是不是逐步好过一些。

---

① 邓小平：《坚持四项基本原则》，《邓小平文选》，第2卷，第164—165页。
② 邓小平：《社会主义和市场经济不存在根本矛盾》，《邓小平文选》，第3卷，第150页。
③ 邓小平：《在中央顾问委员会第三次全体会议上的讲话》，《邓小平文选》，第3卷，第83—84页。

我相信人民的眼睛是雪亮的。现行政策只要一改变,人民生活肯定会下降。如果人民认为现行政策是正确的,谁要改变现行政策,谁就要被打倒。"① "我可以肯定地告诉你,谁也不能阻挡中国的改革开放继续下去。为什么?道理很简单,不搞改革开放就不能继续发展,经济要滑坡。走回头路,人民生活要下降。改革的趋势是改变不了的。不管我在不在,不管我是否还担任职务,十年来由我主持制定的一系列方针政策绝对不会改变。我相信我的同事们会这样做。"② "要坚持党的十一届三中全会以来的路线、方针、政策,关键是坚持'一个中心、两个基本点'。不坚持社会主义,不改革开放,不发展经济,不改善人民生活,只能是死路一条。基本路线要管一百年,动摇不得。只有坚持这条路线,人民才会相信你,拥护你。谁要改变三中全会以来的路线、方针、政策,老百姓不答应,谁就会被打倒。"③

第三,党的基本路线要求改革开放政策不得被随意改变。邓小平强调:"改革是社会主义制度的自我完善,在一定的范围内也发生了某种程度的革命性变革。这是一件大事,表明我们已经开始找到了一条建设有中国特色的社会主义的路子。" "我们常说,干部的新老交替,是从组织上保证我们党的政策的连续性。究竟什么是我们党的政策的连续性呢?这里当然包括独立自主、民主法制、对外开放、对内搞活等内外政策,这些政策我们是不会改变的。而所有这些政策的基础,就是四项基本原则,对此我们更是不会改变,不会动摇的。不然的话,我们的社会就将是一个乱的社会,就谈不上安定团结,什么建设改革、振兴中华,都将成为空话。"④ "在这短短的十几年内,我们国家发展得这么快,使人民高兴,世界瞩目,这就足以证明三中全会以来路线、方针、政策的正确性,谁想变也变不了。说过去说过来,就是一句话,坚持这个路线、方针、政策不变。改革开放以来,我们立的章程并不少,而且是全方位的。经济、政治、科技、教育、文化、军事、外交等各个方面都有

---

① 邓小平:《答美国记者迈克·华莱士问》,《邓小平文选》,第3卷,第173—174页。
② 邓小平:《结束严峻的中美关系要由美国采取主动》,《邓小平文选》,第3卷,第332页。
③ 邓小平:《在武昌、深圳、珠海、上海等地的谈话要点》,《邓小平文选》,第3卷,第370—371页。
④ 邓小平:《在中国共产党全国代表会议上的讲话》,《邓小平文选》,第3卷,第142、146页。

明确的方针和政策,而且有准确的表述语言。这次十三届八中全会开得好,肯定农村家庭联产承包责任制不变。一变就人心不安,人们就会说中央的政策变了。农村改革初期,安徽出了个'傻子瓜子'问题。当时许多人不舒服,说他赚了一百万,主张动他。我说不能动,一动人们就会说政策变了,得不偿失。像这一类的问题还有不少,如果处理不当,就很容易动摇我们的方针,影响改革的全局。城乡改革的基本政策,一定要长期保持稳定。当然,随着实践的发展,该完善的完善,该修补的修补,但总的要坚定不移。即使没有新的主意也可以,就是不要变,不要使人们感到政策变了。有了这一条,中国就大有希望。"①

第四,领导人的改变不会导致改革开放政策的变化。邓小平指出:"反对霸权主义、维护世界和平是我们真实的政策,是我们对外政策的纲领。世界上有人怀疑一旦现在中国这些领导人不在了,中国的政策是不是会变。我刚才回答了这个问题,不会变,变不了!如果中国想自己发展起来就需要这样做,谁也变不了。但这也不是一厢情愿的事情。如果国际上有人把战争强加于我们,我们也不害怕,无非拖延若干年,打完仗再搞建设。现在,我们国内的情况不错,一心一意搞经济、搞建设。我们的对外政策是符合我们这个宏伟目标的,尽管这个目标人家看起来微不足道,但我们自己仍然称之为宏伟目标。"② "不要宣扬我起的作用有什么特别了不起,因为宣扬过分会带来一个问题,就是说,邓某人不在了政策要变。现在国际上就担心这个问题嘛。" "最近时期,我总跟外宾谈变不了,我们现行政策的连续性是可靠的。不过,他们还不大相信。这是个很大的问题,我是意识到这个问题的。所以,我的工作方法是尽量少做工作。它的好处就是:(1)可以多活几岁。(2)让年轻一些的同志多做工作,他们精力充沛,比我做得更好。我希望逐步过渡到完全不做工作但身体还是好的,那样我就完成任务了。现在看来还得做点事。去年我只做了一件事:打击刑事犯罪分子。今年做了两件事:一件是进一步开放沿海十四个城市,还有一件是用'一国两制'的方式解决香港问题。其他事都是别人做的。"③

---

① 邓小平:《在武昌、深圳、珠海、上海等地的谈话要点》,《邓小平文选》,第3卷,第371页。
② 邓小平:《中国的对外政策》,《邓小平文选》,第2卷,第417页。
③ 邓小平:《在中央顾问委员会第三次全体会议上的讲话》,《邓小平文选》,第3卷,第83—84页。

"我们国家的领导人换了代,现在事情归新一代领导人管了。他们主持全局已经五个多月了,可以看出,中国的发展战略和一系列方针政策,并没有因为我退下来而有任何变化。我们一直坚持党的十一届三中全会以来的路线和各项方针政策,不但这一届领导人要坚持,下一届、再下一届都要坚持,一直坚持下去。为什么这些方针政策不能变呢?因为十年来的实践证明,这一套方针政策是完全正确的,如果放弃改革开放,就等于放弃我们的根本发展战略。"①

第五,改革开放政策的延续取决于是否有较好执行政策的人。邓小平指出:我们的政策是否有连续性,要看执行政策的人。"从中央到各个地方,都要有一批勇于探索、精力较好的人。党的十一届三中全会以后,我们就逐步实行干部队伍的年轻化,当然还有革命化、知识化、专业化。召开这次党代表会议是一九八二年十二大就决定的,因为当时党的领导机构的成员年龄偏高,所以决定在两次代表大会之间开一次党代表会议,中心目的是实现年轻化。"②

第六,政策见效后更没有理由改变政策。邓小平强调:"一个是政局稳定,一个是政策稳定,两个稳定。不变也就是稳定。如果到下一个五十年,这个政策见效,达到预期目标,就更没有理由变了。"③"对内经济搞活,对外经济开放,这不是短期的政策,是个长期的政策,最少五十年到七十年不会变。为什么呢?因为我们第一步是实现翻两番,需要二十年,还有第二步,需要三十年到五十年,恐怕是要五十年,接近发达国家的水平。两步加起来,正好五十年至七十年。到那时,更不会改变了。即使是变,也只能变得更加开放。否则,我们自己的人民也不会同意。"④

二 "改革开放"政策范式的重要取向

在对"改革开放"政策路线全面理解的基础上,邓小平还强调"改革开放"政策路线以及与之相应的政策范式应具有十种重要的取向。

---

① 邓小平:《国家的主权和安全要始终放在第一位》,《邓小平文选》,第3卷,第347页。
② 邓小平:《社会主义和市场经济不存在根本矛盾》,《邓小平文选》,第3卷,第150页。
③ 邓小平:《会见香港特别行政区基本法起草委员会委员时的讲话》,《邓小平文选》,第3卷,第217—219页。
④ 邓小平:《我们的宏伟目标和根本政策》,《邓小平文选》,第3卷,第79页。

(一)"实事求是"取向

"实事求是"是中国共产党倡导的优良作风之一,邓小平将这样的作风,与"改革开放"的范式紧密地结合在一起,提出了以下论点。

第一,"实事求是"是马克思主义的基本思想方法和工作方法。邓小平指出:"我们党有很多同志坚持学习马列主义、毛泽东思想,坚持把马列主义的普遍真理同革命实践相结合的原则,这是很好的,我们一定要继续发扬。但是,我们也有一些同志天天讲毛泽东思想,却往往忘记、抛弃甚至反对毛泽东同志的实事求是、一切从实际出发、理论与实践相结合的这样一个马克思主义的根本观点,根本方法。不但如此,有的人还认为谁要是坚持实事求是,从实际出发,理论和实践相结合,谁就是犯了弥天大罪。他们的观点,实质上是主张只要照抄马克思、列宁、毛泽东同志的原话,照抄转照搬就行了。要不然,就说这是违反了马列主义、毛泽东思想,违反了中央精神。他们提出的这个问题不是小问题,而是涉及到怎么看待马列主义、毛泽东思想的问题。马列主义、毛泽东思想的基本原则,我们任何时候都不能违背,这是毫无疑义的。但是,一定要和实际相结合,要分析研究实际情况,解决实际问题。按照实际情况决定工作方针,这是一切共产党员所必须牢牢记住的最基本的思想方法、工作方法。"①

第二,"实事求是"是毛泽东思想的基本点和精髓。邓小平认为:"怎么样高举毛泽东思想旗帜,是个大问题。现在党内外、国内外很多人都赞成高举毛泽东思想旗帜。什么叫高举?怎么样高举?大家知道,有一种议论,叫做'两个凡是',不是很出名吗?凡是毛泽东同志圈阅的文件都不能动,凡是毛泽东同志做过的、说过的都不能动。这是不是叫高举毛泽东思想的旗帜呢?不是!这样搞下去,要损害毛泽东思想。毛泽东思想的基本点就是实事求是,就是把马列主义的普遍原理同中国革命的具体实践相结合。毛泽东同志在延安为中央党校题了'实事求是'四个大字,毛泽东思想的精髓就是这四个字。毛泽东同志所以伟大,能把中国革命引导到胜利,归根到底,就是靠这个。"②"实事求是,是毛泽东思想的出发

---

① 邓小平:《在全军政治工作会议上的讲话》,《邓小平文选》,第 2 卷,第 114 页。
② 邓小平:《高举毛泽东思想旗帜,坚持实事求是的原则》,《邓小平文选》,第 2 卷,第 126 页。

点、根本点。这是唯物主义。不然,我们开会就只能讲空话,不能解决任何问题。""马列主义、毛泽东思想如果不同实际情况相结合,就没有生命力了。我们领导干部的责任,就是要把中央的指示、上级的指示同本单位的实际情况结合起来,分析问题,解决问题,不能当'收发室',简单地照抄照转。同志们请想一想,实事求是,一切从实际出发,理论和实践相结合,这是不是毛泽东思想的根本观点呢?这种根本观点有没有过时,会不会过时呢?如果反对实事求是,反对从实际出发,反对理论和实践相结合,那还说得上什么马克思列宁主义、毛泽东思想呢?那会把我们引导到什么地方去呢?很明显,那只能引导到唯心主义和形而上学,只能引导到工作的损失和革命的失败。"①

第三,"实事求是"是党的思想路线。邓小平指出:"实事求是,一切从实际出发,理论联系实际,坚持实践是检验真理的标准,这就是我们党的思想路线。我们说重申,就是说把这条马克思主义的思想路线恢复起来。这条思想路线,有一段时间被抛开了,给党的事业带来很大的危害,使国家遭到很大的灾难,使党和国家的形象受到很大的损害。但是我们还是应该说,党的这条思想路线是毛泽东同志确立的,他在领导革命的大部分时间内是坚持这条思想路线的。"②"我出来以后,提出毛泽东思想的精髓是实事求是,从此开始了实践是检验真理的唯一标准问题的讨论。当时有一些人抵制这个讨论。经过差不多一年的讨论,到一九七八年底我们召开了十一届三中全会,批评了'两个凡是',提出了'解放思想,开动脑筋'的口号,提倡理论联系实际,一切从实际出发,肯定了实践是检验真理的唯一标准,重新确立了实事求是的思想路线。只有解决好思想路线问题,才能提出新的正确政策,首先是工作重点的转移,还有农村政策、对外关系政策,以及相应的一整套建设社会主义的政策。""从十一届三中全会到十二大,我们打开了一条一心一意搞建设的新路。"③

第四,"实事求是"是搞好党风的重要保证。邓小平强调:"我为什么说实事求是在目前重要呢?要搞好我们的党风、军风、民风,关键是要搞好党风。现在,'四人帮'确实把我们的风气搞坏了。'四人帮'的破

---

① 邓小平:《在全军政治工作会议上的讲话》,《邓小平文选》,第2卷,第114、118页。
② 邓小平:《坚持党的路线,改进工作方法》,《邓小平文选》,第2卷,第278—279页。
③ 邓小平:《一心一意搞建设》,《邓小平文选》,第3卷,第10—11页。

坏实际上是十年，或者说是十年以上，开始是同林彪结合在一起。他们弄得我们党内同志不敢讲话，尤其不敢讲老实话，弄虚作假。甚至于我们有些老同志也沾染了这些坏习气，这是不应该原谅的啊！我们只要充分信任群众，实事求是，发扬民主，把毛泽东同志的建党学说和党的一整套作风恢复起来，发扬起来，那末，毛泽东同志所说的那样一种政治局面，就一定会达到。有了那样一种政治局面，我们什么风险也能够经受得住。我们要创造这样一种政治局面，在党中央领导下，全党、全军和全国人民团结起来，既有统一意志，又有个人心情舒畅，生动活泼，什么问题都可以摆到桌面上来，对领导人有意见，也可以批评。"①

第五，"实事求是"是无产阶级世界观的基础。邓小平认为："实事求是，是无产阶级世界观的基础，是马克思主义的思想基础。过去我们搞革命所取得的一切胜利，是靠实事求是；现在我们要实现四个现代化，同样要靠实事求是。不但中央、省委、地委、县委、公社党委，就是一个工厂、一个机关、一个学校、一个商店、一个生产队，也都要实事求是，都要解放思想，开动脑筋想问题、办事情。在党内和人民群众中，肯动脑筋、肯想问题的人愈多，对我们的事业就愈有利。干革命、搞建设，都要有一批勇于思考、勇于探索、勇于创新的闯将。没有这样一大批闯将，我们就无法摆脱贫穷落后的状况，就无法赶上更谈不到超过国际先进水平。我们希望各级党委和每个党支部，都来鼓励、支持党员和群众勇于思考、勇于探索、勇于创新，都来做促进群众解放思想、开动脑筋的工作。"②

第六，解决问题的关键在于是否有"实事求是"的态度。邓小平指出："我们开会，作报告，作决议，以及做任何工作，都为的是解决问题。我们说的做的究竟能不能解决问题，问题解决得是不是正确，关键在于我们是否能够理论联系实际，是否善于总结经验，针对客观现实，采取实事求是的态度，一切从实际出发。我们只有这样做了，才有可能正确地或者比较正确地解决问题，而这样地解决问题，究竟是否正确或者完全正确，还需要今后的实践来检验。如果我们不这样做，那我们就一定什么问题也不可能解决，或者不可能正确地解决。"③

---

① 邓小平：《完整地准确地理解毛泽东思想》，《邓小平文选》，第2卷，第46页。
② 邓小平：《解放思想，实事求是，团结一致向前看》，《邓小平文选》，第2卷，第143—144页。
③ 邓小平：《在全军政治工作会议上的讲话》，《邓小平文选》，第2卷，第113—114页。

第七,"实事求是"是制定正确政策的重要保证。邓小平指出:"党的三中全会要求全党解放思想,开动脑筋,实事求是,团结一致向前看,研究新情况,解决新问题。两年来,我们按照这个指导思想,确定了一系列的政策,进行了一系列的改革,取得了显著的成绩。去年四月提出了调整,同时也提出了改革、整顿、提高。广大群众和干部一方面衷心拥护党的这些正确的决策,另一方面也担心政策什么时候会变。他们这种怕反复、怕折腾的心情是完全可以理解的。那末,这次调整,是不是要改变三中全会以来的方针、政策呢?决不是。前面已经说了,这次调整是三中全会以来的各项正确方针、政策的继续和发展,是三中全会实事求是、纠正'左'倾错误的指导思想的进一步贯彻。如果要说有什么改变的话,那就是改掉我们工作中还存在的不符合三中全会精神的毛病,那就是下决心去掉不切实际的设想,去掉主观主义的高指标,而这正是三中全会的路线要求我们必须做到的。为了保证这次调整的顺利进行,我们必须坚定不移地继续执行三中全会以来的一切行之有效的方针、政策、措施。""正是因为我们在三中全会以来制定和实施了上述一系列正确的方针、政策,才为这次经济调整创造了比较好的条件。只要把这些行之有效的方针、政策继续坚持下去,我们就一定可以在这次经济调整中达到预期的目的。"[1]

第八,共产党人应该做"实事求是派"。邓小平指出:"中国的改革遇到的困难并不算多,总的比较顺利。有些人对改革的某些方面、某些方法不赞成,但不是完全不赞成。中国不存在完全反对改革的一派。国外有些人过去把我看作是改革派,把别人看作是保守派。我是改革派,不错;如果要说坚持四项基本原则是保守派,我又是保守派。所以,比较正确地说,我是实事求是派。"[2]"国际上一些人在猜测我是哪一派。最近我对一位外国朋友说,说我是改革派是真的,可是我也反对资产阶级自由化。如果说反对资产阶级自由化就是保守派,那末也可以说我是保守派。比较实际地说,我是实事求是派,坚持改革、开放政策,坚持党的领导和社会主义道路。"[3]

第九,"实事求是"允许人们对改革开放政策持观望甚至反对的态

---

[1] 邓小平:《贯彻调整方针,保证安定团结》,《邓小平文选》,第2卷,第357—358、363页。

[2] 邓小平:《中国只能走社会主义道路》,《邓小平文选》,第3卷,第209页。

[3] 邓小平:《我国方针政策的两个基本点》,《邓小平文选》,第3卷,第249页。

度。邓小平指出:"对这个政策有一些人感到不那么顺眼,我们的做法是允许不同观点存在,拿事实来说话。农村改革,开始的一两年里有些地区根本不理睬,他们不相信这条路,就是不搞。观望了一年,有的观望了两年,看到凡是执行改革政策的都好起来了,他们就跟着走了。这里指的不是农民群众,主要是一些领导干部。所以,改革的政策,人们一开始并不是都能理解的,要通过事实的证明才能被普遍接受。现在我们搞以城市经济体制改革为中心的全面改革,同农村改革一样,起初有些人怀疑,或者叫担心,他们要看一看。对这种怀疑态度,我们也允许存在,因为这是正常的。既然搞的是天翻地覆的事业,是伟大的实验,是一场革命,怎么会没有人怀疑呢?即使在主张和提倡改革的人当中,保留一点怀疑态度也有好处。处理的办法也一样,就是拿事实来说话,让改革的实际进展去说服他们。"①

第十,"实事求是"要求反对形式主义,多做少说。邓小平强调:"现在有一个问题,就是形式主义多。电视一打开,尽是会议。会议多,文章太长,讲话也太长,而且内容重复,新的语言并不很多。重复的话要讲,但要精简。形式主义也是官僚主义。要腾出时间来多办实事,多做少说。……我建议抓一下这个问题。学马列要精,要管用的。长篇的东西是少数搞专业的人读的,群众怎么读?要求都读大本子,那是形式主义的,办不到。我的入门老师是《共产党宣言》和《共产主义ABC》。最近,有的外国人议论,马克思主义是打不倒的。打不倒,并不是因为大本子多,而是因为马克思主义的真理颠扑不破。实事求是是马克思主义的精髓。要提倡这个,不要提倡本本。我们改革开放的成功,不是靠本本,而是靠实践,靠实事求是。农村搞家庭联产承包,这个发明权是农民的。农村改革中的好多东西,都是基层创造出来,我们把它拿来加工提高作为全国的指导。实践是检验真理的唯一标准。我读的书并不多,就是一条,相信毛主席讲的实事求是。过去我们打仗靠这个,现在搞建设、搞改革也靠这个。我们讲了一辈子马克思主义,其实马克思主义并不玄奥。马克思主义是很朴实的东西,很朴实的道理。"②

---

① 邓小平:《拿事实来说话》,《邓小平文选》,第3卷,第155—156页。
② 邓小平:《在武昌、深圳、珠海、上海等地的谈话要点》,《邓小平文选》,第3卷,第381—382页。

(二)"解放思想"取向

"改革开放"的政策范式要求"解放思想",邓小平就这一问题提出了以下见解。

第一,"解放思想"是制定改革开放政策的重要前提。"解放思想,开动脑筋,实事求是,团结一致向前看,首先是解放思想。只有思想解放了,我们才能正确地以马列主义、毛泽东思想为指导,解决过去遗留的问题,解决新出现的一系列问题,正确地改革同生产力迅速发展不相适应的生产关系和上层建筑,根据我国的实际情况,确定实现四个现代化的具体道路、方针、方法和措施"。[1]

第二,思想不解放的原因。"在我们的干部特别是领导干部中间,解放思想这个问题并没有完全解决。不少同志的思想还很不解放,脑筋还没有开动起来,也可以说,还处在僵化或半僵化的状态。这并不是因为他们不是好同志。这种状态是在一定历史条件下形成的。一是因为十多年来,林彪、'四人帮'大搞禁区、禁令,制造迷信,把人们的思想封闭在他们假马克思主义的禁锢圈内,不准越雷池一步。否则,就要追查,就要扣帽子、打棍子。在这种情况下,一些人就只好不去开动脑筋,不去想问题了。二是因为民主集中制受到破坏,党内确实存在权力过分集中的官僚主义。这种官僚主义常常以'党的领导'、'党的指示'、'党的利益'、'党的纪律'的面貌出现,这是真正的管、卡、压。许多重大问题往往是一两个人说了算,别人只能奉命行事。这样,大家就什么问题都用不着思考了。三是因为是非功过不清,赏罚不明,干和不干一个样,甚至干得好的反而受打击,什么事不干的,四平八稳的,却成了'不倒翁'。在这种不成文法底下,人们就不愿意去动脑筋了。四是因为小生产的习惯势力还在影响着人们。这种习惯势力的一个显著特点,就是因循守旧,安于现状,不求发展,不求进步,不愿接受新事物"。[2]

第三,思想僵化的表现。"思想一僵化,条条框框就多起来了。比如说,加强党的领导,变成了党去包办一切、干预一切;实行一元化领导,

---

[1] 邓小平:《解放思想,实事求是,团结一致向前看》,《邓小平文选》,第2卷,第141页。

[2] 邓小平:《解放思想,实事求是,团结一致向前看》,《邓小平文选》,第2卷,第141—142页。

变成了党政不分、以党代政；坚持中央的统一领导，变成了'一切统一口径'。违反中央政策根本原则的'土政策'要反对，但是也有的'土政策'确是从实际出发的，是得到群众拥护的。这些正确政策现在往往也受到指责，因为它'不合统一口径'。思想一僵化，随风倒的现象就多起来了。不讲党性，不讲原则，说话做事看来头、看风向，满以为这样不会犯错误。其实随风倒本身就是一个违反共产党员党性的大错误。独立思考，敢想、敢说、敢做，固然也难免犯错误，但那是错在明处，容易纠正。思想一僵化，不从实际出发的本本主义也就严重起来了。书上没有的，文件上没有的，领导人没有讲过的，就不敢多说一句话，多做一件事，一切照抄照搬照转。把对上级负责和对人民负责对立起来。不打破思想僵化，不大大解放干部和群众的思想，四个现代化就没有希望"。①

第四，"解放思想"必须旗帜鲜明地反对"两个凡是"。邓小平指出："前些日子，中央办公厅两位负责同志来看我，我对他们讲，'两个凡是'不行。按照'两个凡是'，就说不通为我平反的问题，也说不通肯定一九七六年广大群众在天安门广场的活动'合乎情理'的问题。把毛泽东同志在这个问题上讲的移到另外的问题上，在这个地点讲的移到另外的地点，在这个时间讲的移到另外的时间，在这个条件下讲的移到另外的条件下，这样做，不行嘛！毛泽东同志自己多次说过，他有些话讲错了。他说，一个人只要做工作，没有不犯错误的。又说，马恩列斯都犯过错误，如果不犯错误，为什么他们的手稿常常改了又改呢？改了又改就是因为原来有些观点不完全正确，不那么完备、准确嘛。毛泽东同志说，他自己也犯过错误。一个人讲的每句话都对，一个人绝对正确，没有这回事情。他说：一个人能够'三七开'就很好了，很不错了，我死了，如果后人能够给我以'三七开'的估计，我就很高兴、很满意了。这是个重要的理论问题，是个是否坚持历史唯物主义的问题。彻底的唯物主义者，应该像毛泽东同志说的那样对待这个问题。马克思、恩格斯没有说过'凡是'，列宁、斯大林没有说过'凡是'，毛泽东同志自己也没有说过'凡是'。我对那两位同志说：今年四月十日我给中央写信，提出'我们必须世世代代地用准确的完整的毛泽东思想来指导我们全党、全军和全国人民，把

---

① 邓小平：《解放思想，实事求是，团结一致向前看》，《邓小平文选》，第2卷，第142—143页。

党和社会主义的事业,把国际共产主义运动的事业,胜利地推向前进',这是经过反复考虑的。毛泽东思想是个思想体系。我和罗荣桓同志曾经同林彪作过斗争,批评他把毛泽东思想庸俗化,而不是把毛泽东思想当作体系来看待。我们要高举旗帜,就是要学习和运用这个思想体系。"①

第五,"解放思想"就是实事求是。"解放思想,就是使思想和实际相符合,使主观和客观相符合,就是实事求是。今后,在一切工作中要真正坚持实事求是,就必须继续解放思想。认为解放思想已经到头了,甚至过头了,显然是不对的"。②

(三)"现代化"取向

"现代化"是邓小平反复强调的基本政策取向,并就此提出了八个重要的论点。

第一,现代化是党的政治路线。邓小平指出:"我们党在现阶段的政治路线,概括地说,就是一心一意地搞四个现代化。这件事情,任何时候都不要受干扰,必须坚定不移地、一心一意地干下去。许多问题,不搞四个现代化解决不了。国民经济的发展,国民收入的增加,人民生活的逐步提高,国防相应地得到巩固和加强,都要靠搞四个现代化。"③

第二,社会主义制度需要现代化的保障。邓小平指出:"围绕着要不要四个现代化,我们曾经同'四人帮'进行了尖锐激烈的斗争。'四人帮'胡说什么'四个现代化实现之日,就是资本主义复辟之时',疯狂进行破坏,使我国国民经济一度濒于崩溃的边缘,科学技术与世界先进水平的差距愈拉愈大。他们真是要搞社会主义、反对资本主义复辟吗?不,完全相反,正是在他们势力最猖狂的一些地方,社会主义遭到严重破坏。'四人帮'的所作所为,从反面使我们更加深刻地认识到,在无产阶级专政的条件下,不搞现代化,科学技术水平不提高,社会生产力不发达,国家的实力得不到加强,人民的物质文化生活得不到改善,那末,我们的社会主义政治制度和经济制度就不能充分巩固,我们国家的安全就没有可靠的保障。我们的农业、工业、国防和科学技术越是现代化,我们同破坏社

---

① 邓小平:《"两个凡是"不符合马克思主义》,《邓小平文选》,第 2 卷,第 38—39 页。
② 邓小平:《贯彻调整方针,保证安定团结》,《邓小平文选》,第 2 卷,第 364 页。
③ 邓小平:《坚持党的路线,改进工作方法》,《邓小平文选》,第 2 卷,第 276 页。

会主义的势力作斗争就越加有力量，我们的社会主义制度就越加得到人民的拥护。把我们的国家建设成为社会主义的现代化强国，才能更有效地巩固社会主义制度，对付外国侵略者的侵略和颠覆，也才能比较有保证地逐步创造物质条件，向共产主义的伟大理想前进。"①

第三，我们不要贫穷的社会主义。邓小平强调："我们革命的目的就是解放生产力，发展生产力。离开了生产力的发展、国家的富强、人民生活的改善，革命就是空的。我们反对旧社会、旧制度，就是因为它是压迫人民的，是束缚社会生产力发展的。这个问题现在是比较清楚了。过去'四人帮'提出宁要贫穷的社会主义，也不要富裕的资本主义，那是荒谬的。当然我们不要资本主义，但是我们也不要贫穷的社会主义，我们要发达的、生产力发展的、使国家富强的社会主义。我们相信社会主义比资本主义的制度优越。它的优越性应该表现在比资本主义有更好的条件发展社会生产力。"②

第四，祖先的成就不能用来安慰我们现实的落后。邓小平指出："我们现在的生产技术水平是什么状况？几亿人口搞饭吃，粮食问题还没有真正过关。我们钢铁工业的劳动生产率只有国外先进水平的几十分之一。新兴工业的差距就更大了。在这方面不用说落后一二十年，即使落后八年十年，甚至三年五年，都是很大的差距。毛泽东同志经常教导我们：'中国应当对于人类有较大的贡献。'在科学技术方面，我国古代曾经创造过辉煌的成就，四大发明对世界文明的进步起了伟大作用。但是我们祖先的成就，只能用来坚定我们赶超世界先进水平的信心，而不能用来安慰我们现实的落后。我们现在在科学技术方面的创造，同我们这样一个社会主义国家的地位是很不相称的。如实地指明这种落后状况，会不会使人们失去信心呢？这种人也可能有。这种人是连半点马克思主义气味也没有的。对于我们无产阶级革命者来说，实事求是地说明情况，认真地去分析造成这种情况的历史的和现实的原因，才能够正确制订我们的战略规划，部署我们的力量；才能够更加激励我们奋发图强，尽快改变这种情况；也才能动员人们虚心学习，迅速掌握世界最新的科学技术。认识落后，才能去改变落后。学习先进，才有可能赶超先进。提高我国的科学技术水平，当然必须

---

① 邓小平：《在全国科学大会开幕式上的讲话》，《邓小平文选》，第2卷，第86页。
② 邓小平：《社会主义也可以搞市场经济》，《邓小平文选》，第2卷，第231页。

依靠我们自己努力,必须发展我们自己的创造,必须坚持独立自主、自力更生的方针。但是,独立自主不是闭关自守,自力更生不是盲目排外。科学技术是人类共同创造的财富。任何一个民族、一个国家,都需要学习别的民族、别的国家的长处,学习人家的先进科学技术。我们不仅因为今天科学技术落后,需要努力向外国学习,即使我们的科学技术赶上了世界先进水平,也还要学习人家的长处。"①

第五,落后是要受人欺负的。邓小平强调:"四个现代化这个目标是毛主席、周总理在世时确定的。所谓四个现代化,就是要改变中国贫穷落后的面貌,不但使人民生活水平逐步有所提高,也要使中国在国际事务中能够恢复符合自己情况的地位,对人类作出比较多一点的贡献。落后是要受人欺负的。"②

第六,中国有实现四个现代化的条件。邓小平认为:"我们要实现四个现代化。定了这个目标,要靠我们的努力,靠我们的方针政策对头,靠具体的措施有力,才能实现。现在人们怀疑,中国能不能实现现代化目标,问我们提出这个目标有什么根据。我们的根据可以讲有四条。第一条,我们有丰富的资源。中国地方大,在能源方面,在矿藏方面,无论是黑色金属、有色金属还是稀有金属,中国没有的很少。这些资源要是开发出来,就是了不起的力量。第二条,三十年来,不管我们做了多少蠢事,我们毕竟在工农业和科学技术方面打下了一个初步的基础,也就是说,有了一个向四个现代化前进的阵地。我们现在有二百多万台机床,石油年产量超过一亿吨,煤炭超过六亿吨,只有钢才有三千多万吨。总之,我们还是建立了实现四个现代化的物质基础。第三条,我们相信中国人不笨。有十来年,林彪、'四人帮'的精神枷锁束缚了人们的思想,限制了人们充分发挥智慧和创造性。现在,我们提倡解放思想,重申毛泽东主席提出的'百花齐放、百家争鸣'的方针,目的就是创造条件调动全民的积极性,使中国人的聪明智慧充分地发挥出来。我们现在加强民主、发展民主也是为了这个目的。……第四条,实现四个现代化必须有一个正确的开放的对外政策。我们实现四个现代化主要依靠自己的努力,自己的资源,自己的基础,但是,离开了国际的合作是不可能的。应该充分利用世界的先进的

---

① 邓小平:《在全国科学大会开幕式上的讲话》,《邓小平文选》,第2卷,第90—91页。
② 邓小平:《中国本世纪的目标是实现小康》,《邓小平文选》,第2卷,第237页。

成果，包括利用世界上可能提供的资金，来加速四个现代化的建设。这个条件过去没有，后来有了，但一段时期没有利用，现在应该利用起来。"①

第七，为实现现代化必须少说空话，多做工作。邓小平指出："实现四个现代化，我们清醒地看到这是一件艰巨的事情，但是是能够做到的。……人民的积极性调动起来了，又有一定的物质基础，有丰富的资源，加上利用世界的先进技术，我们实现四个现代化是有可能的。当然也不那么容易。世界上先进技术发展很快，发展速度不是用年来计算，而是用月、用日来计算的，叫做'日新月异'。我们就是实现了四个现代化，工农业产品的产量和国民收入按人口平均来算，还是比较低的。现在我们的方针政策已经明确，我们的口号是少说空话，多做工作。"②

第八，中国式的现代化不能走回头路。邓小平强调："我们搞的现代化，是中国式的现代化。我们建设的社会主义，是有中国特色的社会主义。我们主要是根据自己的实际情况和自己的条件，以自力更生为主。我们现在的路子走对了，人民高兴，我们也有信心。我们的政策是不会变的。要变的话，只会变得更好。对外开放政策只会变得更加开放。路子不会越走越窄，只会越走越宽。路子走窄的苦头，我们是吃得太多了。如果我们走回头路，会回到哪里？只能回到落后、贫困的状态。打破'大锅饭'的政策不会变。工业有工业的特点，农业有农业的特点，具体经验不能搬用，但基本原则是搞责任制，这点是肯定的。"③

（四）"社会主义"取向

邓小平坚持的是"改革开放"政策范式的社会主义取向，并对这样的取向作出了以下解释。

第一，必须以正确的政策体现社会主义的本质。邓小平认为："社会主义是一个很好的名词，但是如果搞不好，不能正确理解，不能采取正确的政策，那就体现不出社会主义的本质。我们认为社会主义道路是正确的。我们现在进行一系列改革，仍然坚持四项基本原则，其中有一条就是坚持社会主义道路。各个国家应该根据自己的特点来实行社会主义的政

---

① 邓小平：《社会主义也可以搞市场经济》，《邓小平文选》，第2卷，第232—234页。
② 邓小平：《实现四化，永不称霸》，《邓小平文选》，第2卷，第111—112页。
③ 邓小平：《路子走对了，政策不会变》，《邓小平文选》，第3卷，第29页。

策。像中国这样的大国,也要考虑到国内各个不同地区的特点才行。例如我们遇到了这样一个问题,有些地区过去粮食能够自给,后来却不行了。当然,城市人口增加是一个因素,但不是主要的,主要是脱离了当地的客观经济现实,超越了经济发展水平,没有按经济规律办事。这样制订出来的政策就不能调动积极性。最近一二年来,我们强调因地制宜,在农村加强了生产组的与家庭的生产责任制,取得明显效果,生产成倍增加。"

"根据我们自己的经验,讲社会主义,首先就要使生产力发展,这是主要的。只有这样,才能表明社会主义的优越性。社会主义经济政策对不对,归根到底要看生产力是否发展,人民收入是否增加。这是压倒一切的标准。空讲社会主义不行,人民不相信。"①

第二,社会主义阶段的最根本任务就是发展生产力。邓小平指出:"什么叫社会主义,什么叫马克思主义?我们过去对这个问题的认识不是完全清醒的。马克思主义最注重发展生产力。我们讲社会主义是共产主义的初级阶段,共产主义的高级阶段要实行各尽所能、按需分配,这就要求社会生产力高度发展,社会物质财富极大丰富。所以社会主义阶段的最根本任务就是发展生产力,社会主义的优越性归根到底要体现在它的生产力比资本主义发展得更快一些、更高一些,并且在发展生产力的基础上不断改善人民的物质文化生活。如果说我们建国以后有缺点,那就是对发展生产力有某种忽略。社会主义要消灭贫穷。贫穷不是社会主义,更不是共产主义。……我们的政治路线,是把四个现代化建设作为重点,坚持发展生产力,始终扭住这个根本环节不放松。"②

第三,保持社会主义的公有制经济特征。邓小平强调:"基本的生产资料归国家所有,归集体所有,就是说归公有。国家富强了,人民的物质、文化生活水平提高了,而且不断提高,这有什么坏处!在本世纪内最后的十六年,无论怎么样开放,公有制经济始终还是主体。同外国人合资经营,也有一半是社会主义的。合资经营的实际收益,大半是我们拿过来。不要怕,得益处的大头是国家,是人民,不会是资本主义。"③

第四,社会主义要求共同富裕。对于"共同富裕"的论点,邓小平

---

① 邓小平:《社会主义首先要发展生产力》,《邓小平文选》,第2卷,第313—314页。
② 邓小平:《建设有中国特色的社会主义》,《邓小平文选》,第3卷,第63—64页。
③ 邓小平:《在中央顾问委员会第三次全体会议上的讲话》,《邓小平文选》,第3卷,第91页。

强调的是四层含义。

一是允许一部分人先富起来。"在经济政策上，我认为要允许一部分地区、一部分企业、一部分工人农民，由于辛勤努力成绩大而收入先多一些，生活先好起来。一部分人生活先好起来，就必然产生极大的示范力量，影响左邻右舍，带动其他地区、其他单位的人们向他们学习。这样，就会使整个国民经济不断地波浪式地向前发展，使全国各族人民都能比较快地富裕起来。当然，在西北、西南和其他一些地区，那里的生产和群众生活还很困难，国家应当从各方面给以帮助，特别要从物质上给以有力的支持。这是一个大政策，一个能够影响和带动整个国民经济的政策，建议同志们认真加以考虑和研究"。① "农村、城市都要允许一部分人先富裕起来，勤劳致富是正当的。一部分人先富裕起来，一部分地区先富裕起来，是大家都拥护的新办法，新办法比老办法好。农业搞承包大户我赞成，现在放得还不够。总之，各项工作都要有助于建设有中国特色的社会主义，都要以是否有助于人民的富裕幸福，是否有助于国家的兴旺发达，作为衡量做得对或不对的标准"。②

二是部分地区可以试行高收入高消费政策。"中国发展经济从何着手？有位日本朋友提了两点建议。第一点，先把交通、通讯搞起来，这是经济发展的起点。第二点，实行高收入高消费的政策。后面这一点，我们国家情况有所不同，现在全国没有条件实行高收入高消费的政策。但如果将来沿海地区搞好了，经济发展了，有了条件，收入就可以高一点，消费就可以增加一点，这是合乎发展规律的。要让一部分地方先富裕起来，搞平均主义不行。这是个大政策，大家要考虑"。③

三是社会主义的致富是全民共同致富。"我们经历了'文化大革命'。关于共产主义，'文化大革命'中有一种观点，宁要穷的共产主义，不要富的资本主义。我在一九七四年、一九七五年重新回到中央工作时就批驳了这种观点。正因为这样，当然还有其他原因，我又被打下去了。当时我告诉他们没有穷的共产主义，按照马克思主义观点，共产主义社会是物质

---

① 邓小平：《解放思想，实事求是，团结一致向前看》，《邓小平文选》，第2卷，第152页。

② 邓小平：《各项工作都要有助于建设有中国特色的社会主义》，《邓小平文选》，第3卷，第23页。

③ 邓小平：《办好经济特区，增加对外开放城市》，《邓小平文选》，第3卷，第52页。

极大丰富的社会。因为物质极大丰富，才能实现各尽所能、按需分配的共产主义原则。社会主义是共产主义第一阶段，当然这是一个很长很长的历史阶段。社会主义时期的主要任务是发展生产力，使社会物质财富不断增长，人民生活一天天好起来，为进入共产主义创造物质条件。不能有穷的共产主义，同样也不能有穷的社会主义。致富不是罪过。但我们讲的致富不是你们讲的致富。社会主义财富属于人民，社会主义的致富是全民共同致富。社会主义原则，第一是发展生产，第二是共同致富。我们允许一部分人先好起来，一部分地区先好起来，目的是更快地实现共同富裕。正因为如此，所以我们的政策是不使社会导致两极分化，就是说，不会导致富的越富，贫的越贫。坦率地说，我们不会容许产生新的资产阶级"。① "没有贫穷的社会主义。社会主义的特点不是穷，而是富，但这种富是人民共同富裕"。②

四是发达地区要帮助落后地区。"共同富裕的构想是这样提出的：一部分地区有条件先发展起来，一部分地区发展慢点，先发展起来的地区带动后发展的地区，最终达到共同富裕。如果富的越来越富，穷的越来越穷，两极分化就会产生，而社会主义制度就应该而且能够避免两极分化。解决的办法之一，就是先富起来的地区多交点利税，支持贫困地区的发展。当然，太早这样办也不行，现在不能削弱发达地区的活力，也不能鼓励吃'大锅饭'。什么时候突出地提出和解决这个问题，在什么基础上提出和解决这个问题，要研究。可以设想，在本世纪末达到小康水平的时候，就要突出地提出和解决这个问题。到那个时候，发达地区要继续发展，并通过多交利税和技术转让等方式大力支持不发达地区。不发达地区又大都是拥有丰富资源的地区，发展潜力是很大的。总之，就全国范围来说，我们一定能够逐步顺利解决沿海同内地贫富差距的问题"。③

第五，我们需要的是"社会主义现代化"。邓小平指出："反对资产阶级自由化还是要讲。我们搞改革开放，把工作重心放在经济建设上，没有丢马克思，没有丢列宁，也没有丢毛泽东。老祖宗不能丢啊！问题是要

---

① 邓小平：《答美国记者迈克·华莱士问》，《邓小平文选》，第3卷，第171—172页。
② 邓小平：《思想更解放一些，改革的步子更快一些》，《邓小平文选》，第3卷，第265页。
③ 邓小平：《在武昌、深圳、珠海、上海等地的谈话要点》，《邓小平文选》，第3卷，第373—374页。

把什么叫社会主义搞清楚，把怎么样建设和发展社会主义搞清楚。"①"在改革中坚持社会主义方向，这是一个很重要的问题。我们要实现工业、农业、国防和科技现代化，但在四个现代化前面有'社会主义'四个字，叫'社会主义四个现代化'。我们现在讲的对内搞活经济、对外开放是在坚持社会主义原则下开展的。社会主义有两个非常重要的方面，一是以公有制为主体，二是不搞两极分化。""我们社会主义的国家机器是强有力的。一旦发现偏离社会主义方向的情况，国家机器就会出面干预，把它纠正过来。开放政策是有风险的，会带来一些资本主义的腐朽东西。但是，我们的社会主义政策和国家机器有力量去克服这些东西。所以事情并不可怕。"②

第六，特区姓"社"不姓"资"。邓小平指出："改革开放迈不开步子，不敢闯，说来说去就是怕资本主义的东西多了，走了资本主义道路。要害是姓'资'还是姓'社'的问题。判断的标准，应该主要看是否有利于发展社会主义社会的生产力，是否有利于增强社会主义国家的综合国力，是否有利于提高人民的生活水平。对办特区，从一开始就有不同意见，担心是不是搞资本主义。深圳的建设成就，明确回答了那些有这样那样担心的人。特区姓'社'不姓'资'。从深圳的情况看，公有制是主体，外商投资只占四分之一，就是外资部分，我们还可以从税收、劳务等方面得到益处嘛！多搞点'三资'企业，不要怕。只要我们头脑清醒，就不怕。我们有优势，有国营大中型企业，有乡镇企业，更重要的是政权在我们手里。有的人认为，多一分外资，就多一分资本主义，'三资'企业多了，就是资本主义的东西多了，就是发展了资本主义。这些人连基本常识都没有。我国现阶段的'三资'企业，按照现行的法规政策，外商总是要赚一些钱。但是，国家还要拿回税收，工人还要拿回工资，我们还可以学习技术和管理，还可以得到信息、打开市场。因此，'三资'企业受到我国整个政治、经济条件的制约，是社会主义经济的有益补充，归根到底是有利于社会主义的。"③

---

① 邓小平：《总结经验，使用人才》，《邓小平文选》，第 3 卷，第 369 页。
② 邓小平：《改革是中国发展生产力的必由之路》，《邓小平文选》，第 3 卷，第 138—139 页。
③ 邓小平：《在武昌、深圳、珠海、上海等地的谈话要点》，《邓小平文选》，第 3 卷，第 372—373 页。

(五)"市场经济"取向

在邓小平看来,"改革开放"政策范式既要有计划,更要遵循市场经济的规律,由此需要注意六方面的问题。

第一,中国经济需要进行重大的调整。"所谓某些方面要退够,主要是说,基本建设要退够,一些生产条件不足的企业要关、停、并、转或减少生产,行政费用(包括国防开支和一切企业事业单位的行政管理费用)要紧缩,使财政收支、信贷收支达到平衡。生产建设、行政设施、人民生活的改善,都要量力而行,量入为出。这就是实事求是。下决心这样做,表明我们真正解放了思想,摆脱了多年来'左'的错误指导方针的束缚。对于这个问题,我们党内的思想在过去两年内尚且不容易统一,要全国人民思想统一起来,显然要做大量的工作。我们要向人民说清楚,不进一步调整为什么不行,调整中可能出现什么问题,调整好了会带来什么效果。这样,人民才会理解进一步调整的必要,才会相信党和政府确实是为全体人民的根本利益着想,是为稳步实现现代化的利益着想,才会支持我们。……我们今天的调整不是后退,而是前进"。[1]

第二,计划经济既有优点也有缺点。"社会主义同资本主义比较,它的优越性就在于能做到全国一盘棋,集中力量,保证重点。缺点在于市场运用得不好,经济搞得不活。计划与市场的关系问题如何解决?解决得好,对经济的发展就很有利,解决不好,就会糟"。[2] "这里就提出一个问题,如果我们的年度计划定低了,而实际增长速度高出很多,会产生什么影响?对这个问题,要抓紧调查研究,作出符合实际的分析。现在不是说要改变原定的'六五'计划,长期计划留的余地应该大一些,年度计划可以打得积极一点,当然也要留有余地,重视提高经济效益,不要片面追求产值、产量的增长。总结历史经验,计划定得过高,冒了,教训是很深刻的,这方面的问题我们已经注意到了,今后还要注意。现在我们要注意另外一个方面的问题。总之,制定计划遵循的原则,应该是积极的、留有余地的、经过努力才能达到的"。[3]

---

[1] 邓小平:《贯彻调整方针,保证安定团结》,《邓小平文选》,第2卷,第355—357页。
[2] 邓小平:《前十年为后十年做好准备》,《邓小平文选》,第3卷,第16—17页。
[3] 邓小平:《各项工作都要有助于建设有中国特色的社会主义》,《邓小平文选》,第3卷,第22页。

第九章 "改革开放"政策范式　505

第三，计划多一点还是市场多一点，不是社会主义与资本主义的本质区别。"不要以为，一说计划经济就是社会主义，一说市场经济就是资本主义，不是那么回事，两者都是手段，市场也可以为社会主义服务"。①"计划多一点还是市场多一点，不是社会主义与资本主义的本质区别。计划经济不等于社会主义，资本主义也有计划；市场经济不等于资本主义，社会主义也有市场。计划和市场都是经济手段。社会主义的本质，是解放生产力，发展生产力，消灭剥削，消除两极分化，最终达到共同富裕。就是要对大家讲这个道理。证券、股市，这些东西究竟好不好，有没有危险，是不是资本主义独有的东西，社会主义能不能用？允许看，但要坚决地试。看对了，搞一两年对了，放开；错了，纠正，关了就是了。关，也可以快关，也可以慢关，也可以留一点尾巴。怕什么，坚持这种态度就不要紧，就不会犯大错误。总之，社会主义要赢得与资本主义相比较的优势，就必须大胆吸收和借鉴人类社会创造的一切文明成果，吸收和借鉴当今世界各国包括资本主义发达国家的一切反映现代社会化生产规律的先进经营方式、管理方法"。②"为什么一谈市场就说是资本主义，只有计划才是社会主义呢？计划和市场都是方法嘛。只要对发展生产力有好处，就可以利用。它为社会主义服务，就是社会主义的；为资本主义服务，就是资本主义的。好像一谈计划就是社会主义，这也是不对的，日本就有一个企划厅嘛，美国也有计划嘛。我们以前是学苏联的，搞计划经济。后来又讲计划经济为主，现在不要再讲这个了"。③"我们必须从理论上搞懂，资本主义与社会主义的区分不在于是计划还是市场这样的问题。社会主义也有市场经济，资本主义也有计划控制。资本主义就没有控制，就那么自由？最惠国待遇也是控制嘛！不要以为搞点市场经济就是资本主义道路，没有那么回事。计划和市场都得要。不搞市场，连世界上的信息都不知道，是自甘落后"。④

第四，社会主义也可以搞市场经济。"说市场经济只存在于资本主义社会，只有资本主义的市场经济，这肯定是不正确的。社会主义为什么不

---

① 邓小平：《视察上海时的谈话》，《邓小平文选》，第3卷，第367页。
② 邓小平：《在武昌、深圳、珠海、上海等地的谈话要点》，《邓小平文选》，第3卷，第373页。
③ 邓小平：《计划和市场都是发展生产力的方法》，《邓小平文选》，第3卷，第203页。
④ 邓小平：《善于利用时机解决发展问题》，《邓小平文选》，第3卷，第364页。

可以搞市场经济,这个不能说是资本主义。我们是计划经济为主,也结合市场经济,但这是社会主义的市场经济。虽然方法上基本上和资本主义社会的相似,但也有不同,是全民所有制之间的关系,当然也有同集体所有制之间的关系,也有同外国资本主义的关系,但是归根到底是社会主义的,是社会主义社会的。市场经济不能说只是资本主义的。市场经济,在封建社会时期就有了萌芽。社会主义也可以搞市场经济。同样地,学习资本主义国家的某些好东西,包括经营管理方法,也不等于实行资本主义。这是社会主义利用这种方法来发展社会生产力。把这当作方法,不会影响整个社会主义,不会重新回到资本主义"。①

第五,应该把计划经济和市场经济结合起来。"社会主义和市场经济之间不存在根本矛盾。问题是用什么方法才能更有力地发展社会生产力。我们过去一直搞计划经济,但多年的实践证明,在某种意义上说,只搞计划经济会束缚生产力的发展。把计划经济和市场经济结合起来,就更能解放生产力,加速经济发展"。②"我们要继续坚持计划经济与市场调节相结合,这个不能改。实际工作中,在调整时期,我们可以加强或者多一点计划性,而在另一个时候多一点市场调节,搞得更灵活一些。以后还是计划经济与市场调节相结合。重要的是,切不要把中国搞成一个关闭性的国家。实行关闭政策的做法对我们极为不利,连信息都不灵通。现在不是讲信息重要吗?确实很重要。做管理工作的人没有信息,就是鼻子不通,耳目不灵。再是绝不能重复回到过去那样,把经济搞得死死的。我提出的这个建议,请常委研究。这也是个比较急迫的问题,总要接触的问题"。③

第六,需要抓住时机,快速发展经济。"抓住时机,发展自己,关键是发展经济。现在,周边一些国家和地区经济发展比我们快,如果我们不发展或发展得太慢,老百姓一比较就有问题了。所以,能发展就不要阻挡,有条件的地方要尽可能搞快点,只要是讲效益,讲质量,搞外向型经济,就没有什么可以担心的。低速度就等于停步,甚至等于后退。要抓住机会,现在就是好机会。我就担心丧失机会。不抓呀,看到的机会就丢掉

---

① 邓小平:《社会主义也可以搞市场经济》,《邓小平文选》,第2卷,第236页。
② 邓小平:《社会主义和市场经济不存在根本矛盾》,《邓小平文选》,第3卷,第148—149页。
③ 邓小平:《在接见首都戒严部队军以上干部时的讲话》,《邓小平文选》,第3卷,第306—307页。

了，时间一晃就过去了。我国的经济发展，总要力争隔几年上一个台阶。当然，不是鼓励不切实际的高速度，还是要扎扎实实，讲求效益，稳步协调地发展"。"对于我们这样发展中的大国来说，经济要发展得快一点，不可能总是那么平平静静、稳稳当当。要注意经济稳定、协调地发展，但稳定和协调也是相对的，不是绝对的。发展才是硬道理。这个问题要搞清楚。如果分析不当，造成误解，就会变得谨小慎微，不敢解放思想，不敢放开手脚，结果是丧失时机，犹如逆水行舟，不进则退。从国际经验来看，一些国家在发展过程中，都曾经有过高速发展时期，或若干高速发展阶段。日本、南朝鲜、东南亚一些国家和地区，就是如此。现在，我们国内条件具备，国际环境有利，再加上发挥社会主义制度能够集中力量办大事的优势，在今后的现代化建设长过程中，出现若干个发展速度比较快、效益比较好的阶段，是必要的，也是能够办到的。我们就是要有这个雄心壮志！"①

（六）"中国道路"取向

"改革开放"的政策范式既强调要学习国外经验，更强调要走中国自己的道路，由此需要注意三个重要的原则。

第一，马克思主义与中国实际相结合、走自己的道路。邓小平指出："我们取得的成就，如果有一点经验的话，那就是这几年来重申了毛泽东同志提倡的实事求是的原则。中国革命的成功，是毛泽东同志把马克思列宁主义同中国的实际相结合，走自己的路。现在中国搞建设，也要把马克思列宁主义同中国的实际相结合，走自己的路。六年来，中国农村就是根据这样的原则，走自己的路，取得成功的。最近通过的以城市为重点的改革的决定，也是把马克思列宁主义的基本原理同中国实际相结合，走自己的路。这是我们吃了苦头总结出来的经验。今后我们可能还会犯错误。但是，第一不能犯大错误，第二发现不对就赶快改。"② "把马克思主义的普遍真理同我国的具体实际结合起来，走自己的道路，建设有中国特色的社会主义，这就是我们总结长期历史经验得出的基本结论。"③

---

① 邓小平：《在武昌、深圳、珠海、上海等地的谈话要点》，《邓小平文选》，第3卷，第375、377页。
② 邓小平：《革命和建设都要走自己的路》，《邓小平文选》，第3卷，第95页。
③ 邓小平：《中国共产党第十二次全国代表大会开幕词》，《邓小平文选》，第3卷，第3页。

第二，独立自主、自力更生是我们的长期立足点。邓小平强调："中国的事情要按照中国的情况来办，要依靠中国人自己的力量来办。独立自主，自力更生，无论过去、现在和将来，都是我们的立足点。中国人民珍惜同其他国家和人民的友谊和合作，更加珍惜自己经过长期奋斗而得来的独立自主权利。任何外国不要指望中国做他们的附庸，不要指望中国会吞下损害我国利益的苦果。我们坚定不移地实行对外开放政策，在平等互利的基础上积极扩大对外交流。同时，我们保持清醒的头脑，坚决抵制外来腐朽思想的侵蚀，决不允许资产阶级生活方式在我国泛滥。中国人民有自己的民族自尊心和自豪感，以热爱祖国、贡献全部力量建设社会主义祖国为最大光荣，以损害社会主义祖国利益、尊严和荣誉为最大耻辱。"①

第三，中国人有独立发展的自觉性和坚定性。邓小平指出："从十一届三中全会以来，我们党在经济、政治、文化等各方面的工作中恢复了正确的政策，并且研究新情况、新经验，制定了一系列新的正确政策。和八大的时候比较，现在我们党对我国社会主义建设规律的认识深刻得多了，经验丰富得多了，贯彻执行我们的正确方针的自觉性和坚定性大大加强了。我们有充分的根据相信，这次代表大会制定的正确的纲领，一定能够全面开创社会主义现代化建设的新局面，使我们党兴旺发达，使我们的社会主义事业兴旺发达，使我们的国家和各民族兴旺发达。"②

（七）"社会安定"取向

"社会安定"是实行"改革开放"政策的必要基础，邓小平就此特别提出了三点要求。

第一，运动影响安定团结。邓小平指出："我们过去在社会主义改造完成以后，仍然搞这个运动、那个运动，一次运动耽误多少事情，伤害多少人。发挥社会主义的优越性，归根到底是要大幅度发展社会生产力，逐步改善、提高人民的物质生活和精神生活。如果没有一个安定团结的政治局面，这一切都不可能，连生动活泼也不可能。""文化大革命的经验已经证明，动乱不能前进，只能后退，要有秩序才能前进。在我国目前的情

---

① 邓小平：《中国共产党第十二次全国代表大会开幕词》，《邓小平文选》，第 3 卷，第 3 页。

② 邓小平：《中国共产党第十二次全国代表大会开幕词》，《邓小平文选》，第 3 卷，第 2 页。

况下，可以说没有安定团结，就没有一切，包括民主、'双百'方针等，统统谈不上。过去我们已经吃了十来年的苦头，再乱，人民吃不消，人民也不答应。反之，我们在社会主义安定团结的基础上，就一定能够有计划、有步骤地实现可能实现的一切，最大限度地满足人民的要求。"①

第二，离开国家的稳定就谈不上改革开放。邓小平认为："中国的问题，压倒一切的是需要稳定。没有稳定的环境，什么都搞不成，已经取得的成果也会失掉。中国一定要坚持改革开放，这是解决中国问题的希望。但是要改革，就一定要有稳定的政治环境。总的来说，中国人民是支持改革政策的，绝大多数学生是支持稳定的，他们知道离开国家的稳定就谈不上改革和开放。"② "我们搞四化，搞改革开放，关键是稳定。我同布什谈了，中国的问题，压倒一切的是需要稳定。凡是妨碍稳定的就要对付，不能让步，不能迁就。……中国人的事中国人自己办。中国不能乱，这个道理要反复讲，放开讲。不讲，反而好像输了理。要放出一个信号：中国不允许乱。估计形势，要看到中国的工人、农民、知识分子和大多数学生是拥护改革的。"③

第三，善于用经济政策解决政治问题。邓小平强调："经济工作是当前最大的政治，经济问题是压倒一切的政治问题。不只是当前，恐怕今后长期的工作重点都要放在经济工作上面。""各级党委除了抓经济工作，还有很多其他工作，但很多问题都涉及经济方面。比如思想路线问题要深入讨论，这个工作不能搞运动，要插到经常工作主要是经济工作里面去做。真理标准问题，结合实际来讨论，恐怕效果好一点，免得搞形式主义。一个生产队怎样提高生产力，怎样利用每一个山头，每一片水面，每一块耕地，每一处边角；一个工厂如何发展生产，增加品种，提高质量，如何改革经营管理方法，打开市场，如何解决职工的困难，如何避免走后门，这样来讨论问题，解放思想，效果会好得多。现在要提倡一种方法，就是要每一个生产队，每一个工厂，每一个学校，具体地解决自己的实际问题。我们过去搞的一些运动，比如学理论，学来学去，就是不结合实际，结果大家厌烦了。当然，不是说政治工作不做了。现在有人认为取消

---

① 邓小平：《目前的形势和任务》，《邓小平文选》，第2卷，第251—252页。
② 邓小平：《压倒一切的是稳定》，《邓小平文选》，第3卷，第284页。
③ 邓小平：《中国不允许乱》，《邓小平文选》，第3卷，第286页。

政治部就是不做政治工作了。党是搞什么的？工会是搞什么的？共青团是搞什么的？妇联是搞什么的？还不都是做政治工作的？政治工作是要做的，而且是要好好地做。但是，政治工作要落实到经济上面，政治问题要从经济的角度来解决。比如落实政策问题，就业问题，上山下乡知识青年回城市问题，这些都是社会、政治问题，主要还是从经济角度来解决。经济不发展，这些问题永远不能解决。所谓政策，也主要是经济方面的政策。现在北京、天津、上海搞集体所有制；解决就业问题，还不是经济的办法？这是用经济政策来解决政治问题。解决这类问题，要想得宽一点，政策上应该灵活一点。总之，要用经济办法解决政治问题、社会问题。要广开门路，多想办法，千方百计，解决问题。我们定下了一个雄心壮志，定下了一个奋斗目标，就要去实现，不能讲空话。还是以前的老话，经济工作要越做越细。"①

（八）"不争论"取向

邓小平指出："对改革开放，一开始就有不同意见，这是正常的。不只是经济特区问题，更大的问题是农村改革，搞农村家庭联产承包，废除人民公社制度。开始的时候只有三分之一的省干起来，第二年超过三分之二，第三年才差不多全部跟上，这是就全国范围讲的。开始搞并不踊跃呀，好多人在看。我们的政策就是允许看。允许看，比强制好得多。我们推行三中全会以来的路线、方针、政策，不搞强迫，不搞运动，愿意干就干，干多少是多少，这样慢慢就跟上来了。不搞争论，是我的一个发明。不争论，是为了争取时间干。一争论就复杂了，把时间都争掉了，什么也干不成。不争论，大胆地试，大胆地闯。农村改革是如此，城市改革也应如此。"②"如果在这个时候开展一个什么理论问题的讨论，比如对市场、计划等问题的讨论，提出这类问题，不但不利于稳定，还会误事。现在需要聚精会神地做几件使人民满意、高兴的事情，同时要赶快注意那些对我们前进不利的事情。"③

---

① 邓小平：《关于经济工作的几点意见》，《邓小平文选》，第 2 卷，第 194—196 页。
② 邓小平：《在武昌、深圳、珠海、上海等地的谈话要点》，《邓小平文选》，第 3 卷，第 374 页。
③ 邓小平：《第三代领导集体的当务之急》，《邓小平文选》，第 3 卷，第 312 页。

（九）"既反右也反左"取向

邓小平尽管要求对"改革开放"政策"不争论"，但是对于干扰中国发展的"左"的和右的错误倾向，持的是坚决反对的态度，并提出了以下论点。

第一，右要求全盘西化，"左"则是一种习惯势力，最大的危险还是"左"。邓小平指出："这八年多的经历证明，我们所做的事情是成功的，总的情况是好的，但不是说没有干扰。几十年的'左'的思想纠正过来不容易，我们主要是反'左'，'左'已经形成了一种习惯势力。现在中国反对改革的人不多，但在制定和实行具体政策的时候，总容易出现有一点留恋过去的情况，习惯的东西就起作用，就冒出来了。同时也有右的干扰，概括起来就是全盘西化，打着拥护开放、改革的旗帜，想把中国引导到搞资本主义。这种右的倾向不是真正拥护改革、开放政策，是要改变我们社会的性质。一旦中国全盘西化，搞资本主义，四个现代化肯定实现不了。中国要解决十亿人的贫困问题，十亿人的发展问题。如果搞资本主义，可能有少数人富裕起来，但大量的人会长期处于贫困状态，中国就会发生闹革命的问题。中国搞现代化，只能靠社会主义，不能靠资本主义。历史上有人想在中国搞资本主义，总是行不通。我们搞社会主义虽然犯过错误，但总的来说，改变了中国的面貌。我们既有'左'的干扰，也有右的干扰，但最大的危险还是'左'。习惯了，人们的思想不容易改变。对青年人来说，右的东西值得警惕，特别是他们不知道什么是资本主义，什么是社会主义，因此要对他们进行教育。"[①]

第二，右可以葬送社会主义，"左"也可以葬送社会主义。邓小平认为："现在，有右的东西影响我们，也有'左'的东西影响我们，但根深蒂固的还是'左'的东西。有些理论家、政治家，拿大帽子吓唬人的，不是右，而是'左'。'左'带有革命的色彩，好像越'左'越革命。'左'的东西在我们党的历史上可怕呀！一个好好的东西，一下子被他搞掉了。右可以葬送社会主义，'左'也可以葬送社会主义。中国要警惕右，但主要是防止'左'。右的东西有，动乱就是右的！'左'的东西也有。把改革开放说成是引进和发展资本主义，认为和平演变的主要危险来

---

① 邓小平：《吸取历史经验，防止错误倾向》，《邓小平文选》，第3卷，第228—229页。

自经济领域,这些就是'左'。我们必须保持清醒的头脑,这样就不会犯大错误,出现问题也容易纠正和改正。"①

第三,不要用运动来纠正"左"和右的错误倾向。邓小平指出:"纠正'左'的倾向和右的倾向,都不要随意上'纲',不要人人过关,不要搞运动。人人都去作检查,那就会变成运动。当然,不搞运动不等于政治工作没有方向,也不是不要声势。"②"我们现在的路线、方针、政策是在总结了成功时期的经验、失败时期的经验和遭受挫折时期的经验后制定的。历史上成功的经验是宝贵财富,错误的经验、失败的经验也是宝贵财富。这样来制定方针政策,就能统一全党思想,达到新的团结。这样的基础是最可靠的。有人说,我们现在有保守派、改革派,这是猜测。事实证明,改革是正确的,很见效。如果外国朋友都能看出我们的变化,看出我们搞得不错,我们自己的人民还能看不见?人民有自己的亲身经历,眼睛是雪亮的。过去吃不饱,穿不暖,现在不仅吃饱穿暖,而且有现代化生活用品,人民是高兴的。既然如此,我们的政策还能不稳定?政策的稳定反映了党的稳定。……我们不搞运动,这也不是运动所能解决的问题。"③

第四,要特别注意防范"左"的错误影响政策。邓小平强调:"'文化大革命'十年浩劫,中国吃了苦头。中国吃苦头不只这十年,这以前,从一九五七年下半年开始,我们就犯了'左'的错误。总的来说,就是对外封闭,对内以阶级斗争为纲,忽视发展生产力,制定的政策超越了社会主义的初级阶段。一九七八年我们党的十一届三中全会对过去作了系统的总结,提出了一系列新的方针政策。中心点是从以阶级斗争为纲转到以发展生产力为中心,从封闭转到开放,从固守成规转到各方面的改革。"④

第五,对右的错误应着重于教育。邓小平认为:"学生闹点事,影响不大,搞不垮我们。即使再闹得大一些,也影响不了我们的根本,影响不了我们既定的政策。处理这样问题的结果,只会使我们的政治局面更加安定,更加团结;只会使我们既定的方针政策,包括开放、改革、建设的方针政策,更加顺利地、稳步地、坚定不移地贯彻执行。当然,我们也会在

---

① 邓小平:《在武昌、深圳、珠海、上海等地的谈话要点》,《邓小平文选》,第3卷,第375页。
② 邓小平:《关于反对错误思想倾向问题》,《邓小平文选》,第2卷,第381页。
③ 邓小平:《改革开放使中国真正活跃起来》,《邓小平文选》,第3卷,第234—235页。
④ 邓小平:《形势迫使我们进一步改革开放》,《邓小平文选》,第3卷,第269页。

处理这种事情的过程中,总结经验,逐步消除弊端,如消除工作中的官僚主义等。这样做,最终会使坏事变成好事,使领导者更加清醒,使人民更加清醒。""学生闹事,要向他们讲清楚危害在哪里,这就不能对他们只用拍拍肩膀的办法。要把是非讲清楚,要把利害讲清楚。是非是涉及我国根本利益的是非,利害是关系到我国社会主义发展能不能达到本世纪目标和下个世纪目标的重大利害。这才是对青年的爱护,对青年的真诚引导。"① "当然,控制局势要注意方法。特别要抓紧立法,包括集会、结社、游行、示威、新闻、出版等方面的法律和法规。违法的就要取缔。中国不能允许随便示威游行,如果三百六十五天,天天游行,什么事也不要干了,外国资金也不会进来了。我们在这方面控制得严一点,不会影响外商来华投资,恰恰相反,外商会更放心。我们要让国内外明白,加强控制是为了稳定,是为了更好地改革开放,进行现代化建设。"②

第六,反对错误倾向必须坚持正确的政策。邓小平指出:"一个国家要取得真正的政治独立,必须努力摆脱贫困。而要摆脱贫困,在经济政策和对外政策上都要立足于自己的实际,不要给自己设置障碍,不要孤立于世界之外。根据中国的经验,把自己孤立于世界之外是不利的。要得到发展,必须坚持对外开放、对内改革,包括上层建筑领域的政治体制的改革。中国执行开放政策是正确的,得到了很大的好处。如果说有什么不足之处,就是开放得还不够。我们要继续开放,更加开放。因为我们的承受能力比较大,加上我们有正确的政策,即使有一些消极的东西也不会影响我们社会主义制度的根本。教育人民坚持四项基本原则,这就为我们事业的健康发展从根本上提供了保证。"③

(十)"大胆试验"取向

邓小平倡导的"改革开放政策",是一种全新的试验,为此需要对"试验"有充分的认识。

第一,开放政策就是一个大试验。邓小平指出:"我们特区的经济从内向转到外向,现在还是刚起步,所以能出口的好的产品还不多。只要深

---

① 邓小平:《排除干扰,继续前进》,《邓小平文选》,第3卷,第198—199页。
② 邓小平:《中国不允许乱》,《邓小平文选》,第3卷,第286—287页。
③ 邓小平:《坚持四项基本原则教育,坚持改革开放政策》,《邓小平文选》,第3卷,第202页。

圳没有做到这一步，它的关就还没有过，还不能证明它的发展是很健康的。不过，听说这方面有了一点进步。前不久我对一位外国客人说，深圳是个试验，外面就有人议论，说什么中国的政策是不是又要改变，是不是我否定了原来关于经济特区的判断。所以，现在我要肯定两句话：第一句话是，建立经济特区的政策是正确的；第二句话是，经济特区还是一个试验。这两句话不矛盾。我们的整个开放政策也是一个试验，从世界的角度来讲，也是一个大试验。总之，中国的对外开放政策是坚定不移的，但在开放过程中要小心谨慎。我们取得了一些成绩，但一定要保持谦逊态度。"①

第二，试验不成功可以提供经验。邓小平认为："深圳经济特区是个试验，路子走得是否对，还要看一看。它是社会主义的新生事物。搞成功是我们的愿望，不成功是一个经验嘛。搞社会主义，中心任务是发展社会生产力。一切有利于发展社会生产力的方法，包括利用外资和引进先进技术，我们都采用。这是个很大的试验，是书本上没有的。"②

第三，试验成功将是对世界的重要贡献。邓小平强调："我们的改革不仅在中国，而且在国际范围内也是一种试验，我们相信会成功。如果成功了，可以对世界上的社会主义事业和不发达国家的发展提供某些经验。当然，不是把它搬给别国。我们的原则是把马克思主义同中国的实践相结合，走中国自己的道路，我们叫建设有中国特色的社会主义。"③

第四，要大胆地通过试验闯出新路。邓小平指出："改革开放胆子要大一些，敢于试验，不能像小脚女人一样。看准了的，就大胆地试，大胆地闯。深圳的重要经验就是敢闯。没有一点闯的精神，没有一点'冒'的精神，没有一股气呀、劲呀，就走不出一条好路，走不出一条新路，就干不出新的事业。不冒点风险，办什么事情都有百分之百的把握，万无一失，谁敢说这样的话？一开始就自以为是，认为百分之百正确，没那么回事，我就从来没有那么认为。每年领导层都要总结经验，对的就坚持，不对的赶快改，新问题出来抓紧解决。恐怕再有三十年的时间，我们才会在各方面形成一整套更加成熟、更加定型的制度。在这个制度下的方针、政

---

① 邓小平：《特区经济要从内向转到外向》，《邓小平文选》，第3卷，第133页。
② 邓小平：《改革开放是很大的试验》，《邓小平文选》，第3卷，第130页。
③ 邓小平：《对中国改革的两种评价》，《邓小平文选》，第3卷，第135页。

策，也将更加定型化。现在建设中国式的社会主义，经验一天比一天丰富。经验很多，从各省的报刊材料看，都有自己的特色。这样好嘛，就是要有创造性。"①

三 "改革开放"政策范式的民主基础

社会主义民主或人民民主是"改革开放"政策范式的一个重要的基础，邓小平就此作出了具体的解释。

（一）社会主义民主（人民民主）的基本内涵

对于社会主义民主（人民民主），邓小平强调的是从三个方面了解其基本内涵。

第一，从联系和区别两个方面理解社会主义民主（人民民主）。在联系方面，邓小平认为应注意民主与专政、集中、法制、纪律、党的领导的关系问题："我们一定要向人民和青年着重讲清楚民主问题。社会主义道路、无产阶级专政、共产党的领导、马列主义毛泽东思想，都同民主问题有关。……人民的民主同对敌人的专政分不开，同民主基础上的集中也分不开。我们实行的是民主集中制，这就是民主基础上的集中和集中指导下的民主相结合。""我们过去对民主宣传得不够，实行得不够，制度上有许多不完善，因此，继续努力发扬民主，是我们全党今后一个长时期的坚定不移的目标。但是我们在宣传民主的时候，一定要把对人民的民主和对敌人的专政结合起来，把民主和集中、民主和法制、民主和纪律、民主和党的领导结合起来。"在区别方面，邓小平特别指出："中国人民今天所需要的是什么民主呢？中国人民今天所需要的民主，只能是社会主义民主或称人民民主，而不是资产阶级的个人主义的民主。一定要把社会主义民主同资产阶级民主、个人主义民主严格地区别开来。"②

第二，社会主义民主应体现为政治生活的民主化、经济管理的民主化和社会生活的民主化。邓小平指出："肃清封建主义残余影响，对广大干

---

① 邓小平：《在武昌、深圳、珠海、上海等地的谈话要点》，《邓小平文选》，第3卷，第372页。

② 邓小平：《坚持四项基本原则》，《邓小平文选》，第2卷，第175—176页。

部和群众说来,是一种自我教育和自我改造,是为了从封建主义遗毒中摆脱出来,解放思想,提高觉悟,适应现代化建设的需要,努力为人民作贡献,为社会作贡献,为人类作贡献。肃清封建主义残余影响,重点是切实改革并完善党和国家的制度,从制度上保证党和国家政治生活的民主化、经济管理的民主化、整个社会生活的民主化,促进现代化建设事业的顺利发展。这需要认真调查研究,比较各国的经验,集思广益,提出切实可行的方案和措施。"①

第三,改革开放要特别注意经济民主问题。邓小平指出:"我想着重讲讲发扬经济民主的问题。现在我国的经济管理体制权力过于集中,应该有计划地大胆下放,否则不利于充分发挥国家、地方、企业和劳动者个人四个方面的积极性,也不利于实行现代化的经济管理和提高劳动生产率。应该让地方和企业、生产队有更多的经营管理的自主权。我国有这么多省、市、自治区,一个中等的省相当于欧洲的一个大国,有必要在统一认识、统一政策、统一计划、统一指挥、统一行动之下,在经济计划和财政、外贸等方面给予更多的自主权。当前最迫切的是扩大厂矿企业和生产队的自主权,使每一个工厂和生产队能够千方百计地发挥主动创造精神。一个生产队有了经营自主权,一小块地没有种上东西,一小片水面没有利用起来搞养殖业,社员和干部就要睡不着觉,就要开动脑筋想办法。全国几十万个企业,几百万个生产队都开动脑筋,能够增加多少财富啊!为国家创造财富多,个人的收入就应该多一些,集体福利就应该搞得好一些。不讲多劳多得,不重视物质利益,对少数先进分子可以,对广大群众不行,一段时间可以,长期不行。革命精神是非常宝贵的,没有革命精神就没有革命行动。但是,革命是在物质利益的基础上产生的,如果只讲牺牲精神,不讲物质利益,那就是唯心论。"②

(二) 注重实现社会主义民主的形式

为发扬社会主义民主,邓小平既强调了应该避免的民主形式,也强调了应该鼓励的民主形式。

---

① 邓小平:《党和国家领导制度的改革》,《邓小平文选》,第 2 卷,第 335—336 页。
② 邓小平:《解放思想,实事求是,团结一致向前看》,《邓小平文选》,第 2 卷,第 145—146 页。

第一，不能采用运动和"大民主"的形式。邓小平指出："不能认为只要破字当头，立就在其中了。必须明确，不要搞什么反封建主义的政治运动和宣传运动，不要对什么人搞过去那种政治批判，更不能把斗争矛头对着干部和群众。历史经验证明，用大搞群众运动的办法，而不是用透彻说理、从容讨论的办法，去解决群众性的思想教育问题，而不是用扎扎实实、稳步前进的办法，去解决现行制度的改革和新制度的建立问题，从来都是不成功的。因为在社会主义社会中解决群众思想问题和具体的组织制度、工作制度问题，同革命时期对反革命分子的打击和对反动制度的破坏，本来是原则上根本不同的两回事。"①"像'文化大革命'那样的'大民主'不能再搞了，那实际上是无政府主义。"②"粉碎'四人帮'以后，特别是最近两年，我们党的三中全会、四中全会、五中全会体现了人民的意志和人民的要求。我们正在考虑从制度上解决问题。已经提出了许多问题，特别是强调要一心一意搞四化建设，这是得人心的。人民需要一个安定团结的政治局面，对大规模的运动厌烦了。凡是这样的运动都要伤害一批人，而且不是小量的。经常搞运动，实际上就安不下心来搞建设。所以我们可以确信，只要我们现在走的路子是对的，人民是拥护的，像'文化大革命'那样的情况就不会重复。"③

第二，不能照搬西方的民主制度。邓小平认为："政治体制改革包括民主和法制。我们的民主同法制是相关联的。人们往往把民主同美国联系起来，认为美国的制度是最理想的民主制度。我们不能搬你们的。我相信你会理解这一点。中国如果照搬你们的多党竞选、三权鼎立那一套，肯定是动乱局面。如果今天这部分人上街，明天那部分人上街，中国十亿人口，一年三百六十五天，天天都会有事，日子还能过吗？还有什么精力搞建设？所以不能从你们的角度来看待中国的问题。中国的主要目标是发展，是摆脱落后，使国家的力量增强起来，人民的生活逐步得到改善。要做这样的事，必须有安定的政治环境。没有安定的政治环境，什么事情都干不成。中国有中国的实际，这点我相信我们比外国朋友了解得多一些。中国的政治体制改革，要讲社会主义的民主，也要讲社会主义的法制。在

---

① 邓小平：《党和国家领导制度的改革》，《邓小平文选》，第 2 卷，第 336 页。
② 邓小平：《改革的步子要加快》，《邓小平文选》，第 3 卷，第 242—243 页。
③ 邓小平：《答意大利记者奥琳埃娜·法拉奇问》，《邓小平文选》，第 2 卷，第 349 页。

强调发展民主的同时，要强调教育我们的人民特别是青年要有理想，守纪律。"①

第三，不要追求形式上的民主。邓小平指出："中国正处在特别需要集中注意力发展经济的进程中。如果追求形式上的民主，结果是既实现不了民主，经济也得不到发展，只会出现国家混乱、人心涣散的局面。对这一点我们有深切的体验，因为我们有'文化大革命'的经历，亲眼看到了它的恶果。……我们是要发展社会主义民主，但匆匆忙忙地搞不行，搞西方那一套更不行。如果我们现在十亿人搞多党竞选，一定会出现'文化大革命'中那样'全面内战'的混乱局面。'内战'不一定都是用枪炮，动拳头、木棒也打得很凶。民主是我们的目标，但国家必须保持稳定。"②

第四，调动积极性是最大的民主。邓小平认为："调动积极性，权力下放是最主要的内容。我们农村改革之所以见效，就是因为给农民更多的自主权，调动了农民的积极性。现在我们把这个经验应用到各行各业，调动各方面的积极性。调动积极性是最大的民主。至于各种民主形式怎么搞法，要看实际情况。比如讲普选，现在我们在基层，就是在乡、县两级和城市区一级、不设区的市一级搞直接选举，省、自治区、设区的市和中央是间接选举。像我们这样一个大国，人口这么多，地区之间又不平衡，还有这么多民族，高层搞直接选举现在条件还不成熟，首先是文化素质不行。又比如讲党派，我们也有好多个民主党派，都接受共产党的领导，实行中国共产党领导的多党合作、政治协商制度。对于这一点，西方许多舆论也认为，像中国这样一个大国，如果没有中国共产党来领导，许多事情很难办，首先吃饭问题就解决不了。我们的改革不能离开社会主义道路，不能没有共产党的领导，这两点是相互联系的，是一个问题。没有共产党的领导，就没有社会主义道路。"③"把权力下放给基层和人民，在农村就是下放给农民，这就是最大的民主。我们讲社会主义民主，这就是一个重要内容。同时，乡镇企业反过来对农业又有很大帮助，促进了农业的

---

① 邓小平：《没有安定的政治环境什么事都办不成》，《邓小平文选》，第3卷，第244—245页。
② 邓小平：《压倒一切的是稳定》，《邓小平文选》，第3卷，第284—285页。
③ 邓小平：《改革的步子要加快》，《邓小平文选》，第3卷，第242页。

发展。"①

第五,"讲真话"是重要的民主形式。邓小平强调:"发扬社会主义民主,健全社会主义法制,两方面是统一的。发扬民主可以经过很多渠道来实现。比如党内政治生活的准则就规定,要讲真话,有意见摆到桌面上。我们这次全会就是人人畅所欲言,包括中央常委讲的话,有不妥当的,大家纠正,这很好嘛。哪有什么金口玉言,即席讲几句话就句句准确?我们全会的风气很好,发扬这样的民主风气,就有利于维护和发展安定团结、生动活泼的政治局面。"②

第六,用民主的方法制定政策。邓小平指出:"有不同意见不要紧,各种方案可以比较。办什么事也得走群众路线。人民内部要有充分的民主,这样才能拿出好的主意来。当然,任何好主意不会自动实现。美好的前景如果没有切实的措施和工作去实现它,就有成为空话的危险。为了在不长的时间内实现四个现代化,我们需要大力提倡能把崇高理想逐步变为现实的脚踏实地的革命作风。"③

(三) 充分保障公民的民主权利

发扬社会主义民主,需要充分保障公民的民主权利,邓小平就此提出了三项明确的要求。

第一,切实保障个人的民主权利。"要切实保障工人农民个人的民主权利,包括民主选举、民主管理和民主监督。不但应该使每个车间主任、生产队长对生产负责任、想办法,而且一定要使每个工人农民都对生产负责任、想办法"。④

第二,自觉地、系统地建立保障民主权利的制度。"'文化大革命'中,林彪、'四人帮'大搞特权,给群众造成很大灾难。当前,也还有一些干部,不把自己看作人民的公仆,而把自己看作人民的主人,搞特权、特殊化,引起群众的强烈不满,损害党的威信,如不坚决改正,势必使我们的干部队伍发生腐化。我们今天所反对的特权,就是政治上、经济上,

---

① 邓小平:《一切从社会主义初级阶段的实际出发》,《邓小平文选》,第3卷,第252页。
② 邓小平:《坚持党的路线,改进工作方法》,《邓小平文选》,第2卷,第276—277页。
③ 邓小平:《在全国教育工作会议上的讲话》,《邓小平文选》,第2卷,第110页。
④ 邓小平:《解放思想,实事求是,团结一致向前看》,《邓小平文选》,第2卷,第146页。

在法律和制度之外的权利。搞特权，这是封建主义残余影响尚未肃清的表现。旧中国留给我们的，封建专制传统比较多，民主法制传统很少。解放以后，我们也没有自觉地、系统地建立保障人民民主权利的各项制度，法制很不完备，也很不受重视，特权现象有时受到限制、批评和打击，有时又重新滋长。克服特权现象，要解决思想问题，也要解决制度问题。公民在法律和制度面前人人平等，党员在党章和党纪面前人人平等。人人有依法规定的平等权利和义务，谁也不能占便宜，谁也不能犯法。不管谁犯了法，都要由公安机关依法侦查，司法机关依法办理，任何人都不许干扰法律的实施，任何犯了法的人都不能逍遥法外。谁也不能违反党章党纪，不管谁违反，都要受到纪律处分，也不许任何人干扰党纪的执行，不许任何违反党纪的人逍遥于纪律制裁之外。只有真正坚决地做到了这些，才能彻底解决搞特权和违法乱纪的问题。要有群众监督制度，让群众和党员监督干部，特别是领导干部。凡是搞特权、特殊化，经过批评教育而又不改的，人民就有权依法进行检举、控告、弹劾、撤换、罢免，要求他们在经济上退赔，并使他们受到法律、纪律处分。对各级干部的职权范围和政治、生活待遇，要制定各种条例，最重要的是要有专门的机构进行铁面无私的监督检查"。①

第三，坚决打击危害人民民主权利的行为。"现在，我们在坚定不移地把发展社会主义民主的工作继续做下去的同时，要求全党同志、全国人民高度警惕和坚决打击各种反党反社会主义活动和刑事犯罪活动。这是因为，如果不对这类活动进行打击，不但经济调整很难进行，而且人民的民主权利甚至生存权利，都要遭到危害。如果放纵他们，让他们泛滥开来，到处制造混乱，有些地方、有些部门、有些单位中，大多数人民的民主权利，又会像在'文化大革命'中那样，重新受到践踏；全国安定团结、生动活泼的局面就不可能维持，更谈不上巩固和发展；我们现在已经形成的开国以来少有的很好的政治形势和经济形势，就又会受到挫折；人民生活已经得到的改善，又会重新丧失"。②

---

① 邓小平：《党和国家领导制度的改革》，《邓小平文选》，第2卷，第332页。
② 邓小平：《贯彻调整方针，保证安定团结》，《邓小平文选》，第2卷，第373页。

四 "改革开放"政策范式的法制基础

邓小平尽管经常并提民主和法制，但是对于法制，尤其是对"改革开放"政策起重要作用的法制基础，还是有一些侧重点，需要单列出来加以说明。

（一）民主与法制的关系

对于社会主义民主与社会主义法制的关系，邓小平重点强调的是五点认识。

第一，社会主义民主和社会主义法制是不可分的。邓小平指出："要继续发展社会主义民主，健全社会主义法制。这是三中全会以来中央坚定不移的基本方针，今后也决不允许有任何动摇。我们的民主制度还有不完善的地方，要制定一系列的法律、法令和条例，使民主制度化、法律化。社会主义民主和社会主义法制是不可分的。不要社会主义法制的民主，不要党的领导的民主，不要纪律和秩序的民主，决不是社会主义民主。相反，这只能使我们的国家再一次陷入无政府状态，使国家更难民主化，使国民经济更难发展，使人民生活更难改善。"[①]

第二，通过法制使民主制度化、法律化。邓小平强调："为了保障人民民主，必须加强法制。必须使民主制度化、法律化，使这种制度和法律不因领导人的改变而改变，不因领导人的看法和注意力的改变而改变。"[②]

第三，法制和民主两手都要强。邓小平认为："民主和法制，这两个方面都应该加强，过去我们都不足。要加强民主就要加强法制。没有广泛的民主是不行的，没有健全的法制也是不行的。我们吃够了动乱的苦头。前一段时间上海发生冲击领导机关的事，那是不能允许的。这实际上是属于'四人帮'打砸抢、武斗的思想体系。……民主要坚持下去，法制要坚持下去。这好像两只手，任何一只手削弱都不行。"[③]

第四，个人迷信、家长制等是民主和法制必须解决的问题。邓小平指

[①] 邓小平：《贯彻调整方针，保证安定团结》，《邓小平文选》，第 2 卷，第 359—360 页。
[②] 邓小平：《解放思想，实事求是，团结一致向前看》，《邓小平文选》，第 2 卷，第 146 页。
[③] 邓小平：《民主和法制两手都不能削弱》，《邓小平文选》，第 2 卷，第 189 页。

出："我们过去的一些制度，实际上受了封建主义的影响，包括个人迷信、家长制或家长作风，甚至包括干部职务终身制。我们现在正在研究避免重复这种现象，准备从改革制度着手。我们这个国家有几千年封建社会的历史，缺乏社会主义的民主和社会主义的法制。现在我们要认真建立社会主义的民主制度和社会主义法制。只有这样，才能解决问题。"①

第五，民主和法制要求坚持四项基本原则。邓小平认为："我们的宣传工作还存在严重缺点，主要是没有积极主动、理直气壮而又有说服力地宣传四项基本原则，对一些反对四项基本原则的严重错误思想没有进行有力的斗争。在一些同志的思想中也确实存在着混乱，例如有人认为，坚持四项基本原则会妨碍解放思想，健全社会主义法制会妨碍社会主义民主，对错误意见进行正确的批评是违反'双百'方针，等等。"②

（二）加强立法工作

立法是法制的基础性工作，邓小平对于如何加强立法工作，提出了三条要求。

第一，不能把领导人说的话当作"法"。"现在的问题是法律很不完备，很多法律还没有制定出来。往往把领导人说的话当作'法'，不赞成领导人说的话就叫做'违法'，领导人的话改变了，'法'也就跟着改变"。③"我们好多年实际上没有法，没有可遵循的东西"。④

第二，要集中力量立法。"应该集中力量制定刑法、民法、诉讼法和其他各种必要的法律，例如工厂法、人民公社法、森林法、草原法、环境保护法、劳动法、外国人投资法等，经过一定的民主程序讨论通过，并且加强检察机关和司法机关，做到有法可依，有法必依，执法必严，违法必究。国家和企业、企业和企业、企业和个人等之间的关系，也要用法律的形式来确定；它们之间的矛盾，也有不少要通过法律来解决。……此外，我们还要大力加强对国际法的研究"。⑤"这次全国人大开会制定了七个法

---

① 邓小平：《答意大利记者奥琳埃娜·法拉奇问》，《邓小平文选》，第 2 卷，第 348 页。
② 邓小平：《贯彻调整方针，保证安定团结》，《邓小平文选》，第 2 卷，第 364 页。
③ 邓小平：《解放思想，实事求是，团结一致向前看》，《邓小平文选》，第 2 卷，第 146 页。
④ 邓小平：《民主和法制两手都不能削弱》，《邓小平文选》，第 2 卷，第 189 页。
⑤ 邓小平：《解放思想，实事求是，团结一致向前看》，《邓小平文选》，第 2 卷，第 146—147 页。

律。有的实际上部分地修改了我们的宪法，比如取消革命委员会，恢复原来的行政体制。这是建立安定团结政治局面的必要保障。没有安定团结生动活泼的政治局面，搞四个现代化就不行。这次会议以后，要接着制定一系列的法律。我们的民法还没有，要制定；经济方面的很多法律，比如工厂法等，也要制定。我们的法律是太少了，成百个法律总要有的，这方面有很多工作要做，现在只是开端"。①

第三，可以采用"渐进式"立法的方法。"现在立法的工作量很大，人力很不够，因此法律条文开始可以粗一点，逐步完善。有的法规地方可以先试搞，然后经过总结提高，制定全国通行的法律。修改补充法律，成熟一条就修改补充一条，不要等待'成套设备'。总之，有比没有好，快搞比慢搞好"。②

（三）党要有党规党法

邓小平特别强调："国要有国法，党要有党规党法。党章是最根本的党规党法。没有党规党法，国法就很难保障。各级纪律检查委员会和组织部门的任务不只是处理案件，更重要的是维护党规党法，切实把我们的党风搞好。对于违反党纪的，不管是什么人，都要执行纪律，做到功过分明，赏罚分明，伸张正气，打击邪气。"③

邓小平还特别就党纪和国法的区别处理，提出了以下看法："纠正不正之风、打击犯罪活动中属于法律范围的问题，要用法制来解决，由党直接管不合适。党要管党内纪律的问题，法律范围的问题应该由国家和政府管。党干预太多，不利于在全体人民中树立法制观念。这是一个党和政府的关系问题，是一个政治体制的问题。我看明年党的十三大可以提出这个问题，把关系理顺。现在从党的工作来说，重点是端正党风，但从全局来说，是加强法制。我们国家缺少执法和守法的传统，从党的十一届三中全会以后就开始抓法制，没有法制不行。"④

---

① 邓小平：《民主和法制两手都不能削弱》，《邓小平文选》，第2卷，第189页。
② 邓小平：《解放思想，实事求是，团结一致向前看》，《邓小平文选》，第2卷，第147页。
③ 邓小平：《解放思想，实事求是，团结一致向前看》，《邓小平文选》，第2卷，第147页。
④ 邓小平：《在全体人民中树立法制观念》，《邓小平文选》，第3卷，第163页。

（四）以法制维持安定团结的局面

法制是维持安定团结的基础，为强化这样的基础，邓小平提出了四项具体的要求。

（1）必须加强人民民主专政的国家机器，坚决打击和分化瓦解上述各种破坏安定团结的势力，坚决打击和分化瓦解林彪、江青反革命集团的残余势力，坚决打击和防范制止各种刑事犯罪活动。

（2）巩固和发展安定团结的政治局面，是全国人民的共同愿望。需要向广大人民群众做好思想政治工作，动员和组织他们自觉地、积极地行动起来，同各种破坏安定团结的势力进行有效的斗争。进行这种斗争，不能采取过去搞政治运动的办法，而要遵循社会主义法制的原则。为此，除党内要发布有关的指示以外，建议人大常委会、国务院发布有关的条例、法令。必要的法律设施，加上全党的思想政治工作、报刊宣传和学校教育的配合，就可以形成全党全军全民的共同行动准则。这样，当前的一些混乱状态一定可以逐步改变。

（3）为了保证安定团结，建议国家机关通过适当的法律法令，规定罢工罢课事前要经过调处；游行示威事前要经过允许，指定时间地点；禁止不同单位之间、不同地区之间的串连；禁止非法组织的活动和非法刊物的印行。

（4）全党同志和全体干部都要按照宪法、法律、法令办事，学会使用法律武器（包括罚款、重税一类经济武器）同反党反社会主义的势力和各种刑事犯罪分子进行斗争。这是现在和今后发展社会主义民主、健全社会主义法制的过程中要求我们必须尽快学会处理的新课题。[①]

（五）加强纪律教育和法制教育

加强全民的纪律教育和法制教育，对能否实现社会主义法制起着关键性的作用，邓小平就此强调了三项要求。

第一，必须开展全民的纪律教育和法制教育。邓小平指出："我们现在搞两个文明建设，一是物质文明，一是精神文明。实行开放政策必

---

① 参见邓小平《贯彻调整方针，保证安定团结》，《邓小平文选》，第2卷，第370—371页。

然会带来一些坏的东西，影响我们的人民。要说有风险，这是最大的风险。我们用法律和教育这两个手段来解决这个问题。只要不放松，认真抓，就会有办法。对贪污、行贿、盗窃以及其他乌七八糟的东西，人民是非常反感的，我们依靠人民的力量，一定能够逐步加以克服。"[1] "在党政机关、军队、企业、学校和全体人民中，都必须加强纪律教育和法制教育。没有规定纪律或规定得不完善不合理的，要迅速规定和改善。大中小学的学生从入学起，工人从入厂起，战士从入伍起，工作人员从到职起，就要学习和服从各自所必须遵守的纪律。对一切无纪律、无政府、违反法制的现象，都必须坚决反对和纠正。否则我们就决不能建设社会主义，也决不能实现现代化。合理的纪律同社会主义民主不但不是互相对立的，而且是互相保证的。"[2]

第二，要进行坚持四项基本原则的全民教育。邓小平指出："党的十三大概括的'一个中心、两个基本点'对不对？两个基本点，即四个坚持和改革开放，是不是错了？我最近总在想这个问题。我们没有错。四个坚持本身没有错，如果说有错误的话，就是坚持四项基本原则还不够一贯，没有把它作为基本思想来教育人民，教育学生，教育全体干部和共产党员。这次事件的性质，就是资产阶级自由化和四个坚持的对立。四个坚持、思想政治工作、反对资产阶级自由化、反对精神污染，我们不是没有讲，而是缺乏一贯性，没有行动，甚至讲得都很少。不是错在四个坚持本身，而是错在坚持得不够一贯，教育和思想政治工作太差。一九八〇年元旦，我在政协讲话，讲了'四个保证'，其中有一条叫'艰苦奋斗的创业精神'。艰苦奋斗是我们的传统，艰苦朴素的教育今后要抓紧，一直要抓六十至七十年。我们的国家越发展，越要抓艰苦创业。提倡艰苦创业精神，也有助于克服腐败现象。建国以来我们一直在讲艰苦创业，后来日子稍微好一点，就提倡高消费，于是，各方面的浪费现象蔓延，加上思想政治工作薄弱、法制不健全，什么违法乱纪和腐败现象等等，都出来了。我对外国人讲，十年最大的失误是教育，这里我主要是讲思想政治教育，不单纯是对学校、青年学生，是泛指对人民的教育。对于艰苦创业，对于中国是个什么样的国家，将要变成一个什么样的国家，这种教育都很少，这

---

[1] 邓小平：《拿事实来说话》，《邓小平文选》，第3卷，第156页。
[2] 邓小平：《贯彻调整方针，保证安定团结》，《邓小平文选》，第2卷，第360页。

是我们很大的失误。"①

第三，法制教育要从娃娃抓起。邓小平强调："法制观念与人们的文化素质有关。现在这么多青年人犯罪，无法无天，没有顾忌，一个原因是文化素质太低。所以，加强法制重要的是要进行教育，根本问题是教育人。法制教育要从娃娃开始，小学、中学都要进行这个教育，社会上也要进行这个教育。纠正不正之风中属于法律范围、社会范围的问题，应当靠加强法制和社会教育来解决。我们要把经验好好总结一下，使这方面工作来一个改善。"②

五 "改革开放"政策范式的群众路线基础

以"群众路线"的方式解决政策问题，既要强调群众的政策参与，也要强调政策必须认真关注群众利益，实际上是既强调了"政策的民主"，也强调了"民主的政策"。就"群众路线"对"改革开放"政策范式的基础性作用，邓小平重点阐释了七方面的认识。

（一）群众路线就是善于从群众议论中发现问题并制定相应政策

邓小平指出："我们回想一下，正是根据毛泽东同志的建党学说，才建立了这样一个好的党。从延安整风以后，无论前方后方的人，真是生气勃勃，生动活泼，心情舒畅，团结一致。毛泽东同志建立的这个党，既能够充分发扬民主，充分发挥下面遵守纪律的自觉性，又能够在这样的基础上建立高度的集中。毛主席、党中央的命令、号召，谁不听哪！谁不是自觉地听哪！没有这样的党的风气，我们能够战胜比我们强得多的敌人吗？我们能够在建国以后，取得一个又一个的胜利吗？'四人帮'反对毛泽东同志的建党学说，给党的建设、党的作风带来了很大的损害。详细情形我就不讲了。怎样才能达到毛泽东同志提出的那样一种政治局面呢？就是要好好学习毛泽东同志在党的建设这个领域里的思想。这里面内容很多。比如高度民主与高度集中相结合。比如正确区分和处理两类不同性质的矛

---

① 邓小平：《在接见首都戒严部队军以上干部时的讲话》，《邓小平文选》，第3卷，第305—306页。

② 邓小平：《在全体人民中树立法制观念》，《邓小平文选》，第3卷，第163页。

盾。比如'团结——批评——团结'的公式。比如惩前毖后、治病救人的方法。比如充分发扬民主，团结百分之九十五以上的干部和群众。比如群众路线，信任群众。比如，在延安中央党校，毛泽东同志亲笔题的四个大字，叫'实事求是'。我看大庆讲'三老'，做老实人，说老实话，干老实事，就是实事求是。我认为，毛泽东同志倡导的作风，群众路线和实事求是这两条是最根本的东西。当然民主与集中的关系，自由和纪律的关系，都是很重要的。对我们党的现状来说，我个人觉得，群众路线和实事求是特别重要。毛泽东同志是彻底的唯物主义者，他充分信任群众，历来反对不信任群众、不依靠群众。对群众的议论，毛泽东同志是非常注意的。同志们总记得，在延安的时候，生产运动是怎么搞起来的。为什么提倡生产运动呢？原因之一就是当时征粮征多了，群众有怨言。我们好多共产党员听了心里非常不舒服。毛泽东同志看法不同，他说，讲得有道理，群众的呼声嘛！毛泽东同志就是伟大，就是同我们不同，他善于从群众这样的议论当中，发现问题，提出解决问题的方针和政策。毛泽东同志一向非常注意群众的议论，群众的思想，群众的问题。"①

（二）群众路线就是要正确对待人民群众提出的意见

邓小平强调："人民群众提出的意见，当然有对的，也有不对的，要进行分析。党的领导就是要善于集中人民群众的正确意见，对不正确的意见给以适当解释。对于思想问题，无论如何不能用压服的办法，要真正实行'双百'方针。一听到群众有一点议论，尤其是尖锐一点的议论，就要追查所谓'政治背景'、所谓'政治谣言'，就要立案，进行打击压制，这种恶劣作风必须坚决制止。毛泽东同志历来说，这种状况实际上是软弱的表现，是神经衰弱的表现。我们的各级领导，无论如何不要造成同群众对立的局面。这是一个必须坚持的原则。我们的国家还有极少数的反革命分子，当然不能对他们丧失警惕。"②"关键在于不断地总结经验，使我们党的生活民主化，使我们国家的政治生活民主化。这样就能听到更多人的意见，特别是人民群众的意见。"③

---

① 邓小平：《完整地准确地理解毛泽东思想》，《邓小平文选》，第2卷，第45—46页。
② 邓小平：《解放思想，实事求是，团结一致向前看》，《邓小平文选》，第2卷，第144—145页。
③ 邓小平：《十三大的两个特点》，《邓小平文选》，第3卷，第259页。

（三）群众路线就是要认真关心群众生活

邓小平指出："我们党同人民群众的关系过去是很好的。密切联系群众，是我们党的一个优良传统。林彪、'四人帮'极大地破坏了我们党的这个优良传统。但是，把脱离群众这个问题统统归到林彪、'四人帮'身上也不合乎实际，我们自己也有责任。一些脱离群众的制度，包括那些特殊待遇在内，'文化大革命'前有的已经有了，但远没有现在这样厉害。当时大家都能自我约束，对群众比较关心，现在不同了。过去领导同志到一个单位去，首先到厨房去看看，还要看看厕所，看看洗澡的地方。现在这样做的人还有，但是不多了。很多同志根本不去同群众接触，一个学校的负责人，不去跟学生谈话，甚至于跟教员都不大接触。我们的历史经验是，越是困难的时候，越要关心群众。只要你关心群众，同群众打成一片，不仅不搞特殊化，而且同群众一块吃苦，任何问题都容易解决，任何困难都能够克服。""有的学校学生提出生活问题，说厨房没有人管，菠菜就切这么一下，连沙子都煮到锅里面去了。你切细一点，把沙子淘干净，这总可以办得到吧，这并不要增加经费。可是，工作不深入，不跟群众接近，不跟下面干部接近，就不能解决这些问题。现在发生的许多问题，有许多群众上访，往往是由于我们工作跟不上，没有做好工作引起的。当然，上访人员里边的一些坏人搞违法乱纪的事，那就不能说是我们的工作问题了。"[1]"我们也反对现在要在中国实现所谓福利国家的观点，因为这不可能。我们只能在发展生产的基础上逐步改善生活。发展生产，而不改善生活，是不对的；同样，不发展生产，要改善生活，也是不对的，而且是不可能的。"[2]

（四）群众路线就是同人民一起商量着办事

邓小平认为："中国正在深化改革，为今后的发展创造更好的条件。我们不仅着眼于本世纪，更多的是着眼于下一个世纪。现在面临的问题是，不进则退，退是没有出路的。只有深化改革，而且是综合性的改革，

---

[1] 邓小平：《高级干部要带头发扬党的优良传统》，《邓小平文选》，第 2 卷，第 228—229 页。

[2] 邓小平：《目前的形势和任务》，《邓小平文选》，第 2 卷，第 257—258 页。

才能够保证本世纪内达到小康水平,而且在下个世纪更好地前进。我们的改革有很大的风险,但很有希望成功。有了这样的信心,才能有恰当的决策。我总是鼓励我们的同志更大胆一些。关键是两条。第一条就是要同人民一起商量着办事,决心要坚定,步骤要稳妥,还要及时总结经验,改正不妥当的方案和步骤,不使小的错误发展成为大的错误。第二条就是要在改革过程中,保持生产有较好的发展,不要勉强追求太高的速度,当然太低了也不行。过去十年的发展速度不算低,如果今后这些年也保持比较好的速度,我们深化改革的风险就小得多了。"①

(五) 群众路线就是要向群众耐心地解释政策和面临的困难

邓小平强调:"要大力加强党的组织、党员同群众的联系,要把国家的形势和困难、党的工作和政策经常真实地告诉群众。要坚决批评和纠正各种脱离群众、对群众疾苦不闻不问的错误。群众是我们力量的源泉,群众路线和群众观点是我们的传家宝。党的组织、党员和党的干部,必须同群众打成一片,绝对不能同群众相对立。如果哪个党组织严重脱离群众而不能坚决改正,那就丧失了力量的源泉,就一定要失败,就会被人民抛弃。全党同志,各级干部,特别是领导干部,必须经常记住这一点,经常用这个标准检查自己的一切言行。一定要努力帮助群众解决一切能够解决的困难。暂时无法解决的困难,要耐心恳切地向群众解释清楚。"② "顺便说一说宣传教育工作。我们的宣传教育工作是很重要的,也有很大的成绩。但是,最近在有些问题的宣传上,确有考虑不周和片面性的地方,使我们下面工作的同志遇到一些困难。举例来说,《人民日报》对上访问题发表过两篇文章,时间相隔不久。第一篇是九月十七日,文章一出去,上访人员呼噜呼噜地都上来了;第二篇是十月二十二日,文章把道理讲清楚了,上访人员很快就减少了。这说明什么呢?说明单单是报纸的舆论就可以发生这样大的影响。如果我们各个单位真正把国家面临的问题给群众讲清楚,甚至把今天的困难同一九六二年的困难做个比较,还把我们现在采取了什么办法来克服困难,都向群众讲清楚,群众的情绪、群众的反映肯定不同。只要我们密切联系群众,深入地做工作,把道理向群众讲清楚,

---

① 邓小平:《在改革中保持生产的较好发展》,《邓小平文选》,第3卷,第268页。
② 邓小平:《贯彻调整方针,保证安定团结》,《邓小平文选》,第2卷,第368页。

就能得到群众的同情和谅解，再大的困难也是能够克服的。现在出现的一些问题，反映我们较长时间以来相当地脱离群众。我们要向群众做细致的思想工作，包括对那些经常在'西单墙'贴大字报、发表演讲的人，也要做细致的思想工作。当然，对极少数坏人也要打击一下。对他们要有两手，不能只有一手，应该把教育分化当作主要的一手。我们提出经济工作调整、改革、整顿、提高的八字方针，是完全正确的，调整经济越看越必要。但是由于我们工作没跟上，有相当一些人把八字方针错误地看作'泄气'方针。再加上提高物价，他们就感到四个现代化没希望了。所以，我们的工作一定要跟上，包括我们的舆论工具也要跟上。每个地方、每个单位遇到任何问题，都应该主动向群众宣传和解释，做好工作。要注意听取群众的呼声，同群众商量办事，共同克服困难。"①

（六）群众路线就是要以民主集中制解决利益问题

邓小平指出："按照马克思说的，社会主义是共产主义第一阶段，这是一个很长的历史阶段，必须实行按劳分配，必须把国家、集体和个人利益结合起来，才能调动积极性，才能发展社会主义的生产。共产主义的高级阶段，生产力高度发达，实行各尽所能，按需分配，将更多地承认个人利益、满足个人需要。"②"我们提倡按劳分配，承认物质利益，是要为全体人民的物质利益奋斗。每个人都应该有他一定的物质利益，但是这决不是提倡各人抛开国家、集体和别人，专门为自己的物质利益奋斗，决不是提倡各人都向'钱'看。要是那样，社会主义和资本主义还有什么区别？我们从来主张，在社会主义社会中，国家、集体和个人的利益在根本上是一致的，如果有矛盾，个人的利益要服从国家和集体的利益。为了国家和集体的利益，为了人民大众的利益，一切有革命觉悟的先进分子必要时都应当牺牲自己的利益。我们要向全体人民、全体青少年努力宣传这种高尚的道德。"③"民主集中制是社会主义制度的一个不可分的组成部分。在社会主义制度之下，个人利益要服从集体利益，局部利益要服从整体利益，

---

① 邓小平：《高级干部要带头发扬党的优良传统》，《邓小平文选》，第2卷，第228—229页。
② 邓小平：《答意大利记者奥琳埃娜·法拉奇问》，《邓小平文选》，第2卷，第351—352页。
③ 邓小平：《党和国家领导制度的改革》，《邓小平文选》，第2卷，第337页。

暂时利益要服从长远利益，或者叫做小局服从大局，小道理服从大道理。我们提倡和实行这些原则，决不是说可以不注意个人利益，不注意局部利益，不注意暂时利益，而是因为在社会主义制度之下，归根结底，个人利益和集体利益是统一的，局部利益和整体利益是统一的，暂时利益和长远利益是统一的。我们必须按照统筹兼顾的原则来调节各种利益的相互关系。如果相反，违反集体利益而追求个人利益，违反整体利益而追求局部利益，违反长远利益而追求暂时利益，那么，结果势必两头都受损失。民主和集中的关系，权利和义务的关系，归根结底，就是以上所说的各种利益的相互关系在政治上和法律上的表现。正因为这样，毛泽东同志才说，我们的目标，是想造成一个又有集中又有民主，又有纪律又有自由，又有统一意志、又有个人心情舒畅、生动活泼，那样一种政治局面。这就是社会主义民主的政治局面，这就是我们今天和今后所要努力实现的政治局面。"①

（七）群众路线要求干部起模范带头作用

邓小平指出："现在需要全国的干部，首先是高级干部起模范带头作用，把我们党的艰苦朴素、密切联系群众的传统作风很好地恢复起来，坚持下去。我们搞四个现代化，因为经验不足，会面临多方面的困难。例如管理人员缺乏，技术人员缺乏，就是困难。又如改造一个企业就要减人，减下的人怎么安置，这也是困难。又如我们要建立退休制度，这是很正确的，但是也会有很多人思想抵触，这也是很大的困难。这些问题，归根到底，只有相信群众，依靠群众，充分走群众路线，才能够得到解决。发扬党的密切联系群众的传统作风，要靠我们老干部起模范带头作用。要培养、选拔一批年轻干部到各级领导岗位上来，老干部对他们要传帮带，要给他们树立一个好的作风，要使他们能够继承和发扬党的艰苦朴素、密切联系群众等优良作风。要使他们懂得，不只是年轻就能解决问题，不只是有了业务知识就能解决问题，还要有好的作风。密切联系群众，这是最根本的一条。不要'做官当老爷'，要反对'衙门作风'，这是毛泽东同志的一些根本的思想观点，现在我们还是应该按照这些思想观点去办事。同志们！我们的高级干部都是长期受党的培养教育、久经考验的老同志，绝

---

① 邓小平：《坚持四项基本原则》，《邓小平文选》，第 2 卷，第 175—176 页。

大多数都是坚决听党的话、按党的指示办事的,是对林彪、'四人帮'进行了抵制和斗争的,是忠心耿耿、全心全意为党和人民的事业努力工作的,是保持了党的优良传统和作风的。我们相信,在新的历史条件下,在实现四化的新长征道路上,大家一定会积极响应党的号召,模范地带头发扬党的艰苦朴素、密切联系群众的优良传统,自觉地遵守有关规定,坚决反对特殊化,纠正一切不正之风,一定会认真选拔、培养好接班人,逐步地做好交班工作,完成自己的光荣使命。"①

六 "改革开放"政策范式的制度基础

"改革开放"政策范式依托的是中华人民共和国成立后建立的社会主义制度体系。对于这样的制度体系,邓小平重点阐释的是四方面的看法。

(一) 发挥社会主义制度的优越性

邓小平明确指出,中国社会主义制度的优越性,表现为党的领导、民主集中制、民族区域自治制度等方面:"我们既不能照搬西方资本主义国家的做法,也不能照搬其他社会主义国家的做法,更不能丢掉我们制度的优越性。比如共产党的领导就是我们的优越性。我们要坚持共产党的领导,当然也要有监督,有制约。现在提出党政分开,但不管怎样还是共产党领导,是为了更好地加强和改善党的领导。共产党也难免犯错误,但只要坚持实事求是,坚持改革,走自己的路,不犯大的错误,我们的事业就会蓬勃发展。再如民主集中制也是我们的优越性。这种制度更利于团结人民,比西方的民主好得多。我们做某一项决定,可以立即实施。又如解决民族问题,中国采取的不是民族共和国联邦的制度,而是民族区域自治的制度。我们认为这个制度比较好,适合中国的情况。我们有很多优越的东西,这是我们社会制度的优势,不能放弃。所以,我们要坚持四项基本原则。"②

邓小平还提出了检验社会主义制度优越性的发展生产力、发扬民主、

---

① 邓小平:《高级干部要带头发扬党的优良传统》,《邓小平文选》,第2卷,第229—230页。

② 邓小平:《我们干的事业是全新的事业》,《邓小平文选》,第3卷,第256—257页。

培养优秀人才三条标准："改革党和国家领导制度及其他制度，是为了充分发挥社会主义制度的优越性，加速现代化建设事业的发展。我们要充分发挥社会主义制度的优越性，当前和今后一个时期，主要应当努力实现以下三个方面的要求：（1）经济上，迅速发展社会生产力，逐步改善人民的物质文化生活；（2）政治上，充分发扬人民民主，保证全体人民真正享有通过各种有效形式管理国家、特别是管理基层地方政权和各项企业事业的权力，享有各项公民权利，健全革命法制，正确处理人民内部矛盾，打击一切敌对力量和犯罪活动，调动人民群众的积极性，巩固和发展安定团结、生动活泼的政治局面；（3）为了实现以上两方面的要求，组织上，迫切需要大量培养、发现、提拔、使用坚持四项基本原则的、比较年轻的、有专业知识的社会主义现代化建设人才。我们进行社会主义现代化建设，是要在经济上赶上发达的资本主义国家，在政治上创造比资本主义国家的民主更高更切实的民主，并且造就比这些国家更多更优秀的人才。达到上述三个要求，时间有的可以短些，有的要长些，但是作为一个社会主义大国，我们能够也必须达到。所以，党和国家的各种制度究竟好不好，完善不完善，必须用是否有利于实现这三条来检验。"①

  邓小平亦强调了制度的自我选择性，坚决反对别国干涉中国内政和中国的制度选择："中国永远不会接受别人干涉内政。我们的社会制度是根据自己的情况决定的，人民拥护，怎么能够接受外国干涉加以改变呢？国际关系新秩序的最主要的原则，应该是不干涉别国的内政，不干涉别国的社会制度。要求全世界所有国家都照搬美、英、法的模式是办不到的。世界上那么多伊斯兰国家就根本不可能实行美国的所谓民主制度，穆斯林人口占了世界人口的五分之一。中华人民共和国不会向美国学习资本主义制度，中国人口也占了世界人口的五分之一。还有非洲，非洲统一组织的强烈的普遍的呼声就是要求别国不要干涉他们的内政。这是世界局势的一个大背景。在这样的背景下，如果西方发达国家坚持干涉别国内政，干涉别国的社会制度，那就会形成国际动乱，特别是第三世界不发达国家的动乱。第三世界国家要求有稳定的政治环境来摆脱贫困。政治不安定，谁还有精力搞饭吃？更谈不上发展了。所以现在确实需要以和平共处五项原则作为新的国际政治、经济秩序的准则。现在出现的新的霸权主义、强权政

---

  ① 邓小平：《党和国家领导制度的改革》，《邓小平文选》，第2卷，第322—323页。

治，是不能长久维持的。少数国家垄断一切，这种形式过去多少年没有解决任何问题，今后也不能解决任何问题。"①

（二）坚持实行人民代表大会制度

邓小平指出："我们在改革中遇到的难题比在开放中遇到的难题要多。在政治体制改革方面有一点可以肯定，就是我们要坚持实行人民代表大会的制度，而不是美国式的三权鼎立制度。实际上，西方国家也并不都是实行三权鼎立式的制度。"②

在讨论香港回归后的制度安排问题时，邓小平则不仅重申了对人民代表大会制度的坚持，还强调了香港的制度也不能西化："还想讲点基本法的起草问题。过去我曾经讲过，基本法不宜太细。香港的制度也不能完全西化，不能照搬西方的一套。香港现在就不是实行英国的制度、美国的制度，这样也过了一个半世纪了。现在如果完全照搬，比如搞三权分立，搞英美的议会制度，并以此来判断是否民主，恐怕不适宜。对这个问题，请大家坐到一块深思熟虑地想一下。关于民主，我们大陆讲社会主义民主，和资产阶级民主的概念不同。西方的民主就是三权分立，多党竞选，等等。我们并不反对西方国家这样搞，但是我们中国大陆不搞多党竞选，不搞三权分立、两院制。我们实行的就是全国人民代表大会一院制，这最符合中国实际。如果政策正确，方向正确，这种体制益处很大，很有助于国家的兴旺发达，避免很多牵扯。当然，如果政策搞错了，不管你什么院制也没有用。对香港来说，普选就一定有利？我不相信。比如说，我过去也谈过，将来香港当然是香港人来管理事务，这些人用普遍投票的方式来选举行吗？我们说，这些管理香港事务的人应该是爱祖国、爱香港的香港人，普选就一定能选出这样的人来吗？最近香港总督卫奕信讲过，要循序渐进，我看这个看法比较实际。即使搞普选，也要有一个逐步的过渡，要一步一步来。我向一位外国客人讲过，大陆在下个世纪，经过半个世纪以后可以实行普选。现在我们县级以上实行的是间接选举，县级和县以下的基层才是直接选举。因为我们有十亿人口，人民的文化素质也不够，普遍

---

① 邓小平：《中国永远不允许别国干涉内政》，《邓小平文选》，第3卷，第359—360页。
② 邓小平：《在接见首都戒严部队军以上干部时的讲话》，《邓小平文选》，第3卷，第307页。

实行直接选举的条件不成熟。其实有些事情，在某些国家能实行的，不一定在其他国家也能实行。我们一定要切合实际，要根据自己的特点来决定自己的制度和管理方式。"①

(三) 注重统一战线的政策功能

邓小平不仅强调要继续完善政治协商制度，还就统一战线和政治协商如何发挥政策作用，提出了两方面的要求。

一是统一战线必须服从于"改革开放"政策的需要。"我国的统一战线已经成为工人阶级领导的、工农联盟为基础的社会主义劳动者和拥护社会主义的爱国者的广泛联盟。新时期统一战线和人民政协的任务，就是要调动一切积极因素，努力化消极因素为积极因素，团结一切可以团结的力量，同心同德，群策群力，维护和发展安定团结的政治局面，为把我国建设成为现代化的社会主义强国而奋斗。为了实现四个现代化，必须发扬社会主义民主和加强社会主义法制。人民政协是发扬人民民主、联系各方面人民群众的一个重要组织。中国的社会主义现代化建设事业，继续需要政协就有关国家的大政方针、政治生活和四个现代化建设中的各项社会经济问题，进行协商、讨论，实行互相监督，发挥对宪法和法律实施的监督作用。我们要广开言路，广开才路，坚持不抓辫子、不扣帽子、不打棍子的'三不主义'，让各方面的意见、要求、批评和建议充分反映出来，以利于政府集中正确的意见，及时发现和纠正工作中的缺点、错误，把我们的各项事业推向前进。为了实现四个现代化，在坚持对极少数反社会主义分子实行无产阶级专政的同时，需要在人民内部广泛地加强思想政治教育。政协在这一工作中无疑将继续发挥重要作用。统一战线和人民政协要发扬自我教育、自我改造的传统，按照团结、批评、团结的公式，继续进行思想改造的工作，帮助各方面的人士和群众在为社会主义服务的共同基础上不断增强团结，取得新的进步。目前国际国内形势对实现祖国统一大业十分有利，我国政府已经明确宣布了对台湾归回祖国的大政方针。人民政协应当积极开展工作，发展爱国统一战线，促进台湾早日归回祖国，实现祖国统一大业。同时，要积极开展人民外交活动，加强同国际朋友的友好往

---

① 邓小平：《会见香港特别行政区基本法起草委员会委员时的讲话》，《邓小平文选》，第3卷，第220—221页。

来，为发展国际反侵略扩张的统一战线作出自己的努力"。[①]

二是统一战线为中国共产党制定正确的政策提供重要的监督和保障作用。"在我国新的历史时期，我们的革命的爱国的统一战线也进入了一个新的历史发展阶段。统一战线仍然是一个重要法宝，不是可以削弱，而是应该加强，不是可以缩小，而是应该扩大。它已经发展成为全体社会主义劳动者、拥护社会主义的爱国者和拥护祖国统一的爱国者的最广泛的联盟。新时期统一战线的任务，就是要调动一切积极因素，团结一切可以团结的力量，为在本世纪内把我国建设成为现代化的社会主义强国而共同奋斗，还要为促进台湾归回祖国，完成祖国统一大业而共同努力"。"在中国共产党的领导下，实行多党派的合作，这是我国具体历史条件和现实条件所决定的，也是我国政治制度中的一个特点和优点。一九五六年我国社会主义制度基本确立以后，党中央、毛泽东同志又进一步提出了同各民主党派实行'长期共存、互相监督'的方针，这是一项长期不变的方针。在当前新的长征中，在四项基本原则的指引下，实行互相监督，充分发扬社会主义民主，加强社会主义法制，对于增强和维护安定团结，共同搞好国家大事，是十分重要的。在国家政治生活和各项事业中，由于中国共产党居于领导的地位，党的路线、方针、政策正确与否，工作做得好坏，关系着国家的前途和社会主义事业的成败；同时，由于我们党的执政党的地位，我们的一些同志很容易沾染上主观主义、官僚主义和宗派主义的习气。因此，对于我们党来说，更加需要听取来自各个方面包括各民主党派的不同意见，需要接受各个方面的批评和监督，以利于集思广益，取长补短，克服缺点，减少错误。我们热诚地希望各民主党派和工商联都以主人翁的态度，关心国家大事，热心社会主义事业，就国家的大政方针和各方面的工作，勇敢地、负责地发表意见，提出建议和批评，做我们党的诤友，共同把国家的事情办好"。[②]

（四）政治体制改革的基本要求

邓小平指出："如果不坚决改革现行制度中的弊端，过去出现过的一

[①] 邓小平：《新时期的统一战线和人民政协的任务》，《邓小平文选》，第2卷，第187—188页。

[②] 邓小平：《各民主党派和工商联是为社会主义服务的政治力量》，《邓小平文选》，第2卷，第203、205页。

些严重问题今后就有可能重新出现。只有对这些弊端进行有计划、有步骤而又坚决彻底的改革，人民才会信任我们的领导，才会信任党和社会主义，我们的事业才有无限的希望。"① 对于如何进行政治体制改革，邓小平强调了十五点要求。

第一，明确政治体制改革的目的和目标。邓小平指出："进行政治体制改革的目的，总的来讲是要消除官僚主义，发展社会主义民主，调动人民和基层单位的积极性。要通过改革，处理好法治和人治的关系，处理好党和政府的关系。党的领导是不能动摇的，但党要善于领导，党政需要分开，这个问题要提上议事日程。""我们政治体制改革总的目标是三条：（1）巩固社会主义制度；（2）发展社会主义社会的生产力；（3）发扬社会主义民主，调动广大人民的积极性。而调动人民积极性的最中心的环节，还是发展生产力，提高人民的生活水平。生产力发展了，人民积极性调动起来了，社会主义国家的力量就增强了，社会主义制度就巩固了。"②

第二，政治体制改革要为经济体制改革扫清障碍。邓小平指出："现在看，不搞政治体制改革不能适应形势。改革，应该包括政治体制的改革，而且应该把它作为改革向前推进的一个标志。我们要精兵简政，真正下放权力，扩大社会主义民主，把人民群众和基层组织的积极性调动起来。现在机构不是减少了，而是增加了。设立许多公司，实际是官办机构，用公司的形式把放给下面的权又收了上来。机构多、人多，就找事情干，就抓住权不放，下边搞不活，企业没有积极性了。上半年经济发展速度比较低，就有这么一条原因。解决这个问题从何入手，要很好研究。一九八〇年就提出政治体制改革，但没有具体化，现在应该提到日程上来。不然的话，机构庞大，人浮于事，官僚主义，拖拖拉拉，互相扯皮，你这边往下放权，他那边往上收权，必然会阻碍经济体制改革，拖经济发展的后腿。"③ "现在我们的经济体制改革进行得基本顺利。但是随着改革的发展，不可避免地会遇到障碍。对于改革，在党内、国家内有一部分人反对，但是真正反对的并不多。重要的是政治体制不适应经济体制改革的要求。我们提出改革时，就包括政治体制改革。现在经济体制改革每前进一

---

① 邓小平：《党和国家领导制度的改革》，《邓小平文选》，第 2 卷，第 333 页。
② 邓小平：《关于政治体制改革问题》，《邓小平文选》，第 3 卷，第 177—178 页。
③ 邓小平：《在听取经济情况汇报时的讲话》，《邓小平文选》，第 3 卷，第 160 页。

步，都深深感到政治体制改革的必要性。不改革政治体制，就不能保障经济体制改革的成果，不能使经济体制改革继续前进，就会阻碍生产力的发展，阻碍四个现代化的实现。"① "政治体制改革同经济体制改革应该相互依赖，相互配合。只搞经济体制改革，不搞政治体制改革，经济体制改革也搞不通，因为首先遇到人的障碍。事情要人来做，你提倡放权，他那里收权，你有什么办法？从这个角度来讲，我们所有的改革最终能不能成功，还是决定于政治体制的改革。"②

第三，政治体制改革要求建立好的制度。邓小平认为："我们过去发生的各种错误，固然与某些领导人的思想、作风有关，但是组织制度、工作制度方面的问题更重要。这些方面的制度好可以使坏人无法任意横行，制度不好可以使好人无法充分做好事，甚至会走向反面。即使像毛泽东同志这样伟大的人物，也受到一些不好的制度的严重影响，以至对党对国家对他个人都造成了很大的不幸。我们今天再不健全社会主义制度，人们就会说，为什么资本主义制度所能解决的一些问题，社会主义制度反而不能解决呢？这种比较方法虽然不全面，但是我们不能因此而不加以重视。"③

第四，政治体制改革要求实行党政分开。邓小平指出："党管政府怎么管法，也需要总结经验。党政分开，从十一届三中全会以后就提出了这个问题。我们坚持党的领导，问题是党善于不善于领导。党要善于领导，不能干预太多，应该从中央开始。这样提不会削弱党的领导。干预太多，搞不好倒会削弱党的领导，恐怕是这样一个道理。上次找几位同志谈经济工作的时候，我提到要注意政治体制改革，包括党政分开和下放权力。我想中央的领导同志，特别是书记处的同志，要考虑一下这个问题。允许用一年把时间搞调查研究，把问题理一理，把主意拿好，然后再下手。"④ "党政要分开，这涉及政治体制改革。党委如何领导？应该只管大事，不能管小事。党委不要设经济管理部门，那些部门的工作应该由政府去管，现在实际上没有做到。政治体制改革包括什么内容，应该议一下，理出个头绪。我想政治体制改革的目的是调动群众的积极性，提高效率，克服官僚主义。改革的内容，首先是党政要分开，解决党如何善于领导的问题。这

---

① 邓小平：《关于政治体制改革问题》，《邓小平文选》，第 3 卷，第 176 页。
② 邓小平：《在全体人民中树立法制观念》，《邓小平文选》，第 3 卷，第 164 页。
③ 邓小平：《党和国家领导制度的改革》，《邓小平文选》，第 2 卷，第 333 页。
④ 邓小平：《在全体人民中树立法制观念》，《邓小平文选》，第 3 卷，第 163—164 页。

是关键,要放在第一位。第二个内容是权力要下放,解决中央和地方的关系,同时地方各级也都有一个权力下放问题。第三个内容是精简机构,这和权力下放有关。改革总要有一个期限,不能太迟,明年党的代表大会要有一个蓝图。在改革中,不能照搬西方的,不能搞自由化。过去我们那种领导体制也有一些好处,决定问题快。如果过分强调搞互相制约的体制,可能也有问题。"①

第五,政治体制改革要求保持活力、反对官僚主义和调动积极性。邓小平强调:"我们越来越感到进行政治体制改革的必要性和紧迫性,但现在还没有完全理出头绪。最近我在设想,要向着三个目标进行。第一个目标是始终保持党和国家的活力。这里说的活力,主要是指领导层干部的年轻化。几年前我们就提出干部队伍要'四化',即革命化、年轻化、知识化、专业化。这些年在这方面做了一些事情,但只是开始。领导层干部年轻化的目标,并不是三五年就能够实现的,十五年内实现就很好了。哪一天中国出现一大批三四十岁的优秀的政治家、经济管理家、军事家、外交家就好了。同样,我们也希望中国出现一大批三四十岁的优秀的科学家、教育家、文学家和其他各种专家。要制定一系列制度包括干部制度和教育制度,鼓励年轻人。在这方面,严格说来我们刚刚开步走,需要思考的问题和需要采取的措施还很多,必须认真去做。第二个目标是克服官僚主义,提高工作效率。效率不高同机构臃肿、人浮于事、作风拖拉有关,但更主要的是涉及党政不分,在很多事情上党代替了政府工作,党和政府很多机构重复。我们要坚持党的领导,不能放弃这一条,但是党要善于领导。几年前就提出这个问题了,但如何做还没有考虑清楚。搞四个现代化不讲工作效率不行。现在的世界,人类进步一日千里,科学技术方面更是这样,落后一年,赶都难赶上。所以必须解决效率问题。当然,提高工作效率不仅是党政分开问题,还有其他方面的问题也需要解决。第三个目标是调动基层和工人、农民、知识分子的积极性。这些年来搞改革的一条经验,就是首先调动农民的积极性,把生产经营的自主权力下放给农民。农村改革是权力下放,城市经济体制改革也要权力下放,下放给企业,下放给基层,同时广泛调动工人和知识分子的积极性,让他们参与管理,实现管理民主化。各方面都要解决这个问题。领导层有活力,克服了官僚主

---

① 邓小平:《关于政治体制改革问题》,《邓小平文选》,第3卷,第177—178页。

义，提高了效率，调动了基层和人民的积极性，四个现代化才真正有希望。"①

第六，政治体制改革要求进行社会主义的民主化改革。邓小平指出："一般讲政治体制改革都讲民主化，但民主化的含义不十分清楚。资本主义社会讲的民主是资产阶级的民主，实际上是垄断资本的民主，无非是多党竞选、三权鼎立、两院制。我们的制度是人民代表大会制度，共产党领导下的人民民主制度，不能搞西方那一套。社会主义国家有个最大的优越性，就是干一件事情，一下决心，一做出决议，就立即执行，不受牵扯。我们说搞经济体制改革全国就能立即执行，我们决定建立经济特区就可以立即执行，没有那么多互相牵扯，议而不决，决而不行。就这个范围来说，我们的效率是高的，我讲的是总的效率。这方面是我们的优势，我们要保持这个优势，保证社会主义的优越性。至于经济管理、行政管理的效率，资本主义国家在许多方面比我们好一些。我们的官僚主义确实多得很。就拿人事制度来说，社会主义国家恐怕有个共同的问题，就是干部老化僵化，首先表现在思想上，组织上也有这种状况。所以，我们必须进行政治体制改革，而这种改革又不能搬用西方那一套所谓的民主，不能搬用他们的三权鼎立，不能搬用他们的资本主义制度，而要搞社会主义民主。我们要根据社会主义国家自己的实践、自己的情况来决定改革的内容和步骤。"②

第七，政治体制改革要求解决权力集中和分散的问题。邓小平指出："究竟我们现在是集中多了，还是分散多了？我看，集中也不够，分散也不够。中央现在手上直接掌握的收入只有那么一点，这算集中？财政体制，总的来说，我们是比较集中的。有些需要下放的，需要给地方上一些，使地方财权多一点，活动余地大一点，总的方针应该是这样。但是也有集中不够的。什么东西该更加集中，什么东西必须下放，具体意见我提不出来，请大家敞开议一下。""有些情况下面可能不大了解。我想，地方同志提出的意见绝大多数是好的。但是有一条，中央如果不掌握一定数额的资金，好多应该办的地方无力办的大事情，就办不了，一些关键性的只能由中央投资的项目会受到影响。现在全国的企业，包括一些主要企

---

① 邓小平：《关于政治体制改革问题》，《邓小平文选》，第3卷，第179—180页。
② 邓小平：《改革的步子要加快》，《邓小平文选》，第3卷，第240—241页。

业，很多都下放了，中央掌握的企业收入很有限。这个问题值得研究。现在一提就是中央集中过多下放太少，没有考虑该集中的必须集中的问题。中央必须保证某些集中。"①

第八，政治体制改革要求扩大企业自主权。邓小平认为："扩大企业自主权，这一条无论如何要坚持，这有利于发展生产。过去我们统得太死，很不利于发展经济。有些肯定是我们的制度卡得过死，特别是外贸。好多制度不利于发展对外贸易，对增加外汇收入不利。比如，武钢的产品可以出口，但是按照现在的国际价格，每一吨要亏损四十元。为什么国家不可以每吨补贴四十元出口呢？它能创汇嘛。好多国家都有出口补贴。这是上层建筑里面的问题，是制度、政策上的问题。我们应该鼓励能够出口的东西出口，能搞到外汇就了不起嘛。现在对财政、银行，有很多反映。有的好项目只花几十万元，就能立即见效，但是财政制度或者是银行制度不允许，一下子就卡死了。这样的事情恐怕是大量的，不是小量的。卡得死死的，动都动不了，怎么行呢？当然也有成千万元的项目，那就必须慎重一点了，但是成千万元的项目也有很快见效的，财政、银行应该支持，这样就活起来了。这不是个简单的财政集中分散的问题。必须把银行真正办成银行。现在每个省市都积压了许多不对路的产品，为什么？一个原因就是过去我们的制度是采取拨款的形式，而不是银行贷款的形式。这个制度必须改革。任何单位要取得物资，要从银行贷款，都要付利息。"② "要加大地方的权力，特别是企业的权力。企业要有主动权、机动权，如用人多少，要增加点什么，减少点什么，应该有权处理。企业应该有点外汇，自己可以订货，可以同国外交流技术。有些事情，办起来老是转圈，要经过省、部、国家计委，就太慢了。现在我们有些同志做工作，只听上边讲了一些什么话，自己不敢开动脑筋。还是毛泽东说的，要放下包袱，开动机器。要提高我们的技术水平、管理水平，没有一点创造性不行，企业没有自己的权力和机动性不行。大大小小的干部都要开动机器，不要当懒汉，头脑僵化。当然这个懒汉主要是过去制度形成的。以后既要考虑给企业的干部权力，也要对他们进行考核，要讲责任制，迫使大家想问题。现

---

① 邓小平：《关于经济工作的几点意见》，《邓小平文选》，第2卷，第199—201页。
② 邓小平：《关于经济工作的几点意见》，《邓小平文选》，第2卷，第200页。

在我们的上层建筑非改不行。"①

第九，政治体制改革要求建立责任制。邓小平强调："在管理制度上，当前要特别注意加强责任制。现在，各地的企业事业单位中，党和国家的各级机关中，一个很大的问题就是无人负责。名曰集体负责，实际上等于无人负责。一项工作布置之后，落实了没有，无人过问，结果好坏，谁也不管。所以急需建立严格的责任制。列宁说过：'借口集体领导而无人负责，是最危险的祸害'，'这种祸害无论如何要不顾一切地尽量迅速地予以根除'。任何一项任务、一个建设项目，都要实行定任务、定人员、定数量、定质量、定时间等几定制度。例如，引进技术设备，引进什么项目，从哪里引进，引进到什么地方，什么人参加工作，都要具体定下来。引进项目要有几定，原有企业也要有几定。现在打屁股只能打计委、党委，这不解决问题，还必须打到具体人的身上才行。同样，奖励也必须奖到具体的集体和个人才行。我们在实行党委领导下的厂长负责制的时候，要切实做到职责分明。要使责任制真正发挥作用，必须采取以下几方面的措施：一要扩大管理人员的权限。责任到人就要权力到人。当厂长的、当工程师的、当技术员的、当会计出纳的，各有各的责任，也各有各的权力，别人不能侵犯。只交责任，不交权力，责任制非落空不可。二要善于选用人员，量才授予职责。要发现专家，培养专家，重用专家，提高各种专家的政治地位和物质待遇。用人的政治标准是什么？为人民造福，为发展生产力、为社会主义事业作出积极贡献，这就是主要的政治标准。三要严格考核，赏罚分明。所有的企业、学校、研究单位、机关，都要有对工作的评比和考核，要有学术职称、技术职称和荣誉称号。要根据工作成绩的大小、好坏，有赏有罚，有升有降。而且，这种赏罚、升降必须同物质利益联系起来。总之，要通过加强责任制，通过赏罚严明，在各条战线上形成你追我赶、争当先进、奋发向上的风气。"②

第十，政治体制改革要求建立企业民主管理制度。邓小平指出："我们的企业要实行党委领导下的厂长或经理负责制，要建立强有力的生产指挥系统。工会要教育全体会员维护企业实行高度集中的行政领导，维护生

---

① 邓小平：《用先进技术和管理方法改造企业》，《邓小平文选》，第 2 卷，第 131 页。
② 邓小平：《解放思想，实事求是，团结一致向前看》，《邓小平文选》，第 2 卷，第 150—152 页。

产指挥系统的高度权威。只有这样,才能有效地克服现在普遍存在的无人负责现象,才能正常地、有秩序地组织生产。也只有这样,才能不断地扩大再生产,增加利润,同时不断地改善职工生活,从而确实保证国家利益、集体利益和个人利益的统一。工会要教育全体会员积极参加企业的管理。为了实现四个现代化,我们所有的企业必须毫无例外地实行民主管理,使集中领导和民主管理结合起来。今后企业的车间主任、工段长、班组长要由本车间、工段和班组的工人选举产生。企业的重大问题要经过职工代表大会或职工大会讨论。企业的领导干部要在大会上听取职工意见,接受职工的批评和监督。对某些严重失职或作风恶劣的领导人员和管理人员,大会有权向上级建议给以处分或撤换。各企业的工会,将成为职工代表大会和职工大会的工作机构。因此,工会再不是有些人所认为的那种可有可无的组织了。工会工作的好坏怎么样,影响着工人当家作主的权利行使得怎么样,也影响着企业管理的好坏怎么样,影响着集中领导能否顺利进行。这就是说,一个企业管理得好,不仅是企业党政干部的成绩,也是全企业工人群众的成绩,也是工会工作的成绩。"①"各企业事业单位普遍成立职工代表大会或职工代表会议。这是早已决定了的,现在的问题是推广和完善化。职工代表大会或职工代表会议有权对本单位的重大问题进行讨论,作出决定,有权向上级建议罢免本单位的不称职的行政领导人员,并且逐步实行选举适当范围的领导人。"②

第十一,政治体制改革要求努力学习先进管理经验和先进管理办法。邓小平指出:"鞍钢减人、减机构的设想,我看是好的。划出去的单位,领导班子和机构不要搞很多人。现代化、自动化,人多了不行,人多了管理不好。日本年产六百万吨钢的企业,行政人员只有六百人。鞍钢现在的年产量是六百多万吨,行政人员有两万三千人,这肯定不合理。引进先进技术设备后,一定要按照国际先进的管理方法、先进的经营方法、先进的定额来管理,也就是按照经济规律管理经济。一句话,就是要革命,不要改良,不要修修补补。"③"我们要学会用经济方法管理经济。自己不懂就要向懂行的人学习,向外国的先进管理方法学习。不仅新引进的企业要按

---

① 邓小平:《工人阶级要为实现四个现代化作出优异贡献》,《邓小平文选》,第 2 卷,第 137 页。
② 邓小平:《党和国家领导制度的改革》,《邓小平文选》,第 2 卷,第 340—341 页。
③ 邓小平:《用先进技术和管理方法改造企业》,《邓小平文选》,第 2 卷,第 129—130 页。

人家的先进方法去办，原有企业的改造也要采用先进的方法。"① "要弄清什么是资本主义。资本主义要比封建主义优越。有些东西并不能说是资本主义的。比如说，技术问题是科学，生产管理是科学，在任何社会，对任何国家都是有用的。我们学习先进的技术、先进的科学、先进的管理来为社会主义服务，而这些东西本身并没有阶级性。"②

第十二，政治体制改革要求精简机构。邓小平认为："精简机构是一场革命。精简这个事情可大啊！如果不搞这场革命，让党和国家的组织继续目前这样机构臃肿重叠、职责不清，许多人员不称职、不负责，工作缺乏精力、知识和效率的状况，这是不可能得到人民赞同的，包括我们自己和我们下面的干部。这确是难以为继的状态，确实到了不能容忍的地步，人民不能容忍，我们党也不能容忍。我们要坚持社会主义道路，要坚持实现四个现代化，能够容忍这种状况继续下去？所有老干部都要认识，实现干部队伍的革命化、年轻化、知识化、专业化，是革命和建设的战略需要，也是我们老干部的最光荣最神圣的职责；是我们对党的最后一次历史性贡献，也是对我们每个人党性的一次严重考验。所以，这件事情必须解决，而且早就应该解决。……总之，这是一场革命。当然，这不是对人的革命，而是对体制的革命。这场革命不搞，让老人、病人挡住比较年轻、有干劲、有能力的人的路，不只是四个现代化没有希望，甚至于要涉及到亡党亡国的问题，可能要亡党亡国。如果不进行这场革命，不论党和政府的整个方针、政策怎样正确，工作怎样有成绩，我们却只能眼睁睁地看着党和政府的机构这样地缺少朝气、缺少效率，正确的方针、政策不能充分贯彻，工作不能得到更大的成绩，我们怎么能得到人民的谅解，我们自己又怎样能安心？不要只看到我们的工作确实有成绩，天天暴露的问题不晓得有多少啊！"③ "机构改革，我们走了第一步，开了个头。党政先行了一点，军队后了一点。总的来说，搞得比较顺利。……当前，所有党政军机构改革，都叫做第一步。按照体制改革的要求，包括要有完善的规章制度、工作方法、领导方法，那就不是一次能够完成的。要建立很多规章制度。比如讲责任制，什么责任，归哪个部，归哪个人承担，都要明确。国

---

① 邓小平：《解放思想，实事求是，团结一致向前看》，《邓小平文选》，第 2 卷，第 150 页。
② 邓小平：《答意大利记者奥琳埃娜·法拉奇问》，《邓小平文选》，第 2 卷，第 351 页。
③ 邓小平：《精简机构是一场革命》，《邓小平文选》，第 2 卷，第 396—397 页。

务院合并这么多部，如果照老的方法可不行啦！副总理减到两个，这就要随着机构改革，加强部委的工作，加强部委处理问题的责任和能力，部里要加强司局的责任和工作能力。相应地，也要加强厂矿企业、一些公司的责任。不改革，不行。"①

第十三，政治体制改革要有利于"改革开放"政策。邓小平指出："我们的改革要达到一个什么目的呢？总的目的是要有利于巩固社会主义制度，有利于巩固党的领导，有利于在党的领导和社会主义制度下发展生产力。对中国来说，就是要有利于贯彻执行党的十一届三中全会以来所制定的一系列路线、方针、政策。要做到这些，我个人考虑有三条：（1）党和行政机构以及整个国家体制要增强活力，就是说不要僵化，要用新脑筋来对待新事物；（2）要真正提高效率；（3）要充分调动人民和各行各业基层的积极性。"②

第十四，政治体制改革需要审慎从事。邓小平指出："政治体制改革的内容现在还在讨论。这个问题太困难，每项改革涉及的人和事都很广泛、很深刻，触及许多人的利益，会遇到很多的障碍，需要审慎从事。我们首先要确定政治体制改革的范围，弄清从哪里着手。要先从一两件事上着手，不能一下子大干，那样就乱了。国家这么大，情况太复杂，改革不容易，因此决策一定要慎重，看到成功的可能性较大以后再下决心。"③

第十五，政治体制改革需要稳定的政治环境。邓小平强调："说我们只搞经济体制改革，不搞政治体制改革，这不对。我们的政治体制改革是有前提的，即必须坚持四项基本原则。发展经济要有一个稳定的局势，中国搞建设不能乱。"④

七 "改革开放"政策范式的决策体制

"改革开放"政策范式有一套完整的决策体制，邓小平对于这样的决策体制，重点说明的是五方面的问题。

---

① 邓小平：《在军委座谈会上的讲话》，《邓小平文选》，第2卷，第409—410页。
② 邓小平：《改革的步子要加快》，《邓小平文选》，第3卷，第241页。
③ 邓小平：《关于政治体制改革问题》，《邓小平文选》，第3卷，第176—177页。
④ 邓小平：《结束严峻的中美关系要由美国采取主动》，《邓小平文选》，第3卷，第332页。

(一) 注重研究新问题、新情况

为进行决策，尤其是与"改革开放"有关的决策，要注重研究新问题、新情况，邓小平为此提出了三点要求。

第一，制定政策要及时研究新情况和解决新问题。"要向前看，就要及时地研究新情况和解决新问题，否则我们就不可能顺利前进。各方面的新情况都要研究，各方面的新问题都要解决，尤其要注意研究和解决管理方法、管理制度、经济政策这三方面的问题"。"在实现四个现代化的进程中，必然会出现许多我们不熟悉的、预想不到的新情况和新问题。尤其是生产关系和上层建筑的改革，不会是一帆风顺的，它涉及的面很广，涉及一大批人的切身利益，一定会出现各种各样的复杂情况和问题，一定会遇到重重障碍。例如，企业的改组，就会发生人员的去留问题；国家机关的改革，相当一部分工作人员要转做别的工作，有些人就会有意见，等等。这些问题很快就要出现，对此我们必须有足够的思想准备。要教育党员和群众以大局为重，以党和国家的整体利益为重。我们应当充满信心。只要我们信任群众，走群众路线，把情况和问题向群众讲明白，任何问题都可以解决，任何障碍都可以排除。随着经济的发展，路子会越走越宽，人们会各得其所。这是毫无疑义的"。①

第二，实现四个现代化就是最重要的新问题。"解放思想，就是要运用马列主义、毛泽东思想的基本原理，研究新情况，解决新问题。什么是我国今天最重要的新情况，最重要的新问题呢？当然就是实现四个现代化，或者像我在前面说的，实现中国式的现代化。我们已经说过，深入研究中国实现四个现代化所遇到的新情况、新问题，并且作出有重大指导意义的答案，这将是我们思想理论工作者对马克思主义的重大贡献，对毛泽东思想旗帜的真正高举。当然这决不是说，凡是同实现四个现代化没有直接关系的思想理论问题就可以不去认真深入地研究。哲学、社会科学同自然科学一样，决不能忽视基础理论的研究，这些研究是理论工作的任何巨大前进所不可缺少的"。②

---

① 邓小平：《解放思想，实事求是，团结一致向前看》，《邓小平文选》，第 2 卷，第 149、152 页。

② 邓小平：《坚持四项基本原则》，《邓小平文选》，第 2 卷，第 179 页。

第三，全党同志要善于重新学习。"实现四个现代化是一场深刻的伟大的革命。在这场伟大的革命中，我们是在不断地解决新的矛盾中前进的。因此，全党同志一定要善于学习，善于重新学习。全国胜利前夕，毛泽东同志号召全党重新学习。那一次我们学得不坏，进城以后，很快恢复了经济，成功地完成了社会主义改造。这些年来，应当承认学得不好。主要的精力放到政治运动上去了，建设的本领没有学好，建设没有上去，政治也发生了严重的曲折。现在要搞现代化建设，就更加不懂了。所以全党必须再重新进行一次学习。学习什么？根本的是要学习马列主义、毛泽东思想，要努力把马克思主义的普遍原则同我国实现四个现代化的具体实践结合起来。当前大多数干部还要着重抓紧三个方面的学习：一个是学经济学，一个是学科学技术，一个是学管理。学习好，才可能领导好高速度、高水平的社会主义现代化建设。从实践中学，从书本上学，从自己和人家的经验教训中学。要克服保守主义和本本主义。几百个中央委员，几千个中央和地方的高级干部，要带头钻研现代化经济建设"。①

（二）坚持中国共产党的领导

坚持中国共产党的领导，是维系"改革开放"政策范式决策体制的基本要素，邓小平就此提出了三方面的要求。

第一，中国共产党要有对政策的绝对主导权。邓小平指出："离开了中国共产党的领导，谁来组织社会主义的经济、政治、军事和文化？谁来组织中国的四个现代化？在今天的中国，决不应该离开党的领导而歌颂群众的自发性。党的领导当然不会没有错误，而党如何才能密切联系群众，实施正确的和有效的领导，也还是一个必须认真考虑和努力解决的问题，但是这决不能成为要求削弱和取消党的领导的理由。我们党经历过多次错误，但是我们每一次都依靠党而不是离开党纠正了自己的错误。今天的党中央坚持发扬党的民主和人民民主，并且坚决纠正过去所犯的错误。在这样的情况下，竟然要求削弱甚至取消党的领导，更是广大群众所不能容许的。这事实上只能导致无政府主义，导致社会主义事业的瓦解和覆灭。……现在中国经济正在党中央和国务院的领导下重新走上健康发展的

---

① 邓小平：《解放思想，实事求是，团结一致向前看》，《邓小平文选》，第2卷，第152—153页。

道路,如果再让有些人到处踢开党委去闹,那就只能把四个现代化吹得精光。这不是危言耸听,而是大量实践所证明了的客观真理。"①

第二,中国共产党要有一个好的政治局。邓小平强调:"中国问题的关键在于共产党要有一个好的政治局,特别是好的政治局常委会。只要这个环节不发生问题,中国就稳如泰山。国际上不可能小视我们,来中国投资的人会越来越多。要善于把握时机来解决我们的发展问题。后年党代会要选一些年轻一点的精力充沛的人进政治局,进常委会更好。这一年多的成绩不可低估,国内外形势比我们预料的要好。最关紧要的是有一个团结的领导核心。这样保持五十年,六十年,社会主义中国将是不可战胜的。"②

第三,中国共产党的领导集体要有一个核心。邓小平指出:"任何一个领导集体都要有一个核心,没有核心的领导是靠不住的。第一代领导集体的核心是毛泽东。因为有毛泽东作领导核心,'文化大革命'就没有把共产党打倒。第二代实际上我是核心。因为有这个核心,即使发生了两个领导人的变动,都没有影响我们党的领导,党的领导始终是稳定的。进入第三代的领导集体也必须有一个核心。"③

(三) 保证中央的权威

邓小平明确要求保证中央的权威,尤其是中央的政策权威,并强调了四条重要的原则。

第一,中央"统一政策"原则。邓小平指出:"沿海地区要加快对外开放,使这个拥有两亿人口的广大地带较快地先发展起来,从而带动内地更好地发展,这是一个事关大局的问题。内地要顾全这个大局。反过来,发展到一定的时候,又要求沿海拿出更多力量来帮助内地发展,这也是个大局。那时沿海也要服从这个大局。这一切,如果没有中央的权威,就办不到。各顾各,相互打架,相互拆台,统一不起来。谁能统一?中央!中央就是党中央、国务院。我们要定一个方针,就是要在中央统一领导下深化改革。不仅是价格一个方面的改革,而且是多方面的、综合的改革。只

---

① 邓小平:《坚持四项基本原则》,《邓小平文选》,第 2 卷,第 170—171 页。
② 邓小平:《善于利用时机解决发展问题》,《邓小平文选》,第 3 卷,第 365 页。
③ 邓小平:《第三代领导集体的当务之急》,《邓小平文选》,第 3 卷,第 310 页。

有多方面的、综合的改革，才能为价格改革创造条件。当然，真正建立秩序，不理顺价格不行。价格没有理顺，就谈不上经济改革的真正成功。我们准备用若干年时间把价格初步理顺，最终达到面向世界市场。"①

第二，中央"确定政策方向"原则。邓小平认为："宏观管理要体现在中央说话能够算数。这几年我们走的路子是对的，现在是总结经验的时候。如果不放，经济发展能搞出今天这样一个规模来吗？我们讲中央权威，宏观控制，深化综合改革，都是在这样的新的条件下提出来的。过去我们是穷管，现在不同了，是走向小康社会的宏观管理。不能再搬用过去困难时期那些方法了。现在中央说话，中央行使权力，是在大的问题上，在方向问题上。"②

第三，坚决反对"你有政策我有对策"原则。邓小平强调："改革要成功，就必须有领导有秩序地进行。没有这一条，就是乱哄哄，各行其是，怎么行呢？不能搞'你有政策我有对策'，不能搞违背中央政策的'对策'，这话讲了几年了。党中央、国务院没有权威，局势就控制不住。我赞成边改革、边治理环境整顿秩序。要创造良好的环境，使改革能够顺利进行。中央定了措施，各地各部门就要坚决执行，不但要迅速，而且要很有力，否则就治理不下来。"③

第四，坚决反对"山头主义"原则。邓小平指出："前一段我提出党中央的权威必须加强。陈云同志讲，各路诸侯太多，议而不决，决而不行，各自为政。这个批评是正确的。中央的话不听，国务院的话不听，这不行。特别是有困难的时候，没有中央、国务院这个权威，不可能解决问题。有了这个权威，困难时也能做大事。不能否定权威，该集中的要集中，否则至少要耽误时间。对于不听中央、国务院的话的，处理要坚决，可以先打招呼，不行就调人换头头。"④

（四）对中央决策层的要求

要保证中央的权威尤其是中央的政策权威，对负有决策职责的中央领导层或领导班子，邓小平提出了九条基本的要求。

---

① 邓小平：《中央要有权威》，《邓小平文选》，第3卷，第277—278页。
② 邓小平：《中央要有权威》，《邓小平文选》，第3卷，第278页。
③ 邓小平：《中央要有权威》，《邓小平文选》，第3卷，第277页。
④ 邓小平：《改革开放政策稳定，中国大有希望》，《邓小平文选》，第3卷，第319页。

第一，实行改革开放政策的有希望的领导班子。邓小平指出："新的中央领导机构要使人民感到面貌一新，感到是一个实行改革的有希望的领导班子。这是最重要的一条。这是向人民亮相啊！人民是看实际的。如果我们摆一个阵容，使人民感到是一个僵化的班子，保守的班子，或者人民认为是个平平庸庸体现不出中国前途的班子，将来闹事的情形就还会很多很多，那就真正要永无宁日。……有一个新的改革的面貌，是确定新班子成员的一个十分重要的问题。不是九分九，而是十分重要的问题。我们要看到这个大局。""进入新的政治局、书记处特别是常委会的人，要从改革开放这个角度来选。新的领导机构要坚持做几件改革开放的事情，证明你们起码是坚持改革开放，是真正执行十一届三中全会以来的改革开放政策的。这样人民就可以放心了。现在我们起用人，要抛弃一切成见，寻找人民相信是坚持改革路线的人。要抛弃个人恩怨来选择人，反对过自己的人也要用。过去毛主席就曾经长期敢于用反对过他的人。考虑人的角度，也要深化，这也是一种改革，是思想上的改革，思想上的解放。我诚恳地希望，在选人的问题上，要注意社会公论，不能感情用事。要用政治家的风度来处理这个问题。我们现在就是要选人民公认是坚持改革开放路线并有政绩的人，大胆地将他们放进新的领导机构里，要使人民感到我们真心诚意要搞改革开放。人都是有缺点的，进了班子后还可以继续改进。"[①]

第二，能够做实事的领导班子。邓小平指出："要扎扎实实做几件事情，体现出我们是真正反对腐败，不是假的。本来我们就是要反对腐败的。对腐败的现象我也很不满意啊！反对腐败，几年来我一直在讲。腐败的事情，一抓就能抓到重要的案件，就是我们往往下不了手。这就会丧失人心，使人们以为我们在包庇腐败。这个关我们必须过，要兑现。是一就是一，是二就是二，该怎么处理就怎么处理，一定要取信于民。腐败、贪污、受贿，抓个一二十件，有的是省里的，有的是全国范围的。要雷厉风行地抓，要公布于众，要按照法律办事。该受惩罚的，不管是谁，一律受惩罚。一个好班子，搞改革开放的班子，就要明白地做几件开放的事情。凡是遇到机会就不要丢，就是要坚持，要干起来，要体现改革开放，大开放。我过去说过要再造几个'香港'，就是说我们要开放，不能收，要比

---

① 邓小平：《组成一个实行改革的有希望的领导集体》，《邓小平文选》，第3卷，第296—297、299—300页。

过去更开放。不开放就发展不起来。我们本钱少,但可以通过开放,增加就业,搞税收,利用地皮得点钱,带动发展各行各业,增加财政收入,获得益处。以香港为例,对我们就是有益处的。如果没有香港,起码我们信息就不灵通。总之,改革开放要更大胆一些。""一个是现在要用人们公认的改革者,再一个是新的领导机构应该做几件改革开放的事情给大家看。三个月内,半年内,形象就可以树立起来了。"①

第三,取信于民的领导班子。邓小平指出:"一个是组成具有改革开放形象的中央领导班子,使人民放心,这是取信于民的第一条。第二条是真正干出几个实绩,来取信于民。要惩治腐败,并体现我们不但不会改变改革开放的政策,而且要继续深化改革、扩大开放。要拿事实给人民看,这样人民的心里才会平静下来。""要真正建立一个新的第三代领导。这个领导要取信于民,使党内信得过,人民信得过。不是说对班子里的每个人都满意,而是对这个集体满意。人们对班子里的每个人都可能会有这样那样的意见,但对整个集体表示满意就行了。我们这个第二代,我算是个领班人,但我们还是一个集体。对我们这个集体,人民基本上是满意的,主要是因为我们搞了改革开放,提出了四个现代化的路线,而且真正干出了实绩。第三代的领导也一样要取信于民,要干出实绩。关门可不行啊,中国不可能再回到过去那种封闭时代。那种封闭的方式也造成了灾难啊,例如'文化大革命'。在那种状态下,经济不可能发展,人民生活不可能改善,国家力量也不可能增强。现在世界的发展一日千里,每天都在变化,特别是科学技术,追都难追上。第三代的领导要取信于民,要得到人民对这个集体的信任,使人民团结在一个他们所相信的党中央领导集体周围。"②

第四,着眼于大局的成熟的领导班子。邓小平指出:"我们政治局、政治局常委会、书记处的同志,都是管大事的人,考虑任何问题都要着眼于长远,着眼于大局。许多小局必须服从大局,关键是这个问题。人都有缺点,我们在座的人都有缺点,别人一样也有缺点。各有各的缺点,各有各的弱点。当然缺点有大有小,有多有少。没有缺点的人是没有的。毫无

---

① 邓小平:《组成一个实行改革的有希望的领导集体》,《邓小平文选》,第3卷,第297、300页。

② 邓小平:《组成一个实行改革的有希望的领导集体》,《邓小平文选》,第3卷,第298—299页。

疑问，就从政的经验、斗争的经验来说，我们的班子有弱点，这是事实。从毛刘周朱开始，中国共产党才真正形成了一个稳定的成熟的领导集体。"①

第五，眼界非常宽阔的领导班子。邓小平指出："我们组成的这个新的领导机构，眼界要非常宽阔，胸襟要非常宽阔，这是对我们第三代领导人最根本的要求。我们的第一代领导人前期是胸襟宽阔的，我们第二代基本上也是胸襟宽阔的，对第三代领导以及以后的领导都应该有这样的要求。"②

第六，自觉负责和自我变化的领导班子。邓小平指出："进入中央最高层的每个成员，都要不再是过去的自己，不再停留在过去的水平上，因为责任不同了。每个人从自身的角度，包括自己的作风等方面，都要有变化，要自觉地变化。领导这么一个国家不容易呀！责任不同啊！最重要的问题是要胸襟开阔。要从大局看问题，放眼世界，放眼未来，也放眼当前，放眼一切方面。"③

第七，不搞"小圈子"的领导班子。邓小平指出："党内无论如何不能形成小派、小圈子。我们这个党，严格地说来没有形成过这一派或那一派。三十年代在江西的时候，人家说我是毛派，本来没有那回事，没有什么毛派。能容忍各方面、团结各方面是一个关键性的问题。自我评论，我不是完人，也犯过很多错误，不是不犯错误的人，但是我问心无愧，其中一点就是从来不搞小圈子。过去我调任这样那样的工作，就是一个人，连勤务员都不带。小圈子那个东西害死人呐！很多失误就从这里出来，错误就从这里犯起。你们是要在第一线顶着干工作的，所以我今天要讲这一点。"④

第八，能够积极选拔人才的领导班子。邓小平指出："就我们自己来说，现在叫我们退，我们实在是心里非常愉快的。当然，现在还不行。我们最大的事情是什么？国家的政策，党的方针，我们当然要过问一下，但

---

① 邓小平：《组成一个实行改革的有希望的领导集体》，《邓小平文选》，第3卷，第298页。
② 邓小平：《组成一个实行改革的有希望的领导集体》，《邓小平文选》，第3卷，第299页。
③ 邓小平：《组成一个实行改革的有希望的领导集体》，《邓小平文选》，第3卷，第300页。
④ 邓小平：《组成一个实行改革的有希望的领导集体》，《邓小平文选》，第3卷，第300—301页。

是最大的事情是选拔中青年干部。我们两个人的主要任务是要解决这个问题。我希望在座的同志,凡是超过六十岁的同志,都把这个问题当作第一位的任务来解决。这个事情太大了。"① "我们说资本主义社会不好,但它在发现人才、使用人才方面是非常大胆的。它有个特点,不论资排辈,凡是合格的人就使用,并且认为这是理所当然的。从这方面来看,我们选拔干部的制度是落后的。论资排辈是一种习惯势力,是一种落后的习惯势力。选拔干部,选拔人才,只要选得好,选得准,我们的事业就大有希望。道理很明显,只是确定了正确的思想路线和政治路线,确定了实现四个现代化的目标还不够,还需要有人干。谁来干?反正靠我们坐在办公室画圈圈不行,没有希望。现在真正干实际工作的还是那些年轻人。既然这样,为什么不可以把他们提到领导岗位上来?有人说他们压不住台,帮他们压嘛。现在庙也太多了,我们最近考虑,国务院的部委分得那样多好不好?部委下面有没有必要设那么多司局?军队是不是需要搞那么多兵种?可不可以适当改革一下?我认为,把我们地方的领导机关和军队的指挥机关搞得这样庞大、这样臃肿是不行啊!现在到处都可以看到,我们的官僚主义、官僚机构、官僚制度的害处极大。现在的庙很多,每个庙里的菩萨也很多,老同志盖住了,年轻人上不来。所以,我们要改革现行的干部工作制度,建立有利于提拔年轻干部的制度。"②

第九,能够搞好党风的领导班子。邓小平强调:"为了促进社会风气的进步,首先必须搞好党风,特别是要求党的各级领导同志以身作则。党是整个社会的表率,党的各级领导同志又是全党的表率。如果党的组织把群众的意见和利害放在一边,不闻不问,怎么能要求群众信任和爱戴这样的党组织的领导呢?如果党的领导干部自己不严格要求自己,不遵守党纪国法,违反党的原则,闹派性,搞特殊化,走后门,铺张浪费,损公利私,不与群众同甘苦,不实行吃苦在先、享受在后,不服从组织决定,不接受群众监督,甚至对批评自己的人实行打击报复,怎么能指望他们改造社会风气呢!在目前的历史转变时期,问题堆积成山,工作百端待举,加强党的领导,端正党的作风,具有决定的意义。……只有搞好党风,才能

---

① 邓小平:《老干部第一位的任务是选拔中青年干部》,《邓小平文选》,第2卷,第388页。

② 邓小平:《高级干部要带头发扬党的优良传统》,《邓小平文选》,第2卷,第225—226页。

转变社会风气，才能坚持四项基本原则。"① "要坚持党的领导，必须改善党的领导，改进党的作风。……要严格执行《关于党内政治生活的若干准则》，坚持不懈地纠正各种不正之风，特别要坚决反对对党中央的路线、方针、政策采取阳奉阴违、两面三刀的错误态度。"②

（五）完善"民主集中制"的决策机制

"民主集中制"是中国共产党长期坚持的决策机制。在改革开放的大背景下，如何在决策中有效使用"民主集中制"的决策机制，并进一步完善"民主集中制"，邓小平提出了以下要求。

第一，"民主集中制"的基本要求。邓小平指出："解放思想，开动脑筋，一个十分重要的条件就是要真正实行无产阶级的民主集中制。我们需要集中统一的领导，但是必须有充分的民主，才能做到正确的集中。当前这个时期，特别需要强调民主。因为在过去一个相当长的时间内，民主集中制没有真正实行，离开民主讲集中，民主太少。现在敢出来说话的，还是少数先进分子。我们这次会议先进分子多一点，但就全党、全国来看，许多人还不是那么敢讲话。好的意见不那么敢讲，对坏人坏事不那么敢反对，这种状况不改变，怎么能叫大家解放思想，开动脑筋？四个现代化怎么化法？我们要创造民主的条件，要重申'三不主义'：不抓辫子，不扣帽子，不打棍子。在党内和人民内部的政治生活中，只能采取民主手段，不能采取压制、打击的手段。宪法和党章规定的公民权利、党员权利、党委委员的权利，必须坚决保障，任何人不得侵犯。……一个革命政党，就怕听不到人民的声音，最可怕的是鸦雀无声。现在党内外小道消息很多，真真假假，这是对长期缺乏政治民主的一种惩罚。有了又有集中又有民主，又有纪律又有自由，又有统一意志、又有个人心情舒畅、生动活泼的政治局面，小道消息就少了，无政府主义就比较容易克服。"③ "我们讲团结，必须贯彻执行党的民主集中制的原则。有的人口头上讲团结，而把党委内部一些不同的意见捅出去，加以歪曲，散布流言蜚语，拉一部分人支持自己。还有一些人喜欢搞挑拨离间。这些都是破坏团结的行为，是

---

① 邓小平：《坚持四项基本原则》，《邓小平文选》，第2卷，第177—178页。
② 邓小平：《贯彻调整方针，保证安定团结》，《邓小平文选》，第2卷，第358—359页。
③ 邓小平：《解放思想，实事求是，团结一致向前看》，《邓小平文选》，第2卷，第144—145页。

不能容许的。"①

第二，必须坚持集体领导和集体决策。邓小平指出："重大问题一定要由集体讨论和决定。决定时，要严格实行少数服从多数，一人一票，每个书记只有一票的权利，不能由第一书记说了算。"②"在党内生活和国家政治生活中，要真正实行民主集中制和集体领导。一言堂、个人说了算，集体做了决定少数人不执行等毛病，都要坚决纠正。在目前情况下，尤其需要重申和强调个人服从组织、少数服从多数、下级服从上级、全党服从中央的原则。在党内、军内和政府系统，要坚决反对一切不遵守党纪、军纪、政纪的现象。"③"关于工作方法，我提一点：属于政策、方针的重大问题，国务院也好，全国人大也好，其他方面也好，都要由党员负责干部提到党中央常委会讨论，讨论决定之后再去多方商量，贯彻执行。"④

第三，集体领导和分工负责必须紧密结合。邓小平指出："我们要发扬民主，但是同时需要集中。也许现在和以后一个相当时候，更要着重强调该集中的必须认真集中，以便把效率提高一些。我们强调集体领导，这次讲接班也是集体接班，这很好，很重要。但是，同时必须把分工负责的制度建立起来。集体领导解决重大问题；某一件事、某一方面的事归谁负责，必须由他承担责任，责任要专。应该说，过去我们的书记处工作效率不算低，原因之一就是做出决定交给专人分工负责，他确实有很大的权力，可以独立处理问题。现在反正是画圈，事情无人负责，很容易解决的问题，一拖就是半年、一年，有的干脆拖得无影无踪了。办事效率太低，人民很不满意。这样能够搞四个现代化呀？我希望，从重新建立书记处开始，中央和国务院要带头搞集体办公制度，不要再光画圈圈了。书记处和国务院的某些工作，不一定全体成员都参与，有几个人一议，就定了。有些事情可以一面做，一面报告政治局和常委；要上面讨论的事情可以等，备案性质的就不要等。各级都要实行集体领导、分工负责。比如实行党委领导下的厂长负责制，党委只管大的政治问题、原则问题，厂里的生产、行政方面的管理工作，就应该由厂长负责统一指挥，不能事无大小都由党委包起来。厂长和几位副厂长也各有专责，有管技术的，有管科研的，有

---

① 邓小平：《在中央军委全体会议上的讲话》，《邓小平文选》，第 2 卷，第 84 页。
② 邓小平：《党和国家领导制度的改革》，《邓小平文选》，第 2 卷，第 341 页。
③ 邓小平：《贯彻调整方针，保证安定团结》，《邓小平文选》，第 2 卷，第 360 页。
④ 邓小平：《改革开放政策稳定，中国大有希望》，《邓小平文选》，第 3 卷，第 319 页。

管财务的,有管后勤的,等等,需要商量的事也可以几个人商量决定。上下都要讲究工作效率。这样做,难免有时要犯一点错误,但这种错误比那种议而不决、决而不行、拖拖沓沓、长期解决不了问题的错误好得多,也容易纠正。"①"各级党委要真正实行集体领导和个人分工负责相结合的制度。要明确哪些问题应当由集体讨论,哪些问题应当由个人负责。……集体决定了的事情,就要分头去办,各负其责,决不能互相推诿。失职者要追究责任。集体领导也要有个头,各级党委的第一书记,对日常工作要负起第一位的责任。在党委的其他成员中,都要强调个人分工负责。要提倡领导干部勇于负责,这同改变个人专断制度是两回事,不能混淆。"②

第四,不能把政策希望寄托在一两个人身上。邓小平认为:"如果一个党、一个国家把希望寄托在一两个人的威望上,并不很健康。那样,只要这个人一有变动,就会出现不稳定。十一届三中全会以后,大家希望我当总书记、国家主席,我都拒绝了。在党的十三大上,我和一些老同志退出了领导核心。这表明,中国的未来要靠新的领导集体。近十年来的成功也是集体搞成的。我个人做了一点事,但不能说都是我发明的。其实很多事是别人发明的,群众发明的,我只不过把它们概括起来,提出了方针政策。我们这个领导集体是坚持三中全会制定的路线、方针、政策的,我们相信,现行方针政策一定会继续下去。就我个人来说,对这一点有信心,也感到愉快。很多外国记者要来采访我,搞我的什么传,我都婉拒了。我认为,过分夸大个人作用是不对的。人总是要死的。哪一天我不在了,好像中国就丢了灵魂,这种看法不好。"③"永远不要过分突出我个人。我所做的事,无非反映了中国人民和中国共产党人的愿望,党的这些政策也是由集体制定的。在'文化大革命'前,我也是党的主要领导人之一,那时候的一些错误我也要负责的,世界上没有完人嘛。"④

第五,要认真解决权力过分集中的问题。邓小平指出:"关于国务院负责人人选的调整,中央做这样的考虑,原因是什么呢?一是权力不宜过分集中。权力过分集中,妨碍社会主义民主制度和党的民主集中制的实行,妨碍社会主义建设的发展,妨碍集体智慧的发挥,容易造成个人专

---

① 邓小平:《坚持党的路线,改进工作方法》,《邓小平文选》,第2卷,第282—283页。
② 邓小平:《党和国家领导制度的改革》,《邓小平文选》,第2卷,第341页。
③ 邓小平:《总结历史是为了开辟未来》,《邓小平文选》,第3卷,第272—273页。
④ 邓小平:《社会主义和市场经济不存在根本矛盾》,《邓小平文选》,第3卷,第151页。

断，破坏集体领导，也是在新的条件下产生官僚主义的一个重要原因。二是兼职、副职不宜过多。一个人的知识、经验、精力有限，左右上下兼职过多，工作难以深入，特别是妨碍选拔更多更适当的同志来担任领导工作。副职过多，效率难以提高，容易助长官僚主义和形式主义。三是着手解决党政不分、以党代政的问题。中央一部分主要领导同志不兼任政府职务，可以集中精力管党，管路线、方针、政策。这样做，有利于加强和改善中央的统一领导，有利于建立各级政府自上而下的强有力的工作系统，管好政府职权范围的工作。四是从长远着想，解决好交接班的问题。老同志是党和国家的宝贵财富，责任重大，而他们现在第一位的任务，是帮助党组织正确地选择接班人。这是一个庄严的职责。让比较年轻的同志走上第一线，老同志当好他们的参谋，支持他们的工作，这是保持党和政府正确领导的连续性、稳定性的重大战略措施。中央的这些考虑，是为了对党和国家的领导制度进行必要的改革。五中全会决定成立书记处，中央已经迈出第一步。书记处成立以来，工作很有成效。这次国务院领导成员的变动，是改善政府领导制度的第一步。为了适应社会主义现代化建设的需要，为了适应党和国家政治生活民主化的需要，为了兴利除弊，党和国家的领导制度以及其他制度，需要改革的很多。我们要不断总结历史经验，深入调查研究，集中正确意见，从中央到地方，积极地、有步骤地继续进行改革。"①"要继续克服权力过分集中的弊端。要有步骤地和稳妥地实行干部离休、退休的制度，废除实际上存在的干部领导职务的终身制。"②"中央将向五届人大三次会议提出修改宪法的建议。要使我们的宪法更加完备、周密、准确，能够切实保证人民真正享有管理国家各级组织和各项企业事业的权力，享有充分的公民权利，要使各少数民族聚居的地方真正实行民族区域自治，要改善人民代表大会制度，等等。关于不允许权力过分集中的原则，也将在宪法上表现出来。"③

第六，要划分不同机构的职权范围。邓小平指出："权力过分集中的现象，就是在加强党的一元化领导的口号下，不适当地、不加分析地把一切权力集中于党委，党委的权力又往往集中于几个书记，特别是集中于第

---

① 邓小平：《党和国家领导制度的改革》，《邓小平文选》，第2卷，第321—322页。
② 邓小平：《贯彻调整方针，保证安定团结》，《邓小平文选》，第2卷，第360页。
③ 邓小平：《党和国家领导制度的改革》，《邓小平文选》，第2卷，第339页。

一书记,什么事都要第一书记挂帅、拍板。党的一元化领导,往往因此而变成了个人领导。全国各级都不同程度地存在这个问题。权力过分集中于个人或少数人手里,多数办事的人无权决定,少数有权的人负担过重,必然造成官僚主义,必然要犯各种错误,必然要损害各级党和政府的民主生活、集体领导、民主集中制、个人分工负责制等。这种现象,同我国历史上封建专制主义的影响有关,也同共产国际时期实行的各国党的工作中领导者个人高度集权的传统有关。我们历史上多次过分强调党的集中统一,过分强调反对分散主义、闹独立性,很少强调必要的分权和自主权,很少反对个人过分集权。过去在中央和地方之间,分过几次权,但每次都没有涉及到党同政府、经济组织、群众团体等等之间如何划分职权范围的问题。我不是说不要强调党的集中统一,不是说任何情况下强调集中统一都不对,也不是说不要反对分散主义、闹独立性,问题都在于'过分',而且对什么是分散主义、闹独立性也没有搞得很清楚。党成为全国的执政党,特别是生产资料私有制的社会主义改造基本完成以后,党的中心任务已经不同于过去,社会主义建设的任务极为繁重复杂,权力过分集中,越来越不能适应社会主义事业的发展。对这个问题长期没有足够的认识,成为发生'文化大革命'的一个重要原因,使我们付出了沉重的代价。现在再也不能不解决了。真正建立从国务院到地方各级政府从上到下的强有力的工作系统。""今后凡属政府职权范围内的工作,都由国务院和地方各级政府讨论、决定和发布文件,不再由党中央和地方各级党委发指示、作决定。政府工作当然是在党的政治领导下进行的,政府工作加强了,党的领导也加强了。"①

第七,要切实改善党的领导。邓小平强调在改善党的领导方面,需要注意以下要求:(1)党委主要是政治上的领导。"党委的领导,主要是政治上的领导,保证正确的政治方向,保证党的路线、方针、政策的贯彻,调动各个方面的积极性。同时,是通过计划来领导,要抓好科学研究计划,要知人善任,把力量组织好。为了实现科学研究计划,为了把科学研究工作搞上去,还必须做好后勤保证工作,为科学技术人员创造必要的工

---

① 邓小平:《党和国家领导制度的改革》,《邓小平文选》,第2卷,第328—329、339—340页。

作条件，这也是党委的工作内容。"① （2）加强政治思想工作。"我们说改善党的领导，其中最主要的，就是加强思想政治工作。中央认为，从原则上说，各级党组织应该把大量日常行政工作、业务工作，尽可能交给政府、业务部门承担，党的领导机关除了掌握方针政策和决定重要干部的使用以外，要腾出主要的时间和精力来做思想政治工作，做人的工作，做群众工作。如果一时还不能完全做到这一点，至少也必须把思想政治工作放在重要地位上，否则党的领导既不可能改善，也不可能加强。"② （3）党要善于进行有效的领导。"关于改善党的领导，现在需要解决的问题很多。比如，我们历来说，工厂要实行党委领导下的厂长负责制；军队是党委领导下的首长分工负责制；学校是党委领导下的校长负责制。……一个工厂的党委，总必须保证在产品的数量、质量和成本方面完成计划；保证技术先进、管理先进、管理民主；保证所有管理人员有职有权，能够有效率、有纪律地工作；保证全体职工享受民主权利和合理的劳动条件、生活条件、学习条件；保证能够培养、选拔和选举优秀人才，不管是党员非党员，凡是能干的人就要使他们能充分发挥作用。如果能够保证这些，就是党的领导有效，党的领导得力。这比东一件事情、西一件事情到处干预好得多，党的威信自然就会提高。总之，怎样改善党的领导，这个重大问题摆在我们的面前。不好好研究这个问题，不解决这个问题，坚持不了党的领导，提高不了党的威信。"③ （4）改善党的领导要本着循序渐进的原则。"改革党和国家领导制度的方针必须坚持，但是，方法要细密，步骤要稳妥。总之，不能使一切确实还能为党做工作的同志不工作。基层单位领导制度的改革，要先在少数单位进行试点。在制定和颁布完善的条例以前，一切非试点的基层单位，一律执行原来的制度。中央原来提出的就是这个方针。"④

第八，坚决反对"家长制"的决策作风。邓小平指出："革命队伍内的家长制作风，除了使个人高度集权以外，还使个人凌驾于组织之上，组织成为个人的工具。家长制是历史非常悠久的一种陈旧社会现象，它的影响在党的历史上产生过很大危害。陈独秀、王明、张国焘等人都是搞家长

---

① 邓小平：《在全国科学大会开幕式上的讲话》，《邓小平文选》，第2卷，第98页。
② 邓小平：《贯彻调整方针，保证安定团结》，《邓小平文选》，第2卷，第365页。
③ 邓小平：《目前的形势和任务》，《邓小平文选》，第2卷，第270—271页。
④ 邓小平：《贯彻调整方针，保证安定团结》，《邓小平文选》，第2卷，第359页。

制的。从遵义会议到社会主义改造时期，党中央和毛泽东同志一直比较注意实行集体领导，实行民主集中制，党内民主生活比较正常。可惜，这些好的传统没有坚持下来，也没有形成严格的完善的制度。例如，党内讨论重大问题，不少时候发扬民主、充分酝酿不够，由个人或少数人匆忙做出决定，很少按照少数服从多数的原则实行投票表决，这表明民主集中制还没有成为严格的制度。""不少地方和单位，都有家长式的人物，他们的权力不受限制，别人都要唯命是从，甚至形成对他们的人身依附关系。我们的组织原则中有一条，就是下级服从上级，说的是对于上级的决定、指示，下级必须执行，但是不能因此否定党内同志之间的平等关系。不论是担负领导工作的党员，或者是普通党员，都应以平等态度互相对待，都平等地享有一切应当享有的权利，履行一切应当履行的义务。上级对下级不能颐指气使，尤其不能让下级办违反党章国法的事情；下级也不应当对上级阿谀奉承，无原则地服从，'尽忠'。不应当把上下级之间的关系搞成毛泽东同志多次批评过的猫鼠关系，搞成旧社会那种君臣父子关系或帮派关系。不彻底消灭这种家长制作风，就根本谈不上什么党内民主，什么社会主义民主。"①

第九，要改变会风。邓小平强调："开会要开小会，开短会，不开无准备的会。会上讲短话，话不离题。议这个问题，你就对这个问题发表意见，赞成或反对，讲理由，扼要一点；没有话就把嘴巴一闭。不开空话连篇的会，不发离题万里的议论。即使开短会、集体办公，如果一件事情老是议过去议过来，那也不得了。总之，开会、讲话都要解决问题。"②

八 "改革开放"政策范式的政策执行和监督体制

在完善"改革开放"政策范式的政策执行和政策监督体制方面，邓小平强调了五方面的要求。

（一）坚决执行中央政策

邓小平指出："为了坚持和改善党的领导，必须加强党的纪律。文化

---

① 邓小平：《党和国家领导制度的改革》，《邓小平文选》，第2卷，第329—331页。
② 邓小平：《坚持党的路线，改进工作方法》，《邓小平文选》，第2卷，第283页。

大革命期间,党的纪律废弛了,至今还没有完全恢复,这也是党不能发挥应有作用的一个重要原因。由于纪律相当废弛,许多党员可以自行其是,对党的路线、方针、政策,党的决定,党规定的任务,可以不执行或不完全执行。一个党如果允许它的党员完全按个人的意愿自由发表言论,自由行动,这个党当然就不可能有统一的意志,不可能有战斗力,党的任务就不可能顺利实现。所以,要坚持和改善党的领导,必须严格地维护党的纪律,极大地加强纪律性。个人必须服从组织,少数必须服从多数,下级必须服从上级,全党必须服从中央。必须严格执行这几条。否则,形成不了一个战斗的集体,也就没有资格当先锋队。这里我要说,这几条里面,最重要的就是全党服从中央。中央犯过错误,这早已由中央自己纠正了,任何人都不允许以此为借口来抵制中央的领导。只有全党严格服从中央,党才能够领导全体党员和全国人民为实现现代化的伟大任务而战斗。任何人如果严重破坏这一条,各级党组织和各级纪律检查委员会就必须对他严格执行纪律处分,因为这是党的最高利益所在,也是全国人民的最高利益所在。我们要坚决发扬党的民主,保障党的民主。党员对于党的决定有意见,可以通过组织发表,可以保留自己的意见,可以通过组织也可以直接向中央提出自己的意见。从中央起,各级党组织都要认真考虑这些意见。但是,中央决定了的东西,党的组织决定了的东西,在没有改变以前,必须服从,必须按照党的决定发表意见,不允许对党中央的路线、方针、政策任意散布不信任、不满和反对的意见。党报党刊一定要无条件地宣传党的主张。对党的工作中的缺点和错误,党员当然有权利进行批评,但是这种批评应该是建设性的批评,应该提出积极的改进意见。现在不是讲什么这样那样的问题可以讨论吗?可以讨论,但是,在什么范围讨论,用什么形式讨论,要合乎党的原则,遵守党的决定。否则,如果人人自行其是,不在行动上执行中央的方针政策和决定,党就要涣散,就不可能统一,不可能有战斗力。"[1]

邓小平还特别指出了"上有政策,下有对策"的危害性:"当前在经济改革中出现了一些歪门邪道。'你有政策,我有对策。'违反法纪和政策的种种'对策',可多了。共产党员一定要严格遵守党的纪律。无论是不是党员,都要遵守国家的法律,对于共产党员来说,党的纪律里就包括

---

[1] 邓小平:《目前的形势和任务》,《邓小平文选》,第 2 卷,第 271—272 页。

这一条。遵守纪律的最高标准,是真正维护和坚决执行党的政策,国家的政策。所以,有理想,有纪律,这两件事我们务必时刻牢记在心。一定要让我们的人民,包括我们的孩子们知道,我们是坚持社会主义和共产主义的,我们采取的各方面的政策,都是为了发展社会主义,为了将来实现共产主义。"①

(二) 克服官僚主义

邓小平强调:"在管理方法上,当前要特别注意克服官僚主义。官僚主义是小生产的产物,同社会化的大生产是根本不相容的。要搞四个现代化,把社会主义经济全面地转到大生产的技术基础上来,非克服官僚主义这个祸害不可。现在,我们的经济管理工作,机构臃肿,层次重叠,手续繁杂,效率极低。政治的空谈往往淹没一切。这并不是哪一些同志的责任,责任在于我们过去没有及时提出改革。但是如果现在再不实行改革,我们的现代化事业和社会主义事业就会被葬送。"② "官僚主义现象是我们党和国家政治生活中广泛存在的一个大问题。它的主要表现和危害是:高高在上,滥用权力,脱离实际,脱离群众,好摆门面,好说空话,思想僵化,墨守陈规,机构臃肿,人浮于事,办事拖拉,不讲效率,不负责任,不守信用,公文旅行,互相推诿,以至官气十足,动辄训人,打击报复,压制民主,欺上瞒下,专横跋扈,徇私行贿,贪赃枉法,等等。这无论在我们的内部事务中,或是在国际交往中,都已达到令人无法容忍的地步。官僚主义是一种长期存在的、复杂的历史现象。我们现在的官僚主义现象,除了同历史上的官僚主义有共同点以外,还有自己的特点,既不同于旧中国的官僚主义,也不同于资本主义国家中的官僚主义。它同我们长期认为社会主义制度和计划管理制度必须对经济、政治、文化、社会都实行中央高度集权的管理体制有密切关系。我们的各级领导机关,都管了很多不该管、管不好、管不了的事,这些事只要有一定的规章,放在下面,放在企业、事业、社会单位,让他们真正按民主集中制自行处理,本来可以很好办,但是统统拿到党政领导机关、拿到中央部门来,就很难办。谁也

---

① 邓小平:《一靠理想二靠纪律才能团结起来》,《邓小平文选》,第3卷,第112页。
② 邓小平:《解放思想,实事求是,团结一致向前看》,《邓小平文选》,第2卷,第149—150页。

没有这样的神通,能够办这么繁重而生疏的事情。这可以说是目前我们所特有的官僚主义的一个总病根。官僚主义的另一病根是,我们的党政机构以及各种企业、事业领导机构中,长期缺少严格的从上而下的行政法规和个人负责制,缺少对于每个机关乃至每个人的职责权限的严格明确的规定,以至事无大小,往往无章可循,绝大多数人往往不能独立负责地处理他所应当处理的问题,只好成天忙于请示报告,批转文件。有些本位主义严重的人,甚至遇到责任互相推诿,遇到权利互相争夺,扯不完的皮。还有,干部缺少正常的录用、奖惩、退休、退职、淘汰办法,反正工作好坏都是铁饭碗,能进不能出,能上不能下。这些情况,必然造成机构臃肿,层次多,副职多,闲职多,而机构臃肿又必然促成官僚主义的发展。因此,必须从根本上改变这些制度。当然,官僚主义还有思想作风问题的一面,但是制度问题不解决,思想作风问题也解决不了。所以,过去我们虽也多次反过官僚主义,但是收效甚微。解决以上所说的制度问题,要进行大量的工作,包括进行教育和思想斗争,但是非做不可,否则,我们的经济事业和各项工作都不可能有效地前进。"[①]

(三) 实践是检验政策的标准

"实践是检验真理的标准"在政策执行、政策监督和纠正错误政策方面,有着重要的意义。对于这样的意义,邓小平强调的是四个维度的理解。

第一,真理标准讨论的是关系党和国家前途的问题。邓小平指出:"目前进行的关于实践是检验真理的唯一标准问题的讨论,实际上也是要不要解放思想的争论。大家认为进行这个争论很有必要,意义很大。从争论的情况来看,越看越重要。一个党,一个国家,一个民族,如果一切从本本出发,思想僵化,迷信盛行,那它就不能前进,它的生机就停止了,就要亡党亡国。这是毛泽东同志在整风运动中反复讲过的。只有解放思想,坚持实事求是,一切从实际出发,理论联系实际,我们的社会主义现代化建设才能顺利进行,我们党的马列主义、毛泽东思想的理论也才能顺利发展。从这个意义上说,关于真理标准问题的争论,的确是个思想路线问题,是个政治问题,是个关系到党和国家的前途和命

[①] 邓小平:《党和国家领导制度的改革》,《邓小平文选》,第2卷,第327—328页。

运的问题。"①

第二，正确的政治领导的成果，归根结底要表现在社会生产力的发展上，人民物质文化生活的改善上。邓小平指出："所谓理论要通过实践来检验，也是这样一个问题。现在对这样的问题还要引起争论，可见思想僵化。根本问题还是我前边讲的那个问题，违反毛泽东同志实事求是的思想，违反辩证唯物主义、历史唯物主义的原理，实际上是唯心主义和形而上学的反映。世界天天发生变化，新的事物不断出现，新的问题不断出现，我们关起门来不行，不动脑筋永远陷于落后不行。现在在世界上我们算贫困的国家，就是在第三世界，我们也属于比较不发达的那部分。我们是社会主义国家，社会主义制度优越性的根本表现，就是能够允许社会生产力以旧社会所没有的速度迅速发展，使人民不断增长的物质文化生活需要能够逐步得到满足。按照历史唯物主义的观点来讲，正确的政治领导的成果，归根结底要表现在社会生产力的发展上，人民物质文化生活的改善上。如果在一个很长的历史时期内，社会主义国家生产力发展的速度比资本主义国家慢，还谈什么优越性？我们要想一想，我们给人民究竟做了多少事情呢？我们一定要根据现在的有利条件加速发展生产力，使人民的物质生活好一些，使人民的文化生活、精神面貌好一些。"②

第三，没有实践对真理的检验，就不可能有改革开放的政策。邓小平认为："就全国范围来说，就大的方面来说，通过实践是检验真理唯一标准和'两个凡是'的争论，已经比较明确地解决了我们的思想路线问题，重新恢复和发展了毛泽东同志倡导的实事求是、理论联系实际、一切从实际出发的思想路线。……真理标准问题的讨论是基本建设，不解决思想路线问题，不解放思想，正确的政治路线就制定不出来，制定了也贯彻不下去。我们的政治路线就是搞社会主义现代化建设。'四人帮'提出宁要穷的社会主义，不要富的资本主义，社会主义如果老是穷的，它就站不住。我们在国际阶级斗争中要坚持马克思主义，坚持社会主义，就要表现出马克思主义的思想优越于其他思想，社会主义制度优越于资本主义制度。不解放思想，不实事求是，不从实际出发，理论与实践不相结合，不可能

---

① 邓小平：《解放思想，实事求是，团结一致向前看》，《邓小平文选》，第 2 卷，第 143 页。

② 邓小平：《高举毛泽东思想旗帜，坚持实事求是的原则》，《邓小平文选》，第 2 卷，第 128 页。

有现在的一套方针、政策，不可能把人民的积极性统统调动起来，也就不可能搞好现代化建设，显示出社会主义制度的优越性。……思想路线不是小问题，这是确定政治路线的基础。正确的政治路线能不能贯彻实行，关键是思想路线对不对头。所以，不要小看实践是检验真理的唯一标准的争论。这场争论的意义太大了，它的实质就在于是不是坚持马列主义、毛泽东思想。"①

第四，实践是检验政策是否正确的唯一标准。邓小平强调："要发展生产力，就要实行改革和开放的政策。不改革不行，不开放不行。过去二十多年的封闭状况必须改变。我们实行改革开放政策，大家意见都是一致的，这一点要归'功'于十年'文化大革命'，这个教训太深刻了。当然，在改革中也有不同意见，但这里的问题不是要不要改革，而是改革到什么程度，如何改革，如何开放。这是很自然的，没有什么好奇怪的。我们中国常说一句话，叫做'实践是检验真理的唯一标准'。经过十年来的实践检验，证明我们党的十一届三中全会以来制定的一系列路线、方针、政策是正确的，我们实行改革开放是正确的。我们现在不是要收，而是要进一步改革，进一步开放。思想要更加解放一些，改革开放的步伐要走得更快一些。改革开放要贯穿中国整个发展过程，不是三年、五年、十年、八年，也不是二十年，因为需要做的事情太多了。"② "十一届三中全会召开至今四年多的实践证明，这条路线是正确的。当然，还需要继续通过实践来加以检验。实践是检验真理的唯一标准，实践是检验路线、方针、政策是否正确的唯一标准。"③

（四）政策"有错必纠"

为防止出现重大的政策失误，邓小平提出了四条基本的要求。

第一，小错误难免，只要不犯大错就行。邓小平指出："现在的局面看起来好像很乱，出现了这样那样的问题，如通货膨胀、物价上涨，需要进行调整，这是不可少的。但是，治理通货膨胀、价格上涨，无论如何不

---

① 邓小平：《思想路线政治路线的实现要靠组织路线来保证》，《邓小平文选》，第2卷，第190—191页。

② 邓小平：《思想更解放一些，改革的步子更快一些》，《邓小平文选》，第3卷，第265页。

③ 邓小平：《建设社会主义的物质文明和精神文明》，《邓小平文选》，第3卷，第28页。

能损害我们的改革开放政策，不能使经济萎缩，要保持适当的发展速度。现在出现的这些问题是能解决的，我们有信心。小错误难免，只要不犯大错误就行了。"①

第二，政策错误集体负责。邓小平指出："中央犯错误，不是一个人负责，是集体负责。在这些方面，要运用马列主义结合我们的实际进行分析，有所贡献，有所发展。""胡乔木同志的意见，我是赞成的。'文化大革命'同之前的错误相比，是严重的、全局性的错误。它的后果极其严重，直到现在还在发生影响。说'文化大革命'耽误了一代人，其实还不止一代。它使无政府主义、极端个人主义泛滥，严重地败坏了社会风气。"②

第三，不要虚假的数字。邓小平指出："文化大革命中公布的数字就有虚假，有重复计算的问题，有产品不对路、质量很差的问题。知道这一点对我们今天考虑问题有好处。以后要求的速度、数字是扎扎实实的，没有水分的，产品要讲质量的，真正能体现我们生产的发展。如果做到这一点，其他的作风也都会变，管理水平、技术水平也会提高，实际得到的利益多得多。"③

第四，有错必纠。邓小平强调："我们的原则是'有错必纠'。凡是过去搞错了的东西，统统应该改正。有的问题不能够一下子解决，要放到会后去继续解决。但是要尽快实事求是地解决，干脆利落地解决，不要拖泥带水。对过去遗留的问题，应当解决好。不解决不好，犯错误的同志不做自我批评不好，对他们不作适当的处理不好。但是，不可能也不应该要求解决得十分完满。要大处着眼，可以粗一点，每个细节都弄清不可能，也不必要。""对于犯错误的同志，要促进他们自己总结经验教训，认识和改正错误。要给他们考虑思索的时间。在大是大非问题上有了认识，检讨了，就要表示欢迎。对于人的处理要十分慎重。对过去的错误，处理可宽可严的，可以从宽；对今后发生的问题，要严些。对一般党员处理要宽些，对领导干部要严些，特别是对高级干部要更严些。"④

---

① 邓小平：《中央要有权威》，《邓小平文选》，第 3 卷，第 277 页。
② 邓小平：《对起草"关于建国以来党的若干历史问题的决议"的意见》，《邓小平文选》，第 2 卷，第 296、302—303 页。
③ 邓小平：《关于经济工作的几点意见》，《邓小平文选》，第 2 卷，第 197—198 页。
④ 邓小平：《解放思想，实事求是，团结一致向前看》，《邓小平文选》，第 2 卷，第 147—148 页。

（五）实事求是的政策评价

邓小平指出："我们评价一个国家的政治体制、政治结构和政策是否正确，关键看三条：第一是看国家的政局是否稳定；第二是看能否增进人民的团结，改善人民的生活；第三是看生产力能否得到持续发展。这八年，我们在这三个方面取得了一些成绩。我们人口多，国家大，基础又很薄弱，办事困难很多，但是有希望。不要光喊社会主义的空洞口号，社会主义不能建立在贫困的基础上。各国情况不同，政策也应该有区别。中国搞社会主义，强调要有中国的特色。我们坚信马克思主义，但马克思主义必须与中国实际相结合。只有结合中国实际的马克思主义，才是我们所需要的真正的马克思主义。我们正是根据这样的思想，力求实现我们的发展目标。我国百分之八十的人口是农民。农民没有积极性，国家就发展不起来。几年前我们提出农村搞开放政策，这个政策是很成功的。农民积极性提高，农产品大幅度增加，大量农业劳动力转到新兴的城镇和新兴的中小企业。这恐怕是必由之路。总不能老把农民束缚在小块土地上，那样有什么希望？"[①] "大家对经济问题的看法不一致，这是很自然的。我们这么大一个国家，我们有了这么大一个雄心壮志，究竟怎么搞比较顺，比较能够经得起风险，比较能够克服困难，克服障碍，求得比较快的发展，这个问题只能靠大家的集体智慧来解决。所以，这次会议大家要充分地把矛盾摆出来。我主张采取辩论的方法，面对面，不要背靠背，好好辩论辩论。真理就是辩出来的。有同志已提出这个意见，希望能够把中央各部门的设想，各省市同志的设想都摆出来，这次会议不一定完全能够解决，把这些问题摆出来以后，梳几个辫子，权衡利弊，该怎么办就怎么办。切不要以为我们原来脑子里考虑的就是完全对的。地方同志对中央部门提了不少意见，也有很尖锐的，但毕竟是从一个角度，从那个省，那个市，那件事，那个问题考虑的，就那个问题的本身来说，无可厚非，可能是很对的，但是从全局来说，有可能办不到。现在我们需要统一的是全局怎么办。这次会议放开把问题摆出来，然后由中央，特别是财经委员会，再来梳辫子，得出比较好的办法。只能说比较好，要说完全正确，我看办不到，万应灵药我们不可能找到，还要看以后的实践。还是实践是检验真理的标准，还

[①] 邓小平：《怎样评价一个国家的政治体制》，《邓小平文选》，第3卷，第213—214页。

要过一两年，修修补补。但是，现在不拿出个统一的东西不行，那样更难办，结果就是画圈圈过日子，等待过日子，你等过去，我等过来，应该快办的事情办慢了，应该解决的问题得不到解决。现在我们需要把思想认识统一一下。思想认识统一了，大家就一致行动。"①

邓小平系统论述的"改革开放"政策范式，尽管包含了"民主集中制"政策范式的一些重要内容，但更多强调的是在改革开放的政策路线下，如何处理政策与民主的关系问题，并对现代化进程中的中国政策发展起了重要的规划作用。应该承认，中国当前的政策实践，遵循的依然是"改革开放"政策范式，虽然在一些具体问题上有一些新的发展，但是并没有偏离这一范式的基本要求。

---

① 邓小平：《关于经济工作的几点意见》，《邓小平文选》，第 2 卷，第 201—202 页。

第十章　与"政策与民主"有关的马克思主义理论范式

本书以较长的篇幅,说明了马克思、恩格斯、列宁、斯大林、毛泽东、邓小平对政策与民主关系的基本看法;从这些看法中,可以归纳出"公社""苏维埃""计划经济""民主集中制""改革开放"五种重要的理论范式。全书的最后一章,是对这五种理论范式的概要性总结。

一　"公社"政策范式

马克思和恩格斯对于政策与民主关系的基本论说,最终可以归纳为对"公社"政策范式的理论基础和现实要求的基本解释。

(一) 以无产阶级革命的视角阐释政策与民主的关系

作为"公社"政策范式的理论基础,马克思和恩格斯强调的是以无产阶级革命的视角来阐释政策与民主的关系,由此涉及了三方面的问题。

一是在"政策"的基本定位方面,马克思和恩格斯认为,作为无产阶级的政党,必须有区别于其他政党的政策。这样的政策,应以解放工人阶级为重要目标,来彰显政策的"阶级性"特征;以先实行资产阶级政策、后实行无产阶级政策,来彰显政策的"阶段性"特征;以坚决反对专制政府政策和彻底否定"和平长入社会主义"的"机会主义",来彰显政策的"斗争性"特征;以废除私有制和实现共产主义为目标导向的具体政策措施,来彰显政策的"公有性"和"公共性"特征。

二是在"民主"的基本定位方面,马克思和恩格斯强调民主就是共产主义,"民主制"是人民的自我规定,民主制意味着工人阶级的统治,民主是手段而不是目的。

三是在"政策"与"民主"的结合方面，马克思和恩格斯明确指出资产阶级民主不符合无产阶级的政策要求。以所谓"人民主权"为代表的"庸俗的民主"，忽略了为争取民主所进行的阶级斗争，民主应服务于无产阶级专政。穷人反对富人的斗争，不能在资产阶级民主制的基础上完成；资产阶级民主制带有欺骗性、伪善性特征，与之相关的代议制具有鲜明的阶级属性，并且在民主制下存在着非民主的政策过程。马克思和恩格斯认为，在暴力的民主革命中，必须坚持无产阶级的"革命政策"；无产阶级革命将建立民主制度，并实行"民主政策"。

（二）"公社"政策范式的基本要求

马克思和恩格斯对巴黎公社革命实践所作的分析，一个重要的目的就是为无产阶级建立一套有效的政策范式。这样的政策范式，应符合十一个方面的要求。

第一个方面的要求是掌控权力。公共权力是国家的前提，控制国家的阶级由于控制了公共权力，也就控制了政策。政治权力即国家权力是经济权力的产物，由政治权力产生的政策，受上层建筑影响，既受经济的制约，也反作用于经济，并且各种政策都要由"行政权"来落实。无产阶级要夺取国家权力并有效地掌控政策，既要注重领导权的争夺，也要掌握社会权力，并要认识到无产者本身必须成为权力，而且首先是革命的权力。建立公社是为了夺取权力，由无产阶级自己亲手掌握公共事务的领导权，使人民群众获得社会解放。

第二个方面的要求是行使权利。公社的组织建立在普选制的基础上，普选权已被应用于它的真正目的：由各公社选举它们的行政的和创制法律的公职人员。

第三个方面的要求是建立无产阶级政权。公社是无产阶级的政权形式，它不仅为共和国奠定了真正民主制度的基础，还是"廉价政府"和生产者的自治机关，并且本质上是工人阶级的政府。工人阶级不能简单地掌握现成的国家机器，并运用它来达到自己的目的。胜利了的无产阶级在能够利用旧的官僚的、行政集中的国家机构来达到自己的目的之前，必须对它加以改造。尽管巴黎公社革命是反对国家本身，但无产阶级还要在一定时期内维持国家的存在。

第四个方面的要求是推行无产阶级政策。巴黎公社推行的有限的政策,已经突出显示了无产阶级的阶级性质、工人管理公社的管理性质和政策的社会主义性质。巴黎公社的政策既有当前作用,即公社的伟大社会措施就是它本身的存在,就是它的工作,它所采取的某些措施,表明了通过人民自己实现的人民管理制的发展方向;更重要的是公社政策的长远作用,公社的原则是永存的,是消灭不了的,在工人阶级得到解放以前,这些原则将一再表现出来。

第五个方面的要求是建立必要的政策运行机制。巴黎公社已经草创了一些带有无产阶级政权特征的政策机制:(1)公社兼管行政与立法;(2)公社掌握国家的政策创议权;(3)法官由选举产生;(4)公社公职人员的低工资制;(5)协调中央与地方关系,一方面要求公社官吏负责处理中央事务,另一方面要求城市领导农村和地方自治;(6)以公布自己的言论和行动,保证公社政策的公开性;(7)以真正的负责制代替虚伪的负责制,对公职人员进行有效监督。

第六个方面的要求是避免重大政策失误。巴黎公社在军事策略方面有重大失误,不仅错过了重要的战机,还没有意识到,消灭阶级统治和阶级压迫,必须先实行无产阶级专政,而无产阶级专政的首要条件就是建立无产阶级的军队。在政务管理方面的失误,主要表现为中央委员会过早放弃权力、公社成员的非无产阶级化、琐碎事务和私人争执的干扰以及经济政策的重大失误——没有控制法兰西银行等。

第七个方面的要求是规范"决策者"的行为。由巴黎公社的实践引出了两个与"决策者"有关的重大政策话题:一是如何防止主政者由社会公仆变成社会的主人;二是如何认识权威在支持政权和制定政策方面的作用。为回答这样的问题,马克思和恩格斯认为无产阶级政党尤其是无产阶级的"国际"组织,作为重要的"决策者",应注意以下政策规则:(1)做坚持真理的少数派;(2)不能墨守成规,应随时调整策略;(3)建立党内协商机制;(4)积极开展党内批评;(5)建立党内民主制度。

第八个方面的要求是政策应具有明确的价值取向。马克思和恩格斯要求在资本和劳动的关系上构建价值体系,并明确指出不同的阶级有各自的道德观念。在此基础上讨论平等和自由问题,强调的是平等作为历史产物,不仅是表面的,还应当是实际的,不仅不能把"平等=正义"视为最高的原则和最终的真理,还应该注意追求幸福生活的平等权利要靠物质手段来实现,并且明确提出了平等的要求是消灭阶级差别的论点。由于自由的一种形式制约着另一种形式,自由的某一种形式受到排斥,也就是整个自由受到排斥,因此无产阶级要求的自由,是通过工人集体占有劳动资料获得的自由,并且只有社会主义制度才能保障充分的自由。

第九个方面的要求是政策参与。马克思和恩格斯既强调无产阶级不能"放弃政治";也强调要注重整体性的政策参与,而不是单个人的参与。对于"公民投票"的政策参与方式,既要注意这种方式所产生的虚假民意,也可以在一定时候应用这样的方式。

第十个方面的要求是以政策作为重要的斗争武器。马克思和恩格斯对作为斗争武器的政策提出了四点要求:(1)从工人的零散的经济运动中产生的政治运动,应发展成阶级运动和社会运动,并且以反对并敌视统治阶级的政策作为主要的诉求,保持工人阶级的"政策"特色。(2)基于普选权的选举,其性质取决于经济基础;选举一方面体现的是统治阶级的意志,另一方面具有发动阶级斗争的功能;资产阶级可以利用选举达到其阶级统治的目的,工人阶级则可以通过选举来表达本阶级的政策诉求。(3)无产阶级及其政党,只是将选举作为工具或者手段,通过选举聚合工人阶级力量、组织民众并宣扬无产阶级政策理念,将自己的代表选入议会并通过选举迫使资产阶级作出重大的政策让步。(4)工人阶级的代表应善于利用议会提供的舞台,开展议会斗争,既要揭露资产阶级议会政治的种种弊端,也要积极发表有利于无产阶级的政策意见,在不牺牲原则的条件下进行讨价还价,甚至建立与资产阶级议会分庭抗礼的工人议会。

第十一个方面的要求是改革。恩格斯特别指出,"社会主义社会"不是一种一成不变的东西,而是经常变化和改革的社会。

也就是说,有助于无产阶级革命的"公社"政策范式,不仅要求无产阶级政党及其领导人注意在政策与民主的关系方面坚持马克思主义的基本立场和观点,还要求以巴黎公社的政策实践作为重要的警戒,对无产阶级政党所必须经历的政策过程提出符合无产阶级需要的系统性民主要求。

二 "苏维埃"政策范式

列宁在马克思、恩格斯的理论基础上,结合俄罗斯革命的实践,将"公社"政策范式发展成了"苏维埃"政策范式,并对这样的政策范式作了全面的解释。

（一）"苏维埃"政策范式是"公社"政策范式的延续和发展

列宁对巴黎公社及其政策范式的解读，以"公社国家"作为高度的概括，重点强调的是无产阶级夺取政权后代替被打碎的国家机器，需要注意十大取向：一是民主转换取向，由资产阶级民主转化为无产阶级民主。二是国家消亡取向，国家开始走向消亡。三是"原始"民主取向，要求铲除"特权制"和"长官制"。四是利益一致取向，无产阶级建立的政权应推行改造社会的民主措施。五是"廉价政府"取向，只能由无产阶级来推动"廉价政府"的实现。六是人民代表取向，以无产阶级的代表机关取代议会制。七是民主与自治结合取向，实行民主集中制下的自治。八是人民公仆取向，防止"社会公仆"变成"社会的主人"。九是专政取向，无产阶级民主要求无产阶级专政。十是社会主义民主取向，强调社会主义民主可以超越民主的"极限"。

对于"公社"政策范式的理论解读，列宁还有四点重要的发展：一是革命政权应通过政策带来重大的改革；二是必须依靠工人阶级；三是为民众参与政策创造必要的条件；四是积极开展武装斗争。

列宁认为在俄国出现的工兵代表苏维埃，就是"公社国家"的一种新的政权形式；无产阶级政党的重要任务，就是要以这样的政权形式来取代资产阶级的政权，当然这样的"取代"，需要的是长期的斗争而不可能"立刻办到"。对于苏维埃的政策取向，列宁除了说明一些具体的政策诉求外，还强调了两种重要的取向：一是每一个步骤、每一项决定都交给革命的人民去审定，完全和绝对依靠来自劳动人民群众的自由倡议。二是相信工人、士兵和农民在处理政策问题上，会比官吏和警察高明。

召开与资产阶级议会制不同的人民代表大会（人民代表会议、全民代表会议、全民立宪会议），是列宁的早期主张，因为只有建立这样的制度，才能打破君主专制制度，按人民的意志决定政策。因此，建立人民代表制，实际上就是夺取政权的斗争。人民代表制在俄国是以"苏维埃"的形式出现的，列宁从四个方面界定了苏维埃的性质：（1）苏维埃是革命类型的代表机关。（2）苏维埃是临时革命政府的萌芽。（3）苏维埃是无产阶级领导群众的斗争机关和起义机关。（4）苏维埃是依靠人民群众力量的革命政权机关。

1917年"十月革命"的胜利，使"公社国家"的苏维埃变成了现实。列宁从三个方面说明了"公社式国家"到"苏维埃式国家"的递进过程：（1）巴黎公社是在人们无意识的情况下创造出的短期的"公社国家"（巴黎公社类型的国家），苏维埃则是无产阶级有意识地创造出的一种新型的、长期存在的国家（苏维埃类型的国家）。（2）"苏维埃式国家"是依据"公社式国家"经验和俄国革命经验创造出来的国家类型。（3）从世界范围看，社会主义革命在夺取政权方面已经迈出了两大步，第一步是建立"公社式国家"，第二步是建立"苏维埃式国家"。"苏维埃式"国家不单是俄国的现象，而且是无产阶级进行斗争的国际形式。

列宁明确指出苏维埃式国家与旧国家有六点重要的区别：工农武装力量、与群众的密切联系、机构成员由选举产生并且可以撤换、与各种各样的行业有牢固的联系、发动和教育群众、能够结合议会制的长处和直接民主制的长处。他还特别强调应注意三方面的认识：一是在革命胜利之后，已经不能再将苏维埃看作是一般的组织，而应该将其视为国家组织。二是苏维埃是劳动群众自我管理和全权决策的机关。三是苏维埃不是"工人国家"，而是"工农国家"。

（二）政策与民主结合的"苏维埃"政策范式

列宁对"苏维埃"政策范式的解释，重点强调的就是政策与民主的结合。由此不仅对政策有明确的要求，对民主也有明确的要求。

在政策方面，列宁重点强调的是十二条基本要求。（1）方针性和原则性要求。方针明确的政策是最好的政策，原则明确的政策是最实际的政策。（2）经验性要求。为了更好地了解今天的政策，有时不妨回顾一下昨天的政策。通过教训来正确地规定政策。（3）事实性要求。马克思主义是以事实，而不是以可能性为依据的；马克思主义者只能以经过严格证明和确凿证明的事实作为自己的政策的前提。（4）利益性和立场性要求。无产阶级政党的政策，从实质上说，取决于无产阶级的阶级利益；从形式上说，取决于党代表大会的决定。党的政策必须立足于被压迫群众。（5）独立性要求。革命的时刻越逼近，立宪运动越激烈，无产阶级政党就越是应该更严格地维护自己的阶级独立性，不容许将自己的阶级要求淹没在一般的民主主义词句的大海里。（6）斗争性要求。革命的无产阶级政党过去和现在都把争取改良的斗争包括到自己的活动范围之内。（7）反教条主义要求。马克思主义学说不是教条，而是行动的指南。（8）领导性要求。坚持党的政治领导正确和战略策略正确。说服人民相信党的纲领和策略的正确性,并善于实际地进行组织工作。(9)实践性要求。实际解决经济建设面临的政策问题,少说空话,因为空话满足不了劳动人民的需要。少谈主义,少谈政治,多注意实际的政策问题。(10)全局性要求。以世界格局看待和决定国内政策。(11)批评性要求。正确对待政策批评:既要扩大民主,也要坚决反对不实事求是的和带有派别性的所谓批评。(12)策略性要求。在无产阶级政党的策略问题上,应注意九种关系的处理:一是纲领与策略的关系;二是策略与口号的关系;三是原则与方式的关系;四是党内斗争与统一的关系;五是理论与实践检验的关系;六是理论与革命的关系;七是工人政党与其他政党斗争与团结的关系;八是群众与党的政策关系;九是领袖与群众的关系。

在民主方面,尤其是如何实现政策与民主的结合,列宁强调的应是八个维度的解释。

第一个是"定义"维度。列宁对民主的定义,强调了五个论点:(1)民主是专制和政治专横的对立物。(2)官员民选是彻底的民主制。(3)法官民选是彻底民主的条件。(4)民主就是群众平等、普遍地参与一切国家事务。(5)民主是自由的保证。

第二个是"批判"维度。列宁对资产阶级民主的批判,强调了十个论点:(1)"民主"不能包治百病。(2)没有"纯粹民主",只有阶级的民主。(3)没有一个最民主的国家是完全民主的。它们只提供一点点民主制。(4)资本主义民主是基于资本的民主。(5)帝国主义战争是对民主的否定。(6)资本主义民主是作为"欺骗"口号的民主和不能坚持到底的民主。(7)资本主义民主是具有民粹主义特征的民主。(8)资本主义民主反对真正的"自治"。(9)资本主义民主倡导的是涣散无产阶级斗志的虚假"让步"政策。(10)民主的形式如普选权、立宪会议和议会,不能改变不同民主制的实质。

第三个是"区别"维度。列宁认为无产阶级民主应在以下八个方面区别于资产阶级民主:一是无产阶级不需要"一般的民主""纯粹的民主"或"庸俗的民主"。二是无产阶级不与一般的民主运动"合流"。三是无产阶级不盲信民主表决和"人民立法"。四是无产阶级要求执行真正革命阶级的政策。五是无产阶级要求行政机关的完全民主化。六是无产阶级要求真正的人民代表机关。七是无产阶级要求开展争取民主的阶级斗争。八是无产阶级不把和平的"民主化"作为唯一的斗争方式。列宁明确地将"无产阶级民主"等同于"苏维埃的民主",并强调这样的民主主要包括以下内容:(1)真正实现大多数人享受的民主制度,使大多数人即劳动者实际参加国家的管理。(2)以真正的民主制度实现一切劳动者的真正平等。(3)劳动群众广泛、经常、普遍、简便地行使选举权。(4)不是在形式上宣布权利和自由,而首先是和主要是让居民中曾受资本主义压迫的那些阶级即无产阶级和农民能实际享受权利和自由。(5)实施真正的民主措施和相应的政策。

第四个是"行动"维度。列宁强调要实现无产阶级民主,必须注意六项基本的行动性和策略性安排:(1)争取民主的斗争必须服从于社会主义革命的斗争。(2)群众自发的民主运动必须与革命政党的活动紧密结合。(3)只有通过社会主义革命才能争取充分的民主。(4)充分的民主要求民族平等和民族自决。(5)为达到"先进的民主",必须建立"民主主义的专政"(革命民主专政)。(6)通过暴力革命建立民主的国家组织和民主的军队。

第五个是"制度"维度。在"十月革命"前,列宁曾力主召开立宪会议,但是在革命成功后,他坚决主张废除立宪会议,并就此作出了四点解释:(1)把全部政权交给立宪会议是向资产阶级妥协。(2)议会制(立宪会议)和中世纪相比是进步的,和苏维埃相比是反动的。(3)不能使立宪会议成为对抗苏维埃政权的工具(这是导致立宪会议被废除的最主要原因,因为列宁曾为保留立宪会议提出过一些明确的要求,但是被反对派拒绝)。(4)苏维埃政权既不需要议会(立宪会议),也不需要全民投票。

第六个是"选举"维度。根据苏维埃选举的实际经验,列宁从四个方面论证了选举与民主的关系:一是应以阶级斗争的视角看待选举与民主的关系。二是罢免权是更重要的民主权利。三是排除资产阶级的选举是苏维埃民主制的暂时性要求。四是比例代表制适用于民主决策机关,不适用于政策执行机关。

第七个是"专政"维度。列宁更关注民主与专政的关系问题,并提出了以下论点:(1)无产阶级民主制即无产阶级专政。(2)民主共和国、立宪会议、全民选举等实际上是资产阶级专政,只有无产阶级专政才能使假民主变为真民主。(3)无产阶级专政不仅一般地说必然使民主形式和民主机构发生变化,而且要使它们变得能使受资本主义压迫的劳动阶级空前广泛地实际享受到民主。

第八个是"评价"维度。列宁认为苏维埃共和国（工农苏维埃）是更高类型和最高类型的民主制，并强调了该论断的六条理由：一是苏维埃政权以新的民主制代替了资产阶级民主制。二是苏维埃政权使民主第一次为劳动者服务，不再是富人的民主。三是苏维埃政权最能反映人民的利益和观点，并吸引公民参与政治、民主和国家管理。四是苏维埃政权推行了更民主的各种措施，如保障群众的集会权利、由工农苏维埃选举法官等。五是苏维埃政权为过渡到劳动居民人人参与国家管理创造了条件。六是苏维埃政权不容许向资产阶级民主制的倒退。列宁还相信，新的民主制度即无产阶级的民主制度必将在所有国家建立。

（三）"苏维埃"政策范式的十大要素

按照列宁的解释，无产阶级政权可以实际运作的"苏维埃"政策范式，应包含以下十大要素。

第一，权利要素。无产阶级革命必须反对专制权力，并注意以下权利要求：（1）无产阶级要争得经济解放，必须争得政治权利。（2）公民享有不信任公职人员或机关的权利。（3）应给予农民公民权和自决权。（4）公民享有信仰宗教的权利。（5）应维护民族平等和民族自决的权利。（6）在争取妇女选举权的运动中，必须完全坚持社会主义原则和男女平权。（7）真正的权利保证在于人民中那些意识到并且善于争取这些权利的各阶级的力量。（8）无产阶级争取政治自由的斗争是革命的，因为这种斗争力求争得完备的民权制度。（9）政治平等就是权利平等，经济平等就是消灭阶级，社会平等即社会地位的平等，而不是体力和智力的平等。

第二，自由要素。"公民自由"就是在家务、私事和财产方面的自由；"政治自由"就是人民处理自己全民的、国家的事务的自由；"充分自由"是管理社会和国家大事的官吏和公职人员要由选举产生，彻底消灭那种不是完全和绝对依靠人民的、不是由人民选举产生的、不是向人民汇报工作的、不能由人民撤换的官吏。也就是说，不是人民应当服从官吏，而是官吏必须服从人民。资产阶级利用自由是为了安享清福，无产阶级需要自由是为了更广泛地开展争取社会主义的斗争。人民的自由，只有在国家的全部政权完全地和真正地属于人民的时候，才能完全地和真正地得到保障。

第三，参与要素。一切真正的革命，其科学的和实际政治的主要标志之一，就是积极、自动和有效地参加政治生活，使参加国家制度建设的"普通人"非常迅速地、急剧地增加起来。只有民主共和制最符合无产阶级政党的政策要求，即人民能够自己管理自己的事务。为达到这一目的，应支持和鼓励群众的参与，尤其是在政策参与方面，不仅参与决策，还参与政策执行和政策监督。

第四，舆论要素。无产阶级政党应以自己的中央机关报为重要的政治讲坛，积极宣传党的纲领和政策主张，讨论重大的政治问题和政策问题。为此不仅要提倡为无产阶级利益服务的写作自由，也要强调党的监督，因为不清洗那些宣传反党观点的党员，党就不可避免地会瓦解，首先在思想上瓦解，然后在物质上瓦解。

第五，法制要素。司法机关应认真受理公民对政府机关的控告。建立对履行纯粹政策执行功能"个人独裁"的自下而上的监督机制。实行常态的群众来访接待制度。

第六，政策核心要素。苏维埃政策范式的一个重要特征就是共产党的党中央起着决定性的政策核心作用，这样的核心作用，表现在四个方面：一是中央委员会是"寡头政治"的决策中心。二是不能把政策问题分成原则的和琐碎的，由不同的机构处理不同的问题，因为这样做会破坏民主集中制的基础。三是应注重增加人民委员会的政策责任。四是认可政策机构的"合一"趋势：苏维埃各部与人民委员会的部合并，党的机关与苏维埃机关结合。

第七，"民主集中制"要素。"民主集中制"具有双重含义：一是反映中央与地方关系的"民主集中制"，既强调中央集权，也要求地方自治和区域自治；二是反映无产阶级政党内部关系的"民主集中制"，这样的民主集中制既要求进行党内选举，也要求建立党的委员会决策机制。民主集中制和地方机关自治的原则所表明的是充分的普遍的批评自由，只要不因此而破坏已经确定的行动的一致，它也表明不容许有任何破坏或者妨害党既定行动的一致的批评。具体到苏维埃政策范式所依赖的"民主集中制"，列宁最初强调的是以"集体讨论"和分工负责为内容的"集体管理制"，但"集体管理制"往往造成"无人负责"的局面，列宁即明确要求将其转变为以"选举负责机关"为基础的"一长制"，并强调苏维埃社会主义民主制同个人管理和独裁毫不抵触,阶级的意志有时是由独裁者来实现的,他一个人有时可以做更多的事情,而且一个人行事往往是更为必要的。

第八,政策执行要素。列宁要求主政者少当"领导",多做实际工作,加快工作节奏,对政策执行情况进行严格检查,并要坚决落实分工制和责任制。

第九,反官僚主义要素。列宁强调应从六个方面来反对官僚主义:一是以积极选拔人才和责任制控制官僚主义。二是以少开会、多检查的政策机制克服官僚主义。三是以干实事的示范作用抵制官僚主义。四是以司法手段和舆论手段对付官僚主义。五是反对狂妄自大、文盲、贪污受贿三大敌人。六是对官僚主义做长期顽强斗争的打算。

第十,"新经济政策"要素。在内战的压力下,苏维埃政权不得不实行以"余粮收集制"为代表的"战时共产主义"政策。实行"新经济政策",既体现了对错误政策的纠正,也体现了"碰硬政策"和政策灵活性的结合。"新经济政策"已经开始培育"计划经济"的萌芽,但是还没有全面实行"计划经济"的条件。

从列宁对"苏维埃"政策范式的系统性表述可以看出,其核心点是要求无产阶级政党要完成从"夺权"到"执政"的转变,并且在这样的转变中,坚持以无产阶级民主的原则和观点来解决国家政策所面临的各种难题,并确立适合无产阶级执政的重要政策体制和机制。

三 "计划经济"政策范式

斯大林在"苏维埃"政策范式的基础上,发展出了"计划经济"的政策范式,并对这样的范式作了较系统的解释。

(一)"计划经济"政策范式的基本原则

"计划经济"政策范式是共产党领导下的政策范式,斯大林强调了该范式的六条基本原则。

第一条是计划经济原则。社会主义的"计划经济",将是按社会主义原则组织起来的高度发达的生产,它将顾及社会的需要,看社会需要多少就生产多少,由此不会有生产的分散性,不会有竞争、危机和失业现象存在的余地。编制计划只是计划工作的开始,真正的计划领导是在计划编制以后，在进行了实地检验以后，在实现计划、修订计划和使计划精确的过程中才展开。

第二条是党的政策领导作用原则。国内政策和对外政策的一切基本问题上起领导作用的是党。党的政策领导主要体现在三个方面：一是共产党把自己的优秀工作人员输送到重要的国家工作岗位上去。二是党检查各管理机关的工作、政权机关的工作，这些机关通过任何一项重要的决议都非有党的有关指示不可。三是任何政权机关在制订工业和农业方面或商业和文化建设方面的工作计划时，党都要给它们总的方针性的指示，确定它们在计划执行期间的工作性质和工作方向。

第三条是密切联系群众原则。在整个政策过程中都要密切联系群众，因为正确地决定问题非考虑群众的经验不可，对正确决定的执行非有群众方面的直接帮助不可，组织对这种决定的执行情况的检查还是非有群众方面的直接帮助不可。尤为重要的是，必须使党的"政策"威信建立在群众信任的基础之上。

第四条是自我批评原则。自我批评的目的在于揭露并消灭政策中的错误和弱点，即使批评只有百分之五或百分之十的真理，也应该欢迎，应该仔细听取。如果自我批评的口号得到正确的和诚实的执行，至少会产生两个结果：一是会提高工人阶级的警惕性，加强对政策缺点的注意，使这些缺点容易纠正。二是会提高工人阶级的政治水平，培养他们的国家主人翁感，使他们容易学会管理国家。

第五条是党的团结与统一原则。为制定和执行正确的政策，需要党的团结和统一，尤其是政策意志的统一，并坚决反对党内派别对政策的干扰，尤其是不能沉溺于争论，因为苏联共产党是国家的执政党，上层所发生的每一个小争执都会在国内外引来不利的影响。

第六条是实事求是的决策原则。革命胆略与求实精神相结合，俄国人的革命胆略和美国人的求实精神结合起来，就是党的工作和国家工作中的列宁主义的实质。由此既要认真分析政策所面临的形势，也要用正确政策主导党的组织路线。

（二）"计划经济"政策范式的民主要求

"计划经济"政策范式带有无产阶级民主的取向，斯大林对于这样的取向作出了基本解释。

在"计划经济"政策范式下，所实现的应是四种民主：一是坚持"无产阶级民主制"（苏维埃民主制）的无产阶级民主。二是实现"社会主义民主主义"的民主。三是政治生活充分民主化的民主。四是改善领导工作的民主。

与"计划经济"政策范式联系在一起的民主，应是最高形态的民主，斯大林将其概括为五个"最民主"的表述：一是苏联的宪法是世界上最民主的宪法。二是苏维埃是群众本身的直接组织，是最民主的因而也是群众的最有威信的组织。三是苏维埃政权是存在阶级的条件下可能有的一切国家组织中最群众化和最民主的国家组织。四是同世界上其他任何一个国家的选举相比，苏联所进行的普遍选举将是最自由的选举，最民主的选举。五是建立最高机关的这种办法（间接选举办法），是最民主的。

选举是民主的重要表现形式，从控制选举权到扩大选举权和进行普遍、平等、直接、无记名的选举，是苏联选举的重大进步。斯大林强调了苏联选举的三个重要特征：一是在选举中实行的是非政党竞争性的竞选；二是直接选举和间接选举结合的制度安排；三是选举具有重要的"监控"功能，不仅体现为选民可以罢免不称职的代表，还体现了"选举运动就是选民对作为执政党的我国共产党进行裁判的法庭"。

群众参与是"计划经济"政策范式的基础性条件，斯大林就此提出了六项要求：（1）国家机关应与群众打成一片。（2）决策者要细心倾听群众的呼声。（3）鼓励群众中不同意见的争论。（4）坚持群众在会议上发言的做法。（5）广泛吸收劳动农民参加苏维埃的工作。（6）在工会内部应实行"说服"的民主。

"党内民主"对"计划经济"政策范式具有不可忽视的作用，斯大林强调的是四条基本要求：一是党内民主不是"广泛民主"，而是经常吸引党员群众不仅参加讨论问题，而且参加领导工作的民主。二是党内民主不是要将党变成"争论俱乐部"，而是要自下而上集中全党的意志。三是党内民主不是代际隔阂问题，而是主动性和积极性问题。四是党内民主是反对派别活动的民主，容许对党内的缺点和错误进行认真的批评，同时不容许任何派别活动并取缔任何派别活动。

（三）"计划经济"政策范式的决策要求

"计划经济"政策范式要求"集体领导"的决策体制，对于这样的体制，斯大林提出了五方面的要求。

一是无产阶级政党实施决策的基本要求。（1）无产阶级政党应注重以政策保证工人和农民的利益并注意个人利益和集体利益的结合。（2）重视劳动权利、重视各民族的平等权利、重视权利保障和实现权利的手段。（3）无产阶级政党应成为团结的领导集团。（4）无产阶级政党的政策不能与群众脱节，需要能够了解群众政策要求的领袖。（5）无产阶级政党的中央委员会应有应对事变的决策权。（6）无产阶级政党应强调斗争的统一性而不是对于政策的意见分歧。（7）政府的日常政策问题就是俄国这个农民国家无产阶级专政的阶级目的借以实现的方法和手段的问题。（8）无产阶级能够在不要资产阶级并且反对资产阶级的情况下顺利管理国家。

二是避免"个人决定"的集体领导。个人决定总是或是几乎总是片面的。在决策时需要集体工作，集体领导，在少数服从多数的条件下保持党的统一。

三是反对"党专政"和"领袖专政"。"党专政"和"领袖专政"表现为不许非党群众辩驳、鼓励党的干部的压制作风和使党的上层自满自足、骄傲自大。党在政策方面必须特别谨慎特别灵活，骄傲自大的危险是党在正确领导群众方面所面临的最严重的危险之一。

四是建立"全会"决策体制。将中央政治局决策改为中央委员会的"全会"决策，将地方党的委员会的"常务局"决策改为委员会"全会"决策，是党的领导"民主化"的重要举措。

五是注重决策的理论与方法。离开革命实践的理论是空洞的理论，而不以革命理论为指南的实践是盲目的实践。必须使党特别是党的领导者完全精通与革命实践不可分割的马克思主义革命理论。党需要建立正确的战略和策略思维。必须使党在制定口号和指示的时候，不是根据背熟的公式和历史的比拟，而是根据对革命运动所处的国内外的具体条件的仔细分析，同时还必须考虑到各国的革命经验。

（四）"计划经济"政策范式的政策执行和监督要求

"计划经济"政策范式要求建立有效的政策执行体制和监督机制，斯大林为此提出了七方面的要求。

第一，政策执行的必备条件。一是必须认真解决党的路线、党的决策与实践脱离的问题；必须使党所制定的正确政策真正实行，在实践中被歪曲的政策没有用处。二是必须努力提高党对群众的领导的质量，甚至对最不重要的小事情也要极其细心；为了加强领导，必须使领导本身更灵活，必须使党对群众的要求有最高度的敏感。三是工人阶级必须学会管理国家，不仅需要培养有经验的决策者，还要培养有经验的执行者。四是必须使国家机关成为为人民服务的工具。

第二，注重政策执行的"过渡"环节。无产阶级专政是党的指示加上无产阶级群众组织对这些指示的实行，再加上居民对这些指示的实行。

第三，注重"说服"而不是"强制"。领导就是要善于说服群众，使他们相信党的政策的正确，提出并实行能把群众引到党的立场上并使他们易于根据本身经验认识党的政策的正确的一些口号，把群众提高到党的觉悟水平，这样来保证得到群众的拥护并使他们具有坚决斗争的决心。

第四，推行"一长制"。由"委员会管理制"改为"一长管理制"，可以加强政策执行的责任。

第五，与党和国家机关中的官僚主义作斗争。为了在国家机关中清除官僚主义，就必须有系统地改善国家机关，使它和群众接近，依靠新的忠实于工人阶级事业的人才来革新它，以共产主义的精神来改造它，而不是把它搞垮，不是使它威信扫地。

第六，建立有效的监督机制。一是对政策执行应实施真正的而不是纸上的监督；二是经常性和领导亲自参加的检查；三是根据政策效果而不是工作报告进行实地检查；四是自上而下与自下而上的检查（监督）相结合，建立中央工作人员到地方工作的检查制度；五是公开承认错误和诚恳纠正错误。

第七，干部决定一切。"技术决定一切"这个旧口号，反映了十分缺乏技术的过去的时期的口号，现在应当用新口号，用"干部决定一切"的口号来代替了。为此，既要善于了解工作人员，也要善于使用工作人员。

斯大林就"计划经济"政策范式提出的各种要求，强调的是在社会主义建设中如何正确处理政策与民主的关系问题。尽管在实践中这些要求并没有全部落实，但是这样的政策范式，对世界范围内的社会主义国家政策运行的理论上的影响，显然是不可忽视的。

四 "民主集中制"政策范式

在政策与民主的关系方面，毛泽东倡导的是"民主集中制"的政策范式。这样的政策范式，尽管含有一定的"计划经济"要素，但是与斯大林倡导的"计划经济"政策范式有明显的区别。

（一）发展和完善"民主集中制"

毛泽东所强调的"民主集中制"，来自列宁而不是斯大林，正如他所言："我们发展了列宁的民主集中制，又紧张又松弛，又团结又斗争，一句话，我们发展了辩证法。"以"民主集中制"将政策与民主联系在一起，毛泽东重点强调的是五方面的要求。

一是"认识"方面的要求，需要明确民主与集中的对立统一关系。世界上只有具体的自由，具体的民主，没有抽象的自由，抽象的民主。民主这个东西，有时看来似乎是目的，实际上，只是一种手段。民主属于上层建筑，归根结底它是为经济基础服务的。民主是对集中而言，自由是对纪律而言。这些都是一个统一体的两个矛盾着的侧面，它们是矛盾的，又是统一的，不应当片面地强调某一个侧面而否定另一个侧面。在人民内部，不可以没有自由，也不可以没有纪律；不可以没有民主，也不可以没有集中。这种民主和集中的统一，自由和纪律的统一，就是民主集中制。

二是"民主取向"方面的要求。中华人民共和国的民主不是资产阶级的民主，而是人民民主，这就是无产阶级领导的、以工农联盟为基础的人民民主专政。如果不充分发扬人民民主和党内民主，不充分实行无产阶级的民主制，就不可能有真正的无产阶级的集中制。没有高度的民主，不可能有高度的集中，而没有高度的集中，就不可能建立社会主义经济。

三是"专政"方面的要求。中华人民共和国是工人阶级领导的以工农联盟为基础的人民民主专政的国家。专政的第一个作用，就是压迫国家内部的反动阶级、反动派和反抗社会主义革命的剥削者，压迫那些对于社会主义建设的破坏者，就是为了解决国内敌我之间的矛盾。专政还有第二个作用，就是防御国家外部敌人的颠覆活动和可能的侵略。没有民主集中制，无产阶级专政不可能巩固。在人民内部实行民主，对人民的敌人实行专政，这两个方面是分不开的，把这两个方面结合起来，就是无产阶级专政，或者叫人民民主专政。

四是"政策"方面的要求。没有民主，不可能有正确的集中，因为大家意见分歧，没有统一的认识，集中制就建立不起来。什么叫集中？首先是要集中正确的意见。在集中正确意见的基础上，做到统一认识，统一政策，统一计划，统一指挥，统一行动，叫做集中统一。没有民主，就不可能正确地总结经验。没有民主，意见不是从群众中来，就不可能制定出好的路线、方针、政策和办法。

五是"机制"方面的要求。（1）民主集中制既实行于人民，也实行于国家机关。（2）民主集中制既实行于党内，也实行于党外。（3）民主集中制强调用说服教育的方法解决人民内部矛盾问题。（4）民主集中制反对用行政命令的方法解决问题。（5）民主集中制是联系群众的有效方法。（6）民主集中制是改正错误的有效方法。（7）民主集中制倡导批评和自我批评。（8）建立民主集中制需要一个长期的过程。

（二）"民主集中制"政策范式的制度基础

"民主集中制"政策范式是建立在中国的一些重要制度的基础之上的，毛泽东对这些制度都有所说明。

人民代表大会制度脱胎于"苏维埃制度"。中华人民共和国成立后，确定了由"人民代表会议"向"人民代表大会"过渡的制度建设之路。一方面，要求普遍召开人民代表会议；另一方面，要求为代表会议注入政策讨论的内容。1953年1月正式提出建立人民代表大会制度的要求，并强调人民代表大会制的政府，仍将是全国各民族、各民主阶级、各民主党派和各人民团体统一战线的政府，它是对人民有利的。

中国人民政治协商会议是为建立中华人民共和国召开的代行全国人民代表大会职权的会议。在1954年召开全国人民代表大会之后，毛泽东仍强调应保留政治协商会议制度，并指出政协是全国各民族、各民主阶级、各民主党派、各人民团体、国外华侨和其他爱国民主人士的统一战线组织，是党派性的，它的成员主要是党派、团体推出的代表。毛泽东还明确了政协的以下任务：（1）协商国际问题。（2）商量候选人名单。（3）提意见。（4）协调各民族、各党派、各人民团体和社会民主人士领导人员之间的关系。（5）学习马列主义。毛泽东还特别强调了"统一战线"的五大保证作用：一是对中国共产党领导的保证作用。二是对多党合作的保证作用。三是对社会主义建设的保证作用。四是对党的优良作风的保证作用。五是对调动积极因素的保证作用。

中华人民共和国成立之后，建立了中央人民政府和地方各级人民政府，并建立了相应的行政管理制度，毛泽东重点关注的是与行政管理制度相关的六个问题：（1）不能照搬苏联规章制度。（2）财政经济统一管理。（3）中央行政机构的设置，一类实行垂直管理，一类主要制定政策。（4）中央与地方分权，不能像苏联那样，把什么都集中到中央，把地方卡得死死的，一点机动权也没有。（5）中央与地方关系应体现为分工合作，发挥中央与地方两个积极性。（6）地方与地方关系应提倡顾全大局，互助互让。

（三）"民主集中制"政策范式的决策机制

按照毛泽东的要求，"民主集中制"政策范式在决策方面应该运用十种重要的机制。

第一种是"党管政策"机制。党的领导对于政策的核心作用，主要体现在六个方面：一是领导我们事业的核心力量是中国共产党。二是思想上政治上的路线正确与否是决定一切的。三是党中央和各级党委对政策负有领导责任。四是一元化领导。五是一切行动听指挥。六是应杜绝"无领导、无政治"现象。

第二种是"集体领导机制"。在集体领导机制下，应注意以下要求：（1）集体领导是党的最高原则。（2）高度的民主和高度的集中。（3）凡大事就要集体讨论，重大决策由集体讨论决定，反对家长制。（4）集体领导必须与个人负责相结合，不实行"一长制"。（5）善于解决意见分歧，如果少数人对多数人的决议的正确性仍然不信服，那么在党的会议上经过彻底辩论以后，他们就会服从决议。（6）讨论政策开小会，传达政策开大会；大型会议不宜过多；会议前要互通情况；认真规划会议议程；不要"一言堂"。

第三种是"党政分工机制"。一切主要的和重要的问题，都要先由党委讨论决定，再由政府执行，并遵循"大权独揽，小权分散。党委决定，各方去办。办也有决，不离原则。工作检查，党委有责"的"八句歌诀"。

第四种是"人民赋权机制"。毛泽东特别强调，我们的权力是人民给的。我们的责任,是向人民负责;每句话,每个行动,每项政策,都要适合人民的利益。

第五种是"群众路线机制"。在政策过程中必须坚持走群众路线,并注意以下要求:(1)一切政治的关键在民众,中国的事情,要靠共产党办,靠人民办,要取得人民的信任。(2)凡属正确的任务、政策和工作作风,都是和当时当地的群众要求相适合,都是联系群众的;凡属错误的任务、政策和工作作风,都是和当时当地的群众要求不相适合,都是脱离群众的。凡属人民群众的正确的意见,党必须依据情况,领导群众,加以实现;而对于人民群众中发生的不正确的意见,则必须教育群众,加以改正。(3)要经常去了解哪些政策为群众所接受,哪些政策受到群众的批评或拒绝。只有那些受群众欢迎的政策才能成为党继续实行的政策。(4)概念、判断的形成过程,推理的过程,就是"从群众中来"的过程;把自己的观点和思想传达给别人的过程,就是"到群众中去"的过程。(5)决策须依赖群众路线,绝对禁止党委少数人不作调查,不同群众商量,关在房子里,作出害死人的主观主义的所谓政策;在订计划的时候,必须发动群众。(6)应当使群众真正参加管理和领导,讲是讲,做是做,做起来并不容易。(7)正确的政策需要说服群众,不能用官僚主义和命令主义对待群众。(8)共产党员必须善于联系群众,真正关心群众生活,解决群众的问题,成为执行群众路线的典范。(9)不要夸大干部的作用,不要摆"老资格";领导必须善于发动群众,走在群众运动前头。(10)要注意联系群众的工作方法,团结一切可以团结的人,以真正平等的态度对待干部和群众。

第六种是"实事求是"机制。实事求是既是党的优良传统和作风,也是重要的政策机制,因此需要注意以下要求:(1)实事求是就是要求马克思主义的普遍真理与中国革命实践相结合。(2)实事求是、理论联系实际是一个党性坚强的党员的起码政策态度。(3)实事求是就是要坚持唯物辩证法的认识论,注意政策问题中的主要矛盾问题,以不同的方法解决不同性质的矛盾。(4)实事求是要求从事实中找出方针、政策。(5)实事求是就是要坚持实践是检验真理的标准,政策必须在人民实践中,也就是经验中,才能证明其正确与否,才能确定其正确和错误的程度。(6)共产党员绝对不应盲从,要反对教条主义和经验主义的决策方法。(7)注重上层建筑对经济基础的反作用,理论在一定条件下对政策起着决定作用。

第七种是"调查研究机制"。调查研究是保证决策质量的一种重要方法，毛泽东特别强调了以下要求：（1）没有调查就没有发言权，不做正确的调查同样没有发言权，调查研究是政策的基础。（2）既办公事，也要研究问题。要做到情况明，决心大，方法对。调查研究是为了心里有底。（3）要进行典型例子的调查。（4）注意调查研究的具体方法，如解剖"麻雀""走马看花"和"下马看花""走下去"和"请上来"等。（5）可以多派调查组下去，无论城乡，无论人多人少，都应先有训练，讲明政策、态度和方法，不使调查达不到目的。（7）在调查研究的基础上规定行动方针。

第八种是"正确决策机制"。中国共产党的政策代表的是党的立场和方向，必须以制定"革命政策"作为基本原则，并符合以下要求：（1）政策和策略是党的生命。（2）坚持共产主义的政策方向。（3）不能以改良政策取代革命政策。（4）敢于坚持正确的政策方向，反对错误政策倾向。（5）注重政策经验的积累。（6）必须有高瞻远瞩的政策眼光。

第九种是"计划决策机制"。毛泽东对中国计划经济的政策机制，重点强调的是以下要求：（1）计划经济是为了能够掌握自己的命运。（2）计划经济需要科学的态度。（3）计划经济需要注意动态的"综合平衡"。（4）计划经济既要求全国一盘棋，也要求地方的积极性。（5）计划经济强调统筹兼顾。（6）计划经济要认真考虑人民生活问题。（7）既要反对高积累，也要反对平均主义。（8）计划经济要求提高生产率和产品质量。（9）全面规划，几次检查，年终评比，是计划性政策的三个重要方法。

第十种是"政策掌控机制"。为有效地掌控政策，毛泽东提出了八个方面的要求。一是人民利益要求：注重人民的长远利益，注重兼顾国家、集体和个人利益。涉及人民利益的政策，必须持慎重态度。二是政策程序要求：权力集中、书记负责、公开政治见解、少用"指示"字眼、不依赖秘书。三是政策谋划要求：多谋善断、留有余地、波浪式前进、观察形势、当机立断、与人通气、解除封锁。凡事要思索，不宜仓促作出决定。大事要征求较多同志的意见。四是民主作风要求：不要怕"小广播"、要允许政策争论。五是政策学习要求：学会搞经济，不能不理党的决议或者长期提倡的一些政策。六是"商量政府"要求：政府跟人民商量办事、重大问题全民讨论、与非党人员一同讨论政策。七是任务与政策一致要求：只有彻底执行政策，才能更好地完成任务。八是政策公开要求：我们有一条是好的，就是我们所做的事，使全体人民都知道。

（四）"民主集中制"政策范式的政策执行机制

"民主集中制"政策范式要求建立有效的政策执行机制，毛泽东就此提出了六方面的要求。

一是"政策解释"和"政策宣传"要求。领导有解释政策的责任。必须系统地说明政策界限。政策既要使干部知道，也要使广大群众知道。报纸和刊物要宣传党的政策，应进行广泛的政策教育。

二是"领导方法"要求。政策执行不能忘记党的总路线和总政策。要无保留地执行中央的一切政策。注重"政策试点"，抓两头带中间。避免"以党代政"的政策执行方法。通过"精兵简政"建立贯彻政策的工作系统。

三是"不执行错误政策"要求。根据主观主义设想根本不符合实际情况的任何上级的命令指示，必须加以废止或修改者，地方党政有权提出意见。只有省委、市委和区党委，有权制止中央部门发出的行不通的一切命令和指示。

四是"反对不良风气"要求。毛泽东强调要反对以下五类风气：（1）下边可以任意改变政策风气。（2）拖拉风气。（3）"五多五少"风气（会议多，联系群众少；文件、表报多，经验总结少；人们蹲在机关多，认真调查研究少；事务多，学习少；一般号召多，细致地组织工作少）。（4）"干涉过多"风气。（5）"共产风、浮夸风、命令风、干部特殊风、生产瞎指挥风"五风。

五是"建立报告制度"要求。为了及时反映情况，使中央有可能在事前或事后帮助各地不犯或少犯错误，需要建立政策执行的报告制度。

六是"培养干部"要求。政治路线确定之后，干部就是决定的因素。因此，有计划地培养大批的新干部，就是重要的任务：（1）不但要关心党的干部，还要关心非党的干部。（2）必须善于识别干部。（3）必须善于使用干部，领导者的责任，归结起来，主要是出主意、用干部两件事。（4）必须善于爱护干部，指导他们，提高他们，检查他们的工作，照顾他们的困难，帮助犯错误的干部。（5）使我们的干部不但能治党，而且能治国，要懂得向全中国与全世界人民讲话，并为他们做事，要有远大的政治眼光与政治家的风度。

（五）"民主集中制"政策范式的政策监督机制

"民主集中制"政策范式的监督机制，归纳毛泽东的论点，主要表现为五种重要的机制。

第一种是政策检查机制。这种机制重点强调的是检查工作、评比、人民来信三种方式。

第二种是批评和自我批评机制。批评和自我批评是共产党需要坚持的一种优良作风，在"民主集中制"政策范式中，更是一种有效的政策监督机制，并应注意该机制的四个主要功能：（1）互相监督功能。（2）意见表达功能。（3）增强免疫力功能。（4）发扬民主功能。

第三种是反对官僚主义机制。官僚主义的重要表现是只注重布置工作，不注重检查工作。产生官僚主义的重要原因，一是反动作风（反人民的作风，国民党的作风）残余的影响；二是交代工作任务与交代政策界限、交代工作作风没有联系在一起；三是干部审查不到位；四是极端缺乏思想领导和政治领导。官僚主义是人民内部矛盾问题，要建立有效检查各级机构官僚主义的机制，以报刊作为反对官僚主义的重要武器，并以"增任务"的方式克服官僚主义。

第四种是"讲真话"机制。"讲真话"要求正面评估政策。"讲真话"要求真实评估政策。"讲真话"要求认真对待政策指标。"讲真话"要求实事求是的而不是盲目的积极性。"讲真话"强调"相信作假也要犯错误"。"讲真话"要求订立有效的竞赛和检查办法。

第五种是政策纠错机制。有效的监督是为了及时地纠正错误，对于如何纠正政策错误，毛泽东强调的是十点重要的认识：（1）错误是难免的，犯了错误就要彻底纠正。（2）通过纠正政策错误改善党与群众的关系。（3）防范"左"倾和右倾错误，超过时代，超过当前的情况，在方针政策上、在行动上冒进，在斗争的问题上、在发生争论的问题上乱斗，这是"左"；落在时代的后面，落在当前情况的后面，缺乏斗争性，这是右。（4）避免个别的、局部的、暂时的错误变成全国性的、长时期的错误，尽量少栽筋斗。（5）反对个人崇拜，不要迷信社会主义国家里一切都是好的。（6）执行错误政策必须被及时纠正，对犯政策错误的同志进行批评教育。(7) 注重纠正政策错误的领导方法,以民主作风纠正政策错误。(8) 认真分析错误,真理是逐步完成的。(9) 通过政策问题上的思想统一增进团结。(10) 反对教条主义,既要反对"洋八股",也要反对"党八股"。

毛泽东注重马克思主义理论与中国实践的结合,他所倡导的"民主集中制"政策范式,既有对"公社"政策范式、"苏维埃"政策范式和"计划经济"政策范式的继承,更有符合中国国情的重要发展,并使这样的政策范式在中国革命和社会主义建设中发挥了重要的作用,这是需要特别注意的。

五 "改革开放"政策范式

邓小平对毛泽东倡导的"民主集中制"政策范式给予了积极的支持,并在此基础上提出了"改革开放"的政策范式。这样的政策范式与"民主集中制"政策范式的最重要区别,就是将"改革开放"作为一种必须长期坚持的政策路线,并围绕这样的路线提出了系统性的要求。

(一) 作为基本路线的"改革开放"

邓小平所倡导的"改革开放",既是一种明确的政策要求,更是一种极为重要的"路线"要求。对于这样的"路线"以及与之相应的"改革开放"政策范式,邓小平着重强调的是十三种取向。

一是"开放"取向。中国的发展需要"开放"。"开放"必须打破"闭关自守"。"开放"不能讲大话,讲空话,需要一系列正确的政策。

二是"改革"取向。"改革"是解放生产力。"改革"是一种革命,即中国的第二次革命。"改革"就是坚持对内开放和对外开放的政策。"改革"需要及时总结经验和纠正错误。"改革"将为中国的持续发展奠定重要的基础。

三是"路线"取向。将"开放"与"改革"结合在一起,既是中国共产党的政治路线,也是重要的政策路线,应从九个方面理解这样的路线:(1)"改革开放"是符合党的根本政治路线的政策选择。(2)"改革开放"是在中国搞社会主义的正确政策选择。(3)"改革开放"是一个新事物,没有现成的经验可以照搬,一切都要根据中国的实际情况来进行。

(4)"改革开放"必须吸取"文化大革命"的教训。(5)"改革开放"是具有抗风险能力的政策安排。(6)"改革开放"需要具有改革形象的稳定的领导集体。(7)"改革开放"需要"适度"的快速经济增长。(8)"改革开放"是要讲几十年的"路线"。(9)"改革开放"必须坚持四项基本原则（必须坚持社会主义道路；必须坚持无产阶级专政；必须坚持共产党的领导；必须坚持马列主义、毛泽东思想）。

四是"政策稳定"取向。政策的正确性使得政策不能随意被改变。如果政策不对，没有必要连续。如果政策对，能推动社会主义社会生产力发展，使人民生活逐步好起来，这种政策本身就保证了它的连续性。人民对政策的支持使得政策不能随意被改变。

五是"实事求是"取向。"实事求是"是马克思主义的基本思想方法和工作方法。"实事求是"是毛泽东思想的基本点和精髓。"实事求是"是党的思想路线，只有解决好思想路线问题，才能提出新的正确政策。共产党人应该做"实事求是派"，因为"实事求是"要求的是反对形式主义和多做少说的政策方式。

六是"解放思想"取向。"解放思想"是制定改革开放政策的重要前提，"解放思想"必须旗帜鲜明地反对"两个凡是"。

七是"现代化"取向。现代化是党的政治路线，社会主义制度需要现代化的保障。中国有实现四个现代化的条件（丰富的资源、物质基础、中国人不笨、正确的政策）。为实现现代化必须少说空话，多做工作。中国式的现代化不能走回头路。

八是"社会主义"取向。必须以正确的政策体现社会主义的本质。社会主义是一个很好的名词，但是如果搞不好，不能正确理解，不能采取正确的政策，那就体现不出社会主义的本质。各个国家应该根据自己的特点来实行社会主义的政策；社会主义经济政策对不对，归根到底要看生产力是否发展，人民收入是否增加，这是压倒一切的标准；空讲社会主义不行，人民不相信，我们不要贫穷的社会主义。

九是"市场经济"取向。计划多一点还是市场多一点，不是社会主义与资本主义的本质区别，社会主义和市场经济之间不存在根本矛盾。把计划经济和市场经济结合起来，就更能解放生产力，加速经济发展。需要抓住时机，快速发展经济，低速度就等于停步，甚至等于后退，发展才是硬道理。

十是"中国道路"取向。要坚持马克思主义与中国实际相结合、走自己的道路。独立自主、自力更生是长期立足点，中国人有独立发展的自觉性和坚定性。

十一是"社会安定"取向。离开国家的稳定就谈不上改革开放。中国的问题，压倒一切的是稳定。没有稳定的环境，什么都搞不成，已经取得的成果也会失掉。

十二是"不争论"取向。对改革开放，一开始就有不同意见，这是正常的。不争论，是为了争取时间干。一争论就复杂了，把时间都争掉了，什么也干不成。不争论，大胆地试，大胆地闯。

十三是"既反右也反左"取向。右要求全盘西化，"左"则是一种习惯势力，最大的危险还是"左"。右可以葬送社会主义，"左"也可以葬送社会主义。要特别注意防范"左"的错误影响政策，反对错误倾向必须坚持正确的政策。

（二）"改革开放"要求发展民主

"改革开放"政策范式所具有的明确民主诉求，就是发展人民民主或社会主义民主，邓小平强调的是从四个方面认识和发展民主。

第一个方面是从联系和区别两个方面理解社会主义民主（人民民主）。在联系方面，应注意民主与专政、集中、法制、纪律、党的领导的关系问题；社会主义道路、无产阶级专政、共产党的领导、马列主义毛泽东思想，都同民主问题有关。在区别方面，一定要把社会主义民主同资产阶级民主、个人主义民主严格地区别开来。

第二个方面是应认识到"大民主"不符合社会主义民主的要求。不能采用运动和"大民主"的形式，像"文化大革命"那样的"大民主"不能再搞了，那实际上是无政府主义；人民需要一个安定团结的政治局面，对大规模的运动厌烦了。不能照搬西方的民主制度，中国如果照搬多党竞选、三权鼎立那一套，肯定是动乱局面。不要追求形式上的民主，如果追求形式上的民主，结果是既实现不了民主，经济也得不到发展，只会出现国家混乱、人心涣散的局面；如果离开四项基本原则，抽象地空谈民主，那就必然会造成极端民主化和无政府主义的严重泛滥。

第三个方面是要充分保障公民的民主权利。自觉地、系统地建立保障民主权利的制度，要求坚决打击危害人民民主权利的行为。

第四个方面是注重民主的多维度的发展。邓小平对民主的发展，有四项具体的要求。一是"民主化"要求：社会主义民主应体现为政治生活的民主化、经济管理的民主化和社会生活的民主化。二是"调动积极性"要求：调动积极性是最大的民主，把权力下放给基层和人民，在农村就是下放给农民，这就是最大的民主；讲社会主义民主，这就是一个重要内容。改革开放要特别注意经济民主问题，现在经济管理体制权力过于集中，应该有计划地大胆下放，否则不利于充分发挥国家、地方、企业和劳动者个人四个方面的积极性。三是"讲真话"要求："讲真话"是重要的民主形式。四是"用民主的方法制定政策"要求：有不同意见不要紧，各种方案可以比较；人民内部要有充分的民主，这样才能拿出好的主意来。

(三) 为"改革开放"奠定法制基础

邓小平尽管经常并提民主和法制，但是对于与政策有密切关系的法制，还是强调了一些侧重点。

第一，民主与法制的关系。社会主义民主和社会主义法制是不可分的，不要社会主义法制的民主，不要党的领导的民主，不要纪律和秩序的民主，绝不是社会主义民主。为了保障人民民主，必须加强法制。必须使民主制度化、法律化，使这种制度和法律不因领导人的改变而改变，不因领导人的看法和注意力的改变而改变。法制和民主两手都要强。个人迷信、家长制等是民主和法制必须解决的问题。

第二，加强立法工作。不能把领导人说的话当作"法"，中国好多年实际上没有法，没有可遵循的东西。要集中力量立法，要做到有法可依，有法必依，执法必严，违法必究。

第三，党要有党规党法。党章是最根本的党规党法。没有党规党法，国法就很难保障。党要管党内纪律的问题，法律范围的问题应该由国家和政府管。党干预太多，不利于在全体人民中树立法制观念。

第四，加强纪律教育和法制教育。必须开展全民的纪律教育和法制教育，要进行坚持四项基本原则的全民教育，法制教育要从娃娃抓起。

(四) 群众路线的基础性作用

以"群众路线"的方式解决政策问题，既要强调群众的政策参与，也要强调政策必须认真关注群众利益。就"群众路线"对"改革开放"政策范式的基础性作用，邓小平重点阐释了六方面的认识。

一是群众路线就是善于从群众议论中发现问题并制定相应的政策。毛泽东同志倡导的作风，群众路线和实事求是这两条是最根本的东西，他善于从群众这样的议论当中，发现问题，提出解决问题的方针和政策。

二是群众路线就是要正确对待人民群众提出的意见。党的领导就是要善于集中人民群众的正确意见，对不正确的意见给予适当解释。对于思想问题，无论如何不能用压服的办法，要真正实行"双百"方针。

三是群众路线就是要认真关心群众生活。越是困难的时候，越要关心群众。只要关心群众，同群众打成一片，不仅不搞特殊化，而且同群众一块吃苦，任何问题都容易解决，任何困难都能够克服。

四是群众路线就是同人民一起商量着办事。改革有很大的风险，但很有希望成功。有了这样的信心，才能有恰当的决策。关键就是要同人民一起商量着办事，决心要坚定，步骤要稳妥，还要及时总结经验，改正不妥当的方案和步骤，不使小的错误发展成为大的错误。

五是群众路线就是要向群众耐心地解释政策和面临的困难。要大力加强党的组织、党员同群众的联系，要把国家的形势和困难、党的工作和政策经常真实地告诉群众。只要密切联系群众，深入地做工作，把道理向群众讲清楚，就能得到群众的同情和谅解，再大的困难也是能够克服的。

六是群众路线要求干部起模范带头作用。全国的干部，首先是高级干部要起模范带头作用，把党的艰苦朴素、密切联系群众的传统作风很好地恢复起来，坚持下去。密切联系群众，这是最根本的一条。不要"做官当老爷"，要反对"衙门作风"。

（五）"改革开放"政策范式的决策要求

"改革开放"政策范式有一套完整的决策体制，对于这样的决策体制，邓小平重点强调的是五方面的要求。

第一，注重研究新问题。制定政策要及时研究新情况和解决新问题。实现四个现代化就是最重要的新问题，全党同志要善于重新学习。

第二，坚持中国共产党的领导，是维系"改革开放"政策范式决策体制的基本要素，邓小平就此提出了三点要求：一是中国共产党要有对政策的绝对主导权。二是中国问题的关键在于共产党要有一个好的政治局，特别是好的政治局常委会。三是中国共产党的领导集体要有一个核心,任何一个领导集体都要有一个核心,没有核心的领导是靠不住的。

第三,保证中央的权威。邓小平明确要求保证中央的权威,尤其是中央的政策权威,并强调了四条重要的原则:中央"统一政策"原则、中央"确定政策方向"原则、坚决反对"你有政策我有对策"原则和坚决反对"山头主义"原则。

第四,对中央决策层的要求。要保证中央的权威尤其是中央的政策权威,对负有决策职责的中央领导层或领导班子,邓小平提出了九条基本要求:(1)实行改革开放政策的有希望的领导班子。(2)能够做实事的领导班子。(3)取信于民的领导班子。(4)着眼于大局的成熟的领导班子。(5)眼界非常宽阔的领导班子。(6)自觉负责和自我变化的领导班子。(7)不搞"小圈子"的领导班子。(8)能够积极选拔人才的领导班子。(9)能够搞好党风的领导班子。

第五,完善"民主集中制"的决策机制。"民主集中制"是中国共产党长期坚持的决策机制,在改革开放的大背景下,如何有效使用和完善这样的机制,邓小平提出了八条要求。

一是民主集中制是社会主义制度的一个不可分的组成部分。民主和集中的关系,权利和义务的关系,归根结底,就是各种利益的相互关系在政治上和法律上的表现。

二是注重民主集中制的基本要素。民主集中制要求充分的民主与正确的集中,敢于讲真话,坚持不抓辫子、不扣帽子、不打棍子的"三不主义",努力听到人民的声音并且要讲团结。

三是坚持集体领导和集体决策。不能把政策希望寄托在一两个人身上,重大问题一定要由集体讨论和决定。决定时,要严格实行少数服从多数,一人一票;属于政策、方针的重大问题,国务院也好,全国人大也好,其他方面也好,都要由党员负责干部提到党中央常委会讨论,讨论决定之后再去多方商量,贯彻执行。要改变会风,开会、讲话都要解决问题。

四是集体领导和分工负责必须紧密结合。集体领导解决重大问题;某一件事、某一方面的事归谁负责,必须由他承担责任,责任要专;要提倡领导干部勇于负责,这同改变个人专断制度是两回事,不能混淆。

五是认真解决权力过分集中的问题。权力过分集中,妨碍社会主义民主制度和党的民主集中制的实行，妨碍社会主义建设的发展，妨碍集体智慧的发挥，容易造成个人专断，破坏集体领导，也是在新的条件下产生官僚主义的一个重要原因。

六是划分不同机构的职权范围。过去在中央和地方之间，分过几次权，但每次都没有涉及党同政府、经济组织、群众团体等之间如何划分职权范围的问题；今后凡属政府职权范围内的工作，都由国务院和地方各级政府讨论、决定和发布文件，不再由党中央和地方各级党委发指示、作决定。政府工作当然是在党的政治领导下进行的，政府工作加强了，党的领导也加强了。

七是切实改善党的领导。各级党组织应该把大量日常行政工作、业务工作，尽可能交给政府、业务部门承担，党的领导机关除了掌握方针政策和决定重要干部的使用以外，要腾出主要的时间和精力来做思想政治工作，做人的工作，做群众工作；党委的领导，主要是政治上的领导，保证正确的政治方向，保证党的路线、方针、政策的贯彻，调动各个方面的积极性。

八是坚决反对"家长制"的决策作风。党内讨论重大问题，不少时候发扬民主、充分酝酿不够，由个人或少数人匆忙作出决定，很少按照少数服从多数的原则实行投票表决，这表明民主集中制还没有成为严格的制度，要从体制上和机制上解决"家长制"的问题。

（六）"改革开放"政策范式的政策执行和监督要求

在完善"改革开放"政策范式的政策执行和政策监督体制方面，邓小平着重强调的是下述五项要求。

一是坚决执行中央政策。中央决定了的东西，党的组织决定了的东西，在没有改变以前，必须服从，必须按照党的决定发表意见，不允许对党中央的路线、方针、政策任意散布不信任、不满和反对的意见。遵守纪律的最高标准，是真正维护和坚决执行党的政策，国家的政策。

二是克服官僚主义。各级领导机关都管了很多不该管、管不好、管不了的事，这可以说是官僚主义的一个总病根。官僚主义的另一病根是，党政机构以及各种企业、事业领导机构中，长期缺少严格的从上而下的行政法规和个人负责制。为反对官僚主义，必须进行党和国家领导制度的重大改革。

三是实践是检验真理的标准。在政策执行、政策监督和纠正错误政策方面,坚持"实践是检验真理的标准"有着重要的意义。对于这样的意义,邓小平强调的是四个维度的理解:(1)真理标准讨论的是关系党和国家前途的问题。(2)正确的政治领导的成果,归根结底要表现在社会生产力的发展上,人民物质文化生活的改善上。(3)没有实践对真理的检验,就不可能有改革开放的政策。不解放思想,不实事求是,不从实际出发,理论与实践不相结合,不可能有现在的一套方针、政策,不可能把人民的积极性统统调动起来,也就不可能搞好现代化建设,显示出社会主义制度的优越性。(4)实践是检验真理的唯一标准,实践是检验路线、方针、政策是否正确的唯一标准。

四是政策"有错必纠"。小错误难免,只要不犯大错就行。政策错误要集体负责,重要的原则是"有错必纠",凡是过去搞错了的东西,统统应该改正。

五是实事求是的政策评价。评价一个国家的政治体制、政治结构和政策是否正确,关键看三条:一是看国家的政局是否稳定;二是看能否增进人民的团结,改善人民的生活;三是看生产力能否得到持续发展。

(七)以政治体制改革完善"改革开放"政策范式

邓小平指出,如果不坚决改革现行制度中的弊端,过去出现过的一些严重问题今后就有可能重新出现。只有对这些弊端进行有计划、有步骤而又坚决彻底的改革,人民才会信任我们的领导,才会信任党和社会主义。对于如何通过政治体制改革来完善"改革开放"政策范式,邓小平强调了五方面的要求。

第一个方面的要求是发挥社会主义制度的优越性。中国社会主义制度的优越性,表现为党的领导、民主集中制、民族区域自治制度等方面,有很多优越的东西,这是社会制度的优势,不能放弃。检验社会主义制度优越性的三条标准是发展生产力、发扬民主、培养优秀人才。政治体制改革要求建立好的制度,制度好可以使坏人无法任意横行,制度不好可以使好人无法充分做好事,甚至会走向反面。

第二个方面的要求是坚持自己的制度选择。中国的社会制度是根据自己的情况决定的,人民拥护,怎么能够接受外国干涉加以改变呢?要坚持实行人民代表大会的制度,而不是美国式的三权鼎立制度。如果政策正确,方向正确,这种体制益处很大;如果政策搞错了,不管什么院制也没有用。统一战线和政治协商制度对中国共产党制定正确的政策起到了重要的监督和保障作用。

第三个方面的要求是为政治体制改革确定目标。进行政治体制改革的目的,总的来讲是要消除官僚主义,发展社会主义民主,调动人民和基层单位的积极性。要通过改革,处理好法治和人治的关系,处理好党和政府的关系。

第四个方面的要求是明确政治体制改革的具体任务。邓小平强调的是政治体制改革的以下任务:(1)党政分开。改革的内容,首先是党政要分开,解决党如何善于领导的问题。这是关键,要放在第一位。(2)为经济体制改革扫清障碍。政治体制改革同经济体制改革应该相互依赖,相互配合。只搞经济体制改革,不搞政治体制改革,经济体制改革也搞不通,因为首先遇到人的障碍。(3)克服官僚主义。克服了官僚主义,提高了效率,调动了基层和人民的积极性,四个现代化才真正有希望。(4)解决权力集中和分散的问题。集中不够,分散也不够。现在一提就是中央集中过多下放太少,没有考虑该集中的必须集中的问题,中央必须保证某些集中。(5)扩大企业自主权。要加大地方的权力,特别是企业的权力。(6)建立企业民主管理制度。所有的企业必须毫无例外地实行民主管理,使集中领导和民主管理结合起来。(7)建立责任制。一项工作布置之后,落实了没有,无人过问,结果好坏,谁也不管。所以急需建立严格的责任制。(8)精简机构。精简机构是一场革命,如果不进行这场革命,不论党和政府的整个方针、政策怎样正确,只能眼睁睁地看着党和政府的机构缺少朝气、缺少效率,正确的方针、政策不能充分贯彻,工作不能得到更大的成绩。

第五个方面的要求是审慎进行政治体制改革。对中国来说,政治体制改革就是要有利于贯彻执行党的十一届三中全会以来所制定的一系列路线、方针、政策。每项改革涉及的人和事都很广泛,很深刻,触及许多人的利益,会遇到很多的障碍,需要审慎从事。

邓小平系统论述的"改革开放"政策范式,要求在国际和国内的新形势下积极面对政策与民主的关系问题和现代化进程中的具体政策问题,对于发现并坚持一条有利于中国发展的政策路径,起了至关重要的作用。

六　联系与发展：五种理论范式的共性与特性

对于马克思主义经典作家阐释的"公社"政策范式、"苏维埃"政策范式、"计划经济"政策范式、"民主集中制"政策范式和"改革开放"政策范式，应该强调以下六点基本认识。

第一，五种政策范式有明显的继承和发展关系。马克思和恩格斯提出的"公社"政策范式，被列宁所继承，并在"公社国家"的基础上发展出了"苏维埃"政策范式，斯大林则在"苏维埃"政策范式的基础上，发展出了"计划经济"政策范式。毛泽东倡导的"民主集中制"政策范式，主要是继承和发展了列宁的学说，但是也包含了"公社"政策范式、"苏维埃"政策范式和"计划经济"政策范式的一些基本要素。邓小平既坚持了"民主集中制"政策范式的基本要求，又将恩格斯的社会主义也要改革的论点，发展成了"改革开放"的政策范式。也就是说，在政策与民主的关系上，马克思主义经典作家提出的五种理论范式，有着密切的联系，只有认清了各理论范式之间的联系，才能对相关的理论有全面的认知。

第二，五种政策范式倡导的是相同的政策理念，无论是对政策的远景目标（共产主义的政策取向），还是对把握政策的基本原则，以及政策所具有的基本价值取向等，五种政策范式都作了相同或相近的表述。

第三，五种政策范式对"民主"的解释各有重点，但是在民主问题上都保持了两个重要的取向：一是对资产阶级民主的批判和摈弃，二是对无产阶级或共产党人所应坚持的民主观的阐释。

第四，在政策与民主的关系方面，五种政策范式都强调了两者可以并且应该结合在一起。从理论上讲，就是既需要"政策的民主"（以民主的方法制定和执行政策），也需要"民主的政策"或"民主政策"（具有民主价值取向和民众利益取向的政策）。

第五，五种政策范式强调了一些共同的政策运行机制，如集体领导机制、群众参与或群众路线机制、批评机制（批评和自我批评机制）、党内民主机制等，并强调坚持这些机制，就是为政策提供重要的民主保障。

第六，由于所处时代的不同，五种政策范式也表现出了各自的不同特征。"公社"政策范式表现的是以无产阶级夺取政权为主要诉求的"革命性"或"斗争性"特征。"苏维埃"政策范式表现的是以巩固无产阶级政权为主要诉求的"执政"特征（尤其是"新经济政策"所反映的基本特征）。"计划经济"政策范式表现的是以大力发展社会主义为主要诉求的"一致性"和"规划性"特征。"民主集中制"政策范式表现的是以社会主义改造和社会主义建设为主要诉求的"协调性"特征。"改革开放"政策范式表现的是以发展生产力、调动人民积极性为主要诉求的"灵活性"和"务实性"特征。特征不同，不仅涉及不同的政策问题，还会侧重于不同的政策方法。但是需要注意的是，五种政策范式都强调反对教条主义，反对盲目地将国际经验或他国经验引入本国的政策实践，都强调根据实际情况制定和执行政策，这显然是马克思主义理论范式的一条必须遵循的基本原则。

参考书目

《马克思恩格斯全集》（第一版），第1—50卷，人民出版社1956—1985年版。

《列宁全集》（第二版），第1—60卷，人民出版社1984—1990年版。

《斯大林全集》，第1—13卷，人民出版社1953—1956年版。

《斯大林文集（1934—1952）》，人民出版社1985年版。

《毛泽东选集》（第一版），第1—4卷，人民出版社1951—1960年版。

《毛泽东文集》，第1—8卷，人民出版社1993—1999年版。

《建国以来毛泽东文稿》，第1—13册，中央文献出版社1987—1998年版。

《邓小平文选》，第1—3卷，人民出版社1983—1993年版。